中国语言资源保护工程

# 中国语言资源集·浙江　编委会

## 主任

朱鸿飞

## 主编

王洪钟　黄晓东　叶　晗　孙宜志

## 编委

（按姓氏拼音为序）

包灵灵　蔡　嵘　陈筱姁　程　朝　程永艳　丁　薇
黄晓东　黄沚青　蒋婷婷　雷艳萍　李建校　刘力坚
阮咏梅　施　俊　宋六旬　孙宜志　王洪钟　王文胜
吴　众　肖　萍　徐　波　徐　越　徐丽丽　许巧枝
叶　晗　张　薇　赵翠阳

教育部语言文字信息管理司　　指导
浙 江 省 教 育 厅

中国语言资源保护研究中心　　统筹

中国语言资源集

浙江

语法卷

王洪钟 黄晓东
叶晗 孙宜志 主编

浙江大学出版社
ZHEJIANG UNIVERSITY PRESS
·杭州·

**图书在版编目(CIP)数据**

中国语言资源集.浙江.语法卷 / 王洪钟等主编.
— 杭州：浙江大学出版社，2023.5
ISBN 978-7-308-23130-5

Ⅰ.①中… Ⅱ.①王… Ⅲ.①吴语－方言研究－浙江
②吴语－语法－方言研究－浙江 Ⅳ.①H17

中国版本图书馆 CIP 数据核字(2022)第 185776 号


审图号:浙 S〔2022〕27 号

## 中国语言资源集·浙江(语法卷)

王洪钟　黄晓东　叶　晗　孙宜志 主编

| | |
|---|---|
| 出 品 人 | 褚超孚 |
| 丛书策划 | 陈　洁　包灵灵 |
| 丛书统筹 | 包灵灵　陆雅娟 |
| 责任编辑 | 仝　林　张颖琪 |
| 责任校对 | 田　慧 |
| 封面设计 | 周　灵 |
| 出版发行 | 浙江大学出版社 |
| | (杭州市天目山路 148 号　邮政编码 310007) |
| | (网址:http://www.zjupress.com) |
| 排　　版 | 杭州朝曦图文设计有限公司 |
| 印　　刷 | 杭州宏雅印刷有限公司 |
| 开　　本 | 787mm×1092mm　1/16 |
| 印　　张 | 22.5 |
| 字　　数 | 400 千 |
| 版 印 次 | 2023 年 5 月第 1 版　2023 年 5 月第 1 次印刷 |
| 书　　号 | ISBN 978-7-308-23130-5 |
| 定　　价 | 120.00 元 |

# 总　序

　　教育部、国家语言文字工作委员会(以下简称"国家语委")于 2015 年 5 月发布《教育部　国家语委关于启动中国语言资源保护工程的通知》(教语信〔2015〕2 号),启动中国语言资源保护工程(以下简称"语保工程"),在全国范围内开展以语言资源调查、保存、展示和开发利用等为核心的各项工作。

　　在教育部、国家语委统一领导下,经各地行政主管部门、专业机构、专家学者和社会各界人士共同努力,至 2019 年年底,语保工程超额完成总体规划的调查任务。调查范围涵盖包括港澳台在内的全国所有省份、123 个语种及其主要方言。汇聚语言(含方言)原始语料文件数据 1000 多万条,其中音视频数据各 500 多万条,总物理容量达 100 TB,建成世界上最大规模的语言资源库和展示平台。

　　语保工程所获得的第一手语料具有原创性、抢救性、可比性和唯一性,是无价之宝,亟待开展科学系统的整理加工和开发应用,使之发挥应有的重要作用。编写《中国语言资源集(分省)》(以下简称"资源集")是其中的一项重要工作。

　　早在 2016 年,教育部语言文字信息管理司(以下简称"语信司")就委托中国语言资源保护研究中心(以下简称"语保中心")编写了《中国语言资源集(分省)编写出版规范（试行）》。2017 年 1 月,语信司印发《关于推进中国语言资源集编写的通知》(教语信司函〔2017〕6 号),要求"各地按照工程总体要求和本地区进展情况,在资金筹措、成果设计等方面早设计、早谋划、早实施,积极推进分省资源集编写出版工作","努力在第一个'百年'到来之际，打造标志性的精品成果"。2018 年 5 月，又印发了《关于启动中国语言资源集（分省）编写出版试点工作的通知》（教语信司函〔2018〕27 号），部署在北京、上海、山西等地率先开展资源集编写出版试点工作，并明确"中国语言资源集（分省）编写出版工作将于 2019 年在全国范围内全面铺开"。2019 年 3 月，教育部办公厅印发《关于部署中国语言资源保护工程 2019 年度汉语方言调查及中国语言资源集编制工作的通知》（教语信厅函〔2019〕2 号），要求"在试点基础上，在全国范围内开展资源集编制工作"。

为科学有效开展资源集编写工作，语信司和语保中心通过试点、工作会、研讨会等形式，广泛收集意见建议，不断完善工作方案和编写规范。语信司于 2019 年 7 月印发了修订后的《中国语言资源集（分省）实施方案》和《中国语言资源集（分省）编写出版规范》（教语信司函〔2019〕30 号）。按规定，资源集收入本地区所有调查点的全部字词句语料，并列表对照排列。该方案和规范既对全国做出统一要求，保证了一致性和可比性，也兼顾各地具体情况，保持了一定的灵活性。

各省份语言文字管理部门高度重视本地区资源集的编写出版工作，在组织领导、管理监督和经费保障等方面做了大量工作，给予大力支持。各位主编认真负责，严格要求，专家团队团结合作，协同作战，保证了资源集的高水准和高质量。我们有信心期待《中国语言资源集》将成为继《中国语言文化典藏》《中国濒危语言志》之后语保工程的又一重大标志性成果。

语保工程最重要的成果就是语言资源数据。各省份的语言资源按照国家统一规划规范汇集出版，这在我国历史上尚属首次。而资源集所收调查点数之多，材料之全面丰富，编排之统一规范，在全世界范围内亦未见出其右者。从历史的眼光来看，本系列资源集的出版无疑具有重大意义和宝贵价值。我本人作为语保工程首席专家，在此谨向多年来奋战在语保工作战线上的各位领导和专家学者致以崇高的敬意！

曹志耘

2020 年 10 月 5 日

# 序

《中国语言资源集·浙江》是"中国语言资源保护工程·浙江"项目的成果汇编，是集体工作的结晶。内容包括四部分：语音卷、词汇卷、语法卷、口头文化卷。

"少小离家老大回，乡音无改鬓毛衰"，乡音即方言。许多人自孩提时代就用方言思考问题、交流思想、获取信息、认识世界。说哪种方言成为我们的特征之一。了解自己所说的方言，也是我们认识自身、认识世界的要求。

在运用方言的同时，我们创造了丰富多彩的以方言为载体的地域文化。例如浙江的越剧、婺剧、道情、山歌等都用当地方言表现，儿歌、童谣、谜语、谚语等也都用当地方言承载。方言是我们每个人拥有的宝贵的文化资源。

每种汉语方言的语音、词汇和语法都自成系统、各具特色，是汉语的具体呈现，在历朝历代都是学术研究的主要对象之一。孔子曾说"诗书执礼，皆雅言也"，说明三千多年前我们的先辈就关注到了方言与共同语的差异问题。西汉扬雄《輶轩使者绝代语释别国方言》就调查记录了当时全国方言的词汇。今天，方言学的研究更是得到重视，我们研究各种方言现象并从中提炼理论，丰富语言学的研究。

方言形成的主要原因是语言的分化。地域的区隔导致交际密度降低，久而久之就会导致语言发展的速度、发展的方向不同，从而形成方言。随着社会的发展，这种由地域的阻隔导致交际困难的现象急剧减少，方言在加快消失。可以预计，在不久的将来很多方言将成为我们记忆深处温馨的回忆，对个人和学术研究都是很遗憾和可惜的事情。为了保护方言资源，在张振兴等学术前辈的呼吁和推动下，教育部在2015年启动了以曹志耘教授为首席专家的中国语言资源保护工程,运用汉语方言学传统的纸笔记录的方式并结合现代音像摄录的方式调查和保存各地汉语方言,在全国调查了约1200 个汉语方言点,实现了全国 34 个省份全覆盖。这项工程的意义在于:

（1）准确记录各地方言;

（2）发掘方言中保存的文化信息;

（3）运用现代多媒体技术和计算机技术保存方言文化,传承后世。

这是功在当代利在千秋的大事。

浙江方言资源丰富,自然成为中国语言资源保护工程实施的重要省份。在教育部语信司的统一部署和语保中心的专业指导下,浙江省成立了以浙江省语委办为领导核心的调查研究团队。在语保中心的领导下,浙江省语委办根据省内方言专业人员的实际情况,先后组建了 20 多个调查团队。自2015 年开始,浙江语保团队就奋战在各个县市区方言田野调查的一线,调查、摄录、整理语料,参加语保中心组织的中期检查、预验收和验收,并于2020 年年初圆满完成了任务。根据语信司和语保中心的规划,我们将纸笔记录的材料整理出版,形成"中国语言资源集·浙江"系列。

浙江省位于中国东南沿海、长江三角洲地区,东临东海,南接福建,西与安徽、江西相连,北与上海、江苏接壤,总面积 10.55 万平方公里。截至 2019年,浙江省下辖 11 个地级市(其中杭州、宁波为副省级城市),下分 90 个县级行政区,包括 37 个市辖区、20 个县级市、32 个县、1 个自治县。

浙江的汉语方言种类众多。从方言种类上看,有吴语、徽语、闽语、畲话、客家方言、赣方言、官话方言。吴语为浙江的主要方言,分布在浙江的各个县市,使用人口占浙江人口的百分之九十五以上。《中国语言地图集》将浙江吴语分为五片,分别为太湖片、台州片、金衢片、上丽片、瓯江片。

徽语分布在淳安、建德。淳安、建德明清时期属严州府,与皖南徽州地区相邻,钱塘江的北源——新安江水系将严州府与徽州府相连。严州又是杭州的上游门户,从徽州走水路经过严州到杭州,是最为便捷的通道。可见,浙江的徽语区历史上与皖南的徽语区联系密切。

闽语分布在苍南、泰顺、平阳、文成、洞头、玉环、瑞安等地。浙江的闽方言主要分为两类。一类是闽南方言,学术界称为"浙南闽语",分布在苍南、平阳、洞头、玉环等地,是浙江闽方言的主要种类。"浙南闽语"是明清以来福建泉州、漳州一带闽南方言区的人民移居到浙江形成的。另一类是闽东方言,主要分布在泰顺和苍南,在泰顺称为"蛮讲",在苍南称为"蛮话"。一般认为浙江的闽东方言是唐代以来福建闽东区的人民移居到浙江形成的。

浙江的畲话是浙江畲族人使用的方言。浙江畲族人"大分散小聚居"。政府在畲族人口较多的县或乡镇设置民族自治政府。例如有景宁畲族自治县、文成周山畲族乡、武义柳城畲族镇等。浙江畲族家谱显示,浙江的畲族人主要是从福建辗转迁徙到现居地的。在与汉族人的长期接触中,浙江畲族人的畲话汉语化,目前学术界一般认为浙江的畲话属于客家方言。

赣方言、客家方言和官话方言以方言岛的形式分布。浙江的客家方言岛主要分布在金华、衢州、丽水、温州一带,大多是福建闽西汀州的移民移居到浙江形成的。浙江的赣方言岛主要分布在衢州各县市,以南丰话居多,例如常山县招贤镇的南丰话。浙江的官话方言岛比较出名的有江山廿八都官话、开化华埠的土官话以及安吉的河南话、湖北话、安庆话等。

此外,闽语和畲话有些地方也呈岛状分布。

浙江汉语方言不仅种类多,内部差异也很大。例如同属吴方言金衢片的相邻的金华和汤溪,它们的方言语音特点迥然不同,说金华话的人与说汤溪话的人也不能相互通话。基于这种特点,浙江语言资源保护工程的布点基本上为一县一点,调查地点统一选取县市区政府驻地的乡镇,有的县市区内部方言差异较大,或包含晚近撤并的旧县,则根据具体情况增加调查地点,总共有 88 个方言调查点,包括吴语 80 个点,徽语 4 个点,闽语 3 个点,畲话 1 个点。

接到编纂任务后,在浙江省语委领导下,浙江语保团队成立了编纂团队。先由各点调查负责人根据统一规范在原有的纸笔记录材料的基础上初校,然后主编进行汇总并二校、三校。为了与常规方言出版物习惯保持一致,主要做了如下改动:一是将原来的纸笔记录的零声母符号"∅"去掉,二是将声调调值统一改为上标,三是进行了用字的初步统一。2020 年 12 月底,语保中心组织专家对《中国语言资源集・浙江》初稿进行了检查和审议,提出了宝贵意见。主编根据专家意见对书稿进行了修改和加工,然后由各点负责人分别核校,如是者三,最后汇总校对,形成本丛书。

本丛书共 4 卷 11 册。

语音卷(3 册):包括各调查点的音系、1000 个单字的字音对照。

词汇卷(4 册):包括 1200 条方言词语。

语法卷(1 册):包括 50 条语法例句。

口头文化卷(3 册):包括歌谣、故事等。

运用现代语言学的理论和方法对浙江方言进行大规模的调查,主要有如下四次:20 世纪 20 年代我国现代语言学的奠基人之一赵元任先生,调查了全国 33 个地点的吴方言,其中浙江有 14 个,调查成果汇集成《现代吴语的研究》一书,该书成为现代方言学的经典之作;20 世纪 50 年代到 60 年代,以傅国通、郑张尚芳、方松熹、蔡勇飞、鲍士杰等人组成的方言调查组对浙江方言进行了调查,最终成果《浙江省语言志》于 2015 年由浙江人民出版社出版;21 世纪初,曹志耘教授主持编写《汉语方言地图集》,对全国的汉语方言进行了调查,成果由商务印书馆于 2008 年出版;本次调查是第四次。

本次的调查与以往的区别如下:

一是组织严密周到。本次调查是全国调查的浙江部分,教育部语信司司长亲自领导,并设立了教育部语信司中国语言资源保护研究中心,从技术规范、调查条目、人员培训、质量控制都有统一明确的标准。调查任务承担者大多为具有博士学位的高校方言学教师;调查材料经过了语保中心组织的专家的中检、预验收和验收三次核实检查。

二是调查项目更多。

三是采取了现代的多媒体技术和计算机信息技术。

因此,本丛书有如下特点:

一是内容丰富。本丛书收录了"中国语言资源保护工程·浙江"项目所有方言调查点的纸笔调查材料。

二是收录了大量的成篇语料。

浙江语言资源保护工程的实施以及本丛书的编纂自始就得到中国语言资源保护研究中心的指导。教育部语信司领导和语保工程首席专家多次到浙江指导工作,省语委领导有方,做了很多协调和后勤服务的工作,各县、市、区语委在帮助物色方言发音人、寻找录音摄像的合适场所等方面做了很多工作,各点方言发音合作人克服酷暑对我们的工作大力协助,来自外省的语保核心专家对调查材料、音视频以及各种形式要件再三核实。这些是我们调查材料和音视频材料符合语保要求的有力保障。值此丛书出版之际,我们心中涌起对他们的感激之情。

编委会

2023 年 3 月 31 日

# 调查点分布图

1 : 3 300 000

江苏省

上海市

安

徽

省

江

西

省

福

建

省

长兴

湖州

安吉

孝丰 武康 德清

临安 余杭

昌化 於潜

新登

富阳

分水 桐庐

淳安

建德

遂安

寿昌

开化

兰溪

龙游

常山 衢州

衢江 汤溪

江山

遂昌 宣平

松阳

龙泉 云和

庆元

景宁

景宁畲

泰顺

泰顺闽

嘉兴 嘉善

平湖

桐乡

崇德 海宁 海盐

杭州

萧山 绍兴

诸暨

浦江

东阳

金华 义乌

武义 永康

丽水

青田

文成

平阳

瑞安

苍南

苍南闽

上虞

嵊州

新昌

磐安

缙云

仙居

永嘉

乐清

温州

慈溪

镇海

余姚

宁波

奉化

宁海

天台

临海

三门

椒江

黄岩

温岭

玉环

洞头

嵊泗

岱山

定海

普陀

象山

东

海

## 图例

- ● 吴语点
- ▲ 徽语点
- ■ 闽语点
- ◆ 畲话点

地图审核号：浙S〔2022〕27号

# 总 目 录

## 语 音 卷

## 词 汇 卷

# 语 法 卷

# 口头文化卷

# 目　录

# 语法例句索引

# 概　述

## 一、方言点

本卷收入浙江省境内 88 个汉语方言点的语法例句材料。方言点排列顺序如下：

**吴语**

太湖片：杭州、嘉兴、嘉善、平湖、海盐、海宁、桐乡、崇德、湖州、德清、武康、安吉、孝丰、长兴、余杭、临安、昌化、於潜、萧山、富阳、新登、桐庐、分水、绍兴、上虞、嵊州、新昌、诸暨、慈溪、余姚、宁波、镇海、奉化、宁海、象山、普陀、定海、岱山、嵊泗

台州片：临海、椒江、黄岩、温岭、仙居、天台、三门、玉环

金衢片：金华、汤溪、兰溪、浦江、义乌、东阳、永康、武义、磐安、缙云、衢州、衢江、龙游

上丽片：江山、常山、开化、丽水、青田、云和、松阳、宣平、遂昌、龙泉、景宁、庆元、泰顺

瓯江片：温州、永嘉、乐清、瑞安、平阳、文成、苍南

**徽语**：建德<sub>徽</sub>、寿昌<sub>徽</sub>、淳安<sub>徽</sub>、遂安<sub>徽</sub>

**闽语**：苍南<sub>闽</sub>、泰顺<sub>闽</sub>、洞头<sub>闽</sub>

**畲话**：景宁<sub>畲</sub>

今已撤并的旧县"崇德、武康、孝丰、昌化、於潜、新登、分水、汤溪、寿昌、遂安"等 10 个方言点，分别排在其现在所归属的县市区后。旧县"宣平"大部今属武义，因两地方言归属不同，另行排序。

对照表中的方言点,属吴语的地名后不加下标,属徽语的地名后加下标"徽",属闽语的地名后加下标"闽",属畲话的地名后加下标"畲"。即:"泰顺""苍南""景宁"属吴语点,"泰顺<sub>闽</sub>""苍南<sub>闽</sub>"属闽语点,"景宁<sub>畲</sub>"属畲话点。

对照表中方言点之间用单线分隔,方言小片之间用虚线分隔,方言片之间用粗线分隔,方言区之间用双线分隔。

## 二、例句

本卷收入各调查点的语法例句 50 条。

语法例句按照《中国语言资源调查手册·汉语方言》中"肆　语法"的顺序排列。

语法对照表每页排一个语法例句,例句前保留"肆　语法"原定的序号,例句后保留必有的小字注释,如"借入""借出"。

## 三、用字

有本字可写者一律写本字。

合音字有通用俗字形的,采用俗字;没有通用俗字的,用原形加"〔　〕"表示。

同音字的选用尽量做到各方言相对一致,采用字后加上标的等号"="的方式表示同音。表近指或远指的"格""葛""介""乙",复数义的"拉"等,属于习用的表音字,不加同音字符号"="。

有音无字采用"□"表示。

条目中自成音节的"儿"用正常大小的字体表示;不自成音节的"儿"用小号字体表示。

## 四、标音

轻声用"º"表示。送气符号"h"及调值数字统一上标。

所有方言词只标实际读音,不标本音。实际读音中存在的音变现象具体处理如下:

连读变调,只标实际调值,其中有的是单字调,有的是连读调。

　　连读音变,只标实际音值,其中有的是单字音,有的是清音变浊或浊音
变清。

　　小称音变,除标实际音值外,鼻尾型及鼻化型小称,方言词后加注小号
字的"儿"。

## 五、同义句

　　一个语法条目有多种说法时,一般按照常用度的高低依次排列,即通
用、常用或多用的句子排前面。

语法例句对照

| 方言点 | 0001 小张昨天钓了一条大鱼，我没有钓到鱼。 |
|---|---|
| 01 杭州 | 小张昨□子钓了一梗大鱼，我没钓到鱼。<br>ɕiɔ⁵⁵ tsaŋ³³⁴ dza²² aŋ⁵⁵ tsʅ⁰ tiɔ⁴⁵ lə⁰ ie²⁵ kuaŋ⁰ dəu¹³ y⁵³ ，ŋəu⁵³ mei⁴⁵ tiɔ⁵⁵ tɔ⁰ y²¹³。 |
| 02 嘉兴 | 小张昨日钓牢=一条大鱼，我侬无没钓牢=。<br>ɕiɔ³³ tsã⁴² zoʔ¹ n̠ieʔ⁵ tiɔ³³ lɔ³³ ieʔ⁵ diɔ²¹ dou¹³ ŋ²⁴² ，ŋ²¹ ŋou²⁴ m¹³ məʔ⁵ tiɔ⁵⁵ lɔ³³。 |
| 03 嘉善 | 小张昨日钓着一条大鱼，阿奴没曾钓着。<br>ɕiɔ³⁵ tsæ̃⁵³ zoʔ² n̠i¹³ tiɔ⁴⁴ zaʔ³ ieʔ⁵ diɔ³¹ du³⁵ ŋ⁰ ，ɤʔ² nu¹³ məʔ² zən³¹ tiɔ⁴⁴ zaʔ²。 |
| 04 平湖 | 小张昨日子钓牢=一条大鱼，我勿钓牢=。<br>siɔ⁴⁴ tsã⁵³ zoʔ²³ n̠iəʔ⁵ tsʅ⁰ tiɔ⁴⁴ lɔ⁰ ieʔ⁵ diɔ³¹ du²⁴ ŋ⁰ ，ŋ²¹³ vəʔ²³ tiɔ⁴⁴ lɔ⁰。 |
| 05 海盐 | 小张昨日儿子钓牢=一羹=大鱼，我诺=勿钓牢=欵。<br>ɕiɔ²¹ tsɛ̃⁵³ zɔʔ²³ n̠in²⁴ tsʅ⁵³ tiɔ⁵⁵ lɔ²¹ ieʔ⁵ kɛ̃⁵³ du²⁴ n⁵³ ，ɔʔ²³ nɔʔ²³ vəʔ⁵ tiɔ⁵⁵ lɔ²¹ e²¹。 |
| 06 海宁 | 小张昨日钓牢=梗大鱼，我无不钓牢=。<br>ɕiɔ⁵⁵ tsã̃⁵⁵ zoʔ² n̠ieʔ² tiɔ⁵⁵ lɔ⁵ kã̃⁵³ dəuʔ⁵ ŋ³¹ ，u⁵³ m³³ pəʔ⁵ tiɔ⁵⁵ lɔ³¹。 |
| 07 桐乡 | 小张昨日钓咧一条大鱼，我倕无没钓牢=。"日"音殊<br>siɔ²¹ tsã⁴⁴ zɔʔ²³ n̠i¹³ tiɔ³³ liəʔ⁰ ieʔ³ diɔ⁴⁴ dəu²¹ ŋ⁵³ ，uəʔ²³ nɤm²¹³ m⁴⁴ məʔ⁵ tiɔ³³ lɔ⁵³。 |
| 08 崇德 | 小张昨日子钓嘚一条大鱼，让=我无不钓牢=。<br>ɕiɔ²¹ tsã⁴⁴ zɔʔ²³ n̠iəʔ⁵ tsʅ⁰ tiɔ³³ dəʔ⁰ ieʔ³ diɔ¹³ du²¹ ŋ⁴⁴ ，n̠iã̃²¹ o⁵³ m²¹ pəʔ⁵ tiɔ³³ lɔ⁰。 |
| 09 湖州 | 小张昨日钓着条大鱼，我无不钓着。<br>ɕiɔ⁵³ tsã̃⁰ zuoʔ² n̠ieʔ³ tiɔ³³ zaʔ² diɔ³³ dəu¹³ ŋ³¹ ，ŋ³¹ m¹¹ pəʔ⁵ tiɔ³³ zəʔ²。 |
| 10 德清 | 小张昨日钓着条大鱼，是我无不钓着。<br>ɕiɔ⁴⁴ tsã̃⁴⁴ zuoʔ² n̠ieʔ³ tiɔ³³ zaʔ⁵ diɔ⁴⁴ dəu¹¹ ŋ¹³ ，zuoʔ² ŋ⁵³ m¹¹ pəʔ⁵ tiɔ³³ zaʔ²。 |
| 11 武康 | 小张昨日钓着条大鱼，是我无不钓着。<br>ɕiɔ³³ tsã̃⁵³ zuoʔ² n̠ieʔ³ tiɔ⁴⁴ zəʔ² diɔ³¹ du¹¹ ŋ¹³ ，zəʔ² ŋo⁵³ m¹¹ pəʔ⁵ tiɔ³³ zəʔ³。 |
| 12 安吉 | 小张昨日钓得梗大鱼，我无不钓着。<br>ɕiɔ³³ tsã̃⁵⁵ zoʔ² n̠iɛʔ²³ tiɔ³² təʔ⁰ kuã̃⁵⁵ du²¹ ŋ²¹³ ，ŋɔ²¹³ m²² pəʔ⁵ tiɔ³² dzəʔ⁰。 |
| 13 孝丰 | 小张昨日钓了一条大鱼，我无不钓着鱼。<br>ɕiɔ³² tsã̃⁴⁴ zuoʔ² n̠ieʔ³ tiɔ³² lə⁰ ieʔ⁵ diɔ²² du²¹ ŋ²¹³ ，ŋuɔʔ²³ m²² pəʔ⁵ tiɔ³² dzaʔ⁰ ŋ²²。 |
| 14 长兴 | 小张昨日钓了一条大鱼，是我无不钓着鱼。<br>ʃiɔ³² tsã̃⁴⁴ zoʔ² n̠iɛʔ²¹ tiɔ³² lə⁰ iɛʔ² diɔ²⁴ dəu²⁴ ŋ¹² ，zəʔ² ʅ⁵² m¹² pəʔ⁵ tiɔ³²⁴ dzaʔ⁰ ŋ¹²。 |
| 15 余杭 | 小张昨日子钓着得一条大鱼，是我无不钓着。<br>siɔ³⁵ tsã̃⁵³ za⁵³ n¹³ tsʅ⁵³ tiɔ⁵³ zəʔ² təʔ⁵ ieʔ⁵ diɔ³³ du¹³ ŋ³¹ ，zoʔ² ŋ³¹ m³³ pəʔ⁵ tiɔ⁵³ zəʔ²。 |
| 16 临安 | 小张昨日子钓嘞一条大鱼，我无没钓着。<br>ɕiɔ⁵⁵ tsã̃⁵⁵ zuoʔ⁵ n̠iəʔ² tsʅ⁵⁵ tiɔ⁵⁵ ləʔ² ieʔ⁵ diɔ⁴⁴ duo³³ ŋ⁴³ ，ŋuo¹³ m⁵⁵ məʔ² tiɔ³³ dzaⁿ⁰。 |
| 17 昌化 | 小张昨日钓着一梗大鱼，我侬无钓着。<br>ɕiɔ⁴⁵ tsã̃³³⁴ zuəʔ² n̠iɛʔ²³ tiɔ⁵⁴⁴ zaʔ²³ iɛʔ⁵ kuã̃⁴⁵ dɯ²³ y⁴⁵ ，a²³ nəŋ⁴⁵ m¹¹ tiɔ⁵⁴⁴ zaʔ²³。 |

**续表**

| 方言点 | 0001 小张昨天钓了一条大鱼，我没有钓到鱼。 |
|---|---|
| 18 於潜 | 小张昨天钓嘞一梗大鱼，我是没钓到鱼欸。<br>ɕiɔ⁵¹ tsaŋ⁴³³ dzuəʔ² tʰie⁴³³ tiɔ³⁵ liəʔ² ieʔ⁵³ kuaŋ⁴³³ da²⁴ y⁵³ , ŋu⁵¹ zʅ²⁴ miæʔ²³ tiɔ³⁵ tɔ³⁵ y²²³ ɛ²² 。 |
| 19 萧山 | 小张上日钓了一梗大鱼，我无有钓着。<br>ɕiɔ³³ tsã²¹ zyɔ̃¹³ n̠i⁴² tiɔ³³ ləʔ²¹ ieʔ⁵ kuã⁴² do¹³ ŋ⁴² , ŋo¹³ n⁴² n̠iɔ²¹ tiɔ³³ dzaʔ²¹ 。 |
| 20 富阳 | 小张昨日子钓嘞一梗大鱼，我无不钓。<br>ɕiɔ⁴²³ tsã⁵⁵ ziəʔ² n̠iəʔ² tsʅ³³⁵ tiɔ³³⁵ lɛʔ⁰ ieʔ⁵ kuã⁵³ dʊ²²⁴ y¹³ , ŋo²²⁴ ŋ¹³ pɛʔ⁵ tiɔ³³⁵ 。 |
| 21 新登 | 小张昨日钓起嘞一梗大鱼，我还□钓到鱼。<br>ɕiɔ³³⁴ tsã⁴⁵ za²² n̠iəʔ² tiɔ⁴⁵ tɕʰi²¹ laʔ⁰ iəʔ⁵ kuɛ⁴⁵ du²¹ ŋ¹³ , u³³⁴ aʔ² mi⁴⁵ tiɔ⁴⁵ tɔ⁵³ ŋ²³³ 。 |
| 22 桐庐 | 小张昨日子钓嘞一梗大鱼，我无有钓到。/小张昨日子钓嘞一梗大鱼，我还未钓到。<br>ɕiɔ³³ tsã̃³³ zəʔ¹³ n̠iəʔ²¹ tsʅ⁵⁵ tiɔ¹³ ləʔ³ iəʔ⁵ kuã̃³³ du¹³ ŋ³⁵ , ŋo²⁴ ŋ¹³ iəu⁵⁵ tiɔ¹³ tɔ³³ 。 /<br>ɕiɔ³³ tsã̃³³ zəʔ¹³ n̠iəʔ²¹ tsʅ⁵⁵ tiɔ¹³ ləʔ³ iəʔ⁵ kuã̃³³ du¹³ ŋ³⁵ , ŋo²⁴ A²¹ mi³⁵ tiɔ³³ tɔ³³ 。 |
| 23 分水 | 小张昨天钓了一梗毛老大的鱼，我没有钓到。<br>ɕiɔ⁵³ tsã³³ dzuəʔ¹² tʰiɛ̃⁴⁴ tiɔ²⁴ lɔ⁰ iəʔ⁵ kuã⁵³ mɔ²¹ lɔ⁴⁴ da²¹ kəʔ⁵ y²¹ , ŋo⁴⁴ me²¹ iθ⁴⁴ tiɔ²¹ tɔ⁰ 。 |
| 24 绍兴 | 小张上外⁼日子钓了一梗大鱼，我落一梗都无[无有]得钓着。<br>ɕiɔ⁴⁴ tsaŋ³¹ zɑŋ²⁴ ŋa³¹ n̠ieʔ³ tseʔ⁵ tiɔ³³ ləʔ⁰ ieʔ³ kuaŋ³³ do²² ŋ²² , ŋo²² loʔ⁵ ieʔ³ kuaŋ³³ tu³³ n³³ n̠iɤ³³ təʔ⁰ tiɔ³³ tseʔ³ 。 |
| 25 上虞 | 上外⁼小张钓滴⁼一梗大鱼，我一梗都[无有]钓牢⁼。<br>zɔ̃²¹ ŋa³¹ ɕiɔ³³ tsɔ̃³⁵ tiɔ⁵⁵ tiəʔ² ieʔ⁵ kuã̃³⁵ dʊ³¹ ŋ²¹ , ŋo²¹³ iəʔ⁵ kuã̃³⁵ tu³³ n̠iɤ³⁵ tiɔ⁵⁵ lɔ⁰ 。 |
| 26 嵊州 | 小张上日钓得一梗大鱼，我么一梗鱼啊无有钓唻。<br>ɕiɔ³³ tsaŋ⁵³ zɔŋ²⁴ nəʔ³ tiɔ³³ təʔ⁰ ieʔ³ kuaŋ³³ do²² ŋ²² , ŋo²⁴ məʔ⁰ ieʔ³ kuaŋ³³ ŋ³³⁴ a³³ n³³ n̠iɤ⁵³ tiɔ³³ lɛ³¹ 。 |
| 27 新昌 | 小张上日间钓了一梗大鱼，我一梗鱼也无[无有]钓着过。<br>ɕiɔ³³ tsaŋ⁵³ zɔ̃²² neʔ³ kɛ̃³ tiɔ³³ leʔ³ iʔ³ kuaŋ⁵³ dɤ²² ŋ³³⁵ , ŋɤ¹³ ieʔ³ kuaŋ⁵³ ŋ³³ ia³³ ŋ²² teʔ³ tiɔ³³ tɕiaʔ⁵ kɤ³¹ 。 |
| 28 诸暨 | 小张上日子钓噶一棵大鱼，我无没钓着。<br>ɕiɔ³³ tsã̃⁴² zã̃²⁴ nieʔ⁵ tsʅ²¹ tiɔ³³ təʔ⁵ ieʔ⁵ kʰɤu³³ dɤu³³ ŋ¹³ , ŋɤu¹³ m¹³ maʔ⁵ tiɔ²¹ dzaʔ³ 。 |
| 29 慈溪 | 昨牙⁼小张钓嘞一梗大鱼，我鱼钓无着。<br>zɔʔ² ŋo¹³ ɕiɔ³³ tsã̃³⁵ tiɔ⁴⁴ laʔ² iəʔ² kuã̃³⁵ da¹¹ ŋ¹³ , ŋo¹¹ ŋ¹³ tiɔ⁴⁴ m¹¹ zəʔ² 。 |
| 30 余姚 | 小张上日钓嘞一梗老老大个鱼，我一梗也无没钓着。<br>ɕiɔ³⁴ tsəŋ⁴⁴ zəŋ¹³ n̠iəʔ² tio⁴⁴ liəʔ² iəʔ⁵ kuaŋ³⁴ lɔ¹³ lɔ⁰ dou¹³ kəʔ² ŋ¹³ , ŋo¹³ iəʔ⁵ kuaŋ³⁴ a¹³ m¹³ miəʔ² tio⁴⁴ za²² 。 |

续表

| 方言点 | 0001 小张昨天钓了一条大鱼，我没有钓到鱼。 |
|---|---|
| 31 宁波 | 小张昨日钓着嘞一梗大鱼，我侬鱼没钓着。<br>ɕio³³ tɕia⁴⁴ zoʔ² n̠iəʔ² tio⁴⁴ zoʔ² laʔ² iəʔ⁵ kuã̃ʔ daã²² ŋ¹³，ŋo¹³ nəu³² ŋ¹³ miəʔ² tio⁴⁴ zoʔ²。 |
| 32 镇海 | 小张昨末⁼钓嘞一梗大鱼，我莫钓着鱼。/小张昨末⁼钓嘞一梗大鱼，鱼我莫钓着。<br>ɕio³³ tɕiã⁴⁴ zoʔ¹² maʔ¹² tio³³ laʔ¹² ieʔ⁵ kuã̃³⁵ dəu²² ŋ²²，ɻo²⁴ mɔ²² tio³³ dzoʔ¹² ŋ²⁴。/<br>ɕio³³ tɕiã⁴⁴ zoʔ¹² maʔ¹² tio³³ laʔ¹² ieʔ⁵ kuã̃³⁵ dəu²² ŋ²²，ɻ²⁴ ŋo²⁴ mɔ²² tio³³ dzoʔ¹²。 |
| 33 奉化 | 小张昨日子钓着一梗大鱼，我一眼没钓着。<br>ɕio⁴⁴ tɕia⁵³ zoʔ² n̠iɿʔ² tsɿ⁰ tio⁴⁴ zoʔ² iɿʔ² kuã̃⁰ dəu³¹ ŋ⁰，ŋəu³² iɿʔ² ŋɛ³³ maʔ² tio⁴⁴ zoʔ²。 |
| 34 宁海 | 小张昨日儿钓来⁼一梗大鱼，我鱼无伯⁼钓来⁼过。<br>ɕieu³³ tɕiã³³ zoʔ³ n̠iã²¹³ tieu³³ leiʔ² iəʔ³ kuã̃³³ dəu²² ŋ²¹³，ŋo³¹ ŋ²³ m²² paʔ³ tieu³³ leiʔ⁰ ku⁰。 |
| 35 象山 | 小张昨日钓嘞一梗大鱼，我无白⁼钓牢⁼。<br>ɕio⁴⁴ tɕia⁴⁴ zoʔ² n̠ieʔ² tio⁴⁴ laʔ² ieʔ⁵ kuã̃³⁵ dəu¹³ ŋ³¹，ŋəu¹³ m³¹ beʔ² tio⁵³ lɔ³¹。 |
| 36 普陀 | 小张昨末⁼子钓了一梗大鱼，我无没钓到鱼。<br>ɕio⁵⁵ tɕiã⁵⁵ zo³³ mɐʔ⁵ tsɿ⁰ tio⁵⁵ ləʔ⁰ ieʔ⁵ kã̃⁵⁵ dəu¹¹ ŋ⁵⁵，ŋo²³ m⁵⁵ mɐʔ² tio⁵⁵ tsɔ⁰ ŋ²⁴。 |
| 37 定海 | 昨末⁼，小张钓着一梗大鱼，我无没钓着过。<br>zõ³³ mɐʔ⁵，ɕio⁴⁴ tɕiã⁴⁴ tio³³ dzoʔ² ieʔ² kuã̃³³ dʌu¹¹ ŋ⁴⁴，ŋo²³ m⁴⁴ mɐʔ² tio³³ dzoʔ² kʌu⁰。 |
| 38 岱山 | 昨日我鱼无呐⁼钓着过，小张倒钓着蛮大大一梗。<br>zõ³³ n̠ieʔ⁵ ŋo⁴⁵ ŋ⁴⁴ ŋ ŋ⁴⁴ nɐʔ² tio³³ dzoʔ⁰ kʌu⁰，ɕio³³ tɕi ã̃⁴⁵ tɐʔ⁰ tio³³ dzoʔ⁰ mɛ⁴⁵ dʌu⁰ dʌu⁰ ieʔ³ kuã̃⁴⁵。 |
| 39 嵊泗 | 昨末⁼小张搭⁼钓了一根大鱼，我没钓着过。<br>zõ³³ mɐʔ⁵ ɕio⁴⁴ tɕiã⁴⁴ tɐʔ² tio³³ ləʔ² iɐʔ² kã̃⁰ dʌu¹¹ ŋ⁴⁴，ŋo³⁴ mɐʔ² tio³³ dzoʔ⁰ kʌu⁰。 |
| 40 临海 | 小张昨日儿一梗大鱼钓嘞，我无有钓来。/小张昨日儿大鱼一梗钓嘞，我无有钓来。<br>ɕiə⁴² tɕiã³⁵³ zoʔ² n̠iŋ⁵¹ ieʔ³ kuã̃³¹ do²² ⁵¹ tiə³³ le⁰，ŋe⁵² m²² iu⁵⁵ tiə⁵⁵ le²¹。/ɕiə⁴² tɕiã³⁵³ zoʔ²³ n̠iŋ⁵¹ do²² ŋ⁵¹ ieʔ³ kuã̃³¹ tiə³³ le⁰，ŋe⁵² m²² iu⁵⁵ tiə⁵⁵ le²¹。 |
| 41 椒江 | 小张昨日儿一梗大鱼钓来，我鱼无钓来。<br>ɕiə⁴² tɕiã³⁵ zoʔ² n̠iŋ⁴¹ ieʔ³ kuã̃⁴² dəu²² ŋ²⁴ tiə³³ lə⁰，ŋo⁴² ŋ²⁴ m²² tio³³ lə⁴¹。 |
| 42 黄岩 | 小张昨日儿钓来一梗大鱼，我鱼无钓来。<br>ɕiə⁴² tɕiã³⁵ zoʔ² n̠in⁴¹ tio³³ leⁱ ieʔ³ kuã̃⁴² dou¹³ n²⁴，ŋo⁴² n²⁴ m¹³ tiə³³ le¹²¹。 |
| 43 温岭 | 小张昨日儿一梗大鱼钓来，我鱼无嘞钓来。<br>ɕiə⁴² tɕiã¹⁵ zoʔ² n̠in⁴¹ iʔ³ kuã̃³³ du¹³ ŋ²⁴ tiə⁵⁵ le⁰，ŋo⁴² ŋ²⁴ m²⁴ ləʔ⁰ tiə⁵⁵ le⁴¹。 |
| 44 仙居 | 小张昨日钓着一条大鱼，我无钓着。<br>ɕiɐu³¹ tɕia³³⁴ zaʔ²³ n̠iəʔ²³ dʑiɐu³³ dzɣaʔ⁰ iəʔ³ diɐu³³ do³⁵³ ɿ⁰，ŋo²⁴ m³⁵³ diɐu³³ dzɣaʔ²³。 |

**续表**

| 方言点 | 0001 小张昨天钓了一条大鱼，我没有钓到鱼。 |
|---|---|
| 45 天台 | 小张昨日儿一只大鱼钓来，我墨=钓来。<br>ɕieu³² tɕia⁵¹ zəʔȵiŋ³¹ iəʔ¹ tsaʔ⁵ dou³³ ŋ⁵¹ tieu³³ le²²⁴ ，ɔ²¹⁴ məʔ² tieu³³ le²²⁴ 。 |
| 46 三门 | 小张昨日儿钓了一根大鱼，我矮=齣钓到鱼。<br>ɕiau³² tɕiã³³⁴ zoʔ² niŋ²⁵² tiau⁵⁵ ləʔ⁰ ieʔ³ kəŋ³³⁴ dʊ²³ ²⁵² ，ʋ³²⁵ a³² vəŋ²⁴ tiau⁵⁵ tau³² ŋ²⁵² 。 |
| 47 玉环 | 小张昨日儿一条大鱼钓来，我鱼无钓牢=。<br>ɕiɔ⁴² tɕia³⁵ zoʔ² ȵiŋ⁴¹ iɐʔ³ diɔ³¹ dəu²² ŋ²⁴ tiɔ⁵⁵ le³¹ ，ŋɔ⁴² ŋ²⁴ m²² tiɔ³³ lɔ³¹ 。 |
| 48 金华 | 小张昨日儿钓了一梗大鱼，我未钓着。<br>siao⁵⁵ tɕiaŋ³³ saŋ⁵⁵ ȵi¹⁴ tiao⁵⁵ ləʔ⁰ iəʔ³ kuaŋ⁵⁵ tuɤ⁵⁵ ȵy¹⁴ ，a⁵⁵ mi¹⁴ tiao⁵⁵ tɕiəʔ⁰ 。 |
| 49 汤溪 | 细张昨日钓了一个大鱼，我侬点儿未钓着。<br>sia³³ tɕiɔ²⁴ za¹¹ ȵiei¹¹³ tɤ⁵² laʔ⁰ iei⁵² ka⁵² duɤ¹¹ ȵy⁵² ，a¹¹ nao²⁴ ȵiã⁵² mi¹¹ tɤ⁵² dziɔ⁰ 。 |
| 50 兰溪 | 小张昨日钓嘞一只蛮大个鱼，我侬还未钓着。<br>siɔ⁵⁵ tɕiaŋ³³⁴ sæ̃⁵⁵ ȵieʔ¹² tiɔ⁴⁵ ləʔ⁰ ieʔ³⁴ tɕieʔ³⁴ mæ̃²¹ duɤ²⁴ kəʔ⁰ ȵy²¹ ，uɤ⁵⁵ noŋ⁵⁵ ɑ²¹ mi²⁴ tiɔ⁴⁵ dziaʔ⁰ 。 |
| 51 浦江 | 小张昨日钓啊门=大个鱼，我无没钓着。门=:很<br>ɕia³³ tsan⁵³ zo¹¹ ȵiə²⁴³ tɯ⁵⁵ aʔ⁰ mən¹¹ dɯ²⁴ kaʔ⁰ ȵy¹¹³ ，a⁵³ m¹¹ mə²⁴ tɯ³³ yo³³ 。 |
| 52 义乌 | 小张上日儿钓来个大鱼，我一个鱼都[无得]钓着过。<br>ɕiau⁴⁵ tsan³³⁵ zɯa³³ nen²¹³ tɯɤ⁴⁵ leʔ³ kəʔ³ duɤ²² n²² ，a³¹ iəʔ³ kəʔ³ n³³ tu³³ mai²⁴ tɯɤ³³ tsɯa⁴⁵ kuɤ³¹ 。 |
| 53 东阳 | 昨日小张钓了尽大一条鱼儿，我一个也无备。<br>zo²¹⁴ nei²³ ɕiɔ³³ tɕiom⁴⁴ tiɔ³³ ləʔ⁰ ɕiɐn²⁴ dəɯ²² iʔ³⁴ dɔ²⁴ ȵyn³³ ，ŋʊ²⁴ iʔ³⁴ ka⁵⁵ ia³³ n³³ pei²² 。 |
| 54 永康 | 小张上日钓着一个大鱼，我一个都钓弗着。<br>ʑiau³¹ tɕiaŋ⁵⁵ ʑiaŋ³¹ ȵiə¹¹³ ɗiau³³ dziau⁰ iə³³ kuo⁵² duo³¹ ȵy²⁴¹ ，ŋuo³¹ iə³³ kuo⁵² ɗu⁵⁵ ɗiau⁵² fə³³ dziau⁰ 。 |
| 55 武义 | 小张昨日钓着一梗大鱼，我未钓着。<br>ɕiau⁵³ tɕiaŋ²⁴ zuo¹³ nə²⁴ lie⁵³ dziau⁰ iəʔ⁵ kua⁵³ duo⁵⁵ ȵy¹³ ，a⁵³ mi²⁴ lie⁵³ dziau⁰ 。 |
| 56 磐安 | 小张上日儿钓着一个大鱼儿，我无□钓着鱼儿。<br>ɕiɔ⁵⁵ tɕiɔ⁴⁴⁵ ɕiɔ³³ nen¹⁴ tiɔ⁵² tsɯaʔ⁰ iɛ³³ ka⁵² tuɤ⁵⁵ ȵyn²¹³ ，ŋyɤ³³ m²¹ bɛi¹⁴ tiɔ⁵² tsɯaʔ⁰ ȵyn²¹³ 。 |
| 57 缙云 | 小张昨日钓来一介=大鱼，我未钓着鱼。<br>ɕiəɤ⁵¹ tɕiɔ⁴⁴ zɔ²¹ ȵiei¹³ tiɔ⁵¹ lei⁰ iei⁴⁴ ka⁴⁵³ du²¹ ȵy²⁴³ ，ŋu³¹ mei⁴⁴ tiɔ⁴⁵³ dziɔ³¹ ȵy²⁴³ 。 |
| 58 衢州 | 小张昨日钓了一片大鱼，我一片得=齣钓着。<br>ɕiɔ⁵³ tʃy ã³² zəʔ² ȵiəʔ¹² tiɔ⁵³ ləʔ⁰ iəʔ³ pʰi ẽ⁵³ du²³¹ ŋ²¹ ，ŋu⁵³ iəʔ³ pʰi ẽ⁵³ təʔ⁵ vən²¹ tiɔ⁵³ dʒyaʔ¹² 。 |

续表

| 方言点 | 0001 小张昨天钓了一条大鱼，我没有钓到鱼。 |
|---|---|
| 59 衢江 | 小张上暝钓着一苠大鱼，我一个都未钓着。<br>ɕiɔ³³ tsa²¹ za̍²² me²¹² tiɔ³³ dzia²ʔ⁰ ieʔ¹ ty³³ dou²² ŋɤ⁵³，ŋaʔ² iəʔ³ kəʔ⁵ təʔ⁵ mɛ²¹² tiɔ³³ dzia²ʔ⁰。 |
| 60 龙游 | 小张上马=钓了苠大鱼，奴未钓着鱼。<br>ɕiɔ³³ tsa³³⁴ za̍²² m²²⁴ tiɔ⁵¹ ləʔ⁰ təw⁵¹ du²²⁴ ŋme²³¹，nu²²⁴ mi⁵¹ tiɔ⁵¹ dzəʔ⁰ ŋme²¹。 |
| 61 江山 | 小张昨暝钓着个嘞大鱼，我歜钓着。<br>ɕieu⁴⁴ tɕiaŋ⁴⁴ zaʔ² maŋ²² tieu⁴⁴ dəʔ⁰ kəʔ⁵ lɛ⁴⁴ do²² ŋə²¹³，ŋu²² voŋ²² tieu⁴⁴ dəʔ⁰。 |
| 62 常山 | 小张昨暝钓着一只大鱼，我[弗曾]钓着。<br>ɕiɤ⁴³ tɕia̍⁴⁴ zaʔ³ m̍²⁴ ti⁻ɤ⁴³ dʌʔ⁰ ieʔ⁴ tseʔ⁵ dɔ²⁴ ŋɤ⁰，ŋa²⁴ fa̍⁵² tiɤ⁴³ dʌʔ⁴。 |
| 63 开化 | 小张昨暝钓了一个大鱼，我歜钓着鱼。<br>ɕiɔ⁴⁴ tɕiɤ̍⁴⁴ zyo²ʔ ma̍²¹³ tieu⁵³ ləʔ⁰ ieʔ⁵ gəʔ⁰ dɔ²¹ ŋə²³¹，ŋa²¹ voŋ²¹³ tieu⁵³ daʔ⁰ ŋə²³¹。 |
| 64 丽水 | 小张昨暝钓到一根大鱼，我没钓到鱼。<br>ɕiə⁴⁴ tɕia̍²²⁴ zəʔ²¹ maʔ²³ tiə⁵² təʔ⁴⁴ iʔ⁴ ken²²⁴ du²¹ ŋme⁵²，ŋuo⁵⁴⁴ mei⁵² tiə⁵² təʔ⁴⁴ ŋme²²。 |
| 65 青田 | 小张昨暝日钓到一条大鱼，我无钓到鱼。<br>ɕiœ³³ dʑœ⁴⁴⁵ za²ʔ maʔ⁵ nɐʔ³¹ diɔ³³ dœ³³ iæʔ⁴ diœ²² du²² ŋɛ⁵³，ŋu⁴⁵⁴ m²¹ diɔ³³ dœ³³ ŋɛ²¹。 |
| 66 云和 | 小张昨暝日钓了一枚大鱼，我无钓到鱼。<br>ɕiɔ⁴⁴ tia̍²⁴ zo²²³ moʔ²³ naʔ²³ tiɔ⁴⁵ laʔ⁰ iʔ⁴ mei⁴⁵ du²²³ n̩y²⁴，ŋɔ⁴⁴ m⁴⁵ tiɔ⁴⁵ təu⁴⁴ n̩y²⁴。 |
| 67 松阳 | 小张昨暝钓了一粒大鱼儿，是我还[弗曾]钓到过。<br>ɕiɔ³³ tɕiɛ⁵³ zɤʔ² ma̍¹³ tiɔ²⁴ ləʔ⁰ iʔ³ leʔ⁵ du²² ŋmeə²¹ n²⁴，zi̍ʔ² ŋ³¹ u³̍³ xæ̍⁵³ tiɔ²⁴ tɔ²¹ ku⁰。 |
| 68 宣平 | 小张昨暝钓着一根大鱼，我没钓着鱼过。<br>ɕiɔ⁴⁴ tɕia̍³²⁴ zaʔ⁴² mɛ²³¹ tiɔ⁵³ tɕiəʔ⁰ iʔ⁴ kəʔ⁵⁵ do²² n⁴³³，o²² mei⁵⁵ tiɔ⁵⁵ tɕiəʔ⁰ n̍⁴³ ko⁵²。 |
| 69 遂昌 | 小张昨暝钓了一枚大鱼，我都歜钓到过。<br>ɕieu⁵³ tɕiaŋ⁴⁵ zɔ²ʔ ɕieu²ʔ tieu³³ ləʔ⁰ iʔ⁵ mei²¹ du¹³ ŋɤ²²¹，ŋu¹³ təu⁵² vɛ̃²² tieu³³ təu⁴⁵ ku⁰。 |
| 70 龙泉 | 小张上暝钓唠枚大鱼，我未钓有。<br>ziɑ√²¹ tiaŋ⁴³⁴ zaŋ²¹ maŋ²²⁴ tiɑ√⁴⁵ lɑ√⁰ mi⁴⁴ dou²¹ ŋɤɯ√，ŋo⁵¹ mi²²⁴ tiɑ√⁴⁵ iəu⁵¹。 |
| 71 景宁 | 小张昨暝日钓着一枚大鱼，我[弗会]钓着鱼。<br>ɕiɑu⁵⁵ tiɛ³² zɔ²ʔ mɛ⁵⁵ nɛ²³ tiɑu³⁵ dziaʔ²³ iʔ³ mai⁴¹ do⁵⁵ n̩y³²，ŋɔ³³ fai⁵⁵ tiɑu³⁵ dziaʔ²³ n̩y³²。 |
| 72 庆元 | 小张昨暝钓了一枚大鱼儿，我[否会]钓到鱼儿。<br>ɕiɔ³³ dia̍³³⁵ sɤʔ³⁴ mæ̃⁵⁵ diɔʔ¹¹ ləʔ³ ɕmeʔ⁵ mæi⁵² to³³ ŋæ̃⁵⁵，ŋo²²¹ fæi⁵⁵ diɔ¹¹ dʌ³¹ ŋæ̃⁵⁵。 |
| 73 泰顺 | 小张昨暝日钓来一枚大鱼，我未钓到鱼。<br>ɕiɑ⁵⁵ tia̍²¹³ ɕi³ɔ²¹ mi⁵⁵ nɛ²ʔ tiɑʔ³⁵ li⁵³ iɛʔ² mæi⁵³ to²¹ n̩y²¹³，ŋo⁵⁵ mi²¹ tiɑʔ³⁵ tɑʔ³⁵ n̩y²¹³。 |
| 74 温州 | 昨夜小张有条大鱼钓牢=，我有钓牢=。<br>zuo¹⁴ i³¹ ɕiɛ⁴² tɕi³³ iau²² diɛ⁰ dɤu³¹ ŋo²¹ tiɛ⁵¹ lɔ⁰，ŋ¹⁴ nau²⁵ tiɛ³ lɔ³¹。 |

续表

| 方言点 | 0001 小张昨天钓了一条大鱼，我没有钓到鱼。 |
|---|---|
| 75 永嘉 | 小张昨夜有条鱼钓牢＝大险大，我冇钓牢＝。<br>ɕyə⁵³tɕiɛ⁴⁴zo²¹³zʅ²¹iau²²dyə²²ŋ²¹tyə⁵³lə⁰dəu²²ɕi⁴⁵dəu²²，ŋ¹³nau⁴⁵tyə⁵³lə⁰。 |
| 76 乐清 | 昨暝小张有条大鱼钓牢＝，我冇钓牢＝。<br>zo³¹m²²sɤ⁴²tɕiɯʌ⁴⁴iau²²diɯʌ⁰du²⁴n̠i²¹²tiɯʌ⁴¹lɤ⁰，ŋ²⁴mau³²tiɯʌ⁴¹lɤ⁰。 |
| 77 瑞安 | 小张昨夜钓牢＝一根大鱼儿，我冇钓牢＝。<br>ɕy⁵³tɕiɛ⁴⁴zo²i̅¹³tuɔ²lə⁰e³kø³³dou¹³n̠ɣ²²ŋ⁰，ŋ¹³nau³⁵tuɔ³lɛ³¹。 |
| 78 平阳 | 小张昨夜钓牢＝一头大鱼，我冇钓牢＝。<br>ɕie⁴⁵tɕie¹³zʌ³³i²¹tye³³lɛ⁴²i⁴²dəu²⁴²du³³n̠y⁴²，ŋ³⁵nau¹³tye³³lɛ⁴²。 |
| 79 文成 | 小张昨暝日钓牢＝一条大鱼，我［冇］钓牢＝<br>ɕyø³³tɕie³³zo¹³mo³³ne²¹tuo²¹lɛ²¹i⁴⁵tuo³³duo³³ŋou¹³，ŋ¹³nou³³tuo²¹lɛ²¹。 |
| 80 苍南 | 小张昨夜钓尾大鱼，我冇钓牢＝。<br>ɕyə⁴²tɕiɛ⁴⁴zai¹¹i¹¹tyɔ⁴²mai⁵³du¹¹n̠yɛ³¹，ŋ⁵³nau²⁴tyɔ⁴²lɛ³¹。 |
| 81 建德㣲 | 小张昨日钓着一个大鱼，卬未钓着。<br>ɕiɔ⁵⁵tsɑŋ³³so²¹iɐʔ¹²tiɔ³³tsɑ³³iɐʔ³kɐʔ⁵tʰu⁵⁵n³³，ɑŋ²¹³mi⁵⁵tiɔ³³tsɑ⁵⁵。 |
| 82 寿昌㣲 | 细张昨日钓着一只大鱼，咱勿曾钓着鱼。<br>ɕiɛ³³tsɑ̃¹¹sæ̃⁵⁵n̠iəʔ³tiɤ³³tsʰɔʔ³iəʔ³tsɐʔ³tʰu³³n̠y⁵²，tsɑ⁵²uəʔ³sen⁵²tiɤ³³tsʰɔʔ³n̠y⁵²。 |
| 83 淳安㣲 | 小张昨日儿钓考＝一只大鱼，我不洪＝钓着鱼。"不""昨"韵殊<br>ɕiɤ⁵⁵tsɑ̃²⁴səʔ¹³in⁵⁵tiɤ²¹kʰɤ⁵⁵iʔ³tsɐʔ³tʰu⁵³ya⁴³⁵，u⁵⁵poʔ⁵hon⁴³⁵tiɤ²¹tsʰɑ²¹³ya⁴³⁵。 |
| 84 遂安㣲 | 小张昨日钓着一只大鱼，我甮钓着。<br>ɕiɔ²¹tɕiɑ̃³³so³³i³³tiɔ⁵⁵tɕʰiɔ³³i²¹tsɑ³³tʰəɯ⁵⁵y³³，kɔ⁵⁵pəŋ³³tiɔ⁵⁵tɕʰiɔ³³。 |
| 85 苍南闽 | 小张昨日钓着蜀尾大鱼，我无钓着鱼。<br>ɕio³³tĩũ̃⁵⁵tso²¹dzie²⁴tio²¹tio²⁴tɕie²¹bə²⁴tai²⁴hu²⁴，gua³²bɔ²¹tio²⁴tio²¹hu²⁴。 |
| 86 泰顺闽 | 小张昨暮早钓尾大鱼，我未钓着。<br>ɕiau³⁴tio²²søʔ³møʔ³tsa³⁴⁴tieu³¹mɔi³⁴⁴ta³⁴ny²²，ŋa³⁴mɔi²²icm²²tiɐu²²tɕie²²。 |
| 87 洞头闽 | 小张十木＝日钓蜀尾大尾个鱼，我钓无。<br>ɕieu³³tĩũ̃³³tsɐt²¹bo²¹dziek²¹tieu²¹dziek³bə²⁴tua²⁴bə²⁴ge²¹hu¹¹³，gua⁵³tieu³³bɔ²⁴。 |
| 88 景宁畲 | □晡小张钓一尾大鱼，我没钓到鱼。<br>tɔn⁵¹pu⁴⁴⁵ɕiau⁴⁴tieŋ⁴⁴tau⁴⁴it⁵muei²²tʰɔi⁵¹n̠y⁵¹，ŋɔi⁴⁴min²²tau⁴⁴tʰiəu⁴⁴n̠y⁵¹。 |

| 方言点 | 0002 a. 你平时抽烟吗？ b. 不，我不抽烟。 |
|---|---|
| 01 杭州 | a. 平常你香烟吃不吃的？/香烟你平常吃不吃的？<br>a. biŋ²² dzaŋ⁴⁵ ȵi⁵³ ɕiaŋ³³ iɛ⁴⁵ tɕʰioʔ³ paʔ⁰ tɕʰioʔ³ tiʔ⁰？/ɕiaŋ³³ iɛ⁴⁵ ȵi⁵³ biŋ²² dzaŋ⁴⁵ tɕʰioʔ³ paʔ⁰ tɕʰioʔ³ tiʔ⁰？<br>b. 我不吃的。<br>b. ŋəu⁵³ paʔ³ tɕʰioʔ³ tiʔ⁰。 |
| 02 嘉兴 | a. 倷平常吃烟哦？ b. 勿，我勿吃烟。<br>a. nei¹³ piŋ²¹ zʌ̃²⁴ tɕieʔ⁵ iɛ⁵ vʌ²¹？ b. vəʔ，ŋ¹³ vəʔ⁵ tɕʰieʔ⁵ iɛ⁴²。 |
| 03 嘉善 | a. 倷平常香烟吃哦？ b. 阿奴弗吃个。<br>a. nə¹³ bin¹³ zæ̃³¹ ɕiæ̃³⁵ iɪ⁵³ tɕʰiəʔ⁵ vəʔ²？ b. ɜʔ² nu¹³ fɜʔ⁵ tɕʰiəʔ⁴ əʔ²。 |
| 04 平湖 | a. 倷平常日脚香烟吃哦？ b. 阿奴勿吃个。<br>a. nəɯ²¹³ pʰin⁴⁴ zã⁰ ȵiəʔ²¹ tɕiaʔ⁵ siã⁴⁴ iəʔ⁰ tɕʰiəʔ⁵ vaʔ⁰？ b. aʔ³ nu⁴⁴ vəʔ²³ tɕʰiəʔ⁵ kəʔ⁰。 |
| 05 海盐 | a. 倷平常香烟吃哦？ b. 我诺＝勿吃欤。<br>a. ne⁴²³ bin²⁴ zɛ̃⁵³ ɕiɛ̃⁵⁵ iɛ³¹ tsʰəʔ²³ vaʔ²³？ b. ɜʔ²³ nɔʔ²³ vəʔ⁵ tsʰəʔ²³ e²¹。 |
| 06 海宁 | a. 倷平常香烟吃哦？ b. 我弗吃个<br>a. nəɯ⁵³ biŋ³³ zã⁵⁵ ɕiã⁵⁵ iɛ⁵⁵ tɕʰiɛʔ⁵ vəʔ²？ b. u⁵³ fəʔ⁵ tɕʰiɛʔ⁵ gəʔ²。 |
| 07 桐乡 | a. 倷平常吃烟啦？ b. 我倷弗吃烟。<br>a. nɤɯ²⁴² biŋ²¹ zã⁴⁴ tɕʰiəʔ³ iɛ⁴⁴ laʔ⁰？ b. uəʔ²³ nɤɯ²¹³ fəʔ³ tɕʰiəʔ³ iɛ⁴⁴。 |
| 08 崇德 | a. 倷平常吃烟哦？ b. 让＝我弗吃烟。<br>a. nɤɯ⁵³ biŋ²¹ zã⁴⁴ tɕʰiəʔ³ iɪ⁴⁴ vəʔ⁰？ b. ȵiã²¹ o⁵³ fəʔ³ tɕʰiəʔ³ iɪ⁴⁴。 |
| 09 湖州 | a. 尔平常之界＝吃香烟哦？ b. 我弗吃噯。<br>a. n¹³ bin⁵³ zã³¹ tsɿ⁴⁴ ka⁴⁴ tɕʰiɛʔ⁵ ɕiã⁴⁴ iɛ⁴⁴ vəʔ⁰？ b. ŋ¹³ fəʔ² tɕʰiɛʔ⁵ ei⁰。 |
| 10 德清 | a. 尔平常日脚吃香烟哦？ b. 是我勿吃个。<br>a. n⁵³ bin¹¹ zã¹³ ȵiəʔ² tɕia³³ tɕʰiɔʔ⁵ ɕiã⁴⁴ iɛ⁴⁴ vəʔ²？ b. zuoʔ² ŋ⁵³ vəʔ⁵ tɕʰiɔʔ⁵ uo⁰。 |
| 11 武康 | a. 是尔平常日脚吃香烟哦？ b. 是我勿吃个。<br>a. zɜʔ² n⁵³ bin³¹ zã¹³ ȵiəʔ² tɕiɜʔ⁵ tɕʰiɜʔ⁵ ɕiã⁴⁴ iɪ⁴⁴ vəʔ²？ b. zɜʔ² ŋ⁵³ vəʔ² tɕʰiɜʔ⁵ o³¹。 |
| 12 安吉 | a. 倷咸＝亮＝通＝吃香烟哇个？ b. 我弗吃个。<br>a. nəʔ²³ ᴇ²² lia²¹ tʰoŋ⁵⁵ tɕʰiɤʔ³ ɕiã⁵⁵ i⁵⁵ uaʔ⁰ kəʔ⁰？ b. ŋ²¹³ fəʔ⁵ tɕʰiɤʔ⁵ kəʔ⁰。 |
| 13 孝丰 | a. 倷平常吃香烟哇？ b. 弗吃，我弗吃香烟。<br>a. nəʔ²³ biŋ²² dzɔ²² tɕʰiɛʔ⁵ ɕiã⁴⁴ iɪ⁴⁴ vaʔ⁰？ b. fəʔ³ tɕʰiɛʔ⁵，ŋuoʔ²³ fəʔ³ tɕʰiɛʔ⁵ ɕiã⁴⁴ iɪ⁴⁴。 |
| 14 长兴 | a. 是尔平常时界＝吃香烟啊？ b. 我弗吃香烟。<br>a. zəʔ² n⁵² biŋ¹² zɔ̃³³ zɿ¹² ka⁴⁴ tʃʰiᴇʔ³ ʃia⁴⁴ i⁴⁴ a⁴⁴？ b. ŋ³³ fəʔ³ tʃʰiᴇʔ³ ʃia⁴⁴ i⁴⁴。 |
| 15 余杭 | a. 是尔平常日脚吃勿吃香烟个？ b. 弗个，是我弗吃香烟个。<br>a. zəʔ² n³¹ biŋ³³ zã³³ ȵiəʔ² tɕiaʔ⁵ tɕʰiaʔ⁵ vəʔ² tɕʰiaʔ⁵ ɕiã⁵⁵ iᴇ⁵⁵ goʔ⁵？<br>b. fəʔ⁵ oʔ²，zoʔ² n³¹ fəʔ⁵ tɕʰiaʔ⁵ ɕiã⁵⁵ iᴇ⁵⁵ oʔ²。 |

续表

| 方言点 | 0002 a. 你平时抽烟吗？ b. 不，我不抽烟。 |
|---|---|
| 16 临安 | a. 依原来香烟吃弗吃个？ b. 我弗吃个。<br>a. noŋ¹³ n̠yɕɛ⁵⁵ lɛ⁵⁵ ɕia⃛⁵⁵ iɛ⁵⁵ tɕʰiɐʔ⁵ fɐʔ⁵ tɕʰiɐʔ⁵ gɔ⁰？ b. ŋuo¹³ fɐʔ⁵ tɕʰiɐʔ⁵ gɔ⁰。 |
| 17 昌化 | a. 尔依平常时节吃香烟不个？<br>b. 不个，我依不吃香烟个。/不个，香烟我依不吃个。<br>a. ŋ²³ nəŋ⁴⁵ biəŋ¹¹ zɔ¹¹ zɿ¹¹ tɕiɛʔ⁵ tɕʰiɛʔ⁵ ɕiã³³ i ĩ⁴⁵ pəʔ⁵ kəʔ⁵？ b. pəʔ⁵ kəʔ⁵，a²³ nəŋ⁴⁵ pəʔ⁵ tɕʰiɛʔ⁵ ɕiã³³ i ĩ⁴⁵ kəʔ⁵。/pəʔ⁵ kəʔ⁵，ɕiã³³ i ĩ⁴⁵ a²³ nəŋ⁴⁵ pəʔ⁵ tɕʰiɛʔ⁵ kəʔ⁵。 |
| 18 於潜 | a. 你平时吃不吃香烟个？ b. 我是不吃个。<br>a. ni⁵¹ biŋ²²³ zɿ²⁴ tɕʰie⁵³ pəʔ² tɕʰie⁵³ ɕiaŋ⁴³ ie⁴³³ kəʔ²？ b. ŋu⁵¹ zɿ²⁴ pəʔ⁵³ tɕʰie⁵³ kəʔ²。 |
| 19 萧山 | a. 尔平时香烟吃弗吃？ b. 我弗吃。<br>a. ŋ¹³ biŋ¹³ zɿ³³ ɕia³³ ie³³ tɕʰieʔ⁵ fəʔ⁵ tɕʰieʔ⁵？ b. ŋo¹³ fəʔ⁵ tɕʰieʔ⁵。 |
| 20 富阳 | a. 尔平常吃烟么？ b. 弗，我弗吃。<br>a. ŋ²²⁴ bin¹³ dza⃛⁵⁵ tɕʰieʔ⁵ ie⁵⁵ mɛʔ⁰？ b. fɛʔ⁵，ŋo²²⁴ fɛʔ⁵ tɕʰieʔ⁵。 |
| 21 新登 | a. 尔平时吃烟弗？ b. 弗，我弗吃烟。<br>a. ŋ³³⁴ beiŋ²³³ zɿ¹³ tsʰaʔ⁵ iɛ⃛⁵³ faʔ？ b. faʔ⁵，u³³⁴ faʔ⁵ tsʰaʔ⁵ iɛ⃛⁵³。 |
| 22 桐庐 | a. 你平常吃香烟哦？ b. 勿，我勿吃香烟个。<br>a. ni³³ biŋ²¹ za⃛⁵⁵ tɕʰiəʔ⁵ ɕia⃛⁵⁵ ie²¹ vʌ³³？ b. vəʔ¹³，ŋo³³ vəʔ⁵ tɕʰiəʔ⁵ ɕia⃛⁵⁵ ie²¹ gəʔ²¹。 |
| 23 分水 | a. 你平常吃不吃烟？ b. 我不吃。<br>a. n̠i⁵³ biŋ²¹ dza⃛²⁴ tɕʰiəʔ⁵ pəʔ⁵ tɕʰiəʔ⁵ iɛ⃛²²？ b. ŋo⁵³ pəʔ⁵ tɕʰiəʔ⁵。 |
| 24 绍兴 | a. 偌平常间头香烟吃勿吃个？ b. 我勿吃香烟个。<br>a. noʔ² biŋ²² zaŋ²⁴ kɛ⁴⁴ dɤ³¹ ɕiaŋ³³ iɛ⃛⁵³ tɕʰieʔ³ veʔ² tɕʰieʔ³ goʔ³？<br>b. ŋo²² veʔ² tɕʰieʔ³ ɕiaŋ³³ iɛ⃛⁴⁴ goʔ³¹。 |
| 25 上虞 | a. 依平常日脚烟吃吃个？ b. 哑⁼，我勿吃个。<br>a. noŋ²¹³ biŋ²¹ dzɔ⃛²¹ n̠iəʔ² tɕiaʔ⁵ iɛ⃛³³ tɕʰyoʔ² tɕʰyoʔ⁵ kəʔ²？ b. o³¹，ŋu²¹³ veʔ² tɕʰyoʔ⁵ kəʔ²。 |
| 26 嵊州 | a. 依平时香烟吃弗吃个？ b. 我香烟弗吃个。<br>a. noŋ²⁴ biŋ²² zɿ²⁴ ɕiaŋ⁵³ iɛ⃛³³ tɕʰyoʔ⁵ fəʔ⁵ tɕʰyoʔ⁵ gaʔ⁰？ b. ŋo²⁴ ɕiaŋ⁵³ iɛ⃛³³ fəʔ⁵ tɕʰyoʔ⁵ gɔ⁰。 |
| 27 新昌 | a. 尔平常烟食弗食个？ b. 我弗食个。<br>a. ŋ²³² biŋ¹³ dzaŋ²² iɛ⃛⁵³ ziʔ² feʔ³ ziʔ³ gɤ³¹？ b. ŋɤ²³² feʔ³ ziʔ³ gɤ³¹。 |
| 28 诸暨 | a. 尔平常香烟吃弗吃？ b. 我弗吃香烟。<br>a. n³³ biŋ²¹ za⃛³³ ɕia²¹ ie⁴² tɕʰieʔ⁵ fəʔ⁵ tɕʰieʔ⁵？ b. ŋɤu¹³ fəʔ⁵ tɕʰieʔ⁵ ɕia⃛²¹ ie⁴²。<br>a. 尔平常吃不吃香烟？ b. 香烟我弗吃。<br>a. n³³ biŋ²¹ za⃛³³ tɕʰieʔ⁵ fəʔ⁵ tɕʰieʔ⁵ ɕia⃛²¹ ie⁴²？ b. ia⃛²¹ ie⁴² ŋɤu¹³ fəʔ⁵ tɕʰieʔ⁵。 |
| 29 慈溪 | a. 依时格吃烟未？/依时格吃烟哦？ b. 弗，烟我是弗吃格。<br>a. nuŋ¹³ zɿ¹¹ kəʔ² tɕʰyoʔ⁵ iɛ⃛³⁵ ue⁰？/nuŋ¹³ zɿ¹¹ kəʔ² tɕʰyoʔ⁵ i ɛ⃛³⁵ ua⁰？<br>b. faʔ⁵，iɛ⃛³ ŋo¹³ zɿ⁰ faʔ⁵ tɕʰyoʔ⁵ kəʔ²。 |

| 方言点 | 0002 a. 你平时抽烟吗？ b. 不，我不抽烟。 |
|---|---|
| 30 余姚 | a. 侬时格香烟吃个勿？ b. 我时格香烟勿吃个。<br>a. nuŋ¹³ dzɿ¹³ kə?² ɕiaŋ⁴⁴ iẽ⁴⁴ tɕʰyo⁵ kə?² və⁴⁴？<br>b. ŋo¹³ dzɿ¹³ kə?² ɕiaŋ⁴⁴ iẽ⁴⁴ və?² tɕʰyo⁵ kə?²。 |
| 31 宁波 | a. 侬平常香烟吃哦？ b.［弗要］渠，我侬香烟勿吃或＝。<br>a. nəu¹³ biŋ²² dzɿ¹³ ɕia⁴⁴ i⁴⁴ tɕʰyo⁵ va?²？<br>b. fe⁵³ dʑi⁰，ŋo¹³ nəu³³ ɕia⁴⁴ i⁴⁴ va?² tɕʰyo⁵ o?²。 |
| 32 镇海 | a. 侬平常来吃香烟勿？ b. 没，我没来吃唻。/没，香烟我没来吃唻。<br>a. nəu²⁴ biŋ²² dzɿ̃²⁴ le²² tɕʰyo⁵ ɕiã³³ i³³ ve?²？<br>b. mie?¹²，ŋo²⁴ mie?¹² le²² tɕʰyo⁵ le⁰。/mie?¹²，ɕiã³³ i³³ ŋo²⁴ mie?¹² le²² tɕʰyo⁵ le⁰。 |
| 33 奉化 | a. 侬时＝介＝来的吃香烟无？ b. 毛＝，我弗吃香烟。<br>a. nəu³³ zɿ³³ ka⁵³ le³³ tii?² tɕʰyo⁵ ɕiã⁴⁴ i⁴⁴ m⁰？ b. mʌ³³，ŋəu³² fa?⁵ tɕʰyo⁵ ɕiã⁴⁴ i⁴⁴。 |
| 34 宁海 | a. 尔平时烟吃勿？ b. 弗吃，我烟弗吃。<br>a. n³³ biŋ²¹ zɿ²³ ie³³ tɕʰyu?³ ua⁰？ b. fə?³ tɕʰyu?³³，ŋo³¹ ie³³ fə?³ tɕʰyu?³。 |
| 35 象山 | a. 尔闲常香烟来吃个哦？ b. 无白＝，我香烟弗吃个。<br>a. n³¹ ɛ³¹ dzɔ̃⁰ ɕia⁴⁴ i⁴⁴ le³¹ tɕʰyo⁵ ge?²vɤɯ¹³？<br>b. m³¹ be?²，ŋəu¹³ ɕia⁴⁴ i⁴⁴ fa?⁵ tɕʰyo⁵ ge?²。 |
| 36 普陀 | a. 侬平常吃香烟勿？ b. 无没，我弗吃香烟。<br>a. noŋ²⁴ biŋ³³ dzɔ̃⁴⁵ tɕʰyo⁵ ɕiã³³ i⁵³ væi?²？ b. m⁵⁵ mɐ?⁰，ŋo²³ fɐ?³ tɕʰyo⁵ ɕiã³³ i⁵³。<br>a. 侬平常吃弗吃香烟？ b. 我弗吃香烟。<br>a. noŋ²⁴ biŋ³³ dzɔ̃⁴⁵ tɕʰyo⁵ fɐ?⁰ tɕʰyo?⁵ ɕiã³³ i⁵³？ b. ŋo²³ fɐ?³ tɕʰyo⁵ ɕiã³³ i⁵³。<br>a. 侬平常香烟吃勿？ b. 香烟我弗吃。<br>a. noŋ²⁴ biŋ³³ dzɔ̃⁴⁵ ɕiã³³ i⁵³ tɕʰyo⁵ væi⁰？ b. ɕiã³³ i⁵³ ŋo²³ fɐ?³ tɕʰyo⁵。 |
| 37 定海 | a. 侬香烟来＝跌＝吃勿？ b. 我没来＝跌＝吃。<br>a. noŋ²³ ɕiã³³ i⁵² le³³ tie?⁰ tɕʰyo³ vɐ?⁰？ b. ŋo²³ mɐ?⁵ le³³ tie?⁰ tɕʰyo⁰。 |
| 38 岱山 | a. 侬香烟来＝吃勿？ b. 我勿吃呵。/我没来＝吃呵。<br>a. noŋ²³ ɕiã³³ i⁵² le³³ tɕʰyo⁵ vɐ?²？ b. ŋo²³ vɐ?² tɕʰyo?⁵ ʌu⁰。/ŋo²³ nɐɐ?⁵ le⁰ tɕʰyo?⁵ ʌu⁰。 |
| 39 嵊泗 | a. 侬香烟来＝吃勿？ b. 我劲吃个。/我勿吃香烟个。<br>a. noŋ²⁴ ɕiã³³ i⁵³ le³³ tɕʰyo⁵ vɐi⁰？<br>b. ŋo³⁴ vɐi²⁴ tɕʰyo?³ gʌu⁰。/ŋo³⁴ vɐi?² tɕʰyo?⁵ ɕiã³³ i⁵³ gʌu⁰。 |
| 40 临海 | a. 尔闲两时吃香烟哦？ b. 我香烟弗吃个。<br>a. ŋ⁵² ɛ²² lia⁴² zɿ⁵¹ tɕʰyo³ ɕiã⁵⁵ i³¹ uə?⁰？ b. ŋe⁵¹ ɕiã⁵⁵ i³¹ fə?⁵ tɕʰyo⁵ kə?⁰。 |
| 41 椒江 | a. 尔闲时吃香烟个哦？ b. 我弗吃香烟。<br>a. n⁴² ɛ²² zɿ⁴¹ tɕʰyo?³ ɕiã³⁵ ie⁴² kə?⁰ vɛ?⁰？ b. ŋo⁴² fə?⁵ tɕʰyo⁵ ɕiã³⁵ ie⁴²。 |

**续表**

| 方言点 | 0002 a.你平时抽烟吗？ b.不，我不抽烟。 |
|---|---|
| 42 黄岩 | a. 尔平时要吃香烟哦？ b. 我香烟弗吃个。<br>a. n⁴² bin¹³ zʅ⁴¹ ie³ tɕʰyo²³ ɕia³⁵ ie⁴² vɛ⁰ ？ b. ŋo⁴² ɕia³⁵ ie⁴² fə²⁵ tɕʰyo²³ kəʔ⁰ 。 |
| 43 温岭 | a. 尔一般吃香烟哦？ b. 我香烟弗吃个。<br>a. n⁴² iʔ³ pɛ¹⁵ tɕʰyo²³ ɕiã⁵⁵ ie³¹ vəʔ⁰ ？ b. ŋo⁴² ɕiã⁵⁵ ie³¹ fə²⁵ tɕʰyo²³ kəʔ⁰ 。 |
| 44 仙居 | a. 尔平时香烟吃哇了？ b. 弗，我弗吃。<br>a. ŋ²⁴ bin³⁵³ zʅ⁰ ɕia³³ ie⁵³ tɕʰyɔ²³ uəʔ⁰ ləʔ⁰ ？ b. fəʔ²⁵ ，ŋɔ²⁴ fəʔ²⁵ tɕʰyɔ²⁰ 。 |
| 45 天台 | a. 尔平时香烟在阿吃哦？ b. 朆，我朆吃。／弗，我弗吃。<br>a. ŋ²¹ biŋ²² dzʅ²²⁴ ɕia³³ ie³³ dze²¹ aʔ² tɕʰyu⁵ ve⁰ ？<br>b. vəŋ²²⁴ ，ɔ²¹ vəŋ²² tɕʰyu⁵ 。／fuʔ⁵ ，ɔ²¹ fuʔ⁵ tɕʰyɔ⁵ 。 |
| 46 三门 | a. 尔平时吃烟吗？ b. 弗，我弗吃烟。<br>a. ŋ³²⁵ biŋ¹³ zʅ³¹ tɕʰioʔ⁵ ie⁵⁵ maʔ⁰ ？ b. fəʔ⁵ ，ʋ³² fəʔ⁵ tɕʰioʔ⁵ ie³³⁴ 。 |
| 47 玉环 | a. 尔平时吃香烟哦？ b. 我弗吃香烟。<br>a. n⁴² biŋ²² zʅ⁴¹ tɕʰyo²³ ɕia⁵⁵ ie⁴² vɛ⁰ ？ b. ŋo⁴² fəʔ⁵ tɕʰyo²³ ɕia⁵⁵ ie⁴² 。 |
| 48 金华 | a. 侬平常吃香烟弗？／侬平常吃弗吃香烟？ b. 我弗吃香烟。<br>a. noŋ⁵³⁵ biŋ³¹ dʑiaŋ¹⁴ tɕʰiəʔ⁴ ɕiaŋ³³ ia⁵⁵ fəʔ⁰ ？／noŋ⁵³⁵ biŋ³¹ dʑiaŋ¹⁴ tɕʰiəʔ⁴ fəʔ⁴<br>tɕʰiəʔ⁴ ɕiaŋ³³ ia⁵⁵ ？<br>b. a⁵³⁵ fəʔ⁴ tɕʰiəʔ⁴ ɕiaŋ³³ ia⁵⁵ 。 |
| 49 汤溪 | a. 尔依平常吃烟弗？ b. 我弗吃烟。／我弗吃。<br>a. ŋ¹¹ nao²⁴ bɛ̃i¹¹ tɕɕi⁵² tɕʰiei⁵² ie²⁴ fə⁰ ？<br>b. a¹¹³ fa⁵² tɕʰiei⁵² ie²⁴ 。／a¹¹³ fa⁵² tɕʰiei⁵⁵ 。 |
| 50 兰溪 | a. 侬平时吃烟弗个？ b. 弗，我弗吃烟个。<br>a. noŋ⁵⁵ bin²¹ zʅ²⁴ tɕʰieʔ³⁴ ia³³⁴ fəʔ³⁴ kəʔ⁰ ？ b. fəʔ³⁴ ，uɤ⁵⁵ fəʔ³⁴ tɕʰieʔ³⁴ ia³³⁴ kəʔ⁰ 。 |
| 51 浦江 | a. 尔平时烟食弗食［个啊］？ b. 我弗食个。<br>a. n⁵³ biən²⁴ zʅ¹¹³ iã⁵³⁴ zɛ²⁴ fə⁰ zɛ¹¹ ka⁵⁵ ？ b. a⁵³ fə³³ zɛ¹¹ kə⁰ 。 |
| 52 义乌 | a. 侬平时食烟［勿啊］？ b. 我勿食烟。<br>a. noŋ⁴² bən²² zʅ⁴⁵ zai³¹ ȵia³³ pa⁴⁵ ？ b. a⁴² bə²² zai⁴⁵ ȵia³³ 。 |
| 53 东阳 | a. 尔平常食烟弗啦？ b. 我弗食烟。<br>a. n²⁴ mʙn²² ɕiən³³ zei²⁴ iʅ³³ fɐ³³ la³³ ？ b. ŋʋ²⁴ fɐ³³ zei²⁴ iʅ³³ 。 |
| 54 永康 | a. 尔平时食烟弗？ b. 我弗食烟。<br>a. ŋ³¹ biŋ³¹ ɕi³³ səi³³ ie⁵⁵ fə³³ ？ b. ŋuo³¹ fə³³ səi³³ ie⁵⁵ 。 |
| 55 武义 | a. 偌平时食烟弗呐？ b. 弗，我弗食烟个。<br>a. nɔ¹³ bin³²⁴ zʅ²⁴ zə²¹³ ȵie²¹³ fəʔ⁵ na⁰ ？ b. fəʔ⁵ ，a¹³ fəʔ⁵ zəʔ⁵ ȵie²⁴ kiəʔ⁰ 。 |

| 方言点 | 0002 a.你平时抽烟吗？ b.不，我不抽烟。 |
|---|---|
| 56 磐安 | a. 尔闲时节食烟[弗啊]？ b.[弗啊]，我弗食烟。<br>a. n³³ ɒ²² zɿ²² tɕia³³ sɛi⁵⁵ iɛ⁴⁴⁵ fa⁰？ b. fa⁵⁵，uɤ³³ fə⁵⁵ sɛi⁵⁵ iɛ⁴⁴⁵。 |
| 57 缙云 | a. 你闲暇食烟弗？ b. 弗，我弗食烟。<br>a. ȵi³¹ a⁴⁴ u²¹³ zei⁵¹ iɛ⁴⁴ fɛ⁰？ b. fɛ³²²，ŋu³¹ fɛ³²² zei⁵¹ iɛ⁴⁴。 |
| 58 衢州 | a. 你平时吃烟弗嘎？ b. 我亦弗吃烟。<br>a. ȵi⁵³ bin²³¹ zɿ²¹ tɕʰiəʔ⁵ iɛ̃³² fəʔ⁵ ga⁰？ b. ŋu⁵³ iəʔ⁵ fəʔ³ tɕʰiəʔ⁵ iɛ̃³²。 |
| 59 衢江 | a. 你平时乐食烟弗啦？ b. 我弗食烟。<br>a. ȵiəʔ² biŋ²² sɿ⁵³ ŋɒ²³¹ iəʔ² iɛ³³ fəʔ⁵ la⁰？ b. ŋaʔ² fəʔ⁵ iəʔ² iɛ³³。 |
| 60 龙游 | a. 你平时食烟弗？ b. 奴弗食烟。<br>a. ȵi²² bin²²⁴ zɿ²³¹ iəʔ² iɛ³³⁴ fəʔ²？ b. nu²² fəʔ⁴ iəʔ² iɛ³³⁴。 |
| 61 江山 | a. 你平常莩⁼□叭烟嘎？ b. 我弗叭烟个。<br>a. ȵi²² bĩ²² dʑiaŋ²¹³ bəʔ² lɯ⁵¹ paʔ⁵ iɛ̃⁴⁴ ga⁰？ b. ŋɒ²² fəʔ⁵ paʔ⁵ iɛ̃⁴⁴ gəʔ⁰。 |
| 62 常山 | a. 尔平时罗⁼吃烟吗？ b. 我弗吃烟。<br>a. n²⁴ bĩ²² zɿ⁴⁴ lɔ²⁴ tɕʰiɛʔ⁵ iɛ⁴⁴ mɒ⁰？ b. ŋa²⁴ fɤʔ⁵ tɕʰiɛʔ⁵ iɛ̃⁴⁴。 |
| 63 开化 | a. 尔平常食弗食烟个？ b. 弗，我弗食烟个。/母⁼，我弗食烟个。<br>a. n²¹ bin²³¹ dʑiã²³¹ iaʔ² fəʔ⁵ iaʔ² iɛ̃⁴⁴ gəʔ⁰？<br>b. fəʔ⁵，ŋa²¹ fəʔ⁵ iaʔ² iɛ̃⁴⁴ gəʔ⁰。/m²¹⁴¹，ŋa²¹ fəʔ⁵ iaʔ² iɛ̃⁴⁴ gəʔ⁰。 |
| 64 丽水 | a. 你平时吃烟弗？ b. 弗，我弗吃烟。<br>a. ȵi⁵⁴⁴ bin²¹ sɿ⁵² tɕʰiʔ²⁴ iɛ²²⁴ fəʔ⁵？ b. fəʔ⁵，ŋuo⁴⁴ fəʔ⁵ tɕʰiʔ²⁴ iɛ²²⁴。 |
| 65 青田 | a. 你平来时吃烟[弗啊]？ b. 我弗吃烟。<br>a. ȵi⁴⁵⁴ beŋ²¹ iɛ⁵⁵ zɿ⁵³ tsʰɿʔ²⁴ ia⁴⁴⁵ fa⁵⁵？ b. ŋu⁴⁵⁴ faʔ⁴ tsʰɿʔ²⁴ ia⁴⁴⁵。 |
| 66 云和 | a. 你平时吃烟弗啊？ b. 弗吃，我弗吃烟个。<br>a. ȵi⁴⁴ biŋ²²³ zɿ³¹ tɕʰiʔ²⁴ iɛ²⁴ fuʔ⁵ ɔ⁰？ b. fuʔ⁴ tɕʰiʔ²⁴，ŋo⁴⁴ fuʔ⁴ tɕʰiʔ²⁴ iɛ²⁴ kɛ⁰。 |
| 67 松阳 | a. 是尔平时咥烟弗？ b. 弗咥，是我弗咥烟个。<br>a. ziʔ² n²² bin³³ zɿ³³ tiɛʔ³ iɛ̃⁵³ fɤʔ⁰？ b. fɤʔ³ tiɛʔ⁵，ziʔ² ŋ³¹ fɤʔ⁵ tiɛʔ³ iɛ̃⁵³ kɛ⁰。 |
| 68 宣平 | a. 尔平时吃烟个弗啊？ b. 弗吃，我弗吃烟个。<br>a. n²² bin²² zɿ⁴³³ tɕʰiəʔ⁴ iɛ³² kəʔ⁰ fəʔ⁴ a⁰？ b. fəʔ⁵ tɕʰiəʔ⁴，o²² fəʔ⁵ tɕʰiəʔ⁴ iɛ³² kəʔ⁰。 |
| 69 遂昌 | a. 你平时咥烟弗？ b. 弗，我弗咥烟。/我弗咥烟。<br>a. ȵiɛ¹³ biŋ²² zɿ²¹ tiɛʔ³ iɛ̃⁴⁵ fəɯʔ⁵？<br>b. fəɯʔ⁵，ŋɒ¹³ fəɯʔ⁵ tiɛʔ⁵ iɛ̃⁴⁵。/ŋɒ¹³ fəɯʔ⁵ tiɛʔ³ iɛ̃⁴⁵。 |
| 70 龙泉 | a. 你平时咥烟弗嘎？ b. 我弗咥烟个。<br>a. ȵi⁴⁴ pin⁴⁵ zɿ²¹ tiɛʔ³ iɛ⁴³⁴ fɤɯʔ⁵ ga⁰？ b. ŋo⁴⁴ fɤɯʔ⁵ tiɛʔ³ iɛ⁴³⁴ gɛ⁰。 |

续表

| 方言点 | 0002 a.你平时抽烟吗？ b.不，我不抽烟。 |
|---|---|
| 71 景宁 | a.你平时吃烟弗嘎？ b.［弗会］，我弗吃烟个。<br>a. ȵi³³ biŋ³³ zl̩⁴¹ tɕʰiʔ³ iɛ³² fuʔ⁵ ka⁰？ b. fai⁵⁵，ŋo³³ fuʔ⁵ tɕʰiʔ³ iɛ³² kɛ⁰。 |
| 72 庆元 | a.你尾═日ㄦ咥烟［否会］？ b.否，我否咥烟。/烟我否咥。<br>a. ȵi²²¹ mĩ⁻²² næ⁵⁵ ɖia ʔ⁵ iã³³⁵ fæi⁵⁵？<br>b. fɤ³³，ŋo²²¹ fɤ³³ ɖiaʔ⁵ iã³³⁵。/iã³³⁵ ŋo²²¹ fɤ³³ ɖiaʔ⁵。 |
| 73 泰顺 | a.你平时节吃烟否？ b.我否吃烟。<br>a. ȵi⁵⁵ piŋ²¹ sl̩²² tɕiɛʔ⁵ tsʰl̩²ʔ² iã²¹³ fu⁵⁵？ b. ŋɔ⁵⁵ fu²² tsʰl̩²ʔ² iã²¹³。 |
| 74 温州 | a.乞你平时有吃香烟也否？ b.冇，我冇吃。<br>a. ha⁰ ȵi¹⁴ bəŋ²² zl̩²²³ iau²² tsʰl̩³⁴ ɕi³³ i³³ a⁰ fu⁰？ b. nau²⁵，ŋ¹⁴ nau²⁵ tsʰl̩³²³。 |
| 75 永嘉 | a.你平时节有吃烟也［否哎］？ b.冇，我冇吃。<br>a. ȵi¹³ beŋ²² zl̩¹³ tɕi⁴²³ iau¹³ tɕʰiai⁴³ i⁴⁴ a⁰ fɛ⁴³？ b. nau⁴⁵，ŋ¹³ nau⁴⁵ tɕʰiai⁴²³。 |
| 76 乐清 | a.你平时节有吃香烟也否？ b.冇，我冇吃。<br>a. ȵi²⁴ beŋ²² zl̩²⁴ tɕiɛ³²³ iau²³ tɕʰiɤ³ ɕia⁴⁴ iɛ⁴⁴ a⁰ fu⁰？ b. mau³⁵，ŋ²⁴ mau³⁵ tɕʰiɤ³²³。 |
| 77 瑞安 | a.你平时有吃香烟也冇？ b.冇，我冇吃香烟。<br>a. ȵi¹³ bəŋ²² zl̩²² iau¹³ tɕʰi³ ɕiɛ³³ i⁴⁴ a⁰ nau³⁵ʔ？ b. nau³⁵，ŋ¹³ nau³⁵ tɕʰi³ ɕiɛ³³ i⁴⁴。 |
| 78 平阳 | a.你平时有冇吃香烟？ b.冇，我冇吃香烟。<br>a. ȵi³³ beŋ²¹ zl̩¹³ iau⁴⁵ nau²³ tɕʰi⁴⁵ ɕiɛ³³ ie⁴²？ b. nau²³，ŋ⁴² nau²³ tɕʰi⁴⁵ ɕiɛ³³ ie⁴²。 |
| 79 文成 | a.你平时吃烟冇？ b.冇，我冇吃烟。<br>a. ȵi¹³ beŋ²¹ zl̩¹³ tɕʰi²¹ ie³³ nau⁴⁵？ b. nau⁴⁵，ŋ¹³ nau⁴⁵ tɕʰi³⁴ ie²¹。 |
| 80 苍南 | a.你平时吃烟吗？ b.冇，我否吃。<br>a. ȵi⁵³ beŋ¹¹ zl̩¹¹ tɕʰi³ iɛ⁴⁴ ma⁰？ b. mau²⁴，ŋ⁵³ fu³ tɕʰi²²³。 |
| 81 建德<sub>徽</sub> | a.尔平时吃烟弗个？ b.卬弗吃烟个。<br>a. n²¹³ pin³³ sl̩³³ tɕʰiɐʔ⁵ iɛ⁵³ fɐʔ³ kɐʔ⁵？ b. aŋ²¹³ fɐʔ⁵ tɕʰiɐʔ⁵ iɛ⁵³ kɐʔ⁰。<br>a.尔平时吃弗吃烟个？ b.卬弗吃烟个。<br>a. n²¹³ pin³³ sl̩³³ tɕʰiɐʔ⁵ fɐʔ⁵ tɕʰiɐʔ⁵ iɛ⁵³ kɐʔ⁰？ b. aŋ²¹³ fɐʔ⁵ tɕʰiɐʔ⁵ iɛ⁵³ kɐʔ⁰。 |
| 82 寿昌<sub>徽</sub> | a.谮平时吃烟勿个？ b.咱勿吃烟个。<br>a. tsen⁵² pʰien¹¹ sl̩¹¹ tɕʰiɐʔ³ i¹¹ uɐʔ³ kɐʔ⁰？ b. tsa⁵² uɐʔ³ tɕʰiɐʔ³ i¹¹ kɐʔ⁰。 |
| 83 淳安<sub>徽</sub> | a.尔平时吃烟个不？ b.不，我不吃烟个。<br>a. n⁵⁵ pʰin⁴³ sl̩²⁴ tɕʰiʔ⁵ iã²⁴ ka⁰ pəʔ⁵？ b. pəʔ⁵，u⁵⁵ pəʔ⁵ tɕʰiʔ⁵ iã²⁴ ka⁰。 |
| 84 遂安<sub>徽</sub> | a.伊不吃烟哇？ b.不，我不吃烟。<br>a. i⁵⁵ pu²⁴ tsʰl̩⁵ iã⁵³⁴ uɒ⁰？ b. pəɯ²⁴，kɔ⁵⁵ pu²⁴ tsʰl̩⁵⁵ iã⁵³⁴。 |

| 方言点 | 0002 a. 你平时抽烟吗？ b. 不，我不抽烟。 |
|---|---|
| 85 苍南<sub>闽</sub> | a. 汝平时有食熏无？ b. 我唔食熏。<br>a. lɯ³² pin²¹ ɕi²⁴ u²¹ tɕia²¹ hun⁵⁵ bɔ²¹？ b. gua³² m²¹ tɕia²¹ hun⁵⁵。 |
| 86 泰顺<sub>闽</sub> | a. 尔平时噗烟唔喀？ b. 唔，我唔噗烟。<br>a. n²² pieŋ²¹ ɕi²² pɒʔ⁵ ie²¹³ n²² ŋø²⁵？ b. n²²，ŋa³⁴⁴ n²² pɒʔ⁵ ie²¹³。 |
| 87 洞头<sub>闽</sub> | a. 汝平常食熏无呀？ b. 无，我不食。<br>a. lɯ⁵³ pĩ²⁴ ɕioŋ²⁴ tɕia²¹ hun³³ bɔ²¹ a⁰？ b. bɔ²⁴，gua⁵³ bɔ²¹ tɕia⁵³。 |
| 88 景宁<sub>畲</sub> | a. 你平时食烟阿=无啊？ b. 我平时无食烟。<br>a. ȵi⁴⁴ pʰiaŋ⁴⁴ ɕi²² ɕiʔ²³ ian⁴⁴ na⁴⁴ ŋ²² a⁰？ b. ŋɔi⁴⁴ pʰiaŋ⁴⁴ ɕi²² ŋ²² ɕiʔ²³ ian⁴⁴。 |

| 方言点 | 0003 a.你告诉他这件事了吗？ b.是，我告诉他了。 |
|---|---|
| 01 杭州 | a.格样事体你有没有告诉他？ b.我告诉他嘚。<br>a. ka?³iaŋ⁴⁵zı¹³tʰi⁵³ȵi⁵³y⁵³mei⁰y⁰ko³³su⁴⁵tʰa³³⁴？ b. ŋəu⁵³ko³³su⁴⁵tʰa³³ta?⁰。<br>a.你有没有告诉他格样事体？ b.告诉他嘚。<br>a. ȵi⁵³y⁵³mei⁰y⁰ko³³su⁴⁵tʰa³³ka?³iaŋ⁴⁵zı¹³tʰi⁵³？ b. ko³³su⁴⁵tʰa³³ta?⁰。 |
| 02 嘉兴 | a.倷告诉伊葛桩事体嘞哦？ b.是唉，我告诉伊哩。<br>a. nei¹³ko²⁴sou²¹i²¹kə?⁵tsÃ³³zı²⁴tʰi²¹lə?⁵vʌ²¹？ b. zı¹³ᴇ³³，ŋ¹³ko²⁴sou²¹i⁴²li²¹。 |
| 03 嘉善 | a.葛桩事体倷同伊讲拉=哦？ b.是个，我讲拨伊听拉=个。<br>a. kə?⁵tsã̃⁵³zı²²tʰi³⁵nə¹³doŋ¹³i⁵³kã⁴⁴la⁴⁴və?²？<br>b. zı²²gə¹³，ŋ¹³kã³⁵pɔ?⁵i⁵³tʰin⁵³la⁴⁴gə?²。 |
| 04 平湖 | a.葛桩事体倷回头伊啦哦？ b.我回头伊啦哩。<br>a. kə?³zɑ̃³³⁴zı²⁴tʰi⁰nəɯ²¹³ue²⁴dəɯ⁵³i⁴⁴la⁴⁴va⁰？ b. ŋ²¹³ue²⁴dəɯ⁵³i⁴⁴la⁴⁴li⁰。 |
| 05 海盐 | a.倷同伊讲过舨=点事体哦？ b.是欸，我诺=同伊讲过哩。<br>a. ne⁴²³doŋ²⁴i⁵³kua⁵³ku³³⁴gə?²³tiɛ¹³zı¹³tʰi²¹va²¹？<br>b. zı²¹³e²¹，ɔ?²³nɔ?²³doŋ²⁴i⁵³kuã̃⁵³ku³³⁴li²¹。 |
| 06 海宁 | a.格桩事体倷同伊讲过哦？ b.我同伊讲过咧。<br>a. kə?⁵tsã̃⁵³zı³³tʰi⁵³nəɯ⁵⁵doŋ³³i³³kuã̃⁵⁵kəu⁵⁵və?²？ b. u⁵³doŋ³³i³³kuã̃⁵⁵kəu⁵⁵liɛ?²。 |
| 07 桐乡 | a.即个事体倷同伊讲过啦？ b.是实=，我同伊讲过咧。<br>a. tɕiə?³kɤɯ³³⁴zı²¹tʰi⁵³nɤɯ²⁴²doŋ²¹i⁵³kɒ̃⁴⁴kəu⁰la⁰？<br>b. zı²⁴²zə?⁰，u⁵³doŋ²¹i⁵³kɒ̃⁴⁴kəu⁰liə?⁰。 |
| 08 崇德 | a.即个事体倷同伊讲过嘚哦？ b.哎，我同伊讲过嘚。<br>a. tɕiə?³kə?⁵zı²¹tʰi⁵³nɤɯ⁵³doŋ²¹i¹³kuã̃⁵⁵ku⁰də?⁰və?⁰？<br>b. ɛ¹³，o⁵³doŋ²¹i¹³kuã̃⁵⁵ku⁰də?⁰。 |
| 09 湖州 | a.葛桩事体尔搭伊讲过特=哦？ b.我搭伊讲过〔嘚嗳〕。<br>a. kə?⁵tsã̃⁵³zı³¹tʰi⁴⁴n⁵³ta?⁵i⁵³kã̃⁵³kəu³¹də?²və?²？ b. ŋ³¹tə?⁵i³¹kã̃⁵³kəu³¹dei¹³。 |
| 10 德清 | a.葛样事体尔搭伊讲特=哦？ b.噢，我搭伊讲〔嘚嗳〕。<br>a. kə?⁵iã̃³⁵zı¹¹tʰi⁵³n⁵²tə?⁵i¹³kã̃⁴⁴də?²və?⁰？ b. ɔ⁴⁴，ŋəu¹³tə?⁵i⁰kã̃⁴⁴dɛ⁰。 |
| 11 武康 | a.是尔葛样事体搭伊讲过得哦？ b.我搭伊讲过〔嘚嗳〕。<br>a. zʐ?⁵n³⁵kə?⁵iã̃⁵³zı¹¹tʰi³⁵tə?⁵i³¹kã̃⁵⁵ku³⁵də?⁵vʐ⁰？ b. ŋo¹³tə?⁵i³¹kã̃⁵⁵ku⁵³dɛ³¹。 |
| 12 安吉 | a.尔对伊讲过格个事体哒？ b.哎，我对伊讲过哒。<br>a. ŋ²¹³te³²i²¹kɔ̃³²ku⁰kə?³kə?⁵zı²¹tʰi²¹³tɐ?⁵？ b. ᴇ²²，ɔ²¹³te³²i²¹kɔ̃³²ku⁰tɐ?⁵。 |
| 13 孝丰 | a.倷告诉渠葛桩事体吗？ b.我告诉渠嘞。<br>a. nə?²³kɔ³²su²¹dzi²¹³kə?³tsɔ̃⁴⁴zı²¹tʰi²⁴ma³²⁴？ b. ŋuo²³kɔ³²su²¹dzi²²le⁰。 |
| 14 长兴 | a.尔阿人=告诉伊格件事体哪？ b.我告诉伊嘞。<br>a. n⁵²a?⁵ȵiŋ¹²kɔ³²səu²⁴ʅ¹²kə?³dʑi²⁴zı²¹tʰi²⁴na³²⁴？ b. ŋ⁵²kɔ³²səu²⁴ʅ¹²lᴇ³²⁴。 |

| 方言点 | 0003 a.你告诉他这件事了吗？ b.是，我告诉他了。 |
|---|---|
| 15 余杭 | a.是尔即样事体同伊话过哦？ b.是个，是我同伊话过[嗯嗳]。<br>a.zəʔ² n³¹ tɕieʔ⁵ iã³¹ zʅ³³ tʰi³⁵ doŋ³¹ i³³ uo¹³ ku³⁵ vəʔ²？<br>b.zʅ³³ go³¹，zoʔ² ŋ³¹ doŋ³³ i⁵³ uo¹³ ku³⁵ deʔ²。 |
| 16 临安 | a.葛事体侬拨伊话嘞哦？ b.我拨伊话过唻。<br>a.kəʔ⁵ zʅ³³ tʰi⁵⁵ noŋ¹³ pɐʔ² i⁵⁵ uo³³ leʔ² vɐʔ⁰？ b.ŋuo¹³ pɐʔ² i⁵⁵ uo³³ ku⁵⁵ lɛ⁰ |
| 17 昌化 | a.尔告诉渠葛样事体吗？ b.是个，我告诉渠个嘞！<br>a.ŋ²⁴ kɔ⁵⁴ su⁵⁴⁴ ɡɯ¹¹² kəʔ⁵ iã⁵⁵ zʅ²³ tʰi⁴⁵ ma⁰？ b.zʅ²³ kəʔ⁵，a²⁴ kɔ⁵⁴ su⁵⁴⁴ ɡɯ¹¹² kəʔ⁵ lɛ⁰！ |
| 18 於潜 | a.格事体你有没同他讲过？ b.是个，我同他讲过嘞。<br>a.kəʔ⁵³ zʅ²⁴ tʰi⁵³ ni⁵¹ iəu⁵³ miæ²³ doŋ²⁴ tʰa⁴³³ tɕiaŋ⁵³ ku²²？<br>b.zʅ²⁴ kəʔ²，ŋu⁵¹ doŋ²⁴ tʰa⁴³³ tɕiaŋ⁵¹ ku²² liæʔ²。 |
| 19 萧山 | a.尔有有则ᵌ伊话过葛个事件？ b.我则ᵌ伊话过敌ᵌ。<br>a.ŋ¹³ io¹³ io²¹ tsəʔ⁵ i²¹ uo⁴² ku²¹ kəʔ⁵ ko²¹ zʅ²¹ ti⁴²？ b.ŋo¹³ tsəʔ⁵ i²¹ uo¹³ ku⁴² die²¹。 |
| 20 富阳 | a.尔告诉伊格件事体嘞么？ b.是个，我告诉伊唧。<br>a.ŋ²²⁴ kɔ⁵⁵ su³³⁵ i²²⁴ kəʔ⁵ dziæ²²⁴ zʅ²¹ tʰi³⁵ ləʔ² mɛ⁰？ b.zʅ²²⁴ ɡo⁰，ŋo²²⁴ kɔ⁵⁵ su³³⁵ i²²⁴ tɛʔ⁰。 |
| 21 新登 | a.尔搭伊讲过格件事体嘞嘛？ b.是个，我搭伊讲过嘞。<br>a.ŋ³³⁴ taʔ⁵ i³³⁴ kã³³⁴ ku⁴⁵ kəʔ⁵ tɕi⁴⁵ zʅ²¹ tʰi¹³ laʔ⁰ ma⁰？<br>b.zʅ¹³ ɡoᵌ，u³³⁴ taʔ⁵ i³³⁴ kã³³⁴ ku⁴⁵ laʔ⁰。 |
| 22 桐庐 | a.葛件事体你告诉尔嘞哦？ b.哎，我告诉伊嘞。<br>a.ɡəʔ²¹ dziɛ⁵⁵ zʅ¹³ tʰi⁵⁵ ni³³ kɔ³³ su⁵⁵ i²¹ ləʔ²¹ vʌ²¹？ b.ɛ¹³，ŋo³³ kɔ³³ su⁵⁵ i²¹ ləʔ²¹。 |
| 23 分水 | a.格个事体，你跟他讲了吗？ b.我跟他讲过了。<br>a.kəʔ⁵ kə²⁴ zʅ²¹ tʰi⁴⁴，ni⁵³ kən⁴⁴ tʰa²² tɕia⁴⁴ la⁰ ma⁰？ b.ŋo⁵³ kən⁴⁴ tʰa⁴⁴ tɕiã⁴⁴ ko²¹ la⁰。 |
| 24 绍兴 | a.偌有有则ᵌ伊话葛桩事体？ b.是个，我则ᵌ伊话过哉。<br>a.noʔ² iɤ²⁴ iɤ³¹ tseʔ² iʔ²² uo²² keʔ⁵ tsaŋ³³ zʅ²¹ tʰi³³⁴？ b.zɛ²² ɡoʔ³，ŋo²² tseʔ² iʔ²² uo²² ku³³ zɛ²³¹。 |
| 25 上虞 | a.鸭ᵌ桩事体侬有有则ᵌ伊话过啦？ b.嗯，我则ᵌ伊话过哉。<br>a.ɐʔ² tsɹ̃⁵³ zʅ³¹ tʰi³⁵ noŋ³¹ iɤ²¹ iɤ²¹ tseʔ⁵ iʔ²¹ uo³¹ ku⁰ laʔ⁰？ b.ŋ²¹，ŋo²¹³ tseʔ⁵ iʔ²¹ uo³¹ ku⁰ tse⁰。 |
| 26 嵊州 | a.侬个件事情有有拨伊话过东ᵌ啊？ b.我拨伊话过东ᵌ哉。<br>a.noŋ²⁴ ka³³ dziɛ̃²³¹ zʅ²² dziŋ²² iɤ²⁴ iɤ²¹ pəʔ² uo²² ko³³ toŋ⁴⁴ a⁰？<br>b.ŋo²⁴ pəʔ³ iʔ²² uo²² ko³³ toŋ³³ tsɛ³³⁴。 |
| 27 新昌 | a.尔个件事情有得拨渠讲过了？ b.哎，我拨渠讲过了。<br>a.ŋ²³² kɤʔ⁵ dziɛ̃²² zʅ²² dziŋ²³² iɯ¹³ teʔ³ pɐʔ³ dzi²² kɔ̃³³ kɤ⁴⁵ le³¹？<br>b.e²³²，ŋɤ²³² peʔ³ dzi²² kɔ̃³³ kɤ⁴⁵ le³¹。 |
| 28 诸暨 | a.尔讲得渠个件事体听无没？ b.我讲得渠听啊。<br>a.n¹³ kã⁴² təʔ²¹ dʒʅ²¹ kəʔ³³ dziɛ³⁵ zʅ²¹ tʰɹ²¹ tʰin²¹ m²¹ məʔ²¹？<br>b.ŋɤu¹³ kã⁴² təʔ²¹ dʒʅ²¹ tʰin²¹ ʌ³³。 |

**续表**

| 方言点 | 0003 a.你告诉他这件事了吗？ b.是，我告诉他了。 |
|---|---|
| 29 慈溪 | a. 乙场事体侬有得摘＝渠话哦？ b. 是格，我摘＝渠话过唧哉。<br>a. iəʔ² dzɔ̃¹³ zɿ¹¹ tʰi³⁵ nuŋ¹³ iø¹¹ ta⁵ tsa⁵ ge¹³ uo¹³ ua⁰ ? <br>b. zɿ¹¹ kəʔ² , ŋo¹³ tsa⁵ ge¹¹ uo¹³ kəu⁰ lɔ̃¹³ tse⁰ 。 |
| 30 余姚 | a. 乙样事体侬有得则＝渠话过勿？ b. 乙笔事体我则＝渠话过唧哉。<br>a. iəʔ⁵ iaŋ¹³ zɿ¹³ tʰi⁴⁴ nuŋ¹³ iø¹¹ tiəʔ² tsa⁵ ge¹³ uo¹³ kou⁴⁴ və⁴⁴ ? <br>b. iəʔ⁵ piəʔ² zɿ¹³ tʰi⁴⁴ ŋo¹³ tsa⁵ ge¹³ uo¹³ kou⁴⁴ lɔŋ¹³ tse⁴⁴ 。 |
| 31 宁波 | a. 侬该笔事体告比＝渠听过哦？ b. 是或＝，我告比＝听过嘞。<br>a. nəu¹³ ke⁵³ dzi⁰ zɿ²² tʰi⁴⁴ kɔ⁴⁴ pi⁴⁴ dzi⁰ tʰiŋ⁴⁴ kəu⁰ vaʔ² ? <br>b. zɿ¹³ oʔ² , ŋo¹³ kɔ⁴⁴ pi⁴⁴ tʰiŋ⁴⁴ kəu⁰ laʔ² 。 |
| 32 镇海 | a. 侬讲比＝渠听该笔事体嘞勿？ b. 是和＝，我讲比＝渠听唻。<br>a. nəu²⁴ kɔ̃³³ pi³³ dzi²⁴ tʰi⁴⁴ ke¹² pieʔ⁵ zɿ²² tʰi⁴⁴ laʔ¹² veʔ⁰ ? <br>b. zɿ²⁴ əu⁰ , ŋo²⁴ kɔ̃³³ pi³³ dzi²⁴ tʰiŋ⁴⁴ le⁰ 。 |
| 33 奉化 | a. 侬讲拨渠听葛事体无？ b. 嗯，我讲拨渠听要＝唻＝。<br>a. nəu³³ kɔ̃⁴⁴ paʔ⁵ dzi³³ tʰiŋ⁴⁴ kəʔ⁵ zɿ³¹ tʰi⁴⁴ m⁰ ? b. m³¹ , ŋəu³² kɔ̃⁴⁴ paʔ⁵ dzi³³ tʰiŋ⁴⁴ iə⁴⁴ le⁰ 。 |
| 34 宁海 | a. 舸＝事间尔汉＝渠讲无伯＝？ b. 是个，我汉＝渠讲唻＝。<br>a. geʔ³ zɿ²² ke³³ n³³ hei²² dzi²³ kɔ̃⁵³ m²² paʔ³ ? b. zɿ²² ko⁰ , ŋo³¹ hei²² dzi²³ kɔ̃⁵³ lei⁰ 。 |
| 35 象山 | a. 舸＝样事情尔讲得渠听过嘞□？ b. 馅，我讲得渠听过嘞。<br>a. geʔ² iã¹³ zɿ¹³ dziŋ⁰ n³¹ kɔ̃⁴⁴ taʔ⁵ dzieʔ² tʰiŋ⁴⁴ ku⁰ lei⁰ vɤɯ¹³ ? <br>b. ɛ¹³ , ŋəu¹³ kɔ̃⁴⁴ taʔ⁵ dzieʔ² tʰiŋ⁴⁴ ku⁰ lei⁰ 。 |
| 36 普陀 | a. 侬话拨渠听跌＝样事体唻勿？ /跌＝样事体侬话拨渠听唻勿？<br>a. noŋ²⁴ uo¹¹ pɐʔ⁵ dzi³³ tʰi⁵⁵ tiɛʔ⁵ iã⁰ zɿ¹¹ tʰi⁵⁵ lɛ⁰ væi⁰ ? /tiɛʔ⁵ iã⁰ zɿ¹¹ tʰi⁵⁵ noŋ²⁴ uo¹¹ pɐʔ⁵ dzi³³ tʰiŋ⁴⁴ lɛ⁰ væi⁰ ? <br>b. 我话拨渠听唻。<br>b. ŋo²³ uo¹¹ pɐʔ⁵ dzi³³ tʰiŋ⁵⁵ lɛ⁰ 。 |
| 37 定海 | a. 该样事体，侬话拨渠听了勿？ b. 哎，我话拨渠听唻。<br>a. kieʔ⁵ iã⁰ zɿ¹¹ tʰi⁴⁴ , noŋ²³ uo¹¹ pɐʔ⁵ dzi⁰ tʰiŋ⁴⁴ lɛ⁰ væʔ⁰ ? <br>b. ɐi²³ , ŋo²³ uo¹¹ pɐʔ⁵ dzi⁰ tʰiŋ⁴⁴ lɐi⁰ 。 |
| 38 岱山 | a. 该样事体侬话［拨渠］听过勿？ b. 我话［拨渠］听过唻。<br>a. kieʔ³ iã⁰ zɿ¹¹ tʰi⁴⁴ noŋ²³ uo¹¹ pɐi⁵² tʰiŋ⁴⁴ kʌu⁰ vəʔ⁰ ? b. ŋo²³ uo¹¹ pɐi⁵² tʰiŋ⁴⁴ kʌu⁰ lɐi⁰ 。 |
| 39 嵊泗 | a. 该事体侬［搭渠］话过勿？ b. 哎，我话拨渠听唻。<br>a. kiɛʔ⁵ zɿ¹¹ tʰi⁴⁵ noŋ²⁴ tiɛʔ⁵ uo¹¹ kʌu⁴⁴ vɐi⁵³ ? b. ɐi²⁴ , ŋo³⁴ uo¹¹ pɐʔ³ dzi⁰ tʰiŋ⁴⁴ lɐi⁰ 。 |
| 40 临海 | a. 葛样事干尔搭渠讲过爻哦？ b. 我搭渠讲过爻。<br>a. kəʔ³ iã⁵⁵ zɿ²² kø⁵⁵ n⁵² təʔ³ ge²¹ kɔ̃⁵² ku³³ iə⁰ uaʔ⁰ ? b. ŋe⁵² təʔ³ ge²¹ kɔ̃⁵² ku³³ iə⁰ 。 |
| 41 椒江 | a. 葛件事干尔搭渠讲过爻哦？ b. 我搭渠讲过爻。<br>a. kəʔ³ dzie⁴¹ zɿ²² tɕie⁵⁵ n⁴² tɛʔ³ gə³¹ kɔ̃⁴² ku⁰ ɔ⁰ vɛ⁰ ? b. ŋo⁴² tɛʔ³ gə³¹ kɔ̃⁴² ku⁰ ɔ⁰ 。 |

**续表**

| 方言点 | 0003 a. 你告诉他这件事了吗？ b. 是，我告诉他了。 |
|---|---|
| 42 黄岩 | a. 葛样事干尔搭渠讲过爻哦？ b. 我搭渠讲过爻。<br>a. kəʔ$^{3}$ iã$^{41}$ zɿ$^{13}$ tɕie$^{55}$ n$^{42}$ təʔ$^{3}$ gie$^{121}$ kɔ̃$^{42}$ ku$^{0}$ ɔ$^{0}$ vɛ$^{0}$？ b. ŋo$^{42}$ təʔ$^{3}$ gie$^{121}$ kɔ̃$^{42}$ ku$^{0}$ ɔ$^{31}$ 。 |
| 43 温岭 | a. 葛样事干尔搭渠讲过爻哦？ b. 我搭渠讲过爻。<br>a. kəʔ$^{3}$ iã$^{44}$ zɿ$^{13}$ tɕie$^{55}$ n$^{42}$ təʔ$^{3}$ gie$^{31}$ kɔ̃$^{42}$ ku$^{0}$ ɔ$^{0}$ və$^{0}$？ b. ŋo$^{42}$ təʔ$^{3}$ gie$^{31}$ kɔ̃$^{42}$ ku$^{0}$ ɔ$^{0}$ 。 |
| 44 仙居 | a. 葛件事干尔[搭渠]讲过哇了？ b. 我[搭渠]讲过唉。“讲”调殊<br>a. kəʔ$^{5}$ dʑie$^{21}$ zɿ$^{24}$ cie$^{55}$ ŋ$^{24}$ ɗæ$^{213}$ kɑ̃$^{24}$ ku$^{0}$ uəʔ$^{0}$ ləʔ$^{0}$？ b. ŋo$^{324}$ ɗæ$^{213}$ kɑ̃$^{24}$ ku$^{0}$ æ$^{0}$ 。 |
| 45 天台 | a. 谷⁼笔事干尔同渠讲过落冇？ b. 讲过落，我搭渠讲过落。<br>a. kɔʔ$^{5}$ piəʔ$^{5}$ zɿ$^{35}$ ke$^{33}$ ŋ$^{214}$ duŋ$^{22}$ gei$^{224}$ kɔ$^{325}$ ku$^{0}$ lɔʔ$^{2}$ meu$^{334}$？<br>b. kɔ$^{325}$ ku$^{0}$ lɔʔ$^{2}$，ɔ$^{214}$ taʔ$^{5}$ gei$^{224}$ kɔ$^{325}$ ku$^{0}$ lɔʔ$^{2}$ 。 |
| 46 三门 | a. 尔葛件事干汉⁼渠讲过没有？ b. 正是，我汉⁼渠讲过。<br>a. ŋ$^{325}$ kɐʔ$^{5}$ dʑie$^{21}$ zɿ$^{23}$ kɛ$^{334}$ hɛ$^{55}$ dʑi$^{11}$ kɔ$^{32}$ ku$^{0}$ me$^{11}$ iu$^{32}$？ b. tɕiŋ$^{55}$ zɿ$^{21}$，ʊ$^{325}$ hɛ$^{55}$ dʑi$^{11}$ kɔ$^{32}$ ku$^{0}$ 。 |
| 47 玉环 | a. 葛样事干尔搭渠讲[着爻]哦？ b. 我搭渠讲[着爻]。<br>a. kɐʔ$^{3}$ ia$^{41}$ zɿ$^{22}$ tɕie$^{55}$ n$^{42}$ tɐʔ$^{3}$ gie$^{31}$ kɔ̃$^{53}$ dʑiɔ$^{0}$ vɐʔ$^{0}$？ b. ŋo$^{42}$ tɐʔ$^{3}$ gie$^{31}$ kɔ̃$^{53}$ dʑiɔ$^{0}$ 。 |
| 48 金华 | a. 葛件事干侬哼⁼渠讲过未？ b. 我哼⁼渠讲过了。<br>a. kəʔ$^{4}$ dʑie$^{14}$ zɿ$^{31}$ kɤ$^{55}$ noŋ$^{535}$ xəŋ$^{33}$ gəʔ$^{212}$ kɑŋ$^{53}$ kuɤ$^{55}$ mi$^{0}$？<br>b. ɑ$^{535}$ xəŋ$^{33}$ gəʔ$^{212}$ kɑŋ$^{53}$ kuɤ$^{55}$ ləʔ$^{0}$ 。 |
| 49 汤溪 | a. 尔报渠搿⁼件事干未？ b. 对，我报渠罢。<br>a. ŋ$^{113}$ pɔ$^{52}$ gɯ$^{11}$ gə$^{11}$ tɕie$^{52}$ zɿ$^{11}$ kɤ$^{52}$ mi$^{0}$？ b. tɛ$^{52}$，ɑ$^{113}$ pɔ$^{52}$ gɯ$^{11}$ bɑ$^{113}$ 。 |
| 50 兰溪 | a. 格件事干侬跟渠讲过未？ b. 对个，我跟渠讲过嘞。<br>a. kəʔ$^{34}$ tɕie$^{45}$ sɿ$^{55}$ kɤ$^{45}$ noŋ$^{55}$ kæ̃$^{334}$ gi$^{21}$ kɑŋ$^{55}$ kuɤ$^{45}$ mi$^{0}$？<br>b. te$^{45}$ kəʔ$^{0}$，uɤ$^{55}$ kæ̃$^{334}$ gi$^{21}$ kɑŋ$^{55}$ kuɤ$^{45}$ ləʔ$^{0}$ 。 |
| 51 浦江 | a. 吉⁼宽⁼事干尔末⁼渠讲过勠哪？ b. 我末⁼渠讲过欸。<br>a. tɕiə$^{33}$ kʰuɑ̃$^{55}$ zɿ$^{24}$ gə̃$^{24}$ n$^{53}$ mɯ$^{33}$ ʑi$^{232}$ kõ$^{55}$ kɯ$^{0}$ vən$^{0}$ nɑ$^{0}$？ b. ɑ$^{53}$ mɯ$^{33}$ ʑi$^{232}$ kõ$^{55}$ kɯ$^{0}$ a$^{0}$ 。 |
| 52 义乌 | a. 侬格事干和渠讲过未？ b. 哎，我和渠讲过了。<br>a. noŋ$^{42}$ kəʔ$^{3}$ zɿ$^{22}$ kɯɤ$^{45}$ hɔ$^{42}$ ai$^{22}$ kŋ$^{w33}$ kuɤ$^{33}$ mi$^{45}$？ b. e$^{213}$，a$^{42}$ hɔ$^{33}$ ai$^{22}$ kŋ$^{w33}$ kuɤ$^{33}$ lə$^{45}$ 。 |
| 53 东阳 | a. 尔亨⁼件事干有告过弗啦？ b. 有告过。<br>a. n$^{24}$ hɛ$^{213}$ dʑiɛ$^{33}$ sɿ$^{53}$ kɯ$^{24}$ ia$^{22}$ kɔ$^{55}$ ku$^{33}$ fɐ$^{33}$ la$^{33}$？ b. iəɯ$^{33}$ kɔ$^{55}$ kʊ$^{31}$ 。 |
| 54 永康 | a. 尔□渠讲过够⁼件事干弗？ b. 我□渠讲过哇。<br>a. ŋ$^{31}$ xa$^{52}$ gɯ$^{22}$ kɑŋ$^{33}$ kuɑ$^{52}$ kə$^{33}$ dʑie$^{241}$ zɿ$^{31}$ kɤ$^{55}$ fə$^{33}$？ b. ŋuo$^{31}$ xa$^{52}$ gɯ$^{22}$ kɑŋ$^{33}$ kuɑ$^{52}$ uɑ$^{0}$ 。 |
| 55 武义 | a. 阿⁼件事干偌火⁼渠讲过未呐？ b. 我火⁼渠讲过罢咧。<br>a. əʔ$^{5}$ dʑie$^{53}$ zɿ$^{55}$ kɤ$^{53}$ nɔ$^{13}$ xuo$^{53}$ gɯ$^{13}$ kɑŋ$^{55}$ kuo$^{53}$ mi$^{55}$ na$^{0}$？<br>b. a$^{13}$ xuo$^{53}$ gɯ$^{13}$ kɑŋ$^{445}$ kuo$^{53}$ bɑ$^{0}$ le$^{0}$ 。 |

续表

| 方言点 | 0003 a.你告诉他这件事了吗？ b.是，我告诉他了。 |
|---|---|
| 56 磐安 | a. 尔贴=渠讲过格个事干弗？ b. 是啊，我贴=渠讲过罢。<br>a. n³³ tʰia⁵⁵ gɐɯ²¹ kɒ³³ kuɤ⁵⁵ ka³³ ka⁵⁵ zʅ²¹ kuɤ⁵⁵ fə⁰？<br>b. tɕi⁵² a⁰ ，ŋuɤ³³ tʰia⁵⁵ ɐɯ²¹ kɒ³³ kuɤ⁵⁵ ba⁰。 |
| 57 缙云 | a. 你亨=渠讲过以=件事干弗？ b. 嗯，我亨=渠讲过个落。<br>a. ȵi³¹ xɜɯ⁴⁴ gɤ³¹ kɔ⁵¹ kuʔ⁰ i²¹ die⁴⁵³ zʅ²¹ kɛ⁴⁵³ fɛ⁰？ b. ŋɜɤ³¹ ，ŋu³¹ xɜɯ⁴⁴ gɤ³¹ kɔ⁵¹ kuʔ⁰ lɛ⁰。 |
| 58 衢州 | a. 你报渠格样事体嘟？ b. 我报渠嘞。<br>a. ȵi⁵³ pɔ⁵³ gi²¹ kəʔ⁵ ia²³¹ zʅ²³¹ tʰi³⁵ vən²¹？ b. ŋu⁵³ pɔ⁵³ gi²¹ lɛ⁰。 |
| 59 衢江 | a. 瞎=件事你报渠未啦？ b. 我报渠罢。<br>a. xaʔ⁵ dʑie⁰ zyø²³¹ ȵiaʔ² pɔ³³ gəʔ⁰ mɛ²² la⁰？ b. ŋaʔ² pɔ³³ gəʔ⁰ ba⁰。 |
| 60 龙游 | a. 阿=件事干你报渠未？ b. 奴报渠罢。<br>a. əʔ³ dʑie²³¹ zʅ²² kie⁵¹ ȵi²² pɔ⁵¹ gəɯ⁰ mi³³？ b. nu²² pɔ⁵¹ gəɯ⁰ ba⁰。 |
| 61 江山 | a. [乙个]件事你字=跟渠话过啦？ b. 我跟渠话过罢。<br>a. iaʔ⁵ giɛ²² ziɐ³¹ ȵi²² bəʔ⁵ kɛ̃⁴⁴ ŋə²² yə⁴⁴ kyə⁵¹ la⁰？ b. ŋ²² kɛ̃⁴⁴ ŋə²² yə⁴⁴ kyə⁵¹ bɒ⁰。 |
| 62 常山 | a. 尔学声渠乙样事干吗？ b. 哎，我学声渠罢。<br>a. n²⁴ ʌʔ³⁴ sĩ⁰ ŋɤ⁴⁴ eʔ⁵ iã¹³¹ zɛ²⁴ kɔ̃⁰ ma⁰？ b. e⁵² ，ŋa²⁴ ʌʔ³⁴ sĩ⁰ ŋɤ⁴⁴ bɛ⁰。 |
| 63 开化 | a. 你腹=乙件事告渠罢？ b. 是，我腹=乙件事告渠罢。<br>a. ȵi²¹ pəʔ⁵ ieʔ⁵ dʑiɛ̃²¹ zuei²¹³ kəɯ⁵³ giɛ²¹ ba⁰？<br>b. dʑiɛʔ¹³ ，ŋa²¹ pəʔ⁵ ieʔ⁵ dʑiɛ̃²¹ zuei²¹³ kəɯ⁵³ giɛ²¹³ ba⁰。 |
| 64 丽水 | a. 你对渠讲乙样事干了没？ b. 是个，我对渠讲过罢。<br>a. ȵi⁴⁴ tei⁴⁴ gɯ²² kɒŋ⁵⁴⁴ iʔ⁵ iã¹³¹ zʅ²¹ kuɛ⁵² lə⁰ mei⁵²？<br>b. dʑʅ²² kɛ⁰ ，ŋuo⁴⁴ tei⁴⁴ gɯ²² kɒŋ⁵⁴⁴ kuo⁰ buɒ⁰。 |
| 65 青田 | a. 你报渠伊=件事干罢吗？ b. 我报渠罢。<br>a. ȵi⁴⁵⁴ ɓœ³³ gi²² i⁵⁵ dʑiɛ²² zʅ²² kuɐ⁵⁵ ba⁰ mɒ⁵⁵？ b. ŋu⁴⁵⁴ ɓœ³³ gi²² ba⁰。 |
| 66 云和 | a. 你对渠讲过乙件事干无啊？ b. 嗯，我对渠讲过哇。<br>a. ȵi⁴⁴ tei⁴⁴ gi³¹ kɔ̃⁵⁴ kɒ⁴⁵ iʔ⁵ dʑiɛ²²³ zʅ³¹ kuɛ⁴⁵ m⁴⁵ ɒ⁰？ b. ŋ³¹ ，ŋɒ⁴⁴ tei⁴⁴ gi³¹ kɔ̃⁵⁴ kɒ⁴⁵ ua⁰。 |
| 67 松阳 | a. 是尔报渠到乙样道路弗？ b. 猜到了，我报渠到了。<br>a. ziʔ² n²² pʌ²⁴ ɡɛ̃ʔ² tʌ⁰ iʔ⁵ ia¹³ dʌ²² luə¹³ fɤʔ²？ b. tsʰɛ⁵³ tʌ¹³ lə⁰ ，ŋ²² pʌ²⁴ ɡɛ̃ʔ² tʌ⁰ lə⁰。 |
| 68 宣平 | a. 爱=件事干尔告渠过了弗啊？ b. 嗯，我告渠过了。<br>a. ei⁵⁵ tɕiɛ⁴⁴ zʅ²¹ kuɛ⁵⁵ n²² kɔ⁵⁵ gɯ²² kɔ⁴⁴ lə⁰ fəʔ⁴ a⁰？ b. n³² ，ɒ²² kɔ⁵⁵ gɯ²² kɔ⁴⁴ lə⁰。 |
| 69 遂昌 | a. 你报渠乙件道路了嘟？ b. 我报渠了。<br>a. ȵiɛ¹³ pɐɯ³³ gɤ⁴⁵ iʔ⁵ dʑiɛ²¹ dɐɯ²² luə²¹ lə⁰ vɛ̃⁰？ b. ŋɒ¹³ pɐɯ³³ gɤ⁴⁵ lə⁰。 |
| 70 龙泉 | a. 你搭=样事报渠听[未啊]？ b. 我报渠罢。<br>a. ȵi⁴⁴ tɔʔ⁵ iaŋ²¹ zɤɯ²²⁴ paʌ⁴⁵ gɤɯ²¹ tʰin⁴⁵ mia⁰？ b. ŋɒ⁴⁴ paʌ⁴⁵ gɤɯ²¹ ba⁰。 |

续表

| 方言点 | 0003 a.你告诉他这件事了吗？ b.是，我告诉他了。 |
|---|---|
| 71 景宁 | a.你告渠埝个事干[弗会]？ b.欸，我告渠罢。<br>a. ȵi³³ kɑu³⁵ ki³³ tɛʔ⁵ kiʔ⁰ zɿ³³ kuœ³⁵ fai⁵⁵？ b. ɛ³⁵，ŋo³³ kɑu³⁵ ki³³ ba⁰。 |
| 72 庆元 | a.你报渠搭=样事了[否会]？ b.是，我报渠了。<br>a. ȵiɛ²²¹ ɓɒ¹¹ kɣ²² ɗɑʔ⁵ iã³ sɣ³¹ lɒ³¹ fæi⁵⁵？ b. sɿ²²¹，ŋo²²¹ ɓɒ¹¹ kɣ²² lɒ³³。 |
| 73 泰顺 | a.你话渠讲□件事干未？ b.我话渠讲哇。<br>a. ȵi⁵⁵ uɔʔ⁵ tsɿ²¹ kɔ̃⁵⁵ kʰi³⁵ tɕiɛ²¹ sɿ²¹ kuɛ³⁵ mi²²？ b. ŋɔ⁵⁵ uɔʔ⁵ tsɿ²¹ kɔ̃⁵⁵ ua⁰。 |
| 74 温州 | a.该起事干你优渠讲罢未啊？ b.欸，我优渠讲罢。<br>a. ke³³ tsʰʅ⁰ zʅ³¹ kø²¹ ni¹⁴ kʰuɔ³ gei³¹ kuɔ²⁵ ba¹⁴ mi²² a⁰？ b. ɛ⁵¹，ŋ¹⁴ kʰuɔ³ gei³¹ kuɔ²⁵ ba¹⁴。 |
| 75 永嘉 | a.你个事干优渠讲罢未啊？ b.候=，优渠讲罢呐。<br>a. ȵi¹³ kai⁴²³ zʅ³¹ ky⁴³ kʰɔ⁴³ eᵒ kɔ⁴⁵ ba¹³ mi³¹ ɛ⁰？ b. au²²，kʰɔ⁴³ eᵒ kɔ⁴⁵ ba¹³ nɔ⁰。 |
| 76 乐清 | a.个起事干你对渠讲罢也未？ b.啊，我对渠讲罢。<br>a. kai³⁵ tɕʰi³²³ zʅ³¹ kuɣ²¹ ȵi²⁴ tai³³ dzi³¹ kɔ³⁵ be²⁴ aᵒ miᵒ？ b. o²⁴，ŋ²⁴ tai³³ dzi³¹ kɔ³⁵ be²⁴。 |
| 77 瑞安 | a.你有逮渠讲该起事干也冇啊？ b.有呐，我逮渠讲罢呐。<br>a. ȵi¹³ iau¹³ de² gi³¹ kɔ³⁵ ke³⁵ tɕʰi³ zʅ³¹ kø⁴² aᵒ nau³⁵ aᵒ？<br>b. iau¹³ nɔ⁰，ŋ¹³ de² gi³¹ kɔ³⁵ ba¹³ nɔ⁰。 |
| 78 平阳 | a.你个件事干有对渠讲冇？ b.有，我有对渠讲罢。<br>a. ȵi⁴⁵ kai²¹ dzie¹³ zʅ¹³ kø⁴² iau²³ tai³³ gi⁴² kɔ⁴⁵ nau²³？ b. iau⁴⁵，ŋ¹³ iau⁴⁵ tai³³ gi²¹ kɔ⁴⁵ bɑ²¹。 |
| 79 文成 | a.你搭该个事干搭渠讲冇？ b.有，我搭渠讲罢。<br>a. ȵi¹³ te²¹ ke²¹ kai³³ zʅ¹³ ke²¹ te²¹ gei²¹ kuo⁴⁵ nau⁴⁵？ b. iau²²⁴，ŋ¹³ te²¹ gei²¹ kuo⁴⁵ ba²²⁴。 |
| 80 苍南 | a.你有逮渠讲该起事干吗？ b.有，我逮渠讲□。<br>a. ȵi⁵³ iau⁵³ de¹¹ gi³¹ kɔ⁵³ ke³ tɕʰi⁵³ zʅ³¹ kyɛ⁴⁴ ma⁰？ b. iau⁵³，ŋ⁵³ de¹¹ gi³¹ kɔ³³ uɛ²⁴。 |
| 81 建德徽 | a.葛个事干尔对渠讲过未？ b.印对渠讲过罢。<br>a. kɐʔ³ kɐʔ⁵ sɿ⁵⁵ ke³³ n²¹ te⁵⁵ ki³³ kɔ²¹ ku⁵⁵ mi⁵⁵？ b. ɑŋ²¹³ te⁵⁵ ki³³ kɔ²¹ ku⁵⁵ pɐʔ⁵。 |
| 82 寿昌徽 | a.尔依跟渠讲格样事干曾？ b.咱跟渠讲罢。<br>a. n³³ nɒŋ¹¹ ken¹¹ kəɯ⁵² kɑ̃²⁴ kɐʔ³ iã²⁴ sɿ¹³ kiɛ³³ sen⁵⁵？ b. tsa⁵² ken¹¹ kəɯ⁵² kɑ̃²⁴ pa⁰。 |
| 83 淳安徽 | a.[尔勒=]渠讲乙件事体不舔=？ b.是，我勒=渠讲讲罢。"件"音殊<br>a. nəʔ⁵ kʰɯ⁴³⁵ kon⁵⁵ iʔ⁵ ɕiã²⁴ sa⁵³ tʰi⁵⁵ pəʔ⁵ tʰiã⁵⁵？<br>b. tsʰa⁵⁵，u⁵⁵ ləʔ⁵ kʰɯ⁴³⁵ kon⁵⁵ kon⁰ pa⁰。 |
| 84 遂安徽 | a.伊甭搭渠讲阿=件事哇？ b.我搭渠讲嘞。<br>a. i⁵⁵ pəŋ³³ tɑ⁵⁵ kʰəɯ⁵⁵ koŋ²¹³ a³³ tɕiɛ̃⁵² sɿ⁵⁵ ua⁰？ b. kɔ⁵⁵ tɑ⁵⁵ kʰəɯ⁵⁵ koŋ²¹³ lɛ⁰。 |
| 85 苍南闽 | a.蜀项事汝合伊讲了无？ b.我合伊讲了。<br>a. tɕie⁴³ hɑŋ⁴³ su²¹ lɯ³² kʰa²¹ i⁴³ kɑŋ⁴³ liau⁴³ bo²¹？ b. gua³² kʰa²¹ i⁴³ kɑŋ⁴³ liau⁴³。 |

**续表**

| 方言点 | 0003 a. 你告诉他这件事了吗？ b. 是，我告诉他了。 |
|---|---|
| 86 泰顺闽 | a. 尔□伊讲这事干未？ b. 讲了。<br>a. n²² piɿʔ⁵ i³⁴⁴ ko³⁴⁴ tɕiɛʔ⁵ sɿ³¹ kæŋ⁵³ mɔi²²？ b. ko³⁴⁴ lɵʔ⁰。 |
| 87 洞头闽 | a. 蜀项代⁼志⁼汝合伊讲无呀？ b. 有，我合伊讲了。<br>a. tɕiek⁵ hoŋ²¹ tai²¹ tɕi²¹ luɯ⁵³ kɐk²¹ i³³ koŋ⁴² bɔ²¹ ia²¹？ b. u²¹，gua²¹ kɐk²¹ i³³ koŋ⁵³ liau⁰。 |
| 88 景宁畲 | a. 你告渠这件事阿⁼没啊？ b. 是，我告渠阿⁼。<br>a. n̠i²² kau⁴⁴ ki⁴⁴ kɔi⁵¹ kien⁴⁴ su⁵¹ a⁴⁴ min²² a⁰？ b. ɕi⁴⁴，ŋɔi⁴⁴ kau⁴⁴ ki³⁴ a⁰。 |

| 方言点 | 0004 你吃米饭还是吃馒头？ |
|---|---|
| 01 杭州 | 你吃饭还是吃馒头？<br>n̠i⁵³ tɕʰioʔ⁵ vɛ¹³ aʔ² z̩¹⁴⁵ tɕʰioʔ⁵ muo²² dei⁴⁵？ |
| 02 嘉兴 | 倷吃饭还是吃馒头？<br>nei¹³ tɕʰieʔ⁵ vɛ¹³ ɛ³³ z̩³³ tɕʰieʔ⁵ mə²¹ dei³³？ |
| 03 嘉善 | 倷是吃饭呢还是吃面包？<br>nə¹³ z̩²² tɕʰiəʔ⁵ vɛ¹³ nə⁰ ɛ⁴⁴ z̩²² tɕʰiəʔ⁵ miⁱ¹³ pɔ⁵³？ |
| 04 平湖 | 倷要吃饭呢还是吃馒头？<br>nəɯ²¹³ iɔ³³⁴ tɕʰiəʔ²³ vɛ²¹³ n̠i⁰ ɛ⁵³ z̩⁰ tɕʰiəʔ²³ mø²⁴ dəɯ⁵³？ |
| 05 海盐 | 倷是吃饭呢，还是吃馒头？<br>ne⁴²³ z̩²¹³ tsʰəʔ²³ vɛ²¹³ n̠i²¹，ɛ²⁴ z̩²¹³ tsʰəʔ²³ mɤ²⁴ de⁵³？ |
| 06 海宁 | 倷吃饭还是吃馒头啊？<br>nəɯ⁵⁵ tɕʰieʔ⁵ vɛ³³ ɛ³³ z̩³³ tɕʰieʔ⁵ məɯ³³ dəɯ³³ a⁰？ |
| 07 桐乡 | 倷吃饭还是吃包子啦？<br>nɤɯ²⁴² tɕʰiəʔ³ vɛ²¹³ ua²¹ z̩⁴⁴ tɕʰiəʔ³ pɔ⁴⁴ ts̩⁴⁴ la⁰？ |
| 08 崇德 | 倷吃饭还是吃馒头啊？<br>nɤɯ⁵³ tɕʰiəʔ³ vɛ¹³ ua²¹ z̩¹³ tɕʰiəʔ³ mɛ²¹ dɤɯ⁴⁴ ɑ⁰？ |
| 09 湖州 | 尔吃饭牢⁼还是吃馒头？<br>n³¹ tɕieʔ⁵ vɛ⁴⁴ lɔ³⁵ a⁵³ z̩³³ tɕʰieʔ⁵ møʉ³¹ døʉʔ⁰？ |
| 10 德清 | 尔吃饭还是吃面包？<br>n⁵³ tɕʰioʔ⁵ vɛ¹³ ɛ³¹ z̩¹³ tɕʰioʔ⁵ mie³³ pɔ¹³？ |
| 11 武康 | 尔是吃饭还是吃包子？<br>n¹³ z̩³¹ tɕʰiəʔ⁵ vɛ¹³ ɛ¹¹ z̩¹³ tɕʰiəʔ⁵ pɔ⁴⁴ ts̩⁴⁴？ |
| 12 安吉 | 倷吃饭还是吃馒头？<br>nəʔ²³ tɕʰɤəʔ⁵ vɛ²¹³ a²² z̩²² tɕʰɤəʔ⁵ mɛ²² dəɪ²²？ |
| 13 孝丰 | 倷吃饭还是吃发糕？<br>nəʔ²³ tɕʰieʔ⁵ vɛ²¹³ a²² z̩²² tɕʰieʔ⁵ faʔ⁵ kɔ⁴⁴？ |
| 14 长兴 | 尔是吃饭还是吃馒头？<br>n⁵² z̩²⁴ tʃʰiɛʔ⁵ vɛ²⁴ a¹² z̩²⁴ tʃʰiɛʔ⁵ mɯ³² dei²⁴？ |
| 15 余杭 | 是尔吃饭哩还是吃馒头？<br>zəʔ² n³¹ tɕʰiaʔ⁵ vɛ¹³ li¹³ əʔ² z̩³¹ tɕʰiaʔ⁵ muõ³³ døɣ³¹？ |
| 16 临安 | 侬还是吃饭还是吃馒头？<br>noŋ¹³ vɛ⁵⁵ z̩⁵⁵ tɕʰiɐʔ⁵ vɛ³⁵ vɛ³³ z̩³³ tɕʰiɐʔ⁵ mə³¹ də⁰？ |

**续表**

| 方言点 | 0004 你吃米饭还是吃馒头？ |
|---|---|
| 17 昌化 | 尔吃饭还是吃馒头？<br>ŋ²⁴ tɕʰiɛʔ⁵ va²⁴ aˁ¹¹ zʅ²⁴ tɕʰiɛʔ⁵ mɛ̃¹¹ di¹¹² ? |
| 18 於潜 | 你是吃饭还是吃面包？<br>ni⁵¹ zʅ²⁴ tɕʰieʔ⁵³ vɛ²⁴ ua²⁴ zʅ²⁴ tɕʰieʔ⁵³ miɛ²⁴ pɔ⁴³³ ? |
| 19 萧山 | 尔吃饭还是吃馒头？<br>ŋ¹³ tɕʰieʔ⁵ vɛ²⁴² ua¹³ zʅ³³ tɕʰieʔ⁵ mɛ²¹ dio²¹ ? |
| 20 富阳 | 尔吃饭还是吃馒头？<br>ŋ²²⁴ tɕʰiɛʔ⁵ vɛ̃²²⁴ ua²² zʅ²²⁴ tɕʰiɛʔ⁵ mɛ̃¹³ dei⁵⁵ ? |
| 21 新登 | 尔吃饭还是吃馒头？<br>ŋ³³⁴ tsʰaʔ⁵ vɛ¹³ aʔ² zʅ¹³ tsʰaʔ⁵ mɑ̃²³³ dəu²³³ ? |
| 22 桐庐 | 你吃饭还是吃馒头？<br>ni³³ tɕʰiəʔ⁵ va¹³ ʌ¹³ zʅ³³ tɕʰiəʔ⁵ mɑ̃²¹ dei²¹ ? |
| 23 分水 | 你吃饭还是吃面包啊？<br>nɛi⁵³ tɕʰiəʔ⁵ vã¹³ xɛ²¹ zʅ²⁴ tɕʰiəʔ⁵ miɛ̃²⁴ pɔ⁴⁴ a⁰ ? |
| 24 绍兴 | 偌落吃饭还是吃馒头？<br>noʔ² loʔ³ tɕʰieʔ³ vɛ̃²² vɛ̃²² zeʔ² tɕʰieʔ³ muø̃²² dɤ²³¹ ? |
| 25 上虞 | 侬吃饭还是吃馒头？<br>noŋ²¹³ tɕʰyoʔ⁵ vɛ̃³¹ uɛ̃²¹ zəʔ² tɕʰyoʔ⁵ mø²¹ dɤ²¹³ ? |
| 26 嵊州 | 侬吃饭还是吃馒头啊？<br>noŋ²⁴ tɕʰyoʔ³ uɛ̃²⁴ uɛ̃²² zɛ²² tɕʰyoʔ³ mɛ̃²² dɤ²² a⁰ ? |
| 27 新昌 | 尔食饭还是食馒头？<br>ŋ¹³ ʑiʔ² uɛ̃¹³ uɛ̃²² zʅ²² ʑiʔ² mœ̃¹³ diɯ³³ ? |
| 28 诸暨 | 尔吃饭还是吃馒头？<br>nʅ¹³ tɕʰieʔ⁵ vɛ¹³ vɛ³³ zʅ³³ tɕʰieʔ⁵ məʔ²¹ dei⁴² ? |
| 29 慈溪 | 侬吃饭还是吃馒头啦？<br>nuŋ¹³ tɕʰyoʔ⁵ vɛ̃¹³ uaʔ² zʅ⁰ tɕʰyoʔ⁵ mø¹³ dø⁰ la⁰ ? |
| 30 余姚 | 侬吃饭还是吃馒头？<br>nuŋ¹³ tɕʰyoʔ⁵ vã¹³ uaʔ² zʅ¹³ tɕʰyoʔ⁵ mã¹³ dø¹³ ? |
| 31 宁波 | 侬要吃饭还是要吃淡包？／侬吃饭还是吃淡包嘞？<br>nəu¹³ io⁴⁴ tɕʰyoʔ⁵ vɛ¹³ uaʔ² zʅ⁰ io⁴⁴ tɕʰyoʔ⁵ dɛ²² pɔ⁴⁴ ? ／nəu¹³ tɕʰyoʔ⁵ vɛ¹³ ua¹³ zʅ⁰<br>tɕʰyoʔ⁵ dɛ²² pɔ⁴⁴ laʔ² ? |

| 方言点 | 0004 你吃米饭还是吃馒头？ |
|---|---|
| 32 镇海 | 侬吃饭还是吃淡包？<br>nəu²⁴ tɕʰyoʔ⁵ vɛ²⁴ uaʔ¹² zɿ²⁴ tɕʰyoʔ⁵ dɛ²⁴ pɔ⁰ ？ |
| 33 奉化 | 侬吃饭还是吃馒头？<br>nəu³³ tɕʰyoʔ⁵ vɛ³¹ uaʔ² zɿ⁰ tɕʰyoʔ⁵ mɛ³³ dæi³¹ ？ |
| 34 宁海 | 尔吃饭还是吃麦糕？／饭、麦糕，尔吃搞⁼无？<br>n³³ tɕʰyuʔ³ vɛ²⁴ uaʔ² zɿ⁰ tɕʰyuʔ³ maʔ² kau³³ ？／vɛ²⁴ 、maʔ² kau³³ ，n³³ tɕʰyuʔ³ kau⁰ m⁰ ？ |
| 35 象山 | 尔吃饭还是吃麦糕唉？<br>n³¹ tɕʰyoʔ⁵ vɛ¹³ uaʔ² dzɿ¹³ tɕʰyoʔ⁵ maʔ² kɔ⁴⁴ ɛ⁰ ？ |
| 36 普陀 | 侬吃饭还是吃馒头？<br>noŋ²⁴ tɕʰyoʔ³ vɛ¹³ uɐʔ² zɿ²³ tɕʰyoʔ³ mɛ³³ dɐu⁵³ ？ |
| 37 定海 | 侬吃饭还是吃淡包？<br>noŋ²³ tɕyoʔ³ vɛ¹³ uɐʔ⁰ zɿ⁴⁴ tɕyoʔ³ dɛ⁴⁵ pɔ⁰ ？ |
| 38 岱山 | 侬吃饭还是吃淡包啦？<br>noŋ²³ tɕʰyɔʔ³ vɛ¹¹ uɐʔ² zɿ⁴⁴ tɕʰyoʔ³ dɛ⁴⁵ pɔ⁰ lɐ⁰ ？ |
| 39 嵊泗 | 侬吃饭还是吃淡包啦？<br>noŋ²⁴ tɕʰyoʔ³ vɛ²¹³ uɐʔ² zɿ⁴⁴ tɕʰyoʔ³ dɛ⁴⁵ pɔ⁰ lɐʔ⁵ ？ |
| 40 临海 | 尔吃饭吃馒头？／尔吃饭还是吃馒头？<br>n⁵² tɕʰyoʔ³ vɛ³²⁴ tɕʰyoʔ³ mɛ²² də⁵¹ ？／n⁵² tɕʰyoʔ³ vɛ³²⁴ uɛ²² zəʔ⁰ tɕʰyoʔ³ mɛ²² də⁵¹ ？ |
| 41 椒江 | 尔吃饭啊吃馒头？<br>n⁴² tɕʰyoʔ³ vɛ²⁴ a⁰ tɕʰyoʔ³ mɛ³¹ dio⁴¹ ？ |
| 42 黄岩 | 尔吃饭啊吃馒头？<br>n⁴² tɕʰyoʔ³ vɛ²⁴ a⁰ tɕʰyoʔ³ mɛ¹³ dio⁴¹ ？ |
| 43 温岭 | 尔吃饭啊吃馒头？<br>n⁴² tɕʰyoʔ³ vɛ¹³ a⁰ tɕʰyoʔ³ mɛ²⁴ dɤ⁴¹ ？ |
| 44 仙居 | 尔吃饭还是吃馒头了？<br>ŋ²⁴ tɕʰyɔʔ³ va²⁴ uɐʔ²³ zɿ²¹³ tɕʰyɔʔ³ ma⁵³ dɐu⁰ lɐʔ⁰ ？ |
| 45 天台 | 尔中意吃饭还是中意吃馒头？／饭搭馒头尔中意吃哪样？<br>ŋ²¹ tɕʏuŋ³³ i⁵⁵ tɕʰyuʔ⁵ vɛ³⁵ uɛ²²⁴ zɿ⁰ tɕʏuŋ³³ i⁵⁵ tɕʰyuʔ⁵ mɛ²²⁴ dɐu⁰ ？／vɛ³⁵ taʔ⁵ mɛ²²⁴ dɐu⁰ ŋ²¹⁴ tɕʏuŋ³³ i⁵⁵ tɕʰyuʔ⁵ no²² ia³⁵ ？ |
| 46 三门 | 尔吃饭还是吃馒头？<br>ŋ³²⁵ tɕʰioʔ³ vɛ²⁴ uɛ¹¹³ zɿ²¹ tɕʰioʔ⁵ mɛ¹³ dɤɯ³¹ ？ |
| 47 玉环 | 尔吃饭啊吃馒头啊？<br>n⁴² tɕʰyoʔ³ vɛ²² a⁰ tɕʰyoʔ³ mɛ²² diɤ⁴¹ a⁰ ？ |

续表

| 方言点 | 0004 你吃米饭还是吃馒头？ |
|---|---|
| 48 金华 | 侬吃饭还是吃馒头？<br>noŋ⁵³⁵ tɕʰiə ʔ⁴ vɑ¹⁴ uɑ³¹ sɿ⁵³⁵ tɕʰiə ʔ⁴ mɤ³¹ diu¹⁴ ？ |
| 49 汤溪 | 尔吃饭还是吃馒头？<br>ŋ¹¹³ tɕʰiei⁵² vɤɑ³⁴¹ uɑ³³ tsɿ⁵² tɕʰiei⁵⁵ mɤ¹¹ tɘu⁵² ？ |
| 50 兰溪 | 侬吃饭还是吃馒头？<br>noŋ⁵⁵ tɕʰie ʔ³⁴ viɑ²⁴ uɑ²¹ sɿ⁵⁵ tɕʰie ʔ³⁴ mɤ²¹ dɘu²⁴ ？ |
| 51 浦江 | 尔食饭还是食馒头啊？<br>n⁵³ zɛ²⁴ vã²⁴ uã¹¹ zi²⁴³ zɛ²⁴ mɯ²⁴ dɤ³³⁴ ɑ⁰ ？ |
| 52 义乌 | 侬食饭还是食馒头？<br>noŋ⁴⁵ zai³¹ bɔ²⁴ uɛ²² tsi³³ zai³¹ mɯɤ²² tɐu⁴⁵ ？ |
| 53 东阳 | 尔食饭还是食馒头？<br>n²² zei²⁴ vɔ³³ ɔ²⁴ dʑi²² zei²⁴ mo²² dɘu⁵³ ？ |
| 54 永康 | 尔食饭还来=食馒头？<br>ŋ³¹ səi³³ vɑ²⁴¹ uɑ³¹ ləi³¹ səi³³ muo³¹ dɘu²² ？ |
| 55 武义 | 偌食饭还是食馒头呐？<br>nɔ¹³ zə ʔ⁵ vuo²⁴ uo³²⁴ dʑi¹³ zə ʔ⁵ muo³²⁴ dɑu⁵³ na⁰ ？ |
| 56 磐安 | 尔食饭还是食馒头？<br>n³³ sɛi⁵⁵ vɒ¹⁴ ɳ²² tɕi³³ sɛi⁵⁵ mɯ²¹ tɯɯ⁵² ？ |
| 57 缙云 | 你食饭还是食馒头啊？<br>n̠i³¹ zei⁵¹ vɑ²¹³ uɑ²¹ dʑɿ⁵¹ zei⁵¹ mɛ²¹ diuŋ⁴⁵³ ɑ⁰ ？ |
| 58 衢州 | 你吃饭还是吃馒头？<br>n̠i⁵³ tɕʰiə ʔ⁵ vã²³¹ aʔ² zɿ²³¹ tɕʰiə ʔ⁵ mə̃²¹ de²³¹ ？ |
| 59 衢江 | 你食饭还勒=食馒头？<br>n̠i²² iə ʔ² vã²³¹ ua ʔ² lə ʔ⁰ iə ʔ² mɛ²¹ ty⁵³ ？ |
| 60 龙游 | 尔食饭还是食馒头？<br>n²² iə ʔ² vã²³¹ uɑ²³¹ zɿ²¹ iə ʔ² mɛ²²⁴ dɘɯ²³¹ ？ |
| 61 江山 | 你咥饭个还是咥面头嘎？<br>n²² tiɛ ʔ⁵ vaŋ²² gə ʔ⁰ uaŋ²² lɛ ʔ⁵ tiɛ ʔ⁵ miẽ²² du²¹³ gɑ⁰ ？ |
| 62 常山 | 尔吃饭蛤=是吃面包？<br>n²⁴ tɕʰie ʔ⁵ vã¹³¹ gɤ ʔ³ dʑi⁰ tɕʰie ʔ⁵ miẽ²² pɔ⁴⁴ ？ |
| 63 开化 | 尔食饭□是食馒头？<br>n²¹ ia ʔ² vã²¹³ gə ʔ² dʑiɛ¹³ ia ʔ² mɛn²¹ tu⁵³ ？ |

| 方言点 | 0004 你吃米饭还是吃馒头？ |
|---|---|
| 64 丽水 | 你是吃饭还是吃面包？<br>ȵi⁵⁴⁴ dzɿ²² tɕʰiʔ⁴ va¹³¹ã²² dzɿ²² tɕʰiʔ⁴ miɛ²² pə²²⁴ ? |
| 65 青田 | 你吃饭还是吃面包？<br>ȵi⁴⁵⁴ tsʰɿʔ⁴ va²² ua²² dzɿ²² tsʰɿʔ⁴ mia²² ɓo⁴⁴⁵ ? |
| 66 云和 | 你吃饭还是吃馒头？<br>ȵi⁴⁴ tɕʰiʔ⁴ vã²²³ ã²²³ dzɿ³¹ tɕʰiʔ⁴ mɛ²²³ dəɯ³¹ ? |
| 67 松阳 | 是尔咥饭还是咥馒头？<br>ʑiʔ² n²² tiɛʔ³ vɔ̃¹³ uɔ̃³³ ʑiʔ² tiɛʔ³ mæ³³ dei³¹ ? |
| 68 宣平 | 尔吃饭还是吃馒头啊？<br>n²² tɕʰiəʔ⁴ vã²³¹ uɑ²²³ dzɿ²² tɕʰiəʔ⁴ mə²² dəɯ⁴³ a⁰ ? |
| 69 遂昌 | 你咥饭还是咥面包？<br>ȵiɛ¹³ tiɛʔvaŋ²¹ aŋ²² ʑiʔ²³ tiɛʔ⁵ miɛ̃²² pɐɯ⁴⁵ ? |
| 70 龙泉 | 你咥饭固是咥馒头？／你咥饭固是咥馒头啊？<br>ȵi⁴⁴ tiɛʔ³ vaŋ²²⁴ ku⁴⁴ zɿ²¹ tiɛʔ³ maŋ⁴⁵ diəu²¹ ? ／ȵi⁴⁴ tiɛʔ³ vaŋ²²⁴ ku⁴⁴ zɿ²¹ tiɛʔ³ maŋ⁴⁵ diəu²¹ a⁴⁵ ? |
| 71 景宁 | 你吃饭还是吃馒头啊？<br>ȵi³³ tɕʰiʔ⁵ vɔ¹¹³ a³³ dzɿ³³ tɕʰiʔ⁵ mœ³³ dəɯ⁴¹ a⁰ ? |
| 72 庆元 | 你咥饭估=是咥馒头？<br>ȵiɛ²²¹ ɗiɑʔ⁵ fã³¹ ku³³⁵ sɿ²² ɗiɑʔ⁵ mã̃²² tiɯ⁵² ? |
| 73 泰顺 | 你吃饭固是吃面包？<br>ȵi⁵⁵ tsʰɿʔ² uã̃²² ku³⁵ tsɿ²¹ tsʰɿʔ² miã̃²¹ pɑɔ²¹³ ? |
| 74 温州 | 乞你吃饭还是吃馒头啊？<br>ha⁰ ȵi¹⁴ tsʰɿ⁴² va²² va³¹ zɿ²¹ tsʰɿ³⁴ mø²² dɤu²²³ a⁰ ? |
| 75 永嘉 | 你吃饭还是吃馒头唉？<br>ȵi¹³ tɕʰiai⁴³ va²² va³¹ zɿ²¹ tɕʰiai⁴³ mø²² dəu²¹ ɛ⁰ ? |
| 76 乐清 | 你吃饭啊还是吃馒头唉？<br>ȵi²⁴ tɕʰiɤ⁴² vɛ²² a⁰ vɛ³¹ zɿ²¹ tɕʰiɤ³⁴ mɯ²² diu²²³ ɛ⁰ ? |
| 77 瑞安 | 你吃饭啊还是吃馒头哇？<br>ȵi¹³ tɕʰiʔ³ vɔ²² a⁰ uɔ³¹ zɿ²¹ tɕʰiʔ³ mø²² dou²¹ uɔ⁰ ? |
| 78 平阳 | 你吃饭还是吃面包？<br>ȵi³³ tɕʰiʔ⁴⁵ vɔ³³ vɔ¹³ zɿ³³ tɕʰiʔ⁴⁵ miɛ⁴⁵ pɔ²¹ ? |
| 79 文成 | 你吃饭还是吃馒头？<br>ȵi¹³ tɕʰiʔ³⁴ vɔ¹³ vɔ²¹ zɿ³³ tɕʰiʔ³⁴ mø²¹ diou³³ ? |

**续表**

| 方言点 | 0004 你吃米饭还是吃馒头？ |
|---|---|
| 80 苍南 | 你吃饭啊还是吃馒头？<br>n̠i⁵³ tɕʰi³ ua¹¹ a⁰ ua³¹ zʅ¹¹ tɕʰi³ mø¹¹ dɛu¹¹？ |
| 81 建德徽 | 尔吃饭还是吃馒头？<br>n²¹³ tɕʰiɐʔ³ fɛ⁵⁵ uɑ⁵⁵ tsʅ³³ tɕʰiɐʔ⁵ mɛ³³ tɤɯ³³？ |
| 82 寿昌徽 | 漕吃饭还是吃馒头？<br>tsen⁵² tɕʰiəʔ³ fɤ³³ uə⁵⁵ tsʅ³³ tɕʰiəʔ³ miæ¹¹ tʰəɯ¹¹²？ |
| 83 淳安徽 | 尔吃饭还是吃馒头？<br>n⁵⁵ tɕʰiʔ³ fɑ̃⁵³ ɑʔ¹³ tsʰa⁵⁵ tɕʰiʔ⁵ mɑ̃⁴³ tʰɯ²⁴？ |
| 84 遂安徽 | 伊吃饭还是吃面包？<br>i⁵⁵ tsʰʅ⁵⁵ fɑ̃⁵² uɑ³³ sʅ³³ tsʰʅ⁵⁵ miɛ̃⁵⁵ po⁵³⁴？ |
| 85 苍南闽 | 汝食糜要是食馒头？<br>lɯ³² tɕia²¹ mã ĩ²⁴ iau⁴³ ɕi²¹ tɕia²¹ mũã²¹ tʰau²⁴？ |
| 86 泰顺闽 | 尔是食白饭是食馒头？<br>n³⁴⁴ ɕiɛʔ³ ɕia²² pa²² pɔi³¹ ɕiɛʔ³ ɕia²² mæŋ²² tʰau²²？ |
| 87 洞头闽 | 汝是末＝食糜也是末＝食面包？<br>lɯ³³ ɕi²¹ bə⁵³ tɕia²¹ mã ĩ³³ a³³ ɕi²¹ bə³³ tɕia²¹ m ĩ²¹ pau³³？ |
| 88 景宁畲 | 你食饭啊,阿＝是食馒头？<br>n̠i⁴⁴ ɕiʔ² pʰɔn⁵¹ a⁰, an²² ɕi⁴⁴ ɕiʔ² mɔn²² tʰiəu⁵¹？ |

| 方言点 | 0005 你到底答应不答应他？ |
|---|---|
| 01 杭州 | 你到底答不答应他？／你到底答应他还是不答应他？／你到底答应不答应他？<br>n̠i⁵³tɔ⁴⁵ti⁵³taʔ³paʔ⁵taʔ³iŋ⁴⁵tʰa⁵³？／n̠i⁵³tɔ⁴⁵ti⁵³taʔ³iŋ⁴⁵tʰa⁵³aʔ²zɿ⁴⁵paʔ⁵taʔ³iŋ⁴⁵tʰa⁵³？／n̠i⁵³tɔ⁴⁵ti⁵³taʔ³iŋ⁴⁵paʔ⁵taʔ³iŋ⁴⁵tʰa⁵³？ |
| 02 嘉兴 | 倷到底答应勿答应伊？／倷到底答伊哦？<br>nei¹³tɔ¹³ti³³tʌʔ⁵iŋ²¹vəʔ⁵tʌʔ⁵iŋ²¹i²¹？／nei¹³tɔ²⁴ti²¹tʌʔ⁵iŋ²¹i²¹vʌ²¹？ |
| 03 嘉善 | 倷到底答应伊呢还是弗答应伊？<br>nə¹³tɔ⁵⁵ti⁰tɤʔ⁵in¹³i⁵³nə⁰ɛ⁵⁵zɿ²²fəʔ⁵tɤʔ⁵in¹³i⁵³？ |
| 04 平湖 | 倷到底答应伊哦？<br>nəɯ²¹³tɔ³³⁴di⁰taʔ³in⁴⁴i⁴⁴va⁰？ |
| 05 海盐 | 倷到底答应伊哦？<br>ne⁴²³tɔ⁵⁵ti²¹taʔ⁵in⁵³i²¹³vaʔ²¹？ |
| 06 海宁 | 到底倷答应伊哦？<br>tɔ⁵⁵ti⁵³nəɯ⁵³təʔ⁵iŋ⁰i³³vəʔ²？ |
| 07 桐乡 | 倷到底答应弗答应伊啦？<br>nɤɯ²⁴²tɔ³³ti⁵³taʔ³iŋ³³⁴fəʔ⁵taʔ³iŋ³³⁴i⁵³la⁰？ |
| 08 崇德 | 倷到底答弗答应伊？<br>nɤɯ⁵³tɔ³³ti⁵³taʔ³fəʔ⁰taʔ³iŋ³³i¹³？ |
| 09 湖州 | 尔到底答应伊特⁼哦？<br>n⁵³tɔ⁵³ti⁵³taʔ⁵in³⁵i⁵³dəʔ²vəʔ⁰？ |
| 10 德清 | 尔究竟答应伊还是勿答应伊？<br>n³⁵tɕiɤ⁵³tɕin⁵³taʔ⁵in⁴⁴i³⁵ɛ³¹zɿ³¹vəʔ²taʔ⁵in⁵³i³¹？ |
| 11 武康 | 尔到底有勿有答应伊？<br>n³¹tɔ⁵³ti⁴⁴iø⁴⁴vəʔ²iø⁵³təʔ⁵in⁴⁴i¹³？ |
| 12 安吉 | 尔到底答应弗答应渠个？<br>ŋ²¹³tɔ³²ti⁵²təʔ⁵iŋ²²fəʔ⁵təʔ⁵iŋ²²dʑi²¹kəʔ⁰？ |
| 13 孝丰 | 倷到底答应弗答应渠？／倷到底答弗答应渠？<br>nəʔ²³tɔ³²ti⁵²taʔ⁵iŋ⁴⁴fəʔ⁵taʔ⁵iŋ⁴⁴dʑi²²？／nəʔ²³tɔ³²ti⁵²taʔ⁵fəʔ⁵taʔ⁵iŋ⁴⁴dʑi²²？ |
| 14 长兴 | 是尔到底肯弗肯答应伊呀？<br>zəʔ²n⁵²tɔ³²tɿ⁵²kʰəŋ⁵²fəʔ⁰kʰəŋ²¹taʔ⁵iŋ⁴⁴l̩¹²ia⁰？ |
| 15 余杭 | 是尔到底答应弗答应伊个？<br>zəʔ²n³¹tɔ³⁵ti⁵³təʔ⁵iŋ³⁵fəʔ⁵təʔ⁵iŋ⁵⁵i³¹go ʔ²？ |
| 16 临安 | 侬到底答勿答应伊？<br>noŋ¹³tɔ⁵³ti⁵³tɐʔ⁵vɐʔ²tɐʔ⁵ieŋ³¹i⁰？ |

续表

| 方言点 | 0005 你到底答应不答应他？ |
|---|---|
| 17 昌化 | 尔到底答不答应渠？<br>ŋ²⁴tɔ⁵⁴ti⁴⁵taʔ⁵pəʔ⁰taʔ⁵iəŋ⁵⁴⁴gɯ¹¹²？ |
| 18 於潜 | 你到底同不同意他个？<br>ni⁵¹tɔ³⁵ti⁵³doŋ²⁴pəʔ²doŋ²⁴i²⁴tʰa⁴³³kəʔ²？ |
| 19 萧山 | 尔到底答弗答应伊？<br>ŋ¹³tɔ⁴²ti²¹taʔ⁵fəʔ⁵taʔ⁵iŋ⁴²i²¹？ |
| 20 富阳 | 尔到底答弗答应伊？<br>ŋ²²⁴tɔ³³⁵di²²⁴taʔ⁵fɛʔ⁵taʔ⁵in³³⁵i²²⁴？ |
| 21 新登 | 尔到底答弗答应伊啊？<br>ŋ³³⁴tɔ⁴⁵di²¹taʔ⁵faʔ⁵taʔ⁵ein⁴⁵i³³⁴a⁰？ |
| 22 桐庐 | 你到底答应勿答应伊？／你到底答应伊勿？<br>ni³³tɔ³³ti⁵⁵taʔ⁵iŋ³⁵vəʔ⁵taʔ⁵iŋ³⁵i²¹？／ni³³tɔ³³ti⁵⁵taʔ⁵iŋ³⁵i²¹vəʔ⁵？ |
| 23 分水 | 你答应不答应他？<br>n̩i⁵³taʔ⁵in⁰pəʔ⁵taʔ⁵in⁰tʰa⁴⁴？ |
| 24 绍兴 | 偌到底有勿有答应伊？<br>noʔ²tɔ³³ti³³⁴iɤ²²veʔ²iɤ³³tɛʔ³iŋ³³i²²？ |
| 25 上虞 | 侬到底答勿答应伊？<br>noŋ²¹³tɔ⁵⁵ti⁰tɐʔ⁵vəʔ²tɐʔ⁵iŋ⁵³i²¹？ |
| 26 嵊州 | 侬到底答应弗答应伊？<br>noŋ²⁴tɔ⁵³ti⁴⁴tɛʔ³iŋ⁴⁴fəʔ³tɛʔ³iŋ³³i²²？ |
| 27 新昌 | 尔到底依弗依渠啊？<br>ŋ¹³tɔ³³ti⁴⁵i³³feʔ⁵i³³dʑi²²a³¹？ |
| 28 诸暨 | 尔到底答应弗答应渠？／尔到底答应渠弗？<br>n¹²tɔ³³tʅ⁴²taʔ³in³³fəʔ⁵taʔ³in³³dʐʅ²¹？／n¹³tɔ³³tʅ⁴²taʔ³in³³dʐʅ²¹fəʔ⁵？ |
| 29 慈溪 | 侬到底有得应承渠未？／侬到底有得应承弗应承渠？<br>nuŋ¹³tɔ⁴⁴ti⁰iø¹³taʔ²iŋ¹³dzəŋ⁰ge¹³ue⁰？／nuŋ¹³tɔ⁴⁴ti⁰iø¹³taʔ²iŋ¹³dzəŋ⁰faʔ²iŋ¹³dzəŋ⁰ge¹³？ |
| 30 余姚 | 侬到底应承渠勿？／侬到底答勿答应渠？<br>nuŋ¹³tɔ⁵³ti³⁴iə̃⁴⁴dzə̃¹³ge¹³və⁴⁴？／nuŋ¹³tɔ⁵³ti³⁴taʔ⁵vəʔ²taʔ⁵iə̃⁴⁴ge¹³？ |
| 31 宁波 | 侬到底答勿答应渠嘞？／侬到底答应渠勿嘞？<br>nəu¹³tɔ⁴⁴ti⁰taʔ⁵vaʔ²taʔ⁵iŋ⁰dʑi¹³laʔ²？／nəu¹³tɔ⁴⁴ti⁰taʔ⁵iŋ⁰dʑi¹³vaʔ²laʔ²？ |

续表

| 方言点 | 0005 你到底答应不答应他？ |
|---|---|
| 32 镇海 | 侬到底答应勿答应渠？<br>nəu²⁴ tɔ³³ tiᵒ taʔ⁵ iŋ⁴⁴ vaʔ¹² taʔ⁵ iŋ⁴⁴ dʑi²⁴？ |
| 33 奉化 | 侬万⁼金⁼有应承莫应承渠啦？<br>nəu³³ vɛ³¹ tɕiŋ⁴⁴ iɤ³³ iŋ⁴⁴ dʑiŋ⁰ maʔ² iŋ⁴⁴ dʑiŋ⁰ dʑi³³ laᵒ？ |
| 34 宁海 | 尔到底答应弗答应渠？／尔到底答应渠勿？<br>n³³ tau³³ tiᵒ taʔ⁵ iŋᵒ fəʔ³ taʔ³ iŋᵒ dzɿ²¹³？／n³³ tau³³ tiᵒ taʔ⁵ iŋᵒ dzɿ²³ uaᵒ？ |
| 35 象山 | 尔到底答应弗答应渠个？<br>n³¹ tɔ⁵³ tiᵒ taʔ⁵ iŋ⁴⁴ faʔ⁵ taʔ⁵ iŋ⁴⁴ dʑieʔ² geʔ²？ |
| 36 普陀 | 侬到底应许还是弗应许渠？／侬到底应许渠勿？／侬到底应许渠还是弗应许渠？<br>noŋ²⁴ tɔ⁵⁵ ti⁵⁵ iŋ³³ xæi⁵³ uɐʔ² zɿ²³ fɐʔ⁵ iŋ³³ xæi⁵³ dʑi²⁴？／noŋ²⁴ tɔ⁵⁵ ti⁵⁵ iŋ³³ xæi⁵³ dʑi²⁴ væiᵒ？／noŋ²⁴ tɔ⁵⁵ ti⁵⁵ iŋ³³ xæi⁵³ dʑi²⁴ uɐʔ² zɿ²³ fɐʔ⁵ iŋ³³ xæi⁵³ dʑi²⁴？ |
| 37 定海 | 侬到底应弗应许渠啦？<br>noŋ²³ tɔ⁴⁴ tiᵒ iŋ⁵² fɐʔ³ iŋ³³ xɐi⁵² dʑiᵒ laᵒ？ |
| 38 岱山 | 侬到底应许渠还是勿应许渠呵？<br>noŋ²³ tɔ⁴⁴ tiᵒ iŋ⁴⁴ xɐi⁵² dʑiᵒ uɐʔ² zɿ⁴⁴ vɐʔ² iŋ⁴⁴ xɐiᵒ dʑiᵒ ʌuᵒ？ |
| 39 嵊泗 | 侬到底应许渠勿啦？<br>noŋ²⁴ tɔ⁴⁴ ti⁴⁴ iŋ⁴⁴ xɐi⁵³ dʑi⁴⁴ vɐʔ³ lɐʔᵒ？ |
| 40 临海 | 尔到底答应弗答应渠？<br>n⁵² tɔ⁵⁵ ti⁴² tɛʔ³ iŋ⁵⁵ fəʔ⁵ tɛʔ³ iŋ⁵⁵ ge²¹？ |
| 41 椒江 | 尔到底答应弗答应渠？<br>n⁴² tɔ⁵⁵ ti⁴² tɛʔ³ iŋ⁵⁵ fəʔ⁵ tɛʔ³ iŋ⁵⁵ gə³¹？ |
| 42 黄岩 | 尔究竟答应渠弗答应渠？<br>n⁴² tɕiu⁴² tɕin³³ təʔ³ in⁵⁵ gie¹²¹ fəʔ⁵ təʔ³ in⁵⁵ gie¹²¹？ |
| 43 温岭 | 尔到底答应弗答应渠？<br>n⁴² tɔ⁵⁵ ti⁴² tøʔ³ in⁵⁵ fəʔ⁵ tøʔ³ in⁵⁵ gie³¹？ |
| 44 仙居 | 尔到底答弗答应渠？／尔到底应渠哇？<br>ŋ²⁴ ɗɯɯ³³ ɗi³²⁴ ɗaʔ⁵ fəʔᵒ ɗaʔ³ in⁵⁵ gæ²¹³？／ŋ²⁴ ɗɯɯ³³ ɗi³²⁴ ɗaʔ³ in⁵⁵ gæᵒ uaʔᵒ？ |
| 45 天台 | 尔到脚⁼答弗答应渠。<br>ŋ²¹⁴ tɔ³³ kiaʔ² taʔ⁵ fuʔ² taʔ⁵ iŋᵒ gei²²⁴。 |
| 46 三门 | 尔到底答应弗答应渠？<br>ŋ³²⁵ tɑu⁵⁵ ti⁵² taʔ⁵ iŋ⁵² fəʔ⁵ taʔ⁵ iŋ⁵² dʑi¹¹³？ |

**续表**

| 方言点 | 0005 你到底答应不答应他？ |
|---|---|
| 47 玉环 | 尔到底答应弗答应渠？<br>n⁴²tɔ⁵⁵ti⁴²tɐʔ³iŋ⁵⁵fɐʔ⁵tɐʔ³iŋ⁵⁵gie³¹？ |
| 48 金华 | 侬到底答弗答应渠？/侬到底答弗答应渠？<br>noŋ⁵³⁵tao⁵⁵ti⁰tuɑ⁵³fəʔ⁴tuɑ⁵³iŋ⁵⁵gəʔ²¹²？/noŋ⁵³⁵tao⁵⁵ti⁰tuɑ⁵³iŋ⁵⁵fəʔ⁰tuɑ⁵³iŋ⁵⁵<br>gəʔ²¹²？ |
| 49 汤溪 | 尔到底答应渠弗个？<br>ŋ¹¹³tɔ³³tei⁵²tuɑ⁵²iɛ̃i⁵²guɯ¹¹fə⁰kə⁰？ |
| 50 兰溪 | 侬到底答应弗答应渠？<br>noŋ⁵⁵tɔ⁵⁵ti⁴⁵təʔ³⁴in⁴⁵fəʔ³⁴təʔ³⁴in⁴⁵gi²¹？ |
| 51 浦江 | 尔到底答应弗答应渠啊？<br>n⁵³to³³ti³³tuɑ³³iən⁰fə⁰tuɑ³³iən⁰ʑi²³²ɑ⁰？ |
| 52 义乌 | 侬到究答应勿答应渠？<br>noŋ³³to⁴²tɕiɐɯ⁴⁵to⁴²iən⁴⁵pəʔ³to⁴²iən⁴⁵ai²¹³？ |
| 53 东阳 | 尔到底安⁼弗安⁼哦？<br>n²⁴tɐɯ⁵⁵ti⁵⁵an³³fɐ³³ɐn³³ə³³？ |
| 54 永康 | 尔到底乐照应渠弗？/尔到底乐弗乐照应渠？<br>ŋ³¹ɗau³³di¹¹³ŋau³¹tɕiau³³iŋ⁵⁵guɯ²²fə³³？/ŋ³¹ɗau³³di¹¹³ŋau²⁴¹fə³³ŋau²⁴¹tɕiau³³<br>iŋ⁵⁵guɯ²²？ |
| 55 武义 | 偌究竟答应渠弗个呐？<br>nɔ¹³tɕiɐɯ⁵³tɕin³²⁴lɣ⁵⁵in⁵³guɯ¹³fəʔ⁵kəʔ⁰na⁰？ |
| 56 磐安 | 尔到底答应弗答应渠？<br>n³³to⁵⁵ti³³ta³³ɐn⁵⁵fə⁵⁵ta³³ɐn⁵⁵guɐ²¹？ |
| 57 缙云 | 你到底答应弗答应渠啊？<br>n̠i³¹təɣ⁴⁴ti⁵¹ta⁴⁴iɛŋ⁴⁵³fɛ³²²ta⁴⁴iɛŋ⁴⁵³gɣ³¹ɑ⁰？ |
| 58 衢州 | 你到底答弗答应渠嘎？<br>n̠i⁵³tɔ⁵³ti³⁵taʔ³fəʔ⁵taʔ⁵in⁰gi²¹gɑ⁰？ |
| 59 衢江 | 你到底答应弗答应渠啦？<br>n̠iəʔ²tɔ³³ti²⁵taʔ³iŋ⁵³fəʔ⁵taʔ³iŋ⁵³gəʔ⁰la⁰？ |
| 60 龙游 | 你到底答应弗答应渠？<br>n̠i²²tɔ³³ti³⁵təʔ³in⁵¹fəʔ⁴təʔ³in⁵¹gəɯ⁰？ |
| 61 江山 | 尔到底孛⁼许渠啦？<br>n²²tɐɯ⁴⁴tiə²⁴¹bəʔ²xə²⁴ŋə⁴⁴la⁰？ |

续表

| 方言点 | 0005 你到底答应不答应他？ |
|--------|---------------------------|
| 62 常山 | 尔到底罗＝弗罗＝答应渠？<br>n²⁴tɔ⁴⁴ti⁵²lɔ²⁴fʁʔ⁵lɔ²⁴taʔ⁴in⁰ŋʁ⁴⁴？ |
| 63 开化 | 尔到底答应弗答应渠？<br>n²¹tɯ⁴⁴tiɛ⁵³taʔ⁵in⁰fɘʔ⁵taʔ⁵in⁰giɛ²¹³？ |
| 64 丽水 | 你到底答应弗答应渠？<br>ȵi⁴⁴tɘ²²⁴ti⁵⁴⁴tɔʔ⁵in⁰fɘʔ⁴tɔʔ⁵in⁰gu²²？ |
| 65 青田 | 你究竟答应弗答应渠？／你究竟答弗答应渠？<br>ȵi⁴⁵⁴tɕieu⁵⁵tɕiŋ³³ɗaʔ⁴iŋ³³faʔ⁴ɗaʔ⁴iŋ³³gi²¹？／ȵi⁴⁵⁴tɕieu⁵⁵tɕiŋ³³ɗaʔ⁴faʔ⁴ɗaʔ⁴iŋ³³gi²¹？ |
| 66 云和 | 你到底答应弗答应渠？<br>ȵi⁴⁴tɘɯ⁴⁵ti⁴⁴tɔʔ⁴iŋ⁴⁵fuʔ⁴tɔʔ⁴iŋ⁴⁵gi³¹？ |
| 67 松阳 | 是你到底答应弗答应渠？<br>ʑiʔ²ȵi²²tʌ²⁴tiɛ²¹tɔʔ³in²⁴fʁʔ⁵tɔʔ³in²⁴gɛʔ²？ |
| 68 宣平 | 尔到底答应弗答应渠啊？<br>n²²tɘɯ⁵⁵ti⁴⁴taʔ⁴in³²fɘʔ⁴taʔ⁴in³²gɯ²²a⁰？ |
| 69 遂昌 | 你到底答应渠弗个？／你到底答应弗答应渠？／你到底答弗答应渠？<br>ȵiɛ¹³tɘɯ³³ti⁵³taʔ⁵iŋ³³gʁ⁴⁵fɘɯʔ⁵kɛ⁰？／ȵiɛ¹³tɘɯ³³ti⁵³taʔ⁵iŋ³³fɘɯʔ⁵taʔ⁵iŋ³³gʁ⁴⁵？／ȵiɛ¹³tɘɯ³³ti⁵³taʔ⁵fɘɯʔ⁵taʔ⁵iŋ³³gʁ⁴⁵？ |
| 70 龙泉 | 你到底答应啊弗答应啊？<br>ȵi⁴⁴tʌʌ⁴⁵ti⁵¹tɯɘʔ³in⁴⁵a⁰fʁɯʔ⁵tɯɘʔ³in⁴⁵gʁɯ²¹a⁰？ |
| 71 景宁 | 你到底答应弗答应渠啊？<br>ȵi³³tau³⁵ti⁵⁵tɔʔ³iŋ³⁵fuʔ⁵tɔʔ³iŋ³⁵ki³³a⁰？ |
| 72 庆元 | 你到底答应否答应渠？／你到底答否答应渠？／你到底答应渠否？<br>ȵiɛ²²¹ɗɒ¹¹ɗiɛ³³ɗaʔ⁵iŋ¹¹fʁ³³ɗaʔ⁵iŋ¹¹kʁ²²¹？／ȵiɛ²²¹ɗɒ¹¹ɗiɛ³³ɗaʔ⁵fʁ³³ɗaʔ⁵iŋ¹¹kʁ²²¹？／ȵiɛ²²¹ɗɒ¹¹ɗiɛ³³ɗaʔ⁵iŋ¹¹kʁ²²fʁ³³？ |
| 73 泰顺 | 你到底答应渠否？／你到底答否答应渠？／你到底答否答应渠？<br>ȵi⁵⁵tɑɔ²²ti⁵⁵tɔʔ²iŋ³⁵tsɿ²¹fu⁵⁵？／ȵi⁵⁵tɑɔ²²ti⁵⁵tɔʔ²iŋ³⁵fu²²tɔʔ²iŋ³⁵tsɿ²¹？／ȵi⁵⁵tɑɔ²²ti⁵⁵tɔʔ⁵fu²²tɔʔ²iŋ³⁵tsɿ²¹？ |
| 74 温州 | 乞你到底应承渠也否？<br>ha⁰ȵi¹⁴tɘ³³tei²⁵iaŋ³³zeŋ²²³gei³¹a⁰fu⁰？ |
| 75 永嘉 | 你到底答承渠啊还是否答承渠？／你到底答承渠也否？<br>ȵi¹³tɘ³³tei⁴⁵ta⁴³ieŋ²²gei³¹a⁰va³¹zɿ²¹fu⁴⁵ta⁴³ieŋ²²gei³¹？／ȵi¹³tɘ³³tei⁴⁵ta⁴³ieŋ²²gei³¹a⁰fu⁴⁵？ |

**续表**

| 方言点 | 0005 你到底答应不答应他? |
|---|---|
| 76 乐清 | 你到底答应渠也否哦?<br>n̠i²⁴tɤ⁴²ti³⁵te³iaŋ⁴¹dʑi³¹aˀfuˀoˀ? |
| 77 瑞安 | 你到底应承渠也否应承渠哦?／你到底应承渠也否哦?<br>n̠i¹³tɛ³³tei³iaŋ³³zəŋ²¹gi³¹aˀfu³⁵iaŋ³³zəŋ²¹gi³¹ɔˀ? ／n̠i¹³tɛ³³ei³⁵iaŋ³³zəŋ²¹gi³¹aˀfu³⁵ɔˀ? |
| 78 平阳 | 你到底答应否答应渠?<br>n̠i³³tɛ²¹ti⁴²tø³³iaŋ⁴⁵fu⁴⁵tø³³iaŋ³³gi²¹? |
| 79 文成 | 你到底答应否答应渠?／你到底答否答应渠?<br>n̠i³³tɛ²¹tei³³tɔ³³iaŋ³³fu⁴⁵tɔ³³iaŋ³³gei²¹? ／n̠i³³tɛ²¹tei³³tɔ³³fu⁴⁵tɔ³³iaŋ³³gei²¹? |
| 80 苍南 | 你到底答应渠也否答应渠?／你到底答应渠也否?<br>n̠i⁵³tɛ⁴²ti⁵³tø³iaŋ⁴²gi³¹aˀfu⁵³tø³iaŋ⁴²gi³¹? ／n̠i⁵³tɛ⁴²ti⁵³tø³iaŋ⁴²gi³¹aˀfu⁵³? |
| 81 建德<sub>徽</sub> | 尔到底答弗答应渠?<br>n²¹³tɔ⁵⁵tiˀtoˀ⁵⁵fɐʔ⁵toˀ⁵⁵in⁵⁵ki³³? |
| 82 寿昌<sub>徽</sub> | 瀋到底答应勿答应渠?／瀋到底答应渠勿?<br>tsen⁵²tɤ³³ti⁵⁵tuɯ⁵⁵ien³³uəʔtuə⁵⁵ien³³kəɯ⁵⁵? ／tsen⁵²tɤ³³ti⁵⁵tuə⁵⁵ien³³kəɯ⁵⁵uəʔ? |
| 83 淳安<sub>徽</sub> | 尔到底答不答应渠?<br>n⁵⁵tɤ²¹ti⁵⁵taʔ⁵pəʔ⁰taʔ⁵in²¹kʰɯ⁴³⁵? |
| 84 遂安<sub>徽</sub> | 伊到底答应不答应渠?<br>i²⁴tɔ⁵⁵ti²¹ta²⁴in²¹pu²⁴ta²⁴in²¹kʰəɯ⁵⁵? |
| 85 苍南<sub>闽</sub> | 汝调=底答应唔答应伊?<br>lɯ³²tiau²⁴ti⁴³tɐ²⁴in²¹m²⁴tɐ²⁴in²¹i⁵⁵? |
| 86 泰顺<sub>闽</sub> | 尔到底答应未答应?<br>n²²tau²¹tei²²tøʔ³ieŋ³¹mɔi²¹tøʔ³ieŋ³¹? |
| 87 洞头<sub>闽</sub> | 汝到底答应唔答应伊?<br>lɯ³³to³³ti³³tɐ⁵³ieŋ²¹m²⁴tɐ⁵³ieŋ²¹i²¹? |
| 88 景宁<sub>畲</sub> | 你到底答应唔答应渠啊?<br>n̠i⁴⁴tau⁴⁴ti³²⁵tɔtˀ⁵in⁴⁴ŋ²²tɔtˀ⁵in⁴⁴ki⁴⁴aˀ? |

| | 0006 a. 叫小强一起去电影院看《刘三姐》。<br>b. 这部电影他看过了。/他这部电影看过了。/他看过这部电影了。 |
|---|---|
| 01 杭州 | a. 叫小强一道去电影院看《刘三姊》。<br>b. 格部电影他看过嗰。/他看过格部电影嗰。/他格部电影看过嗰。<br>a. tɕiɔ⁴⁵ ɕiɔ⁵⁵ dʑiaŋ²¹³ iɛʔ² dɔ²² tɕʰi⁴⁵ diɛ²² iŋ⁵⁵ yo⁰ kʰɛ⁴⁵ ly²² sɛ⁴⁵ tɕi⁵³ 。<br>b. kaʔ³ bu⁴⁵ diɛ²² iŋ⁵³ tʰa³³⁴ kʰɛ⁴⁵ ku⁵³ taʔ⁰ 。 /tʰa³³⁴ kʰɛ⁴⁵ ku⁵³ kaʔ³ bu⁴⁵ diɛ²² iŋ⁵³<br>taʔ⁰ 。 /tʰa³³⁴ kaʔ³ bu⁴⁵ diɛ²² iŋ⁵³ kʰɛ⁴⁵ ku⁵³taʔ⁰ 。 |
| 02 嘉兴 | a. 喊小强一道去电影馆看《刘三姊》。<br>b. 葛本电影伊看过哩。/伊看过葛本电影哩。<br>a. hɛ²⁴ ɕiɔ³³ dʑiã̃²¹ iʔ⁵ dɔ²⁴ tɕʰi²⁴ diɛ²⁴ iŋ²¹ kuə²¹ kʰə²¹ liu²¹ sɛ³³ tɕi⁴² 。<br>b. kəʔ⁵ pəŋ²¹ diɛ²⁴ iŋ²¹ i⁴² kʰə²⁴ kou²¹ li²¹ 。 /i³³ kʰə²⁴ kou²¹ kəʔ⁵ pəŋ²¹ diɛ²⁴ iŋ²¹ li²¹ 。 |
| 03 嘉善 | a. 叫小强一道到电影院去看《刘三姊》。 b. 葛部电影呢伊看过敌=。<br>a. tɕiɔ³⁵ ɕiɔ⁴⁴ dʑiæ̃³¹ ieʔ⁵ dɔ³¹ tɔ³⁵ diɪ¹³ in¹³ yɔ³¹ tɕʰi³⁵ kʰø³⁵ liə¹³ sɛ⁵³ tɕia³¹ 。<br>b. kəʔ⁵ bu¹³ diɪ²² in¹³ nə²ʔ⁰ i¹³ kʰø⁴⁴ ku³⁵ dieʔ² 。 |
| 04 平湖 | a. 叫小强一道到电影院去看《刘三姊》。 b. 葛部电影伊看过啦哩。<br>a. tɕiɔ³³⁴ siɔ⁴⁴ dʑiã̃³¹ iəʔ³ dɔ⁵³ tɔ³³⁴ tie²¹ in⁴⁴ yøⁿ⁰ tɕʰi³³⁴ kʰø²¹³ le²¹ sɛ⁴⁴ tɕi⁰ 。<br>b. kəʔ³ bu³³⁴ diɛ²¹ in⁴⁴ i⁴⁴ kʰø²¹³ ku⁰ la⁴⁴ li⁰ 。 |
| 05 海盐 | a. 叫小强一道到电影院看《刘三姊》。<br>b. 羿=部电影伊俫看过哩。/伊俫羿=部电影看过拉哩。/伊俫看过羿=部电影哩。<br>a. tɕiɔ³³⁴ ɕiɔ²¹ dʑiɛ̃⁵³ iəʔ⁵ dɔ³¹ tɔ³³⁴ diɛ²⁴ in⁵³ yɤ²¹³ kʰɤ³³⁴ le⁵⁵ sɛ⁵³ tɕi²¹ 。<br>b. gəʔ²³ bu²¹³ diɛ²⁴ in⁵³ eⁿ²¹ neʔ²³ kʰɤ³³⁴ ku²¹ li²¹ 。 /eⁿ²¹ neʔ²¹ gəʔ²³ bu²¹³ diɛ²⁴ in⁵³ kʰɤ³³⁴<br>ku²¹ la²³ li²¹ 。 /eⁿ²¹ neʔ²¹ kʰɤ³³⁴ ku²¹ gəʔ²³ bu²¹³ diɛ²⁴ in⁵³ li²¹ 。 |
| 06 海宁 | a. 叫小强一道到电影馆里去看《刘三姊》。 b. 格本电影伊看过咧。<br>a. tɕiɔ⁵⁵ ɕiɔ⁵⁵ dʑiã̃⁵³ ieʔ⁵ dɔ⁵³ tɔ⁵⁵ die³³ iŋ³⁵ kue⁵⁵ li³³ tɕʰi⁵⁵ kʰei⁵⁵ ləɯ³³ sɛ⁵⁵ tɕi⁵⁵ 。<br>b. kəʔ⁵ pəŋ⁵³ die³³ iŋ³⁵ i⁵⁵ kʰei⁵⁵ kəu⁵³ lie⁵² 。 |
| 07 桐乡 | a. 告=小强一道到电影院去看《刘三姊》。 b. 葛部电影伊看过咧。<br>a. kɔ³³⁴ siɔ⁵³ dʑiã̃⁴⁴ iəʔ³ dɔ⁴⁴ tɔ³³⁴ diɛ²¹ iŋ⁴⁴ iɛ⁰ tɕʰi³³ kʰɛ³³⁴ lɤɯ²¹ sɛ⁴⁴ tsi⁴⁴ 。<br>b. kəʔ³ bu²⁴² diɛ²¹ iŋ⁵³ i⁵³ kʰɛ³³ kəu³³⁴ liə⁰ 。 |
| 08 崇德 | a. 叫小强一道去电影院去看《刘三姊》。 b. 葛本电影伊看过嗰。<br>a. tɕiɔ³³ ɕiɔ⁵³ dʑiã̃¹³ iəʔ³ dɔ³¹ tɕʰi³³⁴ diɪ²¹ iŋ⁵⁵ iɪ⁰ tɕʰi³³ kʰɛ³³⁴ lɤɯ²¹ sɛ⁴⁴ tɕi⁴⁴ 。<br>b. kəʔ³ pəŋ⁵³ diɪ²¹ iŋ⁵³ i¹³ kʰɛ³³ ku³³ dəʔ⁰ 。 |
| 09 湖州 | a. 叫小强一道到电影院去看《刘三姐》噢。 b. 葛本电影渠看过[嗰嗳]。<br>a. tɕiɔ⁵³ ɕiɔ⁵³ dʑiã̃³¹ ieʔ² dɔ³¹ dɔ³¹ die³³ iŋ³⁵ ie⁵³ tɕʰi⁴⁴ kʰɛ⁴⁴ lɵʉ⁴⁴ sɛ⁵³ tɕia⁵³ ɔ⁰ 。<br>b. kəʔ⁵ pən⁵³ die³¹ in³³ dʑi³³ kʰɛ⁴⁴ kəu⁴⁴ de³¹ 。 |
| 10 德清 | a. 叫小强一道到电影院去看《刘三姊》。 b. 葛部电影是伊看过[嗰嗳]。<br>a. tɕiɔ⁵³ ɕiɔ⁵³ dʑiã̃¹³ ieʔ⁵ dɔ³¹ tɔ³³ die³³ in³⁵ ie³¹ tɕʰi⁰ kʰøʉ³³ liu³¹ sɛ³³ tɕi³³ 。<br>b. kəʔ⁵ bu⁵³ die³³ in⁵³ zəʔ² i¹³ kʰøʉ⁵³ kəu¹¹ dɛ⁰ 。 |

续表

| | 0006 a. 叫小强一起去电影院看《刘三姐》。<br>b. 这部电影他看过了。/他这部电影看过了。/他看过这部电影了。 |
|---|---|
| 11 武康 | a. 叫小强一道到电影院去看《刘三姊》。b. 是伊葛部电影看过〔嗨嗳〕。<br>a. tɕiɔ⁵³ ɕiɔ⁵³ dzĩã̃¹³ ie?⁵ dɔ³¹ tɔ³⁵ dir¹¹ in¹³ iɹ⁴⁴ tɕʰi⁵³ kʰø⁵³ liø³¹ sɛ⁴⁴ tɕi⁴⁴。<br>b. zə?² i¹³ kə?⁵ bu³¹ dir¹¹ in¹³ kʰø⁵³ ku³³ dɛ¹³。 |
| 12 安吉 | a. 叫小强同家到电影场里看《刘三姊》去。<br>b. 渠已经看过格场电影的。/格场电影渠已经看过嗨。<br>a. tɕiɔ³² ɕiɔ⁵² dziã̃²¹ dɔ̃²² ka²² tɔ³²⁴ di²¹³ iŋ⁵² dzã̃²¹ li²¹ kʰᴇ³²⁴ lər²² sᴇ⁵⁵ tɕiɔ⁵² tɕʰi³²。<br>b. dzi²¹³ i⁵² tɕiŋ²¹ kʰᴇ³² ku⁰ kə?³ dzã̃²² di²¹³ iŋ⁵² tə?⁰。 /kə?³ dzã̃²² di²¹³ iŋ⁵² dzi²¹³ i⁵²<br>tɕiŋ²¹ kʰᴇ³² ku⁰ tə?⁰。 |
| 13 孝丰 | a. 叫小强一起到电影院里看《刘三姊》。<br>格部电影渠看过嘞。/渠格部电影看过嘞。/渠看过格部电影嘞。<br>a. tɕiɔ³² ɕiɔ⁴⁵ dziã̃²¹ ie?⁵ tɕʰi⁵² tɔ³²⁴ dir²¹³ iŋ⁴⁵ iɹ²¹ li²¹ kʰe³²⁴ liu²¹ sᴇ⁴⁴ tɕi⁵²。<br>b. kə?³ bu²⁴³ dir²¹ iŋ⁵² dzi²² kʰe³² ku²¹³ le⁰。 /dzi²² kə?³ bu²⁴³ dir²¹ iŋ⁵² kʰe³² ku²¹³<br>le⁰。 /dzi²² kʰe³² ku²¹³ kə?³ bu²⁴³ dir²¹ iŋ⁵² le⁰。 |
| 14 长兴 | a. 叫小强同阿=到电影院去看《刘三姐》。b. 格部电影伊看过嘞。<br>a. tʃiɔ³² ʃiɔ⁴⁵ dʒiã̃²¹ dɔ̃²¹ a?² tɔ³²⁴ di²⁴ iŋ⁵² i³²⁴ tʃʰᴜ³²⁴ kʰɯ³²⁴ lei¹² sᴇ³³ tʃia⁵²。<br>b. kə?³ bu²⁴ di²⁴ iŋ⁵² ɭ¹² kʰɯ³² kəu²¹ lᴇ³²⁴。 |
| 15 余杭 | a. 叫小强同道去电影院看《刘三姐》。b. 即本电影是伊看过嗨。<br>a. tɕiɔ³⁵ siɔ⁵⁵ dziã̃³¹ dɔŋ³¹ dɔ³³ tɕʰi⁵⁵ die³³ iŋ¹³ i⁵³ kʰuõ̃³⁵ liɣ³¹ sᴇ⁵⁵ tɕi⁵³。<br>b. tɕie?⁵ piŋ⁵³ die³³ iŋ⁵³ ə?² i³⁵ kʰuõ̃³⁵ ku³⁵ də?³。 |
| 16 临安 | a. 叫小强一道去电影院看《刘三姊》。b. 葛部电影伊看过唻。<br>a. tɕiɔ⁵⁵ ɕiɔ⁵⁵ dziã̃⁵⁵ ie?⁵ dɔ⁵⁵ tɕʰi⁵⁵ die³¹ ieŋ⁵⁵ yœ⁵⁵ kʰə⁵⁵ lyœ⁵³ sᴇ³³ tɕi⁵⁵。<br>b. kɐ?⁵ bu⁵⁵ die³³ ieŋ⁵⁵ i¹³ kʰə⁵⁵ ku⁵⁵ ʟᴇ⁰。 |
| 17 昌化 | a. 叫小强一道到电影院去看《刘三姊》。<br>b. 葛部电影渠看过个嘞。/渠看过葛部电影个嘞。<br>a. tɕiɔ⁵⁴⁴ ɕiɔ⁴⁵ ziã̃¹¹² ie?⁵ dɔ²⁴³ tɔ⁵⁴⁴ dĩ̃²³ iəŋ⁴⁵ yĩ̃⁵³ tɕʰi⁵⁴ kʰɛ̃⁵⁴ li¹¹ sĩ̃³³ tsɹ⁴⁵。<br>b. kə?⁵ bu²⁴ dĩ̃²³ iəŋ⁵³ gɯ¹¹² kʰɛ̃⁵⁴ kɯ⁵⁴ kə?⁵ lɛ⁰。 /gɯ¹¹² kʰɛ̃⁵⁴ kɯ⁵⁴ kə?⁵ bu²⁴<br>dĩ̃²³ iəŋ⁵³ kə?⁵ lɛ⁰。 |
| 18 於潜 | a. 叫小强一道看电影去，电影叫《刘三姊》。b. 他格部电影看过嘞。<br>a. tɕiɔ³⁵ ɕiɔ⁵³ dziaŋ³¹ ie?⁵³ dɔ³¹ kʰɛ³⁵ die²⁴ iŋ⁵³ tɕʰi³⁵，die²⁴ iŋ⁵³ tɕiɔ³⁵ liəu²²³ sᴇ⁴³ tɕi⁵¹。<br>b. tʰa⁴³³ kə?⁵³ bu²⁴ die²⁴ iŋ⁵³ kʰɛ³⁵ ku²² liæ?²。 |
| 19 萧山 | a. 讴小强一道到电影院去看《刘三姊》。<br>b. 伊葛部电影看过敌=。/葛部电影伊看过敌=。<br>a. io⁴² ɕiɔ³³ dziã̃²¹ ie?⁵ dɔ³³ tɔ³³ die¹³ iŋ⁴² yə⁴² kʰi³³ kʰie⁴² liu¹³ sᴇ⁴² tɕi²¹。<br>b. i¹³ kə?⁵ bu³³ die¹³ iŋ⁴² kʰie⁵³ ku²¹ die⁰。 /kə?⁵ bu³³ die¹³ iŋ⁴² i¹³ kʰie⁴² ku²¹ die⁰。 |

| | 0006 a. 叫小强一起去电影院看《刘三姐》。<br>b. 这部电影他看过了。/他这部电影看过了。/他看过这部电影了。 |
|---|---|
| 20 富阳 | a. 叫小强一道生去电影院看《刘三姊》。b. 格部电影伊看过嘞。<br>a. tɕiɔ³³⁵ ɕiɔ⁴²³ dʑiã⁵⁵ iɛʔ⁵ dɔ²²⁴ sã⁵⁵ tɕʰi³³⁵ diɛ̃²²⁴ in³³⁵ yɛ̃⁵³ kʰiɛ̃⁵⁵ lei¹³ sã⁵⁵ tɕi⁴²³。<br>b. kɛʔ⁵ bu²²⁴ diɛ̃²²⁴ in³³⁵ i²²⁴ kʰiɛ̃⁵⁵ ku³³⁵ lɛʔ⁰。 |
| 21 新登 | a. 喊小强一道去电影院看《刘三姊》。b. 格部电影伊看过嘞。<br>a. hɛ³³⁴ ɕiɔ³³⁴ tɕiɔ⁴⁵ iɔʔ⁵ tɔ⁴⁵ tɕʰi⁴⁵ diɛ̃²¹ eiŋ¹³ yɛ̃¹³ kʰɛ̃⁵³ ləu²³³ sɛ̃⁵³ tɕi³³⁴。<br>b. kəʔ⁵ pu⁴⁵ diɛ̃²¹ eiŋ¹³ i³³⁴ kʰɛ̃⁴⁵ gu²¹ laʔ⁰。 |
| 22 桐庐 | a. 叫小强一道去电影院望《刘三姊》。<br>b. 葛部电影伊望过嗒。/伊葛部电影望过嗒。/伊望过葛部电影嗒。<br>a. tɕiɔ³³ ɕiɔ³³ dʑiã³³ iɔʔ⁵ dɔ¹³ kʰi³⁵ diɛ²¹ iŋ³³ yɛ³³ mɔŋ²⁴ liɯ²¹ sã³³ tɕi³⁵。<br>b. gəʔ²¹ bu²⁴ diɛ²¹ iŋ³³ i¹³ mɔŋ²⁴ ku³⁵ təʔ³。/i¹³ gəʔ²¹ bu³⁵ diɛ²¹ iŋ³³ mɔŋ²⁴ ku³⁵ təʔ³。/i¹³ mɔŋ¹³ ku⁵⁵ gəʔ²¹ bu³³ diɛ²¹ iŋ³³ təʔ³。 |
| 23 分水 | a. 叫小强一道到电影院看《刘三姊》。b. 格个电影他已看过嘞。<br>a. tɕiɔ²⁴ xiɔ⁴⁴ dʑiã²¹ iɔʔ⁵ dɔ²⁴ tɔ²⁴ diɛ²¹ in²⁴ yɛ̃²¹ kʰã²⁴ liɔ²¹ sã⁴⁴ tɕi⁴⁴。<br>b. kəʔ⁵ kə²⁴ diɛ̃²¹ in²⁴ tʰa⁴⁴ i⁴⁴ kʰã²⁴ kɔ²¹ la⁰。 |
| 24 绍兴 | a. 讴小强一堆生到电影院里看《刘三姊》去。b. 伊葛部电影看过哉。<br>a. ɣ³³ ɕiɔ⁴⁴ dʑiaŋ³¹ ieʔ³ tᴇ³³ saŋ³³ tɔ³³ diɛ̃²² iŋ³³ yø³³ li⁰ kʰɛ̃³³ liɣ²² sɛ̃³³ tɕi⁴⁴ tɕʰi³¹。<br>b. i²⁴ keʔ³ bu²² diɛ̃²² iŋ³³ kʰɛ̃³³ ku³³ zᴇ²³¹。 |
| 25 上虞 | a. 讴小强大家去看《刘三姊》电影。b. 阿ˀ只电影伊看过哉。<br>a. ɣ³³ ɕiɔ³³ dʑiã²¹³ da³¹ kɔ³⁵ tɕʰi⁵⁵ kʰɛ̃⁰ liɣ²² sɛ̃³⁵ tɕi⁰ diɛ̃³¹ iŋ⁰。<br>b. aʔ⁵ tsaʔ² diɛ̃³¹ iŋ⁰ i²¹ kʰɛ̃⁵⁵ ku⁰ tse⁰。 |
| 26 嵊州 | a. 喊小强堆生到电影院里去看《刘三姊》去。b. 格只电影伊话看过哉。<br>a. hɛ̃³³ ɕiɔ³³ dʑiaŋ²³¹ tᴇ³³ saŋ³¹ tɔ³³ diɛ̃²² iŋ³³ yø⁴⁴ li⁰ tɕi³³ kʰœ̃³³ liɣ²² sɛ̃³³ tɕi⁴⁴ tɕʰi³¹。<br>b. kəʔ³ tsəʔ⁵ diɛ̃²⁴ iŋ⁵³ i²² uo²² kʰœ̃³³ kɔ³³ tsᴇ³³⁴。 |
| 27 新昌 | a. 喊小强一起生去电影院里看《刘三姊》。b. 格只电影渠看过了。<br>a. hɛ̃⁴⁵ ɕiɔ³³ dʑiaŋ²³² iʔ³ tɕʰi⁴⁵ saŋ³³ tɕʰi³³ diɛ̃²² iŋ³³ yœ̃⁴⁵ li³¹ kʰœ̃³³ liɯ²² sɛ̃³³ tɕi⁴⁵。<br>b. kɣʔ⁵ tsaʔ³ diɛ̃²² iŋ³³ dʑi²² kʰœ̃³³ kɣ⁴⁵ le³¹。 |
| 28 诸暨 | a. 喊小强凑队去电影院看《刘三姊》。<br>b. 葛部电影渠看过啊。/渠看过葛部电影。/渠葛部电影看过啊。<br>a. hɛ³³ ɕiɔ³³ dʑiã²⁴² tsʰei³³ dᴇ³³ kʰie³³ diɛ̃¹³ in⁴² iəʔ⁴ kʰə⁴² liɯ̃²¹ sᴇ⁴² tʃʅ⁴²。<br>b. kəʔ¹³ bu³³ diɛ̃²¹ in⁴² dʒʅ¹³ kʰə⁴² kɣu²¹ ᴀ²¹。/dʒʅ¹³ kʰə⁴² kɣu²¹ kəʔ²¹ bu³³ diɛ̃²¹ in²¹。/dʒʅ¹³ kəʔ²¹ bu³³ diɛ̃²¹ in⁴² kʰə⁴² kɣɐ²¹ ᴀ²¹。 |

**续表**

| | 0006 a. 叫小强一起去电影院看《刘三姐》。<br>b. 这部电影他看过了。/他这部电影看过了。/他看过这部电影了。 |
|---|---|
| 29 慈溪 | a. 讴小强做队到电影院望《刘三姊》去。<br>b. 乙部电影渠望过唧哉。/乙部电影渠望过格。<br>a. əu⁴⁴ ɕio³³ dʑiã⁰ tsəu⁴⁴ de¹³ tɔ⁴⁴ diẽ¹ iŋ⁰ yø̃⁰ muŋ¹³ liø¹¹ sɛ̃⁴⁴ tɕi⁰ kʰe⁰ 。<br>b. iəʔ² bu⁰ die¹³ iŋ⁰ ge¹³ muŋ¹¹ kəu⁰ lɔ̃¹³ tse⁰ 。/iəʔ² bu⁰ die¹³ iŋ⁰ ge¹³ muŋ¹¹ kəu⁰ kəʔ² 。 |
| 30 余姚 | a. 讴小强大家到电影院看《刘三姊》去。b. 乙部电影渠看过唧哉。<br>a. ø⁴⁴ ɕio³⁴ dʑiaŋ¹³ dou¹³ ko¹³ tɔ⁴⁴ diẽ¹³ iõ̃⁴⁴ yø̃¹³ kʰẽ⁴⁴ liø¹³ sã⁴⁴ tɕi⁴⁴ kʰe⁵³ 。<br>b. iəʔ⁵ bu¹³ diẽ¹³ iõ̃⁴⁴ ge¹³ kʰẽ⁴⁴ kou⁴⁴ lɔŋ¹³ tse⁴⁴ 。 |
| 31 宁波 | a. 讴小强聚队去看《刘三姊》电影。b. 该电影渠已经看过嘞。<br>a. əu⁴⁴ ɕio³³ dʑia¹³ zʮ²² dei¹³ tɕʰi⁴⁴ kʰi¹³ liɣ¹³ sɛ⁴⁴ tɕi³³ di¹³ iŋ⁰ 。<br>b. kiə?⁵ di¹³ iŋ⁰ dʑi¹³ i⁴⁴ tɕiŋ⁴⁴ kʰi⁴⁴ kəu⁰ laʔ² 。 |
| 32 镇海 | a. 讴小强丛头去电影院看《刘三姊》。b. 该部电影渠看过唻。<br>a. ei³³ ɕio³³ dʑiã²⁴ zoŋ²⁴ dei⁰ tɕʰi³³ di²² iŋ³³ y²² kʰɛ³³ liu²² sɛ³³ tɕi⁴⁴ 。<br>b. keʔ⁵ bu²⁴ di²⁴ iŋ⁰ dʑi²⁴ kʰɛ³³ kəu³³ le⁰ 。 |
| 33 奉化 | a. 讴小强聚队去到电影院看《刘三姊》。b. 葛部电影渠看过要=唻。<br>a. æi⁴⁴ ɕio⁵⁴ dʑiã³³ zʮ³¹ dei⁰ tɕʰi⁴⁴ tʌ⁴⁴ diɛ³¹ iŋ⁰ y³³ kʰɛ⁵³ liɣ³³ sɛ⁴⁴ tɕi⁴⁴ 。<br>b. kəʔ⁵ bu⁰ diɛ³¹ iŋ⁴⁴ dʑi³³ kʰɛ⁵³ kəu⁰ iɔ⁴⁴ le⁰ 。 |
| 34 宁海 | a. 凹=小强同班去电影场相《刘三姐》。/凹=小强同班搭电影场相《刘三姐》去。<br>b. 葛片电影渠相过唻。/渠舶=片电影相过唻。<br>a. au³³ ɕieu³³ dʑi ã̃²³ duŋ²¹ pɛ³³ tɕʰi³ die²² iŋ⁰ dʑi ã̃²³ ɕi ã̃³³ liu²¹ sɛ³³ tɕia⁵³ 。/au³³ ɕieu³³ dʑi ã̃²³ duŋ²¹ pɛ³³ taʔ³ die²² iŋ⁰ dʑi ã̃²³ ɕi ã̃³³ liu²¹ sɛ³³ tɕia⁵³ tɕʰi⁰ 。<br>b. ko⁵³ pʰie⁰ die²² iŋ⁰ dzʮ²¹ ɕi ã̃³³ ku³³ lei⁰ 。/dzʮ²¹ geʔ³ pʰie⁰ die²² iŋ⁰ ɕi ã̃³³ ku³³ lei⁰ 。 |
| 35 象山 | a. 讴小强一道去电影院看《刘三姐》。b. 舶=部电影渠合=看过嘞。<br>a. ɣɯ⁴⁴ ɕio⁴⁴ dʑi ã̃¹³ ieʔ³ dɔ¹³ tɕʰiɛ³³ di¹³ iŋ⁴⁴ y¹³ kʰɛ⁵³ liu³¹ sɛ⁴⁴ tɕia³⁵ 。<br>b. geʔ² bu¹³ di¹³ iŋ⁴⁴ dʑieʔ² aʔ² kʰɛ⁵³ ku⁰ lei⁰ 。 |
| 36 普陀 | a. 讴小强一道去电影院看《刘三姊》。<br>b. 跌=部电影渠看过唻。/渠跌=部电影看过唻。/渠看过跌=部电影唻。<br>a. æi³³ ɕiɔ⁵⁵ dʑi ã̃⁵⁵ iɛʔ³ dɔ⁴⁵ tɕʰi³³ di¹¹ iŋ⁵⁵ y⁵⁵ kʰi⁵⁵ lieu³³ sɛ⁵⁵ tɕi⁰ 。<br>b. tiɛʔ⁵ bu⁰ di¹¹ iŋ⁵³ dʑi²⁴ kʰi⁵⁵ kəu⁰ lɛ⁰ 。/dʑi²⁴ tiɛʔ⁵ bu⁰ di¹¹ iŋ⁵³ kʰi⁵⁵ kəu⁰ lɛ⁰ 。/dʑi²⁴ kʰi⁵⁵ kəu⁰ tiɛʔ⁵ bu⁰ di¹¹ iŋ⁵³ lɛ⁰ 。 |
| 37 定海 | a. 讴小强搭电影院里聚队看《刘三姊》去。b. 该部电影渠看过唻。<br>a. ʙi³³ ɕio⁴⁴ dʑi ã̃⁴⁴ təʔ³ di²³ iŋ⁴⁴ y⁴⁴ li⁰ zʮ²³ dʙi⁰ kʰi⁴⁴ liɣ³³ sɛ⁴⁴ tɕi⁰ tɕʰi⁰ 。<br>b. kieʔ⁵ bu³³ di²³ iŋ⁰ dʑi²³ kʰi⁴⁴ kʌu⁰ lʙi⁰ 。 |

| | 0006 a. 叫小强一起去电影院看《刘三姐》。<br>b. 这部电影他看过了。/他这部电影看过了。/他看过这部电影了。 |
|---|---|
| 38 岱山 | a. 讴小强做队搭电影院里看《刘三姊》去。<br>b. 该片电影渠看过唻。/渠该片电影看过唻。<br>a. œɤ³³ɕio⁴⁴dziã⁴⁴tsʌŋ³³dɐiɤ⁰tɐʔ⁵di²³iŋ⁴⁴y⁴⁴li⁰kʰi⁴⁴liɤ³³sɛ⁴⁴tɕi⁰tɕʰi⁰。<br>b. kieʔ⁵pʰi⁰di²³iŋ⁰dzi²³kʰi⁴⁴kʌu⁵²lɐi⁰。/dzi²³kieʔ⁵pʰi⁰di²³iŋ⁰kʰi⁴⁴kʌu⁰lɐi⁰。 |
| 39 嵊泗 | a. 讴小强重=队搭电影院看《刘三姊》去。<br>b. 该电影渠看过唻。/渠该电影看过唻。<br>a. œɤ³³ɕio⁴⁴dziã⁴⁴dzoŋ¹¹dɐi⁴⁴tɐʔ⁵di²⁴iŋ⁴⁴y⁴⁴kʰi⁴⁴liɤ³³sɛ⁴⁴tɕi⁰tɕʰi⁰。<br>b. kiɛʔ⁵di²⁴iŋ⁰dzi²⁴kʰi⁴⁴kʌu⁰lɐi⁰。/dzi²⁴kiɛʔ⁵di²⁴iŋ⁰kʰi⁴⁴kʌu⁰lɐi⁰。 |
| 40 临海 | a. 讴小强组队搭电影院望《刘三姊》去。b. 葛部电影渠望过爻。<br>a. ɔ³³ɕiə⁴²dziã³tso⁴²de³⁵tə⁰ʔ³di²²iŋ⁴²yø³⁵mɔ̃²²liu¹³sɛ³³tɕi⁵¹kʰe⁰。<br>b. kəʔ³bu⁵¹di²²iŋ⁴²ge²¹mɔ̃²²ku³³iə⁰。 |
| 41 椒江 | a. 讴小强主=队到电影院望《刘三姊》去。b. 葛场电影渠望过爻。<br>a. ɔ³³ɕiə⁴²dziã²⁴tsʮ⁴²də²⁴tɔ³³di²²iŋ⁴²yø²⁴mɔ̃²²liu²²sɛ³³tɕi⁵¹kʰə⁰。<br>b. kəʔ³dziã⁴¹die²²iŋ⁴²gə³¹mɔ̃²⁴ku⁰ɔ⁰。 |
| 42 黄岩 | a. 讴小强组队到电影院望《刘三姊》去。b. 葛场电影渠望过爻。<br>a. ɔ³³ɕiə⁴²dziã²⁴tsou⁴²də²⁴tɔ³³die¹³in⁴²yø²⁴mɔ̃¹³liu¹³sɛ³³tɕi⁵¹kʰə⁰。<br>b. kəʔ³dziã⁴¹die¹³in⁴²gie¹²¹mɔ̃²⁴ku⁰ɔ³¹。 |
| 43 温岭 | a. 讴小强绝=队到电影院望《刘三姊》去。b. 葛部电影渠望过爻。<br>a. ɔ³³ɕiə⁴²dziã²⁴zyoʔ²de¹³tɔ³³die¹³in⁴²yø¹³mɔ̃¹³liu¹³sɛ³³tɕi⁵¹kʰie⁰。<br>b. kəʔ⁵bu⁴¹die¹³in⁴²gie³¹mɔ̃¹³ku⁰ɔ⁰。 |
| 44 仙居 | a. 讴小强聚队去电影院望《刘三姊》。b. 葛部电影渠望过呀。<br>a. ɐɯ³³ɕiɐɯ³¹dzia²¹³zy³³dæ³⁵³kʰæ⁵⁵die²¹in²¹yø²⁴mɑ̃²⁴lɐɯ³³sa³³tɕi⁵³。<br>b. kəʔ⁵bu⁰die²⁴in³²⁴gæ²¹³mɑ̃²⁴ku⁰iaʔ⁰。 |
| 45 天台 | a. 讴小强同队搭电影院相《刘三姊》。<br>b. 谷=电影渠相过落。/渠谷=电影相过落。<br>a. au³³ɕio³²dzia²²⁴duŋ²²dei³⁵taʔ³die²¹iŋ³³yø³³ɕia³³liu²²sɛ³³tɕi³²⁵。<br>b. kuʔ⁵die²¹iŋ³³gei²²ɕia³³ku⁵⁵lɔʔ²。/gei²²⁴kuʔ⁵die²¹iŋ³³ɕia³³ku⁵⁵lɔʔ²。 |
| 46 三门 | a 讴小强和队到电影院相《刘三姊》。b. 渠则=部电影相过嘞。<br>a. au³²⁵ɕiau³²dziã¹¹³ʋ²³de⁵⁵tau⁵⁵die²³iŋ³²yø⁵⁵ɕia⁵⁵lɤɯ¹¹sɛ³³tɕi⁵²。<br>b. dzi¹¹³tsɐʔ⁵bu²³di²³iŋ³²ɕia⁵⁵ku⁰le⁰。 |
| 47 玉环 | a. 叫小强绝=队走电影院望《刘三姊》。b. 葛部电影渠望过爻。<br>a. tɕiɔ³³ɕiə⁴²dzia²⁴zyoʔ²de²²tɕiɤ⁴²die²²iŋ⁴²iø⁴²mɔ̃²²liu²²sɛ²²tɕi⁵³。<br>b. kɐʔ³bu⁴¹die²²iŋ⁴²gie³¹mɔ̃²²ku⁵³ɔ⁰。 |

**续表**

| | 0006 a. 叫小强一起去电影院看《刘三姐》。<br>b. 这部电影他看过了。/他这部电影看过了。/他看过这部电影了。 |
|---|---|
| 48 金华 | a. 讴小强一起生去电影院望《刘三姊》。<br>b. 葛本电影渠望过了。/渠葛本电影望过了。/渠望过葛本电影了。<br>a. iu³³ siɑo⁵⁵ dʑiɑŋ³¹³ iə̃ʔ tɕʰi⁵⁵ sɑŋ⁰ kʰɤ⁵⁵ tia⁵³ iŋ⁵⁵ yɤ¹⁴ moŋ¹⁴ liu³¹ sa³³ tɕi⁵³⁵。<br>b. kəʔ³ pəŋ⁵⁵ tia⁵³ iŋ⁵³⁵ gəʔ²¹² moŋ¹⁴ kuɤ⁰ lə̃ʔ⁰。/gəʔ²¹² kəʔ³ pəŋ⁵⁵ tia⁵³ iŋ⁵³⁵ moŋ¹⁴ kuɤ⁰ lə̃ʔ⁰。/gəʔ²¹² moŋ¹⁴ kuɤ⁰ kəʔ³ pəŋ⁵⁵ tia⁵³ iŋ⁵³⁵ lə̃ʔ⁰。 |
| 49 汤溪 | a. 凑小强一起去电影院望《刘三姊》。b. 辩⁼本电影渠望过罢。<br>a. tsʰəɯ⁵² sɤ⁵² tɕiã²⁴ iei³¹ tɕʰi⁵³⁵ kʰəɯ⁵² die¹¹ iɛ̃i⁵² yɤ³⁴¹ mao¹¹ ləɯ¹¹ sua³³ tsi⁵³⁵。<br>b. gə¹¹ mã̃⁵² die¹¹ iɛ̃i⁵³⁵ gu¹¹ mao³⁴¹ kuɤ⁰ ba¹¹³。 |
| 50 兰溪 | a. 讴小强一起到电影院望《刘三姊》。b. 格部电影渠望过嘞。<br>a. əɯ³³⁴ siɔ⁵⁵ dʑiɑŋ²¹ ieʔ³⁴ tɕʰi⁴⁵ tɔ³³⁴ tia⁵⁵ in⁵⁵ yɤ²⁴ moŋ²⁴ ləɯ²¹ sua³³⁴ tɕi⁵⁵。<br>b. kəʔ³⁴ pu⁴⁵ tia⁵⁵ in⁵⁵ gi²¹ moŋ²⁴ kuɤ⁰ lə̃ʔ⁰。 |
| 51 浦江 | a. 讴小强同徐⁼去电影院望《刘三姊》。b. 吉⁼片电影渠望过啊。<br>a. ɤ⁵³⁴ ɕia³³ dʑian³³ dən²⁴ zi¹¹³ tʃʰi³³ dian¹¹ iən⁵⁵ n̠yẽ⁰ mõ²⁴ lɤ¹¹ sã̃³³ tʃi⁵⁵。<br>b. tɕiə³³ pʰiẽ⁵⁵ dian¹¹ iən⁵³ zi²³² mõ¹¹ kɯ⁵⁵ a⁰。 |
| 52 义乌 | a. 讴小强一起去电影院望《刘三姊儿》。b. 尔片电影渠望过了。<br>a. ɐɯ³³ ɕiau⁴⁵ dʑian³¹ iə̃ʔ³ tɕʰi⁴⁵ kʰai³³ tia³³ iən⁴⁵ ye³¹ mɯɤ²⁴ ləɯ²² sɔ³³ tsin⁴⁵。<br>b. m³³ pʰie⁴⁵ tia³³ iən³³ ai³³ mɯɤ²⁴ kuɤ³³ lə̃⁰。 |
| 53 东阳 | a. 讴小强做对去望电影《刘三姊儿》。b. 亨⁼个片子渠望过啊。<br>a. əɯ³³ ɕiɐɯ⁵⁵ tɕiɐn³² tsu³³ te³³ kʰəɯ⁵⁵ mʊ²⁴ ti⁴⁴ iɐn³³⁴ liəɯ²² sɔ³³ tsin⁵³。<br>b. he²² ka³³ pʰi³³ tsʅ²⁴ gəɯ²² mʊ²⁴ kʊ⁵⁵ uɐ³³。 |
| 54 永康 | a. 讴小强一起去电影院望《刘三姊》。b. 渠够⁼部电影望过咧。<br>a. au⁵⁵ ʑiau³¹ tɕiaŋ³³ iə̃ʔ³ tɕʰi⁵² kʰɯ⁵² ɗia³³ iŋ³¹ ye²⁴¹ maŋ³¹ liəɯ³³ sa⁵⁵ tɕi³³⁴。<br>b. gɯ²² ka³³ bu²⁴¹ ɗia³³ iŋ³³⁴ maŋ²⁴¹ kua⁵² lia⁰。 |
| 55 武义 | a. 讴小强一起去电影院望《刘三姊》噢。b. 阿⁼片电影渠望过罢咧。<br>a. au²⁴ ɕia⁴⁴⁵ dʑiaŋ³²⁴ iə̃ʔ³ tɕʰi⁵³ kʰu⁴⁴⁵ die⁵⁵ in⁵⁵ n̠ye²⁴ maŋ⁵⁵ liəɯ³²⁴ suo⁵⁵ tɕi⁴⁴⁵ au⁰。<br>b. əʔ⁵ pʰie²¹ die⁵⁵ in⁴⁴⁵ gu²³¹ maŋ²⁴ kuo⁵⁵ ba⁵⁵ le⁰。 |
| 56 磐安 | a. 讴小强后⁼□到电影院望《刘三姊儿》。<br>b. 格部电影渠望过哇。/渠格部电影望过哇。/渠望过格部电影哇。<br>a. ɐɯ³³ ɕio⁵⁵ dʑiɔ²¹ mɯ³³ kɤn³³⁴ to⁵² tiɐn⁵⁵ iɐn³³ ye³³⁴ mo¹⁴ liəɯ²² sɒ³³ tɕin⁵²。<br>b. ka³³ bu¹⁴ tiɐn⁵⁵ iɐn³³⁴ gəɯ²¹ mo¹⁴ kuɤ⁵⁵ uə⁰。/gəɯ²¹³ ka³³ bu¹⁴ tiɐn⁵⁵ iɐn³³⁴ mo¹⁴ kuɤ⁵⁵ uə⁰。/gəɯ²¹³ mo¹⁴ kuɤ⁵⁵ ka³³ bu¹⁴ tiɐn⁵⁵ iɐn³³⁴ uə⁰。 |
| 57 缙云 | a. 讴小强作块来电影院望《刘三姊》。b. 以⁼部电影渠望过罢。<br>a. əɤ⁴⁴ ɕiəɤ⁵¹ dʑia²⁴³ tsɔ⁴⁴ kʰuei⁴⁵³ le²¹ dia⁴⁴ iɛŋ⁴⁴ yɛŋ²⁴³ mɔ²¹ liuŋ²¹ sa⁴⁴ sʅ⁵¹。<br>b. i²¹ bu²⁴³ dia⁴⁴ iɛŋ⁴⁵³ gɤ³¹ mɔ²¹ ku⁴⁵³ va⁰。 |

| | 0006 a. 叫小强一起去电影院看《刘三姐》。<br>b. 这部电影他看过了。/他这部电影看过了。/他看过这部电影了。 |
|---|---|
| 58 衢州 | a. 叫细强一起到电影院里去看《刘三姊》哇。b. 格部电影渠看过啦。<br>a. tɕiɔ⁵³ ɕiɑ⁵³ dʑiã²¹ iə?³ tsʰɿ³⁵ tɔ⁵³ diẽ²³¹ in²¹ yə̃²³¹ li⁰ kʰi⁰ kʰə̃⁵³ luɯ²¹ sã³² tsɿ³⁵ ua⁰。<br>b. kə?⁵ bu²³¹ diẽ²³¹ in²¹ gi²¹ kʰə̃⁵³ ku²¹ la⁰。 |
| 59 衢江 | a. 吆小强一起到电影院去促《刘三姊》。b. 瞎=个电影渠促=见过罢。<br>a. iɔ³³ ɕiɔ³³ dʑiã²¹ iə?³ tsʰɿ²⁵ tɔ³³ diẽ²² iŋ²⁵ iẽ²³¹ kʰɤ⁵³ tsʰə?⁵ ly²² sã³³ tsɿ²⁵。<br>b. xa?⁵ gə?⁰ diẽ²² iŋ²⁵ gə?² tsʰə?² iẽ⁵³ kuo⁰ ba⁰。 |
| 60 龙游 | a. 吆小强一起去电影院啓《刘三姊》。b. 阿=部电影渠啓过罢。<br>a. ɔ³³ ɕiɔ³⁵ dʑiã²¹ iə?³ tɕʰi⁵¹ kʰə?⁴ diẽ²² in³⁵ yɛ²¹ tɕʰi⁵¹ ləɯ²² sã³³ tɕi³⁵。<br>b. ə?³ bu²³¹ diẽ²² in³⁵ gəɯ²² tɕʰi⁵¹ ku⁰ ba⁰。 |
| 61 江山 | a. □小强个起去到电影院促=《刘三姊》。b. [乙个]部电影渠促=过罢。<br>a. gyaŋ²¹³ ɕiɐɯ⁴⁴ giaŋ²¹³ a⁴⁴ kʰi²⁴¹ kʰə?⁴ təɯ⁵¹ diɛ̃²²⁴⁴ yɛ̃²¹³ tsʰo?⁵ luɯ²² saŋ⁴⁴ tɕiə²⁴¹。<br>b. ia?⁵ bə³¹ diɛ̃²²ĩ⁴⁴ ŋɯ²² tsʰo?⁵ kyə⁰ bɒ⁰。 |
| 62 常山 | a. 吆小强一侪到电影院里去促《刘三姊》。b. 乙部电影渠促=过个。<br>a. iɔ⁴⁴ ɕiɤ⁴³ dʑiã¹³¹ e?⁴ zɛ³⁴¹ tɤ⁴⁴ diẽ²²ĩ⁵² yɔ̃⁵² le²² kʰɤ?⁰ tsʰɤ?⁵ liu²² sã⁴⁴ tɕie⁵²。<br>b. e?⁴ bu⁰ diɛ̃²² in⁵² ŋɤ?⁵ tsʰɤ?⁴ tɕyɛ³²⁴ kɛ⁰。 |
| 63 开化 | a. 讴小强一起到电影院去促《刘三姊》。b. 乙部电影渠促=过罢。<br>a. ɯ⁴⁴ ɕiɔ⁴⁴ dʑiã²³¹ iə?⁴ kʰuei⁵³ təɯ⁵³ diɛ̃²¹ in⁴⁴ yɛ²¹³ kʰə?⁰ tsʰə?⁵ liɤ²¹ sã⁴⁴ tɕie⁵³。<br>b. iɛ?⁵ buo⁰ diɛ̃²¹ in⁵³ gie²² tsʰə?⁵ tɕyɛ⁰ ba⁰。 |
| 64 丽水 | a. 喊小强做记去电影院望《刘三姊》。<br>b. 乙部电影渠望过罢。/渠乙部电影望过罢。/渠望过乙部电影罢。<br>a. xã⁵² ɕiə⁴⁴ dʑiã²² tsu⁴⁴ tsɿ⁵² kʰɯ⁴⁴ diɛ̃²² in⁵⁴⁴ yɛ²¹ mɔŋ²² liəɯ²² sã²²⁴ tsɿ⁵⁴⁴。<br>b. i?⁵ bu⁰ diẽ²² in⁵⁴⁴ gɯ²² mɔŋ¹³¹ kuo⁰ buɔ⁰。/gɯ²² i?⁵ bu⁰ diẽ²² in⁵⁴⁴ mɔŋ¹³¹ kuo⁰ bɔ⁰。/gɯ²² mɔŋ¹³¹ kuo⁰ i?⁵ bu⁰ diẽ²² in⁵⁴⁴ buɔ⁰。 |
| 65 青田 | a. 叫小强作阵去电影院相《刘三姐》。b. 伊=部电影渠相过罢。<br>a. tɕiœ³³ ɕiœ⁵⁵ dʑi²² tsɔ?⁴ dzaŋ²² kʰi³³ dia²² iŋ³³ yɐ²² ɕi²² leu²² sã³³ tɕiu⁴⁵⁴。<br>b. i⁵⁵ bu²² dia²² iŋ⁴⁵⁴ gi³¹ ɕi³³ ku³³ ba⁰。 |
| 66 云和 | a. 喊小强做记到电影院相《刘三姊》。b. 乙部电影渠相过哇。<br>a. xã⁴⁵ ɕiɑɔ⁴⁴ dʑiã³¹ tsɔ⁴⁴ tsɿ⁴⁵ təɯ⁴⁴ diɛ̃²²³ iŋ⁴⁴ yɛ²²³ ɕiã⁴⁴ liəɯ²²³ sã⁴⁴ tsɿ²⁴。<br>b. i?⁵ bu²²³ diɛ̃²²³ iŋ⁴⁴ gi³¹ ɕiã⁴⁵ ko⁴⁴ ua⁰。 |
| 67 松阳 | a. 喊小强一起到电影院望《刘三姊》。b. 乙部电影是渠望到过了。"渠"声母清化<br>a. xɔ̃²⁴ ɕiɔ³³ dʑiã³¹ i?³ tsʰɿ²⁴ tʌ³³ diẽ²² in²⁴ yɛ̃²¹ mɔŋ¹³ lei³³ sɔ̃²⁴ tsɿ²¹²。<br>b. i?⁵ bu¹³ diẽ²² in²¹ zi?² kɛ?⁵ mɔŋ¹³ tʌ²¹ ku⁰ lɔ⁰。 |

续表

| | 0006 a. 叫小强一起去电影院看《刘三姐》。<br>b. 这部电影他看过了。/他这部电影看过了。/他看过这部电影了。 |
|---|---|
| 68 宣平 | a. 讴小强做堆到电影院去望《刘三姊》个电影。b. 爱ᵉ部电影渠望过了。<br>a. ɔ³² ɕia⁴⁴ dziɑ̃⁴³³ tso⁴⁴ tei³² təɯ⁴⁴ diɛ²² in⁴⁴ yə²³¹ xə⁰ mɑ̃²² liɯ²² sɑ̃⁴⁴ tsʅ⁴⁴ kə⁰ diɛ²² in⁴⁴⁵。<br>b. ei⁵⁵ pu⁴⁴ diɛ²² in⁴⁴⁵ gɯ²² mɑ̃²³¹ ko⁴⁴ lə⁰。 |
| 69 遂昌 | a. 讴小强一起去电影院望《刘三姊》。b. 乙部电影渠望过了。<br>a. ɐɯ⁴⁵ ɕiɐɯ⁵³ dziaŋ²² iʔ³ tsʅ⁵³ kʰɤ³³ diɛ̃¹³ iŋ⁵³ yɛ̃²¹ mɔŋ²¹ liɯ²² saŋ³³ tsʅ⁵³³。<br>b. iʔ⁵ bu²² diɛ¹³ iŋ⁵³ gɤ²² mɔŋ²¹ ku⁴⁵ lə⁰。 |
| 70 龙泉 | a. 喊小强做阵到电影院去促ᵉ《刘三姊》<br>b. 搭ᵉ部电影渠促ᵉ过罢。/渠搭ᵉ部电影促ᵉ过罢。<br>a. xaŋ⁴⁴ ziʌ²¹ dziaŋ²¹ tso⁴⁴ dzɛn²²⁴ tɑʌ⁵¹ diɛ²¹ in²¹ yo²²⁴ kʰɤɯ⁰ tɕʰiɤɯʔ⁵ liɯ⁴⁴ saŋ⁴⁴ tsʅ⁴⁵。<br>b. toʔ⁵ bu²¹ diɛ²¹ in⁵¹ gɤɯ²² tɕʰiɤɯʔ⁵ kou⁵¹ ba⁰。/gɤɯ²¹ toʔ⁵ bu²¹ diɛ²¹ in⁵¹ tɕʰiɤɯʔ³ kou⁵¹ ba⁰。 |
| 71 景宁 | a. 喊小强做阵去电影院相《刘三姊》。b. 埪个电影渠相过哇爻。<br>a. xɔ³³ ɕiɑu⁵⁵ dziɛ⁴¹ tso³³ dzaŋ¹¹³ kʰi³³ diɛ⁵⁵ aŋ³³ yœ¹¹³ ɕiɛ³⁵ liəɯ⁵⁵ sɔ³³ tsʅ¹¹³。<br>b. tɛʔ⁵ ki⁰ diɛ⁵⁵ aŋ³³ ki³³ ɕiɛ³⁵ ko³³ ua⁰ kɑu⁰。 |
| 72 庆元 | a. 喊小强一齐去电影院略《刘三姊》。b. 搭ᵉ部电影渠略过了。<br>a. xɑ̃³³ ɕiŋ³³ tɕiɑ̃⁵² iəɯʔ⁵ ɕiɛ⁵² kʰɤ¹¹ tiɑ̃³¹ iŋ³³ yɛ̃²¹ lɒ³³⁵ liɯ⁵² sɑ̃³³⁵ tsʅ³³。<br>b. ɗaʔ⁵ pu³¹ tiɑ̃³¹ iŋ³³ kɤ²²¹ lɒ³³⁵ kuɤ¹¹ lɒ³³。 |
| 73 泰顺 | a. 喊小强做堆去电影院望《刘三姊》。b. □部电影渠望过罢。<br>a. xɑ̃³⁵ ɕiɑɔ²² tɕiɑ̃⁵³ tso²² tæi²¹³ tsʰʅ³⁵ tiɑ̃²¹ iŋ²² yɛ²² mɔ̃²³² liəɯ²¹ sɑ̃²¹³ tsʅ⁵⁵。<br>b. kʰi³⁵ pu²¹ tiɑ̃²² iŋ⁵⁵ tsʅ²¹ mɔ̃²² kuɔ³⁵ pa⁰。 |
| 74 温州 | a. 叫小强做下走电影院里眙《刘三姐》。b. 渠哦，渠该部电影眙爻罢个。<br>a. tɕiɛ³² ɕiɛ⁴² dziɛ³¹ tsʐɯ³³ oⁱ⁵¹ tsau³³ di²² iaŋ⁴² y²² le⁰ tsʅ¹⁵¹ lɤu²² sa⁴² tsei²⁵。<br>b. gei³¹ o⁰，gei³¹ ke³³ bu²² di²² iaŋ²⁵ tsʰʅ¹⁵¹ uɔ⁰ ba¹⁴ ge⁰。 |
| 75 永嘉 | a. 叫小强做队走电影院底眙《刘三姐》。<br>b. 个部电影渠眙爻罢哎呐。/渠个部电影眙爻罢哎呐。<br>a. tɕyə³³ ɕyə⁵³ dziɛ³¹ tso⁴³ dai²² tsau³³ di²² iaŋ²² y²² tei⁰ tsʰʅ¹⁵³ ləu²² sa⁵³ tsʅ⁴⁵。<br>b. kai⁴³ bu²² di²² iaŋ⁴⁵ gei³¹ tsʰʅ¹⁵³ ɔ⁰ ba¹³ e⁰ nɔ⁰。/gei³¹ kai⁴³ bu²² di²² iaŋ⁴⁵ tsʰʅ¹⁵³ ɔ⁰ ba¹³ e⁰ nɔ⁰。 |
| 76 乐清 | a. 叫小强组队走电影院底眙《刘三姐》。b. 渠个部电影眙过罢个。<br>a. tɕiɤ⁴¹ sɤ⁴⁴ dziɑ³¹ tɕio⁴² dai²² tɕiau³³ diɛ²² iaŋ⁴² yɛ²² ti⁰ tsʰʅ⁴¹ liu² sɛ⁴² tɕi³⁵。<br>b. dzi³¹ kai³⁵ bu²¹² diɛ²² iaŋ³⁵ tsʰʅ¹ kuᵘ⁰ be²⁴ ge⁰。 |

续表

| | 0006 a. 叫小强一起去电影院看《刘三姐》。<br>b. 这部电影他看过了。/他这部电影看过了。/他看过这部电影了。 |
|---|---|
| 77 瑞安 | a. 叫小强相伴□走电影院底眙《刘三姐》。<br>b. 渠该部电影眙过罢。/该部电影渠眙过罢。/渠眙过该部电影罢。<br>a. tɕy³³ ɕy⁵³ dʑie²¹ ɕie³³ pø³⁵ dei²¹² tsau³³ di²² iaŋ⁵³ y²² tei⁰ tsʰ ʅ⁵³ ləɯ²² sɔ⁵³ tsei³⁵ 。<br>b. gi³¹ ke³³ bu²¹ di²² iaŋ³⁵ tsʰ ʅ⁵³ kɯ⁴² ba¹³ 。/ke³³ bu²¹ di²² iaŋ³⁵ gi³¹ tsʰ ʅ⁵³ kɯ⁴² ba¹³ 。/gi³¹ tsʰ ʅ⁵³ kɯ⁴² ke³³ bu²¹ di²² iaŋ³⁵ ba¹³ 。 |
| 78 平阳 | a. 叫小强组份走电影院眙《刘三姊》。<br>b. 个部电影渠眙爻罢。/渠个部电影眙爻罢。/渠眙爻个部电影罢。<br>a. tɕye³³ ɕie³³ dʑie⁴² tʃu⁴² vaŋ¹³ tʃau⁴⁵ die³³ iaŋ⁴⁵ ye¹³ tsʰ ʅ⁴² lɛu¹³ sɔ⁴² tɕi⁴⁵ 。<br>b. kai²¹ bu²¹ die²¹ iaŋ⁴² gi¹³ tsʰ ʅ¹³ ɔ³³ bʌ¹³ 。/gi¹³ kai²¹ bu³³ die²¹ iaŋ⁴² tsʰ ʅ¹³ ɔ³³ bʌ¹³ 。/gi¹³ tsʰ ʅ⁴² ɔ³³ kai²¹ bu³³ die²¹ iaŋ⁴² bʌ¹³ 。 |
| 79 文成 | a. 叫小强一起去电影院眙《刘三姊》。<br>b. 该部电影渠眙过罢。/渠眙过该部电影罢。<br>a. tɕyø³³ ɕyø³³ dʑie¹³ i²¹ tɕʰi³⁵ kʰei²¹ die²¹ iaŋ³³ yø²¹ tsʰ ʅ¹³ liou²¹ sɔ³³ tɕi⁴⁵ 。<br>b. ke²¹ bu³³ die²¹ iaŋ³³ gei²¹ tsʰ ʅ³³ ku²¹ bɔ¹³ 。/gei²¹ tsʰ ʅ²¹ ku³³ ke²¹ bu³³ die²¹ iaŋ³³ bɔ¹³ 。 |
| 80 苍南 | a. 叫小强做阵去电影院眙《刘三姐》。<br>b. 渠该部电影眙过□。/该部电影渠眙过□。/渠眙过该部电影□。<br>a. tɕyɔ⁴² ɕyɔ⁵³ dʑie³¹ tsu⁴² zaŋ¹¹ kʰi⁴² die¹¹ iaŋ⁵³ yɛ¹¹ tsʰ ʅ⁴² lɛu¹¹ sa⁴² tɕi⁵³ 。<br>b. gi³¹ ke³ bu²⁴ die¹¹ iaŋ⁵³ tsʰ ʅ⁴² ku⁴² uɛ²⁴ 。/ke³ bu²⁴ die¹¹ iaŋ⁵³ gi³¹ tsʰ ʅ⁴² ku⁴² uɛ²⁴ 。/gi³¹ tsʰ ʅ⁴² ku⁵³ ke³ bu²⁴ die¹¹ iaŋ⁵³ uɛ²⁴ 。 |
| 81 建德徽 | a. 讴小强一起去电影院看《刘三姊》。<br>b. 葛个电影渠看过罢。/渠葛个电影看过罢。/渠看过葛个电影罢。<br>a. ɣɯ⁵³ ɕiaŋ⁵⁵ tɕʰiaŋ⁰ iəʔ⁵ tɕʰi²¹ kʰi³³ tiɛ̃²¹ in⁵⁵ yɛ̃²¹³ kʰɛ³³ liɣɯ²¹ sɛ̃³³ tɕi⁵⁵ 。<br>b. kɐʔ³ kɐʔ⁵ tiɛ̃²¹ in⁵⁵ ki³³ kʰɛ³³ ku⁵⁵ pɐʔ⁰ 。/ki³³ kɐʔ³ kɐʔ⁵ tiɛ̃²¹ in⁵⁵ kʰɛ³³ ku⁵⁵ pɐʔ⁰ 。/ki³³ kʰɛ³³ ku⁵⁵ kɐʔ³ kɐʔ⁵ tiɛ̃²¹ in⁵⁵ pɐʔ⁰ 。 |
| 82 寿昌徽 | a. □细强一起到电影院促=《刘三姊》。 b. 格部电影渠促=过罢。<br>a. ya⁵² ɕiɣ³³ tɕʰiɑ̃¹¹ iəʔ⁵ tɕʰi²⁴ tɣ³³ tiɛ̃³³ ien²⁴ y⁶³³ tsʰ ɔ³³ liəɯ¹¹ sæ̃⁴¹ tɕi²⁴ 。<br>b. kəʔ³ pu²⁴ tiɛ̃³³ ien²⁴ kəɯ⁵² tsʰ ɔ³ʔ³ ku²⁴ pa⁰ 。 |
| 83 淳安徽 | a. 讴小强做堆去电影院促=《刘三姐》。 b. 式=部电影渠促=过罢。<br>a. ɯ²⁴ ɕiɣ⁵⁵ tɕʰiɑ̃³³ tsu²⁴ tie²⁴ kʰɯ²⁴ tʰiɑ̃³³ in⁵⁵ vɑ̃³³ tsʰ oʔ⁵ liɯ⁴³ sɑ̃²⁴ tɕi⁵⁵ 。<br>b. səʔ⁵ pʰu⁰ tʰiɑ̃⁵³ in⁵⁵ kʰɯ⁴³⁵ tsʰ oʔ⁵ ku⁰ pa⁰ 。 |
| 84 遂安徽 | a. 叫小强去瞅电影《刘三姐》。 b. 渠阿=部电影瞅瞅嘞。<br>a. tɕiɔ⁵² ɕiɔ²¹ tɕʰiɑ̃²⁴ kʰə⁵ tsʰ u³³ tʰiɑ̃⁵² in²¹ liu³³ sɑ̃³³ tɕie²¹³ 。<br>b. kʰəɯ⁵⁵ ɑ³³ pʰu³³ tʰiɑ̃⁵² in²¹ tsʰ u³³ tsʰ u³³ lɛ⁰ 。 |

**续表**

| | 0006 a. 叫小强一起去电影院看《刘三姐》。<br>b. 这部电影他看过了。/他这部电影看过了。/他看过这部电影了。 |
|---|---|
| 85 苍南闽 | a. 叫小强做阵去电影院看《刘三姊》。<br>b. 伊看过蜀部电影。/蜀部电影伊看过。<br>a. kio³³ ɕio³³ kiaŋ²⁴ tsue³³ tin²¹ kʰɯ²¹ tian²¹ iɑŋ²⁴ in²¹ kʰũã²¹ liu²¹ sã²¹ tɕi⁴³。<br>b. i⁵⁵ kʰũã²¹ kə²¹ tɕie⁴³ pɔ²¹ tian²¹ iɑŋ⁴³。/tɕie³³ pʰɔ²¹ tian²¹ iɑŋ⁴³ i⁵⁵ kʰũã²¹ kə⁰。 |
| 86 泰顺闽 | a. 讴小强做阵去电影院映《刘三姊》。<br>b. 伊这部电影映过了。/这部电影伊映过了。/伊映过这部电影。<br>a. eu²² ɕiɐu³⁴ kyo²² tsou²¹ tieŋ³¹ kʰøi²¹ tie²¹ iæŋ²¹ ye⁵³ ŋo²² lau²² sæŋ²¹ tɕi³⁴⁴。<br>b. i³⁴ tɕi²² pou³¹ tie²¹ iæŋ³⁴⁴ ŋo²¹ kou²² lø?⁰。/tɕi²² pou³¹ tie²¹ iæŋ³⁴⁴ i²² ŋo²¹ kou²² lø?⁰。/i³⁴ ŋo²² kou²² tɕi²² pou³¹ tie²¹ iæŋ³⁴⁴。 |
| 87 洞头闽 | a. 叫小强做阵去电影院看《刘三姊》。b. 蜀部电影伊看过了。<br>a. kieu³³ ɕieu³³ kioŋ²⁴ tsue⁵³ tin²¹ kʰɯ³³ tian²¹ iã²⁴ĩ²¹ kʰũã³³ liu²⁴ sã³³ tɕi⁵³。<br>b. tɕiek⁵ bɔ²¹ tian²¹ iã²⁴ i³³ kʰũã²¹ kə²¹ liau⁰。 |
| 88 景宁畲 | a. 告小强做阵去电影院睭《刘三姊》。b. 渠睭过格部电影阿⁼。<br>a. kau⁴⁴ ɕiau⁴⁴ tɕiaŋ²² tso⁴⁴ tin⁵¹ ɕy⁴⁴ tien⁵¹ in⁵⁵ ien³²⁵ tʰai⁴⁴ liəu²² san⁴⁴ tɕi⁵⁵。<br>b. ki⁴⁴ tʰai³²⁵ ku⁴⁴ kɔi⁴⁴ pu⁵¹ tien⁵¹ in³²⁵ a⁰。 |

| 方言点 | 0007 你把碗洗一下。 |
|---|---|
| 01 杭州 | 你拨碗盏汰一汰。<br>n̠i⁵³ paʔ³ uo⁵³ tsɛ³³ da¹³ iɛʔ⁵ da⁰ 。 |
| 02 嘉兴 | 倷拿碗汰一汰。<br>nei¹³ nᴇ⁴² uə⁴² dᴀ¹³ iʔ⁵ dᴀ²¹ 。 |
| 03 嘉善 | 倷拿碗去汰汰。<br>nə¹³ nɛ⁵³ ø⁵⁵ tɕʰi⁵³ da¹³ da³¹ 。 |
| 04 平湖 | 葛点碗倷去汰汰清爽。<br>kəʔ²¹ tiɛ³³⁴ ø⁴⁴ nəɯ²¹³ tɕʰi⁰ da²¹³ da⁰ tsʰin⁴⁴ sã⁰ 。 |
| 05 海盐 | 倷担㿭＝点碗汰汰。<br>nᴇ⁴²³ nɛ³¹ gəʔ²¹ tiɛ²¹³ uɤ⁴²³ da¹³ da²¹ 。 |
| 06 海宁 | 倷去汰汰格两只碗。<br>nəɯ³⁵ tɕʰi⁵³ da³³ da³³ kəʔ⁵ liã⁵³ tsaʔ⁵ uɛ⁵³ 。 |
| 07 桐乡 | 葛两只碗倷汰一汰。<br>kəʔ⁵ liã⁰ tsaʔ⁰ uᴇ⁵³ nɤɯ²⁴² da²¹ iəʔ⁰ da²¹³ 。 |
| 08 崇德 | 葛两只碗倷去汰汰。<br>kəʔ³ liã⁵⁵ tsaʔ⁰ uᴇ⁵³ nɤɯ⁵³ tɕʰi³³⁴ dɑ¹³ dɑ⁰ 。 |
| 09 湖州 | 葛两只碗尔汰把脱。<br>kəʔ⁵ liã³⁵ tsaʔ⁵ uᴇ⁵³ n⁴⁴ da⁴⁴ puo³¹ tʰəʔ⁵ 。 |
| 10 德清 | 是尔拨碗去汰汰掉。<br>zəʔ² n³⁵ pəʔ⁵ øʉ⁵³ tɕʰi⁴⁴ da³¹ da¹¹ diə¹³ 。 |
| 11 武康 | 尔葛两只碗汰一汰。<br>n³¹ kəʔ⁵ liã¹³ tsɤʔ⁵ ø⁵³ da¹¹ ieʔ² da¹³ 。 |
| 12 安吉 | 尔拨碗去汰一记。<br>ŋ²² pəʔ⁵ uᴇ⁵² tɕʰi³² da²¹ iɛʔ⁵ tɕi³²⁴ 。 |
| 13 孝丰 | 倷拨碗洗一记。<br>nəʔ²³ pəʔ⁵ uɛ⁵² ɕi⁵² ieʔ³ tɕi³²⁴ 。 |
| 14 长兴 | 尔搭乖＝碗汰汰。<br>n⁵² taʔ⁵ kua⁴⁴ uɯ⁵² da²¹ da²⁴ 。 |
| 15 余杭 | 是尔拨即两只碗汰一汰。<br>zoʔ² n³¹ po⁵⁵ tɕieʔ⁵ n̠iã⁵³ tsəʔ⁵ uõ⁵³ da³³ ieʔ⁵ da¹³ 。 |
| 16 临安 | 侬拨碗洗一记。<br>noŋ¹³ pɐʔ⁵ uə⁵⁵ ɕi⁵⁵ ieʔ⁵ tɕi⁵³ 。 |

**续表**

| 方言点 | 0007 你把碗洗一下。 |
|---|---|
| 17 昌化 | 尔侬把碗洗一记。<br>ŋ²³ nəŋ⁴⁵ pu⁴⁵ uɔ̃⁴⁵³ sɿ⁴⁵ iɛʔ⁵ tsɿ⁵⁴⁴。 |
| 18 於潜 | 你拨碗洗一记。<br>ni⁵¹ pəʔ⁵³ uɛ⁵¹ ɕi⁵¹ ie⁵³ tɕi³¹。 |
| 19 萧山 | 尔碗戽戽干净。<br>ŋ¹³ uə³³ xu³³ xu³³ kie³³ ȵiŋ⁴²。 |
| 20 富阳 | 尔拨碗洗一洗。<br>ŋ²²⁴ pɛʔ⁵ uã̃⁵³ sɛ⁴²³ iɛʔ⁵ sɛ⁴²³。 |
| 21 新登 | 尔拨碗洗一记。<br>ŋ³³⁴ pɑ⁴⁵ uɛ³³⁴ se³³⁴ iə̃ʔ⁵ tɕi⁴⁵。 |
| 22 桐庐 | 你拨碗洗一记。<br>ni¹³ pəʔ⁵ uã̃³³ sE³³ iəʔ²¹ tɕi²¹。 |
| 23 分水 | 你拨碗洗洗掉。<br>ȵi⁵³ pəʔ⁵ uã̃⁵³ ɕi⁴⁴ ɕi⁵³ tiɔ²¹。 |
| 24 绍兴 | 偌碗戽戽。<br>noʔ² uø̃⁴⁴ fu³³ fu³¹。 |
| 25 上虞 | 侬碗去汏汏。<br>noŋ²¹³ uø̃³⁵ tɕʰi⁰ da³¹ da⁰。 |
| 26 嵊州 | 侬拨碗啦戽记伊。<br>noŋ²⁴ pəʔ³ uœ̃⁴⁴ la³¹ fu³³ tɕi⁴⁴ i³¹。 |
| 27 新昌 | 尔拨碗洗洗掉。<br>ŋ¹³ peʔ³ uœ̃⁴⁵ ɕi⁴⁵ ɕi³³ tiɔ³¹。 |
| 28 诸暨 | 尔碗洗洗掉。<br>n¹³ və²⁴² ʃ̩⁴² ʃ̩⁴² tiɔ⁴²。 |
| 29 慈溪 | 侬碗赢=仔记。<br>nuŋ¹³ uø̃³ iŋ¹¹ tsɿ⁰ tɕi⁰。 |
| 30 余姚 | 侬两只碗汏一记。/侬两只碗去汏汏好。/侬汏碗去。<br>nuŋ¹³ liaŋ¹³ tsaʔ⁵ uø̃³⁴ da¹³ iəʔ² tɕi⁴⁴。 /nuŋ¹³ liaŋ¹³ tsaʔ⁵ uø̃³⁴ kʰe⁴⁴ da¹³ da⁰ hɔ⁴⁴。/<br>nuŋ¹³ da¹³ uø̃³⁴ kʰe³⁴。 |
| 31 宁波 | 侬碗盏净净好纳=。<br>nəu¹³ u⁵³ tsɛ⁰ dzia¹³ dzia⁰ hɔ⁴⁴ naʔ²。 |
| 32 镇海 | 侬把碗盏净一净。<br>nəu²⁴ po³³ uø³³ tsɛ³⁵ dziã̃²⁴ ieʔ¹² dziã̃⁰。 |

续表

| 方言点 | 0007 你把碗洗一下。 |
|---|---|
| 33 奉化 | 侬把饭碗去净一净。<br>nəu³³ po⁴⁴ vɛ³¹ uø⁵³ tɕʰi⁴⁴ dziã³¹ iɿʔ² dziã³¹。 |
| 34 宁海 | 尔拨碗净爻=。/尔拨碗净爻=。<br>n̩³³ paʔ³ uø³³ dziã̃²² ɔʔ³。/n̩³³ paʔ³ uø³³ dziã̃²² dziã̃⁰ ɔʔ³。 |
| 35 象山 | 尔达=碗净牢=。<br>n̩³¹ daʔ² uɤɯ⁴⁴ dziã̃¹³ lɔ³¹。 |
| 36 普陀 | 侬搭=碗净一记。<br>noŋ²⁴ tɐʔ³ uø⁴⁵ dziã̃²⁴ iɛʔ⁵ tɕi⁰。 |
| 37 定海 | 该碗侬净净了。<br>kieʔ⁵ uø⁴⁵ noŋ²³ dziã̃²³ dziã̃⁰ lio⁰。 |
| 38 岱山 | 侬碗净净好。<br>noŋ²³ uø⁴⁵ dziã̃²³ dziã̃⁰ xɔ⁰。 |
| 39 嵊泗 | 该碗侬净好渠。/该碗侬净净了。<br>kiɛʔ⁵ uɤ⁴⁵ noŋ²⁴ dziã̃²⁴ xɔ⁰ dzi⁰。/kiɛʔ⁵ uɤ⁴⁵ noŋ²⁴ dziã̃²⁴ dziã̃⁰ lio⁰。 |
| 40 临海 | 尔拨碗洗记。<br>ŋ⁵² pəʔ³ ue⁴² ɕi⁵² tɕi⁰。 |
| 41 椒江 | 尔拨饭碗洗记。<br>n⁴² pɛʔ³ vɛ³³ uə⁴² ɕi⁴² tɕi⁰。 |
| 42 黄岩 | 碗拨尔洗记。/尔拨碗洗记。<br>uø⁴² pəʔ³ n⁴² ɕi⁴² tɕi⁰。/n⁴² pəʔ³ uø⁴² ɕi⁴² tɕi⁰。 |
| 43 温岭 | 尔拨碗洗洗爻。<br>n⁴² pəʔ³ ue⁴² ɕi⁴² ɕi⁰ ɔ⁰。 |
| 44 仙居 | 尔拨碗洗嚆。<br>ŋ²⁴ ɓəʔ³ ua³²⁴ ɕi³¹ gɐɯ²⁴。 |
| 45 天台 | 尔搭碗洗记。/碗拨尔洗记。<br>ŋ²¹⁴ taʔ⁵ uø³²⁵ ɕi³² ki⁰。/uø³² pəʔ⁵ ŋ²¹⁴ ɕi³² ki⁰。 |
| 46 三门 | 尔拨碗洗洗□。<br>ŋ³²⁵ pɐʔ⁵ uø³²⁵ ɕi³²⁵ ɕi⁰ gɑɯ²¹³。 |
| 47 玉环 | 尔拨碗洗一记。<br>n⁴² pɐʔ³ ue⁵³ ɕi⁴² iɐʔ³ tɕi⁰。 |

**续表**

| 方言点 | 0007 你把碗洗一下。 |
|---|---|
| 48 金华 | 侬帮碗碟洗记渠。/侬分碗碟洗记渠。<br>noŋ⁵³⁵ paŋ³³ ua⁵⁵ dia¹⁴ ɕie⁵³ tɕie⁵⁵ gə?²¹² 。/noŋ⁵³⁵ fəŋ³³ ua⁵⁵ dia¹⁴ ɕie⁵³ tɕie⁵⁵ gə?²¹² 。 |
| 49 汤溪 | 尔两个碗洗记了。<br>ŋ¹¹³ lɤa¹¹ ka⁵² ua⁵³⁵ sei³³ tɕie⁵² la⁰ 。 |
| 50 兰溪 | 侬帮碗洗记。<br>noŋ⁵⁵ pa³³⁴ ua⁵⁵ sie⁵⁵ tɕie⁰ 。 |
| 51 浦江 | 尔碗洗记得渠。<br>n⁵³ uã⁵³ ʃi⁵³ tʃi⁰ tə⁰ i⁰ 。 |
| 52 义乌 | 侬做碗洗记落去。<br>noŋ³³ tsuɤ³³ ua³³ si³³ tɕi⁴⁵ nɔ³³ ai³¹ 。 |
| 53 东阳 | 尔挜⁼碗洗洗喽。<br>n²⁴ ia³³⁴ ɔ⁵⁵ ɕi⁵⁵ ɕi³³ lou³³ 。 |
| 54 永康 | 尔碗洗记落。<br>ŋ³¹ ua³³⁴ ɕie³³ tɕi⁰ lau³¹ 。 |
| 55 武义 | 偌听⁼碗洗记掉个。<br>nɔ¹³ tʰin⁵⁵ ŋuo⁴⁴⁵ ɕie⁴⁴⁵ tɕi⁰ die³²⁴ kɔ⁰ 。 |
| 56 磐安 | 尔相帮碗洗记去。<br>n³³⁴ ɕiɔ³³ mɒ³³ ɒ³³ ɕi³³ tɕi⁵⁵ ɐɯ⁵² 。 |
| 57 缙云 | 你帮碗汏落啊。/你亨⁼碗汏落啊。<br>ȵi³¹ pɔ⁴⁴ ua⁵¹ da²¹ lɔ⁰ a⁰ 。/ȵi³¹ xɐŋ⁴⁴ ua⁵¹ da²¹ lɔ⁰ a⁰ 。 |
| 58 衢州 | 你担碗洗一记啦。<br>ȵi⁵³ tã³² uə̃³⁵ sʅ³⁵ iə?³ tsʅ⁵³ la⁰ 。 |
| 59 衢江 | 你担碗洗一记。<br>ȵiə?² nã³³ ua²⁵ ɕie³³ iə?⁰ tɕiə?⁵ 。 |
| 60 龙游 | 你帮碗洗记。<br>ȵi²² pã³³ uã⁵¹ ɕi³⁵ tɕi⁰ 。 |
| 61 江山 | 你帮瓯洗个记。<br>ȵi²² paŋ²⁴ u⁴⁴ ɕi⁴⁴ a⁴⁴ ki⁵¹ 。 |
| 62 常山 | 尔痱⁼瓯洗记。/尔痱⁼瓯洗样一记。<br>n²⁴ pue⁵² u⁴⁴ ɕi⁵² tɕie⁰ 。/n²⁴ pue⁵² u⁴⁴ ɕi⁵² iã⁰ e?⁵ tɕie⁰ 。 |
| 63 开化 | 你腹⁼瓯洗一下。<br>ȵi²¹ pə?⁵ u⁴⁴ ɕi⁵³ iɛ?⁵ ɔ⁰ 。 |

续表

| 方言点 | 0007 你把碗洗一下。 |
|---|---|
| 64 丽水 | 你拨碗洗一记啊。<br>n̠i⁴⁴ pəʔ⁴ uã⁵⁴⁴ sʅ⁵⁴⁴ iʔ⁴ tsʅ⁵² a⁰。 |
| 65 青田 | 你帮碗汏一记。<br>n̠i⁴⁵⁴ ɓo³³ uɑ⁴⁵⁴ dɑ²² iæʔ⁰ tsʅ³³。 |
| 66 云和 | 你帮碗洗记。<br>n̠i⁴⁴ pɔ̃²⁴ uã⁴¹ sʅ⁴⁴ tsʅ⁴⁵。 |
| 67 松阳 | 是尔帮碗洗下儿。<br>ʑiʔ² n²² poŋ⁵³ uɔ̃²¹ sʅə²¹ uɤʔ⁰ n⁰。 |
| 68 宣平 | 尔替碗洗记了［去啊］。<br>n²² tʰiəʔ⁴ uɑ̃⁴⁴⁵ sʅ⁴⁴ tsʅ⁵⁵ lə⁰ xa⁰。 |
| 69 遂昌 | 你帮碗洗记儿。<br>n̠iɛ¹³ pɔŋ⁴⁵ uɛ̃⁵³ ɕiɛ⁵³ tsʅ³³ n̠iɛ⁴⁵。 |
| 70 龙泉 | 你帮碗洗记。<br>n̠i⁴⁴ paŋ⁴⁴ uaŋ⁴⁴ ɕi⁵¹ tsʅ⁰。 |
| 71 景宁 | 你帮碗洗记么。<br>n̠i³³ maŋ³² uɔ³³ ɕi³³ tɕi⁵⁵ ma⁰。 |
| 72 庆元 | 你帮碗洗记儿。<br>n̠iɛ²²¹ ɓɔ̃³³⁵ uɑ̃³³ ɕiɛ³³ tɕiŋ⁵⁵。 |
| 73 泰顺 | 你挖ᵘ碗洗一记。<br>n̠i⁵⁵ uɔʔ⁵ uã⁵⁵ sʅ⁵⁵ iɛʔ² tsʅ³⁵。 |
| 74 温州 | 你逮碗洗爻。<br>n̠i¹⁴ de²² y²⁵ sei²⁵ uɔ⁰。 |
| 75 永嘉 | 你逮碗洗一洗爻。<br>n̠i¹³ de²² y⁴⁵ sʅ⁴⁵ i⁴³ sʅ⁴⁵ ɔ⁰。 |
| 76 乐清 | 你畀碗洗洗爻呐。<br>n̠i²⁴ be²² uɤ³⁵ si³ si³⁵ ga⁰ na⁰。 |
| 77 瑞安 | 你逮碗洗爻。<br>n̠i¹³ de² y³⁵ sei³⁵ gɔ⁰。 |
| 78 平阳 | 你逮碗洗一下。<br>n̠i¹³ de²¹ ye⁴⁵ si⁴⁵ i⁴⁵ o²¹。 |
| 79 文成 | 你搭碗洗一下。<br>n̠i¹³ te²¹ yø⁴⁵ sei⁴⁵ i²¹ o²¹。 |

**续表**

| 方言点 | 0007 你把碗洗一下。 |
|---|---|
| 80 苍南 | 你把碗洗一洗。<br>ȵi⁵³ puɔ⁴⁴ yɛ⁵³ ɕi⁵³ e³ ɕi⁵³。 |
| 81 建德<sub>徽</sub> | 尔八⁼碗汏一下。<br>n²¹³ po⁵⁵ uɛ²¹³ tʰɑ⁵⁵ iɐʔ⁵ ho⁰。 |
| 82 寿昌<sub>徽</sub> | 谮把碗洗了去。<br>tsen⁵² pɑ³³ ŋuə²⁴ ɕi³³ liɤ⁵⁵ kʰɯ⁵⁵。 |
| 83 淳安<sub>徽</sub> | 尔勒⁼碗洗一下。<br>n⁵⁵ ləʔ³ uɑ̃⁵⁵ ɕi⁵⁵ iʔ⁰ ho⁰。 |
| 84 遂安<sub>徽</sub> | 伊碗洗下。<br>i⁵⁵ vɑ̃²⁴ ɕi²¹ xɑ⁵⁵。 |
| 85 苍南<sub>闽</sub> | 汝合碗洗蜀下。<br>lɯ³² kʰa²¹ũ̃a⁴³ sue⁴³ tɕie²¹ e³²。 |
| 86 泰顺<sub>闽</sub> | 尔把碗洗了。<br>n²² pøʔ³ uæŋ²² sei²² løʔ⁰。 |
| 87 洞头<sub>闽</sub> | 汝合碗洗际⁼。<br>lɯ⁵³ kɐt²¹ũ̃a⁵³ sue⁵³ tse²¹。 |
| 88 景宁<sub>畲</sub> | 你抵⁼碗洗掉。<br>ȵi⁴⁴ ti⁵⁵ uon³²⁵ sai³²⁵ tʰau⁰。 |

| 方言点 | 0008 他把橘子剥了皮，但是没吃。 |
|---|---|
| 01 杭州 | 他拨橘子皮儿剥了嘚，但是没吃。<br>tʰa³³⁴ paʔ⁵ tɕyɛʔ³ tsʅ⁵³ bi²² əl⁴⁵ poʔ³ liə⁴⁵ taʔ⁰ , dɛ¹³ zʅ⁵³ mei⁴⁵ tɕʰioʔ⁵ 。 |
| 02 嘉兴 | 伊拿橘子皮剥脱哩，勿过无没吃。<br>i³³ nɛ³³ tɕyeʔ⁵ tsʅ²¹ bi¹³ pəʔ⁵ tʰəʔ⁵ li²¹ , vəʔ⁵ kou²¹ m¹³ məʔ⁵ tɕʰieʔ⁵ 。 |
| 03 嘉善 | 伊拿橘子皮也剥躃゠拉゠敌゠，就是没曾吃。<br>i⁵³ nɛ⁵³ tɕyøʔ⁵ tsʅ⁰ bi³¹ aʔ² puoʔ⁵ tʰɜʔ⁴ la⁵⁵ dieʔ² , dʑiə²² zʅ¹³ məʔ² zən³¹ tɕʰiəʔ⁵ 。 |
| 04 平湖 | 伊担橘子皮剥脱啦哩，吃么勿吃。<br>i⁴⁴ nɛ⁵³ tɕyoʔ³ tsʅ⁴⁴ bi³¹ poʔ³ tʰəʔ⁵ laʔ⁰ li⁰ , tɕʰiəʔ²³ məʔ⁰ vəʔ²³ tɕʰiəʔ⁰ 。 |
| 05 海盐 | 伊倷担掰゠难゠橘子个皮剥好啦哩，毕゠过伊倷勿吃欸。<br>e²¹ ne²³ ne³¹ gəʔ²³ nɛ²¹³ tɕyʔ⁵ tsʅ²¹ kəʔ⁵ bi³¹ poʔ⁵ xɔ⁴²³ laʔ²³ li²¹ , piəʔ⁵ ku³³⁴ e²¹ ne²³ vəʔ⁵ tsʰəʔ²³ e²¹ 。 |
| 06 海宁 | 橘子皮伊已经剥脱咧，就是无不吃。<br>tɕioʔ⁵ tsʅ⁵³ bi³³ i³³ i³³ tɕiŋ⁵⁵ poʔ⁵ tʰəʔ⁵ lieʔ² , dʑiəu³³ zʅ¹³ m³³ pəʔ⁵ tɕʰieʔ⁵ 。 |
| 07 桐乡 | 伊担橘子皮剥脱咧，必゠过无没吃。<br>i⁵³ nɛ⁴⁴ tɕioʔ³ tsʅ⁴⁴ biʔ⁰ poʔ³ tʰəʔ⁵ lieʔ⁰ , piəʔ³ kəu³³⁴ m⁴⁴ məʔ⁰ tɕʰiəʔ⁰ 。 |
| 08 崇德 | 伊拿橘子皮剥脱嘚，不过无不吃。<br>i¹³ no⁴⁴ tɕiəʔ³ tsʅ⁵⁵ biʔ⁰ poʔ³ tʰəʔ⁵ dəʔ⁰ , pəʔ³ ku³³⁴ m²¹ pəʔ⁵ tɕʰiəʔ³ 。 |
| 09 湖州 | 渠只橘子皮剥脱嘚，不过无不吃。<br>dʑi³¹ tsaʔ⁵ tɕieʔ⁵ tsʅ⁵³ bi³¹ puoʔ³ tʰəʔ² dɛ³¹ , pəʔ⁵ kəu⁵³ m³¹ pəʔ² tɕʰieʔ² 。 |
| 10 德清 | 是伊么橘子皮么剥脱［嘚嗳］，又゠是无不吃。<br>zəʔ² i¹³ məʔ⁵ tɕieʔ⁵ tsʅ⁵³ bi³¹ məʔ⁵ puoʔ⁵ tʰəʔ² dɛ³¹ , iɯ³⁵ zʅ⁵³ m¹¹ pəʔ⁵ tɕʰioʔ⁵ 。 |
| 11 武康 | 是伊橘子皮剥脱［嘚嗳］，吃无不吃。<br>zəʔ² i¹³ tɕieʔ⁵ tsʅ⁵³ bi³¹ puoʔ⁵ tʰɜʔ⁴ dɛ³¹ , tɕʰiəʔ⁵ m³¹ pəʔ² tɕʰiəʔ⁵ 。 |
| 12 安吉 | 渠拨橘子皮剥掉嘚，无不吃。<br>dʑi²¹³ pəʔ⁵ tɕyəʔ³ tsʅ⁵⁵ bi²² poʔ⁵ tioʔ³² təʔ⁰ , m²² pəʔ⁵ tɕʰɤʔ⁵ 。 |
| 13 孝丰 | 渠拨橘子皮剥掉嘞，无不吃。<br>dʑi²² pəʔ⁵ tɕioʔ⁵ tsʅ⁴⁴ bi²² puoʔ⁵ tioʔ⁴⁴ leʔ⁰ , m²² pəʔ⁵ tɕʰieʔ⁵ 。 |
| 14 长兴 | 伊搭乖゠橘子皮剥脱嘞，自家嘛弗人゠吃。<br>ʅ¹² taʔ⁵ kua⁴⁴ tʃiɛʔ³ tsʅ⁴⁴ bʅ¹² poʔ⁵ tʰəʔ⁵ lɛʔ⁰ , zʅ²¹ ka²⁴ ma⁰ fəʔ³ ȵiŋ²⁴ tʃʰiɛʔ⁵ 。 |
| 15 余杭 | 是伊把橘子皮儿剥了［嘚嗳］，吃无不吃。<br>zəʔ² i⁵³ po⁵⁵ tɕieʔ⁵ tsʅ⁵³ bi³¹ n³¹ poʔ⁵ liə³³ dɛ³³ , tɕʰiaʔ⁵ m³³ pəʔ² tɕʰiaʔ⁵ 。 |
| 16 临安 | 伊拨橘子皮剥落唻，吃么无没吃。<br>i¹³ pəʔ⁵ tɕyœʔ⁵ tsʅ⁵³ bi¹³ puoʔ⁵ luoʔ² lɛ³³ , tɕʰiɐʔ⁵ mɐʔ⁵ m³³ mɐʔ² tɕʰiɐʔ² 。 |

**续表**

| 方言点 | 0008 他把橘子剥了皮，但是没吃。 |
|---|---|
| 17 昌化 | 渠碾＝橘子皮剥了嘞，还是无吃。<br>gu$^{112}$ ȵi$^{24}$ tɕye?$^5$ tsɿ$^{453}$ bi$^{112}$ puɔ?$^5$ liɔ$^{55}$ lɛ$^0$，a$^{11}$ zɿ$^{24}$ m$^{11}$ tɕʰiɛ?$^5$。 |
| 18 於潜 | 他拨橘子皮剥好嘞，没有吃。<br>tʰa$^{433}$ pə?$^{53}$ tɕye?$^{53}$ tsɿ$^{454}$ bi$^{223}$ pə?$^{53}$ xɔ$^{51}$ liæ?$^2$，miæ?$^2$ iəu$^{53}$ tɕʰiɛ?$^{53}$。 |
| 19 萧山 | 伊橘子皮剥坏敌＝，吃也弗吃。<br>i$^{13}$ tɕyo?$^5$ tsɿ$^{33}$ bi$^{21}$ po?$^5$ ua$^{242}$ die$^0$，tɕʰiɛ?$^5$ a?$^5$ fə?$^5$ tɕʰiɛ?$^5$。 |
| 20 富阳 | 伊拨橘子皮剥掉嘚，结果□吃。<br>i$^{224}$ pɛ?$^5$ tɕyo?$^5$ tsɿ$^{423}$ bi$^{53}$ po?$^5$ diɔ$^{335}$ tɛ?$^0$，tɕiɛ?$^5$ ku$^{335}$ mɛ$^{53}$ tɕʰiɛ?$^5$。 |
| 21 新登 | 伊拨橘子皮剥嘞，就是还□吃。<br>i$^{334}$ pɑ$^{45}$ tɕyə?$^5$ tsɿ$^{334}$ bi$^{233}$ pɔ?$^5$ la?$^0$，zy$^{21}$ zɿ$^{13}$ a?$^2$ mi$^{45}$ tsʰa?$^5$。 |
| 22 桐庐 | 伊拨橘子剥嘞皮，但是还未吃。<br>i$^{13}$ pə?$^5$ tɕyə?$^5$ tsɿ$^{33}$ pə?$^5$ lə?$^{21}$ bi$^{13}$，dã$^{13}$ zɿ$^{13}$ ʌ$^{21}$ mi$^{13}$ tɕʰiə?$^5$。 |
| 23 分水 | 他拨橘子皮剥掉嘞，但是没吃。<br>tʰa$^{44}$ pə?$^5$ tɕyə?$^5$ tsɿ$^0$ bi$^{21}$ pə?$^5$ tiɔ$^{24}$ la$^0$，dã$^{24}$ zɿ$^{21}$ me$^{53}$ tɕʰiə?$^5$。 |
| 24 绍兴 | 伊橘子皮剥落哉，但无［无有］吃过唻。<br>i$^{22}$ tɕio?$^3$ tse?$^5$ pi$^{33}$ po?$^3$ lo?$^3$ zɛ$^{231}$，dɛ̃$^{22}$ n$^{33}$ ȵiɤ$^{44}$ tɕʰiɛ?$^3$ ku$^{33}$ lɛ$^0$。 |
| 25 上虞 | 橘子皮剥凡＝哉，伊还［无有］吃。<br>tɕyo?$^5$ tsɿ$^0$ bi$^{213}$ po?$^5$ vɛ̃$^{21}$ tse$^0$，i$^{21}$ uɛ̃$^{21}$ ȵiɤ$^{35}$ tɕʰyo?$^5$。 |
| 26 嵊州 | 伊拨橘子皮么剥掉哉，吃么还［无有］吃。<br>i$^{24}$ pə?$^3$ tɕyɔ?$^5$ tsə?$^5$ bi$^{213}$ mə$^0$ po?$^5$ tiɔ$^{44}$ tsɛ$^{31}$，tɕʰyo?$^3$ mə$^0$ u ɛ̃$^{22}$ ȵiɤ$^{24}$ tɕʰyo?$^3$。 |
| 27 新昌 | 渠拨橘皮剥掉过了，渠无得食过。<br>dʑi$^{22}$ pe?$^5$ tɕyɤ?$^5$ bi$^{22}$ pɤ?$^3$ tiɔ$^{45}$ kɤ$^{33}$ le$^{31}$，dʑi$^{22}$ ŋ$^{22}$ te?$^3$ zi?$^5$ kɤ$^{33}$。 |
| 28 诸暨 | 渠□橘子剥掉皮，但无没吃。<br>dʒʅ$^{13}$ pə?$^5$ tɕio?$^5$ tsɿ$^{21}$ po?$^5$ diɔ$^{33}$ bʅ$^{21}$，dɛ$^{33}$ m$^{13}$ mə?$^5$ tɕʰie?$^5$。 |
| 29 慈溪 | 橘子皮渠剥慢＝啷哉，可是渠无得吃。<br>tɕyo?$^5$ tsɿ$^0$ bi$^{13}$ ge$^{11}$ po?$^5$ mɛ̃$^{13}$ lɔ̃$^{13}$ tse$^0$，kʰəu$^{33}$ zɿ$^0$ ge$^{13}$ m$^{11}$ ta?$^2$ tɕʰyo?$^5$。 |
| 30 余姚 | 渠橘子皮剥得凡＝，吃末仍方勿吃。<br>ge$^{13}$ tɕyo?$^5$ tsɿ$^0$ bi$^{13}$ po?$^5$ tiə?$^2$ vã$^0$，tɕʰyo?$^5$ miə?$^2$ zɔ̃$^{13}$ fɔŋ$^{44}$ və?$^2$ tɕʰyo?$^5$。 |
| 31 宁波 | 渠搭橘子皮剥掉嘞，可是没吃过。<br>dʑi$^{13}$ ta?$^2$ tɕyə?$^5$ tsɿ$^0$ bi$^{13}$ po?$^5$ tio$^0$ la?$^2$，kʰəu$^{44}$ zɿ$^0$ miə?$^2$ tɕʰyo?$^5$ kəu$^0$。 |
| 32 镇海 | 渠把橘子皮剥掉唻，革＝渠没吃。<br>dʑi$^{24}$ po$^{33}$ tɕyo?$^5$ tsɿ$^0$ bi$^{24}$ po?$^5$ dio$^0$ le$^0$，kie?$^5$ dʑi$^{24}$ ma?$^{12}$ tɕʰyo?$^5$。 |

续表

| 方言点 | 0008 他把橘子剥了皮，但是没吃。 |
|---|---|
| 33 奉化 | 渠把橘子皮剥掉来，可惜没吃。<br>dʑi³³ po⁴⁴ tɕyoʔ⁵ tsʅ⁰ bi³³ poʔ⁵ tiɔ⁰ le³³ , kʰəu⁴⁴ ɕiɪʔ⁵ maʔ² tɕʰyoʔ² 。 |
| 34 宁海 | 渠拨橘子皮剥爻唻，弗过□吃。<br>dʑʅ²¹ paʔ³ kyʔ³ tsʅ⁰ bi²¹³ ʔɕɔʔ³ ɔʔ³ lei⁰ , fəʔ³ ku³⁵ fiŋ²¹ tɕʰyuʔ³ 。 |
| 35 象山 | 渠把橘子皮剥牢=嘞，弗过渠没吃。<br>dʑieʔ² po⁴⁴ tɕyoʔ⁵ tsʅ⁰ bi³¹ poʔ⁵ lɔ³¹ laʔ² , faʔ⁵ ku⁰ dʑieʔ² meʔ² tɕʰyoʔ⁵ 。 |
| 36 普陀 | 渠搭橘子皮剥了唻，可是无没吃。／渠搭橘子皮剥了唻，吃呢无没吃个。<br>dʑi²⁴ tɐʔ³ tɕyoʔ⁵ tsʅ⁵⁵ bi⁵⁵ poʔ⁵ liɔ⁰ lɛ⁰ , kʰəu²⁴ zʅ³³ m⁵⁵ mɐʔ² tɕʰyoʔ⁵ 。／dʑi²⁴ tɐʔ³ tɕyoʔ⁵ tsʅ⁵⁵ bi⁵⁵ poʔ⁵ liɔ⁰ lɛ⁰ , tɕʰyoʔ⁵ ɲiⁿ⁰ m⁵⁵ mɐʔ² tɕʰyoʔ³ koʔ⁰ 。 |
| 37 定海 | 渠橘子皮剥剥好，无没吃过。<br>dʑi²³ tɕyoʔ⁵ tsʅ⁰ bi⁰ poʔ⁵ poʔ⁵ xɔ⁰ , n⁴⁴ nɐʔ² tɕʰyoʔ² kʌu⁰ 。 |
| 38 岱山 | 渠橘子皮剥带=好，吃没吃过。<br>dʑi²³ tɕyoʔ⁵ tsʅ⁰ bi²³ poʔ⁵ taʔ⁰ xɔ⁰ , tɕʰyoʔ⁵ nɐʔ⁰ tɕʰyoʔ⁰ kʌu⁰ 。 |
| 39 嵊泗 | 渠橘子皮剥带=好，渠夷没吃过。<br>dʑi²⁴ tɕyoʔ⁵ tsʅ⁰ bi⁰ poʔ⁵ taʔ⁰ xɔ⁰ , dʑi²⁴ i³³ mɐʔ⁵ tɕʰyoʔ⁵ kʌu⁰ 。 |
| 40 临海 | 渠拨橘儿个皮剥呀，央=旧无吃。<br>ge²¹ pəʔ³ tɕyŋ⁵¹ kəʔ⁰ bi²¹ poʔ⁵ iə⁰ , iã³³ dʑiu⁴⁴ m²² tɕʰyoʔ⁵ 。 |
| 41 椒江 | 渠拨橘儿皮剥爻，要旧无吃。<br>gə³¹ pɛʔ³ kyŋ⁵¹ bi³¹ poʔ³ ɔ⁰ , iɔ³³ dʑiu⁴⁴ m²² tɕʰyoʔ⁵ 。 |
| 42 黄岩 | 渠拨橘儿皮剥爻，又无吃。<br>gie¹²¹ pəʔ³ kyn⁵¹ bi¹²¹ poʔ³ ɔ⁰ , ieʔ² m¹³ tɕʰyoʔ⁵ 。 |
| 43 温岭 | 渠拨橘儿个皮剥爻，要旧无吃。<br>gie³¹ pəʔ³ kyn⁵¹ kəʔ⁰ bi²⁴ poʔ⁵ ɔ⁰ , iɔ³⁵ dʑiu⁴¹ m⁴¹ tɕʰyoʔ³ 。 |
| 44 仙居 | 渠拨毯=橘皮剥嗝，觜吃。<br>gæ²¹³ ɓəʔ⁵ tʰa³¹ cyøʔ³ bi³⁵³ ɓaʔ⁵ ɓɯu²⁴ , ven³³ tɕʰyoʔ⁵ 。 |
| 45 天台 | 渠搭橘儿皮剥啊落，锹=均=觜吃。<br>gei²²⁴ taʔ⁵ kyŋ³³ bi²²⁴ poʔ⁵ aʔ⁰ lɔ² , tɕiu³³ tɕyŋ³³ vəŋ²² tɕʰyuʔ⁵ 。 |
| 46 三门 | 渠把橘皮剥了，矮=觜吃。<br>dʑi¹¹³ pɐʔ⁵ kyɐʔ³ bi¹¹³ poʔ⁵ liɐu⁰ , a³² vəŋ²⁴ tɕʰioʔ⁵ 。 |
| 47 玉环 | 渠拨橘儿皮剥爻，照样无吃。<br>gie³¹ pɐʔ³ tɕioŋ⁵³ bi²⁴ poʔ³ ɔ⁰ , tɕiɔ³³ ia⁴⁴ m²⁴ tɕʰyoʔ³ 。 |

续表

| 方言点 | 0008 他把橘子剥了皮，但是没吃。 |
|---|---|
| 48 金华 | 渠帮橘儿皮剥掉了，就是还未吃。/渠分橘儿皮剥掉了，就是还未吃。<br>gə?²¹² paŋ³³ tɕɣ ẽ⁵⁵ bi³¹³ po?⁴ tiɑo⁵⁵ lə?⁰，ʑiu¹⁴ sʅ⁰ uɑ³¹ mi¹⁴ tɕʰiə?⁴。/gə?²¹² fəŋ³³ tɕɣẽ⁵⁵ bi³¹³ po?⁴ tiɑo⁵⁵ lə?⁰，ʑiu¹⁴ sʅ⁰ uɑ³¹ mi¹⁴ tɕʰiə?⁴。 |
| 49 汤溪 | 渠橘儿皮剥了罢，□是未吃。<br>gu¹¹ tɕɣeŋ⁵⁵ pi³³ pɣɑ⁵⁵ lə⁰ ba¹¹³，xɑ³³ dzʅ¹¹³ mi¹¹ tɕʰiei⁵⁵。 |
| 50 兰溪 | 渠帮橘儿个皮剥嘞去嘞，弗过未吃。<br>gi²¹ pa³³⁴ tɕɣɣ?³⁴ nə?⁰ kə?⁰ bi²¹ pɔ?³⁴ lə?⁰ ki⁴⁵ lə?⁰，fə?³⁴ kuɣ⁴⁵ mi²⁴ tɕʰie?³⁴。 |
| 51 浦江 | 渠橘儿皮剥掉啊，弗过无没食。<br>zi²³² tɕɣən³³ bi¹¹³ po³³ lɯ³³ ɑ⁰，fə?³³ kɯ⁵⁵ m¹¹ mə²⁴ ze²³²。 |
| 52 义乌 | 渠做橘儿个皮剥落去，但是渠[无得]食过。<br>ai²² tsuɣ⁴⁵ tɕɣeŋ³³⁵ ə⁰ bi²² pau³³ lɔ⁴⁵ ai³¹，dɔ²⁴ dzi³¹ ai²² mai²⁴ zai³¹ kuɣ³³。 |
| 53 东阳 | 渠橘皮剥落去啊，无备食过。<br>gəɯ²⁴ tɕiɛ⁵⁵ pi⁵⁵ pɐɯ²³ lu³¹ kʰəɯ³³ ɑ⁰，n²⁴ pei³³⁴ zei²³ kʊ⁵⁵。 |
| 54 永康 | 渠橘皮剥落，□弗食过。<br>gu²² tɕɣə³³ bi²² ɓuo³³ lɑu⁵²，i³¹ fə³³ səi³³ kuɑ⁵²。 |
| 55 武义 | 渠橘个皮剥剥掉，□弗食过。<br>gu¹³ tɕɣə?⁵ kə?⁰ bi³²⁴ pɔ?⁵ pɔ?⁰ die²¹，i²⁴ fə?⁵ zə²¹³ kuo⁰。 |
| 56 磐安 | 渠相帮橘儿皮剥了哇，还还没食。<br>gəɯ²¹³ ɕiɒ³³ mɒ³³ tɕɣen⁵⁵ pi⁵⁵ pʌo³³ lo⁰ uə⁰，ɒ²¹³ ɒ²¹ mi¹⁴ zei²¹³。 |
| 57 缙云 | 渠帮橘儿皮剥落，便是未食。/渠亨=橘儿皮剥落，便是未食。<br>gɣ³¹ pɔ⁴⁴ tɕɣeŋ⁴⁵ bi²⁴³ pɔ⁴⁴ lɔ⁰，biɛ²¹ dzʅ⁵¹ mei⁵¹ zai¹³。/gɣ³¹ xɛŋ⁴⁴ tɕɣeŋ⁴⁵ bi²⁴³ pɔ⁴⁴ lɔ⁰，biɛ²¹ dzʅ⁵¹ mei⁵¹ zai¹³。 |
| 58 衢州 | 渠担细橘皮剥倒了，就是嬠吃。<br>gi²¹ tã³² ɕiɑ⁵³ tʃyə?⁵ bi²¹ pə?³ tɔ⁰ lə⁰，ʑiu²³¹ zʅ²¹ vən²¹ tɕʰiə?⁵。 |
| 59 衢江 | 渠担细橘皮剥倒罢，就勒=未食。<br>gə?² nã³³ ɕie³³ tɕɣə?³ pi⁵³ pə?³ tɔ⁵³ ba⁰，ʑiə?² lə?⁰ ɥe²² iə?²。 |
| 60 龙游 | 渠帮橘皮剥了去罢，就是未食。<br>gəɯ²² pã³³ tɕɣə?⁴ bi²¹ pɔ?⁴ lə?⁰ kʰə?⁴ ba⁰，ʑiəɯ²² dzə?²³ mi⁵¹ iə?²³。 |
| 61 江山 | 渠帮橘皮剥倒，就是嬠咥。<br>ŋɣ²² paŋ²⁴ kiɛ?⁵ bi²¹³ piɑ?⁵ tɐɯ⁰，dziɛ?² lɛ?⁵ vɒŋ²² tiɛ?⁵。 |
| 62 常山 | 渠痱=橘壳得=剥班=罢，蛤=是[弗曾]吃。<br>ŋɣ⁴⁵ pue⁵² tɕɣe?⁵ kʰʌ?⁵ tɣ?⁵ piɑ?⁵ pã⁴⁴ pɛ⁰，gɣ?⁵ dzi²⁴ fã⁵² tɕʰie?⁵。 |

续表

| 方言点 | 0008 他把橘子剥了皮，但是没吃。 |
|---|---|
| 63 开化 | 渠腹＝橘壳剥出去罢，但是渠觔食。<br>giɛ²¹ pəʔ⁵ tɕyɛʔ⁴ kʰɔʔ⁵ piaʔ⁵ tɕʰ yaʔ⁰ kʰəʔ⁰ bɑ⁰ , dã²¹ dziɛʔ¹³ giɛ²¹ vɔŋ²¹ iaʔ¹³ 。 |
| 64 丽水 | 渠拨橘皮剥了，但是没有吃。<br>gɯ²² pəʔ⁴ tɕyʔ⁵ bi²² puoʔ⁵ lə⁰ , dã¹³¹ zɿ²² mei⁵² iəɯ²² tɕʰ iʔ⁵ 。 |
| 65 青田 | 渠帮橘儿皮剥爻罢，弗过无吃。<br>gi²¹ ɓo³³ tɕiaŋ⁴⁴⁵ bi²¹ ɓoʔ⁴² koʔ⁰ ɓɑ⁰ , faʔ⁴ ku³³ m²¹ tsʰ ɿ⁴² 。 |
| 66 云和 | 渠帮橘皮剥了，但是无吃。<br>gi³¹ pɔ̃²⁴ tɕyeiʔ⁵ bi³¹ poʔ⁵ lɑɔ⁵ , dã²²³ zɿ²²³ m⁴⁵ tɕʰ iʔ⁵ 。 |
| 67 松阳 | 是渠帮橘儿皮剥了，但还［弗曾］咥过。<br>ziʔ² gɛʔ² poŋ⁵³ tɕiʔ³ n²⁴ bi³¹ poʔ⁵ lə⁰ , dɔ̃¹³ uɔ̃³³ xæ⁵³ tiɛʔ⁵ ku⁰ 。 |
| 68 宣平 | 渠帮橘皮都剥了，但是没吃。<br>gɯ²² pɔ̃³² tɕyəʔ⁴ bi⁴³³ to³² pəʔ⁵ lə⁰ , dɑ²³¹ zɿ²² mei⁴⁴ tɕʰ iəʔ⁵ 。 |
| 69 遂昌 | 渠帮橘皮剥了，但是觔咥。<br>gɤ²² pɔŋ⁴⁵ tɕiʔ⁵ bi²² pɔʔ⁵ lə⁰ , daŋ²¹ ziʔ²³ vɛ̃²² tiɛʔ⁵ 。 |
| 70 龙泉 | 渠帮橘剥唠，□未咥。<br>gɤɯ²¹ paŋ⁴⁵ tɕyʔ⁵ pɔʔ⁵ lɑʌ⁰ , i²¹ mi²²⁴ tiɛʔ⁵ 。 |
| 71 景宁 | 渠把橘皮剥爻唯，又［弗会］吃。<br>ki³³ pa³² tɕiɯʔ³ bi⁴¹ poʔ⁵ kɑu³³ ua⁰ , iʔ²³ fai⁵⁵ tɕʰ iʔ⁵ 。 |
| 72 庆元 | 渠帮橘儿皮剥了，但是［否会］咥。<br>kɤ²²¹ ɓɔ̃³³⁵ tɕyəŋ⁵⁵ pi⁵² ɓoʔ⁵ lə⁰ , tã³¹ sɿ²² fæi⁵⁵ ɖiaʔ⁵ 。 |
| 73 泰顺 | 渠挖＝橘皮剥爻，否过未吃。<br>tsɿ²¹ uɔʔ⁵ tsəiʔ² pi⁵³ poʔ⁵ kɑɔ⁰ , fu²² kuɔ³⁵ mi²¹ tsʰ ɿ⁵ 。 |
| 74 温州 | 乞渠逮橘皮剥拉爻，冇吃。<br>ha⁰ gei³¹ de²² tɕiai³³ bei²²³ po³²³ la⁰ uɔ⁰ , nau²⁵ tsʰ ɿ³²³ 。 |
| 75 永嘉 | 渠逮橘儿个皮也剥爻罢，就是还未吃。/渠逮橘儿个皮剥也剥爻罢，就是还未吃。<br>gei³¹ de²² tɕiai⁵³ ŋ⁰ gi⁰ bei³¹ a⁰ po⁴²³ ɔ⁰ ba¹³ , iəu²¹³ zɿ⁰ va³¹ mei²² tɕʰ iai⁴²³ 。/ gei³¹ de²² tɕiai⁵³ ŋ⁰ gi⁰ bei³¹ po⁵ a⁰ po⁴²³ ɔ⁰ ba¹³ , iəu²¹³ zɿ⁰ va³¹ mei²² tɕʰ iai⁴²³ 。 |
| 76 乐清 | 渠畀橘橘皮剥剥爻，吃冇吃。<br>dʑi³¹ be²² tɕiɤ³ tɕiɤ⁴⁴ bi²²³ po³ po³²³ ga⁰ , tɕʰ iɤ³²³ mau³⁵ tɕʰ iɤ³²³ 。 |

续表

| 方言点 | 0008 他把橘子剥了皮,但是没吃。 |
|---|---|
| 77 瑞安 | 渠逮橘剥爻罢,白=觉=冇吃。/渠逮橘个皮啊剥爻罢,白=觉=冇吃。<br>gi³¹ de² tɕia³²³ pu³²³ ɔ⁰ ba¹³ , ba² ko³²³ nau³⁵ tɕʰi³²³ 。 / gi³¹ de² tɕia³²³ gi⁰ bei³¹ a⁰ pu³²³ ɔ⁰ ba¹³ , ba² ko³²³ nau³⁵ tɕʰi³²³ 。 |
| 78 平阳 | 渠代橘剥爻,冇吃。<br>gi¹³ de²¹ tʃA³⁴ po³⁴ ɔ¹³ , nau²³ tɕʰi²¹ 。 |
| 79 文成 | 渠搭橘皮剥罢,但是冇吃。<br>gei²¹ te²¹ tʃa³⁴ bei²¹ po³⁴ bɔ²¹ , dɔ²¹ zʅ²¹ nau⁴⁵ tɕʰi²¹ 。 |
| 80 苍南 | 渠把橘皮剥啊去,白=过冇吃。/渠把橘皮剥爻□,白=过冇吃。<br>gi³¹ puɔ⁵³ tsɛ²²³ bi³¹ puɔ²²³ a⁰ kʰi⁴² , ba¹¹ ku⁴² nau²⁴ tɕʰi²²³ 。 / gi³¹ puɔ⁵³ tsɛ²²³ bi³¹ puɔ²²³ ga⁰ ya⁵³ , ba¹¹ ku⁴² nau²⁴ tɕʰi²²³ 。 |
| 81 建德<sub>徽</sub> | 渠八=橘子皮剥掉,就是还未吃。<br>ki³³ po⁵⁵ tɕyɐ⁵ʔ⁵ tsʅ²¹ pi³³ pu⁵⁵ tʰiɔ⁵⁵ , ɕiɤɯ⁵⁵ tsʅ²¹³ ɐ⁵ʔ³ mi⁵⁵ tɕʰiɐʔ⁵ 。 |
| 82 寿昌<sub>徽</sub> | 渠把橘皮剥了去罢,不过勿曾吃。<br>kəɯ⁵² pa³³ tɕyɐʔ³ pʰi⁵² pɔʔ³ liɤ³³ kʰəɯ³³ pa⁰ , pɔʔ³ ku²⁴ uɐʔ³ sen⁵⁵ tɕʰiɐʔ³ 。 |
| 83 淳安<sub>徽</sub> | 渠勒=橘皮剥考=罢,但是渠不洪=吃。"洪="声殊<br>kʰɯ⁴³ lə ʔ⁵ tɕy⁵ pʰi⁴³⁵ pɔʔ³ kʰɤ⁵⁵ pa⁰ , tʰã⁵³ sʅ⁵³ kʰɯ⁴³⁵ pəʔ⁵ on⁴³⁵ tɕʰi ʔ⁵ 。 |
| 84 遂安<sub>徽</sub> | 渠橘皮剥去可=嘞,但是甭吃。<br>kʰəɯ⁵⁵ tɕye²¹ pʰi³³ pɔ³³ tɕʰy⁵² kʰə³³ lɛ⁰ , tã⁵² sʅ⁵² pəŋ³³ tsʅ³³ 。 |
| 85 苍南<sub>闽</sub> | 伊合橘皮擘了,伊无食。<br>i⁵⁵ kʰa²¹ kie⁴³ pʰə²⁴ pe⁴³ lə⁰ , i⁵⁵ bɔ²¹ tɕia²⁴ 。 |
| 86 泰顺<sub>闽</sub> | 伊把橘剥了,但未食。<br>i²² pøʔ⁰ kiɿʔ⁵ pou²² lø ʔ⁰ , tæŋ²² mɔi²² ɕia²² 。 |
| 87 洞头<sub>闽</sub> | 伊合柑皮剥啦,但是无食。<br>i³³ kɐt²¹ kã³³ pʰə²⁴ pɐk⁵ la⁰ , tan²¹ ɕi²¹ bɔ²¹ tɕia²⁴ 。 |
| 88 景宁<sub>畲</sub> | 渠抵=柑皮剥阿=,但是没食。<br>ki⁴⁴ ti⁵⁵ kyn³²⁵ pʰi²² poʔ⁵ a⁰ , tan⁵¹ ɕi⁴⁴ min²² ɕiʔ² 。 |

| 方言点 | 0009 他们把教室都装上了空调。 |
|---|---|
| 01 杭州 | 他们辣<sup>=</sup>哈<sup>=</sup>教室里都装好空调嘚。<br>tʰa³³⁴ mən⁴⁵ laʔ² xaʔ⁵ tɕiɔ⁴⁵ saʔ⁵ li⁰ təu³³⁴ tsuaŋ³³ xɔ⁵³ kʰoŋ³³ diɔ⁴⁵ taʔ⁰。 |
| 02 嘉兴 | 伊拉拿教室里空调装好哩。<br>i⁴² lʌ²¹ nɛ⁴² tɕiɔ³³ səʔ⁵ li²¹ kʰoŋ³³ diɔ²¹ tsã̃³³ hɔ²¹ li²¹。 |
| 03 嘉善 | 伊拉拿教室里个空调侪装好敌<sup>=</sup>。<br>i⁵⁵ laʔ⁰ nɛ⁵³ tɕiɔ⁵⁵ səʔ⁴ li⁰ gəʔ² kʰoŋ³⁵ diɔ⁵³ zɛ³¹ tsã̃³⁵ xɔ⁵³ dieʔ²。 |
| 04 平湖 | 伊拉辣<sup>=</sup>教室里侪装好空调啦哩。<br>i⁴⁴ laʔ⁰ laʔ²³ tɕiɔ⁴⁴ səʔ⁵ li⁰ zɛ³¹ tsã̃⁴⁴ hɔ⁵³ kʰoŋ⁴⁴ diɔ⁵³ laʔ⁴⁴ li⁰。 |
| 05 海盐 | 伊拉教室里侪装起空调霍<sup>=</sup>。<br>e²¹ la²¹³ tɕiɔ⁵⁵ səʔ²¹ li²¹ zɛ³¹ tsã̃⁴⁴ tɕʰi²¹ koŋ⁵⁵ diɔ⁵³ xoʔ⁵。 |
| 06 海宁 | 教室里伊拉空调侪装好霍<sup>=</sup>咧。"霍<sup>=</sup>"有[oʔ][o]等变音<br>tɕiɔ⁵⁵ səʔ⁵ li⁰ i⁵⁵ laʔ³¹ kʰoŋ⁵⁵ diɔ⁵³ zɛ³³ tsã̃⁵⁵ hɔ⁵⁵ hoʔ⁵ lieʔ²。 |
| 07 桐乡 | 伊拉担教室里向侪装浪<sup>=</sup>咧空调。<br>iəʔ²³ laʔ²¹³ nɛ⁴⁴ tɕiɔ³³ səʔ⁵ li⁰ ɕiɔ³³ zɛ¹³ tsã̃⁴⁴ lɔ̃⁴⁴ lieʔ⁰ kʰoŋ⁴⁴ diɔ⁴⁴。 |
| 08 崇德 | 渠拉拿教室里个空调侪装好嘚。<br>gəʔ²³ laʔ²³ no⁴⁴ tɕiɔ³³ səʔ⁵ li⁰ kəʔ⁰ kʰoŋ⁴⁴ diɔ⁴⁴ zɛ¹³ tsã̃⁴⁴ hɔ⁴⁴ dəʔ⁴。 |
| 09 湖州 | 伽拿怪<sup>=</sup>教室侪装好空调华<sup>=</sup>[嘚嗳]。<br>dʑia¹³ nɛ⁴⁴ kua⁴⁴ tɕiɔ⁴⁴ səʔ⁵ zɛ³³ tsã̃⁴⁴ xɔ⁴⁴ kʰoŋ⁴⁴ diɔ⁴⁴ uo⁴⁴ dɛ³¹。 |
| 10 德清 | 是拉空调教室里侪装好[嘚嗳]。<br>zəʔ² la¹³ kʰoŋ⁴⁴ diɔ⁴⁴ tɕiɔ³³ səʔ⁵ li⁰ zɛ³¹ tsã̃³³ xɔ³³ dɛ³³。 |
| 11 武康 | 是拉搭教室空调全部装好[嘚嗳]。<br>zəʔ² la¹³ təʔ⁵ tɕiɔ³³ səʔ⁵ kʰoŋ⁴⁴ diɔ⁴⁴ dʑiɿ¹¹ bu¹³ tsã̃⁴⁴ xɔ⁴⁴ dɛ⁴⁴。 |
| 12 安吉 | 渠拨教室里空调已经装好嘚。"他们"误作"他"<br>dʑi²¹³ pəʔ⁵ tɕiɔ³² səʔ⁵ li⁰ kʰɔ̃⁵⁵ diɔ⁵⁵ i⁵² tɕiŋ²¹ tsɔ̃⁵⁵ hɔ⁵² təʔ⁰。 |
| 13 孝丰 | 茄<sup>=</sup>拨教室都装上了空调。<br>dʑia²² pəʔ⁵ tɕiɔ³² səʔ²³ tu⁴⁴ tsɔ̃⁴⁴ zɔ̃⁴⁴ ləʔ⁰ kʰoŋ⁴⁴ diɔ⁴⁴。 |
| 14 长兴 | 那<sup>=</sup>搭乖<sup>=</sup>教室全部装了乖<sup>=</sup>空调。<br>na²⁴ taʔ⁵ kua⁴⁴ tʃiɔ³² səʔ⁵ ʒɿ¹² bu⁴⁴ tsã̃⁴⁴ ləʔ⁰ kua⁴⁴ kʰoŋ⁴⁴ diɔ⁴⁴。 |
| 15 余杭 | 是伊拨教室里全并<sup>=</sup>装好了空调。"他们"误作"他"<br>zəʔ² i¹³ po⁵⁵ tɕiɔ⁵³ səʔ⁵ li³¹ zie⁵⁵ piŋ⁵³ tsã̃⁵⁵ xɔ³³ liɔ³³ kʰoŋ⁵⁵ diɔ³³。 |
| 16 临安 | 是偓拨教室都装上空调眯。<br>zɛʔ² ia³⁵ pəʔ⁵ tɕiɔ⁵⁵ səʔ⁵ tu³³ tsã̃⁵³ zã̃³³ kʰoŋ⁵³ diɔ³¹ lɛ³³。 |

续表

| 方言点 | 0009 他们把教室都装上了空调。 |
|---|---|
| 17 昌化 | 渠拉碓＝教室里都装了空调。<br>ɡu¹¹ la³³⁴ ȵi ĩ²⁴ tɕiɔ⁵⁴ ɕiɛʔ² li⁴⁵ tu³³⁴ tsuɔ̃³³ ləʔ⁰ kʰəŋ³³ diɔ⁴⁵ 。 |
| 18 於潜 | 他们拨教室里都装上空调嘞。<br>tʰa⁴³ meŋ²²³ pəʔ⁵³ tɕiɔ³⁵ zæʔ² li²² tu²² tsuaŋ⁴³ zaŋ²⁴ kʰoŋ⁴³ diɔ²⁴ liæʔ² 。 |
| 19 萧山 | 伊拉教室里都装嘞空调敌＝。<br>ʅ¹³ la⁴² tɕiɔ³³ səʔ⁵ li²¹ tu³³ tsɔ̃³³ ləʔ⁵ kʰoŋ³³ diɔ¹³ die⁰ 。 |
| 20 富阳 | 偓拨教室里都装嘞空调。<br>ia²²⁴ pɛʔ⁵ tɕiɔ⁵⁵ ɕiɛʔ⁵ liɔ tʊ⁵⁵ tsɔ̃⁵⁵ lɛʔ⁰ kʰoŋ⁵⁵ diɔ⁵⁵ 。 |
| 21 新登 | 伊拉拨教室都装浪＝嘞空调。<br>i³³⁴ ləʔ⁰ pɑ⁴⁵ tɕiɔ⁴⁵ səʔ⁵ tu³³⁴ tɕy⁵³ lɑ̃⁰ laʔ⁰ kʰoŋ⁵³ diɔ¹³ 。 |
| 22 桐庐 | 伊得＝拨教室里空调都装好嘞。<br>i¹³ təʔ⁵ pəʔ⁵ tɕiɔ⁵⁵ səʔ⁵ li²¹ kʰoŋ³³ diɔ³³ tu³³ tɕyã³³ xɔ²¹ ləʔ²¹ 。 |
| 23 分水 | 他们拨教室里空调都装起来嘞。<br>tʰa⁴⁴ mən⁰ pəʔ⁵ tɕiɔ²¹ sʅ²⁴ li⁴⁴ kʰoŋ⁴⁴ diɔ²¹ tθ⁴⁴ tɕyã⁴⁴ tɕʰi⁴⁴ lɛ²¹ la⁰ 。 |
| 24 绍兴 | 偓个教室里空调都装好哉。<br>ia²² kəʔ⁰ tɕiɔ³³ səʔ³ li³³ kʰoŋ³³ diɔ²³¹ tu³³ tsaŋ³³ hɔ⁴⁴ zE³¹ 。 |
| 25 上虞 | 伊拉在教室里都装好空调。<br>i²¹ la³¹ dze²¹ tɕiɔ⁵⁵ sʅ⁰ li⁰ tu³³ tsɔ̃³³ hɔ⁰ kʰoŋ³³ ɕiɔ²¹³ 。 |
| 26 嵊州 | 偓拨教室里个空调啦已经装好亨＝眯。<br>ia²⁴ pəʔ³ tɕiɔ³³ səʔ³ li³³ kəʔ⁰ kʰoŋ⁵³ diɔ²⁴ la⁰ i²⁴ tɕiŋ³³ tsɔŋ⁵³ hɔ⁴⁴ haŋ³³ lE⁰ 。 |
| 27 新昌 | 渠拉个教室里个空调全部装上去蒙＝了。<br>dziʔ² la³³ kɤʔ⁵ tɕiɔ⁵³ sɤʔ³ li³³ kɤʔ⁰ kʰoŋ⁵³ diɔ²³² dzæ̃²² bu²³² tsɔ̃⁵³ ziaŋ²² tɕʰi⁴⁵ moŋ³³ le⁰ 。 |
| 28 诸暨 | ［渠拉］拨教室空调统装上啊。<br>dziɐ¹³ pəʔ⁵ tɕiɔ⁴² səʔ²¹ kʰom²¹ diɔ²¹ tʰom⁴² tsɔ̃⁴² zɑ̃¹³ ɐ³³ 。 |
| 29 慈溪 | 课堂里渠搭空调和税＝装好唧哉。<br>kʰəu⁴⁴ dɔ̃¹³ li⁰ ɡe¹³ taʔ⁵ kʰuŋ⁴⁴ diɔ⁰ əu¹³ seʔ⁰ tsɔ̃⁴⁴ hɔ³³ lɔ̃¹³ tse⁰ 。 |
| 30 余姚 | 渠拉则＝教室里和税＝空调装好唧哉。<br>ɡaʔ² laʔ² tsəʔ⁵ tɕiɔ⁴⁴ sʅ⁴⁴ li⁰ ou¹³ seʔ⁴⁴ kʰuŋ⁴⁴ diɔ¹³ tsɔŋ⁴⁴ hɔ³⁴ lɔŋ¹³ tse⁴⁴ 。 |
| 31 宁波 | 渠拉搭教室和总装上嘞空调。<br>dziɛʔ² laʔ² taʔ² tɕiɔ⁴⁴ sʅ¹ əu¹³ tsoŋ⁰ tsɔ⁴⁴ zɔ³³ laʔ² kʰoŋ⁴⁴ diɔ⁰ 。 |
| 32 镇海 | 渠拉把课堂统装上空调眯。<br>dziɛʔ¹² laʔ⁵ po³³ kʰəu³³ dɔ̃⁰ tʰoŋ³³ tsɔ̃³³ zɔ̃⁰ kʰoŋ³³ diɔ²⁴ le⁰ 。 |

| 方言点 | 0009 他们把教室都装上了空调。 |
|---|---|
| 33 奉化 | 渠拉把课堂和通装上了空调。<br>dʑiaʔ² laʔ⁵ po⁴⁴ kʰəu⁴⁴ dɔ̃ əu³³ tʰoŋ⁴⁴ tsɔ̃⁴⁴ zɔ̃³³ liɔ⁰ kʰoŋ⁴⁴ diɔ³³。 |
| 34 宁海 | 渠些人拨教室空调都意= 迪=唻。<br>dzɿ²² ɕieʔ⁵ n̩iŋ²¹³ paʔ³ kau³³ sɿ⁰ kʰuŋ³³ dieu²³ tu³ i³ diəʔ³ lei⁰。 |
| 35 象山 | 渠拉把教室统统生上嘞空调。<br>dzieʔ² laʔ² pa⁴⁴ tɕio⁵³ sɿ⁰ tʰoŋ⁴⁴ tʰoŋ⁴⁴ sã⁴⁴ zɔ̃¹³ lei⁰ kʰoŋ⁴⁴ dio¹³。 |
| 36 普陀 | 渠拉来= 教室里空调统装上唻。/渠拉来= 教室里统装上唻空调。<br>dzieʔ² lɐʔ⁵ lɛ³³ tɕio⁵⁵ soʔ⁰ li⁰ kʰoŋ³³ dio⁵³ tʰoŋ⁴⁵ tsɔ̃³³ zɔ̃⁴⁵ lɛ⁰。/dzieʔ² lɐʔ⁵ lɛ³³ tɕio⁵⁵<br>soʔ⁰ li⁰ tʰoŋ⁴⁵ tsɔ̃³³ zɔ̃⁴⁵ lɛ⁰ kʰoŋ³³ dio⁵³。 |
| 37 定海 | 课堂里空调渠拉统装好唻。<br>kʰʌu⁴⁴ dɔ̃⁰ li⁰ kʰoŋ³³ dio⁵² dzieʔ² lɐʔ² tʰoŋ⁵² tsõ³³ xɔ⁵² lɐi⁰。 |
| 38 岱山 | 渠拉教室里空调统装过唻。<br>dzieʔ² lɐʔ⁵ tɕio⁴⁴ soʔ³ lɐʔ⁰ kʰoŋ³³ dio³¹ tʰoŋ⁵² tsõ³³ kʌu⁵² lɐi⁰。 |
| 39 嵊泗 | 渠拉搭教室空调统装好唻。<br>dziɛʔ² lɐʔ² tɐʔ³ tɕio⁴⁴ soʔ³ koŋ³³ dio⁵³ tʰoŋ⁴⁴ tsõ³³ xɔ⁴⁴ lɐi⁰。 |
| 40 临海 | 渠班人拨教室里空调都校上去爻。<br>ge²¹ pɛ³⁵ n̩iŋ²¹ pəʔ³ kɔ³³ ɕieʔ³ li⁵¹ kʰoŋ³³ diõ⁵⁵ tu³³ kɔ⁵⁵ zɔ̃²¹ kʰe³³ ɔ⁰。 |
| 41 椒江 | 渠态= 拨教室埳空调都校[起爻]。<br>gəʔ³ tʰə⁵¹ pɛʔ³ kɔ³³ ɕieʔ³ dəʔ⁰ kʰoŋ³³ dio⁴⁴ tɐʔ⁵ kɔ⁵⁵ tɕʰiɔ⁰。 |
| 42 黄岩 | 渠态= 拨教室里空调都校起。<br>gie¹²¹ tʰe⁴¹ pəʔ³ kɔ³³ ɕieʔ³ li⁵¹ kʰoŋ³³ dio⁴⁴ toʔ⁵ kɔ⁵⁵ tɕie⁰。 |
| 43 温岭 | 渠许拨教室间里空调都装好爻。<br>gie³¹ he⁰ pəʔ³ kɔ³³ ɕiʔ³ kiɛ³³ li⁵¹ kʰuŋ³⁵ diɔ⁴⁴ tu⁵⁵ tsɔ̃³³ hɔ⁴² ɔ⁰。 |
| 44 仙居 | 渠家人拨教室个空调都装好唉。<br>gæ²¹ kɔ⁵³ n̩in⁰ ɵəʔ⁵ kɐu³³ səʔ⁵³ kəʔ⁰ kʰoŋ⁵⁵ dieu⁵⁵ dʔ̥əʔ⁵ tsã³³ hɐu³¹ æ⁰。 |
| 45 天台 | 渠两个搭课堂里个空调笃= 教= 好落。<br>gei²²⁴ lia²¹ kou⁰ taʔ⁵ kʰou⁵⁵ dɔ̃⁰ li⁰ kou⁰ kʰuŋ³³ dieu²² tuʔ⁵ kɔ³³ hɔ³² lɔʔ²。 |
| 46 三门 | 渠落= 人拨教室空调告= 嗝。<br>dzi¹¹³ lɔʔ²³ niŋ¹¹³ pɐʔ⁵ kau³³ sɐʔ⁵ kʰoŋ⁵⁵ diau⁵⁵ kau⁵⁵ tɐʔ⁰。 |
| 47 玉环 | 渠佽拨教室里个空调都掫上[去爻]。<br>gie³¹ le⁰ pɐʔ³ kɔ³³ ɕieʔ³ li⁵³ kɐʔ⁰ kʰoŋ³³ dio⁴⁴ tɐu⁵⁵ go²⁴ zɔ̃⁴¹ kʰɔ⁰。 |

续表

| 方言点 | 0009 他们把教室都装上了空调。 |
|---|---|
| 48 金华 | 渠浪=帮教室都装上了空调。<br>gə$ʔ^{21}$ laŋ$^{14}$ paŋ$^{33}$ tɕiɑo$^{33}$ ɕiə$ʔ^4$ tu$^{55}$ tɕɣaŋ$^{33}$ ɕiaŋ$^{55}$ lə$ʔ^0$ k$^h$oŋ$^{33}$ diɑo$^{313}$。 |
| 49 汤溪 | 渠□替班里秃=装好空调罢。<br>gu$^{11}$ ta$^{52}$ t$^h$ɛ$^{52}$ mɣa$^{24}$ li$^0$ t$^h$ou$^{52}$ tɕiɑo$^{33}$ xɔ$^{535}$ k$^h$ɑo$^{24}$ diɔ$^0$ bɑ$^{113}$。 |
| 50 兰溪 | 渠拉帮教室里空调都装[起来]嘞。<br>gə$ʔ^{12}$ lə$ʔ^{12}$ pa$^{334}$ tɕiɔ$^{55}$ ɕiə$^{34}$ li$^{45}$ k$^h$oŋ$^{334}$ tiɔ$^{45}$ tu$^{55}$ tɕɣaŋ$^{334}$ tɕ$^h$ie$^0$ lə$ʔ^0$。 |
| 51 浦江 | 吉=些教室渠嘚都装上了空调。<br>tɕiə$^{33}$ su$^{55}$ tɕiɑ$^{33}$ sə$^{423}$ zi$^{24}$ tɛ$^{33}$ tu$^{534}$ tsõ$^{55}$ ʐyõ$^0$ lɑ$^0$ k$^h$on$^{55}$ dia$^{334}$。 |
| 52 义乌 | 渠拉教室做空调都装好了。<br>ə$ʔ^2$ la$^{24}$ tɕiau$^{33}$ sə$^{324}$ tsuɣ$^{33}$ k$^h$oŋ$^{45}$ tiau$^{31}$ tu$^{45}$ tsŋ$^{w33}$ ho$^{33}$ lə$^{31}$。 |
| 53 东阳 | 渠拉教室里都装啦空调。<br>gəɯ$^{24}$ la$^{33}$ tɕiɐɯ$^{33}$ ɕiə$ʔ^{34}$ li$^{33}$ tu$^{55}$ tsɔ$^{24}$ la$^{33}$ k$^h$mɔ$^{44}$ tiɐɯ$^{53}$。 |
| 54 永康 | 渠粒=侬替教室都装空调咧。<br>ku$^{33}$ lɣ$^0$ noŋ$^{55}$ t$^h$əi$^{52}$ kau$^{33}$ zə$^{113}$ du$^{55}$ tɕɣaŋ$^{55}$ k$^h$oŋ$^{33}$ diau$^{31}$ lia$^0$。 |
| 55 武义 | 渠两个听=教室当=空调都装来罢。<br>gɯ$^{13}$ liaŋ$^{21}$ tɕia$^0$ t$^h$in$^{55}$ kau$^{53}$ sə$ʔ^5$ naŋ$^0$ k$^h$oŋ$^{324}$ diau$^{53}$ lu$^{55}$ tɕɣaŋ$^{24}$ la$^{55}$ bɑ$^0$。 |
| 56 磐安 | 渠拉相帮教室都装了空调。<br>gəɯ$^{21}$ la$^{33}$ ɕiɑ$^{33}$ mɒ$^{33}$ tɕiɔ$^{33}$ ɕiɛ$^{334}$ tu$^{445}$ tsɒ$^{33}$ la$^0$ k$^h$ɔom$^{21}$ dio$^{14}$。 |
| 57 缙云 | 渠些人帮课室都空调装□。<br>gɣ$^{31}$ lɛ$^{213}$ nɛŋ$^{453}$ pɔ$^{44}$ k$^h$u$^{44}$ sɤɣ$^{322}$ tu$^{44}$ k$^h$õũ$^{44}$ diɔ$^{453}$ tsɔ$^{44}$ i$^0$。 |
| 58 衢州 | 渠拉担教室里空调统装好啦。<br>gi$^{21}$ la$ʔ^0$ tã$^{32}$ tɕiɔ$^{53}$ ʃyə$ʔ^5$ li$^0$ k$^h$oŋ$^{32}$ ɕiɔ$^{53}$ t$^h$oŋ$^{35}$ tʃyã$^{32}$ xɔ$^{35}$ la$^0$。 |
| 59 衢江 | 渠拉帮教室空调统装起来罢。<br>gə$ʔ^2$ la$ʔ^0$ pã$^{33}$ tɕiɔ$^{33}$ ɕyə$ʔ^5$ k$^h$əŋ$^{33}$ diɔ$^{231}$ t$^h$əŋ$^{25}$ tɕɣã$^{33}$ tɕ$^h$iə$ʔ^5$ lə$ʔ^0$ ba$^0$。 |
| 60 龙游 | 渠拉都帮教室装好空调罢。<br>gəɯ$^{22}$ lɑ$^{224}$ tu$^{33}$ pã$^{33}$ tɕiɔ$^{33}$ sə$ʔ^4$ tsuã$^{33}$ xɔ$^{35}$ k$^h$oŋ$^{33}$ diɔ$^{231}$ ba$^0$。 |
| 61 江山 | 渠些侬帮教室里空调统安上去罢。<br>ŋə$^{22}$ ɕiɐ$ʔ^5$ naŋ$^{51}$ paŋ$^{24}$ kiɐɯ$^{44}$ ɕiɐ$ʔ^5$ lə$ʔ^0$ k$^h$oŋ$^{24}$ diɐɯ$^{51}$ t$^h$oŋ$^{241}$ ɒŋ$^{44}$ dziaŋ$^{51}$ k$^h$ə$^0$ bɒ$^0$。 |
| 62 常山 | 渠星=依痱=教室统安上空调罢。<br>ŋɣ$^{45}$ sĩ$^{43}$ nã$^0$ pue$^{52}$ tɕiɣ$^{43}$ se$ʔ^5$ t$^h$oŋ$^{52}$õ$^{44}$ dziã$^{22}$ k$^h$oŋ$^{52}$ diɣ$^0$ bɛ$^0$。 |
| 63 开化 | 渠傸腹=教室里统装上空调罢。<br>giɛ$^{21}$ lɛ$^0$ pə$ʔ^5$ tɕiɐɯ$^{44}$ ɕiɛ$ʔ^5$ li$^0$ t$^h$ɣŋ$^{44}$ tɕɣã$^{53}$ dziã$^0$ k$^h$ɣŋ$^{44}$ diɐɯ$^{21}$ ba$^0$。 |

续表

| 方言点 | 0009 他们把教室都装上了空调。 |
|---|---|
| 64 丽水 | 渠粒=人拨教室都装上空调。<br>ɡɯ²² lə?⁴ nen²² pə?⁴ kə⁴⁴ ɕi?⁵ tu²²⁴ tsɔŋ²²⁴ dziã²² kʰɔŋ²²⁴ tiə⁵² 。 |
| 65 青田 | 渠两人帮教室都装了空调。<br>ɡi²² lɛ⁰ neŋ⁰ ɓo⁴⁴⁵ ko³³ sa?⁴² ɗu⁴⁴⁵ tso³³ la?⁰ kʰoŋ⁵⁵ dio²² 。 |
| 66 云和 | 渠人帮教室都装上了空调。<br>ɡi²²³ nɛ³¹ pɔ̃²⁴ kɑɑ⁴⁴ sei?⁵ tu²⁴ tsɔ̃²⁴ dziã³¹ lɑɔ⁰ kʰoŋ⁴⁴ diɑɔ³¹ 。 |
| 67 松阳 | 是渠些侬帮教室都装上空调了。<br>zi?² ɡɛ?⁵ sɛ?⁰ nəŋ⁰ poŋ⁵³ kɔ³³ ɕi?⁵ tu²⁴ tsoŋ²⁴ ziã⁰ kʰəŋ²⁴ diə²¹ lə⁰ 。 |
| 68 宣平 | 渠两个帮教室埿空调都装起了。<br>ɡɯ²² lɛ⁴⁴ ka⁴⁴ pɔ̃³² kɔ⁴⁴ sə?⁵ tɑ?⁰ kʰən⁴⁴ diɔ⁴³³ to³² tsɔ̃³² tɕʰiə?⁴ lə⁰ 。 |
| 69 遂昌 | 渠些侬帮教室都装上空调了。<br>ɡɤ²² sɛ?⁵ nəŋ⁰ poŋ⁴⁵ kɐɯ³³ i?⁵ təɯ?⁵ tsoŋ⁵⁵ dziaŋ¹³ kʰəŋ⁵⁵ diɐɯ²¹ lə⁰ 。 |
| 70 龙泉 | 渠拉帮教室达=记装唠空调。<br>ɡɤɯ²¹ la⁰ paŋ⁴⁴ kaʌ⁴⁴ ɕiei?⁵ ɕɔ?³ tsɿ⁴⁵ tsoŋ⁴⁴ laʌ⁰ kʰəŋ⁴⁵ diɑʌ²¹ 。 |
| 71 景宁 | 渠拉把教室都装上空调。<br>ki³³ la⁴¹ pa³² kɑu⁵⁵ səɯ?⁵ to³² tsoŋ³² dziɛ³³ kʰəŋ⁵⁵ tiɑu⁴¹ 。 |
| 72 庆元 | 渠侬帮教室都装上了空调。<br>kɤ²² noŋ³³ ɓɔ̃³³⁵ kɒ¹¹ ɕiəɯ?⁵ ɗɤ³³⁵ tsɔ̃³³⁵ ɕiã²² lɒ³³ kʰoŋ³³⁵ tiɒ⁵² 。 |
| 73 泰顺 | 渠人挖=教室都装上空调。<br>tsɿ²¹ nɛ⁵³ uɔ?⁵ kɑɑ²² sei?⁵ to²¹³ tsɔ̃²¹³ tɕiã²² kʰoŋ²² tiɑɔ⁵³ 。 |
| 74 温州 | 渠倷逮教室里个空调沃=装拉起。<br>ɡei³¹ lei⁰ de²² kuɔ⁴⁵ sai³²³ lei⁰ ɡe⁰ kʰoŋ³³ diɛ¹⁴ o³²³ tsuɔ³³ la⁰ tsʰɿ⁰ 。 |
| 75 永嘉 | 渠倷逮教室底空调啊沃=装起罢。<br>ɡei³¹ lei⁰ de²² kɔ⁴⁵ sai⁴²³ tei⁰ kʰoŋ³³ dye²¹ a⁰ o²¹³ tsɔ⁴⁴ tsʰɿ⁰ ba¹³ 。 |
| 76 乐清 | 渠倷畀教室底空调沃=装起罢呐。<br>dzi³¹ li⁰ be²² ka³⁵ sɤ³²³ ti⁰ kʰoŋ²⁴ diɯʌ⁴¹ o³⁵ tɕiɔ⁴⁴ dziɔ⁰ be²⁴ na⁰ 。 |
| 77 瑞安 | 渠倷逮教室底空调沃=装起罢。<br>ɡi³¹ lei⁰ de² kɔ³⁵ sa³²³ tei⁰ kʰoŋ³³ duɔ¹³ ø³ tsɔ⁴⁴ tɕʰi⁰ ba¹³ 。 |
| 78 平阳 | 渠倷代教室空调安装起罢。<br>ɡie¹³ lɛ²¹ de³³ kɔ⁴⁵ sʌ³³ kʰoŋ³³ dye⁴⁵ o³³ tʃo⁵⁵ tɕʰi⁴⁵ bʌ¹³ 。 |
| 79 文成 | 渠倷搭教室下装落=空调。<br>ɡei²¹ le³³ te²¹ kɔ³³ sa¹³ o³⁵ tʃuo³³ lo³³ kʰoŋ³³ duo²¹ 。 |

**续表**

| 方言点 | 0009 他们把教室都装上了空调。 |
|---|---|
| 80 苍南 | 渠俫教室统装上空调□。<br>gi³¹ le⁰ ka³ sa²²³ tʰoŋ⁵³ tso⁴⁴ dʑiɛ⁰ kʰoŋ³³ dyɔ²¹ ya⁵³。 |
| 81 建德徽 | 渠拉八˭教室里都装上空调。<br>ki³³ lɑ⁰ po⁵⁵ tɕiɔ⁵⁵ sɐʔ⁵ li⁵⁵ tu⁵⁵ tso⁵³ so²¹ kʰoŋ³³ tʰiɔ²¹¹。 |
| 82 寿昌徽 | 渠拉把教室都装［起来］空调罢。<br>kəɯ⁵² lɑ³³ pɑ³³ tɕiɑ³³ səʔ³ tu²⁴ tɕyã¹¹ tɕʰiæ⁵² kʰoŋ³³ tiɑ¹¹ pɑ⁰。 |
| 83 淳安徽 | 卡˭拉勒˭教室里都装上了空调。<br>kʰɑ²¹ lɑʔ⁵ ləʔ⁵ tɕiɤ²¹ səʔ⁵ liˀ⁰ tu²⁴ tsã²⁴ sã⁵³ ləʔ⁰ kʰon²⁴ tʰiɤ²¹。 |
| 84 遂安徽 | 渠拉教室里空调都装起可˭嘞。<br>kʰəɯ⁵⁵ lɑ⁵⁵ ko⁵² ɕiɛ⁰ liˀ²¹³ kʰoŋ⁵⁵ tʰiɔ⁵⁵ tu⁵³⁴ tsuã⁵⁵ tɕi²¹ kʰə³³ lɛ⁰。 |
| 85 苍南闽 | 伊们合教室统装了空调。<br>i⁵⁵ bun²¹ kʰɐ kau³³ ɕie⁵⁵ tʰaŋ⁴³ tsɯŋ⁵⁵ lə⁰ kʰaŋ³³ tʰiau²⁴。 |
| 86 泰顺闽 | 伊侬把教室都装上空调了。<br>i²² nɐŋ²² pøʔ⁰ kau²¹ ɕiiʔ⁵ tu²² tso²¹ ɕyo⁵³ kəŋ²² tiɐu²² løʔ⁰。 |
| 87 洞头闽 | 尹合教室统装啦空调。<br>in³³ kɐt²¹ kau³³ ɕiek⁵ tʰoŋ³³ tsɯŋ³³ lɑ⁰ kʰaŋ²¹ tiau²¹。 |
| 88 景宁畲 | 渠侬抵˭教室都装阿˭空调。<br>ki⁴⁴ naŋ²² ti⁵⁵ kau⁴⁴ sat⁵ tu⁴⁴ tsɔŋ⁴⁴ a⁰ kʰoŋ⁴⁴ tiau²²。 |

| 方言点 | 0010 帽子被风吹走了。 |
|---|---|
| 01 杭州 | 帽儿拨风吹了嘚。<br>mɔ¹³ əl⁴⁵ paʔ⁵ foŋ³³⁴ tsʰuei³³ liɔ⁴⁵ taʔ⁰。 |
| 02 嘉兴 | 帽子拨风吹脱哩。<br>mɔ²⁴ tsɿ²¹ pəʔ⁵ fəŋ⁴² tsʰɿ³³ tʰəʔ⁵ li²¹。 |
| 03 嘉善 | 帽子拨风吹蹋⁼敌⁼。<br>mɔ³⁵ tsɿ⁰ pɜʔ⁵ xoŋ⁵³ tsɿ⁵⁵ tʰəʔ⁴ dieʔ²。 |
| 04 平湖 | 帽子本⁼风吹脱啦哩。<br>mɔ²⁴ tsɿ⁰ pən⁴⁴ foŋ⁵³ tsʰɿ⁴⁴ tʰəʔ⁵ la⁴⁴ li⁰。 |
| 05 海盐 | 帽子本⁼风吹脱哩。<br>mɔ¹³ tsɿ²¹ pən²¹³ foŋ⁵³ tsʰɿ⁵⁵ tʰəʔ²¹ li²¹。 |
| 06 海宁 | 帽子本⁼风吹掉哩。<br>mɔ³³ tsɿ⁵³ pəŋ⁵³ foŋ⁵³ tsʰɿ⁵⁵ diɔ⁵⁵ li³³。 |
| 07 桐乡 | 帽子半⁼风吹掉脱咧。<br>mɔ²¹ tsɿ⁵³ pᴇ⁵³ foŋ⁴⁴ tsʰɿ⁴⁴ diɔ⁴⁴ tʰəʔ⁰ liɜʔ⁰。 |
| 08 崇德 | 帽子拨风吹掉嘚。<br>mɔ²¹ tsɿ⁵³ pəʔ³ foŋ⁴⁴ tsʰɿ⁴⁴ diɔ⁴⁴ dəʔ⁴。 |
| 09 湖州 | 帽子拨风吹脱〔嘚嗳〕。<br>mɔ³⁵ tsɿ⁴⁴ pəʔ⁵ foŋ⁴⁴ tsʰɿ⁴⁴ tʰəʔ⁵ dɛ³¹。 |
| 10 德清 | 帽子拨风吹掉〔嘚嗳〕。<br>mɔ³³ tsɿ³⁵ pəʔ⁵ foŋ⁴⁴ tsʰɿ⁵³ diɔ³³ dɛ³³。 |
| 11 武康 | 帽子拨风吹去〔嘚嗳〕。<br>mɔ³³ tsɿ³⁵ pəʔ⁵ foŋ⁴⁴ tsʰɛ⁴⁴ tɕʰi⁵³ dɛ¹³。 |
| 12 安吉 | 帽子拨风吹脱去嘚。<br>mɔ²² tsɿ⁵⁵ pəʔ⁵ foŋ⁵⁵ tsʰue⁵⁵ tʰəʔ⁵ tɕʰi³² təʔ⁰。 |
| 13 孝丰 | 帽子拨风吹掉嘞。<br>mɔ²² tsɿ²⁴ pəʔ⁵ foŋ⁴⁴ tsʰe⁴⁴ tiɔ³²³ le⁰。 |
| 14 长兴 | 帽子拨乖⁼风吹脱嘞。<br>mɔ³² tsɿ²⁴ pəʔ⁵ kua⁴⁴ foŋ⁴⁴ tsʰɿ⁴⁴ tʰəʔ⁵ lᴇ⁰。 |
| 15 余杭 | 帽子拨风吹了〔嘚嗳〕。<br>mɔ¹³ tsɿ⁵³ po⁵⁵ foŋ⁵³ tsʰɛ⁵⁵ liɔ³³ dɛ³³。 |
| 16 临安 | 帽子拨风吹去唻。<br>mɔ³³ tsɿ⁵⁵ puɔʔ⁵ foŋ⁵⁵ tsʰɿ⁵³ tɕʰi⁵³ lᴇ³³。 |

续表

| 方言点 | 0010 帽子被风吹走了。 |
|---|---|
| 17 昌化 | 帽子讨﹦风吹了嘞。<br>mɔ²³tsʅ⁵³tʰɔ⁴⁵fəŋ³³⁴tsʰei³³liɔ⁴⁵lɛ⁰。 |
| 18 於潜 | 帽子拨风吹了嘞。<br>mɔ²⁴tsʅ⁴⁵⁴pəʔ⁵³foŋ⁴³³tsue⁴³³liəu²⁴liæʔ²。 |
| 19 萧山 | 帽扮风吹嘞去敨﹦。<br>mɔ¹³pɛ⁴²foŋ¹³tsʰʅ⁴²ləʔ¹tɕʰi³³die⁰。 |
| 20 富阳 | 帽子拨风吹掉嘞。<br>mɔ¹³tsʅ⁵⁵pɛʔ⁵foŋ⁵⁵tsʰɛ⁵⁵diɔ³³⁵lɛʔ⁰。 |
| 21 新登 | 帽子拨风吹嘞去嘞。<br>mɔ²¹tsʅ⁵³pɑ⁴⁵foŋ⁵³tsʰɻ⁵³laʔ⁰tɕʰi⁴⁵laʔ⁰。 |
| 22 桐庐 | 帽子拨风吹走嘞。<br>mɔ¹³tsʅ⁵⁵pə ʔ⁵foŋ³³tɕʰyE³³tsei⁴²ləʔ²¹。 |
| 23 分水 | 帽子拨风吹掉嘞。<br>mɔ²⁴tsʅ⁰pəʔ⁵foŋ⁴⁴tsʰue⁴⁴tiɔ²⁴la⁰。 |
| 24 绍兴 | 帽拨风吹完哉。<br>mɔ²²peʔ³foŋ³³tsʰʅ³³uɛ̃⁴⁴zE³¹。 |
| 25 上虞 | 帽拨风吹凡﹦哉。<br>mɔ³¹piəʔ⁵hoŋ³³tsʰʅ³³vɛ̃²¹tse³³。 |
| 26 嵊州 | 帽带﹦拨风吹掉哉。<br>mɔ²⁴ta³³pəʔ³foŋ⁵³tsʰʅ⁵³tiɔ⁴⁴tsE³¹。 |
| 27 新昌 | 帽搭﹦风吹掉了。<br>mɔ¹³tɤʔ⁵foŋ⁵³tsʰʅ⁵³diɔ³³le⁴⁵。 |
| 28 诸暨 | 帽子拨风吹掉啊。<br>mɔ³³tsʅ³³pəʔ⁵fom⁵⁴⁴tsʰʅ⁴²tiɔ²¹A³³。 |
| 29 慈溪 | 帽摘﹦风吹仔去哉。<br>mɔ¹³tsaʔ⁵fuŋ³⁵tsʰʅ³³tsʅ⁰kʰe³⁵tse⁰。 |
| 30 余姚 | 帽则﹦风吹仔去唥哉。<br>mɔ¹³tsəʔ⁵fuŋ⁴⁴tsʰʅ⁴⁴tsʅ⁰kʰe⁴⁴lɔŋ¹³tse⁴⁴。 |
| 31 宁波 | 帽子拨风吹掉嘞。<br>mɔ¹³tsʅ⁴⁴paʔ⁵foŋ⁴⁴tsʰɻ⁴⁴tio⁰laʔ²。 |
| 32 镇海 | 帽子拨风吹走来。<br>mɔ²⁴tsʅ⁰paʔ⁵foŋ⁵³tsʰɻ³³tsei³³le⁰。 |

| 方言点 | 0010 帽子被风吹走了。 |
|---|---|
| 33 奉化 | 帽头拨风吹去该唻。<br>mʌ³¹ dæi²⁴ paʔ⁵ foŋ⁴⁴ tsʰ ʮ⁴⁴ tɕʰ i⁰ ke⁴⁴ le³³。 |
| 34 宁海 | 帽头搭风吹去唻。<br>mɑu²⁴ diu⁰ taʔ³ fuŋ³³ tsʰ u³³ tɕʰ i⁰ lei⁰。 |
| 35 象山 | 帽子得风吹去嘞。<br>mɔ¹³ tsʮ⁰ taʔ⁵ foŋ⁴⁴ tsʰ ʮ⁴⁴ tɕʰ iɛ⁵³ lei⁰。 |
| 36 普陀 | 帽子拨风吹走唻。<br>mɔ¹¹ tsʮ⁵⁵ pɐʔ³ foŋ⁵³ tsʰ ʮ³³ tseu⁵³ lɛ⁰。 |
| 37 定海 | 帽子拨风吹去唻。<br>mɔ¹¹ tsʮ⁴⁴ pɐʔ³ foŋ⁵² tsʰ ʮ⁵² tɕʰ i⁰ lɐi⁰。 |
| 38 岱山 | 帽子拨风吹去唻。<br>mɔ¹¹ tsʮ⁴⁴ pɐʔ³ fɐŋ⁵² tsʰ ʮ⁵² tɕʰ i⁰ lɐi⁰。 |
| 39 嵊泗 | 帽子啊拨风吹去唻。<br>mɔ¹¹ tsʮ⁴⁴ a⁰ pɐʔ³ fɐŋ⁵³ tsʰ ʮ⁴⁴ tɕʰ i⁰ lɐi⁰。 |
| 40 临海 | 帽赚风吹去爻。<br>mɔ³²⁴ dzɛ²¹ fɐŋ³¹ tɕʰ y³³ kʰ e³³ ɔ⁰。 |
| 41 椒江 | 帽拨风吹〔去爻〕。<br>mɔ²⁴ pɛʔ³ foŋ⁴² tsʰ ʮ³³ kʰ ɔ⁰。 |
| 42 黄岩 | 风拨帽吹〔去爻〕。<br>foŋ³³ pəʔ³ mɔ²⁴ tsʰ ʮ³³ kʰ ɔ⁰。 |
| 43 温岭 | 帽风吹去爻。<br>mɔ¹³ fuŋ³³ tɕʰ y³³ kʰ ie³³ ɔ⁰。 |
| 44 仙居 | 帽万=风吹去唉。<br>mɐɯ²⁴ va²⁴ foŋ³³⁴ tɕʰ y³³ kʰ æ⁵⁵ æ⁰。 |
| 45 天台 | 帽头拨风吹去落。<br>mɑu³³ deu⁵¹ pəʔ⁵ fuŋ³³ tɕʰ y³³ kʰ e⁵⁵ lɔʔ²。 |
| 46 三门 | 帽被风吹去啊。<br>mɑu²⁴ bi²¹ foŋ³³⁴ tsʰ ʮ³³ tɕʰ i⁵⁵ a⁰。 |
| 47 玉环 | 帽拨风吹〔去爻〕。<br>mɔ²² pɐʔ³ foŋ⁴² tɕʰ y⁴² kʰ ɔ⁰。 |
| 48 金华 | 帽让风吹走了。<br>mɑo¹⁴ ȵiaŋ¹⁴ foŋ³³⁴ tɕʰ y³³ tɕiu⁵⁵ ləʔ⁰。 |

**续表**

| 方言点 | 0010 帽子被风吹走了。 |
|---|---|
| 49 汤溪 | 个帽约=风吹去罢。<br>kɑ⁵² mɔ³⁴¹ iɔ⁵⁵ fao²⁴ tɕy²⁴ kʰəɯ⁰ ba¹¹³ 。 |
| 50 兰溪 | 帽让风吹走嘞。<br>mɔ²⁴ ȵiaŋ²⁴ foŋ³³⁴ tɕʰy³³⁴ tsəɯ⁵⁵ ləʔ⁰ 。 |
| 51 浦江 | 帽得风吹[去啊]。<br>mo²⁴ tə³³ fon⁵³⁴ tɕʰy⁵⁵ ia³³⁴ 。 |
| 52 义乌 | 帽听=风吹走了。<br>muɣ²⁴ tʰən³³ foŋ³³⁵ tɕʰy⁴⁵ tsɐɯ³³ lə³¹ 。 |
| 53 东阳 | 帽都得风吹去哇。<br>mɐɯ³⁴ tu³³ tei²³ fɔm³³ tsʰɿ⁵⁵ kʰɯɐ³³⁴ uɐ³³ 。 |
| 54 永康 | 帽担风吹去咧。<br>mɑu²⁴¹ na⁵² foŋ⁵⁵ tɕʰy³³ kʰɯ⁵² lia⁰ 。 |
| 55 武义 | 帽让风吹去罢。<br>muo⁵³ ȵiaŋ²⁴ foŋ²⁴ tɕʰi³²⁴ kʰɯ⁵⁵ ba⁰ 。 |
| 56 磐安 | 帽抖=风吹去哇。<br>mo¹⁴ tɐɯ⁵⁵ fɔom⁴⁴⁵ tɕʰy⁴⁴⁵ ɐɯ⁵⁵ uə⁰ 。 |
| 57 缙云 | 帽担风吹逃去罢。<br>məɣ²¹³ nɛŋ⁴⁴ fɔ̃ũ⁴⁴ tsʰ ɥ⁴⁴ dəɣ²⁴³ kʰɣ⁰ vɑ⁰ 。 |
| 58 衢州 | 帽儿等风吹吹去。/帽儿等风吹去啦。<br>mɔ²³¹ ȵi²¹ təŋ³⁵ foŋ³² tʃʰy³² tʃʰy⁵³ kʰi⁰ 。/mɔ²³¹ ȵi²¹ təŋ³⁵ foŋ³² tʃʰy³² kʰi⁵³ la⁰ 。 |
| 59 衢江 | 帽担风吹去罢。<br>mɔ²³¹ nã³³ fəŋ³³ tɕʰy³³ kʰɣ⁵³ ba⁰ 。 |
| 60 龙游 | 帽让风吹去罢。<br>mɔ²³¹ ȵiã²³¹ foŋ³³⁴ tsʰuei³³ kʰəʔ²⁴ ba⁰ 。 |
| 61 江山 | 帽得风吹走罢。<br>mɐɯ³¹ təʔ⁵ foŋ⁴⁴ tɕʰy⁴⁴ tsɯ²⁴¹ bɒ⁰ 。 |
| 62 常山 | 帽让风吹走罢。<br>mɣ²⁴ ȵiã²² fã⁴⁴ tɕʰy⁴⁴ tɕiu⁵² bɛ⁰ 。 |
| 63 开化 | 帽得风吹走罢。<br>məɯ²¹³ təʔ⁵ fɣŋ⁴⁴ tɕʰy⁴⁴ tsɯ⁵³ ba⁰ 。 |
| 64 丽水 | 帽乞风吹去罢。<br>mə¹³¹ kʰəʔ⁴ fɔŋ²²⁴ tsʰɥ²²⁴ kʰɯ⁵² buɔ⁰ 。 |

| 方言点 | 0010 帽子被风吹走了。 |
|---|---|
| 65 青田 | 帽乞风吹去罢。<br>mɔ²² kʰɑ³³ foŋ⁴⁴⁵ tsʰʅ⁵⁵ kʰi³³ bɑ⁰。 |
| 66 云和 | 帽乞风吹去了。<br>mɑɔ²²³ kʰa⁴⁴ fəŋ²⁴ tsʰʅ²⁴ kʰi⁴⁵ lɑɔ⁰。 |
| 67 松阳 | 帽乞风吹去了。<br>mʌ¹³ kʰaʔ³ fəŋ⁵³ tɕʰy⁵³ kʰɯə⁰lɔ⁰。 |
| 68 宣平 | 帽乞风吹去了。<br>mɔ²³¹ kʰəʔ⁴ fən³²⁴ tɕʰy³² xə⁰lə⁰。 |
| 69 遂昌 | 帽乞风吹去了。<br>mɐɯ²¹ kʰaʔ⁵ fəŋ⁴⁵ tɕʰy⁴⁵ kʰɤ⁰lə⁰。 |
| 70 龙泉 | 帽乞风吹去唠。<br>ŋ²²⁴ kʰaʔ³ foŋ⁴³⁴ tɕʰy⁴⁵ kʰɤɯ⁰lɑʌ⁰。 |
| 71 景宁 | 帽乞风吹去罢。<br>mɑu¹¹³ kʰaʔ⁵ fəŋ³² tɕʰy³² kʰi³³ bɑ⁰。 |
| 72 庆元 | 帽乞风吹去了。<br>mɒ³¹ kʰɤ¹¹ foŋ³³⁵ tɕʰy³³⁵ kʰɤ¹¹lɒ³³。 |
| 73 泰顺 | 帽乞风吹走罢。<br>mɑɔ²² kʰo²² foŋ²¹³ tɕʰy²¹³ tsəu⁵⁵ pa⁰。 |
| 74 温州 | 帽乞风吹去爻。<br>mɔ²² ha³³ hoŋ³³ tsʰʅ³³ kʰei⁰uɔ⁰。 |
| 75 永嘉 | 帽乞风吹去爻罢。<br>mə²² kʰa⁴³ hoŋ⁴⁴ tsʰʅ⁴⁴ e⁰gɔ⁰ba⁰。 |
| 76 乐清 | 帽乞风吹走爻罢。<br>mɤ²² kʰa⁴¹ foŋ⁴⁴ tɕʰy⁴⁴ tɕiau⁰ga³¹be⁰。 |
| 77 瑞安 | 帽乞风吹去爻罢。<br>mɛ²² kʰɔ³³ foŋ³³ tsʰəɯ⁴⁴ e⁰gɔ⁰ba⁰。 |
| 78 平阳 | 帽乞风吹[去爻]罢。<br>mɛ¹³ kʰai²¹ foŋ³³ tɕʰy⁴⁵ kʰɔ⁴⁵ba⁰。 |
| 79 文成 | 帽乞风吹过罢。<br>mɛ²¹ kʰa²¹ foŋ⁵⁵ tɕʰy³³ ku³³bɔ²¹。 |
| 80 苍南 | 帽乞风吹爻罢。<br>mɛ¹¹ kʰɛ⁴² hoŋ⁴⁴ tɕʰy⁴⁴ ga⁰ba⁰。 |

**续表**

| 方言点 | 0010 帽子被风吹走了。 |
|---|---|
| 81 建德<sub>徽</sub> | 帽让风吹掉罢。<br>mɔ⁵⁵ n̠iɛ⁵⁵ foŋ⁵³ tɕʰye⁵³ tʰiɔ²¹ pɐʔ⁵。 |
| 82 寿昌<sub>徽</sub> | 帽让风吹了去罢。<br>məɯ³³ n̠iã̃³³ fɔŋ¹¹ tɕʰyei¹¹ liɤ¹¹ kʰəɯ³³ pɑ⁰。 |
| 83 淳安<sub>徽</sub> | 帽抄゠风吹考゠罢。<br>mɤ⁵³ tsʰɤ²⁴ fon²⁴ tɕʰya²¹ kʰɯ²⁴ pɑ⁰。 |
| 84 遂安<sub>徽</sub> | 帽叫风吹去可゠嘞。<br>mo⁵² tɕiɔ⁵² fəŋ⁵³⁴ tɕʰy⁵⁵ tɕʰy⁵² kʰə³³ lɛ⁰。 |
| 85 苍南<sub>闽</sub> | 帽团合风吹走了。<br>bo²¹ kã̃⁴³ kʰa²¹ huan⁵⁵ tsʰui⁵⁵ tsau²¹ lə⁰。 |
| 86 泰顺<sub>闽</sub> | 头帽喝゠风吹了。<br>tʰau²² mou²² xɛʔ⁵ fəŋ²¹³ tsʰɔi²¹³ lø⁰ʔ⁰。 |
| 87 洞头<sub>闽</sub> | 帽仔与风吹走啦。<br>mo²⁴ a⁵³ ha²¹ huaŋ³³ tsʰə³³ tsau⁵³ la⁰。 |
| 88 景宁<sub>畲</sub> | 帽分风吹掉阿゠。<br>mau⁵¹ puən⁴⁴ pyŋ⁴⁴ tɕʰy⁴⁴ tʰau⁴⁴ a⁰。 |

| 方言点 | 0011 张明被坏人抢走了一个包，人也差点儿被打伤。 |
|---|---|
| 01 杭州 | 张明拨坏人抢了个包儿，人也差点拨他敲伤。<br>tsaŋ³³ miŋ⁴⁵ pa⁵ uɛ¹³ zəŋ⁵³ tɕʰiaŋ⁵³ lə⁵ ko⁰ʔ⁰ pɔ³³⁴ əl⁰，zəŋ²¹³ aʔ⁵ tsʰa³³ tiɛ⁵³ paʔ⁵ tʰa³³⁴ kʰɔ⁵⁵ suaŋ³³⁴。 |
| 02 嘉兴 | 张明拨贼骨头抢脱一只包，人也差班⁼一点点拨敲坏。<br>tsã̃³³ miŋ⁴² pəʔ⁵ zəʔˡ kuəʔ⁵ dei²¹ tɕʰiÃ⁴² tʰəʔ⁵ iʔ⁵ tsAʔ⁵ pɔ⁴²，n̠iŋ²⁴ ŋA²¹ tsʰo³³ pɛ⁴² iʔ⁵ tie³³ tie²⁴ pəʔ⁵ kʰɔ³³ uA²¹。 |
| 03 嘉善 | 张明拨坏人抢踢⁼一只包，人也险呀⁼胡⁼拨伊拉敲坏。<br>tsã̃³⁵ min⁵³ pɔʔ⁵ ua⁵⁵ n̠in⁰ tɕʰiæ⁴⁴ tʰəʔ⁵ ieʔ⁵ tsaʔ⁴ pɔ⁵³，n̠in³¹ a⁰ ɕii³⁵ ia⁵⁵ u⁰ pəʔ⁵ i⁵⁵ la⁰ kʰə³⁵ ua⁵³。 |
| 04 平湖 | 张明只包本⁼恘人抢脱啦哩，人矮⁼推扳一眼眼本⁼伊敲坏。<br>tsã̃⁴⁴ min⁰ tsaʔ⁵ pɔ⁵³ pən⁴⁴ tɕʰio⁴⁴ n̠in⁰ tsʰia²¹³ tʰəʔ⁰ la⁴⁴ li⁰，n̠in³¹ a⁰ tʰɛ⁴⁴ pɛ⁰ iəʔ³ nɛ⁴⁴ nɛ⁰ pən⁴⁴ i⁴⁴ kʰɔ⁴⁴ ua⁰。 |
| 05 海盐 | 张明本⁼恘人抢脱只包，人啊推扳一点点本⁼拉敲坏。<br>tsã̃⁵⁵ min³¹ pən²¹³ tɕʰio⁵⁵ n̠in⁵³ tɕʰiɛ⁴²³ tʰəʔ²¹ tsaʔ⁵ pɔ⁵³，n̠in³¹ a²¹ tʰe⁵⁵ pɛ⁵³ iəʔ⁵ tiɛ²¹ tie²¹ pən²¹³ la²¹ kʰɔ⁵³ va²¹。 |
| 06 海宁 | 张明只包本⁼坏人抢掉哩，人也错点拨伊拉敲伤脱。<br>tsã̃⁵⁵ miŋ⁵⁵ tsaʔ⁵ pɔ⁵⁵ pən³³ ua³³ n̠iŋ³¹ tɕʰia⁵³ diɔ³³ li⁰，n̠iŋ³³ a¹³ tsʰo⁵⁵ tie⁵ pəʔ⁵ i³³ la³³ kʰə³³ sã̃⁵⁵ tʰəʔ²。 |
| 07 桐乡 | 张明半⁼坏人抢去咧一只包，人也差一点点半⁼伊拉敲坏脱咧。<br>tsã̃⁴⁴ miŋ⁴⁴ pɛ⁵³ ua³³ n̠iŋ⁵³ tsʰia⁴⁴ tɕʰi⁰ liəʔ⁰ iəʔ³ tsaʔ⁵ pɔ⁴⁴，n̠iŋ¹³ ia⁵³ tsʰo⁴⁴ iəʔ³ tiɛ⁴⁴ tiɛ⁰ pɛ⁵³ iəʔ²³ la²¹³ kʰɔ⁴⁴ ua⁴⁴ tʰəʔ⁰ liəʔ⁰。 |
| 08 崇德 | 张明葛只包拨坏人抢掉嗒，人也差隔⁼点点拨伊敲坏。<br>tsã̃⁴⁴ miŋ⁴⁴ kəʔ³ tsaʔ⁵ pɔ⁴⁴ pəʔ³ ua²¹ n̠iŋ³³⁴ tɕɕi⁵⁵ diɔ⁰ dəʔ⁰，n̠iŋ¹³ ia⁵³ tsʰo⁴⁴ kaʔ⁴ tiɪ⁴⁴ tiɪ⁴⁴ pəʔ³ i¹³ kʰɔ⁴⁴ ua⁴⁴。 |
| 09 湖州 | 张明只包拨坏人抢去[嗒嗳]，人也险界⁼险敲坏。<br>tsã̃⁵³ min³¹ tsaʔ⁵ pɔ⁴⁴ pəʔ⁵ ua⁴⁴ n̠in³⁵ tɕʰia⁵³ tɕʰi³³ dɛ⁰，n̠in¹³ a³⁵ ɕie⁰ kaʔ⁰ ɕie³¹ kʰɔ²² ua⁰。 |
| 10 德清 | 张明拨坏人包抢掉[嗒嗳]，人差点拨拉敲坏。<br>tsã̃³³ min⁵³ pəʔ⁵ ua³³ n̠in³⁵ pɔ⁴⁴ tɕʰia³⁵ diɔ⁵³ dɛ³¹，n̠in¹¹³ tsʰuo⁵³ tie³¹ pəʔ⁵ la³³ kʰɔ³³ ua³³。 |
| 11 武康 | 张明拨坏人抢去特⁼一只包，人也差点拨拉敲坏。<br>tsã̃⁴⁴ min⁴⁴ pəʔ⁵ ua³³ n̠in³⁵ tɕʰiã⁵³ tɕʰi⁵³ dəʔ² ieʔ⁴ tsaʔ⁵ pɔ⁴⁴，n̠in¹³ ia⁵³ tsʰo⁵³ tieʔ⁵ pəʔ⁵ la³¹ kʰɔ⁴⁴ ua⁴⁴。 |
| 12 安吉 | 张明拨坏蛋包啊抢脱去嗒，人啊差点点拨伊打开⁼。<br>tsã̃⁵⁵ miŋ⁵⁵ pəʔ⁵ ua²² dɛ²¹³ pɔ⁵⁵ aʔ⁵ tɕʰiã⁵² tʰɐ⁵ tɕʰi³² təʔ⁰，n̠iŋ²² aʔ⁵ tsʰʊ³² ti⁵² ti⁰ pəʔ⁵ i²¹ tã̃⁵² kʰɛ⁵⁵。 |
| 13 孝丰 | 张明个包拨坏人抢走嘞，人也差点点拨打伤。<br>tsã̃⁴⁴ miŋ⁴⁴ kəʔ⁰ pɔ⁴⁴ pəʔ⁵ ua²¹ n̠iŋ²⁴ tɕʰiã⁵² tsəɪ⁵² le⁰，n̠iŋ² ia³²⁴ tsʰʊ⁴⁴ tiɪ⁴⁴ tiɪ⁴⁴ pəʔ⁵ tã̃⁵² sã̃⁴⁴。 |

续表

| 方言点 | 0011 张明被坏人抢走了一个包,人也差点儿被打伤。 |
|---|---|
| 14 长兴 | 张明拨坏人抢脱了一个包,人啊差点点拨那<sup>=</sup>打伤嘞。<br>tsã⁴⁴ miŋ¹² pəʔ⁵ ua²¹ ȵiŋ¹² tʃʰia⁵² tʰəʔ⁵ləʔ⁰ iɛʔ² kei³² pɔ⁴⁴, ȵiŋ¹² a⁰ tsʰəu⁴⁴ ti⁴⁴ ti⁴⁴ pəʔ⁵ la²⁴ tã⁵² sɔ̃⁵⁵ lɛ⁰。 |
| 15 余杭 | 张明即只包儿拨俚抢把去,人也差特<sup>=</sup>点点拨俚打坏。<br>tsã̃⁵⁵ miŋ⁵⁵ tɕieʔ⁵ tsaʔ⁵ pɔ⁵⁵ n³⁵ poʔ⁵ ia¹³ tsʰiã̃⁵⁵ po⁵⁵ tɕi³⁵, ȵiŋ³¹ ia¹³ tsʰuo⁵⁵ dəʔ⁰ ie⁵⁵ ieʔ⁵³ poʔ⁵² ia¹³ tã̃⁵⁵ ua¹³。 |
| 16 临安 | 张明个包拨坏人抢去唻,人也差一点点拨俪敲伤。<br>tsã̃⁵⁵ mieŋ³⁵ kɐʔ⁵ pɔ⁵³ pɐʔ⁵ ua³³ ȵieŋ⁵⁵ tɕʰiã̃³³ tɕʰi³³ lɛ³³, ȵieŋ¹³ a³⁵ tsʰuo⁵³ ieʔ⁵ tieʔ⁵ tieʔ⁵ pɐʔ² ia³³ kʰɔ³¹ sã̃³³。 |
| 17 昌化 | 张明讨<sup>=</sup>坏侬抢了一个包,侬也差个点点讨<sup>=</sup>渠拉敲伤嘞。<br>tsã̃³³ mieŋ⁴⁵ tʰɔ⁴⁵ ua²³ nəŋ⁴⁵ tɕʰiã̃⁴⁵ ləʔ⁰ iɛʔ⁵ kəʔ⁵ pɔ³³⁴, nəŋ¹¹² ie²⁴ tsʰa³³ kəʔ⁵ ti ĩ⁴⁵ ti ĩ⁰ tʰɔ⁴⁵ gu¹¹ la³³⁴ kʰɔ³³⁴ sɔ̃³³⁴ lɛ⁰。 |
| 18 於潜 | 张明个包拨坏人抢去嘞,人也差点点拨他敲坏嘞。<br>tsaŋ⁴³³ miŋ²²³ kəʔ² pɔ⁴³³ pəʔ⁵³ ua²⁴ ȵiŋ⁵³ tɕʰiaŋ⁵³ tɕʰi³¹ liæʔ², ȵiŋ²²³ ie⁵³ tsa⁴³ tie⁵³ tie³¹ pəʔ⁵³ tʰa⁴³³ kʰɔ⁴³³ ua²⁴ liæʔ²。 |
| 19 萧山 | 张明被坏人包抢嘞去敌<sup>=</sup>,人也一歇歇扮伊打伤。<br>tsa³³ miŋ³³ pɛ⁴² ua¹³ ȵiŋ³³ pɔ⁵³³ tɕʰiã̃⁴² ləʔ²¹ tɕʰi³³ die²¹, ȵiŋ³⁵⁵ ia¹³ ieʔ⁵ ɕie⁴² ɕie⁴² pɛ⁴³ i²¹ tã̃⁴² ɕyɔ̃²¹。 |
| 20 富阳 | 张明拨坏人抢嘞个包去,人差丢<sup>=</sup>丢<sup>=</sup>拨俪敲伤。<br>tsã̃⁵⁵ miŋ⁵³ pɛʔ⁵ ua³³⁵ nin⁵³ tɕʰiã̃⁴²³ lɛʔ⁰ kɛʔ⁵ pɔ⁵⁵ tɕʰi⁰, nin¹³ tsʰa⁵⁵ tiʊ⁵⁵ tiʊ⁰ pɛʔ⁵ ia²²⁴ kʰɔ⁵⁵ sã̃⁵³。 |
| 21 新登 | 张明拨坏人抢去嘞一个包,人也差丢<sup>=</sup>打伤。<br>tsã̃⁵³ meiŋ²³³ paɑ⁴⁵ ua²¹ neiŋ¹³ tɕʰiã̃³³⁴ tɕʰi⁴⁵ laʔ⁰ iəʔ⁵ kaʔ⁵ pɔ⁵³, neiŋ²³³ ia⁵ tsʰa⁴ təu³³⁴ tɛ³³⁴ sã̃⁵³。 |
| 22 桐庐 | 张明个包拨坏人抢走嗰,人也推扳点点拨伊敲伤。<br>tsã̃³³ miŋ¹³ kəʔ³ pɔ⁴² pəʔ⁵ uɑ¹³ niŋ⁵⁵ tɕʰiã̃⁴² tsei⁴² təʔ⁵, niŋ¹³ iəʔ⁵ tʰɛ⁵⁵ pã̃²¹ tie⁵⁵ tie²¹ pəʔ⁵ i¹³ kʰɔ⁴² sã̃⁴²。 |
| 23 分水 | 张明一个包被人家抢去嘞,人也推扳一点被打伤嘞。<br>tsã̃⁴⁴ min²² iəʔ⁵ ko²⁴ pɔ⁴⁴ be²⁴ zən²¹ tɕia⁴⁴ tɕʰiɛ̃⁴⁴ tɕʰy²⁴ la⁰, zən²² ie⁴⁴ tʰe⁴⁴ pã̃⁵³ iəʔ⁵ ti ɛ̃⁵³ be²⁴ ta⁵³ sã̃⁴⁴ la⁰。 |
| 24 绍兴 | 张明拨坏人抢去了一只包,人也一星星拨俪敲伤哉。<br>tsaŋ³³ miŋ²³¹ peʔ⁵ ua²² ȵiŋ²² tɕʰiaŋ³³ tɕʰy³³ ləʔ⁵ iɛʔ⁵ tsəʔ⁵ pɔ⁵³, ȵiŋ²⁴ a³¹ ieʔ³ ɕiŋ³³ ɕiŋ³³ peʔ³ ia³³ kʰɔ³³ saŋ⁴⁴ zɛ³¹。 |

续表

| 方言点 | 0011 张明被坏人抢走了一个包，人也差点儿被打伤。 |
|---|---|
| 25 上虞 | 张明一只包拨坏人抢滴＝去哉，差些拨伊敲伤。<br>tsã³³ miŋ²¹³ iəʔ² tsaʔ⁵ pɔ³⁵ piəʔ⁵ ua⁵⁵ ȵiŋ⁰ tɕʰiã³³ tiəʔ² tɕʰi⁵⁵ tse⁰，tsʰɔ³³ ɕiəʔ² piəʔ⁵ i²¹ kʰɔ³³ sɔ³⁵。 |
| 26 嵊州 | 张明带＝坏侬抢去一只包，侬阿＝差点带＝偶敲伤。<br>tsaŋ⁵³ miŋ²³¹ ta⁴⁴ ua²² nɔŋ³³ tɕʰiaŋ⁵³ tɕʰi³³ ieʔ³ tsaʔ³ pɔ⁵³⁴，nɔŋ²¹³ a³³ tsʰa⁵³ tiẽ⁴⁴ ta³³ ia²² kʰɔ⁵³ saŋ³¹。 |
| 27 新昌 | 张明个包搭＝强盗抢去了，侬啊差点搭＝渠敲伤。<br>tsaŋ³³ miŋ²³² kɤʔ³ pɔ⁵³⁴ tɤʔ³ dziaŋ²² dɔ¹³ tɕʰiaŋ⁴⁵ tɕʰi³³ le³¹，nɔ̃²² a³³ tsʰɔ⁵³ tiẽ⁴⁵ tɛʔ³ dzi²² kʰɔ⁵³ saŋ³³。 |
| 28 诸暨 | 张明拨疲人抢走一个包，人也差点拨渠打伤。<br>tsã²¹ min³³ pəʔ⁵ ɕieʔ⁵ nin²¹ tɕʰiã⁴² tsei⁴² ieʔ⁵ kɤu²¹ pɔ²¹，nin¹³ ʌ¹³ tsʰo⁴² tie²¹ pəʔ⁵ dʒ̩²¹ tã⁴² sã²¹。 |
| 29 慈溪 | 张明格一只包摘＝疲人抢仔去哉，人差眼摘＝渠敲伤。<br>tsã³³ miŋ¹³ kəʔ² iəʔ² tsaʔ⁵ pɔ³⁵ tsaʔ⁵ ɕieʔ⁵ ȵiŋ⁰ tɕʰiã³⁵ tsʅ⁰ kʰe⁴⁴ tse⁰，ȵiŋ¹³ tsʰɔ³³ ȵieʔ⁵ tsaʔ⁵ ge¹³ kʰɔ³⁵ sã⁰。 |
| 30 余姚 | 张明一只包则＝疲人抢仔去唡哉，人也差眼眼则＝渠拉敲伤。<br>tsɔŋ⁴⁴ mi ə̃¹³ iəʔ⁵ tsaʔ⁵ pɔ⁴⁴ tsəʔ⁵ ɕieʔ⁵ ȵi ə̃⁰ tɕʰiɔŋ³⁴ tsʅ⁰ kʰe⁴⁴ lɔŋ¹³ tse⁴⁴，ȵi ə̃¹³ a¹³ tsʰo⁴⁴ ȵiẽ¹³ ȵiẽ⁰ tsəʔ⁵ gaʔ² laʔ² kʰɔ³⁴ sɔŋ⁴⁴。 |
| 31 宁波 | 张明或＝包拨坏人抢走嘞，人也差眼眼拨渠打伤。<br>tɕia⁴⁴ miŋ¹³ oʔ² pɔ⁴⁴ paʔ⁵ ua⁴⁴ ȵiŋ⁰ tɕʰia⁴⁴ tsœɤ⁴⁴ lɐi⁰，ȵiŋ¹³ a¹³ tsʰo⁴⁴ ŋɛ¹³ ŋɛ⁰ piəʔ⁵ dzi¹³ ta⁵³ sɔ⁰。 |
| 32 镇海 | 张明拨坏人夺走来一个包，人也差眼眼拨渠打伤唻。<br>tɕiã³³ miŋ²⁴ paʔ⁵ ua³⁵ ȵiŋ²⁴ daʔ¹² tsei³³ le⁰ ieʔ⁵ goʔ¹² pɔ⁴⁴，ȵiŋ²⁴ a²⁴ tsʰo³³ ŋɛ²² ŋɛ²² paʔ⁵ dzi²⁴ tã³³ sɔ̃⁴⁴ le⁰。 |
| 33 奉化 | 张明一只包拨坏人夺去该来，人也差眼拨渠打去。<br>tɕiã⁴⁴ miŋ³¹ iɿʔ² tsaʔ⁵ pʌ⁴⁴ paʔ⁵ ua⁴⁴ ȵiŋ³¹ daʔ² tɕʰiº ke⁴⁴ le⁰，ȵiŋ³³ aº tsʰo⁴⁴ ŋɛº paʔ⁵ dziº tã⁴⁴ kʰeº。 |
| 34 宁海 | 张明一只包搭人家抢去，人也差点搭打伤。<br>tɕiã³³ miŋ²³ iəʔ³ tsaʔ⁵ pau³³ taʔ⁵ ȵiŋ²³ koº tɕʰiã⁵³ tɕʰiº，ȵiŋ²¹ aº tsʰo³³ ti⁵³ teʔ³ ta³³ sɔ³³。 |
| 35 象山 | 张明个包得坏人抢去嘞，渠人也差眼得渠打伤。<br>tɕiã⁴⁴ miŋ³¹ geʔ² pɔ⁴⁴ taʔ⁵ ua⁵³ ȵiŋ³¹ tɕʰiã⁴⁴ tɕʰiɛ⁴⁴ leiº，dzieʔ² ȵiŋ³¹ a³¹ tsʰo⁴⁴ ŋɛº taʔ⁵ dzieʔ² tã⁴⁴ sɔ̃⁴⁴。 |

**续表**

| 方言点 | 0011 张明被坏人抢走了一个包，人也差点儿被打伤。 |
|---|---|
| 36 普陀 | 张明拨坏人抢去一只包，人也差眼眼拨渠打伤。<br>tɕiã̠³³ miŋ⁵³ pɐʔ³ ua¹¹ ȵiŋ⁵⁵ tɕʰiã̠⁵⁵ tɕʰi⁵⁵ iɛ⁵ tsɐʔ⁰ pɔ⁵³ , ȵiŋ²⁴ ia³³ tsʰuo³³ ŋɛ⁵⁵ ŋɛ⁵⁵ pɐʔ³ dʑi²⁴ tã̠⁵³ sɔ̃⁰ . |
| 37 定海 | 张明一只包拨坏人抢去唻，人也差眼拨渠打伤唻。<br>tɕiã̠³³ miŋ⁵² ieʔ³ tsɐʔ³ pɔ⁵² pɐʔ³ ua³³ ȵiŋ⁵² tɕʰiã̠⁴⁵ tɕʰiⁱ⁰ lɐi⁰ , ȵiŋ²³ ia³³ tsʰo⁴⁴ ŋɛ⁴⁴ pɐʔ³ dʑi⁴⁴ tã̠⁵² sɔ̃⁰ lɐi⁰ . |
| 38 岱山 | 张明一只包拨坏人抢去唻，人也差眼眼[搭渠]打伤唻。<br>tɕiã̠³³ miŋ³¹ ieʔ⁵ tsɐʔ³ pɔ⁵² pɐʔ³ ua⁴⁴ ȵiŋ³¹ tɕʰiã̠⁴⁵ tɕʰiⁱ⁰ lɐi⁰ , ȵiŋ²³ ia⁰ tsʰo³³ ŋɛ⁴⁴ ŋɛ⁴⁴ tɐi³³ tã̠⁵² sɔ̃⁰ lɐi⁰ . |
| 39 嵊泗 | 张明一只包拨人家抢去唻，人也差眼拨人家打伤唻。<br>tɕiã̠³³ miŋ⁵³ iɛʔ³ tsɐʔ⁰ pɔ⁵³ pɐʔ³ ȵiŋ³³ ko⁵³ tɕʰiã̠⁴⁵ tɕʰiⁱ⁰ lɐi⁰ , ȵiŋ²⁴ a⁰ tsʰo⁴⁴ ŋɛ⁴⁴ pɐʔ⁰ ȵiŋ³³ ko⁴⁴ tã̠⁵³ sɔ̃⁰ lɐi⁰ . |
| 40 临海 | 张明只包赚别个抢去爻，人也差顶＝打去。<br>tɕiã̠³⁵ miŋ⁵¹ tsəʔ⁵ pɔ³¹ dʑe²¹ bieʔ³ ke⁵⁵ tɕʰiã̠⁵² kʰe³³ ɔ²¹ , ȵiŋ²¹ aʔ⁰ tsʰo³³ tiŋ⁵² tã̠⁵² kʰe³³ . |
| 41 椒江 | 张明只包拨坏人抢[去爻]，人也差顶＝打[去爻]。<br>tɕiã̠³³ miŋ⁴¹ tsəʔ³ pɔ³⁵ pɛʔ³ ua²² ȵiŋ³¹ tɕʰiã̠⁴² kʰɔ⁰ , ȵiŋ³¹ aʔ⁰ tsʰo³³ tiŋ⁵¹ tã̠⁴² kʰɔ⁰ . |
| 42 黄岩 | 张明个包拨坏人抢[去爻]，人也差顶＝拨打[去爻]。<br>tɕiã̠³⁵ min⁴¹ kəʔ³ pɔ³⁵ pəʔ³ ua¹³ nin¹²¹ tɕʰiã̠⁴² kʰɔ⁰ , ȵiŋ³¹ aʔ⁰ tsʰo³³ tin⁵¹ pəʔ³ tã̠⁴² kʰɔ⁰ . |
| 43 温岭 | 张明只包坏人拨渠抢[去爻]，人也差眼眼打爻。<br>tɕiã̠³⁵ min⁴¹ tɕiʔ³ pɔ¹⁵ ua¹³ nin³¹ pəʔ³ gie³¹ tɕʰiã̠⁴² kʰɔ⁰ , ȵin³¹ a⁰ tsʰo³³ ȵiɛ³³ ȵiɛ¹⁵ tã̠⁴² ɔ⁰ . |
| 44 仙居 | 张明个包万＝坏人抢去唉，人差丢＝万＝渠敲伤。<br>tɕia⁵³ min²¹³ kəʔ⁰ ɓɐɯ³³⁴ va²⁴ ua³⁵³ ȵin⁰ tɕʰia³¹ kʰæ⁵⁵ æ⁰ , ȵin²¹³ tsʰo³³ diɐɯ⁵³ va²⁴ gæ²¹³ kʰɐɯ³³ ɕia³³⁴ . |
| 45 天台 | 张明个包拨别个人抢去落，人也差点[拨渠]打嘞。<br>tɕia³³ miŋ⁰ kou⁰ pau³³ pəʔ⁵ biəʔ² kou⁰ ȵiŋ⁰ tɕʰia³² kʰe⁵⁵ lɔʔ² , ȵiŋ²²⁴ ia⁰ tsʰo³³ tieʔ⁰ pei³³ tã̠³² lei⁰ . |
| 46 三门 | 张明包拨坏人抢去啊，人差点被别人打伤。<br>tɕiã̠³³ miŋ³¹ pau³³⁴ pɐʔ³ ua²³ ȵiŋ⁵² tɕʰiã̠³² tɕʰi⁵⁵ a⁰ , ȵiŋ¹¹³ tsʰo⁵⁵ ti⁵² bi²¹³ bieʔ² ȵiŋ⁵² te³² sɔ³³⁴ . |
| 47 玉环 | 张明个包拨坏人抢[去爻]，人也差眼打死。<br>tɕia³³ miŋ⁴¹ kəʔ³ pɔ³⁵ pɐʔ³ ua²² ȵiŋ³¹ tɕʰia⁴² kʰɔ⁰ , ȵiŋ³¹ aʔ⁰ tsʰo³³ ȵiɛ³⁵ tã̠⁴² sɿ⁴² . |
| 48 金华 | 张明一个包让疲个人抢走了，人也推扳一帝＝儿敲伤了。<br>tɕiaŋ³³ miŋ³¹³ ieʔ³ kəʔ⁴ pao³³⁴ ȵiaŋ¹⁴ ɕiəʔ⁴ kəʔ³ ȵiŋ³¹³ tsʰiaŋ⁵³ tɕiu⁵⁵ ləʔ⁰ , ȵiŋ³¹³ ia⁵⁵ tʰɛ³³ pa⁵⁵ ieʔ³ tiŋ⁵⁵ kʰao³³ ɕiaŋ³³ ləʔ⁰ . |

续表

| 方言点 | 0011 张明被坏人抢走了一个包，人也差点儿被打伤。 |
|---|---|
| 49 汤溪 | 张明约＝坏侬抢去一个包，侬推扳点儿添约＝渠□敲敲伤。<br>tɕiɔ²⁴ mɛ̃ i⁰ iɔ⁵² ua¹¹ nao⁵² tsʰɤa⁵² kʰəɯ⁵² iei⁵² ka⁵² pɔ²⁴ , nao¹¹ tʰə³³ mə³³ n̠i ã⁵⁵ tʰie²⁴ iɔ⁵² gɯ¹¹ ta⁵² kʰɔ²⁴ kʰɔ⁰ ɕiɔ²⁴ 。 |
| 50 兰溪 | 张明让坏人抢去一只包，侬也推扳点敲伤嘞。<br>tɕiaŋ³³⁴ min⁴⁵ n̠iaŋ²⁴ ua²⁴ nin⁰ tsʰiaŋ⁵⁵ kʰi⁴⁵ ie³⁴ tsə³⁴ pɔ³³⁴ , nin²¹ ia⁵⁵ tʰe³³⁴ pia⁵⁵ ti⁴⁵ kʰɔ³³⁴ ɕiaŋ³³⁴ lə⁰ 。 |
| 51 浦江 | 张明得别个抢去一只包，侬还差末＝儿得别个打伤。<br>tsyõ⁵⁵ miən³³⁴ tə³³ biɑ²⁴ ka³³⁴ tsʰyõ⁵⁵ i⁰ iə³³ tsɛ⁵⁵ po⁵³⁴ , lən¹¹ uɑ̃²⁴ tsʰa³³ mɯn³³ tə³³ biə²⁴ ka³³⁴ n̠ɛ̃³³ ɕyõ⁵³ 。 |
| 52 义乌 | 张明听＝疲个侬抢去一个包，侬推扳点儿听＝渠打去。<br>tsɯan⁴⁵ mien²² tʰən³³ ɕiə⁵ ə⁰ noŋ²² tsʰua³³ ai³³ iə⁵ kə⁵ pɯ ɤ³³⁵ , noŋ²² tʰe⁴² ma³³ nin³³⁵ tʰən³³ ai²² nɛ⁴² ai³¹ 。 |
| 53 东阳 | 张明阿＝包得别个抢获哇，侬也一记儿添打伤。<br>tɕien³⁴ mien²⁴ a³³ pɯɯ³³⁴ te²³ biɛ²³ ka⁴⁴ tɕʰiɔ²⁴ hɯn³³ uɐ³³ , nɔm²³ iɛ²⁴ i³³ tɕin³³ tʰi³³⁴ nɛ⁴⁴ ɕiɔ³³ 。 |
| 54 永康 | 张明担坏侬抢去一个包，侬还推扳点打伤。<br>tɕiaŋ³³ miŋ³¹ na⁵² uai³¹ noŋ²² tɕʰiaŋ³³ kʰɯ⁵² iə³³ kuo⁵² ɓau⁵⁵ , noŋ²² ua³³ tʰəi³³ ma²² n̠ia⁵² nai³³ ɕiaŋ⁵⁵ 。 |
| 55 武义 | 张明让够＝个抢去一个包，侬也一记添打伤罢。<br>tɕiaŋ⁵⁵ min³²⁴ n̠iaŋ²⁴ kau⁵⁵ tɕia⁵³ tɕʰiaŋ⁴⁴⁵ kʰɯ⁰ iə⁵ kə⁰ pau³²⁴ , noŋ³²⁴ ia¹³ iə⁵ tɕi⁵³ tʰie²¹ na⁵⁵ ziaŋ²⁴ ba⁰ 。 |
| 56 磐安 | 张明抖＝坏侬抢去一个包，侬也差帝＝儿抖＝打伤。<br>tɕin³³ mien²¹³ tɐɯ⁵⁵ ua¹⁴ nɔɔm⁵⁵ tɕʰiɔ³³⁴ ɐɯ⁰ iɛ³³⁴ ka⁰ po⁴⁴⁵ , nɔɔm²¹ ia¹⁴ tsʰa³³ tin⁵⁵ tɐɯ⁵⁵ nɛ³³ ɕiɔ⁴⁴⁵ 。 |
| 57 缙云 | 张明担坏人抢去一个包，人也差点打伤。<br>tɕiɔ⁴⁴ mɛŋ⁴⁵³ nɛŋ⁴⁴ ua²¹ nɛŋ²⁴³ tɕʰia⁵¹ kʰɤ⁰ iei⁴⁴ ku⁴⁵³ pɔ⁴⁴ , nɛŋ²⁴³ ia²¹³ tsʰa⁴⁴ tia⁵¹ na⁵¹ ɕiɔ⁴⁴ 。 |
| 58 衢州 | 张明等辣腿抢去了一个包，人推扳点儿等渠敲伤。<br>tʃya³⁵ min²¹ tən³⁵ la²tʰe³⁵ tɕʰiã³⁵ kʰi⁵³ lə⁰ iə⁵ gə⁰ pɔ³² , n̠in²¹ tʰe³² pã̃⁵³ tie³⁵ n̠i²¹ tən³⁵ gi²¹ kʰɔ³⁵ ʃya³² 。 |
| 59 衢江 | 张明担渠拉抢去一个包，侬亦推扳点儿担渠拉捶伤。<br>tɕiã³³ miŋ²¹² nã³³ gə²la⁰ tɕʰiã²⁵ kʰɤ⁰ iə⁵ gə⁰ pɔ³³ , nəŋ²¹² iə² tʰei³³ pã̃³³ tie²⁵ ŋ⁰ nã³³ gə²la⁰ dzy²² ɕiã³³ 。 |
| 60 龙游 | 张明让坏个侬抢去一个包，侬也推扳点儿让渠敲伤。<br>tsa³⁵ min²¹ n̠iã²³¹ ua²³¹ gə⁰ nən²¹ tɕʰiã³³ kʰə²⁴ iə³ gə⁰ pɔ³³⁴ , nən²¹ ia²¹ tʰei³³ pã̃³³ tie³⁵ n̠i²¹ n̠iã²³¹ gɯ⁰ kʰɔ³³ sã̃³³⁴ 。 |

续表

| 方言点 | 0011 张明被坏人抢走了一个包,人也差点儿被打伤。 |
|---|---|
| 61 江山 | 张明得乔侬抢去个嘞包,侬亦少末得渠捶伤。<br>tɕiaŋ²⁴ m ĩ²¹³ təʔ⁵ giɐɯ²² naŋ²¹³ tɕʰiaŋ²⁴ kʰə⁵¹ kəʔ⁵ lɛ⁴⁴ pɐɯ⁴⁴ , naŋ²¹³ iɛʔ² xiɐɯ²⁴ moʔ⁵ təʔ⁵ ŋə²² dza²² ɕiaŋ⁴⁴ 。 |
| 62 常山 | 张明让乔侬抢走一只包,侬得=差点儿得渠捶伤。<br>tɕiã⁴⁴ m ĩ³⁴¹ n̠ia¹³¹ dziɤ²⁴ nã⁰ tɕʰiã⁴³ tɕiu⁵² ieʔ⁴ tseʔ⁵ pɔ⁴⁴ , n ã³⁴¹ t ɤʔ⁵ tsʰa⁴⁴ n̠i ɛ̃²⁴ n⁰ t∧ʔ⁵ ŋɤ⁴⁴ dzɛ²² ɕiã⁴⁴ 。 |
| 63 开化 | 张明得崩=侬抢去一个包,侬也差滴些儿得渠捶伤。<br>tɕiã⁴⁴ min²¹ təʔ⁵ pəŋ⁴⁴ nɤŋ⁰ tɕʰiã⁴⁴ kʰəʔ⁰ iɛʔ⁵ gəʔ⁰ pɐɯ⁴⁴ , nɤŋ²³¹ iɛʔ² tsʰa⁴⁴ tiɛʔ⁰ sɛ⁴⁴ n̠i⁰ təʔ⁵ gəʔ⁰ dzua²³¹ ɕiã⁴⁴ 。 |
| 64 丽水 | 张明乞坏人抢去一个包,人还差滴乞渠打伤。<br>tɕiã²²⁴ min²² kʰəʔ⁴ uɔ²¹ nen⁵² tɕʰiã⁵² kʰɯ⁰ iʔ⁴ kuɔ⁴⁴ pə²²⁴ , nen²²ã̃²² tsʰuo²² tiʔ⁵ kʰ əʔ⁴ gɯ²² nã⁴⁴ ɕiã²²⁴ 。 |
| 65 青田 | 张明乞坏人抢去一个包,人也差两乞渠打伤。<br>ɖɛ³³ meŋ⁵³ kʰa³³ ua²² neŋ⁵³ tɕʰi⁵⁵ kʰi³³ iæʔ⁴ ka⁰ ɓo⁴⁴⁵ , neŋ²¹ ⁵⁵ tsʰa³³ lɛ⁰ kʰa³³ gi²¹ nɛ³³ ɕi⁴⁴⁵ 。 |
| 66 云和 | 张明乞坏人抢去了一个包,人还要差滴儿添乞打伤。<br>tiã²⁴ miŋ³¹ kʰa⁴⁴ ua²² nɛ³¹ tɕʰiã⁴⁴ kʰi⁴⁴ laɔ⁰ iʔ⁴ ki⁴⁵ paɔ²⁴ , nɛ³¹ a²²³ ŋaɔ²²³ tsʰo⁴⁴ tiŋ⁴⁵ tʰiɛ²⁴ kʰɛ⁴⁴ nɛ⁴⁴ ɕiã²⁴ 。 |
| 67 松阳 | 张明乞侬抢了一个包,推扳滴甲=儿侬乞侬打了。<br>tɕiã³³ min³¹ kʰaʔ²³ nəŋ³¹ tɕʰiã²¹ lɔ⁰ iʔ³ kɛ⁰ pɔ⁵³ , tʰɛ²⁴ pɔ̃⁵³ tiʔ⁵ kɔʔ⁰ n⁰ nəŋ³¹ kʰaʔ²³ nəŋ³³ naŋ²¹ lɔ⁰ 。 |
| 68 宣平 | 张明乞强盗抢去一个包,人都差得=乞渠敲伤了。<br>tɕiã⁴⁴ min⁴³³ kəʔ⁴ dziã⁴³ dɔ²³¹ tɕʰiã⁴⁴ xəʔ⁰ iəʔ⁴ kəʔ⁵ pɔ³²⁴ , nin⁴³³ to³² tsʰa³² tiəʔ⁵ kəʔ⁴ gɯ²² kʰ³² ɕiã³² lɔ⁰ 。 |
| 69 遂昌 | 张明乞坏侬抢去了一个包,侬亦差稍儿乞渠捶坏。<br>tɕiaŋ⁴⁵ miŋ²² kʰaʔ³ ua¹³ nəŋ²² tɕʰiaŋ⁵³ kʰ ɤ³³ lɔ⁰ iʔ⁵ kei³³ pɐɯ⁴⁵ , nəŋ²² iaʔ²³ tsʰɒ³³ ɕiɐɯ⁴⁵ n̠iɛ⁰ kʰaʔ⁵ gɤ²² dzʑ²² ua²¹³ 。 |
| 70 龙泉 | 张明个包乞侬抢去唠,侬差滴滴固乞侬打伤唠。<br>tiaŋ⁴⁵ min²¹ gəʔ⁰ pɒ∧⁴³⁴ kʰaʔ³ nəŋ²¹ tɕʰiaŋ⁴⁴ kʰ ɤɯ⁰ lɒ∧⁰ , nəŋ²¹ tsʰo⁴⁴ ti⁴⁴ ti⁴⁵ ku⁴⁴ kʰaʔ³ nəŋ²¹ taŋ⁵³ ɕiaŋ⁴⁵ lɒ∧⁰ 。 |
| 71 景宁 | 张明乞□人抢了一个包,人差粒=先乞渠打伤。<br>tiɛ³³ miŋ⁴¹ kʰaʔ³ ka⁵⁵ naŋ⁴¹ tɕʰiɛ³³ liau³³ iʔ⁵ ki⁰ pau³² , naŋ⁴¹ tsʰa³² lœʔ³ ɕiɛ⁵⁵ kʰaʔ³ ki³³ nɛ³³ ɕiɛ³²⁴ 。 |
| 72 庆元 | 张明乞□侬抢去一个包,侬也钻=□儿乞渠打伤。<br>ɖiã³³⁵ miŋ⁵² kʰɤ¹¹ ka²² noŋ³³ tɕʰiã³³ kʰ ɤ¹¹ iəɯʔ⁵ kæi¹¹ ɓɒ³³⁵ , noŋ⁵² ia¹¹ tsæ̃¹¹ n̠iəŋ⁵⁵ kʰ ɤ¹¹ kɤ²² næ⁵² ɕiã³³⁵ 。 |

续表

| 方言点 | 0011 张明被坏人抢走了一个包，人也差点儿被打伤。 |
|---|---|
| 73 泰顺 | 张明乞□人抢走一个包，人也差两两乞渠打伤。<br>$tia\tilde{}^{22}$ $mi\eta^{53}$ $k^ho^{22}$ $ka^{21}$ $n\epsilon^{22}$ $t\varepsilon^hi\tilde{}a^{55}$ $ts\vartheta u^{55}$ $i\epsilon\mathrm{?}^2$ $ki^{35}$ $pa\mathrm{o}^{213}$, $n\epsilon^{53}$ $y\mathrm{o}^{22}$ $ts^h\mathrm{o}^{213}$ $l\epsilon\mathrm{?}^5$ $le^{22}$ $k^ho^{22}$ $ts\eta^{21}$ $n\ae i^{55}$ $\varepsilon ia^{213}$。 |
| 74 温州 | 张明个包啊乞蠦侬抢去爻罢，侬也争厘儿添乞渠打着罢。<br>$t\varepsilon i^{33}$ $me\eta^{223}$ $ge^0$ $pu\mathrm{o}^{33}$ $a^0$ $ha^{33}$ $m\mathrm{o}^{22}$ $na\eta^{223}$ $t\varepsilon^hi^{25}$ $k^hei^{13}$ $u\mathrm{o}^0$ $ba^0$, $na\eta^{31}$ $a^0$ $tsi\varepsilon^{33}$ $ni\eta^{25}$ $t^hi^0$ $ha^{33}$ $gei^{31}$ $tie^{45}$ $dzia^{212}$ $ba^0$。 |
| 75 永嘉 | 张明个包乞蠦侬抢去爻罢，争厘儿添侬也乞打爻罢。<br>$t\varepsilon ie^{33}$ $me\eta^{21}$ $gi^0$ $pu\mathrm{o}^{44}$ $k^ha^{43}$ $m\mathrm{o}^{22}$ $na\eta^{21}$ $t\varepsilon^hi\varepsilon^{45}$ $e^0$ $g\mathrm{o}^{31}$ $ba^0$, $ts\varepsilon^{33}$ $le^{13}$ $\eta^0$ $t^hi\varepsilon^{44}$ $na\eta^{31}$ $a^0$ $k^ha^{43}$ $t\varepsilon^{45}$ $\mathrm{o}^0$ $ba^0$。 |
| 76 乐清 | 张明个包乞吞=侬抢走爻，侬也差□添乞渠打着罢。<br>$t\varepsilon i\mathrm{w}\Lambda^{44}$ $me\eta^{223}$ $ge^0$ $pa^{44}$ $k^ha^{41}$ $t^ha\eta^{44}$ $na\eta^{223}$ $t\varepsilon^hi\mathrm{w}\Lambda^{35}$ $t\varepsilon iau^0$ $ga^0$, $na\eta^{31}$ $a^0$ $t\varepsilon^hia^{33}$ $\eta e^{35}$ $t^hi\varepsilon^0$ $k^ha^3$ $dzi^0$ $ta^{35}$ $dz\mathrm{w}\Lambda^{212}$ $be^0$。 |
| 77 瑞安 | 张明一个包乞蠦侬抢个爻，侬也争厘儿傸乞打着。<br>$t\varepsilon i\varepsilon^{33}$ $m\mathrm{o}\eta^{21}$ $e^3$ $kai^{53}$ $p\mathrm{o}^{44}$ $k^h\mathrm{o}^{53}$ $me^{31}$ $na\eta^{21}$ $t\varepsilon^hi\varepsilon^{35}$ $gi^0$ $g\mathrm{o}^0$, $na\eta^{31}$ $a^0$ $tsa^{33}$ $li\eta^{22}$ $lei^0$ $k^h\mathrm{o}^{53}$ $ta^{33}$ $dzi\mathrm{o}^{21}$。 |
| 78 平阳 | 张明乞蠦侬抢[去爻]一个包，侬也差能=能=乞渠打伤。<br>$t\varepsilon ie^{33}$ $me\eta^{35}$ $k^hai^{34}$ $m\varepsilon^{21}$ $na\eta^{13}$ $t\varepsilon^hie^{45}$ $k^h\mathrm{o}^{33}$ $i^{45}$ $kai^{33}$ $p\mathrm{o}^{55}$, $na\eta^{13}$ $\Lambda^{21}$ $t\int^h\Lambda^{33}$ $ne\eta^{33}$ $ne\eta^{55}$ $k^hai^{34}$ $i^{33}$ $t\Lambda^{33}$ $\varepsilon ie^{55}$。 |
| 79 文成 | 张明个包乞蠦侬抢[去爻]，侬差一能=乞侬打伤。<br>$t\varepsilon ie^{33}$ $me\eta^{33}$ $kai^{33}$ $bo^{33}$ $k^ha^{33}$ $m\varepsilon^{21}$ $na\eta^{33}$ $t\varepsilon^hie^{45}$ $k^h\mathrm{o}^{21}$, $na\eta^{33}$ $t\int^h a^{33}$ $i^{33}$ $ne\eta^{45}$ $k^ha^{33}$ $na\eta^{33}$ $ta^{33}$ $\varepsilon ie^{13}$。 |
| 80 苍南 | 张明一个包乞蠦侬抢爻罢，侬也差点儿乞打伤。<br>$t\varepsilon i\varepsilon^{33}$ $me\eta^{21}$ $e^3$ $kai^{42}$ $pa^{44}$ $k^h\varepsilon^{42}$ $me^{11}$ $na\eta^{11}$ $t\varepsilon^hi\varepsilon^{53}$ $ga^0$ $ba^0$, $na\eta^{31}$ $a^{53}$ $ts^ha^{33}$ $tia^{53}$ $\eta^{112}$ $k^h\varepsilon^{42}$ $tia^{53}$ $\varepsilon ie^{44}$。 |
| 81 建德<sub>徽</sub> | 张明让坏人抢去一个包，人也推扳一点让别个敲伤。<br>$tsa\eta^{33}$ $min^{211}$ $\textcyr{n}ie^{55}$ $ua^{55}$ $in^{33}$ $t\varepsilon ie^{21}$ $k^hi^{33}$ $i\mathrm{v}\mathrm{?}^3$ $k\mathrm{v}\mathrm{?}^5$ $p\mathrm{o}^{53}$, $in^{33}$ $ie^{55}$ $t^he^{53}$ $p\varepsilon^{21}$ $i\mathrm{v}\mathrm{?}^3$ $tie^{55}$ $\textcyr{n}ie^{55}$ $pi^{21}$ $ka^{33}$ $k^h\mathrm{o}^{53}$ $so^{53}$。 |
| 82 寿昌<sub>徽</sub> | 张明让坏侬抢去一个包，侬也推扳点点让渠敲伤。<br>$ts\tilde{a}^{33}$ $mien^{11}$ $\textcyr{n}i\tilde{a}^{33}$ $ua^{11}$ $n\mathrm{o}\eta^{52}$ $t\varepsilon^hi\tilde{a}^{24}$ $k^h\mathrm{w}^{55}$ $i\vartheta\mathrm{?}^3$ $k\vartheta\mathrm{?}^0$ $p\vartheta\mathrm{w}^{112}$, $n\mathrm{o}\eta^{52}$ $i\ae^{24}$ $t^hi\ae^{11}$ $p\tilde{a}^{11}$ $ti^{33}$ $ti^{52}$ $\textcyr{n}i\tilde{a}^{33}$ $k\vartheta\mathrm{w}^{52}$ $k^h\gamma^{11}$ $s\tilde{a}^{112}$。 |
| 83 淳安<sub>徽</sub> | 张明抄=别侬抢去一只包，侬也差剥=滴滴抄=别侬敲伤。<br>$ts\tilde{a}^{24}$ $min^{435}$ $ts^h\gamma^{24}$ $p^hi\vartheta\mathrm{?}^{13}$ $lon^{24}$ $t\varepsilon^hi\tilde{a}^{55}$ $k^h\mathrm{w}^{55}$ $i\mathrm{?}^5$ $tsa^5$ $p\gamma^{24}$, $lon^{435}$ $a\mathrm{?}^5$ $ts^ho^{21}$ $po\mathrm{?}^5$ $ti\mathrm{?}^5$ $ti\mathrm{?}^5$ $ts^h\gamma^{24}$ $p^hi\vartheta\mathrm{?}^{13}$ $lon^{24}$ $k^h\gamma^{24}$ $s\tilde{a}^{24}$。 |

**续表**

| 方言点 | 0011 张明被坏人抢走了一个包，人也差点儿被打伤。 |
|---|---|
| 84 遂安<sub>徽</sub> | 张明个包叫别侬抢去开，差不点点叫别侬敲伤。<br>tɕiɑ̃⁵⁵ min³³ kə²¹ pɔ⁵² tɕiɔ⁵² pʰiɛ³³ ləŋ³³ tɕʰiɑ̃²¹³ tɕʰy⁴³ kʰəɯ⁴³ , tsʰɑ⁵⁵ pu²¹ ti³³ ti³³ tɕiɔ⁴³ pʰiɛ³³ ləŋ³³ kʰɔ⁵⁵ ɕiɑ̃⁵³⁴ 。 |
| 85 苍南<sub>闽</sub> | 张明合否侬抢走了蜀个包，侬也差点合拍伤。<br>tĩũ³³ bin³³ kʰa²¹ pʰai³³ lan²⁴ tɕʰĩũ⁴³ tsau⁴³ lə⁰tɕie²¹ ke²¹ po⁵⁵ , lan²⁴ ia²¹ tsʰa³³ tian⁴³ kʰa²¹ pʰa³³ ɕiɑŋ⁵⁵ 。 |
| 86 泰顺<sub>闽</sub> | 张明个包喝=破侬抢去，侬差团拍带伤。<br>tio²² miæŋ²² kø?³ pau²¹³ xɛʔ⁵ mai³⁴⁴ nəŋ²² tɕʰyo²² kʰɔi²¹ , nəŋ²² tsʰa²² ki²² pa²² tai³⁴ ɕyo²² 。 |
| 87 洞头<sub>闽</sub> | 张明与否侬抢走啦蜀个包，侬也差蜀鼻仔与拍伤。<br>tĩũ³³ mien²⁴ ha²¹ pʰai³³ laŋ⁵⁵ tɕʰĩũ³³ tsau⁴² la⁰tɕiek²¹ ge²¹ pau³³ , laŋ²⁴ a²¹ tsʰa³³ tɕiek²¹ pʰi²⁴ ia⁵⁵ ha²¹ pʰa³³ ɕioŋ³³ 。 |
| 88 景宁<sub>畲</sub> | 张明分人抢掉一个包，人也差点被人打伤。<br>tioŋ⁴⁴ min²² puən⁴⁴ ȵin²² tɕʰioŋ³²⁵ tʰau⁰it⁵ kə⁴⁴ pau⁴⁴ , ȵin²² ia?² tsʰa⁴⁴ ti⁴⁴ uən⁴⁴ ȵin²² taŋ⁵⁵ ɕiəŋ⁴⁴ 。 |

| 方言点 | 0012 快要下雨了，你们别出去了。 |
|---|---|
| 01 杭州 | 就要落雨嘚，你们覅出去嘚。<br>dzy²² iɔ⁴⁵ loʔ² y⁴⁵ taʔ⁰，ȵi⁵⁵ mәŋ⁰ piɔ⁴⁵ tsʰaʔ³ tɕʰi⁴⁵ taʔ⁰。 |
| 02 嘉兴 | 就要落雨哩，㑚拉勿出去哩。<br>dzɨu¹³ iɔ³³ loʔ⁵ y⁴² li²¹，nei²¹ lʌ¹³ vɛ³³ tsʰәʔ⁵ tɕʰi²¹ li²¹。 |
| 03 嘉善 | 就要落雨敌=，㑚拉㑚出去敌=。<br>dzɨә²² iɔ³⁵ loʔ² y¹³ dieʔ²，nә²² la¹³ ɕiɔ³⁵ tsʰәʔ⁵ tɕʰi⁰ dieʔ²。 |
| 04 平湖 | 要落雨快哩，尔拉嬲出去哩。<br>iɔ³³⁴ loʔ²³ y³³⁴ kʰua⁴⁴ li⁰，n⁴⁴ na⁰ va²³ tsʰәʔ²³ tɕʰi³³⁴ li⁰。 |
| 05 海盐 | 天要落雨哩，㑚外头嬲去哩。<br>tʰiɛ⁵³ iɔ³³⁴ lɔ²³ y⁴²³ li²¹，na⁴²³ a³³ de³¹ vɛ³³⁴ tɕʰi⁴²³ li²¹。 |
| 06 海宁 | 那=要落雨咧，㑚[弗要]跑出去咧。<br>na³³ iɔ³⁵ loʔ² i³⁵ lieʔ²，na⁵³ fiɔ⁵⁵ bɔ⁵³ tsʰәʔ⁵ tɕʰi⁵⁵ lieʔ²。 |
| 07 桐乡 | 实=假=要落雨咧，尔拉[弗要]出去咧。<br>zәʔ²³ kaʔ⁰ iɔ³³ loʔ²³ i⁵³ liɔʔ⁰，ŋ⁴⁴ na⁰ fiɔ⁴⁴ tsʰәʔ³ tɕʰi⁰ liɔʔ⁰。 |
| 08 崇德 | 愁=隔=要落雨嘚，㑚㑚出去嘚么好嘚。<br>zɤɯ²¹ kaʔ⁵ iɔ³³ lɔ²³ i⁵³ dәʔ⁰，na⁵³ ɕiɔ³³ tsʰәʔ⁵ tɕʰi⁰ dәʔ⁰ mәʔ⁰ hɔ⁵³ dәʔ⁰。 |
| 09 湖州 | 要落雨快[嘚嗳]，㑚[弗要]出去[嘚嗳]。<br>iɔ³³ luoʔ² i³⁵ kʰua⁵³ dɛ¹³，na¹³ fiɔ⁵³ tsʰәʔ⁵ tɕʰi²² dɛ⁰。 |
| 10 德清 | 就要落雨[嘚嗳]，㑚㑚出去[嘚嗳]。<br>dzɨʉ³³ iɔ³⁵ luoʔ² i¹³ dɛ³¹，na⁵³ ɕiɔ³³ tsʰәʔ⁵ tɕʰi³³ dɛ³³。 |
| 11 武康 | 快要落雨[嘚嗳]，㑚㑚出去[嘚嗳]。<br>kʰua³⁵ iɔ⁵³ luoʔ² i³⁵ dɛ³¹，na³¹ ɕiɔ⁵³ tsʰәʔ⁵ tɕʰi⁴⁴ dɛ⁴⁴。 |
| 12 安吉 | 就介=要落雨嘚，㑚弗要出去嘚。<br>zɨu²¹ ka²¹³ iɔ³² loʔ² i⁵² tәʔ⁰，na²¹³ fәʔ⁵ iɔ³² tsʰәʔ⁵ tɕʰi³² tәʔ⁰。 |
| 13 孝丰 | 就加=要落雨嘞，㑚勿出去嘞。<br>zɨu²¹ ka²⁴ iɔ³²⁴ luoʔ² i⁵² le⁰，naʔ²³ fiɔ³²⁴ tsʰәʔ⁵ tɕʰi³² le⁰。 |
| 14 长兴 | 就介=要落雨嘞，㑚弗要出去嘞。<br>ʒiɣ¹² ka²⁴ iɔ³²⁴ loʔ² ʅ⁵² lɛ⁰，na⁵² fәʔ³ iɔ³²⁴ tsʰәʔ⁵ tʃʰʅ³² lɛ⁰。 |
| 15 余杭 | 就要落雨[嘚嗳]，是㑚㑚出去[嘚嗳]。<br>zɨɣ³³ iɔ⁵³ loʔ² i⁵³ dɛ³¹，zәʔ² na⁵³ ɕiɔ⁵⁵ tɕʰәʔ⁵ tɕʰi⁵⁵ dɛ³¹。 |
| 16 临安 | 落雨快唻，㑚[弗要]出去唻。<br>luɔʔ² y⁵⁵ kʰua⁵⁵ lɛ⁵⁵，na³³ fiɔ⁵⁵ tsʰɐʔ⁵ tɕʰi⁵⁵ lɛ³³。 |

续表

| 方言点 | 0012 快要下雨了，你们别出去了。 |
|---|---|
| 17 昌化 | 快要落雨嘞，尔拉都不要出去嘞。<br>kʰua⁵⁴ iɔ²⁴ luəʔ² y⁴⁵ lɛ⁰ ，ŋ²³ la⁵³ tɯ³³ pəʔ⁵ iɔ²⁴ tsʰəʔ⁵ tɕʰi⁵⁴ lɛ⁰ 。 |
| 18 於潜 | 天要落雨嘞，你们不要出去嘞。<br>tʰie⁴³³ iɔ³⁵ læʔ² y⁵³ liæʔ² ，ni⁵³ meŋ³¹ piɔ³⁵ tsʰuəʔ⁵³ tɕʰi³⁵ liæʔ² 。 |
| 19 萧山 | 落雨快敌=，尔拉弗可走出去。<br>ləʔ¹³ y¹³ kʰua³³ die⁰ ，n¹³ la²¹ fəʔ⁵ kʰo⁴² tɕio³³ tsʰəʔ⁵ tɕʰi²¹ 。 |
| 20 富阳 | 马浪=要落雨嗫，俫[弗要]出去嘞。<br>mo²²⁴ lɑ̃¹³ i³³⁵ loʔ² y²²⁴ tɛʔ⁰ ，na²²⁴ fiɔ³³⁵ tsʰɛʔ⁵ tɕʰi³³⁵ ləʔ⁰ 。 |
| 21 新登 | 快要落雨嘞，尔拉[弗要]出去嘞。<br>kʰua⁴⁵ iɔ³³⁴ laʔ² ɥ³³⁴ laʔ⁰ ，ŋ³³⁴ ləʔ⁰ fiɔ⁴⁵ tɕʰyəʔ⁵ tɕʰi³³⁴ laʔ⁰ 。 |
| 22 桐庐 | 快要落雨嗫，你得=勿要出去嗫。<br>kʰuA³⁵ iɔ³³ laʔ²¹ y⁴² təʔ²¹ ，ni³³ təʔ³ vəʔ²¹ iɔ³³ tɕʰyəʔ⁵ kʰi²¹ təʔ²¹ 。 |
| 23 分水 | 快要下雨嘞，不要出去嘞。<br>kʰuɛ²⁴ iɔ²¹ zia²⁴ y⁵³ la⁰ ，pəʔ⁵ iɔ²⁴ tsʰuəʔ⁵ tɕʰy²⁴ la⁰ 。 |
| 24 绍兴 | 天要落雨哉，俫落娒走出去哉。<br>tʰiẽ³³ iɔ³³ loʔ⁵ y²²³ zE³¹ ，na²² loʔ³ fiɔ³³ tsɤ³³ tsʰeʔ³ tɕʰi⁴⁴ zE³¹ 。 |
| 25 上虞 | 要落雨哉，俫□去哉。<br>iɔ⁵⁵ loʔ² y²¹³ tse⁵³ ，na²¹ ya⁵³ tɕʰi⁵⁵ tse⁰ 。 |
| 26 嵊州 | 马上要落雨哉，俫[弗要]走出去哉。<br>mo²² zaŋ²³¹ iɔ³³ loʔ⁵ y²⁴ tsE³¹ ，na²⁴ fia⁵³ tɕiɤ³³ tsʰəʔ³ tɕʰi³³ tsE³¹ 。 |
| 27 新昌 | 快要落雨了，俫好笑=出去了。<br>kʰua³³ iɔ³³ lɤʔ² y³³ le⁴⁵ ，na¹³ hɔ³³ ɕiɔ³³ tsʰeʔ⁵ tɕʰi³³ le³¹ 。 |
| 28 诸暨 | 马上要落雨啊，[你拉]弗要走出去啊。<br>mo¹³ zã³³ iɔ³³ loʔ²¹ y¹³ A²¹ ，niA¹³ fəʔ⁵ iɔ³³ tsei⁴² tsʰoʔ⁵ kʰie²¹ A³³ 。 |
| 29 慈溪 | 要落雨快哉，侬搭弗格走出去哉。<br>iɔ⁴⁴ loʔ² y¹³ kʰua tse⁰ ，nuŋ¹³ taʔ² faʔ⁵ kəʔ² tsø³³ tsʰəʔ⁵ kʰe⁴⁴ tse⁰ 。 |
| 30 余姚 | 要落雨快唧哉，俫好觪出去哉。<br>iɔ⁴⁴ loʔ² y¹³ kʰua⁴⁴ lɔŋ¹³ tse⁴⁴ ，na ʔ² hɔ³⁴ uŋ⁴⁴ tsʰəʔ⁵ kʰe⁴⁴ tse⁴⁴ 。 |
| 31 宁波 | 马上要落雨嘞，俫莫出去嘞。/雨马上要落嘞，俫莫出去嘞。<br>mo¹³ zɔ⁰ io⁴⁴ loʔ² y⁴⁴ lʁi⁰ ，na ʔ² moʔ² tsʰoʔ⁵ tɕʰi⁴⁴ lʁi⁰ 。 /y¹³ mo¹³ zɔ⁰ io⁴⁴ loʔ² lʁi⁰ ，na ʔ² moʔ² tsʰoʔ⁵ tɕʰi⁴⁴ lʁi⁰ 。 |

**续表**

| 方言点 | 0012 快要下雨了，你们别出去了。 |
|---|---|
| 32 镇海 | 快要落雨来，倗拉甮出去唻。<br>kʰua$^{33}$ io$^{33}$ loʔ$^{12}$ y$^{24}$ le$^{0}$，na$^{22}$ laʔ$^{5}$ vəŋ$^{24}$ tsʰoʔ$^{5}$ tɕʰi$^{53}$ le$^{0}$。 |
| 33 奉化 | 就要落雨来，倗莫走出去唻。<br>dʑiɤ$^{33}$ iɔ$^{0}$ loʔ$^{2}$ y$^{324}$ le$^{0}$，na$^{33}$ maʔ$^{2}$ tsæi$^{44}$ tsʰoʔ$^{2}$ tɕʰi$^{44}$ le$^{0}$。 |
| 34 宁海 | □要落雨来$^{=}$，尔些人甮出去唻。<br>beʔ$^{3}$ ieu$^{35}$ lɔʔ$^{3}$ y$^{31}$ lei$^{0}$，ŋ$^{22}$ saʔ$^{3}$ ȵiŋ$^{213}$ vəŋ$^{24}$ tsʰyəʔ$^{3}$ tɕʰi$^{0}$ lei$^{0}$。 |
| 35 象山 | 快要落雨嘞，尔拉合$^{=}$文$^{=}$出去嘞。<br>kʰua$^{53}$ io$^{44}$ loʔ$^{2}$ y$^{31}$ lei$^{0}$，n$^{31}$ naʔ$^{2}$ aʔ$^{2}$ vəŋ$^{13}$ tsʰoʔ$^{5}$ tɕʰiɛ$^{0}$ lei$^{0}$。 |
| 36 普陀 | 快要落雨唻，尔拉莫去唻。<br>kʰua$^{55}$ iɔ$^{33}$ loʔ$^{2}$ y$^{23}$ lɛ$^{53}$，n$^{33}$ nɐʔ$^{5}$ ma$^{53}$ tɕʰi$^{55}$ lɛ$^{53}$。 |
| 37 定海 | 快要落雨唻，倗莫走出去唻。<br>kʰua$^{44}$ io$^{33}$ loʔ$^{2}$ y$^{33}$ lɐi$^{52}$，nɐʔ$^{2}$ ma$^{52}$ tsɐi$^{52}$ tsʰoʔ$^{0}$ tɕʰi$^{0}$ lɐi$^{0}$。 |
| 38 岱山 | 马上要落雨的$^{=}$唻，尔拉外头莫去唻。<br>mo$^{23}$ zõ$^{0}$ io$^{33}$ loʔ$^{2}$ y$^{45}$ ti$^{0}$ lɐi$^{0}$，ŋ$^{23}$ nɐʔ$^{2}$ ŋa$^{11}$ dœʏ$^{44}$ ma$^{44}$ tɕʰi$^{44}$ lɐi$^{44}$。 |
| 39 嵊泗 | 再晌眼要落雨唻，倗甮出去唻。<br>tse$^{44}$ zõ$^{44}$ ŋɛ$^{44}$ io$^{33}$ loʔ$^{2}$ y$^{44}$ lɐi$^{0}$，nɐʔ$^{2}$ vɐŋ$^{24}$ tsʰoʔ$^{3}$ tɕʰi$^{0}$ lɐi$^{0}$。 |
| 40 临海 | 便要落雨呀，尔班人僄走出去。<br>be$^{22}$ ieʔ$^{3}$ loʔ$^{2}$ y$^{52}$ iəʔ$^{0}$，n$^{33}$ pɛ$^{55}$ ȵiŋ$^{21}$ ɕiə$^{55}$ tsə$^{52}$ tɕʰyeʔ$^{0}$ kʰe$^{55}$。 |
| 41 椒江 | 便要落雨爻，尔态$^{=}$僄越出去。<br>bəʔ$^{2}$ iɔ$^{0}$ loʔ$^{2}$ y$^{42}$ ɔ$^{0}$，n$^{42}$ tʰə$^{55}$ ɕiɔ$^{55}$ diɔ$^{31}$ tsʰøʔ$^{0}$ kʰə$^{0}$。 |
| 42 黄岩 | 要落雨紧爻，尔态$^{=}$僄越出去。<br>ieʔ$^{3}$ loʔ$^{2}$ y$^{42}$ tɕin$^{35}$ ɔ$^{0}$，n$^{42}$ tʰe$^{51}$ ɕiɔ$^{55}$ diɔ$^{121}$ tsʰøʔ$^{0}$ kʰie$^{55}$。 |
| 43 温岭 | 便要落雨爻，尔许僄走出去。<br>be$^{13}$ iʔ$^{3}$ loʔ$^{2}$ y$^{42}$ ɔ$^{0}$，n$^{42}$ he$^{0}$ ɕiɔ$^{55}$ tsɤ$^{42}$ tɕʰyʔ$^{0}$ kʰə$^{0}$。 |
| 44 仙居 | 快要落雨呀，尔家人嘀走出去。<br>kʰua$^{55}$ iəʔ$^{0}$ lɑʔ$^{23}$ y$^{24}$ iaʔ$^{0}$，ŋ$^{24}$ ko$^{0}$ ȵin$^{0}$ gɐɯ$^{24}$ tsəɯ$^{31}$ tɕʰyɔʔ$^{3}$ kʰæ$^{55}$。 |
| 45 天台 | 天要落雨落，尔两个南$^{=}$出去落。<br>tʰie$^{33}$ ieu$^{33}$ lɔʔ$^{2}$ y$^{21}$ lɔʔ$^{2}$，ŋ$^{21}$ lia$^{21}$ kou$^{0}$ ne$^{22}$ tɕʰyʔ$^{5}$ kʰe$^{55}$ lɔʔ$^{2}$。 |
| 46 三门 | 快要落雨啦，尔落$^{=}$人僄出去。<br>kʰua$^{55}$ iɑu$^{55}$ lɔʔ$^{2}$ y$^{325}$ la$^{0}$，ŋ$^{325}$ lɔʔ$^{5}$ niŋ$^{113}$ ɕiɑu$^{55}$ tɕʰyəʔ$^{5}$ tɕʰi$^{0}$。 |
| 47 玉环 | 便要落雨爻，尔倈僄走出去。<br>be$^{24}$ iɐʔ$^{3}$ loʔ$^{2}$ y$^{42}$ ɔ$^{0}$，n$^{33}$ le$^{0}$ ɕiɔ$^{55}$ tɕiɤ$^{42}$ tɕʰyoʔ$^{3}$ kʰie$^{0}$。 |

**续表**

| 方言点 | 0012 快要下雨了，你们别出去了。 |
|---|---|
| 48 金华 | 一记添儿要落雨了，尔浪＝弗要趋出去了。<br>iəʔ³tɕie⁵⁵tʰiɛ̃³³⁴iao⁵⁵lɔʔ²¹y⁵⁵ləʔ⁰，ŋ⁵⁵naŋ¹⁴fəʔ³iao⁵⁵biəʔ²¹tɕʰyəʔ³kʰɤ⁵⁵ləʔ⁰。 |
| 49 汤溪 | 便落雨罢，尔□［弗要］出去。<br>bie¹¹³lə¹¹y¹¹bɑ¹¹³，ŋ¹¹ta⁵²fi³³tɕʰyɤ⁵⁵kʰəɯ⁰。 |
| 50 兰溪 | 就要落雨嘞，依拉［弗要］出去嘞。<br>ziəɯ²⁴iɔ³³⁴lɔʔ¹²y⁵⁵ləʔ⁰，noŋ⁵⁵ləʔ¹²fiɔ⁴⁵tɕʰyəʔ³⁴kʰiɔ⁰ləʔ⁰。 |
| 51 浦江 | □落歇啦，尔嘚［弗要］出［去啊］。<br>tɕʰiɑ̃⁵⁵lɔ²⁴aˀla⁰，n⁵⁵tɛˀfe⁵⁵tɕʰyəˀˀia⁰。 |
| 52 义乌 | 快要落雨了，尔拉勬出去了。<br>kʰua³³ie³³lɔˀy³¹²lə⁰，n⁴²na³³bie²⁴tɕʰyəˀˀai³³lə⁰。 |
| 53 东阳 | 乐落雨哇，尔拉弗乐出去。<br>ŋɐɯ²⁴lɔʔ²³yu⁵⁵uɐ³³，n²⁴na³³fɐ³³ŋɐɯ³³tsʰɐ³³kʰəɯ⁴⁴。 |
| 54 永康 | 快乐落雨咧，尔粒＝依乐蹴出去。<br>tɕʰya⁵²ŋau³¹lau³³y¹¹³lia⁰，ŋ³¹lɤ⁰noŋ⁵⁵ŋau⁵²lie³¹tɕʰyə³³kʰɯ⁵²。 |
| 55 武义 | 快乐落雨罢，偌两个［弗乐］出去嘞罢。<br>tsʰua⁵³ŋau⁵⁵lɔˀy¹³bɑ⁰，nɔ¹³liaŋ³²tɕia⁵³fau⁵³tɕʰye⁵³kʰɯ⁰ləʔ⁰bəu⁰。 |
| 56 磐安 | 快乐落雨哇，尔拉弗乐出去哇。<br>kʰua⁵⁵ŋɔ³³luə⁵⁵y³³⁴uə⁰，n⁵⁵na³³fɔ⁵⁵ŋɔ⁵⁵tɕʰyɛ³³⁴ɐɯ⁰uə⁰。 |
| 57 缙云 | 快乐落雨罢，［你些］人莫蹴出歘。<br>kʰua⁵¹ŋɔ⁴⁵³lɔ⁵¹y³¹vɑ⁰，ȵiɛŋ²¹nɛŋ⁴⁵³mɔ⁵¹lie⁵¹tɕʰyɛ⁴⁵³ei⁰。 |
| 58 衢州 | 快要落大雨了，你达＝［弗要］出去。<br>kʰuɛ⁵³iɔ⁵³ləˀ²duˀ²³¹y⁵³lə⁰，ȵi⁵³daˀfɛ⁵³tʃʰyəˀ²kʰi⁰。 |
| 59 衢江 | 快落雨罢，你拉［弗乐］出去罢。<br>kʰua⁵³ləʔ²yø²¹²bɑ⁰，ȵiəʔ²laˀvɔ²¹²tɕʰiaˀkʰɤ⁵³bɑ⁰。 |
| 60 龙游 | 快乐落雨罢，你拉弗乐出去罢。<br>kʰuɑ³³ŋɔ²³¹ləʔ²y²²⁴bɑ⁰，ȵi²²lɑ²²⁴fɔʔ⁴ŋɔ²¹tsʰuəʔ³kʰəʔ⁴bɑ⁰。 |
| 61 江山 | 快□断＝雨罢，你些依莫出去罢。<br>kʰua⁴⁴lɐɯ⁵¹dəŋ²²yə²²bɒ⁰，ȵi²²ɕiɛˀ⁵naŋ⁵¹moˀ²tɕʰyɛˀ⁵kʰə⁰bɒ⁰。 |
| 62 常山 | 快罗＝动＝雨罢，尔星依弗罗＝出去罢。<br>kʰuɛ⁵²lɔ²⁴doŋ²²yʌˀ³⁴bɛ⁰，n²⁴sĩ⁵²nɑ̃⁰fɤˀlɔ²⁴tsʰɛˀkʰɤˀbɛ⁰。 |
| 63 开化 | 快助＝动＝雨罢，［你俫］就莫个出去罢。<br>kʰua⁴⁴zɑ⁰dɤŋ²¹yo²¹³bɑ⁰，nɛ¹³dziʋ⁰məˀ²gəˀ¹³tɕʰyaˀ⁵kʰəˀ⁰bɑ⁰。 |

续表

| 方言点 | 0012 快要下雨了，你们别出去了。 |
|---|---|
| 64 丽水 | 快乐落雨罢，你粒=人[弗乐]出去得罢。<br>kʰuɔ⁴⁴ ŋə²² lə²² ɥ⁵⁴⁴ buɔ⁰ , n̠i⁵² lə²¹ nen²² ŋə⁵² tɕʰyɛʔ⁵ kʰɯ⁰ tiʔ⁵ buɔ⁰ 。 |
| 65 青田 | 快爱落雨罢，你两人弗爱走出。<br>kʰua³³ ɛ³³ loʔ³ vu⁴⁵⁴ ba⁰ , n̠i⁵⁵ lɛ⁰ nen²¹ faʔ⁴ ɛ³³ tsæi³³ tɕʰyæʔ⁴² 。 |
| 66 云和 | 快乐断=雨哇，你人弗乐出去哇。<br>kʰua⁴⁵ ŋɑɔ²²³ dəŋ²²³ y⁴¹ ua⁰ , n̠i⁴⁴ ne³¹ fuʔ⁴ ŋɑɔ⁴⁵ tɕʰyɛʔ⁴ kʰi⁴⁵ ua⁰ 。 |
| 67 松阳 | 快乐断=雨了，是尔些侬[弗乐]出去了。<br>kʰua²⁴ ŋɔ²² den²² yɛ²² lɔ⁰ , ʑiʔ² n̠²² sɛ⁰ nəŋ³¹ ŋaʔ⁵ tɕʰyɛ³ kʰɯ²⁴ lɔ⁰ 。 |
| 68 宣平 | 快乐落雨罢，尔两个[弗乐]挖=出去得了。<br>kʰua⁴⁴ ŋə²² ləʔ² y²² ba⁰ , n²² lɛ⁵² ka⁰ fa⁵⁵ uaʔ⁵ tɕʰyɛʔ⁴ xə⁰ tiɛʔ⁴ lɔ⁰ 。 |
| 69 遂昌 | 快乐洞=雨了，你些侬弗乐出去罢。<br>kʰua³³ ŋɐɯ²¹ dəŋ²¹ yɛ¹³ lə⁰ , n̠iɛ¹³ sɛʔ⁵ nəŋ⁰ fɐɯ⁵ ŋɐɯ²¹ tɕʰyɛ⁵ kʰɤ³³ ba⁰ 。 |
| 70 龙泉 | 快落雨罢，你拉[弗乐]出去罢。<br>kʰua⁴⁴ louʔ³ y⁵¹ ba⁰ , n̠i⁴⁴ la⁰ vaʌ²²⁴ tɕʰyoʔ³ kʰɤɯ⁰ ba⁰ 。 |
| 71 景宁 | 快乐断=雨罢，你拉莫挖=出去哇。<br>kʰuɔ³⁵ ŋɔ³³ daŋ⁵⁵ y³³ ba⁰ , n̠i³³ la⁰ moʔ²³ uɔʔ⁵ tɕʰyœʔ³ kʰi⁵⁵ ua⁰ 。 |
| 72 庆元 | 快乐落雨了，你侬[否乐]出去了。<br>kʰua¹¹ ŋɒ³³ loʔ³⁴ yɛ³³ lɔ³³ , n̠iɛ²² noŋ³³ faʔ³³ tɕʰyɛʔ⁵ kʰɤ¹¹ lɔ³³ 。 |
| 73 泰顺 | 乐□雨哇，你人莫挖=出哇。<br>ŋɑɔ²² təŋ²¹ y⁵⁵ uɔ⁰ , n̠i⁵⁵ ne⁵³ moʔ² uɔʔ⁵ tɕʰyɛʔ² uɔ⁰ 。 |
| 74 温州 | 迫近落雨罢，你侤[否爱]走出唉。<br>pa³ dʑiaŋ¹⁴ loʔ² vu¹⁴ be⁰ , n̠i¹⁴ lei⁰ faiʔ³³ tsau⁴⁵ tɕʰy³²³ ei⁰ 。 |
| 75 永嘉 | 快会落雨罢，你侤[否爱]走出呐。/迫近会落雨罢，你侤[否爱]走出呐。<br>kʰa⁵³ vai²² loʔ²¹ u¹³ ba⁰ , n̠i¹³ lei⁰ faiʔ⁴⁴ tsau⁴⁵ tɕʰy⁰ nɔ⁰ 。 /paʔ⁴³ dʑiaŋ⁴⁵ vai²² loʔ²¹ u¹³ ba⁰ , n̠i¹³ lei⁰ faiʔ⁴⁴ tsau⁴⁵ tɕʰy⁰ nɔ⁰ 。 |
| 76 乐清 | 落雨道罢，你侤[否爱]走出去呐。<br>loʔ² y²⁴ dɤ²⁴ be⁰ , n̠i²⁴ li⁰ faiʔ⁴⁴ tɕiau³⁵ tɕʰyɛ³²³ dʑi⁰ na⁰ 。 |
| 77 瑞安 | 就落雨道=呗，你侤[否爱]走出唉。<br>zou²¹² loʔ² y¹³ dɛ¹³ bei⁰ , n̠i¹³ lei⁰ feʔ⁴⁴ tsau³⁵ tɕʰy⁰ e⁰ 。 |
| 78 平阳 | 就要落雨罢，你侤[否爱]走出。<br>zɛu²¹ ye⁴⁵ loʔ²¹ vu¹³ bA²¹ , n̠ie⁴⁵ lɛ³³ faiʔ³³ tʃau⁴⁵ tʃʰθ²¹ 。 |
| 79 文成 | 快乐落雨罢，你侤[否爱]走出。<br>kʰɔ²¹ ŋɔ²¹ loʔ²¹ vu³³ bɔ²¹ , n̠i³³ lɛ²¹ faiʔ³³ tʃau⁴⁵ tʃʰø²¹ 。 |

**续表**

| 方言点 | 0012 快要下雨了，你们别出去了。 |
|---|---|
| 80 苍南 | 快要落雨罢，你侪[否爱]趍出。/快落雨罢，你侪[否爱]趍出。<br>kʰia⁴²yɛ⁴²lo¹¹y⁵³ba⁰,n̠i⁵³le⁰huai⁴⁴dyɔ³¹tɕʰyɛ⁰。/kʰia⁴²lo¹¹y⁵³ba⁰,n̠i⁵³le⁰huai⁴⁴dyɔ³¹tɕʰyɛ⁰。 |
| 81 建德<sub>徽</sub> | 快落雨罢，尔拉弗要出去。<br>kʰuɑ³³lo²¹y²¹pɐʔ⁰,n²¹nɑ²¹³fɐʔ³iɔ⁵⁵tɕʰyɐʔ⁵kʰi³³。 |
| 82 寿昌<sub>徽</sub> | 快要落雨罢，尔拉勿要出去罢。<br>kʰuɑ³³iɤ³³lɔʔ³y⁵⁵pɑ⁰,n³³nɑ¹¹uɘʔ³iɤ⁵⁵tɕʰyɘʔ³kʰɘɯ³³pɑ⁰。 |
| 83 淳安<sub>徽</sub> | 快要落雨罢，南=拉不要出去罢。<br>kʰuɑ²⁴iɤ²⁴lɑʔ¹³ya⁵⁵pɑ⁰,lã²¹lɑʔ⁵pəʔ⁵iɤ²⁴tsʰuəʔ³kʰɯ²⁴pɑ⁰。 |
| 84 遂安<sub>徽</sub> | 快落雨嘞，伊洒=侬=不要出去。<br>kʰuɑ⁵²lo²¹y⁵⁵le³³,i⁵⁵sɑ³³ləŋ³³pu²⁴iɔ⁵⁵kʰue⁵⁵kʰə⁵⁵。 |
| 85 苍南<sub>闽</sub> | 快要落雨了，恁们无要出去。<br>kʰuai²¹iau²¹lo²¹hɔ²¹lə⁰,lin⁴³bun²⁴bɔ²⁴iau²¹tsʰuə⁴³kʰɯ²¹。 |
| 86 泰顺<sub>闽</sub> | 快乐荡雨了，尔侬莫走出啊。<br>kʰai²²ŋa³¹to³⁴xou³¹lø?⁰,n²²nəŋ²²moʔ³tsau²²tɕʰyɪʔ³a²²。 |
| 87 洞头<sub>闽</sub> | 差无多落雨啦，恁唔通出去啦。<br>tsʰa³³bɔ²¹to³³lo²¹hɔ²¹la⁰,lin⁵³m²¹²tʰɯŋ³³tsʰuət⁵kʰɯ²¹la⁰。 |
| 88 景宁<sub>畲</sub> | 就要落水阿=，你侬莫出去。<br>tɕiəu⁵¹oi⁴⁴loʔ²ɕy³²⁵a⁰,n̠i²²naŋ²²moʔ²tɕʰyt⁵xy⁴⁴。 |

| 方言点 | 0013 这毛巾很脏了，扔了它吧。 |
|---|---|
| 01 杭州 | 格毛巾冒捧嘚，掼了它算嘚。／格块毛巾冒＝□嘚，掼了它算嘚。<br>kaʔ⁵ mɔ²² tɕiŋ⁴⁵ mɔ¹³ foŋ³³⁴ taʔ⁰，guɛ¹³ liɔ⁴⁵ tʰa³³ suo⁴⁵ taʔ⁰。／kaʔ³ kʰuei⁴⁵ mɔ²² tɕiŋ⁴⁵ mɔ¹³ foŋ³³⁴ taʔ⁰，guɛ¹³ liɔ⁴⁵ tʰa³³ suo⁴⁵ taʔ⁰。 |
| 02 嘉兴 | 葛毛巾蛮垃圾哩，掼脱伊。<br>kəʔ⁵ mɔ¹³ tɕiŋ³³ mɛ³³ lA²⁴ ɕi²¹ li²¹，guɛ¹³ tʰ əʔ⁵ i²¹。 |
| 03 嘉善 | 葛块手巾是啊赖到来是啊，乩踢＝伊好敋＝。<br>kɔʔ⁵ kʰuɛ³⁵ sə⁴⁴ tɕiŋ⁵³ zɿ¹³ a⁰ la¹³ tɔ³⁵ lɛ⁵³ zɿ¹³ a¹³，tuoʔ⁵ tʰ ɚʔ⁴ i⁵³ xɔ⁰ dieʔ⁰。 |
| 04 平湖 | 葛块手巾邋遢来，掼脱兹好哩。<br>kəʔ²¹ kʰue³³⁴ səɯ²¹³ tɕiŋ⁵³ laʔ³ taʔ⁵ lɛ⁰，guɛ²¹³ tʰ əʔ⁵ zɿ⁰ hɔ²¹³ li⁰。 |
| 05 海盐 | 斛＝块毛巾垃圾来，掼脱兹么好哩。<br>gəʔ²¹ kʰue³³⁴ mɔ²⁴ tɕiŋ⁵³ la¹³ ɕi²¹ lɛ²¹，guɛ²³ tʰ əʔ⁵ zɿ²¹ mə²¹ xɔ¹³ li²¹。 |
| 06 海宁 | 格块毛巾蛮邋杂咧，掼掉伊好咧。<br>kəʔ⁵ kue⁵³ mɔ³³ tɕiŋ⁵⁵ mɛ⁵⁵ ləʔ² zəʔ² lieʔ²，guɛ³³ diɔ³³ i³³ hɔ³³ lieʔ²。 |
| 07 桐乡 | 即块潮＝面手巾邋遢得来，好掼掉咧。<br>tɕiɛ³ kʰuei³³⁴ zɔ²¹ miɛ⁴⁴ sɤɯ⁴⁴ tɕiŋ⁵³ laʔ²³ tʰa³ təʔ³ lɛ⁰，hɔ⁵³ guɛ²¹ diɔ⁰ lieʔ⁰。 |
| 08 崇德 | 葛块手巾垃圾得来，掼把掉么好嘚。<br>kəʔ³ kʰui³³⁴ sɤɯ⁵⁵ tɕiŋ⁰ laʔ⁰ ɕi³³ təʔ⁰ lɛ⁰，guɛ²⁴ po⁰ diɔ⁰ məʔ⁰ hɔ⁰ dəʔ⁰。 |
| 09 湖州 | 块潮＝面手巾糟华＝［嘚噯］，丢把脱么好［嘚噯］。<br>kʰuɛ⁵³ dzɔ³³ miɛ³³ ɕiɤ³⁵ tɕiŋ⁵³ tsɔ⁴⁴ uo⁵³ dɛ³¹，tiɤ⁴⁴ puo⁴⁴ tʰ əʔ⁵ məʔ² xɔ³⁵ dɛ¹³。 |
| 10 德清 | 葛块毛巾蛮邋踢［嘚噯］，愰伊敋么好［嘚噯］。<br>kəʔ⁵ kʰuɛ³⁵ mɔ⁵³ tɕiŋ³¹ mɛ³³ ləʔ² tʰ əʔ⁵ dɛ⁰，ɕiɔ³³ i³³ dieʔ² məʔ² xɔ³³ dɛ⁰。 |
| 11 武康 | 葛块毛巾嗨＝回邋杂［嘚噯］，乩把掉么好［嘚噯］。<br>kɚʔ⁵ kʰuɛ³⁵ mɔ³³ tɕiŋ³⁵ xɛ³⁵ uɛ⁵³ ləʔ² zəʔ³ dɛ³¹，tuoʔ⁵ po³⁵ diɔ⁵³ məʔ² xɔ³⁵ dɛ³¹。 |
| 12 安吉 | 格条手巾介邋遢哦，掼掉伊哦。<br>kəʔ³ diɔ²² səɪ⁵² tɕiŋ²¹ ka⁵² ləʔ² tʰ əʔ⁵ ʊ²¹³，guɛ²¹ tiɔ²² i²² ʊ²¹³。 |
| 13 孝丰 | 葛块手巾蛮邋遢嘞，掼掉渠哦。／葛块手巾蛮邋遢嘞，好掼掉嘞。<br>kəʔ³ kʰue⁴⁴ mɔ²² tɕiŋ²² mɛ⁵² laʔ² taʔ⁵ le⁰，guɛ²¹ tiɔ²² dʑi²² ʊ³²⁴。／kəʔ³ kʰue⁴⁴ mɔ²² tɕiŋ²² mɛ⁵² laʔ² taʔ⁵ le⁰，hɔ⁵² guɛ²¹ tiɔ²² le⁰。 |
| 14 长兴 | 格块毛巾龌龊煞嘞，快点□脱伊嘞。<br>kəʔ³ kʰuɯ³² mɔ¹² tʃiŋ³³ oʔ³ tsʰoʔ³ sa⁵ lɛ⁰，kʰua³² ti²⁴ huɛ³²⁴ tʰ əʔ⁵ ɿ¹² lɛ⁰。 |
| 15 余杭 | 即块手巾介垃圾个，掼把了么好［嘚噯］。<br>tɕieʔ⁵ kʰuɛ⁵³ səɤ⁵³ tɕiŋ⁵³ ka³⁵ la¹³ tɕʰi³⁵ go³¹，guɛ³³ po³⁵ liɔ³³ mə² xɔ⁵³ dɛ³¹。 |

续表

| 方言点 | 0013 这毛巾很脏了，扔了它吧。 |
|---|---|
| 16 临安 | 块脸布介捧咪，掼掉么算咪。<br>kʰuɛ⁵³ liɛ³¹ pu⁵⁵ ka⁵³ foŋ⁵³ lɛ³³，guɛ³³ diɔ³³ mɐʔ² sœ³³ lɛ³³。 |
| 17 昌化 | 葛条棉布蛮邋遢嘞，碾＝渠掼了嘞。<br>kəʔ⁵ diɔ¹¹² mi ĩ¹¹ pu⁴⁵ mɔ̃¹¹² laʔ² tʰaʔ⁵ lɛ⁰，n̠i ĩ²⁴ guɯ¹¹² gu ɔ̃²⁴ ləʔ⁰ lɛ⁰。 |
| 18 於潜 | 格条毛巾木佬佬邋遢嘞，掼了算嘞。<br>kəʔ⁵³ diɔ²⁴ mɔ²² tɕiŋ⁴³³ mɑʔ² lɔ²⁴ lɔ⁵³ læʔ² tʰɐʔ⁵³ liæʔ²，guɛ²⁴ liəu⁵³ suɛ³⁵ liæʔ²。 |
| 19 萧山 | 块毛巾蛮□敁＝，掼伊坏＝。<br>kʰuɛ⁴² mɔ¹³ tɕiŋ²¹ mɛ³⁵ foŋ¹³ diɔ²¹，gua¹³ i⁴² ua²¹。 |
| 20 富阳 | 块毛巾呆渧嘚，掼外伊。<br>kʰuɛ³³⁵ mɔ¹³ tɕiŋ⁵⁵ ŋɛ¹³ foŋ⁵⁵ tɛʔ⁰，gua̠²²⁴ ua³³⁵ i²²⁴。 |
| 21 新登 | 格块手巾毛＝邋遢嘞，掼掉伊嘞。<br>kəʔ⁵ kʰuɛ⁴⁵ ɕy³³⁴ tɕiŋ⁴⁵ mɔ¹³ laʔ² tʰaʔ⁵ laʔ⁰，guɛ²¹ diɔ¹³ i³³⁴ laʔ⁰。 |
| 22 桐庐 | 葛块毛巾蛮邋遢嘚，掼嘞伊好嘚。<br>gəʔ²¹ kʰuɛ⁵⁵ mɔ¹³ tɕiŋ³³ mã¹³ laʔ²¹ tʰaʔ²¹ təʔ²¹，gua̠¹³ ləʔ⁵ i¹³ xɔ²¹ ləʔ²¹。 |
| 23 分水 | 即块面布介邋遢嘞，掼掼嘞算嘞。<br>tɕiəʔ⁵ kʰuɛ²¹ mi ɛ̃²⁴ pu²⁴ kaʔ⁵ laʔ¹² tʰaʔ⁵ laʔ⁰，kua̠²⁴ ku a̠⁰ laʔ⁰ su ɔ̃²⁴ laʔ⁰。 |
| 24 绍兴 | 葛块手绢蛮蛮风＝哉，好掼伊完哉。<br>keʔ³ kʰuɛ³³ sɤ⁴⁴ tɕy ø̃³¹ mɛ̃³³ mɛ̃⁴⁴ foŋ³³ zɛ³¹，hɔ⁵³ gu ɛ̃²² i²² u ɛ̃⁴⁴ zɛ³¹。 |
| 25 上虞 | 乙个手巾布介罗＝蔗＝，掼伊凡＝。<br>iəʔ² kəʔ² sɤ³³ tɕiŋ³³ pu⁵⁵ ka⁵³ lɯ³³ tsɔ⁰，guɛ³¹ i²² vɛ⁰。 |
| 26 嵊州 | 块面布风＝猛带＝哉，拨伊掼掼掉好哉。<br>kʰuɛ³³ mi ɛ̃²⁴ pu³³ foŋ³³ maŋ³³ ta³³ tsɛ³³⁴，pəʔ³ i³³ gu ɛ̃²⁴ gu ɛ̃³¹ tiɔ³³ hɔ³³ tsɛ³¹。 |
| 27 新昌 | 格块毛巾齷齪猛了，抛抛掉好了。<br>keʔ³ kʰuɛ³³ mɔ²² tɕiŋ³³ ɤʔ³ tsʰ ɤʔ³ maŋ⁴⁵ le³¹，pʰɔ⁵³ pʰɔ³³ tiɔ⁴⁵ hɔ³³ le³¹。 |
| 28 诸暨 | 块毛巾介癞柴＝，掼渠掉。<br>kʰu ʌ³³ mɔ²¹ tɕiŋ⁴² kʌ⁴² lʌ²¹ zʌ¹³，guɛ³³ dʒʅ²¹ tiɔ²¹。 |
| 29 慈溪 | 乙梗手巾交关烘＝唥哉，掼慢＝仔哉。<br>iəʔ² ku ã̠³⁵ sø³³ tɕiŋ³⁵ tɕiɔ³³ ku ã̠³⁵ fuŋ³⁵ lɔ̃¹³ tsɛ⁰，gu ɛ̃¹¹ m ɛ̃¹³ tsʅ⁰ tsɛ⁰。 |
| 30 余姚 | 乙梗毛巾咋咋疯唥哉，掼掼凡＝是哉。/乙梗毛巾咋咋疯唥哉，掼渠凡＝。/乙梗毛巾咋咋疯唥哉，好掼凡＝哉。<br>iəʔ⁵ kuaŋ³⁴ mɔ¹³ tɕi ə̃⁴⁴ zaʔ² zaʔ² fuŋ⁴⁴ lɔŋ¹³ tsɛ⁴⁴，gua̠¹³ gua̠¹³ v ã̠¹³ zʅ¹³ tsɛ⁴⁴。/ iəʔ⁵ kuaŋ³⁴ mɔ¹³ tɕi ə̃⁴⁴ zaʔ² zaʔ² fuŋ⁴⁴ lɔŋ¹³ tsɛ⁴⁴，gu ã̠¹³ ge¹³ v ã̠¹³。/iəʔ⁵ kuaŋ³⁴ mɔ¹³ tɕi ə̃⁴⁴ zaʔ² zaʔ² fuŋ⁴⁴ lɔŋ¹³ tsɛ⁴⁴，hɔ³⁴ gu ã̠¹³ v ã̠¹³ tsɛ⁵³。 |

| 方言点 | 0013 这毛巾很脏了，扔了它吧。 |
|---|---|
| 31 宁波 | 该毛巾交关腻腥嘞，搭渠搿掉算嘞。<br>kiəʔ⁵ mɔ¹³ tɕiŋ⁰ tɕio⁴⁴ kuɛ⁴⁴ n̠i¹³ ɕiŋ⁴⁴ lɐi⁰，taʔ⁵ dʑi¹³ a⁴⁴ tio⁰ sø⁴⁴ lɐi⁰。 |
| 32 镇海 | 该毛巾交关腻腥来，搿掉退过。<br>keʔ⁵ mɔ²⁴ tɕiŋ³³ tɕio³³ kuɛ³³ n̠i²² ɕiŋ³³ le⁰，ã³³ dio⁰ tʰei³³ kəu⁰。 |
| 33 奉化 | 葛毛巾介腻腥啦，去□掉渠。<br>kəʔ⁵ mʌ³³ tɕiŋ⁴⁴ ka³³ n̠i³³ ɕiŋ⁴⁴ la⁰，tɕʰi⁴⁴ kʰa⁴⁴ diɔ⁰ dʑi⁰。 |
| 34 宁海 | 㨽⁼面巾介腌糟，拨渠抛爻嘛。<br>ko⁵³ mie²¹ tɕiŋ³³ ka³⁵ ie³ tsau³³，pa³⁵ dʑ̩²³ pʰau³³ ɔʔ³ mã⁰。 |
| 35 象山 | 该块面布芋⁼糟嘞，好□牢⁼嘞。<br>geʔ² kʰuei⁴⁴ mi¹³ pu⁴⁴ n¹³ tsɔ⁴⁴ lei⁰，hɔ⁴⁴ kʰã⁵³ lɔ³¹ lei⁰。 |
| 36 普陀 | 跌⁼毛巾腻心猛，□了算咪。<br>tiɛʔ⁵ mɔ³³ tɕiŋ⁵³ n̠i³³ ɕiŋ⁵⁵ mã⁵⁵，kʰã⁵⁵ ɕi⁵⁵ sø⁵⁵ lɛ⁰。 |
| 37 定海 | 该毛巾腻心猛咪，车⁼□了咪。<br>kie ʔ⁵ mɔ³³ tɕiŋ⁵² n̠i³³ ɕiŋ⁴⁴ mã⁴⁴ lɐi⁰，tsʰo³³ kʰã⁴⁴ lio⁰ lɐi⁰。 |
| 38 岱山 | 该瓜毛巾邋遢猛咪，□了仔咪。<br>kieʔ⁵ ko⁰ mɔ³³ tɕiŋ⁵² lɐʔ²tʰɐʔ⁵ mã⁴⁴ lɐi⁰，kʰã⁴⁴ lio⁰ tsʅ⁰ lɐi⁰。 |
| 39 嵊泗 | 该毛巾介邋遢，侬搿了算咪。<br>kiɛʔ⁵ mɔ³³ tɕiŋ⁵³ ka⁵³ lɐʔ²tʰɐʔ⁵，noŋ²⁴ã⁴⁴ lio⁰ sɤ⁴⁴ lɐi⁰。 |
| 40 临海 | 葛面巾夠邋遢个，断⁼断⁼爻。<br>kəʔ⁵ mi²² tɕiŋ³¹ ɘ²² lɘʔ²³ təʔ⁵ kəʔ⁰，tø⁵⁵ tø⁰ ɔ²¹。 |
| 41 椒江 | 梗面巾夠邋遢爻，□爻是爻。<br>kuã̃⁵¹ mie²² tɕiŋ³⁵ io²² lɘʔ²tɛʔ⁵ ɔ⁰，bã³¹ ɔ⁰ zʅ²² ɔ⁰。 |
| 42 黄岩 | 葛梗面巾夠邋遢爻，拨渠断⁼爻是爻。<br>kəʔ³ kuã̃⁵¹ mie¹³ tɕiŋ³⁵ io¹³ lɘʔ²təʔ⁵ ɔ⁰，pəʔ³ gie¹²¹ tø⁵⁵ ɔ⁰zʅ¹³ ɔ⁰。 |
| 43 温岭 | 葛梗面巾夠邋遢爻，□爻是爻。<br>kəʔ⁵ kuã̃³³ mie¹³ tɕiŋ¹⁵ iɤ¹³ lɘʔ²təʔ⁵ ɔ⁰，bã³¹ ɔ⁰ zʅ¹³ ɔ⁰。 |
| 44 仙居 | 葛块面巾醒龊死，□嗝不⁼嘚。<br>kəʔ⁵ kʰuæ⁰ mie³³ tɕin³³⁴ uɑ²³ tɕʰyɔʔ⁵ sʅ⁰，ɗø⁵⁵ gɐu²⁴ ɓəʔ⁰ diə⁰。 |
| 45 天台 | 谷⁼面巾格⁼歪落，[搭渠]淞爻。<br>kuʔ⁵ mie³³ kiŋ³³ ka³³ ua³³ lɔʔ²，tei³⁵ ɕyuŋ³³ gau²¹⁴。 |
| 46 三门 | 葛面巾介哇⁼拉⁼，断掉爻。<br>kɐʔ⁵ mie²³ tɕiŋ⁵² ka⁵⁵ ua⁵⁵ la⁵⁵，tø⁵⁵ tiɑu⁵⁵ ɑu²⁴³。 |

续表

| 方言点 | 0013 这毛巾很脏了，扔了它吧。 |
|---|---|
| 47 玉环 | 葛面巾破赖显，□爻算爻。<br>kəʔ⁵ mie²² tɕiŋ³⁵ pʰa³³ la⁴⁴ ɕie⁵³，bã³¹ ɔ⁰ søʷ⁵⁵ ɔ⁰。 |
| 48 金华 | 葛块面布危险□糟了，□掉去算了。<br>kəʔ³ kʰuɛ⁵⁵ mie³¹ pu⁵⁵ ui³³ ɕie⁵³⁵ ao³³ tsao⁵⁵ lə⁰，liu⁵⁵ tiao⁰ kʰɤ⁰ sɤ⁰ sɤ⁵⁵ lə⁰。 |
| 49 汤溪 | 舸ᵁ块面布腌臢罢，□了去。<br>gə¹¹ kʰuɛ⁵² mie¹¹ pu⁵² ɤ⁵² tsɤ⁵² ba¹¹³，ləш⁵⁵ la⁰ kʰəш⁰。 |
| 50 兰溪 | 格块面布吓人鏖糟嘞，掼掉好嘞。<br>kəʔ³⁴ kʰue⁴⁵ mie⁵⁵ pu⁴⁵ xə³⁴ nin⁴⁵ ɔ³³⁴ tsɔ⁴⁵ lə⁰，gua²⁴ diɔ⁰ xɔ⁵⁵ lə⁰。 |
| 51 浦江 | 吉ᵁ块面布危险鏖糟啊，倒八ᵁ掉。<br>tɕiə³³ kʰua⁵⁵ miẽ²⁴ puᵒ uɛ¹¹ ɕie⁵³ o⁵⁵ tsoᵃ⁰，to⁵⁵ piaᵒ lɯ⁰。 |
| 52 义乌 | 尔ᵁ块面巾危险鏖糟了，丢落得了。<br>n³³ kʰue⁴⁵ mie³³ tɕiən³³ uai²² ɕie³³ o³³ tsɔ⁴⁵ lə³¹，tɐш³³ lɔ⁴⁵ tai³³ lə³¹。 |
| 53 东阳 | 毛巾亨ᵁ肮糟耶，掼出都。<br>mɐш³³ tɕiən³³ hɐ²⁴ ɐʔ³⁴ tsɐш⁵⁵ ie³³，gɔ²⁴ tsʰɯ⁰ tɔ³³。 |
| 54 永康 | 够ᵁ块面巾儿交□咧，丢落啦。<br>kə³³ kʰuəi⁵² mie³¹ dʑiŋ²⁴¹ kau⁵⁵ ya⁵⁵ liaᵒ，ɗiəu⁵⁵ lau³¹ laᵒ。 |
| 55 武义 | 阿ᵁ块面布吵ᵁ□罢，□掉嘞罢。<br>əʔ⁵ kʰua⁵⁵ mie²¹ pu⁵³ tsʰau⁵⁵ ya²⁴ baᵒ，yə²¹³ die²⁴ ləʔ⁰ bəuᵒ。 |
| 56 磐安 | 格毛巾新ᵁ鏖糟哇，掼罢啦好哇。<br>ka⁵⁵ mo²¹ tɕiɐn⁴⁴⁵ ɕiɐn⁵⁵ o³³ tsɔ⁴⁴⁵ uəᵒ，gɒ¹⁴ baᵒ laᵒ xo³³⁴ uəᵒ。 |
| 57 缙云 | 以ᵁ支洋巾□猛罢，威ᵁ渠落啊。<br>i²¹ tsᵻ⁴⁴ ia⁴⁴ tɕiən⁴⁴ ua⁴⁴ ma⁵¹ vaᵒ，uei⁴⁴ gɤ²¹³ lɔ¹ aᵒ。 |
| 58 衢州 | 格块面布交关齷齪，掼掼倒算啦。<br>kəʔ³ kʰue⁵³ miẽ²³¹ pu³² tɕiɔ³² kua⁵³ uəʔ² tʃʰyəʔ⁵，guã²³¹ guã²³¹ tɔ⁰ sə̃⁵³ laᵒ。 |
| 59 衢江 | 瞎ᵁ面布鸭ᵁ足ᵁ罢，丢掉算罢。<br>xaʔ⁵ miẽ²² pɤ⁵³ aʔ³ tsəʔ⁵ baᵒ，ty³³ tɔ⁵³ se⁵³ baᵒ。 |
| 60 龙游 | 阿ᵁ个面布吓侬阿ᵁ汁ᵁ罢，掉了算罢。<br>əʔ³ gəʔ⁰ mie²² pu⁵¹ xəʔ⁴ nən²¹ əʔ³ tsəʔ⁴ baᵒ，diɔ²³¹ ləʔ⁰ suei⁵¹ baᵒ。 |
| 61 江山 | 乙面巾乌齷得罢，勒丢丢倒。<br>iɛʔ⁵ miẽ²² kĩ⁴⁴ uə⁴⁴ tɕʰiŋ²⁵ daʔ² bɒ⁰，ləʔ² tɯ⁴⁴ tɯ⁴⁴ tɐш⁰。 |
| 62 常山 | 乙荒面巾交关邋遢罢，拨渠丢班ᵁ去。<br>ie⁴ tiu⁴⁴ miẽ²² kĩ⁴⁴ tɕye²⁴ kuã⁴⁴ laʔ³ tʰaʔ⁵ bɛᵒ，pʌʔ⁵ ŋɤ⁴⁴ tiu⁴⁴ pãᵒ kʰɤʔ⁰。 |

| 方言点 | 0013 这毛巾很脏了,扔了它吧。 |
|---|---|
| 63 开化 | 乙苋毛巾危险邋遢罢,就腹⁼渠摔摔出去。<br>ɛʔ⁵ tɯ⁰ məɯ²¹ kɛn⁴⁴ uei²¹ ɕiɛ̃⁵³ laʔ² tʰaʔ⁵ ba⁰ ,dʑiɤ²¹ pəʔ⁵ gəʔ⁰ ɕyɛʔ⁵ ɕyɛʔ⁰ tɕʰyaʔ⁵ kʰiɛ⁰ 。 |
| 64 丽水 | 乙根毛巾龌龊险,拨渠摔了算罢。<br>iʔ⁴ ken²²⁴ mə²² tɕin²²⁴ əʔ²¹ tɕʰioʔ⁵ ɕiɛ⁵⁴⁴ ,pəʔ⁴ gɯ²² ɕyʔ⁵ lə⁰ suɛ⁵² buə⁰ 。 |
| 65 青田 | 伊⁼条面巾鏖糟倒罢,帮渠□爻罢。<br>i⁵⁵ diœ²² miɛ²² tɕiaŋ⁴⁴⁵ œ³³ tsœ³³ dɔ⁴⁵⁴ ba⁰ ,ɦo³³ gi²² liaŋ⁴⁴⁵ koʔ⁰ ba⁰ 。 |
| 66 云和 | 乙根面巾龌龊险哇,帮渠摔了哇。<br>iʔ⁴ ke²⁴ miɛ²²³ tɕin²⁴ oʔ²³ tɕʰioʔ⁵ ɕiɛ⁴¹ ua⁰ ,pɔ̃²⁴ gi³¹ ɕyei⁵ laɔ⁰ ua⁰ 。 |
| 67 松阳 | 乙根毛巾邋遢险,摔了去。<br>iʔ⁵ kæ̃³³ mʌ³³ tɕin⁵³ lɔʔ² tʰɔʔ⁵ ɕiɛ̃²¹² ,ɕioʔ⁵ lɔ⁰ kʰɯə⁰ 。 |
| 68 宣平 | 爱⁼块面巾龌龊险了,替渠浴⁼了去得了。<br>ei⁵⁵ kʰuei⁵⁵ miɛ⁴³ tɕin³² oʔ⁴ tɕʰyʔ⁵ ɕiɛ⁴⁴ lə⁰ ,tʰiəʔ⁴ gɯ²² yʔ²³ lə⁰ xə⁰ tiəʔ⁴ lə⁰ 。 |
| 69 遂昌 | 乙根面巾邋遢险,帮渠摔了。<br>iʔ⁵ kɛ̃³³ miɛ̃²² tɕin⁴⁵ laʔ² tʰaʔ⁵ ɕiɛ̃⁵³³ ,pɔŋ⁴⁵ gɤ²² ɕyʔ⁵ lə⁰ 。 |
| 70 龙泉 | 搭⁼个面袱老垃圾罢,戍⁼戍⁼唠算罢。<br>toʔ⁵ gəʔ⁰ miɛ²¹ fɤɯ⁴³⁴ laʌ²²⁴ loʔ³ soʔ⁵ ba⁰ ,ɕyʔ⁵ ɕyʔ⁵ laʌ⁵ sɯɛ⁴⁵ ba⁰ 。 |
| 71 景宁 | 埝个面巾龌龊险罢,帮渠摔爻。<br>tɛʔ⁵ ki⁰ miɛ⁵⁵ tɕiaŋ³² oʔ²³ tɕʰioʔ⁵ ɕiɛ³³ ba⁰ ,pɔŋ³² ki³³ ɕiɯʔ⁵ kau⁰ 。 |
| 72 庆元 | 搭⁼支毛巾蛮龌龊,堆了渠。<br>ɗaʔ⁵ tɕiɛ³³ mɒ⁵² tɕiɛŋ³³⁵ mɛ̃⁵² oʔ⁵ tɕʰioʔ⁵ ,ɗæi³³⁵ lɒ³³ kɤ²²¹ 。 |
| 73 泰顺 | □面片污龊险,摔爻哇。<br>kʰi³⁵ miɛ²¹ pʰiã̃³⁵ u²¹ tɕʰioʔ⁵ ɕiɛ⁵⁵ ,ɕyɛ⁵ kaɔ⁰ uɔ⁰ 。 |
| 74 温州 | 该条面巾鏖糟险鏖糟,掼爻呐。<br>ke³³ diɛ⁰ mi³¹ tɕiaŋ³³ ɛ³³ tsɛ³³ ɕi²¹ ɛ³³ tsɛ³³ ,ga²² uɔ⁰ na⁰ 。 |
| 75 永嘉 | 个条毛巾鏖糟险罢,抛爻呐。<br>kai⁴³ dyə³¹ mə²² tɕiaŋ⁴⁴ əʔ³ tsɛ⁴⁴ ɕi⁴⁵ ba⁰ ,pʰuɔ⁴⁴ gə³¹ na⁰ 。 |
| 76 乐清 | 个条面巾龌襄险罢,㩜爻呐。<br>kai³⁵ diɯʌ²¹² miɛ³¹ tɕiaŋ⁴⁴ o³⁵ ȵia²¹² ɕiɛ³⁵ be²⁴ ,tai⁴¹ ga⁰ na⁰ 。 |
| 77 瑞安 | 该根面巾□糟险□糟,逮渠摔去爻。<br>ke³³ kø⁴⁴ mi³¹ tɕiaŋ⁴⁴ lo³³ tsɛ⁴⁴ ɕi³⁵ lo³³ tsɛ⁴⁴ ,de² gi⁰ ɕia³²³ e⁰ gə⁰ 。 |
| 78 平阳 | 个面巾□糟罢,顶⁼[去爻]。<br>kai¹³ miɛ⁴⁵ tʃaŋ³³ ɔ³³ tʃɛ³³ bʌ³³ ,teŋ⁴² kʰɔ²¹ 。 |

续表

| 方言点 | 0013 这毛巾很脏了，扔了它吧。 |
|---|---|
| 79 文成 | 个毛巾肮脏险肮脏罢，丢爻。<br>kai²¹ mɛ²¹ tʃaŋ³³ o³³ tɕie³³ ɕie⁴⁵ o³³ tɕie²¹ bɔ²¹ , tiou³³ o²¹ 。 |
| 80 苍南 | 该洋巾肮糟险，□去爻。<br>ke³ iɛ¹¹ tɕiaŋ⁴⁴ o³³ tsɛ⁴⁴ ɕiɛ⁵³ , pʰia⁵³ e⁰ ga⁰ 。 |
| 81 建德<sub>徽</sub> | 葛块面布醒齈罢，掼掉渠。<br>kɐʔ³ kʰue⁵⁵ mie⁵⁵ pu³³ u⁵⁵ tsʰu³³ pɐʔ⁰ , kʰuɛ⁵⁵ tʰiɔ⁰ ki³³ 。 |
| 82 寿昌<sub>徽</sub> | 格块面布吓侬醒齈罢，把渠丢了去。<br>kəʔ³ kʰuæ²⁴ mi³³ pu³³ xəʔ³ nɔŋ⁵² ɔʔ³ tɕiɔ²ʔ³ pa⁰ , pa³³ kəɯ⁵² təɯ¹¹ liɤ¹¹ kʰəɯ³³ 。 |
| 83 淳安<sub>徽</sub> | 乙块面布雌ᵌ考ᵌ歪ᵌ糟罢，勒ᵌ渠追ᵌ去。<br>iʔ⁵ kʰue²⁴ miã⁵³ pu²¹ tsʰa²¹ kʰɤ⁵⁵ ua²¹ tsɤ⁵⁵ pa⁰ , ləʔ⁵ kʰɯ⁴³⁵ tɕye⁵⁵ kʰɯ⁵⁵ 。 |
| 84 遂安<sub>徽</sub> | 阿ᵌ个面布醒齈死嘞，抛去个算嘞。<br>ɑ³³ kə²² miɛ̃⁵⁵ pu⁵⁵ o⁵⁵ tsʰɔ⁵⁵ sɑ²¹ le³³ , pʰɔ⁵⁵ tɕʰi⁵² kə³³ sɑ̃⁵⁵ le³³ 。 |
| 85 苍南<sub>闽</sub> | 蜀条面巾蛮排ᵌ赖，赶ᵌ了去。<br>tɕie⁴³ tiau²¹ bin²¹ kən⁵⁵ ban²¹ pʰai²⁴ lai²¹ , kan³³ lə⁰ kʰɯ²¹ 。 |
| 86 泰顺<sub>闽</sub> | 这面布□□□，□了伊。<br>tɕi²² mieŋ³⁴ pou⁵³ lai³⁴ pʰa²¹ lai³¹ , kʰəŋ²¹ løʔ⁰ i²² 。 |
| 87 洞头<sub>闽</sub> | 蜀条面巾尽凶□啦，合伊□浪ᵌ罢。<br>tɕiek⁵ tiau²¹ bin²¹² kun³³ tɕin²¹² hioŋ³³ la⁰ , kɐt²¹ i³³ hiet⁵ laŋ²¹ pa⁰ 。 |
| 88 景宁<sub>畲</sub> | 个条汗巾布恶臭吓人，递ᵌ渠弃掉。<br>kɔi⁴⁴ tʰau²² xɔn⁴⁴ tɕy⁴⁴ pu⁴⁴ oʔ⁵ tɕhioʔ⁵ xaʔ⁵ ŋin²² , ti⁵⁵ ki⁴⁴ xiʔ⁵ tʰau⁰ 。 |

| 方言点 | 0014 我们是在车站买的车票。 |
|--------|------|
| 01 杭州 | 我们是辣＝动＝车站里买的车票。<br>ŋəu⁵⁵ məŋ⁰ zɿ¹³ laʔ² doŋ⁴⁵ tsʰuei³³ dzɛ⁴⁵ li⁵³ mɛ⁵³ tiʔ⁰ tsʰuei³³ pʰiɔ⁴⁵。 |
| 02 嘉兴 | 我拉是勒＝车站买个车票。<br>ŋ²¹ ŋA¹³ zɿ¹³ ləʔ⁵ tsʰo²⁴ zE²¹ mA²¹ gəʔ⁵ tsʰo³³ pʰiɔ²¹。 |
| 03 嘉善 | 我拉是有拉＝车站浪＝向买拉＝个车票。<br>ŋ²² ŋa¹³ zɿ¹³ iə²² la³¹ tsʰo³⁵ zɛ⁵³ lã²² ɕiæ⁵³ ma²² la³¹ gəʔ² tsʰo³⁵ pʰiɔ⁵³。 |
| 04 平湖 | 偓个车票是辣＝车站买啦个。<br>ŋa²¹³ kəʔ⁰ tsʰo⁵³ pʰiɔ⁰ zɿ¹³ laʔ² tsʰo⁵³ zɛ⁰ mɑ²¹ la⁰ kəʔ⁰。 |
| 05 海盐 | 我拉是到车站里买个票。<br>ɔʔ²³ la²¹³ tsɿ²¹ tɔ⁴²³ tsʰo⁵³ zɛ²¹ li²¹ ma²¹³ kəʔ⁵ pʰiɔ³³⁴。 |
| 06 海宁 | 我拉个车票是车站里买霍＝个。<br>u⁵³ la³¹ gəʔ² tsʰo⁵⁵ pʰiɔ⁵⁵ zɿ³³ tsʰo⁵⁵ zɛ⁵⁵ li³³ ma¹³ hoʔ⁵ əʔ²。 |
| 07 桐乡 | 我拉刮＝车票到车站去买花＝个。<br>uəʔ²³ la²¹ kuəʔ⁰ tsʰo⁴⁴ pʰiɔ⁰ tɔ³³⁴ tsʰo⁴⁴ zE⁴⁴ tɕʰi⁴⁴ ma⁴⁴ ho⁴⁴ kəʔ⁰。 |
| 08 崇德 | 阿拉个车票有牢＝车站里买个。<br>aʔ²³ laʔ²³ əʔ⁰ tsʰo⁴⁴ pʰiɔ⁴⁴ iɤɯ⁵⁵ lɔ⁰ tsʰo⁴⁴ zɛ⁴⁴ li⁴⁴ mɑ⁵⁵ kəʔ⁰。 |
| 09 湖州 | 张车票偓拉＝车站里向买华＝嗳。<br>tsã⁴⁴ tsʰuo⁴⁴ pʰiɔ⁵³ ŋa⁴⁴ la⁴⁴ tsʰuo⁴⁴ zɛ⁴⁴ li³¹ ɕiã⁴⁴ ma⁵³ uo⁰ ei⁰。 |
| 10 德清 | 是偓个车票车站浪＝买噢。<br>zəʔ² ŋa⁵³ kəʔ⁰ tsʰuo³³ pʰiɔ³³ tsʰuo³³ zɛ³³ lã³³ ma³³ ɔ⁰。 |
| 11 武康 | 是偓牢＝车站里向买个票。<br>zzəʔ² ŋa²⁴² lɔ³³ tsʰo⁴⁴ zɛ⁴⁴ li⁴⁴ ɕiã⁴⁴ ma⁵³ kəʔ³ pʰiɔ³¹。 |
| 12 安吉 | 偓是来铜＝车站里买车票个。<br>ŋa²¹³ zɿ²¹³ lE⁵² doŋ²¹ tsʰʊ⁵⁵ dzE⁵⁵ li⁵⁵ ma⁵² tsʰʊ⁵⁵ pʰiɔ⁵⁵ kəʔ⁰。 |
| 13 孝丰 | 偓是落＝车站里买个票。<br>ŋa³²⁴ zɿ²¹³ luoʔ² tsʰʊ⁴⁴ dzE⁴⁴ li⁴⁴ ma⁵² kəʔ⁰ pʰiɔ³²⁴。 |
| 14 长兴 | 是偓是勒车站里买乖＝车票。<br>zəʔ² ŋa⁵² zɿ²⁴ ləʔ⁵ tsʰəu⁴⁴ dzE⁴⁴ lɿ⁴⁴ ma⁵² kua²¹ tsʰəu⁴⁴ pʰiɔ³²⁴。 |
| 15 余杭 | 是偓来＝车站浪＝买个车票。<br>zoʔ² ŋa³¹ lE³³³ tsʰo⁵⁵ zɛ³³ lã⁵⁵ ma⁵³ gəʔ² tsʰo⁵⁵ piɔ⁵⁵。 |
| 16 临安 | 是偓是来＝东＝车站买个车票。<br>zɛʔ² ŋa¹³ zɿ¹³ lE³³ toŋ⁵⁵ tsʰuo⁵³ zɛ³¹ ma³³ gəʔ² tsʰuo³¹ pʰiɔ⁰。 |

**续表**

| 方言点 | 0014 我们是在车站买的车票。 |
|---|---|
| 17 昌化 | 我拉来=是=车站里买个车票。<br>a²³ la⁵³ lɛ¹¹ zɿ²⁴ tsʰu³³ zɔ̃²⁴ li⁵³ ma²⁴ kə⁵ tsʰu³³ pʰiɔ⁴⁵。 |
| 18 於潜 | 我们个车票是来=车站里买个。<br>ŋu⁵³ meŋ³¹ kə⁵ tsʰa⁴³ pʰiɔ³⁵ zɿ²⁴ le⁵³ tsʰa⁴³ dzɛ²⁴ li²² ma⁵³ kə⁵。 |
| 19 萧山 | 催是车站里买个车票。<br>ŋa¹³ zɿ³³ tsʰo³³ dzɛ³³ li³³ ma³³ kə⁵ tsʰo⁴² pʰiɔ²¹。 |
| 20 富阳 | 阿拉来=车站买个车票。<br>aʔ⁵ laʔ⁵ lɛ¹³ tsʰo⁵⁵ dzã¹³ ma²²⁴ kɛʔ⁰ tsʰu⁵⁵ pʰiɔ³¹。 |
| 21 新登 | 我拉是勒车站买个车票。<br>u³³⁴ ləʔ⁰ zɿ¹³ laʔ² tsʰɑ⁵³ dzɛ̃¹³ ma³³⁴ kaʔ⁰ tsʰa⁵³ pʰiɔ⁴⁵。 |
| 22 桐庐 | 我得=来=车站买个票。<br>ŋᴀ³³ təʔ⁵ lɛ¹³ tɕʰyo⁵⁵ dzã¹³ mᴀ¹³ gəʔ²¹ pʰiɔ³³。 |
| 23 分水 | 我们是车站买个车票。<br>ŋo⁴⁴ mən⁰ zɿ²¹ tsʰa⁴⁴ dzã²⁴ mɛ⁵³ e⁰ tsʰa⁴⁴ pʰiɔ²⁴。 |
| 24 绍兴 | 催落是车站里买个票。<br>ŋa²² loʔ³ zeʔ² tsʰo³³ tsɛ̃³³ li³³ ma²⁴ ɤ³¹ pʰiɔ³³。 |
| 25 上虞 | 车票伢=是车站里买个。<br>tsʰo³³ pʰiɔ⁵³ ŋa²¹ zəʔ² tsʰo³³ dzɛ³¹ liɔ⁰ ma²¹ kəʔ²。 |
| 26 嵊州 | 催是来=亨=车站里买个车票。<br>ŋa²⁴ zɛ³¹ lɛ⁵³ haŋ³³ tsʰo⁵³ tsɛ̃⁴⁴ li³¹ ma²⁴ kəʔ³ tsʰo⁵³ pʰiɔ³¹。 |
| 27 新昌 | 催拉个车票是车站头买来=个。<br>ŋa²² la³³ kɤʔ³ tsʰo⁵³ pʰiɔ⁴⁵ zɿ²³² tsʰo⁵³ dzɛ̃¹³ tiɯ³³ ma¹³ le³³ kɤ³³⁵。 |
| 28 诸暨 | 催是在车站买个车票。<br>ŋᴀ¹³ zəʔ⁵ dze³³ tsʰo⁴² dzɛ²⁴² mᴀ¹³ kəʔ²¹ tsʰo⁴² pʰiɔ²¹。 |
| 29 慈溪 | 鞋=搭车票是车站买个。<br>a¹³ taʔ⁵ tsʰo⁴⁴ pʰiɔ⁰ zɿ¹³ tsʰo³³ dzɛ̃¹³ ma¹¹ kəʔ²。 |
| 30 余姚 | 乙个票阿拉是来=车站里买嘚个。/阿拉个票是来=车站里买嘚个。<br>aʔ⁵ kəʔ² pʰiɔ⁴⁴ aʔ² laʔ⁵ zɿ¹³ le¹³ tsʰo⁴⁴ tsa⁵³ liɔ⁰ ma¹³ ləŋ¹³ kəʔ²。/aʔ² laʔ⁵ kəʔ² pʰiɔ⁴⁴ zɿ¹³ le¹³ tsʰo⁴⁴ tsã⁵³ liɔ⁰ ma¹³ ləŋ¹³ kəʔ²。 |
| 31 宁波 | 该车票阿拉是来=勒=车站里买或=。<br>kiəʔ⁵ tsʰo⁴⁴ pʰiɔ⁴⁴ aʔ² laʔ⁵ zɿ¹³ le⁰ laʔ² tsʰo⁴⁴ tsɛ⁵³ liɔ⁰ ma¹³ oʔ²。 |

| 方言点 | 0014 我们是在车站买的车票。 |
|---|---|
| 32 镇海 | 阿拉是在车站里买和=车票。<br>aʔ¹² laʔ⁵ zɿ²⁴ dzɛ⁰ tsʰo³³ dzɛ²⁴ li⁰ ma²⁴ əu⁰ tsʰo³³ pʰio⁵³。 |
| 33 奉化 | 阿拉是来=勒=车站买个车票。<br>aʔ² laʔ⁵ zɿ³³ le³³ laʔ² tsʰo⁴⁴ dzɛ⁰ ma³³ kəu⁰ tsʰo⁴⁴ pʰiɔ⁴⁴。 |
| 34 宁海 | 我嵌=是勒=车站买来个车票。<br>ŋo³¹ kʰɛ³³ zɿ⁰ laʔ³ tsʰo³³ tsɛ³⁵ ma³³ lei⁰ ko⁰ tsʰo³³ pʰieu⁰。 |
| 35 象山 | 阿拉是勒=兰=车站买个车票。<br>aʔ² laʔ² zɿ¹³ laʔ² le³¹ tsʰo⁴⁴ dzɛ¹³ ma³¹ geʔ² tsʰo⁴⁴ pʰio⁴⁴。 |
| 36 普陀 | 阿拉车票是在车站买个。<br>ɐʔ³ lɐʔ⁵ tsʰuo³³ pʰiɔ⁵⁵ zɿ²³ dzɛ³³ tsʰuo³³ dzɛ⁴⁵ ma²³ koʔ⁰。 |
| 37 定海 | 该车票阿拉是从车站里买呵。<br>kieʔ⁵ tsʰo³³ pio⁴⁵ ɐʔ³ lɐʔ² zɿ⁴⁴ dzoŋ⁴⁴ tsʰo³³ dzɛ⁵² li⁰ ma³³ ʌu⁰。 |
| 38 岱山 | 汽车票阿拉来=汽车站买的=呵。<br>tɕʰi⁴⁴ tsʰo⁴⁴ pʰio⁴⁴ ɐʔ⁵ lɐʔ³ le⁰ tɕʰi⁴⁴ tsʰo⁴⁴ dzɛ⁴⁴ ma³³ ti⁵² ʌu⁰。 |
| 39 嵊泗 | 阿拉车票是搭车站里买来个。<br>ɐʔ³ lɐʔ⁵ tsʰo³³ pio⁴⁵ zɿ³³ tɐʔ³ tsʰo³³ dzɛ⁵³ li⁰ ma³⁴ le⁰ gʌu⁰。 |
| 40 临海 | 我呐格车票在车站买来个。<br>ŋe⁵² nəʔ⁰ kəʔ⁰ tsʰo³³ pʰiə⁵⁵ ze²¹ tsʰo³³ dzɛ⁴⁴ ma⁵² le²¹ kəʔ⁰。 |
| 41 椒江 | 车票我态=是在车站买来个。<br>tsʰo³³ pʰiɔ⁵⁵ ŋo⁴² tʰə⁵¹ zɿ²¹ zə³¹ tsʰo³³ dzɛ⁴⁴ ma⁴² lə³¹ kɐʔ⁰。 |
| 42 黄岩 | 葛车票我态=在车站买来个。<br>kəʔ⁵ tsʰo³³ pʰiɔ⁵⁵ ŋo⁴² tʰe⁵¹ ze¹²¹ tsʰo³³ dzɛ⁴⁴ ma⁴² le⁰ kəʔ⁰。 |
| 43 温岭 | 葛车票我许在车站买来个。<br>kəʔ⁵ tsʰo³⁵ pʰiɔ⁵⁵ ŋo⁴² he³¹ ze³¹ tsʰo³⁵ dzɛ⁴⁴ ma⁴² le³¹ kəʔ⁰。 |
| 44 仙居 | 我家人是劳=车站买了个车票。<br>ŋo²⁴ ko⁰ n̥in⁰ zəʔ²³ lɯu²⁴ tsʰo⁵⁵ dza⁵⁵ ma⁴³ ləʔ⁰ kəʔ⁰ tsʰo⁵⁵ pʰiɯ⁵⁵。 |
| 45 天台 | 车票我两个是在车站买来个。<br>tsʰo³³ pʰieu⁵⁵ ɔ²¹⁴ lia²¹ kou⁰ zɿ²¹ zei²¹ tsʰo³³ dzɛ³³ ma²¹ lei²² kou⁰。 |
| 46 三门 | 我落=人车票来=车站买嘚。<br>ʋ³²⁵ lɔʔ⁵ nin¹¹³ tsʰo⁵⁵ pʰiɑu⁵⁵ le³²⁵ tsʰo⁵⁵ dzɛ⁵⁵ ma³² tɐʔ⁰。 |
| 47 玉环 | 葛车票我俫在车站嘞买来个。<br>kɐʔ⁵ tsʰo³³ pʰiɔ⁵⁵ ŋo⁵³ leʔ⁰ zɐʔ² tsʰo³³ dzɛ⁴⁴ ma⁵³ le³¹ kɐʔ⁰。 |

续表

| 方言点 | 0014 我们是在车站买的车票。 |
|---|---|
| 48 金华 | 葛张车票我浪＝是来＝车站里买个。<br>kəʔ³ tɕiaŋ⁵⁵ tsʰia³³ pʰiao⁵⁵ a⁵⁵ laŋ¹⁴ sɿ⁵⁵ lɛ³¹ tsʰia³³ dza¹⁴ li⁰ ma⁵⁵ kəʔ⁰。 |
| 49 汤溪 | 我□车站买个车票。<br>ɑ¹¹ ta⁵² tsʰa²⁴ dzuɑ⁰ ma¹¹ kə⁰ tsʰa²⁴ pʰie⁰。 |
| 50 兰溪 | 我拉是遮＝车站里买个车票。<br>uɤ⁵⁵ lə ʔ¹² sɿ⁵⁵ tsua³³⁴ tsʰa³³⁴ dzuɑ²⁴ li⁰ ma⁵⁵ kəʔ⁰ tsʰa³³⁴ pʰiɔ⁴⁵。 |
| 51 浦江 | 我嘚车票是呐＝车站买个。<br>a⁵⁵ tɛ⁰ tɕʰya⁵⁵ pʰi³³⁴ zi¹¹ nə²⁴³ tɕʰya³³ dzã²⁴³ mã¹¹ kə⁰。 |
| 52 义乌 | 我拉是来＝拉＝车站买个票。<br>əʔ⁵ la²¹³ tsi⁴² le²² la³³ tsʰia⁴⁵ tsɔ³¹ ma³¹² ə⁰ pʰie³³。 |
| 53 东阳 | 我拉阿＝票是车站里买阿＝。<br>ŋʊ²⁴ la³³ a³³ pʰiɐɯ²³ dzi²² tɕʰia³³ tɕiɔ⁵³ li²² ma²³¹ ɐ⁰。 |
| 54 永康 | 我两个来＝车站买个车票。<br>ŋuo³¹ liaŋ³³ kuo⁵² ləi³¹ tɕʰia³³ tsa⁵² mia³¹ uə⁰ tɕʰia³³ pʰia⁵²。 |
| 55 武义 | 我两个是落＝车站买个车票。<br>a⁵³ liaŋ¹³ tɕia⁰ dʑi¹³ lau¹³ tɕʰia²⁴ dzuo⁵³ mia¹³ kəʔ⁰ tɕʰia²⁴ pʰie⁵³。 |
| 56 磐安 | 我拉是牢＝农车站买个车票。<br>ŋuɤ⁵⁵ la³³ tɕi³³⁴ lo²² nɔom²² tɕʰia³³ tsɔ⁵⁵ ma³³⁴ a⁰ tɕʰia³³ pʰio⁵²。 |
| 57 缙云 | 〔我些〕人是来＝车站买来个车票。<br>ŋuai²¹ nɛŋ⁵¹ dzɿ⁴⁴ lɛ⁴⁴ tɕʰia⁴⁴ dza⁴⁵³ ma⁴⁴ lei²¹ lɛ⁰ tɕʰia⁴⁴ pʰɤ⁴⁵³。 |
| 58 衢州 | 我拉是在车站里买个票。<br>ŋu⁵³ laʔ⁰ zɿ²³¹ dzɛ²¹ tʃʰya³² dzã²³¹ li⁰ mɛ²³¹ gəʔ⁰ pʰiɔ³⁵。 |
| 59 衢江 | 我拉去车站买个票。<br>ŋaʔ² la²¹² kʰɤ⁵³ tɕʰyø²⁵ tsã³¹ muo²² gəʔ⁰ pʰiɔ²⁵。 |
| 60 龙游 | 奴拉是车站买个票。<br>nu²² la²²⁴ dzaʔ² tsʰa³⁵ dzã²¹ ma²² gəʔ⁰ pʰiɔ³⁵。 |
| 61 江山 | 俺是徛车站买个票。<br>aŋ²⁴ lɛʔ⁵ gɛ²² tɕʰia⁴⁴ dzaŋ⁵¹ mɐ²² gəʔ⁰ pʰiɐɯ²⁴¹。 |
| 62 常山 | 我星＝侬是徛车站里买个票。<br>ŋa²⁴ sɿ̃⁵² nã⁰ dzi²² gɛ²⁴ tɕʰie⁴⁴ dzã⁵² ma²⁴ kɛ⁰ pʰiɤ⁵²。 |
| 63 开化 | 我俫是徛车站里买个车票。<br>ŋa²¹ lɛ²³¹ dziɛʔ² gɛ²¹ tɕʰiɛ⁴⁴ dzã²¹³ li⁰ ma²¹ gəʔ⁰ tɕʰiɛ⁴⁴ pʰiɐɯ⁵³。 |

续表

| 方言点 | 0014 我们是在车站买的车票。 |
|--------|--------------------------------|
| 64 丽水 | 我粒⁼人是徛车站买个车票。<br>ŋuo⁵² lə?⁴ nen²² zʅ²² gɛ²² tɕʰio²²⁴ tsã⁵² muɔ⁵⁴⁴ kə⁰ tɕʰio²²⁴ pʰiə⁵²。 |
| 65 青田 | 我两人是□车站买个车票。<br>ŋu⁵⁵ lɛ⁰ neŋ⁰ dzʅ³³ lœ²² tɕʰiu⁵⁵ dza²² ma⁴⁵⁴ kɛ⁰ tɕʰiu⁵⁵ pʰiœ³³。 |
| 66 云和 | 我人是牢⁼车站买个车票。<br>ŋo⁴⁴ nɛ³¹ dzʅ²²³ laɔ³¹ tɕʰio²⁴ dzã²²³ mɔ⁴¹ kɛ⁰ tɕʰio²⁴ pʰiɑɔ⁴⁵。 |
| 67 松阳 | 是我些侬是踞车站买来个车票。<br>ziʔ² ŋ³¹ sɛʔ⁰ nəŋ⁰ ziʔ² kei⁵³ tɕʰy²⁴ dzɔ̃²² ma²² lɛ⁰ kɛ⁰ tɕʰy³³ pʰiɔ²⁴。 |
| 68 宣平 | 我两个是徛车站埘买个车票。<br>o²² lɛ⁵⁵ ka⁰ dzʅ²² gei²² tɕʰia³² dzã²³¹ tɑʔ⁰ ma²² kə⁰ tɕʰia³² pʰiɔ⁵²。 |
| 69 遂昌 | 我些侬是车站里买个车票。<br>ŋɛ¹³ sɛʔ⁵ nəŋ⁰ ziʔ²³ tɕʰiɔ⁵⁵ dzaŋ²¹ lei⁴⁵ ma¹³ kɛʔ⁰ tɕʰiɔ⁵⁵ pʰiɵɯ³³⁴。 |
| 70 龙泉 | 我拉是车站买个车票。/ 车票我拉是车站买个。<br>ŋo⁴⁴ la⁰ sʅ⁵¹ tɕʰyo⁴⁴ dzaŋ²²⁴ ma⁴⁴ gəʔ⁰ tɕʰyo⁴⁴ pʰiɑʌ⁴⁵。/ tɕʰyo⁴⁴ pʰiɑʌ⁴⁵ ŋo⁴⁴ la⁰ sʅ⁵¹ tɕʰyo⁴⁴ dzaŋ²²⁴ ma⁴⁴ gɛʔ⁰。 |
| 71 景宁 | 我拉是牢⁼车站买个车票。<br>ŋo³³ la⁵⁵ dzʅ¹¹³ lɑu⁴¹ tɕʰio³² dzo¹¹³ ma³³ kɛ⁰ tɕɕio³² pʰiɑu³⁵。 |
| 72 庆元 | 我□儿是坐车站买车票个。<br>ŋo²² n̠ĩ⁵⁵ sʅ²² so²² tɕʰiɑ³³⁵ tsã³¹ ma²² tɕʰiɑ³³⁵ pʰiɒ¹¹ kæi¹¹。 |
| 73 泰顺 | 我人是舟⁼车站买个车票。<br>ŋɔ⁵⁵ nɛ⁵³ tsʅ²¹ tɕiəu²¹³ tɕʰy²¹³ tsã²² ma⁵⁵ ki⁰ tɕʰy²² pʰiɑɔ³⁵。 |
| 74 温州 | 该车票[我伲]你是车站里买来个。<br>kai³³ tsʰo³³ pʰiɛ²⁵ ŋuɔ²² n̠i¹⁴ zʅ²² tsʰo³³ dza¹⁴ lei⁰ ma¹⁴ lei⁰ ge⁰。 |
| 75 永嘉 | 个车票我伲是缩车站底买来个。/ 个车票我伲是车站底买来个。<br>kai⁴³ tsʰo³³ pʰyə⁴⁵ ŋ¹³ lei⁰ zʅ²² ɕyo⁴³ tsʰo³³ dza¹³ tei⁰ ma¹³ lei¹³ gi⁰。/ kai⁴³ tsʰo³³ pʰyə⁴⁵ ŋ¹³ lei⁰ zʅ²² tsʰo³³ dza¹³ tei⁰ ma¹³ lei¹³ gi⁰。 |
| 76 乐清 | 车票我伲是车站底买来个。<br>tɕʰio³⁵ pʰɣ⁴¹ ŋ²⁴ li⁰ zʅ²² tɕʰio³⁵ dziɛ³¹ ti⁰ me²⁴ li⁰ ge⁰。 |
| 77 瑞安 | 我伲是车站买个车票。/ 我伲是缩车站底买个车票。<br>ŋ¹³ lei⁰ zʅ²² tsʰo³³ dzo¹³ ma¹³ gi⁰ tsʰo³³ pʰi³⁵。/ ŋ¹³ lei⁰ zʅ²² ɕyo³ tsʰo³³ dzo¹³ tei⁰ ma¹³ gi⁰ tsʰo³³ pʰi³⁵。 |

续表

| 方言点 | 0014 我们是在车站买的车票。 |
|---|---|
| 78 平阳 | 我俫生=车站买个车票。<br>ŋ⁴⁵ le³³ sA⁴⁵ tʃʰɔ²¹ dzɔ⁴⁵ mA⁴⁵ ke²¹ tʃʰɔ²¹ pie³³。 |
| 79 文成 | 我俫是车站买个车票。<br>ŋ¹³ le³³ zɿ¹³ tʃʰɔ³³ dʒɔ²¹ mɔ¹³ kai³³ tʃʰɔ³³ pʰie²¹。 |
| 80 苍南 | 我俫是缩车站买个票。/我俫是车站买个票。<br>ŋ⁵³ le⁰ zɿ¹¹ ɕyɔ³ tsʰo³³ za²¹ mia⁵³ gi⁰ pʰyɛ⁴²。/ŋ⁵³ le⁰ zɿ¹¹ tsʰo³³ za²¹ mia⁵³ gi⁰ pʰyɛ⁴²。 |
| 81 建德<sub>徽</sub> | 卬拉是对=车站里买个车票。<br>aŋ²¹ la²¹³ tsɿ²¹ te²¹ tsʰo⁵³ tsɛ²¹ li⁵⁵ ma²¹ kɐ²⁵ tsʰo⁵³ pʰiɔ³³。 |
| 82 寿昌<sub>徽</sub> | 我拉是在车站买个车票。<br>a³³ la¹¹ tsɿ³³ tɕʰiæ³³ tɕʰyə¹¹ tsæ²⁴ ma⁵⁵ kə²ʔ⁰ tɕʰyə³³ pʰiɤ³³。 |
| 83 淳安<sub>徽</sub> | 歪=拉是车站里买个车票。<br>ua²¹ laʔ⁵ tsʰa⁵⁵ tsʰo²⁴ tsã̃²⁴ li⁰ ma⁵³ kə²ʔ⁰ tsʰo²⁴ pʰiɤ²⁴。 |
| 84 遂安<sub>徽</sub> | 嘎拉是车站里买个车票。<br>ka⁵⁵ la⁵⁵ sɿ⁵⁵ tsʰa⁵⁵ tsã̃⁵² li³³ me⁵⁵ kə³³ tsʰa⁵⁵ pʰiɔ⁵²。 |
| 85 苍南<sub>闽</sub> | 我们是在车站买个车票。<br>gua³² bun³² ɕi²⁴ tsai²¹ tɕʰia²⁴ tsan²¹ bue⁴³ ke²¹ tɕʰia²⁴ pʰio²¹。 |
| 86 泰顺<sub>闽</sub> | 我侬是蹾车站买的车票。<br>ŋa³⁴⁴ nəŋ²² ɕiɪʔ³ kiøu²¹³ tɕia²¹³ tsæŋ³¹ mai²² tiɪʔ⁰ tɕʰia²¹ pʰiɐu²²。 |
| 87 洞头<sub>闽</sub> | 滚=是即=车票买个车票。<br>gun⁵³ ɕi²¹ tɕiet⁵ tɕʰia³³ tsan²¹ bue⁵³ e²¹ tɕʰia²¹ pʰieu²¹。 |
| 88 景宁<sub>畲</sub> | 我侬是在车站换个车票。<br>ŋɔi⁴⁴ naŋ²² ɕi⁴⁴ tsai⁵¹ tɕʰia⁴⁴ tsan³²⁵ uɔn⁵¹ ke⁰ tɕʰia⁴⁴ piau⁵¹。 |

| 方言点 | 0015 墙上贴着一张地图。 |
|---|---|
| 01 杭州 | 墙高头贴了一张地图。<br>dʑiaŋ²¹³ kɔ³³ dei⁴⁵ tʰiɛʔ³ lə⁰ iɛʔ⁵ tsaŋ³³⁴ di¹³ du⁵³。 |
| 02 嘉兴 | 墙头浪⁼贴起一张地图。<br>dʑiÃ²¹ dei³³ lÃ̃³³ tʰiÃʔ⁵ tɕʰi²¹ iʔ⁵ tsÃ̃³³ di²¹ dou¹³。 |
| 03 嘉善 | 墙头浪⁼贴氏⁼一张地图。<br>dʑiæ̃¹³ də³¹ lã̃⁰ tʰieʔ⁵ zɿ¹³ ieʔ⁵ tsæ̃⁵³ di³⁵ du⁰。 |
| 04 平湖 | 一张地图贴辣⁼墙头浪⁼。<br>iəʔ⁵ tsã̃⁵³ ti²¹ du⁵³ tʰiaʔ²³ la⁰ dʑiã̃³¹ dəɯ⁰ lã̃⁰。 |
| 05 海盐 | 墙头浪⁼贴起张地图霍⁼。<br>dʑiɛ̃²⁴ de⁵³ lã̃³¹ tʰiaʔ²³ tɕʰi²¹³ tsɛ̃⁵³ ti³³ du³¹ xoʔ⁵。 |
| 06 海宁 | 墙头浪⁼贴哩一张地图。<br>dʑiã̃³³ dəɯ⁵⁵ lã̃⁵⁵ tʰiaʔ⁵ li³¹ ieʔ⁵ tsã̃³³ di³³ dəɯ³¹。 |
| 07 桐乡 | 一张地图贴起牢⁼墙头浪⁼向。<br>iəʔ³ tsã̃⁴⁴ di³³ dəɯ²¹ tʰiəʔ⁵ tɕʰi⁰ lɔ⁰ ziã²¹ dɤɯ⁴⁴ lã̃⁴⁴ ɕia⁴⁴。 |
| 08 崇德 | 墙头浪⁼贴嘚一张地图。／一张地图贴起牢⁼墙头浪⁼。<br>ziã̃²¹ dɤɯ⁴⁴ lã̃⁴⁴ tʰiaʔ³ dəʔ⁰ iəʔ³ tsã̃⁴⁴ di²¹ du¹³。／iəʔ³ tsã̃⁴⁴ di²¹ du¹³ tʰiaʔ³ tɕʰi⁵⁵ lɔ⁰ ziã̃²¹ dɤɯ⁴⁴ lã̃⁴⁴。 |
| 09 湖州 | 墙牢⁼向贴起张地图华⁼。<br>ziã̃³³ lɔ³³ ɕiã̃³⁵ tʰieʔ⁵ tɕʰi⁰ tsã̃⁵³ di³³ dəɯ³¹ uo¹³。 |
| 10 德清 | 墙头浪⁼向贴特⁼一只地图。<br>dʑiã̃³³ dɵɥ³³ lã̃³³ ɕiã̃³⁵ tʰieʔ⁵ dəʔ² ieʔ² tsaʔ⁵ di¹¹ dəɯ¹¹。 |
| 11 武康 | 墙头浪⁼向贴特⁼一只地图。<br>ziã̃¹¹ dɵ¹³¹ lã̃³³ ɕiã̃³⁵ tʰieʔ⁵ dəʔ⁴ ieʔ⁴ tsɜʔ⁵ di¹¹ du¹³。 |
| 12 安吉 | 墙壁高头贴了一张地图。<br>ziã̃²² piɛʔ² kɔ⁵⁵ dəɪ⁵⁵ tʰiɛʔ⁵ ləʔ⁰ iɛʔ⁵ tsã̃⁵⁵ di²¹ du²¹³。 |
| 13 孝丰 | 墙浪⁼贴了一张地图。<br>ziã̃²² lɔ̃⁴⁴ tʰieʔ⁵ ləʔ⁵ ieʔ⁵ tsã̃⁴⁴ di²¹ du²⁴。 |
| 14 长兴 | 墙浪⁼贴了一张地图。<br>ʒiã̃¹² lɔ̃³³ tʰiɛʔ⁵ ləʔ⁰ iɛʔ² tsã̃⁴⁴ dʐ²¹ dəu²⁴。 |
| 15 余杭 | 墙头浪⁼贴牢一张地图。<br>dʑiɑ̃³³ dɵɣ³³ lã̃¹³ tʰieʔ⁵ lɔ¹³ ieʔ⁵ tsã̃⁵⁵ di¹³ du¹³。 |
| 16 临安 | 墙高头贴嘞一张地图。<br>dʑiã̃³³ kɔ³³ də⁵⁵ tʰieʔ⁵ lɜʔ² ieʔ⁵ tsã̃⁵⁵ di³³ du³¹。 |

**续表**

| 方言点 | 0015 墙上贴着一张地图。 |
|---|---|
| 17 昌化 | 墙高里贴着一张地图。<br>ʑiã¹¹kɔ³³li⁴⁵tʰiɛʔ⁵zaʔ⁵iɛʔ⁵tsã³³⁴di²⁴du¹¹² 。 |
| 18 於潜 | 墙高头贴了一张地图。<br>dʑiaŋ²²³kɔ⁴³diəu²²³tʰieʔ⁵³liəu²ieʔ⁵³tsaŋ⁴³³di²⁴du²²³ 。 |
| 19 萧山 | 墙浪⁼贴嘞一张地图。<br>ʑiã¹³lɔ̃⁴²tʰieʔ⁵lə²¹ieʔ⁵tsã⁴²di¹³du⁴² 。 |
| 20 富阳 | 墙高顶贴嘞张地图。<br>ʑiã¹³kɔ⁵⁵tən⁵⁵tʰiɛʔ⁵lə⁰tsã⁵⁵di²²⁴dʊ²²⁴ 。 |
| 21 新登 | 墙头浪⁼贴嘞一张地图。<br>ʑiã²³³dəu²³³lã⁰tʰiaʔ⁵lə⁰ iaʔ⁵tsã⁵³di²¹du¹³ 。 |
| 22 桐庐 | 墙壁上贴嘞一张地图。<br>ʑiã²¹piəʔ²¹zã³³tʰiəʔ³ləʔ²¹iəʔ⁵tsã³³di²¹du⁵⁵ 。 |
| 23 分水 | 墙高头贴嘞一张地图。<br>dʑiã²¹kɔ⁴⁴ləʔ²¹tʰiəʔ⁵laʔ⁰iəʔ⁵tsã⁴⁴di²⁴du²¹ 。 |
| 24 绍兴 | 墙高头有张地图贴享⁼。<br>dʑiaŋ²²kɔ⁴⁴dɤ³¹iɤ³³tsaŋ³³di²²du²²tʰieʔ³haŋ⁵³ 。 |
| 25 上虞 | 墙壁高头贴滴⁼一张地图。<br>dʑiã²¹piəʔ⁵kɔ³³dɤ²¹³tʰ ɐʔ²tiəʔ³iəʔ²tsã³³di³¹du⁰ 。 |
| 26 嵊州 | 墙壁高头一张地图贴带⁼。<br>ʑiaŋ²²pieʔ³kɔ³³dɤ²³¹ieʔ³tsaŋ⁵³di²²du²²tʰieʔ³ta³³⁴ 。 |
| 27 新昌 | 墙壁头一张地图贴蒙⁼。<br>ʑiaŋ²²piʔ⁵tiɯ³³iʔ³tsaŋ⁵³di²²du²²tʰiɛʔ⁵moŋ³³⁵ 。 |
| 28 诸暨 | 墙高墩贴着一张地图。<br>dʑiã²¹kɔ⁴²tɛn⁴²tieʔ⁵dzaʔ¹³ieʔ⁵tsã³³dʅ³³du²¹ 。 |
| 29 慈溪 | 壁大⁼里贴嘞一张地图。<br>piəʔ⁵da¹³li⁰tʰiaʔ⁵laʔ²iəʔ²tsã³⁵di¹¹du¹³ 。 |
| 30 余姚 | 墙壁里挂唧一张地图。<br>iaŋ¹³piəʔ⁵li⁰kuaʔ⁵lɔŋ⁰iəʔ⁵tsɔŋ⁴⁴di¹³du¹³ 。 |
| 31 宁波 | 墙高头贴嘞一张地图。/墙高头有一张地图贴的。<br>dʑia¹³kɔ⁴⁴dœɤ⁰tʰiəʔ⁵liəʔ²iəʔ⁵tɕia⁴⁴di²²du¹³ 。/dʑia¹³kɔ⁴⁴dœɤ⁰iɤ¹³iəʔ⁵tɕia⁴⁴di²²du⁴⁴tʰiəʔ⁵tiəʔ² 。 |
| 32 镇海 | 墙高头贴嘞一张地图。<br>iã²⁴kɔ³³dei²⁴tʰiaʔ⁵laʔ¹²ieʔ⁵dziã²⁴di²⁴du²² 。 |

续表

| 方言点 | 0015 墙上贴着一张地图。 |
|---|---|
| 33 奉化 | 墙壁上头泥＝该一张地图。<br>ʑia³³ piɿʔ⁵ z̩ɔ̃³³ dæi³¹ n̩i³³ ke⁰ iɿʔ² tɕia̰⁴⁴ di³³ du³³。 |
| 34 宁海 | 墙迪＝贴来迪＝一张地图。<br>ʑiã² diəʔ³ tʰieʔ³ lei⁰ diəʔ³ iəʔ³ tɕia̰³³ di² du²¹³。 |
| 35 象山 | 墙壁上面八＝唻该一张地图。<br>ia̰³¹ pieʔ⁵ z̩ɔ̃¹³ mi⁰ paʔ⁵ la² ge² ieʔ⁵ tɕia̰⁴⁴ di¹³ du³¹。 |
| 36 普陀 | 墙壁里贴了一场＝地图。<br>ia̰³³ pieʔ⁵ li⁰ tʰiɛʔ⁵ lɐʔ⁰ iɛʔ⁵ dʑia̰⁰ di¹¹ du²⁴。 |
| 37 定海 | 一张地图梗＝勒墙壁里。<br>ieʔ³ dʑia̰⁴⁴ di¹¹ du⁴⁴ kua̰⁴⁴ lɐʔ² ia̰³³ pieʔ⁵ li⁰。 |
| 38 岱山 | 有张地图墙里梗＝该。／墙里一张地图梗＝该。<br>iɣ³³ dʑia̰⁴⁴ di¹¹ du⁴⁴ ia̰²³ lɐʔ⁰ kua̰⁴⁴ ke⁰。／ia̰²³ lɐʔ⁰ ieʔ³ dʑia̰⁴⁴ di¹¹ du⁴⁴ kua̰⁴⁴ ke⁰。 |
| 39 嵊泗 | 墙壁里有张地图梗＝的。／一张地图墙壁里挂的。<br>ia̰³³ piɛʔ⁵ lɐʔ⁰ iɣ³³ dʑia̰⁰ di¹¹ du⁴⁴ kua̰³³ ti⁰。／iɛʔ³ dʑia̰³³ di¹¹ du⁴⁴ ia̰³³ piɛʔ³ lɐʔ⁰ kɔ⁴⁴ ti⁰。 |
| 40 临海 | 墙壁垳一张地图迫＝嘞。<br>ʑia̰²² pieʔ⁵ dəʔ⁰ ieʔ³ tɕia̰³¹ di²² du²¹ pəʔ⁵ lɐʔ⁰。 |
| 41 椒江 | 墙壁垳一张地图迫＝垳。<br>ʑia̰²² pieʔ⁵ təʔ⁰ ieʔ³ tɕia̰⁴² di²² dəu³¹ pəʔ⁵ təʔ⁰。 |
| 42 黄岩 | 墙垳一张地图迫＝得。<br>ʑia̰¹²¹ dəʔ⁰ ieʔ³ tɕia̰³² di¹³ dou¹²¹ pəʔ⁵ təʔ⁰。 |
| 43 温岭 | 墙壁勒＝一张地图迫＝来＝垳。<br>ʑia̰¹³ piʔ⁵ ləʔ⁰ iʔ³ tɕia̰³³ di¹³ du³¹ pəʔ⁵ le⁴¹ tɛ⁰。 |
| 44 仙居 | 墙头北＝得一张地图。<br>ʑia³⁵ dəɯ⁰ ɓəʔ³ diəʔ⁵ iəʔ³ tɕia³³ di³⁵³ du⁰。 |
| 45 天台 | 墙壁来＝一张地图贴解＝垳。<br>ʑia³⁵ piəʔ⁵ le⁰ iəʔ⁵ tɕia³³ di²¹ du²² tʰiəʔ⁵ ka³² te⁰。 |
| 46 三门 | 墙壁上面百＝着一张地图。<br>ʑia̰¹³ pieʔ⁵ z̩ɔ̃²³ mie⁵⁵ paʔ⁵ dʑiaʔ² ieʔ³ tɕia̰³³⁴ di²³ du²²⁴。 |
| 47 玉环 | 墙壁勒＝一张地图迫＝来解＝。<br>ʑia²² piəʔ⁵ ləʔ⁰ iəʔ³ tɕia⁴² di²² dəu³¹ pəʔ⁵ le³¹ ka⁰。 |

**续表**

| 方言点 | 0015 墙上贴着一张地图。 |
|---|---|
| 48 金华 | 一张地图贴得墙上。/墙上贴了一张地图。<br>iəʔ³tɕiaŋ⁵⁵ti⁵⁵du¹⁴tʰia⁵⁵təʔ²ziaŋ³¹ziaŋ¹⁴。/ziaŋ³¹ziaŋ¹⁴tʰia⁵⁵ləʔ²iəʔ³tɕiaŋ⁵⁵ti⁵⁵du¹⁴。 |
| 49 汤溪 | 墙上贴哒一张地图。<br>ɕiɔ³³ziɔ¹¹³tʰia⁵⁵ta⁰iei⁵²tɕiɔ⁵²di¹¹tu⁵²。 |
| 50 兰溪 | 墙壁上贴嘞共⁼里一张地图。<br>zia²¹pieʔ³⁴ɕiaŋ⁰tʰiəʔ³⁴ləʔ⁰goŋ²¹liʔ⁰ieʔ³⁴tɕiaŋ³³⁴ti⁵⁵du²⁴。 |
| 51 浦江 | 板壁欵贴儿⁼呐⁼一张地图。/一张地图贴儿⁼呐⁼板壁欵。<br>pã̃³³pɛ³³iaⁿ⁰tʰia³³nⁿ³³nɤ³³⁴iəʔ³³tsyõ³³di¹¹du²⁴³。/iəʔ³³tsyõ³³di¹¹du²⁴³tʰia³³nⁿ³³nɤ³³⁴pã̃³³pɛ³³ia⁰。 |
| 52 义乌 | 板壁里贴拉⁼一张地图。<br>ma⁴⁵pai³³liʔ³¹tʰia³³la⁴²iəʔ³tsɯa³³di²⁴du²¹³。 |
| 53 东阳 | 火墙挂拉⁼一张地图。<br>hʊ³³ɕiɔ⁵³kua³³la²²iɛʔ³⁴tɕiɔ³³di²⁴du³¹。 |
| 54 永康 | 火墙拉贴啦一张地图。<br>xuo³¹ʑiaŋ²²la⁵⁵tʰia³³la⁰iəʔ³tɕiaŋ⁵⁵di³¹du²²。 |
| 55 武义 | 火墙当⁼贴嘞一张地图。<br>xuo⁵³ʑiaŋ²¹naŋ²¹tʰia⁵³ləʔ⁰iəʔ⁵tɕiaŋ⁵³di⁵⁵du³²⁴。 |
| 56 磐安 | 墙里头贴农⁼一张地图。<br>ziɒ²¹li⁵⁵dɐɯ⁰tʰia³³nɔom³³iɛ⁵⁵tɕiɒ³³ti⁵⁵du²¹³。 |
| 57 缙云 | 墙里贴落一张地图。<br>zia²⁴³ləɤ⁴⁴tʰia⁴⁴lɔ⁰iei⁴⁴tɕia⁴⁴di²¹du²⁴³。 |
| 58 衢州 | 墙头上贴了一张地图。<br>ziã²¹de²³¹ʒyã̃⁰tʰiəʔ⁵lə⁰iəʔ⁵tʃyã̃³²di²³¹du²¹。 |
| 59 衢江 | 墙高贴倒一张地图。<br>ziã̃²²kɔ³³tʰiəʔ³tɔ⁵³iəʔ⁵tɕiã³³di²¹²dou²¹。 |
| 60 龙游 | 墙高向贴了张地图。<br>ziã̃²²kɔ³³ɕiã̃⁵¹tʰiəʔ⁴ləʔ⁰tsã̃³³di²²⁴di²³¹。 |
| 61 江山 | 墙里贴着个张地图。<br>ziaŋ²²ləʔ⁰tʰiɛʔ⁵dəʔ⁰a⁴⁴tiaŋ⁴⁴di²²duə²¹³。 |
| 62 常山 | 墙高贴班⁼一张地图。<br>ɕiã̃⁴⁴kɤ⁰tʰiʌʔ⁵pã̃⁰ieʔ⁵tiã̃⁴⁴di²⁴du⁰。 |
| 63 开化 | 墙高贴了一张地图。<br>ziã̃²³¹kəɯ⁰tʰia⁵ləʔ⁰iɛʔ⁵tiã̃⁴⁴diɛ²¹du²³¹。 |

| 方言点 | 0015 墙上贴着一张地图。 |
|---|---|
| 64 丽水 | 墙壁上贴了一张地图。<br>ʑiã²¹ piʔ⁵ dʑiã¹³¹ tʰiɛʔ⁵ lə⁰ iʔ⁴ tiã²²⁴ di²¹ tu⁵²。 |
| 65 青田 | 墙壁贴了一张地图。<br>i²² ɓiʔ⁴² tʰiæʔ⁴ laʔ⁰ iæʔ⁴ ɗɛ³³ ɓi²² deu⁵³。 |
| 66 云和 | 墙上贴了一张地图。<br>ʑiã³¹ dʑiã²²³ tʰiɛʔ⁵ lɑɔ⁰ iʔ⁴ tiã²⁴ di²²³ du³¹²。 |
| 67 松阳 | 墙上贴了一张地图。<br>ʑiã³¹ dʑiã¹³ tʰiɛʔ⁵ lɛ⁰ iʔ³ tiã²⁴ di³³ duə³¹。 |
| 68 宣平 | 墙埤贴了一张地图。<br>ʑiã̃⁴³ tɑʔ⁰ tʰiəʔ⁵ lə⁰ iəʔ⁴ tiã̃⁴⁴ di²² du⁴³³。 |
| 69 遂昌 | 墙上贴了一张地图。<br>ʑiaŋ²² dʑiaŋ²¹ tʰiɛʔ⁵ lə⁰ iʔ⁵ tiaŋ³³ di¹³ duə²²¹。 |
| 70 龙泉 | 墙望上贴唠张地图。/墙望上有张地图贴埤。<br>dʑiaŋ²¹ mɔŋ²¹ dʑiaŋ²²⁴ tʰiɛ⁵ lɑʌ⁰ tiaŋ⁴⁴ di²¹ dou²¹。/dʑiaŋ²¹ mɔŋ²¹ dʑiaŋ²²⁴ iəu⁵¹ tiaŋ⁴⁴ di²¹ dou²¹ tʰiɛʔ⁵ toʔ⁰。 |
| 71 景宁 | 墙里贴张地图。<br>ʑiɛ⁴¹ li⁰ tʰiaʔ⁵ tiɛ³² di⁵⁵ dy⁴¹。 |
| 72 庆元 | 墙里贴了一张地图。<br>ɕiã̃⁵² li³³ tʰiaʔ⁵ lɒ³³ iəɯʔ⁵ ɗiã̃¹¹ ti³¹ tɤ⁵²。 |
| 73 泰顺 | 墙上贴堆═一张地图。<br>ɕiã̃⁵³ tɕiã̃²² tʰiɔʔ⁵ tæiʔ⁵ iɛʔ² tiã̃²¹³ ti²¹ tø⁵³。 |
| 74 温州 | 屏墙里有张地图贴埤。<br>pəŋ⁴² i²¹ le⁰ iau²² tɕi⁰ dei³¹ dø²¹ tʰi³²³ ta⁰。 |
| 75 永嘉 | 墙上有张地图贴是上。/有张地图贴是墙上。<br>iɛ³¹ iɛ²¹ iau²² tɕiɛ³³ dei³¹ dəu²¹ tʰyə⁴³ zʅ⁰ iɛ²¹。/iau²² tɕiɛ³³ dei³¹ dəu²¹ tʰyə⁴³ zʅ⁰ iɛ³¹ iɛ²¹。 |
| 76 乐清 | 墙上有张地图贴是上。<br>ziɯʌ³¹ ziɯʌ⁰ iau² tɕiɯʌ³ di²² dy³¹ tʰiɯʌ³²³ zʅ⁰ ziɯʌ⁰。 |
| 77 瑞安 | 屏墙上背═张地图。<br>pəŋ⁵³ iɛ²² iɛ²¹ pai⁵³ tɕiɛ³³ dei³¹ dəɯ²¹。 |
| 78 平阳 | 壁儿墙里贴着一张地图。<br>peŋ⁴² iɛ⁴² li²¹ tʰyɛ³³ dʒɔ³⁵ i¹³ tɕiɛ³³ di¹³ dɯ⁴²。 |

续表

| 方言点 | 0015 墙上贴着一张地图。 |
|---|---|
| 79 文成 | 墙宕贴落一张地图。<br>ʑie²¹ do¹³ tʰie²¹ lo³³ i¹³ tɕie³³ dei³³ dɵy²¹。 |
| 80 苍南 | 墙壁贴一张地图。／墙底有一张地图。<br>dziɛ¹¹ piɛ²²³ tʰia³ e³ tɕiɛ⁴⁴ di³¹ dy³¹。／dziɛ³¹ li⁰ iau⁵³ e³ ɕiɛ⁴⁴ di³¹ dy³¹。 |
| 81 建德徽 | 一张地图贴得墙壁上。／墙壁上贴一张地图。<br>iɐʔ⁵ tsɛ⁵³ ti¹³ tʰu²¹¹ tʰie⁵⁵ tɐʔ⁵ ɕie³³ piɐʔ⁵ so⁵⁵。／ɕie³³ piɐʔ⁵ so⁵⁵ tʰie⁵⁵ iɐʔ⁵ tsɛ⁵³ ti¹³ tʰu²¹¹。 |
| 82 寿昌徽 | 墙壁上贴了一张地图。<br>ɕiɑ̃¹¹ piəʔ³ sɑ̃²⁴ tʰiəʔ³ liɤ³³ iəʔ³ tsɑ̃¹¹ ti²⁴ tʰu¹¹²。 |
| 83 淳安徽 | 墙上贴住一张地图。<br>tɕʰiɑ̃⁴³ sɑ̃⁵³ tʰiɑʔ⁵ tɕʰy⁰ iʔ⁵ tsɑ̃²⁴ tʰi⁵³ tʰu²¹。 |
| 84 遂安徽 | 壁上贴着一张地图。<br>pi⁵⁵ sɑ̃⁵⁵ tʰiɛ⁵⁵ tɕʰiɔ³³ i²⁴ tɕiɑ̃⁵² tʰi⁵⁵ tʰu³³。 |
| 85 苍南闽 | 墙壁贴着蜀张地图。<br>tɕʰĩũ²¹ pia⁴³ tʰie⁴³ tio²⁴ tɕie²¹ tĩũ⁵⁵ ti²¹ tɔ²⁴。 |
| 86 泰顺闽 | 墙上黏着蜀幅地图。<br>tɕʰyo²² ɕyo⁵³ nie²² tɕiɛʔ³ ɕiɛʔ³ fɵʔ⁵ tei²² tu²²。 |
| 87 洞头闽 | 壁个贴着蜀张地图。<br>pia⁵³ ge²¹ tʰa⁵³ tieu²¹ tɕiek²¹ tĩũ³³ tui²¹ tɔ²⁴。 |
| 88 景宁畲 | 墙上贴着一张地图。<br>tɕʰiɔŋ⁴⁴ ɕiɔŋ⁵¹ tʰat⁵ tɕioʔ² it⁵ tɕiɔŋ⁴⁴ tʰi⁵¹ tu²²。 |

| 方言点 | 0016 床上躺着一个老人。 |
|---|---|
| 01 杭州 | 眠床高头睏了一个老人家。<br>miɛ²² zuaŋ⁴⁵ kɔ³³ dei⁴⁵ kʰuəŋ⁴⁵ lə⁰ iɛʔ³ koʔ⁰ lɔ⁵⁵ zəŋ⁰ tɕia⁰。 |
| 02 嘉兴 | 床浪=向睏起一个老人。<br>zã̃¹³lɅ̃³³ ɕiɅ̃²¹ kʰuəŋ³³ tɕⁱi²¹ iʔ⁵ gəʔ¹ lɔ²¹ n̠iŋ²⁴²。 |
| 03 嘉善 | 床浪=向睏氏=一个老人。<br>zã̃¹³lã̃³³ ɕiæ⁵³ kʰuən³⁵ zɿ¹³ ieʔ⁵ kəʔ⁴ lɔ²² n̠in³¹。 |
| 04 平湖 | 一个老人睏辣=床浪=。<br> iəʔ²¹ kəʔ⁵ lɔ⁴⁴ n̠in⁰ kʰuən²¹³ laʔ⁵ zã̃³¹ lã̃⁰。 |
| 05 海盐 | 床浪=向睏起个老人家霍=。<br>zã̃²⁴lã̃⁵³ ɕiɛ²¹ kʰuən⁵⁵ tɕⁱi²¹ kəʔ⁵ lɔ⁵³ n̠in⁵³ ka²¹ xoʔ⁵。 |
| 06 海宁 | 一个老人家睏起牢=床里。<br>ieʔ⁵ kəʔ⁵ lɔ¹³ n̠iŋ⁵⁵ ka⁵³ kʰuəŋ⁵⁵ tɕⁱi³³ lɔ⁵⁵ zã̃³³ li³³。 |
| 07 桐乡 | 一个老人家睏起牢=床浪=向。<br>iəʔ³ kɤɯ³³ lɔ²⁴ n̠iŋ⁰ ka⁰ kʰuəŋ³³ tɕⁱiⁱ⁰ lɔ⁰ zɔ²¹ lɔ̃⁴⁴ ɕiã̃⁴⁴。 |
| 08 崇德 | 床浪=睏嘚一个老人家。/一个老人家睏起牢=床浪=。<br>zã̃²¹lã̃⁴⁴ kʰuəŋ³³ dəʔ⁰ iəʔ³ kəʔ⁵ lɔ⁵⁵ n̠iŋ⁰ ka⁰。/iəʔ³ kəʔ⁵ lɔ⁵⁵ n̠iŋ⁰ ka⁰ kʰuəŋ³³ tɕⁱi⁵⁵ lɔ⁰ zã̃²¹ lã̃⁴⁴。 |
| 09 湖州 | 只床牢=躺起个老老头华=。<br>tsaʔ⁵ zã̃³³ lɔ³⁵ tʰã̃⁵³ tɕⁱi⁴⁴ kəʔ⁵ lɔ³³ lɔ³³ dɵɯ¹³ uo³¹。 |
| 10 德清 | 床浪=向睏特=个年纪大噢。<br>dzã̃³³lã̃³³ ɕiã̃³⁵ kʰuen³³ dəʔ² kəʔ⁵ n̠ie³¹ tɕi³¹ dəu¹¹ ɔ¹¹。 |
| 11 武康 | 床里睏特=一个年纪大噢。<br>zã̃¹¹li¹³ kʰuen⁵³ dəʔ² ieʔ⁴ kuoʔ⁵ n̠iɪ³¹ tɕi³¹ du³¹ ɔ¹³。 |
| 12 安吉 | 眠床高头睏了个老人。<br>mi²² dzɔ̃²² kɔ⁵⁵ dəɪ⁵⁵ kʰuəŋ³² ləʔ⁰ kəʔ⁵ lɔ⁵² n̠iŋ²¹。 |
| 13 孝丰 | 床浪=睏了个老人。<br>zɔ̃²²lɔ̃²² kʰuəŋ³²⁴ ləʔ⁰ kəʔ⁵ lɔ⁴⁵ n̠iŋ²¹。 |
| 14 长兴 | 床浪=睏了一个老人家。<br>zɔ̃¹²lɔ̃³³ kʰuəŋ³²⁴ ləʔ⁰ iɛ² kəʔ⁵ lɔ⁴⁵ n̠iŋ⁵⁵ ka²¹。 |
| 15 余杭 | 床里睏得一个年纪大个。<br>zã̃³¹li¹³ kʰuen⁵³ təʔ⁵ ieʔ⁵ kəʔ⁵ n̠iẽ³³ tɕi⁵⁵ du³³ gɔʔ²。 |
| 16 临安 | 眠床高头睏一个年纪大个人。<br>mie¹³ zã̃³³ kɔ⁵⁵ dəɪ⁵⁵ kʰueŋ⁵⁵ ləʔ² ieʔ⁵ kəʔ⁵ n̠ieŋ³³ tɕi³³ duo³³ gəʔ² n̠ieŋ³¹。 |

**续表**

| 方言点 | 0016 床上躺着一个老人。 |
|---|---|
| 17 昌化 | 床上眠着一个老侬家。<br>zɔ̃¹¹ zɔ̃²⁴ kʰuaʔ⁵⁴ zaʔ²³ ieʔ⁵ kəʔ⁵ lɔ²³ nəŋ³³ ku⁴⁵。 |
| 18 於潜 | 床高头眠了一个老年人。<br>zuaŋ²²³ kɔ⁴³ diəu²²³ kʰueŋ³⁵ liəu² ieʔ⁵³ kəʔ⁵³ lɔ⁵³ ȵie³¹ ȵiŋ²²³。 |
| 19 萧山 | 眠床浪⁼眠嘞一个老人。<br>mie³³ ʑyɔ̃³⁵ lɔ̃⁴² kʰuaŋ³³ ləʔ²¹ ieʔ⁵ kəʔ⁵ lɔ¹³ ȵiŋ⁴²。 |
| 20 富阳 | 床浪⁼眠嘞个年纪大个人。<br>zɑ̃¹³ lɑ̃⁵⁵ kʰuən³³⁵ leʔ⁰ kɛʔ⁵ ȵiɛ̃¹³ tɕi⁵⁵ dʊ²²⁴ kɛʔ⁰ nin¹³。 |
| 21 新登 | 床浪⁼眠勒哈⁼一个老人。<br>zɑ̃²³³ lɑ̃¹³ kʰueŋ⁴⁵ laʔ⁰ iəʔ⁰ haʔ⁰ iəʔ⁵ kaʔ⁵ lɔ³³⁴ nein¹³。 |
| 22 桐庐 | 床铺上眠嘞一个老人家。<br>ʑyɑ̃²¹ pʰu²¹ zɑ̃³³ kʰuaŋ²¹ ləʔ²¹ iəʔ⁵ kəʔ⁵ lɔ³³ niŋ³³ kuo⁵⁵。 |
| 23 分水 | 床高头眠到一个老人。<br>dzuɑ̃²¹ kɔ⁴⁴ lə²¹ kʰuən²¹ tɔ⁴⁴ iəʔ⁵ ko²⁴ lɔ⁴⁴ zən²¹。 |
| 24 绍兴 | 眠床高头一个老人眠亨⁼。<br>mẽ²² zɑŋ²² kɔ⁴⁴ dɤ³¹ ieʔ³ kəʔ³ lɔ²⁴ ȵiŋ³¹ kʰuø³³ haŋ³¹。 |
| 25 上虞 | 一个老人家眠床高头眠亨⁼。<br>iəʔ² kəʔ² lɔ²¹ ȵiŋ²¹³ kɔ⁵³ miŋ²¹ dzɔ̃²¹³ kɔ³³ dɤ⁰ kʰuaŋ⁵⁵ hã⁰。 |
| 26 嵊州 | 床高头一个老侬眠带⁼。<br>zɔŋ²² kɔ³³ dɤ²³¹ ieʔ⁵ ka³³ lɔ²⁴ nɔŋ⁵³ kʰuaŋ³³ ta³³。 |
| 27 新昌 | 床头一个老侬眠蒙⁼。<br>zɔ̃²² diɯ²² iʔ³ ka⁵³ lɔ²² nɔ̃²³² kʰueŋ³³ mɔŋ²²。 |
| 28 诸暨 | 眠床高墩眠着一个老人。<br>mie²¹ zɑ̃¹³ kɔ⁴² tɛn²¹ kʰuɛŋ²¹ dzaʔ¹³ ieʔ⁵ kʌ³³ lɔ²⁴ nin⁴²。 |
| 29 慈溪 | 眠床里眠嘞个老老。<br>məŋ¹¹ dzɔ̃¹³ li⁰ kʰuaŋ⁴⁴ laʔ² kəu⁰ lɔ¹¹ lɔ⁴⁴。 |
| 30 余姚 | 眠床高头眠嘞一个年纪老老大个人。/眠床里头有个年纪老老大个人眠唧。<br>miẽ¹³ dzɔŋ⁰ kɔ⁴⁴ dø⁰ kʰuẽ⁴⁴ liəʔ² iəʔ⁵ kou⁴⁴ ȵiẽ¹³ tɕi⁴⁴ lɔ¹³ lɔ⁰ dou¹³ kəʔ² ȵiẽ¹³。/<br>miẽ¹³ dzɔŋ⁰ li¹³ dø⁰ iø¹³ kou⁴⁴ ȵiẽ¹³ tɕi⁴⁴ lɔ¹³ lɔ⁰ dou¹³ kəʔ² ȵiẽ¹³ kʰuẽ⁴⁴ lɔŋ⁰。 |
| 31 宁波 | 一个老头来勒眠床上头眠该。/眠床上头有一个老头眠该。<br>iəʔ² kəu⁰ lɔ² dœɤ¹³ le¹³ laʔ² mi¹³ dzɔ⁰ zɔ¹³ dœɤ⁰ kʰuaŋ⁵³ ke⁰。/mi¹³ dzɔ⁰ zɔ¹³ dœɤ⁰<br>iɤ¹³ iəʔ² kəu⁰ lɔ¹³ dœɤ⁰ kʰuaŋ⁵³ ke⁰。 |

**续表**

| 方言点 | 0016 床上躺着一个老人。 |
|---|---|
| 32 镇海 | 眠床里睏嘞一个年纪大人。<br>mi$^{22}$ dzɔ̃$^{24}$ li$^{0}$ k$^{h}$uəŋ$^{33}$ laʔ$^{12}$ ieʔ$^{5}$ goʔ$^{12}$ ȵi$^{24}$ tɕi$^{0}$ dəu$^{22}$ ȵiŋ$^{24}$ 。 |
| 33 奉化 | 眠床上头睏该一个老成人。<br>mi$^{33}$ dzɔ̃$^{0}$ zɔ̃$^{33}$ dæi$^{33}$ k$^{h}$uəŋ$^{44}$ ke$^{0}$ iɪʔ$^{2}$ kəu$^{0}$ lʌ$^{32}$ dʑiŋ$^{33}$ ȵiŋ$^{31}$ 。 |
| 34 宁海 | 一个老个人睏勒$^{=}$眠床迪$^{=}$。<br>iəʔ$^{3}$ geʔ$^{3}$ lau$^{31}$ geʔ$^{3}$ ȵiŋ$^{0}$ k$^{h}$uəŋ$^{3}$ laʔ$^{3}$ mie$^{23}$ dzɔ̃$^{0}$ diəʔ$^{3}$ 。 |
| 35 象山 | 眠床登$^{=}$睏嘞一个老个人。<br>mi$^{31}$ zɔ̃$^{31}$ təŋ$^{44}$ k$^{h}$uəŋ$^{53}$ laʔ$^{2}$ ieʔ$^{5}$ geʔ$^{2}$ lɔ$^{31}$ geʔ$^{2}$ ȵiŋ$^{31}$ 。 |
| 36 普陀 | 眠床里睏嘞一个老成人。<br>mi$^{33}$ zɔ̃$^{53}$ li$^{0}$ k$^{h}$uɐŋ$^{55}$ lɐʔ$^{0}$ iɛʔ$^{5}$ koʔ$^{0}$ lɔ$^{23}$ dʑiŋ$^{55}$ ȵiŋ$^{55}$ 。 |
| 37 定海 | 眠床里有个老成人睏该。<br>mi$^{33}$ zõ$^{52}$ li$^{0}$ iʏ$^{33}$ goʔ$^{0}$ lɔ$^{23}$ dʑiŋ$^{44}$ ȵiŋ$^{44}$ k$^{h}$uɐŋ$^{44}$ kɛ$^{0}$ 。 |
| 38 岱山 | 眠床里有个老成人睏该。<br>mi$^{33}$ zõ$^{31}$ lɐʔ$^{0}$ iʏ$^{33}$ goʔ$^{0}$ lɔ$^{23}$ dʑiŋ$^{44}$ ȵiŋ$^{44}$ k$^{h}$uɐŋ$^{44}$ ke$^{0}$ 。 |
| 39 嵊泗 | 眠床里有个老成人睏的。<br>mi$^{33}$ zõ$^{53}$ lɐʔ$^{0}$ iʏ$^{33}$ goʔ$^{2}$ lɔ$^{34}$ dʑiŋ$^{44}$ ȵiŋ$^{44}$ k$^{h}$uɐŋ$^{44}$ ti$^{0}$ 。 |
| 40 临海 | 眠床埲一个老人倒嘞。<br>mi$^{21}$ zɔ̃$^{51}$ dəʔ$^{0}$ ieʔ$^{3}$ kəʔ$^{0}$ lɔ$^{33}$ ȵiŋ$^{21}$ tɔ$^{52}$ ləʔ$^{0}$ 。 |
| 41 椒江 | 门床埲一个老人家倒埲。<br>məŋ$^{22}$ zɔ̃$^{51}$ təʔ$^{0}$ ieʔ$^{3}$ kəʔ$^{3}$ lɔ$^{42}$ ȵiŋ$^{35}$ ko$^{42}$ tɔ$^{42}$ təʔ$^{0}$ 。 |
| 42 黄岩 | 门床埲一个老人家倒埲。<br>mən$^{13}$ zɔ̃$^{41}$ dəʔ$^{0}$ ieʔ$^{3}$ kəʔ$^{3}$ lɔ$^{42}$ ȵin$^{24}$ ko$^{42}$ tɔ$^{42}$ təʔ$^{0}$ 。 |
| 43 温岭 | 门床勒$^{=}$一个老年人睏来$^{=}$埲。<br>mən$^{24}$ zɔ̃$^{41}$ ləʔ$^{0}$ iʔ$^{3}$ kəʔ$^{3}$ lɔ$^{42}$ ȵie$^{24}$ ȵin$^{41}$ k$^{h}$uən$^{55}$ le$^{41}$ tɛ$^{0}$ 。 |
| 44 仙居 | 眠床倒得一个老人家。<br>mie$^{353}$ zɑ̃$^{0}$ ɗɐɯ$^{31}$ ɗiəʔ$^{5}$ iəʔ$^{3}$ ko$^{55}$ lɐɯ$^{31}$ ȵin$^{33}$ ko$^{334}$ 。 |
| 45 天台 | 眠床来一个老年人睏解$^{=}$埲。<br>mie$^{224}$ dzɔ$^{0}$ le$^{0}$ iəʔ$^{1}$ kou$^{55}$ lau$^{21}$ ȵie$^{22}$ ȵiŋ$^{51}$ k$^{h}$uəŋ$^{33}$ ka$^{32}$ te$^{0}$ 。 |
| 46 三门 | 眠床睏着一记$^{=}$老人家。<br>mie$^{13}$ zɔ$^{31}$ k$^{h}$uəŋ$^{55}$ dʑiaʔ$^{2}$ ieʔ$^{3}$ tɕi$^{55}$ lɑu$^{32}$ niŋ$^{33}$ ko$^{52}$ 。 |
| 47 玉环 | 门床勒$^{=}$一个老年人倒埲解$^{=}$。<br>məŋ$^{22}$ zɔ̃$^{41}$ lɐʔ$^{0}$ iɐʔ$^{3}$ kɐʔ$^{0}$ lɔ$^{53}$ ȵie$^{22}$ ȵiŋ$^{41}$ tɔ$^{53}$ tɐʔ$^{0}$ ka$^{0}$ 。 |

续表

| 方言点 | 0016 床上躺着一个老人。 |
|---|---|
| 48 金华 | 一个老个人眠得床上。/床上眠了一个老个人。<br>iəʔ³ kəʔ⁴ lao⁵⁵ kəʔ⁰ n̩iŋ³¹³ kʰuəŋ⁵⁵ təʔ⁰ ʐyaŋ³¹ ʑiaŋ¹⁴ 。/ʐyaŋ³¹ ʑiaŋ¹⁴ kʰuəŋ⁵⁵ ləʔ⁰ iəʔ³ kəʔ⁴ lao⁵⁵ kəʔ⁰ n̩iŋ³¹³ 。 |
| 49 汤溪 | 床上眠哒个老个侬。<br>ɕiɑo³³ ʑiɔ¹¹³ kʰuã⁵² tɑ⁰ kɑ⁵² lɔ¹¹ kə⁰ nɑo¹¹ 。 |
| 50 兰溪 | 床上躺嘞共⁼里一个老人。<br>ʐyaŋ²¹ ɕiaŋ⁰ tʰaŋ⁵⁵ ləʔ⁰ goŋ²¹ li⁰ iɐ³⁴ kəʔ⁰ lɔ⁵⁵ nin²¹ 。 |
| 51 浦江 | 床欸眠儿⁼呐一个老侬家。/一个老侬家眠儿⁼呐床欸。<br>ʐyõ³³ a³³⁴ mie̯³³ n³³ nɤ³³⁴ iə³³ kɑ⁵⁵ lo¹¹ lən¹¹ tɕia⁵³ 。/iə³³ kɑ⁵⁵ lo¹¹ lən¹¹ tɕia⁵³ mie̯³³ n³³ nɤ³³⁴ ʐyo³³ a³³⁴ 。 |
| 52 义乌 | 床里眠[尔拉⁼]一个老侬。<br>zŋʷ²² li⁴⁵ mien²² na⁴⁵ iəʔ³ kəʔ³ lo³¹ noŋ³³ 。 |
| 53 东阳 | 床里一个老侬家眠哝。<br>ziɔ²³ li²⁴ iɛ³⁴ kɐ³⁴ lɐɯ²⁴ nom²³ ko⁵³ miɐn²² nɔm²² 。 |
| 54 永康 | 床拉躺啦一个老成侬。<br>ʐyaŋ³¹ la⁵⁵ tʰaŋ³³ la⁰ iə³³ kuo⁵⁵ lau³¹ ʑiŋ³³ noŋ²⁴¹ 。 |
| 55 武义 | 床当⁼躺嘞一个老侬家。<br>ʐyaŋ³²⁴ naŋ⁰ tʰaŋ⁴⁴⁵ ləʔ⁰ iəʔ⁵ kəʔ⁰ lɤ⁵³ noŋ³²⁴ kua⁵³ 。 |
| 56 磐安 | 床里眠农⁼一个老侬家。<br>ziŋ²² li³³⁴ miɐn²² nɔom²² iɛ³³ kɑ⁵⁵ lo³³ nɔom²¹ kua⁵² 。 |
| 57 缙云 | 床里勱阿开⁼一个老人家。<br>zɔ²⁴³ lɤ⁴⁴ lei²¹ a⁴⁴ kʰei⁴⁴ iei⁴⁴ ku⁴⁵³ lɤ⁵¹ nɐŋ⁴⁴ ku⁴⁴ 。 |
| 58 衢州 | 床上眠了一个老人家。<br>ʒyã̴²¹ ʒyã̴²³¹ kʰuən⁵³ lə⁰ iəʔ⁵ gəʔ⁰ lɔ²³¹ n̩in²¹ kɑ³² 。 |
| 59 衢江 | 床高眠倒一个老成侬。<br>ʐyã̴²² kɔ³³ kʰuɛ³³ tɔ⁰ iəʔ⁵ gəʔ⁰ lɔ²² ʑiŋ²² nɐŋ⁵³ 。 |
| 60 龙游 | 床里眠了一个老个侬。<br>zuã̴²² li⁰ kʰuɛ⁵¹ ləʔ⁰ iəʔ⁴ gəʔ⁰ lɔ²² gəʔ⁰ nən²¹ 。 |
| 61 江山 | 床里眠着个嘞老席⁼侬。<br>zɛ̃²² ləʔ⁰ kʰuɛ̃⁴⁴ dəʔ⁰ kəʔ⁵ lɛ⁴⁴ lɐɯ²² ziɐʔ⁰ nəŋ²¹³ 。 |
| 62 常山 | 床高眠班⁼一个老成侬。<br>zɔ̃³⁴¹ kɤ⁰ kʰuɔ̃⁴³ pã̃⁰ iəʔ⁵ kɛ⁰ lɤ²² zĩ²⁴ nã̃⁰ 。 |

续表

| 方言点 | 0016 床上躺着一个老人。 |
|---|---|
| 63 开化 | 床高躺了一个老成侬。<br>zɛn²³¹ kəɯ⁰ tʰɔŋ⁵³ ləʔ⁰ iɛ⁵ gə⁰ ləɯ²¹ zin²¹ nɤŋ²³¹。 |
| 64 丽水 | 床上头躺了一个老人家。<br>ʑiɔŋ²² dʑiã²¹ dəɯ¹³¹ tʰɔŋ⁵⁴⁴ lə⁰ iʔ⁴ kuɔ⁵² lɑ⁴⁴ nen²² kuo²²⁴。 |
| 65 青田 | 床里隑□一个老人。<br>io²¹ li⁰ gœ²¹ lœ⁰ iæ⁴ kɑ⁰ lœ⁵⁵ nen²¹。 |
| 66 云和 | 床上躺了一个老人家。<br>ʑiɔ̃³¹ dʑiɑ²²³ tʰã⁴¹ lɑɔ⁰ iʔ⁴ kei⁴⁵ lɑɑ⁴⁴ nɛ²²³ ko²⁴。 |
| 67 松阳 | 床上眠了一个老实侬。<br>ʑioŋ³¹ dʑiã¹³ kʰu ɛ̃²⁴ lɔ⁰ iʔ³ kɛ⁰ lʌ²² ʑiʔ⁰ nəŋ³¹。 |
| 68 宣平 | 床埑有一个老人家躺特゠埑。<br>ʑiɔ̃⁴³ tɑʔ⁰ iɯ²² iəʔ⁴ kə⁵ lɔ⁴⁴ nin⁴³ ko³² tʰã̃⁴⁴⁵ diəʔ² tɑʔ⁰。 |
| 69 遂昌 | 门床上眠倒一个老实侬。<br>məŋ²² zɛ̃²¹ dʑiaŋ¹³ kʰəŋ³³ tɑɯ⁴⁵ iʔ⁵ kei³³ lɯ⁰ ʑiʔ² nəŋ²¹³。 |
| 70 龙泉 | 床望上有个老成侬倒埑。<br>ʑiaŋ²¹ mɔŋ²¹ dʑiaŋ²²⁴ iəɯ⁵¹ gəʔ⁰ lɑʌ²² ɕin⁴⁵ nəŋ²¹ tɑʌ⁵¹ toʔ⁰。 |
| 71 景宁 | 床里倒个老成人。<br>ʑiɔŋ⁴¹ li⁰ tɑu³³ ki⁰ lɑu⁵⁵ ʑiŋ³³ naŋ⁴¹。 |
| 72 庆元 | 床里倒了一个老成侬。<br>ɕiɔ̃⁵² li³³ ɗəɯ³³ ləʔ⁰ iəɯ⁵ kæi¹¹ lɔ²² ɕiŋ⁵² noŋ³³。 |
| 73 泰顺 | 床上倒堆゠一个老成人。<br>ɕiɔ̃⁵³ tɕiã²² tɑu⁵⁵ tæi²² iɛʔ² ki⁰ lɑɔ²² ɕiŋ²¹ nɛ⁵³。 |
| 74 温州 | 床上有个老侬翻是埑。<br>yɔ̃³¹ i⁰ iau²² kai⁰ lə³¹ naŋ²¹ fa³³ zɿ⁰ tɑ⁰。 |
| 75 永嘉 | 床底有个老侬翻是底。/有个老侬翻是床底。<br>yɔ³¹ tei⁰ iau²² kai⁴³ lə³¹ naŋ²¹ fa⁴⁴ zɿ⁰ tei⁰。/iau²² kai⁴³ lə³¹ naŋ²¹ fa⁴⁴ zɿ⁰ yɔ³¹ tei⁰。 |
| 76 乐清 | 床上有个老侬眠是底。<br>zuɯʌ³¹ ziɯʌ⁰ iau²² lɤ²² naŋ³¹ kʰuɤ⁴¹ zɿ⁰ ti⁰。 |
| 77 瑞安 | 床底倒个老侬家。<br>yɔ³¹ tei⁰ tɛ³⁵ kai⁰ lɛ¹³ naŋ²² ko⁴⁴。 |
| 78 平阳 | 床里倒着一个老侬家。<br>yɔ³³ li³³ tɛ⁴⁵ dʒɔ²¹ i³³ kai³³ lɛ⁴⁵ naŋ²¹ ko³³。 |

**续表**

| 方言点 | 0016 床上躺着一个老人。 |
|---|---|
| 79 文成 | 床对₌倒落一个老侬。<br>ʑyo²¹ dai¹³ tɛ⁴⁵ lɔ³³ i³⁵ kai³³ lɛ³³ naŋ²¹ 。 |
| 80 苍南 | 一个老侬倒囥床底。<br>e³ kai⁴² lɛ⁵³ naŋ³¹ tɛ⁵³ kʰo⁰ dʑyɔ³¹ li⁰ 。 |
| 81 建德<sub>徽</sub> | 一个老人家睏得床铺上。/床铺上睏一个老人家。<br>iɐʔ³ kɐʔ⁵ lɔ²¹ in³³ ko⁵³ kʰuen³³ tɐʔ⁵ so³³ pu³³ so⁵⁵ 。/so³³ pu³³ so⁵⁵ kʰuen³³ iɐʔ³ kɐʔ⁵ lɔ²¹ in³³ ko⁵³ 。 |
| 82 寿昌<sub>徽</sub> | 眠床上一个老个侬睏了末里。<br>mi¹¹ ɕyã̃⁵² sã²⁴ iəʔ³ kəʔ⁵ lɤ⁵⁵ kəʔ⁰ nɔŋ¹¹² kʰuen³³ ləʔ⁰ məʔ³ li⁰ 。 |
| 83 淳安<sub>徽</sub> | 床上睏住一个老侬家。<br>sã̃⁴³ sã̃⁵³ kʰuen²⁴ tɕʰy⁰ iʔ⁵ kəʔ⁵ lɤ⁵⁵ lon⁵⁵ ko⁵⁵ 。 |
| 84 遂安<sub>徽</sub> | 床上睏着一个老人家。<br>soŋ³³ sã̃⁵⁵ kʰuəŋ⁵⁵ tɕʰiɔ³³ i²⁴ kə³³ lɔ³³ lən³³ kɑ³³ 。 |
| 85 苍南<sub>闽</sub> | 眠床倒着蜀个老侬家。<br>bin²¹ tsʰɯŋ²⁴ to⁴³ tio²¹ tɕie²¹ ge²¹ lau²¹ lan²¹ ke⁵⁵ 。 |
| 86 泰顺<sub>闽</sub> | 床上倒着蜀个老侬。<br>tsʰo²² ɕyo⁵³ to²² tɕiɛʔ³ ɕiɛʔ³ køʔ⁰ lau²² nəŋ²² 。 |
| 87 洞头<sub>闽</sub> | 眠床个睏着蜀个老侬。<br>bin²¹ tsʰɯŋ³³ ŋe³³ kʰun⁵³ tieu²¹ tɕiek²¹ ge²⁴ lau²¹ laŋ²⁴ 。 |
| 88 景宁<sub>畲</sub> | 床上□着一个老人。<br>tsʰɔŋ⁴⁴ ɕiɔŋ⁵¹ lien⁵⁵ tɕʰiɔʔ² it⁵ kɔi⁴⁴ lau⁵⁵ n̠in²² 。 |

| 方言点 | 0017 河里游着好多小鱼。 |
|---|---|
| 01 杭州 | 河港里有木佬佬小鱼儿辣=动=游。<br>əu²² kaŋ⁴⁵ li⁵³ y⁵³ moʔ² lɔ⁵ lɔ⁰ ɕiɔ⁵³ y²² əl⁰ laʔ² doŋ⁴⁵ y²¹³。 |
| 02 嘉兴 | 河里向介多小鱼花=游。<br>vu¹³ li⁴² ɕiÃ²¹ kʌ³³ dou⁴² ɕiɔ³³ ŋ¹³ ho³³ iu²⁴²。 |
| 03 嘉善 | 河里向木佬佬小鱼有辣=游。<br>u¹³ li³¹ ɕiæ̃⁵³ muoʔ² lɔ¹³ lɔ³¹ ɕiɔ²² ŋ³¹ iə²² laʔ³ iə³¹。 |
| 04 平湖 | 交关小鱼辣=河里游。<br>tɕiɔ⁴⁴ kuɛ⁰ siɔ⁴⁴ ŋ³¹ laʔ⁵ u²⁴ li⁵³ iɯ³¹。 |
| 05 海盐 | 河里有交关小鱼落=霍=游。<br>u²⁴ li⁵³ io²¹³ tɕiɔ⁵⁵ kuɛ⁵³ ɕiɔ⁵³ n³¹ lɔʔ²³ xɔʔ⁵ io³¹。 |
| 06 海宁 | 河里向有交关小鱼霍=游。<br>u³³ li¹³ ɕiã̃⁵⁵ iəu⁵³ tɕiɛu⁵⁵ kuɛ⁵³ ɕiɔ⁵⁵ ŋ⁵⁵ hoʔ⁵ iəu¹³。 |
| 07 桐乡 | 有交关小鱼有牢=河里向游。<br>iɤɯ²⁴² tɕiɔ⁴⁴ kuɛ⁴⁴ siɔ⁵³ ŋ⁴⁴ iɤɯ²⁴² lɔ⁰ u²¹ li⁴⁴ ɕiã̃⁴⁴ iɤɯ¹³。 |
| 08 崇德 | 交关小鱼有牢=河里向游。<br>tɕiɔ⁴⁴ kuɛ⁵³ ɕiɔ⁵⁵ ŋ⁰ iɤɯ⁵⁵ lɔ⁰ u²¹ li⁴⁴ ɕiã̃⁴⁴ iɤɯ¹³。 |
| 09 湖州 | 港里向介交关小鱼界=华=游么。<br>kã̃³⁵ li⁵³ ɕiã̃³³ ka³⁵ tɕiɔ⁴⁴ kuɛ⁴⁴ ɕiɔ⁵³ ŋ³¹ ka³¹ uo²² iʉ²² məʔ⁰。 |
| 10 德清 | 河港里向交关小鱼界=游。<br>əu¹¹ kã̃¹³ li³¹ ɕiã̃¹¹ tɕiɔ³³ kuɛ³³ ɕiɔ³³ ŋ³¹ ka³¹ iʉ¹¹。 |
| 11 武康 | 河港里向交关小鱼辣=游。<br>u¹¹ kã̃³⁵ li⁵³ ɕiã̃³¹ tɕiɔ⁴⁴ kuɛ⁴⁴ ɕiɔ⁵³ ŋ³¹ lɔʔ² iø¹³。 |
| 12 安吉 | 溪滩里有毛佬小鱼头。<br>tɕʰi⁵⁵ tʰa⁵⁵ li⁵⁵ iu²² mɔ²² lɔ⁵² ɕiɔ⁵² ŋ²¹ dɤ²¹。 |
| 13 孝丰 | 溪塔=里有毛佬佬小鱼落=游。<br>tɕʰi⁴⁴ tʰaʔ⁵ li⁵⁵ iu⁵² mɔ²² lɔ⁴⁴ lɔ²² ɕiɔ⁴⁵ ŋ²¹ luoʔ⁵ iu²²。 |
| 14 长兴 | 港里弗少小鱼勒游。<br>kã̃⁴⁵ lɿ²¹ fəʔ³ sɔ⁵² ʃiɔ⁴⁵ ŋ²¹ ləʔ⁵ iɤ¹²。 |
| 15 余杭 | 河港里有交关鱼拉=里游。<br>u³³ kã̃⁵⁵ li³³ iɤ⁵³ tɕiɔ⁵⁵ kuɛ⁵⁵ ŋ³¹ la³³ li³³ iɤ³¹。 |
| 16 临安 | 溪坑里游得木木佬小鱼头。<br>tɕʰi⁵⁵ kã̃⁵⁵ li⁵⁵ yœ³³ tɤʔ² muʔ² muɔʔ² lɔ⁵⁵ ɕiɔ⁵⁵ ŋ⁵⁵ dɤ³¹。 |

续表

| 方言点 | 0017 河里游着好多小鱼。 |
|---|---|
| 17 昌化 | 溪塔=里毛佬佬小鱼来=是□里游。<br>tsʰ ɿ³³ tʰ aʔ⁵ li⁴⁵ mɔ¹¹ lɔ²³ lɔ⁰ ɕiɔ⁴⁵ y¹¹² lɛ¹¹ zɿ²⁴ nɔ̃⁴⁵ li²⁴ i¹¹²。 |
| 18 於潜 | 江里有木佬佬小鱼来=哈=游。<br>kʰ aŋ⁴³ li²² iəu⁵³ mɑʔ² lɔ²⁴ lɔ⁵³ ɕiɔ⁵³ y²⁴ le²²³ xa³⁵ iəu²²³。 |
| 19 萧山 | 河里木佬佬小鱼来=东=游。<br>o¹³ li⁴² mɔ¹³ lɔ⁴² lɔ⁴² ɕiɔ³³ ŋ⁴² le¹³ toŋ⁴² io⁴²。 |
| 20 富阳 | 水里游嗰交关小鱼。<br>ɕyɛ⁴²³ li⁰ iʊ¹³ tɛʔ⁰ tɕiɔ⁵⁵ kuã⁵⁵ ɕiɔ⁴²³ y¹³。 |
| 21 新登 | 溪坑里介许多小鱼勒哈=游。<br>tɕʰ i⁵³ kʰ ɛ³³⁴ li³³⁴ ka³³⁴ sɿ³³⁴ tu³³⁴ ɕiɔ³³⁴ ɿ²³³ laʔ² ha⁰ y²³³。 |
| 22 桐庐 | 港里蛮多小鱼在里游。<br>kã̃³³ li⁵⁵ mã̃¹³ tu⁵⁵ ɕiɔ³³ ŋ³³ lɛ¹³ li⁵⁵ iəu²¹。 |
| 23 分水 | 河沟里游牢=毛多小鱼。<br>xo²¹ kə⁴⁴ li⁰ iə²² lɔ⁰ mɔ²⁴ to⁴⁴ ɕiɔ⁴⁴ y²¹。 |
| 24 绍兴 | 河里木佬佬小鱼来=亨=游。<br>o²⁴ li³¹ moʔ² lɔ²⁴ lɔ³¹ ɕiɔ³³ ŋ³³ lɛ³³ haŋ³³ liɤ²³¹。 |
| 25 上虞 | 河里有木佬佬小鱼头来=亨=游。<br>ʊ²¹ li⁰ iɤ²¹ moʔ⁵ lɔ²¹ lɔ⁰ ɕiɔ³³ ŋ²¹ dɤ²¹³ le²¹ hã̃⁰ iɤ²¹³。 |
| 26 嵊州 | 河港里有好些小鱼来=带=游。<br>o²² kɔŋ⁴⁴ li³¹ iɤ³³ hɔ³³ səʔ³ ɕiɔ³³ ŋ²³¹ lɛ²² ta³³ iɤ²¹³。 |
| 27 新昌 | 溪滩头有木佬佬小鱼来=古=逃。<br>tɕʰ i³³ tʰ ɛ̃⁴⁵ diɯ³¹ iɯ⁵³ mɤʔ² lɔ²¹ lɔ³¹ ɕiɔ³³ ŋ²³² le³³ ku³³ dɔ²²³。 |
| 28 诸暨 | 河里向木佬佬小鱼来=客=游。<br>ɤu²¹ lɿ²¹ ɕiã̃⁴² moʔ²¹ lɔ³³ lɔ³³ ɕiɔ⁴² ɿ¹³ le¹³ kʰ aʔ⁵ iɯ¹³。 |
| 29 慈溪 | 河里流=来落去个小鱼头儿介多。<br>əu¹³ li⁰ liø¹³ le⁰ lɔʔ² kʰ ɛ⁴⁴ kəʔ² ɕiɔ³³ ŋ¹³ dəŋ⁰ ka³³ təu⁴⁴。 |
| 30 余姚 | 河里有老多小鱼头来=格游。<br>ou¹³ li⁰ iø¹³ lɔ¹³ tou⁴⁴ ɕiɔ³⁴ ŋ¹³ dø⁰ le¹³ kəʔ² iø¹³。 |
| 31 宁波 | 河里交关多小鱼来=该游。<br>əu¹³ li⁰ tɕiɔ⁴⁴ kuɛ⁴⁴ təu⁴⁴ ɕiɔ³³ ŋ¹³ le¹³ ke⁰ iɤ¹³。 |
| 32 镇海 | 河里有交关多小鱼头来=该游。<br>əu²⁴ li⁰ iu¹³ tɕiɔ³³ kuɛ⁵³ təu³³ ɕiɔ³³ ŋ²⁴ dei⁰ le²⁴ ke⁰ liu²⁴。 |

续表

| 方言点 | 0017 河里游着好多小鱼。 |
|--------|------------------------|
| 33 奉化 | 河里有交关小鱼头来ª该游。<br>əu³³ li⁰ iɤ³³ tɕiɔ⁴⁴ kuɛ⁴⁴ ɕiɔ⁴⁴ ŋ³³ dæi³³ le⁰ ke⁰ iɤ³³。 |
| 34 宁海 | 河迪ª有虾ª小鱼来迪ª华ª。<br>əu²² diəʔ³ iu³³ mã̃²⁴ ɕieu⁵³ ŋ³ lei²¹ diəʔ³ o²¹³。 |
| 35 象山 | 河里向来划个小鱼发ª对ª多。<br>əu³¹ li⁰ ɕiã̃⁴⁴ lei³¹ uaʔ² geʔ² ɕio⁴⁴ ŋ³¹ faʔ⁵ tei⁴⁴ təu⁴⁴。 |
| 36 普陀 | 河里有交关多小鱼来ª游。<br>əu²⁴ li⁰ ieu²³ tɕyoʔ³ kuɐʔ⁵ təu⁵³ ɕiɔ⁵⁵ ŋ⁵⁵ lɛ³³ ieu²⁴。 |
| 37 定海 | 河里有蛮多小鱼来ª该游。<br>ʌu²³ li⁰ iɤ³³ mɛ⁵² tʌu⁵² ɕio⁴⁴ ŋ⁴⁴ lieʔ⁰ kɛ³³ iɤ²³。 |
| 38 岱山 | 河里游该小鱼无告ª样呵。<br>ʌu²³ lɐʔ⁰ iɤ²³ ke⁰ ɕio⁴⁴ ŋ⁴⁴ mɔ⁵² kɔ⁰ n̩iã̃⁰ ʌu⁰。 |
| 39 嵊泗 | 河里看ª多小鱼来ª游啦。<br>ʌu²⁴ li⁰ kʰi⁵³ tʌu⁰ ɕio⁴⁴ ŋ⁴⁴ leʔ³³ iɤ²⁴ lɔ⁰。 |
| 40 临海 | 河勒多蛮多个小鱼在划。<br>o²¹ lɐʔ⁰ to³¹ mɛ³³ to³¹ kɐʔ⁰ ɕiɔ⁵² ŋ⁵¹ ze²¹ ua²¹。 |
| 41 椒江 | 河埭无计数小鱼瓜在埭划。<br>ɯ³¹ tɐʔ⁰ vu²² tɕi³³ səu⁵⁵ ɕiɔ⁴² ŋ²² kua³⁵ zə³¹ tɐʔ⁰ ua³¹。 |
| 42 黄岩 | 河埭无数小鱼在埭划。<br>e¹²¹ dɐʔ⁰ u¹³ sou⁵⁵ ɕiɔ⁴² n̩²⁴ ze¹²¹ tɐʔ⁰ ua¹²¹。 |
| 43 温岭 | 河勒ª无数小鱼来ª埭划。<br>ɯ³¹ lə⁰ vu¹³ su⁵⁵ ɕiɔ⁴² ŋ²⁴ le³¹ tɛ⁰ ua³¹。 |
| 44 仙居 | 坑嗒有木佬佬小鱼劳ª游。<br>kʰã̃³³ ɗiəʔ⁰ ieu³²⁴ məʔ²³ lɐɯ³⁵³ lɐɯ⁰ ɕieɯ³¹ ŋ³⁵³ lɐɯ²⁴ iəɯ²¹³。 |
| 45 天台 | 水亨ª来蛮多个小鱼在阿逃。<br>ɕy³² ha³³ le⁵¹ mɛ²² tou³³ kou⁰ ɕieu³² ŋ⁵¹ zei³³ aʔ² dau²²⁴。 |
| 46 三门 | 河里介多鱼儿来ª嗒夏ª。<br>ʋ¹¹³ li³² ka⁵⁵ tʋ³³ ŋ¹¹ ŋ²⁵² le³² tɐʔ⁰ o²⁴。 |
| 47 玉环 | 河勒ª无数小鱼来底划。<br>o³¹ lɐʔ⁰ u²² səu⁵⁵ ɕiɔ⁵³ ŋ²⁴ le³¹ ti⁰ ua³¹。 |
| 48 金华 | 溪里有好许多小鱼来ª末里游。<br>tɕʰie³³ li⁵⁵ iu⁵³⁵ xɑo⁵⁵ ɕy⁰ tuɤ⁰ siɑo⁵⁵ n̩y³¹³ lɛ³¹ məʔ²¹ li¹⁴ iu³¹³。 |

**续表**

| 方言点 | 0017 河里游着好多小鱼。 |
|---|---|
| 49 汤溪 | 溪里有很多个细鱼扎＝哒游。<br>tɕʰie²⁴li⁰iəɯ¹¹³xã̠⁵²tuɤ²⁴ka⁰sia³³n̠y⁵²tsuɑ⁵⁵ta⁰iəɯ¹¹。 |
| 50 兰溪 | 溪里有吓人多个细鱼儿。<br>tɕʰie³³⁴li⁴⁵iəɯ⁵⁵xəʔ³⁴nin⁴⁵tuɤ³³⁴kəʔ⁰sia³³⁴n̠y²¹nə²⁴。 |
| 51 浦江 | 好些多细鱼儿儿＝呐＝溪滩欤游。<br>xo⁵⁵sɯ⁰tɯ⁰ɕia³³n̠yn³³⁴n³³nɤ³³⁴tɕʰi⁵⁵tʰã̠³³a⁰iɤ¹¹³。 |
| 52 义乌 | 河里许多小鱼来＝面儿游。<br>uɤ²²li³³ɕy⁴⁵tuɤ³³sɯɤ⁴⁵n³³le²²mien³³iɐɯ²¹³。 |
| 53 东阳 | 河里尽多阿＝小鱼儿在哝游。<br>ʊ²³li²⁴ɕiɐn²⁴tʊ³³a³³ɕiɔ⁵⁵n̠yun²²dzi²⁴nɔm²³iəɯ³¹。 |
| 54 永康 | 溪拉交多小鱼儿倚嘞游。<br>tɕʰie³³la⁵⁵kau⁵⁵ɗuo⁵⁵ziau³¹n̠y²⁴¹gɐi³¹lə⁵⁵iəu²²。 |
| 55 武义 | 溪当＝若干细鱼来里游。<br>tɕʰie³²⁴naŋ⁵³ziau¹³kəʔ⁵ɕia⁴⁴⁵n̠y⁵³la⁵⁵li⁵³iəu³²⁴。 |
| 56 磐安 | 溪滩里有好些小鱼牢＝农＝游。<br>tɕʰi³³tʰɒ⁵⁵li⁵⁵iəɯ³³xo⁵⁵sɛ⁵⁵ɕiɔ³³n̠y²¹lo²²nɔocɯ²²iɐɯ²¹³。 |
| 57 缙云 | 溪里浮阿开＝多猛鱼儿。<br>tɕʰi⁴⁴ləɤ⁴⁵³vu²⁴³a⁴⁴kʰei⁴⁴tu⁴⁴ma⁵¹n̠y²¹n̠i⁴⁵³。 |
| 58 衢州 | 河里有交关多个细鱼在博＝里游。<br>u²¹li⁵³iu²³¹tɕiɔ³²kuã̠⁵³tu³²gəʔ⁰ɕia⁵³ŋ²¹dzɤ²³¹pəʔ⁵li⁰iu²¹。 |
| 59 衢江 | 大溪高仰＝多个细鱼横来横去。<br>dou²²tɕʰie³³kɔ⁵³n̠iã̠²⁵tou³³gəʔ⁰ɕie³³ŋɤ²¹²uɛ²²li⁰uɛ²²kʰɤ⁵³。 |
| 60 龙游 | 溪里有吓侬多个细鱼游来游去。<br>tɕʰi³³li⁰iəɯ²²xəʔ⁴nən²¹tu³³⁴gəʔ⁰ɕia³³ŋəɯ²²iəɯ²²lei²²iəɯ²²kʰəʔ⁴。 |
| 61 江山 | 大溪里有刮＝蜡＝相鱼儿倚嘞游。<br>do²²tɕʰiə⁴⁴ləʔ⁰iɯ²²kuaʔ⁵laʔ²ɕiaŋ⁴⁴ŋə²²n̠i²¹³gəʔ⁵ləʔ⁰iɯ²¹³。 |
| 62 常山 | 溪里有交关多细鱼划来划去。<br>tɕʰie⁴⁴lie⁵²iu²⁴tɕyeʔ⁴kuã̠⁴⁴tɔ⁴⁴ɕie⁴⁴ŋɤ⁰ua²⁴li⁰uɑ²⁴kʰɤ⁰。 |
| 63 开化 | 溪里有好多细鱼划来划去。<br>tɕʰie⁴⁴li⁵³iʊ²¹xəɯ⁵³tɔ⁰sɛ⁴⁴ŋə⁵³ua²¹li⁰uɑ²¹kʰie⁴¹²。 |
| 64 丽水 | 多险鱼儿牢＝河垮游。<br>tu²²⁴ɕiɛ⁵⁴⁴ŋməɯ²²ŋ⁵²lə²²u²²tə⁰iəɯ²²。 |

| 方言点 | 0017 河里游着好多小鱼。 |
|---|---|
| 65 青田 | 溪里多倒鱼□限゠埭游。<br>tsʰ ɿ³³ li⁰ ɗu³³ ɗœ⁵⁵ ŋɛ⁵³ lœ²² a⁵⁵ dɑ²² ieu²¹ 。 |
| 66 云和 | 好□鱼儿牢゠河底游。<br>xəu⁴⁵ lɛʔ⁰ n̠y⁴⁴ n̠i⁴⁵ laɔ³¹ u³¹ ti⁴⁴ iəu³¹ 。 |
| 67 松阳 | 溪里夥险小鱼儿踞轭゠埭游。<br>tsʰ ɿə⁵³ lɛ⁰ ua²² ɕi ɛ̃²¹ ɕio²⁴ ŋɯə²¹ n²⁴ kei⁵³ aʔ³ taʔ⁰ iɯ³¹ 。 |
| 68 宣平 | 大溪埭有多猛个细鱼徛特゠埭游。<br>do⁴³ tsʰ ɿ³² taʔ⁰ iɯ²² to³² mɛ²² kəʔ⁰ ɕia⁴⁴ n²² gei²² diəʔ² taʔ⁰ iɯ⁴³³ 。 |
| 69 遂昌 | 溪里好多小鱼儿游去游去。<br>tɕʰ iɛ⁴⁵ lei⁰ xɯɐ⁵³ tu⁴⁵ ɕiɯɐ⁵³ ŋɤ²² n̠iɛ²¹ iɯ²² kʰ ɤ³³ iɯ²² kʰ ɤ³³⁴ 。 |
| 70 龙泉 | 溪里有老夥鱼儿游来游去。<br>tɕʰ i⁴⁴ li⁵¹ iəu⁵¹ laʌ⁴⁵ ua²¹ ŋɯə⁴⁴ n̠i⁵⁵ iəu²¹ li²¹ iəu²¹ kʰ ɤɯ⁴⁵ 。 |
| 71 景宁 | 坑里拉゠好鱼儿牢゠埭游。<br>kʰ ɛ³² li⁰ la³³ xəu⁵⁵ n̠y³³ n̠i⁵⁵ lau⁴¹ tɛʔ⁵ iɯɯ⁴¹ 。 |
| 72 庆元 | 溪里蛮夥〔鱼儿〕儿坐埭游。<br>tɕʰ iᴇ³³⁵ li³³ mã⁵² ua²² ŋæ⁵⁵ n̠i ɛ̃⁵⁵ so²² ɗaʔ⁵ iɯ⁵² 。 |
| 73 泰顺 | 溪底好多鱼儿游来游去。<br>tsʰ ɿ²¹³ ti²² xəu⁵⁵ to²¹³ n̠y²¹ n̠iŋ³³ iəu⁵³ li²² iəu⁵³ tsʰ ɿ³⁵ 。 |
| 74 温州 | 河里有多险多个琐鱼儿缩埭泅。<br>vu³¹ lei⁰ iau²² tɤu³³ ɕi²⁵ tɤu³³ ge⁰ sai³⁴ ŋø²² ŋ¹² ɕio³ taʔ⁰ iɤu³¹ 。 |
| 75 永嘉 | 河底鱼儿泅起多险多。/鱼儿河底泅起多险多。<br>u³¹ tei⁰ ŋ¹³ ŋ²¹³ iəu³¹ tsʰ ɿ⁰ təu³³ ɕi⁴⁵ təu⁴⁴ 。/ŋ¹³ ŋ²¹³ u³¹ tei⁰ iəu³¹ tsʰ ɿ⁰ təu³³ ɕi⁴⁵ təu⁴⁴ 。 |
| 76 乐清 | 河地有多险多鱼儿是底泅。<br>o³¹ di⁰ iau²² to³³ ɕiᴇ³⁵ to⁴⁴ n̠i²¹ ŋ³⁵ zɿ⁰ ti⁰ ziu³¹ 。 |
| 77 瑞安 | 河底多险多鱼鱼儿是底泅。/河底多险多鱼鱼儿是底泅起泅起。<br>vu³¹ tei⁰ tou³³ ɕi³⁵ tou⁴⁴ n̠ɤ²² n̠ɤ¹³ ŋ²¹² zɿ²² tei⁰ zou³¹ 。/vɯ³¹ tei⁰ tou³³ ɕi³⁵ tou⁴⁴ n̠ɤ²² n̠ɤ¹³ ŋ²¹² zɿ²² tei⁰ zou³¹ tɕʰ i⁰ zou³¹ tɕʰ i⁰ 。 |
| 78 平阳 | 河里有多险多鱼儿〔生吼゠〕泅。<br>vu¹³ li²¹ iau³³ du²¹ ɕie⁴⁵ du²¹ n̠y³⁵ ŋ¹³ sau⁵⁵ zɛu⁴² 。 |
| 79 文成 | 溪对゠有多险多个鱼是宕游。<br>tɕʰ i³³ dai¹³ iau¹³ tou³³ ɕie³⁵ tou³³ kai³³ ŋou¹³ zɿ¹³ do³³ iau¹³ 。 |

**续表**

| 方言点 | 0017 河里游着好多小鱼。 |
|---|---|
| 80 苍南 | 河里有多险多个小鱼洄起来。<br>u³¹ li⁰ iau⁵³ tu⁴⁴ ɕiɛ⁵³ tu⁴⁴ gi⁰ ɕyɔ⁵³ n̠yɛ³¹ zɛu³¹ tɕʰi⁰ li⁰。 |
| 81 建德<sub>徽</sub> | 有木佬佬细鱼对=礴=板=里游来游去。/礴=板=里有木佬佬细鱼游来游去。<br>iɤɯ²¹ mɐʔ¹² lɔ⁵⁵ lɔ⁰ ɕie³³ n³³ te²¹ kʰɛ²¹ pɛ⁵⁵ li⁵⁵ iɤɯ³³ le³³ iɤɯ³³ kʰi³³。/kʰɛ²¹ pɛ⁵⁵ li⁵⁵ iɤɯ²¹ mɐʔ¹² lɔ⁵⁵ lɔ⁰ ɕie³³ n³³ iɤɯ³³ le³³ iɤɯ³³ kʰi³³。 |
| 82 寿昌<sub>徽</sub> | 溪滩里吓侬多细鱼游来游去。<br>tɕʰi¹¹ tʰuə¹¹ li⁰ xəʔ³ nɔŋ⁵² tu¹¹ ɕie³³ n̠y⁵² iəɯ³³ liæ¹¹ iəɯ³³ kʰəɯ³³。 |
| 83 淳安<sub>徽</sub> | 溪里游住不少细鱼。<br>tɕʰi²⁴ li⁰ iɯ⁴³ tɕʰy⁵³ pəʔ³ sɤ⁵⁵ ɕiɑ²⁴ ya⁴³⁵。 |
| 84 遂安<sub>徽</sub> | 溪里游哈=拉小鱼。<br>tɕʰi³³ li³³ iu³³ xɑ³³ lɑ³³ ɕiɛ³³ y³³。 |
| 85 苍南<sub>闽</sub> | 河□有蛮加细尾鱼跕游。<br>hɔ³³ nã⁵⁵ u²¹ ban²¹ ke⁵⁵ sue²¹ bə²¹ hɯ²⁴ ku⁵⁵ ɕiu²⁴。 |
| 86 泰顺<sub>闽</sub> | 河底游着个鱼团来是。<br>ou²¹ tei³⁴⁴ ɕiøu²² tɕiɛʔ³ kø²⁰ ny²¹ ki²² lai²¹³ sei⁵³。 |
| 87 洞头<sub>闽</sub> | 河个游着尽加鱼仔。<br>ho³³ ge³³ ɕiu²¹ tieu²¹ tɕin²¹ ke³³ hɯ²¹ a⁵³。 |
| 88 景宁<sub>畲</sub> | 好多鱼崽在河里游。<br>xau⁴⁴ to⁴⁴ n̠y²² tsoi⁵⁵ tsai²² xaŋ⁴⁴ li⁵⁵ iəu²²。 |

| 方言点 | 0018 前面走来了一个胖胖的小男孩。 |
|---|---|
| 01 杭州 | 前头有一个胖乎乎的男伢儿走过来嗫。<br>dʑiɛ²² dei⁴⁵ y⁵³ iɛ⁵ koʔ⁰ pʰaŋ⁴⁵ xu⁵⁵ xu³³ tiʔ⁰ nɛ²² ia²² əl⁴⁵ tsei⁵³ ku⁰ lɛ⁰ taʔ⁰。 |
| 02 嘉兴 | 前头跑过来一个介胖个男小个。<br>dʑiɛ²¹ dei²⁴ bɔ²¹ kou²⁴ lɛ²¹ iʔ⁵ gəʔ¹ kʌ³³ pʰʌ̃³³ gəʔ²¹ nə²⁴ ɕiɔ³³ kɛ²¹。 |
| 03 嘉善 | 前头有个胖和和个男小把戏有辣＝跑过来。<br>dʑiɪ¹³ də³¹ iə²² kəʔ⁵ pʰã³⁵ u¹³ u³¹ gəʔ²² nø¹³ ɕiɔ³⁵ paʔ⁵ ɕiʔ⁰ iə²² la³¹ bɔ¹³ ku⁵³ lɛ⁰。 |
| 04 平湖 | 前头走过来一个壮来海＝饭＝个男小把戏。<br>ziɛ²⁴ dɯ⁵³ tsɤɯ⁴⁴ ku³³⁴ lɛ⁰ iəʔ³ kəʔ⁵ tsã⁴⁴ lɛ⁰ hɛ⁴⁴ vɛ⁴⁴ kəʔ⁰ nø²⁴ siɔ⁴⁴ paʔ⁰ ɕiʔ⁰。 |
| 05 海盐 | 前头走过来一个壮来微＝完＝个男小把戏。<br>dʑiɛ²⁴ de⁵³ tse⁴²³ kʰu³³ lɛ³¹ iəʔ⁵ kəʔ⁵ tsã⁴⁴ lɛ²¹ vi²⁴ uɣ⁵³ kəʔ⁵ nɣ³¹ ɕiɔ⁴²³ baʔ⁵ ɕi²¹。 |
| 06 海宁 | 一个蛮胖个男小把戏前头走过来哩。<br>iɛʔ⁵ kəʔ⁵ mɛ⁵⁵ pã̃⁵⁵ kəʔ⁵ nɛ³³ ɕiɔ⁵⁵ paʔ⁵ ɕi⁵³ dʑiɛ³³ dəɯ¹³ tsɤɯ⁵⁵ kəu³³ lɛ³³ liɛʔ²。 |
| 07 桐乡 | 前头走过来一个蛮壮个男小人。<br>ziɛ²¹ dɣɯ⁴⁴ tsɣɯ⁴⁴ kəu⁰ lɛ⁰ iəʔ³ kɣɯ³³⁴ mɛ⁴⁴ tsɔ̃³³ kəʔ⁰ nɛ²¹ siɔ⁴⁴ ȵiŋ⁴⁴。 |
| 08 崇德 | 前头趒来来一个胖嘟嘟个男小把戏。<br>ziɪ²¹ dɣɯ⁴⁴ diɔ²¹ ku⁴⁴ lɛ⁴⁴ iəʔ³ kəʔ⁵ pʰã̃³³ tɔʔ⁵ tɔʔ⁰ kəʔ⁰ nɛ²¹ ɕiɔ⁵⁵ paʔ⁰ ɕiʔ⁰。 |
| 09 湖州 | 前面个小大块头界＝华＝走过来闹＝。<br>ziɛ¹³ miɛ³⁵ kəʔ⁵ ɕiɔ⁵³ dəu³¹ kʰuɛ¹³ døɥ³¹ ka³¹ uo³¹ tɕiɥ⁵³ kəu³¹ lɛ²² nɔ⁰。 |
| 10 德清 | 有个蛮胖个囡儿头前头界＝跑过来［嗫嗳］。<br>iɥ³⁵ kəʔ⁵ mɛ³³ pʰã̃³³ kəʔ⁵ nɔ³¹ n³¹ døɥ¹³ dʑiɛ³¹ døɥ¹³ ka³³ bɔ³¹ kəu³³ lɛ³¹ dɛ¹³。 |
| 11 武康 | 前头跑过来一个蛮壮个小人儿。<br>ʑiɪ¹¹ dø¹³ bɔ³¹ ku³³ lɛ³³ iɛʔ³ kəʔ⁵ mɛ⁴⁴ tsã⁴⁴ əʔ² ɕiɔ⁵³ ȵin³³ n³¹。 |
| 12 安吉 | 前头走过来一个蛮壮个男小把戏。<br>ʑi²² dəɪ²² tsəɪ⁵² ku⁰ lɛ²² iɛʔ⁵ kəʔ⁵ mɛ⁵² tsɔ̃³²⁴ kəʔ⁰ nɛ²² ɕiɔ⁵² pa²¹ ɕi²¹。 |
| 13 孝丰 | 前头来了个蛮胖个小把戏。<br>ʑiɪ²² dəɪ²² lɛ²² ləʔ⁰ kəʔ⁵ mɛ⁵² pʰɔ̃³²⁴ kəʔ⁵ ɕiɔ⁵² pa²¹ ɕi²¹。 |
| 14 长兴 | 前头跑过来一个蛮胖个男小把戏。<br>ʒi¹² dei³³ bɔ¹² kəu³² lɯ¹² iɛʔ⁵ kei³²⁴ mɛ⁵² pʰɔ̃³²⁴ kəʔ⁵ nɯ¹² ʃiɔ²² pa²² ʃ³³。 |
| 15 余杭 | 前头有一个蛮壮个小囡儿头拉＝里走。<br>ʑiɛ³³ døɣ³¹ iɣ⁵³ iɛʔ⁵ kəʔ⁵ mɛ³³ tsã̃⁵³ goʔ² siɔ⁵³ nøɣ³³ ŋ³³ døɣ³¹ la³³ li³¹ tsøɣ⁵³。 |
| 16 临安 | 前头蛮壮个一个男小鬼走过来嘞。<br>ʑiɛ³³ də³⁵ mɛ⁵⁵ tsã̃⁵⁵ gʊʔ² iɛʔ⁵ kəʔ⁵ nœ³³ ɕiɔ³³ kuɛ⁵³ tsɛ⁵³ ku³³ lɛ³³ lɐʔ⁰。 |

**续表**

| 方言点 | 0018 前面走来了一个胖胖的小男孩。 |
|---|---|
| 17 昌化 | 前头跑来一个蛮胖个木⁼娘⁼头。<br>ʑi ĩ¹¹ di¹¹² bɔ¹¹ lɛ¹¹² iɛʔ⁵ kəʔ⁵ mɔ̃¹¹ pʰɔ̃⁵⁴⁴ kəʔ⁵ muə̃ʔ² n̥iã¹¹ di¹¹²。 |
| 18 於潜 | 前头走过来一个蛮壮个小鬼头。<br>ʑie²² diəu²⁴ tɕiəu⁵³ ku²² le²⁴ ie⁵³ kəʔ⁵³ mɛ⁵¹ tsuaŋ³⁵ kəʔ² ɕio⁵³ kue⁵³ diəu³¹。 |
| 19 萧山 | 前头蛮胖小官人走过来敌⁼。<br>ʑie¹³ dio³³ mɛ⁵³ pʰɔ̃³³ ɕio³³ kuə³³ n̥iŋ³³ tɕio³³ ku³³ le¹³ die²¹。 |
| 20 富阳 | 前头走过来一个蛮壮个小鬼。<br>ʑi ɛ̃¹³ dei⁵⁵ tsei⁴²³ ku³³⁵ lɛ¹³ iɛʔ⁵ kɛʔ⁵ m ɛ̃⁵³ tsɑ̃²²⁴ kɛʔ⁰ ɕio⁴²³ kuɛ³³⁵。 |
| 21 新登 | 前头走过来嘞一个蛮壮个细老头。<br>ʑi ɛ̃²³³ dəu²³³ tɕɤ³³⁴ ku⁴⁵ le²³³ laʔ⁰ iə⁵ kaʔ⁰ mɛ²³³ tɕy ɑ̃⁴⁵ kaʔ⁰ ɕia⁴⁵ lɔ³³⁴ dəu²³³。 |
| 22 桐庐 | 前头走来一个满胖个小人。<br>ʑie²¹ dei³³ tsei³³ lɛ³³ iəʔ⁵ kəʔ³ m ɑ̃³⁵ pʰ ɑ̃³³ kəʔ³ ɕio³³ niŋ³⁵。 |
| 23 分水 | 前面走来一个嘎壮个小鬼。<br>dʑi ɛ̃²¹ mi ɛ̃²⁴ tsø⁴⁴ lɛ²¹ iəʔ⁵ ko²⁴ kaʔ⁵ tɕy ɑ̃²⁴ kəʔ⁵ ɕio⁴⁴ kue⁵³。 |
| 24 绍兴 | 前头走过来一个蛮蛮壮个小官人。<br>ʑi ɛ̃²² dɤ²³¹ tsɤ³³ ku³³ lɛ³¹ ieʔ³ goʔ² m ɛ̃³³ m ɛ̃⁴⁴ tsaŋ³³ kəʔ³ ɕio³³ kuɛ³³ n̥iŋ²²。 |
| 25 上虞 | 前头走过来一个老壮个小官人。<br>ʑi ɛ̃²¹ dɤ⁰ tsɤ³³ ku⁰ le⁰ iəʔ² kəʔ² lɔ²¹ ts ɔ̃⁵⁵ kəʔ² ɕio³³ ku ø̃³³ n̥iŋ²¹。 |
| 26 嵊州 | 前面有个胖得⁼得⁼个小官人跑过来带⁼哉。<br>ʑie²² mi ɛ̃²³¹ iɤ³³ ka³³ pʰɔ̃³³ təʔ³ təʔ⁵ kəʔ⁵ ɕio³³ kuœ⁴⁴ n̥iŋ³¹ tɕʰiaŋ³³ ko³³ lɛ³³ ta³³ tsɛ³³⁴。 |
| 27 新昌 | 前面有个滚壮介个男小侬走过来了。<br>dʑi ɛ̃²² mi ɛ̃²³² iɯ³³ ka³³ kueŋ³³ ts ɔ̃⁴⁵ ka³³ k ɤ³¹ nœ̃²² ɕio³³ n ɔ̃²³² tɕiɯ⁴⁵ k ɤ³³ le³³ le³¹。 |
| 28 诸暨 | 前头走来一个胖胖个小人头。<br>ʑie¹³ dei³³ tsei⁴² le⁴² ieʔ⁵ kA²¹ pʰ ɑ̃⁴² pʰ ɑ̃³³ kəʔ²¹ ɕio³³ nin²¹ dei²¹。 |
| 29 慈溪 | 前头走过来一个介壮格小官人。<br>i ɛ̃¹³ dø⁰ tsø³³ kəu⁰ le⁰ iəʔ² kəu⁰ ka³³ ts ɔ̃⁴⁴ kəʔ² ɕio³³ ku ø̃³⁵ n̥iŋ⁰。 |
| 30 余姚 | 前头有个老老壮个男小人走过来哉。<br>i ɛ̃¹³ dø⁰ i ɔ̃¹³ kou⁴⁴ lɔ³³ lɔ⁰ ts ɔ̃ŋ³³ kəʔ² n ɑ̃¹³ ɕio⁴⁴ n̥i ɑ̃¹³ tsø⁴⁴ kou⁴⁴ le¹³ tse⁵³。 |
| 31 宁波 | 前头来嘞一或⁼交关壮或⁼小顽。<br>ʑi¹³ doɐɣ⁰ le¹³ laʔ² iəʔ² oʔ² tɕio⁴⁴ ku ɛ̃⁴⁴ ts ɔ̃⁴⁴ oʔ² ɕio³³ u ɛ̃¹³。 |
| 32 镇海 | 前头走过来一个壮壮和⁼小顽。<br>ʑi²⁴ dei³¹ tsei³³ kəu³³ le⁰ ieʔ⁵ kəu⁰ ts ɔ̃³³ ts ɔ̃³³ əu⁰ ɕio³³ u ɛ̃²⁴。 |

| 方言点 | 0018 前面走来了一个胖胖的小男孩。 |
|---|---|
| 33 奉化 | 前头走过来一个壮壮个乌顽头。<br>ʑi³³ dæi³¹ tsæi⁴⁴ kəu⁰ le⁰ iʔ² kəu⁰ tsɔ̃⁴⁴ tsɔ̃⁰ kəʔ² u⁴⁴ uɛ³³ dæi³¹。 |
| 34 宁海 | 前面走来一个滚壮个细佬。<br>ʑie²¹ mie⁰ tseu⁵³ lei⁰ iəʔ³ ge⁰ʔ³ kuaŋ⁵³ tsɔ̃³⁵ geʔ³ sɿ³³ lau³¹。 |
| 35 象山 | 前头走过来一个壮壮个小鬼头。<br>ʑi³¹ dɤɯ³¹ tsɤɯ⁴⁴ ku⁴⁴ lei⁰ ieʔ⁵ ge² tɕyɔ̃⁵³ tɕyɔ̃⁰ geʔ² ɕio⁴⁴ tɕy⁴⁴ dɤɯ⁰。 |
| 36 普陀 | 前头走过来一个胖咕咕个小顽。<br>i³³ deu⁵³ tseu⁵⁵ kəu⁰ lɛ⁵⁵ iɛʔ⁵ koʔ⁰ pʰɔ̃⁵⁵ ku⁰ ku⁰ koʔ⁰ ɕio⁵⁵ uɛ⁵⁵。 |
| 37 定海 | 前头有一个蛮壮个小娃走过来咪。<br>i³³ dɐi⁵² iɤ³³ goʔ⁰ mɛ⁵² tsɔ̃⁴⁴ goʔ⁰ ɕio⁴⁴ uɛ⁴⁴ tsɐi⁵² kʌu⁰ lɛ⁰ lɐi⁰。 |
| 38 岱山 | 前头走过来一个壮咕咕小娃。<br>i³³ dœɤ³¹ tsœɤ⁵² kʌu⁰ le⁰ ieʔ⁰ goʔ⁰ tsɔ̃⁴⁴ ku⁰ ku⁰ ɕio³³ uɛ⁴⁴。 |
| 39 嵊泗 | 一个壮顿顿个小娃啦，前头介走过来了呐。<br>iɛʔ³ goʔ⁰ tsɔ̃⁴⁴ təŋ⁰ təŋ⁰ goʔ⁰ ɕio⁴⁴ uɛ⁴⁴ la⁰，i³³ dœɤ⁵³ ka⁰ tsœɤ⁵³ kʌu⁰ le⁰ lɐʔ⁰ nɐʔ⁰。 |
| 40 临海 | 前头一个壮蛮壮个小佬人走过来。<br>ʑi²¹ də⁵¹ ieʔ³ kəʔ⁰ tɕyɔ̃⁵⁵ mɛ³¹ tɕyɔ̃⁵⁵ kəʔ⁰ ɕio⁵² lɔ⁵² n̩iŋ⁵¹ tsə⁵² ku³³ le⁰。 |
| 41 椒江 | 前头一个壮鼓鼓个小细佬越过来爻。<br>ʑie³¹ dio⁴¹ ieʔ³ kəʔ³ tsɔ̃³³ ku⁴² ku⁵¹ kəʔ⁰ ɕio⁴² ɕi³³ lɔ⁵¹ dio³¹ ku³³ lə⁰ ɔ⁰。 |
| 42 黄岩 | 头前一个壮鼓鼓个细佬越过来爻。<br>dio¹³ ʑie⁴¹ ieʔ³ kəʔ³ tsɔ̃³³ ku⁴² ku⁵¹ kəʔ⁰ ɕi⁴² lɔ⁵¹ dio¹²¹ ku³³ le⁰ ɔ⁰。 |
| 43 温岭 | 头前一个壮鼓鼓个细佬头走过来爻。<br>dɤ²⁴ ʑie⁴¹ iʔ³ kəʔ³ tɕiɔ̃³³ ku⁴² ku⁵¹ kəʔ⁰ ɕi⁴² lɔ⁴² dɤ²⁴ tsɤ⁴² ku⁰ le³¹ ɔ⁰。 |
| 44 仙居 | 前面有个壮壮完⁼个小细佬走过来。<br>ʑie²⁴ mie⁵⁵ iəɯ²⁴ ko⁰ tɕyɐ̃⁵⁵ tɕyɐ̃⁵⁵ uɐ⁰ kəʔ⁰ ɕiɐɯ⁵¹ ɕi³³ lɐɯ⁵³ tsø³¹ ku⁰ ləʔ⁰。 |
| 45 天台 | 对面走来吉⁼个滚壮个细佬。<br>tei³³ mie³³ tseu³² le³¹ kiɐʔ¹ kou⁵⁵ kuəŋ³² tsɔ³³ kou⁰ ɕi³³ lau³¹。 |
| 46 三门 | 头前走来一记⁼慢⁼壮的小细佬。<br>dɤɯ¹³ ʑie³¹ tsɤɯ³² le¹³ ieʔ⁵ tɕi⁵⁵ mɛ²⁴ tɕiɔ⁵⁵ tɐʔ⁰ ɕiɐɯ³² ɕi⁵⁵ lau⁵²。 |
| 47 玉环 | 头前一个壮鼓鼓个小细佬越过来爻。<br>diɤ²² ʑie⁴¹ iɐʔ³ kɐʔ³ tɕiɔ̃³³ ku⁴² ku⁵³ kɐʔ⁰ ɕiɔ⁵³ ɕi³³ lɔ⁵³ dio³¹ ku³³ le³¹ ɔ⁰。 |
| 48 金华 | 前面趡过来一个壮猛个小鬼王。<br>zia³¹ mie¹⁴ biəʔ²¹² kuɤ⁵⁵ lɛ⁰ iəʔ³ kəʔ⁴ tɕyaŋ⁵⁵ maŋ⁵³⁵ kəʔ⁰ siao⁵⁵ tɕy⁵⁵ uaŋ³¹³。 |

续表

| 方言点 | 0018 前面走来了一个胖胖的小男孩。 |
|---|---|
| 49 汤溪 | 前面趑来个壮包包个细鬼。<br>zie¹¹ mie³⁴¹ bei¹¹ lɛ¹¹ kɑ⁵² tɕiɑo³³ pɔ³³ pɔ⁵² kə⁰ siɑ³³ kuɛ⁵²。 |
| 50 兰溪 | 前面走过来一个细老壮。<br>ziɑ²¹ mie²⁴ tsəɯ⁵⁵ kuɤ⁴⁵ le⁰ ieʔ³⁴ kəʔ⁰ siɑ³³⁴ lɔ⁵⁵ tɕyaŋ⁴⁵。 |
| 51 浦江 | 前面走欷一个壮□□个细男子ɻ。<br>ziã̃²⁴ mɛ̃²⁴ tsɤ³³ a⁵³ iə³³ kɑ⁵⁵ tɕyõ³³ pɤ³³ pɤ³³ kə⁰ ɕiɑ³³ nə̃⁵⁵ tsʅn⁰。 |
| 52 义乌 | 头先走来一个壮波⁼波ɻ个小个ɻ。<br>dɐɯ²² siɑ³³ tsɐɯ³³ le³³ iəʔ³ kəʔ³ tsŋʷ⁴⁵ po³³ pon³³ kəʔ³ sɯɤ³³ kan⁴⁵。 |
| 53 东阳 | 前头赿来一个□壮阿⁼小男子ɻ。<br>zi²³ dɯɯ²³ diɔ²⁴ le²² i³³ kɐʔ³⁴ pin³³ tɕiɔ³³ a³³ ɕiɔ⁵⁵ nɯ⁵⁵ tsʅn³³。 |
| 54 永康 | 头前躐来一个交壮个小侬。<br>dəu³¹ ziɑ²² lie³¹ ləi²² iə³³ kuɔ⁵² kɑu⁵⁵ tɕyaŋ⁵² uə⁰ ziɑu³¹ noŋ²⁴¹。 |
| 55 武义 | 前头躐来一个吵⁼壮个细伢鬼。<br>zie³²⁴ dɑu⁵³ lie²¹ lɑ²⁴ iəʔ⁵ tɕiɑ⁵³ tsʰɑu⁵⁵ tɕyaŋ⁵³ kəʔ⁰ ɕiɑ⁵⁵ uɑ⁵⁵ kui⁵³。 |
| 56 磐安 | 前头躐来一个壮变⁼ɻ变ɻ个小男子ɻ。<br>zie²¹ dɐɯ¹⁴ liɛ²² le²² iə³³ kɑ⁰ tsɔ⁵⁵ pien³³ pien³³ a⁰ ɕio³³ nɯ²¹ tsʅn⁵²。 |
| 57 缙云 | 头先躐来一个壮壮细格⁼ɻ。<br>diuŋ⁴⁴ ɕiɑ⁴⁴ lie¹³ lei⁴⁴ iei⁴⁴ ku⁴⁵³ tsɔ⁴⁴ tsɔ⁴⁵³ sʅ⁵⁵ kɑ⁵¹ n̩i⁴⁵³。 |
| 58 衢州 | 前头走来一个胖墩墩个细伢儿。<br>zie̝²¹ de²³¹ tse³⁵ lɛ⁰ iəʔ⁵ gəʔ⁰ pʰã̃⁵³ tən³² tən³² gəʔ⁰ ɕiɑ⁵³ ŋɑ²¹ n̩i²¹。 |
| 59 衢江 | 过前行来一个仰⁼壮个细侬。<br>kuo³³ zyø²¹² ge²² ieʔ⁰ iəʔ³ kəʔ⁰ n̩iã²⁵ tɕyã̃⁵³ gəʔ⁰ ɕie³³ nəŋ²¹²。 |
| 60 龙游 | 前头行来一个吓侬壮个细侬。<br>ɕie³³ dɐɯ²²⁴ ge²² lei²³¹ iəʔ⁴ gəʔ⁰ xəʔ⁴ nən²¹ tsuã²³³ gəʔ⁰ ɕiɑ³³ nən²²⁴。 |
| 61 江山 | 前头有个嘞壮得个细儿鬼走来罢。<br>zuɛ²² doʔ² iɯ²² kəʔ⁵ lɛ⁴⁴ tɕioŋ⁵¹ daʔ² gəʔ⁰ ɕiɛʔ⁵ n̩iɛʔ² kuɛ²⁴¹ tsɯ²⁴ lɛ⁰ bɒ⁰。 |
| 62 常山 | 前头走来班⁼一个壮谷⁼谷个□儿鬼。<br>zuɛ²² du²⁴ tɕiu⁴³ li⁰ pã⁵⁵ ieʔ⁵ kɛ⁰ tsɔ̃⁴³ kɤʔ⁰ kɤʔ⁵ kɛ⁰ nuə²² n̩²² kuɛ⁵²。 |
| 63 开化 | 前底走来一个壮壮儿个细侬儿。<br>zuɛ²¹ tiɛ⁵³ tsɯ⁴⁴ lɛ⁰ iɛʔ⁵ gɛʔ⁰ tɕioŋ⁴⁴ tɕioŋ⁴⁴ n̩i⁵³ gəʔ⁰ sɛ⁴⁴ nɤŋ²¹ n̩i⁵³。 |
| 64 丽水 | 前面走过来一个壮壮个细庚⁼ɻ。<br>zie²¹ miɛ¹³¹ tsəɯ⁵⁴⁴ kuo⁴⁴ li⁰ iʔ⁴ kuɔ⁵² tɕioŋ²²⁴ tɕioŋ⁵² kə⁰ sʅ⁴⁴ kã̃⁴⁴ ŋ⁵²。 |

续表

| 方言点 | 0018 前面走来了一个胖胖的小男孩。 |
|---|---|
| 65 青田 | 前架走来一个壮壮个细个儿。<br>iɑ²¹ ku³³ tsæi⁴⁵⁴ li²¹ iæʔ⁴ kɑ⁰ tɕio³³ tɕio⁵⁵ kɛʔ⁰ sʅ³³ kɑ³³ n̩⁵⁵。 |
| 66 云和 | 前面走来了一个壮壮个细根=儿。<br>ʑiɛ³¹ miɛ²²³ tsəɯ⁴⁴ li³¹ lɑɔ⁰ iʔ⁴ ki⁴⁵ tɕi ɔ̃⁴⁴ tɕi ɔ̃⁴⁵ kɛ⁰ sʅ⁴⁴ kɛ⁴⁴ n̩i²⁴。 |
| 67 松阳 | 前面走来一个壮壮儿个小依儿。<br>ʑi ɛ̃³¹ mi ɛ̃¹³ tsei²¹ lɛ⁰ iʔ³ kɛ⁰ tɕioŋ³³ tɕioŋ³³ n²⁴ kɛ⁰ ɕia²⁴ nəŋ²¹ n²⁴。 |
| 68 宣平 | 前面走来了一个壮壮个细人掇=。<br>ʑiɛ⁴³ miɛ²³¹ tsəɯ⁴⁴ lei⁴³ lə⁰ iʔ⁴ kə⁰ tɕi ɔ̃⁴⁴ tɕi ɔ̃⁵⁵ kə⁰ ɕia⁴⁴ nin²² təʔ⁵。 |
| 69 遂昌 | 前面走来一个壮壮儿个舍=儿依。<br>ʑi ɛ̃²² mi ɛ̃²¹ tsu⁵³ lei²² iʔ⁵ kei³³ tɕioŋ⁵⁵ tɕioŋ³³ n̩iɛ²² kɛʔ⁰ ɕiŋ³³ n̩iɛ²² nəŋ²¹³。 |
| 70 龙泉 | 前头走来一个壮壮儿个妹。<br>ʑiɛ²¹ diəu²¹ tɕiəu⁵¹ li²¹ iei³ gəʔ⁰ tɕioŋ⁴⁴ tɕioŋ⁴⁴ n̩i⁵⁵ gəʔ⁰ mɛ⁴⁵。 |
| 71 景宁 | 前头走来一个壮壮个妹。<br>tɕiɛ³³ təɯ⁴⁵ tsəɯ³³ li³³ iʔ³ ki⁰ tɕioŋ³³ tɕioŋ³⁵ ki⁰ mai³⁵。 |
| 72 庆元 | 前向走来一个壮壮个细儿。<br>ɕi ɑ̃⁵² ɕi ɑ̃¹¹ tsɯɯ³³ li ɛ²² iəɯ²ʔ⁵ kæi¹¹ tɕi ɔ̃¹¹ tɕi ɔ̃¹¹ kæi¹¹ ɕi ɛ̃⁵⁵。 |
| 73 泰顺 | 上爿走来一个壮壮个星=。<br>tɕi ɑ̃²² p ɑ̃²² tsəɯ⁵⁵ li²² iɛʔ² ki³⁵ tɕi ɔ̃²² tɕi ɔ̃³⁵ ki⁰ ɕiŋ³³。 |
| 74 温州 | 门前有个壮朦朦个男儿走来。<br>maŋ³¹ i²¹ iau²² kai⁰ tɕyɔ³⁴ nai³ nai³³ ge⁰ nø²² ŋ¹² tsau³³ lei⁰。 |
| 75 永嘉 | 门前个个细儿走来朦朦壮个。<br>maŋ³¹ i²² kai⁴³ kai⁴²³ sʅ³³ ŋ⁰ tsau⁴⁵ lei⁰ nai⁴³ nai⁴⁵ tɕyɔ⁴⁵ ge⁰。 |
| 76 乐清 | 门前有个壮朦朦个细儿童走来。<br>maŋ²² ʑiɛ³¹ iau²² kai⁰ tɕyɯʌ³⁴ nai³ nai³³ ge⁰ si³³ ŋ³⁵ doŋ²¹² tɕiau³ li⁰。 |
| 77 瑞安 | 门前有个壮滚滚个男个琐细儿走来走来。<br>maŋ³¹ i²² iau²² kai⁰ tɕyo³⁵ kaŋ³³ kaŋ⁴⁴ gi⁰ ne³¹ gi⁰ sai³⁵ se³³ ŋ⁰ tsau³⁵ lei⁰ tsau³⁵ lei⁰。 |
| 78 平阳 | 门前走来一个蛮壮个妹儿。<br>maŋ¹³ ie⁴² tʃau³³ li²¹ i⁴⁵ kai³³ mɔ³³ tʃo⁵³ kɛ²¹ meŋ¹³。 |
| 79 文成 | 门前走来一个壮壮个妹儿。<br>maŋ³³ ʑie¹³ tʃau⁴⁵ le³³ i³³ kai³³ tʃuo³³ tʃuo³³ kai³³ mai³³ ŋ³³。 |
| 80 苍南 | 门先走来个大段个妹儿儿。<br>maŋ³¹ ɕiɛ⁴⁴ tsau⁵³ li⁰ kai⁴² du³¹ daŋ¹¹ gi⁰ maŋ³³ ŋ¹¹²。 |

**续表**

| 方言点 | 0018 前面走来了一个胖胖的小男孩。 |
|---|---|
| 81 建德<sub>徽</sub> | 前头走来一个滚壮个鬼儿。<br>ɕie³³ tɤɯ³³ tsɤɯ²¹ lɛ³³ iɐʔ³ kɐʔ⁵ kuen¹³ tso³³ kɐʔ³ kue⁵⁵ n⁰ 。 |
| 82 寿昌<sub>徽</sub> | 头先行来一个蛮壮个细鬼。<br>tʰəɯ¹¹ ɕi¹¹ xæ⁵² liæ³³ iə ʔ³ kɑ³³ mæ̃⁵⁵ tɕyɑ̃³³ kə ʔ⁰ ɕie³³ kuei⁵² 。 |
| 83 淳安<sub>徽</sub> | 前面行来一个滚胖个细侬家。<br>ɕiɑ̃⁴³ miɑ̃⁵³ hɑ̃⁴³ lie²⁴ iʔ⁵ kɑ⁰ kuen⁵⁵ pʰon²⁴ kə ʔ⁰ ɕiɑ²¹ lon⁵⁵ ko⁵⁵ 。 |
| 84 遂安<sub>徽</sub> | 前面行来一个小壮猪。<br>ɕiɑ̃³³ miɑ̃⁵⁵ xɑ̃³³ lɛ³³ i²⁴ kə³³ ɕie³³ tsoŋ⁵⁵ tɕy⁵⁵ 。 |
| 85 苍南<sub>闽</sub> | 门口走来蜀个大箍 <sub>=</sub> 团。<br>mɯŋ²⁴ kʰau⁴³ tsau⁴³ lai²¹ tɕie²¹ ge²⁴ to²¹ kɔ³³ kɑ̃⁴³ 。 |
| 86 泰顺<sub>闽</sub> | 面头前走来蜀个好□个角螺团。<br>mieŋ³⁴ tʰau²² sɛ²² tsau²² lei²¹ ɕiɛʔ³ kɔi²² xau²² suei⁵³ kø ʔ⁰ kɒ ʔ³ lɔi²² ki³⁴ 。 |
| 87 洞头<sub>闽</sub> | 头前走来蜀个肥肥个大 <sub>=</sub> 夫团仔。<br>tʰau²¹² tsɑ̃ ĩ²⁴ tsau³³ lai³³ tɕiek²¹ ge²⁴ pui²¹ pui²⁴ ge³³ ta²¹ pɔ³³ kĩ²¹ nɑ̃⁵³ 。 |
| 88 景宁<sub>畲</sub> | 前头行来一个壮壮个细崽□。<br>ɕiaŋ⁵¹ tʰiəu²² xaŋ⁴⁴ loi²² it⁵ kɔi⁴⁴ tsɔŋ⁴⁴ tsɔŋ⁴⁴ kə ʔ⁰ sat⁵ tsoi⁵⁵ lin⁵⁵ 。 |

| 方言点 | 0019 他家一下子死了三头猪。 |
|---|---|
| 01 杭州 | 他屋里一记头死了三只猪。<br>tʰa³³⁴ oʔ³ li⁴⁵ iɛʔ³ tɕi⁴⁵ dei⁵³ sɿ⁵³ liɔ⁰ sɛ³³ tsaʔ⁵ tsʮ³³⁴。 |
| 02 嘉兴 | 伊拉屋里一记头死脱三只猪。<br>i⁴² lʌ²¹ oʔ⁵ li²¹ iʔ⁵ tɕi⁴² dei²¹ ɕi⁴² tʰəʔ²¹ sɛ³³ tsʌʔ³³ tsɿ⁴²。 |
| 03 嘉善 | 伊拉屋里一记头死踢゠三只猪猡。<br>i⁵⁵ la⁰ uoʔ⁵ li⁰ ieʔ⁵ tɕi⁵⁵ də³¹ ɕi⁴⁴ tʰɜʔ⁵ sɛ⁵⁵ tsaʔ⁵ tsɿ³⁵ lu⁵³。 |
| 04 平湖 | 伊拉屋里一记头死脱三只猪猡。<br>i⁴⁴ laʔ⁵ oʔ³ li⁴⁴ iəʔ³ tɕi³³⁴ dəɯ⁰ ɕi²⁴ tʰ əʔ⁰ sɛ⁴⁴ tsaʔ⁰ tsɿ⁴⁴ lu³¹。 |
| 05 海盐 | 伊拉屋里一记头死脱三只猪猡。<br>e²¹ la²¹³ oʔ⁵ li³³⁴ iəʔ⁵ tɕi³³⁴ de²¹ ɕi²¹ tʰ əʔ²³ sɛ⁵³ tsaʔ⁵ tsɿ⁵⁵ lu²¹。 |
| 06 海宁 | 伊拉屋里一记头死脱三只猪猡。<br>i⁵⁵ la⁵³ oʔ⁵ li⁰ ieʔ⁵ tɕi⁵³ dei⁵⁵ ɕi⁵⁵ tʰ əʔ⁵ sɛ⁵⁵ tsaʔ⁵ tsɿ⁵⁵ ləu⁵⁵。 |
| 07 桐乡 | 伊拉个屋里儿向一记头死脱三只猪。<br>iəʔ²³ la²¹ kəʔ⁰ oʔ³ liŋ⁴⁴ ɕiã⁰ iəʔ³ tɕi³³ dɤɯ⁵³ si⁵³ tʰ əʔ⁰ sɛ⁴⁴ tsaʔ⁵ tsɿ⁴⁴。 |
| 08 崇德 | 渠拉屋里儿向一上゠当゠死嘚三只猪。<br>gəʔ²³ laʔ²³ uɔʔ³ liŋ⁵⁵ ɕiã⁰ iəʔ³ zã⁵⁵ tã⁰ ɕi⁵⁵ dəʔ⁰ sɛ⁴⁴ tsaʔ⁴ tsɿ⁴⁴。 |
| 09 湖州 | 伽屋里一记头就界゠死脱三只猪么。<br>dʑia¹³ uoʔ⁵ li⁵³ ieʔ⁵ tɕi⁵³ dəɯ⁵³ ziɯ⁵³ ka³¹ sɿ⁵³ tʰ əʔ² sɛ²² tsaʔ²² tsɿ²² məʔ⁰。 |
| 10 德清 | 是拉屋里儿向三只猪猡一下子死掉〔嘚嗳〕。<br>zəʔ² la¹³ uoʔ² lin¹³ ɕiã³¹ sɛ³³ tsaʔ⁵ tsɿ³³ ləu³³ ieʔ⁵ xa²⁵ tsɿ⁰⁵³ ɕi⁵³ diɔ³¹ dɛ⁰。 |
| 11 武康 | 是拉屋里一记头死脱三只猪猡。<br>zɜʔ² la¹³ uoʔ⁵ li¹³¹ ieʔ⁵ tɕi³⁵ dø⁵³ ɕi⁵³ tʰ əʔ⁵ sɛ⁵³ tsaʔ⁵ tsɿ⁴⁴ lu⁴⁴。 |
| 12 安吉 | 伽屋里向一下死掉三只猪。<br>dʑia²¹³ oʔ⁵ li²¹ ɕiã⁵⁵ iɛʔ⁵ ɕia³² sɿ⁵² tiɔ⁰ sɛ⁵⁵ tsaʔ⁵ tsɿ⁵⁵。 |
| 13 孝丰 | 伽゠家里一记生゠死掉三只猪。<br>dʑia²² ka⁴⁴ li⁴⁴ ieʔ⁵ tɕi³² sã⁴⁴ sɿ⁴⁵ tiɔ²¹ sɛ⁴⁴ tsaʔ⁵ tsɿ²²。 |
| 14 长兴 | 伊屋里一下子死脱三只猪。<br>ɿ¹² oʔ³ lɿ⁵² iɛʔ² ha²¹ tsɿ²⁴ sɿ⁵² tʰ əʔ⁵ sɛ⁴⁴ tsəʔ⁵ tsɿ⁴⁴。 |
| 15 余杭 | 催屋里一弯゠儿生死得三只猪。<br>ia⁵³ u⁵⁵ li³¹ ieʔ⁵ uɛ⁵⁵ n⁵⁵ sã̃⁵⁵ sɿ⁵³ təʔ⁵ sɛ⁵⁵ tsaʔ⁵ tsɿ⁵³。 |
| 16 临安 | 催屋里一起生死嘞三只猪。<br>ia¹³ uɔʔ⁵ li⁵⁵ ieʔ⁵ tɕʰi⁵⁵ sã̃⁵³ sɿ⁵⁵ lɐʔ² sɛ⁵³ tsɐʔ⁵ tsɿ⁵³。 |

续表

| 方言点 | 0019 他家一下子死了三头猪。 |
|---|---|
| 17 昌化 | 渠拉家里一记工夫死了三州<sup>=</sup>猪。<br>gɯ¹¹ la³³⁴ ku³³ li⁴⁵ iɛʔ⁵ tsɿ⁵⁴⁴ kəŋ³³ fu³³⁴ sɿ⁴⁵ lə⁰ sɔ̃³³ tɕi³³ tɕy³³⁴。 |
| 18 於潜 | 他家里一记工夫死噶三只猪。<br>tʰa⁴³³ tɕia⁴³ li²² ie⁵³ tɕi³⁵ koŋ⁴³³ fu²² sɿ⁵³ ka²² sɛ⁴³³ tsɐʔ⁵³ tɕy⁴³³。 |
| 19 萧山 | 伊拉屋里一霎时死嘞三只肉猪。<br>l¹³ laʔ⁵ uoʔ⁵ li³³ ieʔ⁵ saʔ⁵ zɿ²¹ ɕi³³ ləʔ²¹ sɛ³³ tsəʔ⁵ n̠yoʔ¹³ tsɿ²¹。 |
| 20 富阳 | 㑚屋里一霎时光死嘞三只猪。<br>ia²²⁴ uoʔ⁵ li²²⁴ iɛʔ⁵ saʔ⁵ zɿ¹³ kuɑ̃⁵⁵ sɿ⁴²³ ləʔ⁰ sɑ̃⁵⁵ tsɛʔ⁵ tsɿ⁵³。 |
| 21 新登 | 伊拉家里一落落工夫死嘞三只猪。<br>i³³⁴ ləʔ⁰ ka⁵³ li³³⁴ iəʔ⁵ laʔ² laʔ² koŋ⁵³ fu³³⁴ sɿ³³⁴ laʔ⁰ sɛ⁵³ tsa⁵³ tsʮ⁵³。 |
| 22 桐庐 | 伊得<sup>=</sup>家里一记工夫死嘞三只肉猪。<br>i¹³ təʔ⁵ kuo⁵⁵ li³³ iəʔ⁵ tɕi⁵⁵ koŋ⁵⁵ fu²¹ ɕi³³ ləʔ³ sɑ̃³³ tsaʔ⁵ nyəʔ¹³ tsɿ⁴²。 |
| 23 分水 | 他家一下死了三只猪。<br>tʰa⁴⁴ tɕia⁴⁴ iəʔ⁵ zia²⁴ sɿ⁵³ la⁰ sɑ̃⁴⁴ tsɿ⁴⁴ tɕy⁴⁴。 |
| 24 绍兴 | 㑚屋里一霎时死了三只肉猪。<br>ia²² uoʔ³ li³¹ ieʔ³ seʔ³ zɿ²² ɕi³³ ləʔ⁰ sɛ̃³³ tsəʔ³ n̠io²² tsɿ³³。 |
| 25 上虞 | 伊屋里一霎时死滴<sup>=</sup>三只哓猪。<br>i²² oʔ⁵ liʔ⁰ iəʔ² saʔ⁵ zɿ⁰ sɿ³⁵ tiəʔ² sɛ̃³³ tsaʔ⁵ n̠io²¹ tsɿ⁰。 |
| 26 嵊州 | 㑚屋里瞬弗<sup>=</sup>子头介有三只猪死掉带<sup>=</sup>哉。<br>ia²⁴ uo³³ li³³ sɛ̃³³ fəʔ³ tsɿ³³ tʏ³³ ka³³ iʏ⁵³ sɛ̃³³ tsəʔ⁵ tsɿ⁵³ ɕi³³ tiɔ⁴⁴ ta³³ tsɛ³¹。 |
| 27 新昌 | 渠屋肚里一记生死掉三只猪。<br>dzi¹³ uʔ³ tu⁴⁵ li³¹ iʔ³ tɕi⁴⁵ saŋ³³ sɿ¹³³ liɔ³³ sɛ̃³³ tsaʔ³ tsɿ⁵³⁴。 |
| 28 诸暨 | ［渠拉］屋里向一卯生死掉三个猪。<br>dziʌ¹³ oʔ⁵ lʮ²¹ ɕiã¹³ ieʔ⁵ mɔ³³ sɑ̃³³ sɿ⁴² tiɔ³³ sɛ²¹ kʌ⁴² tsɿ²¹。 |
| 29 慈溪 | 渠搭屋里直<sup>=</sup>时机死嘞三只猪。<br>ge¹ taʔ² oʔ⁵ liʔ⁰ dza²² zɿ⁰ tɕi⁰ ɕi³⁵ laʔ² sɛ̃³⁵ tsaʔ² tsɿ³⁵。 |
| 30 余姚 | 渠拉屋里顿仔死嘞三只猪。<br>gaʔ² laʔ² oʔ⁵ liʔ⁰ tə̃⁴⁴ tsɿ⁰ ɕi³⁴ liəʔ² sɑ̃⁴⁴ tsaʔ² tsɿ⁴⁴。 |
| 31 宁波 | 渠拉屋里一晌工夫死嘞三只哓猪。<br>dziəʔ² laʔ² oʔ⁵ liʔ⁰ iəʔ² zɔ⁰ koŋ⁴⁴ fu⁰ ɕi³⁵ laʔ² sɛ⁴⁴ tsaʔ⁵ n̠io¹³ tsʮ⁴⁴。 |
| 32 镇海 | 渠屋里一晌工夫死嘞三只哓猪。<br>dzi²⁴ oʔ⁵ liʔ⁰ ieʔ⁵ zɔ̃²⁴ koŋ³³ fu⁰ ɕi³⁵ laʔ¹² sɛ³³ tsaʔ⁵ n̠io²⁴ tsʮ³³。 |

续表

| 方言点 | 0019 他家一下子死了三头猪。 |
|---|---|
| 33 奉化 | 渠拉屋落一晌工夫死掉三只哓猪。<br>dʑiaʔ² laʔ⁵ oʔ⁵ loʔ² iʔ² dzɔ̃²⁴ koŋ⁴⁴ fu⁵ sʅ⁴⁴ dioˀ sɛ⁴⁴ tsaʔ⁵ n̠ioˀ³³ tsʮ⁴⁴。 |
| 34 宁海 | 渠屋里一霎时死学⁼三只哓哓。<br>dzɿ²³ u³³ li⁰ iəʔ³ saʔ⁵ zʅⁿ sʅ⁵³ ɔʔ³ sɛ³³ tsaʔ³ n̠iu²² n̠iu³¹。 |
| 35 象山 | 渠拉屋里向一脚工夫死牢⁼三头猪。<br>dʑieʔ² laʔ² oʔ⁵ li⁰ ɕiã⁴⁴ ieʔ⁵ tɕieʔ⁵ koŋ⁴⁴ fu⁴⁴ sʅ⁴⁴ lɔ⁰ sɛ⁴⁴ dɤɯ³¹ tsʮ⁴⁴。 |
| 36 普陀 | 渠屋里向带⁼末⁼子头死了三只猪。<br>dʑi²⁴ uoʔ⁵ li⁰ ɕiã̃⁵⁵ ta⁵⁵ mɐ³ tsʅ³³ deu⁵³ ɕiʔ³³ lɐʔ⁰ sɛ³³ tsɐʔ⁵ tsʮ⁴⁵。 |
| 37 定海 | 渠拉屋里三只猪霎时来死脱唻。<br>dʑieʔ² lɐʔ² uɐʔ³ li⁴⁵ sɛ³³ tsɐʔ⁵ tsʮ⁴⁵ zɐʔ² zʅ³³ lɛ⁵² ɕi⁵² tʰɐʔ⁰ lɐi⁰。 |
| 38 岱山 | 渠拉屋里三只猪打⁼末⁼指头死脱唻。<br>dʑieʔ² lɐʔ⁵⁰ uɐʔ⁵ lɐʔ² sɛ³³ tsɐʔ⁵ tsʮ⁴⁵ ta⁵² mɐʔ⁰ tsʅ⁰ dœɤ⁰ ɕi⁵² tʰɐʔ⁰ lɐi⁰。 |
| 39 嵊泗 | 渠拉屋里三只猪打⁼末⁼指头死脱唻。／渠拉屋里一记死了三只猪啦。<br>dʑiɛʔ² lɐʔ² oʔ³ li⁴⁴ sɛ³³ tsɐʔ⁵ tsʮ⁴⁵ ta⁴⁴ mɐʔ⁰ tsʅ⁰ dœɤ⁰ ɕi⁴⁴ tʰɐʔ⁰ lɐi⁰。／dʑiɛʔ² lɐʔ⁰ oʔ³ li⁴⁴ ieʔ³ tɕi⁴⁴ ɕi³³ lɐʔ⁰ sɛ³³ tsɐʔ⁵ tsʮ³³ la⁰。 |
| 40 临海 | 渠窝⁼里一顷工夫三只猪死爻。<br>ge²¹ u³³ li⁵¹ ieʔ³ tɕʰiã̃³⁵³ koŋ³³ fu³¹ sɛ³¹ tsɐʔ⁵ tsʅ³¹ sʅ⁵² ɔ⁰。 |
| 41 椒江 | 渠窝⁼里一记工夫三只猪死爻。<br>gə³¹ u³³ li⁵¹ ieʔ³ tɕi³³ koŋ³⁵ fu⁴² sɛ⁴² tsɐʔ³ tsʅ⁴² sʅ⁴² ɔ⁰。 |
| 42 黄岩 | 渠窝⁼里一记三只猪死爻。<br>gie¹²¹ u³⁵ li⁵¹ ieʔ³ tɕi⁵¹ sɛ³² tsɐʔ³ tsʅ³² sʅ⁴² ɔ⁰。 |
| 43 温岭 | 渠屋里一记相三只猪死爻。<br>gie²⁴ uoʔ⁵ li⁴¹ iʔ³ tɕi⁵⁵ ɕiã̃⁰ sɛ³³ tɕiʔ³ tsʅ³³ sʅ⁴² ɔ⁰。 |
| 44 仙居 | 渠屋里葛记死嗝三只猪。<br>gæ²¹³ uəʔ³ li⁰ kəʔ⁵ tɕi⁵⁵ sʅ³¹ gɯɯ⁰ sa³³ tsaʔ³ tsʅ³³⁴。 |
| 45 天台 | 渠屋里一吉栅⁼死嘞三只猪。<br>gei²²⁴ uʔ⁵ li⁰ iəʔ⁵ kiəʔ¹ saʔ¹ sʅ³² le³¹ sɛ³³ tsaʔ¹ tsʅ⁰。 |
| 46 三门 | 渠窝⁼里一厂⁼死了三只猪。<br>dʑi¹¹³ u⁵⁵ li⁵² ieʔ⁵ tɕʰiã̃⁵² sʅ³² lɐʔ⁰ sɛ³³ tsaʔ⁵ tsʅ³³⁴。 |
| 47 玉环 | 渠屋里一记生三条猪死爻。<br>gie³¹ uɐʔ⁵ li⁴¹ iɐʔ³ tɕi³⁵ sã̃⁴² sɛ⁴² dio³¹ tsʅ⁴² sʅ⁵³ ɔ⁰。 |

**续表**

| 方言点 | 0019 他家一下子死了三头猪。 |
|---|---|
| 48 金华 | 渠浪=窝=里一记工夫死了三只猪。<br>gəʔ²¹ laŋ¹⁴ uɤ³³ li⁵³⁵ iəʔ³ tɕie⁵⁵ koŋ³³ fu⁵⁵ sʅ⁵⁵ ləʔ⁰ sɑ³³ tsəʔ⁴ tɕy³³⁴。 |
| 49 汤溪 | 渠家里一记工夫死了三个猪。<br>gɯ¹¹ kɑ³³ li¹¹³ iei⁵² tɕie⁵² kɑo²⁴ fuʔ⁰ sʅ⁵³⁵ lɑ⁰ suɑ²⁴ kɑ⁰ tsʅ²⁴。 |
| 50 兰溪 | 渠家里一记工夫死嘞去三只猪。<br>gi²¹ kuɑ³³⁴ li⁰ ieʔ³⁴ tɕie⁴⁵ koŋ³³⁴ fu⁴⁵ sʅ⁵⁵ ləʔ⁰ ki⁰ suɑ³³⁴ tsəʔ³⁴ tsʅ³³⁴。 |
| 51 浦江 | 渠嘚家里一记生死置=三个猪。<br>zi²⁴ tɛ³³⁴ tɕiɑ³³ li⁵³ iəʔ³ tʃi³³ sɛ̃⁵⁵ sʅ⁵⁵ tsʅ⁰ sɑ̃⁵⁵ kɑ³³ tʃi⁵³⁴。 |
| 52 义乌 | 渠拉侬家一记儿工夫倒落去三只猪。<br>əʔ² lɑ²⁴ noŋ²² kɔ⁴⁵ iəʔ³ tɕin⁴⁵ koŋ³³ fu³¹ to³³ lɔ²² ai⁴⁵ sɔ⁴⁵ tsai³³ tsuɑ³¹。 |
| 53 东阳 | 渠□一□子倒了三只猪。<br>gəɯ²² ho⁵³ iɛ³³ tʰɐɯ³³ tsʅ³³ tɐɯ⁵⁵ lɐ²² sɔ³³ tsei⁵⁵ tsɔ³³。 |
| 54 永康 | 渠拉家头一记工夫死落三个猪。<br>gɯ²² lɑ⁵⁵ kɑu³³ dəu²² iəʔ³³ tɕie⁵² koŋ³³ fu⁵⁵ sʅ³³ lɑu³¹ sɑ³³ kuo⁵² tɕi⁵⁵。 |
| 55 武义 | 渠处当=一记三头猪死掉罢。<br>gɯ¹³ tɕʰy⁵³ nɑŋ⁵⁵ iəʔ³ tɕie⁵³ suo³²⁴ dɑu⁵³ li²⁴ sʅ⁴⁴⁵ die⁵⁵ bɑ⁰。 |
| 56 磐安 | 渠□一记儿工夫倒了三只猪。<br>gəɯ²¹ xuə⁵⁵ iɛ³³ tɕin⁵⁵ kɔom³³ fu⁴⁴⁵ to⁵⁵ lo⁰ sɑ³³ tsɛi⁵⁵ tsuə³³。 |
| 57 缙云 | 渠处里一记时死落三个猪。<br>gɤ³¹ tsʰɥ⁴⁴ ləɤ⁰ iei⁴⁴ tɕi⁴⁵³ zʅ³¹ sʅ⁵¹ lɔ⁰ sɑ⁴⁴ ku⁴⁵³ ti⁴⁴。 |
| 58 衢州 | 渠屋里一记工夫死了三只猪。<br>gi²¹ uəʔ³ li⁵³ iəʔ³ tsʅ⁵³ koŋ³⁵ fu³² sʅ³⁵ ləʔ⁰ sɑ̃³² tʃyəʔ⁵ tʃy³²。 |
| 59 衢江 | 渠缺=里一记工夫死掉三头猪。<br>gəʔ² tɕʰyəʔ⁵ ləʔ⁰ iəʔ³ tɕiəʔ⁵ kəŋ³³ fɤ²¹ sɤ²⁵ tɔ⁰ sɑ̃³³ ty³³ tuo³³。 |
| 60 龙游 | 渠插=里一记工夫死了三头猪。<br>gəɯ²² tsʰɔʔ⁴ li⁰ iəʔ³ tɕi⁵¹ koŋ³³ fu³³⁴ sʅ³⁵ ləʔ⁰ sɑ̃³³ təɯ⁵¹ tuɑ³³⁴。 |
| 61 江山 | 渠触=里个火死倒三头猪。<br>ŋɯ²² tɕʰioʔ⁵ li²² ɑ⁴⁴ xuɛ²⁴¹ sə²⁴ tɐɯ⁵¹ sɑŋ⁴⁴ du⁵¹ tɒ⁴⁴。 |
| 62 常山 | 渠处里一记工夫死班=三秃=猪。<br>ŋɤ⁴⁴ tsʰuɛʔ⁴ lĩ⁵² ieʔ³ tɕie³²⁴ kɔ⁴⁴ fu⁴⁴ sʅ⁵² pã⁰ sɑ⁴⁴ tʰɤʔ⁴ tɒ⁴⁴。 |
| 63 开化 | 渠处里一下儿死了三个猪。<br>giɛ²¹³ tɕʰyo⁵³ li⁰ iɛ⁵ ɔ²¹ n̠i⁵³ sʅ⁵³ ləʔ⁰ sã⁴⁴ gəʔ⁰ tɑ⁴⁴。 |

续表

| 方言点 | 0019 他家一下子死了三头猪。 |
|---|---|
| 64 丽水 | 渠屋堘一记死了三头猪。<br>guɯ²² uʔ⁵ tə⁰ iʔ⁴ tsʅ⁵² sʅ⁵⁴⁴ lə⁰ sã²²⁴ dəɯ²² ti²²⁴。 |
| 65 青田 | 渠家人一记倒爻三头猪。<br>gi²¹ ku³³ neŋ²² iæʔ⁴ tsʅ³³ ɗœ⁵⁵ koʔ⁰ sa³³ deu²² ɗi⁴⁴⁵。 |
| 66 云和 | 渠处里一记死了三个猪。<br>gi³¹ tsʰu⁴⁵ li⁰ iʔ⁴ tsʅ⁴⁵ sʅ⁴¹ laɔ⁰ sã²⁴ kei⁴⁵ ti²⁴。 |
| 67 松阳 | 是渠处里一大下死了三个猪。<br>ʑiʔ² gɛʔ² tɕʰyɛ²⁴ lɛ⁰ iʔ³ du²² uə¹³ sʅ²¹ lə⁰ sɔ̃⁵³ kɛ⁰ tuə⁵³。 |
| 68 宣平 | 渠堘一记便死了三个猪。<br>guɯ⁴³ tɑʔ⁰ iəʔ⁴ tsʅ⁵² bəʔ² sʅ⁴⁴ lə⁰ sã̃³² kəʔ⁵ ti³²⁴。 |
| 69 遂昌 | 渠处里一记儿死了三口猪。<br>gɤ²² tɕʰyɛ³³ lei⁴⁵ iʔ⁵ tsʅ³³ ȵiɛ⁴⁵ sɤ⁵³ lə⁰ saŋ⁴⁵ kʰu⁵³ tɒ⁴⁵。 |
| 70 龙泉 | 渠处记儿便死唠三条猪。<br>gɤɯ²¹ tɕʰy⁴⁵ tsʅ⁴⁵ ȵi⁵⁵ biɛ²¹ sɯə⁵¹ lʌ⁰ saŋ⁴⁵ diaʌ²¹ to⁴³⁴。 |
| 71 景宁 | 渠处单记死爻三个猪。<br>ki³³ tɕʰy³⁵ tə³² tɕi³⁵ sʅ³³ kɑu³³ sɔ³² ki³⁵ ti³²。 |
| 72 庆元 | 渠家一记儿死了三条猪。<br>kɤ²² ko³³⁵ iɯʔ⁵ tɕiŋ⁵⁵ sɤ³³ lɒ³³ sã̃³³ tiɒ⁵² ɗo³³⁵。 |
| 73 泰顺 | 渠家一记死爻三头猪。<br>tsʅ²¹ kɔ²¹³ iɛʔ² tsʅ³⁵ sʅ⁵⁵ kɑɔ⁰ sã̃²¹³ təɯ²¹ ti²¹³。 |
| 74 温州 | 渠拉屋里一下死拉爻三头猪。<br>gei³¹ la⁰ u³²³ lei⁰ i³ o⁵¹ sʅ²⁵ la⁰ uɔ⁰ sa³³ dɤu⁰ tsei³³。 |
| 75 永嘉 | 渠宕三头猪做下死死爻。<br>gei³¹ dɔ⁰ sa³³ dəu²² tsʅ⁴⁴ tsɔ⁴³ o⁵³ sʅ³³ sʅ⁴⁵ gɔ⁰。 |
| 76 乐清 | 渠屋地一下煞=死爻三头嫩=嫩=猪。<br>dʑi³¹ u³²³ di⁰ i³ o³⁵ sa⁰ sʅ³⁵ gɑ⁰ sɛ⁴⁴ diu³¹ nø² nø²² tɕi⁴⁴。 |
| 77 瑞安 | 渠拉一下死爻三头猪。/渠拉猪一下死三头爻。<br>gi³¹ la⁰ e³ o⁵³ sʅ³⁵ gɔ⁰ sɔ³³ dou²¹ tsei⁴⁴。/gi³¹ la⁰ tsei⁴⁴ e³ o⁵³ sʅ³⁵ sɔ³³ dou³¹ gɔ⁰。 |
| 78 平阳 | 渠屋里一下死爻三头□□。<br>gi³⁵ vu³³ li³³ i³³ ɔ²¹ sʅ⁴⁵ ɔ²¹ sɔ³³ dɛu²¹ nə³³ nə⁵⁵。 |
| 79 文成 | 渠个屋宕突然死落三头猪。<br>gei²¹ kai³³ vu²¹ dɔ³⁵ dø²¹ ʑie³³ sʅ³⁵ lo³³ sɔ³³ diou³³ tɕi³³。 |

**续表**

| 方言点 | 0019 他家一下子死了三头猪。 |
|---|---|
| 80 苍南 | 渠屋里一下就死爻三头猪。<br>gi³¹ u²²³ li⁰ e³ o⁵³ zɛu¹¹ sɿ⁵³ ga⁰ sa⁴⁴ dɛu³¹ tɕi⁴⁴ 。 |
| 81 建德<sub>徽</sub> | 渠家里一下儿死掉三只猪。<br>ki³³ ko⁵³ li²¹³ iɐʔ³ hoo⁵⁵ nᵒ ɕi²¹ tʰiɔ⁵⁵ sɛ⁵³ tsɑ⁵⁵ tsɿ⁵³ 。 |
| 82 寿昌<sub>徽</sub> | 渠拉家一记工夫死了三只猪。<br>kəɯ⁵⁵ la¹¹ kuə¹¹ iəʔ³ tɕiəʔ³ kɔŋ⁵⁵ fu⁵⁵ sɿ³³ ləʔ⁰ suə¹¹ tsəʔ³ tsɿ¹¹² 。 |
| 83 淳安<sub>徽</sub> | 渠家里一下死考゠三只猪。<br>kʰɯ⁴³ ko²⁴ li⁰ iʔ³ hoo⁵³ sa⁵⁵ kɣ⁵⁵ sã²⁴ tsɑʔ⁵ tɕya²⁴ 。 |
| 84 遂安<sub>徽</sub> | 他家里一下死擦゠三只猪。<br>kʰəɯ⁵⁵ kɑ⁵⁵ li³³ i²⁴ xɑ³³ sɿ²¹ tsʰɑ³³ sã⁵⁵ tsɑ²⁴ tɕy⁵² 。 |
| 85 苍南<sub>闽</sub> | 伊厝里蜀下团就死了三只猪。<br>i³³ tsʰu²¹ lai²¹ tɕie²¹ e²¹ kã⁴³ tɕiu²¹ ɕi⁴³ ləᵒ sã⁵⁵ tɕia⁵⁵ tɯ⁵⁵ 。 |
| 86 泰顺<sub>闽</sub> | 伊家底蜀下团猪死了三头。<br>i²² ka²¹ tei²² ɕiɛʔ³ xa²¹ ki²² ty²¹³ ɕi²² lɛᵒ sæŋ²² tʰau²² 。 |
| 87 洞头<sub>闽</sub> | 尹黑゠厝蜀下仔死啦三只猪。<br>in³³ hiek⁵ tsʰu²¹ tɕiek²¹ e²¹ ia⁵³ ɕi³³ la⁵⁵ sã³³ tɕia⁵³ tɯ³³ 。 |
| 88 景宁<sub>畲</sub> | 渠寮顿下死掉三头猪。<br>ki⁴⁴ lau⁴⁴ tuən⁴⁴ xɔ⁵¹ ɕi⁵⁵ tʰau⁰ sən⁴⁴ tʰiəu²² tɕy⁴⁴ 。 |

| 方言点 | 0020 这辆汽车要开到广州去。/这辆汽车要开去广州。 |
|---|---|
| 01 杭州 | 格部汽车要开到广州去。<br>kaʔ³ bu⁴⁵ tɕⁱi⁴⁵ tsʰuei⁵³ iɔ¹³ kʰɔ³³ tɔ⁴⁵ kuaŋ⁵⁵ tsei⁰ tɕʰi⁰。 |
| 02 嘉兴 | 葛部汽车要开到广州去。<br>kəʔ⁵ bu²¹ tɕʰi³³ tsʰo⁴² iɔ³³ kʰɛ³³ tɔ²¹ kuã̃³³ tsei³³ tɕʰi²¹。 |
| 03 嘉善 | 葛□汽车要开到广州去。<br>kəʔ⁵ bo¹³ tɕʰi⁵⁵ tsʰo⁰ iɔ⁴⁴ kʰɛ³⁵ tɔ⁵³ kuã̃⁴⁴ tsə³⁵ tɕʰi⁵³。 |
| 04 平湖 | 葛薄⁼汽车要开到广州去。<br>kəʔ³ boʔ²³ tɕʰi⁴⁴ tsʰo⁰ iɔ³³⁴ kʰɛ³ tɔ⁰ kuã̃²¹ tsø⁵³ tɕʰi⁰。 |
| 05 海盐 | 舺⁼部汽车要开到广州去。<br>gəʔ²³ bu²¹³ tɕʰi³³ tsʰo⁵³ iɔ²¹³ kʰɛ⁵³ dɔ²¹ kuã̃⁵⁵ tse⁵³ tɕʰi²¹。 |
| 06 海宁 | 格部车子要到广州去个。<br>kəʔ⁵ bu³¹ tsʰo⁵⁵ tsɿ⁵⁵ iɔ⁵⁵ tɔ⁵³ kuã̃⁵⁵ tsəɯ⁵⁵ tɕʰi⁵⁵ əʔ²。 |
| 07 桐乡 | 葛部车子要开到广州去。<br>kəʔ³ bu²⁴² tsʰo⁴⁴ tsɿ⁴⁴ iɔ³³ kʰɛ⁴⁴ tɔ⁴⁴ kʊ̃⁵³ tsɤɯ⁴⁴ tɕʰi⁰。 |
| 08 崇德 | 葛部汽车要开到广州去个。<br>kəʔ³ bu²⁴² tɕʰi³³ tsʰo³³⁴ iɔ³³⁴ kʰɛ⁴⁴ tɔ⁴⁴ kuã̃⁵⁵ tsɤɯ⁰ tɕʰi⁰ əʔ⁰。 |
| 09 湖州 | 葛部汽车望广州去个么。<br>kəʔ⁵ bəu³⁵ tɕʰi⁴⁴ tsʰuo⁴⁴ mã̃⁵³ kuã̃⁵³ tɕiɤ³¹ tɕʰi²² kəʔ² məʔ⁰。 |
| 10 德清 | 葛部汽车是到广州去噢。<br>kəʔ⁵ bu¹³ tɕʰi³³ tsʰuo³⁵ zɿ³¹ tɔ⁵³ kuã̃³⁵ tsøɥ⁵³ tɕʰi⁵³ ɔ⁰。 |
| 11 武康 | 葛部汽车要开到广州去。<br>kəʔ⁵ bu¹³ tɕʰi³³ tsʰo³⁵ iɔ⁵³ kʰɛ³⁵ tɔ⁵³ kuã̃⁵⁵ tsø⁵³ tɕʰi⁰。 |
| 12 安吉 | 格部汽车要开到广州去。<br>kəʔ³ bu²¹³ tɕʰi³² tsʰʊ⁵⁵ iɔ³² kʰɛ⁵⁵ tɔ⁰ kuɔ̃⁵² tsəɪ²¹ tɕʰi³²⁴。 |
| 13 孝丰 | 葛部汽车要开到广州去。<br>kəʔ⁵ bu²⁴³ tɕʰi³² tsʰʊ²¹³ iɔ³²⁴ kʰe⁴⁴ tɔ⁴⁴ kuɔ̃⁴⁵ tsəɪ²¹ tɕʰi³²⁴。 |
| 14 长兴 | 格部汽车要开到广州去。<br>kəʔ³ buʒ²⁴ tʃʰ ʅ³² tsʰu²⁴ iɔ³² kʰɯ⁴⁴ tɔ³² kɔ̃⁴⁵ tsei²¹ tʃʰʅ³²⁴。 |
| 15 余杭 | 即部汽车要开到广州去。<br>tɕieʔ⁵ bu³¹ tɕʰi⁵³ tsʰo³⁵ iɔ⁵⁵ kʰɛ⁵⁵ tɔ⁵⁵ kuã̃⁵⁵ tsøɤ⁵³ tɕʰi⁵³。 |
| 16 临安 | 葛部汽车要开到广州去。<br>kəʔ⁵ bu³⁵ tɕʰi⁵⁵ tsʰuo⁵⁵ iɔ³³ kʰɛ³⁵ tɔ⁵⁵ kuã̃⁵⁵ tsə⁵³ tɕʰi⁰。 |

续表

| 方言点 | 0020 这辆汽车要开到广州去。/这辆汽车要开去广州。 |
|---|---|
| 17 昌化 | 葛部车子要开到广州去。<br>kəʔ⁵ bu²⁴ tsʰu³³ tsɿ⁴⁵³ iɔ²⁴ kʰɛ³³ tɔ⁵⁴ kuɔ̃⁴⁵ tɕi⁵³ tɕʰi⁵⁴⁴。 |
| 18 於潜 | 格部汽车要开到广州去。<br>kəʔ⁵³ bu²⁴ tɕʰi³⁵ tsʰa⁴³³ iɔ³⁵ kʰe⁴³ tɔ³⁵ kuaŋ⁵³ tɕiəu⁴³³ tɕʰi³⁵。 |
| 19 萧山 | 葛部汽车要开到广州去。<br>kəʔ⁵ bu³⁵ tɕʰi³³ tsʰo³³ iɔ³³ kʰe³³ tɔ³³ kuɔ̃³⁵ tɕio²¹ tɕʰi²¹。 |
| 20 富阳 | 格部汽车要开到广州去。<br>kɛʔ⁵ bu²²⁴ tɕʰi³³⁵ tsʰu⁵³ iɔ³³⁵ kʰɛ⁵⁵ tɔ³³⁵ kuɑ̃⁴²³ tsei⁵⁵ tɕʰi³³⁵。 |
| 21 新登 | 格部汽车要开到广州去。<br>kəʔ⁵ pu⁴⁵ tɕʰi⁴⁵ tsʰɑ⁵³ iɔ⁴⁵ kʰe⁵³ tɔ⁴⁵ kuɑ̃³³⁴ tɕy⁵³ tɕʰi⁴⁵。 |
| 22 桐庐 | 葛部汽车要开到广州去。<br>ɡəʔ²¹ bu⁵⁵ tɕʰi³³ tɕʰyo²¹ iɔ³³ kʰ ɛ³³ tɔ³³ kuɑ̃³³ tsei²¹ kʰi³⁵。 |
| 23 分水 | 格部车子到广州去。<br>kəʔ⁵ bu²⁴ tsʰa⁴⁴ tsɿ⁰ tɔ²¹ kuɑ̃⁴⁴ tsɵ³³ tɕʰy²¹。 |
| 24 绍兴 | 葛部汽车要开埭广州去。<br>keʔ³ bu²³¹ tɕʰi³³ tsʰo³³ iɔ³³ kʰ ɛ³³ da³¹ kuɑŋ⁴⁴ tsɤ³³ tɕʰi³¹。 |
| 25 上虞 | 阿⁼部汽车要开到广州去。<br>aʔ⁵ buᵒ tɕʰi⁵⁵ tsʰoᵒ iɔ⁵⁵ kʰe³³ tɔᵒ kuɔ̃³³ tsɤᵒ tɕʰiᵒ。 |
| 26 嵊州 | 个部汽车要开埭广州去个。<br>ka³³ bu²³¹ tɕʰi³³ tsʰo³³ iɔ³³ kʰ ɛ⁵³ ta³¹ kuɔŋ³³ tɕiɤ⁴⁴ tɕʰi³¹ ɡoᵒ。 |
| 27 新昌 | 格部汽车要开到广州去。<br>kɤʔ³ bu²³² tɕʰi³³ tsʰo⁵³⁴ iɔ³³ kʰe⁵³ tɔ³³ kuɔ̃³³ tɕiɯ⁴⁵ tɕʰi³¹。 |
| 28 诸暨 | 葛部汽车要开到广州去。<br>kəʔ²¹ bu³⁵ tʃʰɿ²¹ tsʰo²¹ iɔ³³ kʰe⁴² tɔ³³ kuɑ̃⁴² tsei²¹ kʰie²¹。 |
| 29 慈溪 | 乙部汽车要开到广州去个。<br>iəʔ² buᵒ tɕʰi³³ tsʰo⁴⁴ iɔ¹¹ kʰe⁴⁴ tɔᵒ kuɔ̃³³ tɕiɵᵒ kʰe⁴⁴ kəʔ²。 |
| 30 余姚 | 乙部汽车要开到广州去。<br>iəʔ⁵ bu¹³ tɕʰi⁴⁴ tsʰo⁴⁴ iɔ⁴⁴ kʰe⁴⁴ tɔ⁴⁴ kuɔŋ³⁴ tsɵ⁴⁴ kʰe⁵³。 |
| 31 宁波 | 该部汽车要开勒⁼广州去。<br>kiəʔ⁵ buᵒ tɕʰi⁴⁴ tsʰo⁴⁴ io⁴⁴ kʰe⁴⁴ laʔ² kuɔ⁴⁴ tɕiɤ⁴⁴ kʰi⁴⁴。 |
| 32 镇海 | 该部汽车要开到广州去。<br>keʔ⁵ buᵒ tɕʰi³³ tsʰo³³ io⁵³ kʰe³³ tɔᵒ kuɔ̃³⁵ tɕiuᵒ tɕʰiᵒ。 |

续表

| 方言点 | 0020 这辆汽车要开到广州去。/这辆汽车要开去广州。 |
|---|---|
| 33 奉化 | 葛部汽车要开到广州去。<br>kəʔ⁵ bu⁰ tɕʰi⁴⁴ tsʰo⁴⁴ iɤ̃⁴⁴ kʰe⁴⁴ tʌ⁰ kuɔ̃⁴⁴ tɕiɤ⁴⁴ tɕʰi⁰。 |
| 34 宁海 | 部汽车要开搭广州去。/部汽车去广州。<br>bu²² tsʰʅ³³ tsʰo³³ ieu³³ kʰɛ³³ ta?³ kuɔ̃⁵³ tɕiu⁰ tɕʰi⁰。 / bu²² tsʰʅ³³ tsʰo³³ tɕʰi³⁵ kuɔ̃³³ tɕiu⁵³。 |
| 35 象山 | 辂⁼部汽车要开到广州去个。<br>geʔ² bu¹³ tɕʰi⁴⁴ tsʰo⁴⁴ io⁵³ kʰi⁴⁴ to⁰ kuɔ̃⁴⁴ tɕiu⁴⁴ tɕʰiɛ⁴⁴ geʔ²。 |
| 36 普陀 | 跌⁼部汽车要开勒⁼广州去。<br>tiɛʔ⁵ bu³³ tɕʰi³³ tsʰo⁵³ iɔ³³ kʰɛ³³ lɐʔ³ kuɔ̃⁵⁵ tɕieu⁰ tɕʰi⁰。 |
| 37 定海 | 该部汽车要开勒广州去。<br>kieʔ⁵ bu⁰ tɕʰi⁴⁴ tsʰo³³ io³³ kʰɛ³³ lɐʔ⁰ kuɔ̃⁵² tɕiɤ⁰ tɕʰi⁰。 |
| 38 岱山 | 该部汽车要开勒广州去呵。<br>kieʔ³ bu⁴⁴ tɕʰi⁴⁴ tsʰo⁰ io⁰ kʰe³³ lɐʔ⁰ kuɔ̃³³ tɕiɤ⁵² tɕʰi⁰ ʌu⁰。 |
| 39 嵊泗 | 该部汽车要开勒广州去。<br>kiɛʔ⁵ bu⁰ tɕʰi³³ tsʰo⁵³ io⁴⁴ kʰe³³ lɐʔ² kuɔ̃⁵³ tɕiɤ⁰ tɕʰi⁰。 |
| 40 临海 | 葛部车要开广州去。<br>kəʔ³ bu⁴⁴ tsʰo³¹ ieʔ³ kʰe³¹ kuɔ̃⁵² tɕiu³³ kʰe⁰。 |
| 41 椒江 | 葛部车要驶到广州去。<br>kəʔ³ bu⁴⁴ tsʰo⁴² iɔ³³ sa⁴² tɔ³³ kuã̃⁴² tɕiu⁴² kʰə⁰。 |
| 42 黄岩 | 葛部汽车要驶到广州去。<br>kəʔ³ bu⁴¹ tɕʰi³³ tsʰo³² ieʔ³ sa⁴² tɔ³³ kuã̃⁴² tɕiu³² kʰie⁰。 |
| 43 温岭 | 葛部车要驶到广州去。<br>kəʔ⁵ bu⁴⁴ tsʰo³³ iʔ³ sa⁴² tɔ³³ kuɔ̃⁴² tɕiu³³ kʰie⁰。 |
| 44 仙居 | 葛部汽车要去广州个。<br>kəʔ⁵ bu²⁴ tɕʰi³³ tsʰo³³⁴ iɐʔ⁵ kʰæ³³ kuã̃³¹ tɕiɐɯ³³⁴ kəʔ⁰。 |
| 45 天台 | 谷⁼部汽车要开勒广州去。<br>kuʔ⁵ bu⁰ kʰi³³ tsʰo³³ iɔ³³ kʰe³³ le⁰ kuɔ³³ tɕiu³³ kʰei⁵⁵。 |
| 46 三门 | 则⁼部汽车要洒⁼到广州去。<br>tsɐʔ⁵ bu²⁴ tɕʰi³³ tsʰo³³⁴ iɑu⁵⁵ sa³²⁵ tɔ³¹ kɔ³² tɕiu³³ tɕʰi⁵⁵。 |
| 47 玉环 | 葛部汽车要驶到广州去<br>kɐʔ³ bu⁴¹ tɕʰi³³ tsʰo⁴² iɐ³³ sa⁵³ tɔ³³ kɔ̃⁵³ tɕiu³³ kʰie⁰。 |
| 48 金华 | 葛部汽车要开得广州去。<br>kəʔ⁴ bu¹⁴ tɕʰi³³ tsʰia⁵⁵ iɑo⁵⁵ kʰɛ³³ tәʔ⁴ kuɑŋ⁵⁵ tɕiu³³ kʰɤ⁵⁵。 |

**续表**

| 方言点 | 0020 这辆汽车要开到广州去。/这辆汽车要开去广州。 |
|---|---|
| 49 汤溪 | 㑇⁼张汽车要开广州去。/㑇⁼张汽车要去广州。<br>gə¹¹ tɕiɔ⁵² tɕʰi³³ tsʰɑ⁵² iɔ⁵² kʰɛ²⁴ kuã̃⁵² tɕiəɯ²⁴ kʰəɯ⁰ 。/gə¹¹ tɕiɔ⁵² tɕʰi³³ tsʰɑ⁵² iɔ⁵² kʰəɯ⁵² kuã̃⁵² tɕiəɯ²⁴ 。 |
| 50 兰溪 | 格部汽车要开得广州去。<br>kəʔ³⁴ pu⁴⁵ tɕʰi⁵⁵ tsʰɑ⁴⁵ iɔ³³⁴ kʰe³³⁴ təʔ⁰ kuaŋ⁵⁵ tɕiəɯ³³⁴ kʰi⁴⁵ 。 |
| 51 浦江 | 吉⁼夫⁼汽车要开到广州去。<br>tɕiə³³ fu⁵⁵ tʃʰi³³ tɕʰyɑ³³⁴ i³³ kʰɑ⁵⁵ to³³ kuan³³ tsiɤ⁵³ i⁰ 。 |
| 52 义乌 | 尔部汽车要开到广州去。<br>n³³ pu⁴⁵ tɕʰi³³ tsʰia³³ ie³³ kʰe³³ to³³ kuan³³ tsɐɯ³³ ai⁴⁵ 。 |
| 53 东阳 | 亨⁼部车乐开到广州去。<br>hɛ³³ pu⁵⁵ tɕʰia⁵³ nɐɯ³³ kʰe³³ tei⁵³ kuan²⁴ tɕiaɯ³³ kʰəɯ⁵³ 。 |
| 54 永康 | 够⁼部汽车乐开到广州去。<br>kɯ³³ bu²⁴¹ tɕʰi³³ tɕʰia⁵⁵ ŋau³¹ kʰai³³ lau¹¹³ guaŋ³¹ tɕiəɯ⁵⁵ kʰɯ⁵² 。 |
| 55 武义 | 阿⁼辆汽车乐开到广州去。<br>əʔ⁵ liaŋ¹³ tɕʰi⁵³ tɕʰie²⁴ ŋau⁵³ kʰɑ²¹ lɤ⁵³ kuaŋ⁵³ tɕiəɯ²¹ kʰɯ⁵³ 。 |
| 56 磐安 | 格部汽车乐开到广州去。<br>ka³³ bu¹⁴ tɕʰi³³ tɕʰia⁴⁴⁵ ŋo¹⁴ kʰe³³ tɐɯ⁵⁵ kuan³³ tɕiɐɯ⁴⁴⁵ ɐɯ⁵² 。 |
| 57 缙云 | 以⁼部汽车乐开广州去。<br>i²¹ bu²⁴³ tɕʰi⁴⁴ tɕia⁴⁴ ŋo⁴⁵³ kʰei⁴⁴ kɔ⁵¹ tɕiuŋ⁴⁴ kʰɤ⁴⁵³ 。 |
| 58 衢州 | 格把汽车要开到广州去。<br>kəʔ⁵ pɑ³⁵ tsʰɿ⁵³ tʃʰyɑ³² iɔ⁵³ kʰɛ³² tɔ⁵³ kuã̃³⁵ tɕiu³² kʰi⁰ 。 |
| 59 衢江 | 阿⁼把汽车乐开到广州去。<br>aʔ⁵ puo⁰ tsʰɿ³³ tɕʰyø³³ ŋɔ²³¹ kʰei³³ tɔ⁵³ kuã̃³³ tɕy³³ kʰɤ⁵³ 。 |
| 60 龙游 | 阿⁼张汽车乐开得广州去。<br>əʔ³ tsã̃⁵¹ tɕʰi³³ tsɑ³³⁴ ŋɔ²³¹ kʰɛ³³ təʔ⁴ guã̃²² tsəɯ³³⁴ kʰəʔ⁴ 。 |
| 61 江山 | 乙张车□开广州去。<br>iɛʔ⁵ tiaŋ⁴⁴ tɕʰiə⁴⁴ lɐɯ⁵¹ kʰɛ⁴⁴ kuaŋ⁴⁴ tsɯ⁴⁴ kʰə⁵¹ 。 |
| 62 常山 | 乙把汽车罗⁼开到广州去。<br>ieʔ⁴ pie⁰ kʰi²² tɕʰie⁴⁴ lɔ²⁴ kʰɤ⁴⁴ tɤ⁵² kuɔ̃⁴⁴ tɕiu⁴⁴ kʰɤʔ⁰ 。 |
| 63 开化 | 乙把汽车助⁼开到广州去。<br>iɛʔ⁵ pie⁰ tɕʰi⁴⁴ tɕʰiɛ⁴⁴ zaʔ²¹ kʰɛ⁴⁴ təɯ⁵³ kuã̃⁴⁴ tɕiʊ⁴⁴ kʰiɛ⁰ 。 |
| 64 丽水 | 乙部汽车乐开到广州去。<br>iʔ⁵ bu²² tsʰɿ⁴⁴ tɕʰio²²⁴ ŋə²² kʰɛ²²⁴ tə⁰ kɔŋ⁴⁴ tɕiəɯ²²⁴ kʰɯ⁵² 。 |

续表

| 方言点 | 0020 这辆汽车要开到广州去。/这辆汽车要开去广州。 |
|---|---|
| 65 青田 | 伊＝把汽车爱开到广州去。<br>i⁵⁵ɓu³³tsʰʅ³³tɕʰiu⁵⁵ɛ³³kʰɛ³³ɗœ³³ko³³tɕieu⁵⁵kʰi³³。 |
| 66 云和 | 乙辆汽车乐开到广州去。<br>iʔ⁵liã⁴⁴tsʰʅ⁴⁴tɕʰio²⁴ŋɑɔ²²³kʰei²⁴təɯ⁴⁴kɔ̃⁴⁴tɕieiəɯ²⁴kʰi⁰。 |
| 67 松阳 | 乙张汽车乐开到广州去。<br>iʔ⁵tiã³³tsʰʅ³³tɕʰyə⁵³ŋʌ²²kʰɛ⁵³tʌ³³koŋ²¹tɕiɯ⁵³kʰɯə⁰。 |
| 68 宣平 | 爱＝部车乐开到广州去。<br>ei⁵⁵pu⁴⁴tɕʰia³²⁴ŋə²²kʰei³²təɯ⁴⁴kɔ̃⁴⁴tɕiɯ³²xə⁰。 |
| 69 遂昌 | 乙辆汽车乐开到广州去。<br>iʔ⁵liaŋ²¹tsʰʅ⁵³tɕʰio⁴⁵ŋɒ²¹kʰei⁴⁵təɯ³³kuaŋ⁵³tɕiɯ⁴⁵kʰɤ⁰。 |
| 70 龙泉 | 搭＝部车乐开到广州去。<br>toʔ⁵bou²¹tɕʰyo⁴³⁴ŋɑʌ²²⁴kʰɛ⁴⁴tɑʌ⁴⁵gɔŋ²¹tɕieəu⁴³⁴kʰɤɯ⁰。 |
| 71 景宁 | 埠部汽车乐开到广州去。<br>tɛʔ⁵bu³³tɕʰi⁵⁵tɕʰio³²ŋau¹¹³kʰai³²tɑu³³kɔŋ⁵⁵tɕieiəɯ³²kʰi³⁵。 |
| 72 庆元 | 搭＝辆汽车乐开到广州去。<br>ɗɑʔ⁵liã³¹tsʰʅ¹¹tɕʰia³³⁵ŋɒ³¹kʰæi³³⁵ɗəɯ¹¹kɔ̃³³tɕiɯ³³⁵kʰɤ¹¹。 |
| 73 泰顺 | □部汽车乐开到广州去。<br>kʰi³⁵pu²¹tsʰʅ²²tɕʰyɔ²¹³ŋɑɔ²²kʰɛ²¹³tɑɔ³⁵kɔ̃²²tɕieəu²¹³tsʰʅ⁰。 |
| 74 温州 | 该部汽车着开拉广州去。<br>ke³³bu²²tsʰʅ⁴²tsʰo³³dʑia²²kʰe³³la⁰kuɔ⁴²tɕiɤu³³kʰei⁰。 |
| 75 永嘉 | 个把汽车开广州个。<br>kai⁴³po³³tsʰʅ³³tsʰo⁴⁴kʰe³³kuɔ⁵³tɕieəu⁴⁴gi⁰。 |
| 76 乐清 | 个部汽车着开广州去。<br>kai³⁵bu²¹²tɕʰi⁴²tɕʰio⁴⁴dʑiɯʌ²²kʰe⁴⁴kɔ⁴²tɕiu⁴⁴dʑi⁰。 |
| 77 瑞安 | 该把汽车逮广州开。<br>ke³pu³³tɕʰi⁵³tsʰo⁴⁴de²kɔ⁵³tsou⁴⁴kʰe⁴⁴。 |
| 78 平阳 | 个把汽车要开到广州去。<br>kai²¹po⁴⁵tɕʰi⁴⁵tʃʰo³³ye³³kʰe³³tɛ⁴⁵kɔ⁴⁵tʃɛu¹³kʰi⁴²。 |
| 79 文成 | 该部汽车乐开到广州去。<br>ke²¹bu³³tɕʰi⁴²tʃʰo³³ŋɒ²¹kʰe³³tɛ³³kuo³³tɕiou³³kʰei²¹。 |
| 80 苍南 | 该部汽车要开广州去。<br>ke³bu²⁴tɕʰi⁴²tsʰo⁴⁴yɔ⁴²kʰe⁴⁴kɔ⁵³tsɛu⁴⁴kʰi⁴²。 |

续表

| 方言点 | 0020 这辆汽车要开到广州去。/这辆汽车要开去广州。 |
|---|---|
| 81 建德徽 | 葛部汽车要开到广州去。<br>kɐʔ³ pu¹³ tɕʰi³³ tsʰo⁵³ iɔ³³ kʰɛ⁵³ tɔ³³ kuaŋ⁵⁵ tsɤɯ³³ kʰi³³ 。 |
| 82 寿昌徽 | 格把汽车要开到广州去。<br>kəʔ³ pəɯ²⁴ tɕʰi³³ tɕʰyə¹¹ iɤ³³ kʰiɛ¹¹ tɤ³³ kuã³³ tsəɯ¹¹ kʰəɯ²⁴ 。 |
| 83 淳安徽 | 乙只汽车要开到广州去。<br>iʔ³ tsɑʔ⁵ tɕʰi²¹ tsʰo⁵⁵ iɤ²⁴ kʰie²¹ tɤ⁵⁵ kuã⁵⁵ tsɯ⁵⁵ kʰɯ⁰ 。 |
| 84 遂安徽 | 阿⁼个汽车开到广州去。<br>ɑ³³ kə³³ tsʰi⁵⁵ tsʰɑ⁵⁵ kəɯ⁵⁵ tɔ⁵⁵ kuã²¹³ tɕiu⁵⁵ kʰəɯ⁵² 。 |
| 85 苍南闽 | 蜀部汽车要开广州去。/蜀部汽车要开去广州。<br>tɕie⁴³ pɔ²¹ kʰi³³ tɕʰia⁵⁵ iau⁵⁵ kʰui⁵⁵ kuɑŋ³³ tɕiu⁵⁵ kʰɯ²¹ 。/tɕie⁴³ pɔ²¹ kʰi³³ tɕʰia³³ iau⁵⁵ kʰui⁵⁵ kʰɯ⁵⁵ kuɑŋ³³ tɕiu⁵⁵ 。 |
| 86 泰顺闽 | 这部车要开广州去。/这部车开去广州。<br>tɕi²² pou²² tɕʰia²¹³ ɔi³¹ kʰai²² kuo³⁴⁴ tɕiøu²² kʰɔi²² 。/tɕi²² pou²² tɕʰia²¹³ kʰai²² kʰɔi⁵³ kuo³⁴⁴ tɕiøu²² 。 |
| 87 洞头闽 | 蜀只汽车末⁼开广州去。<br>tɕiek⁵ tɕia³³ kʰi³³ tɕʰia⁵⁵ bə⁴² kʰui³³ kuŋ³³ tɕiu³³ kʰɯ²¹ 。 |
| 88 景宁畲 | 个辆汽车爱开到广州去。<br>kɔi⁴⁴ liɔŋ⁵¹ tɕʰi⁴⁴ tɕʰia⁴⁴ oi⁴⁴ kʰoi⁴⁴ tiəu⁴⁴ kɔŋ⁴⁴ tɕiəu⁴⁴ xy⁴⁴ 。 |

| 方言点 | 0021 学生们坐汽车坐了两整天了。 |
|---|---|
| 01 杭州 | 学生子坐汽车坐了整整两天嘚。<br>iɛʔ² səŋ³³⁴ tsɿ⁴⁵ zəu¹³ tɕʰi⁴⁵ tsʰuei⁵³ zəu¹³ lə⁰ tsəŋ⁵⁵ tsəŋ⁰ liaŋ⁵⁵ tʰiɛ⁰ taʔ⁰。 |
| 02 嘉兴 | 学生子坐汽车坐嘞实足两天哩。<br>oʔ⁵ sã³³ tsɿ⁴² zou¹³ tɕʰi³³ tsʰo⁴² zou¹³ lə⁵ zɿʔ¹ tso⁵ liã²¹ tʰie³³ li²¹。 |
| 03 嘉善 | 学生子坐汽车坐氏＝两日天。<br>oʔ² sæ³⁵ tsɿ⁵³ zu¹³ tɕʰi⁵⁵ tsʰo² zu²² zɿ¹³ liæ̃²² ȵie̯ʔ³ tʰiɪ⁵³。 |
| 04 平湖 | 学生子乘兹两日两夜汽车哩。<br>oʔ²³ sã⁵³ tsɿ⁰ tsʰən⁴⁴ zɿ⁰ liã²⁴ ȵiə⁵ liã²⁴ ia⁰ tɕʰi⁴⁴ tsʰo⁰ li⁰。 |
| 05 海盐 | 学生子拉乘汽车，乘兹个两日天。<br>ɔʔ²³ sɛ̃²⁴ tsɿ²¹ laʔ²³ tsʰən³³⁴ tɕʰi³³ tsʰo⁵³，tsʰən³³⁴ zɿ²¹ kəʔ²³ lɛ̃²¹³ ȵiə⁵ tʰiɛ⁵³。 |
| 06 海宁 | 学生子拉乘汽车乘哩实足两日天。<br>oʔ² sã³⁵ tsɿ⁵³ la³¹ tsʰəŋ⁵⁵ tɕʰi⁵⁵ tsʰo⁵³ tsʰəŋ³⁵ li⁵³ zəʔ² tso⁵ liã¹³ ȵie̯ʔ² tʰie⁵⁵。 |
| 07 桐乡 | 刮＝学生子拉乘汽车乘咧两日天。<br>kua⁵ ɔʔ²³ sã⁴⁴ tsɿ⁴⁴ la⁴⁴ tsʰəŋ³³ tɕʰi³³ tsʰo⁵³ tsʰəŋ³³ liə⁰ liã²⁴ ȵiəʔ⁰ tʰiɛ⁰。 |
| 08 崇德 | 葛刮＝学生子乘汽车乘嘚两日天嘚。<br>kəʔ³ kua⁵ ɔʔ²³ sã⁴⁴ tsɿ⁰ tsʰəŋ³³ tɕʰi³³ tsʰo³³⁴ tsʰəŋ³³ dəʔ⁰ liã²⁴ ȵiəʔ²³ tʰiɪ⁴⁴ dəʔ⁰。 |
| 09 湖州 | 两个学生子坐嘞两日汽车华＝［嘚嗳］。<br>liã⁵³ kəʔ⁵ uoʔ² sã⁵³ tsɿ⁰ zəu¹³ laʔ² liã³⁵ ȵie̯ʔ² tɕʰi⁵³ tsʰuo³¹ uo²² dɛ⁰。 |
| 10 德清 | 学生子乘汽车实足乘特＝两日天。<br>uoʔ² sã³⁵ tsɿ⁵³ tsʰen⁵³ tɕʰi³³ tsʰuo³⁵ zəʔ² tsuo⁵ tsʰen⁵³ dəʔ² liã¹³ ȵie̯ʔ² tʰie¹¹。 |
| 11 武康 | 学生子乘汽车实足坐特＝两日天。<br>uoʔ² sã⁵³ tsɿ⁵³ tsʰen⁵³ tɕʰi³³ tsʰo³⁵ zɿʔ² tsuo⁵ zu¹³ dəʔ² liã¹³ ȵie̯ʔ² tʰiɪ⁴⁴。 |
| 12 安吉 | 学生子坐汽车已经坐嘚两日嘚。<br>oʔ² sã²² tsɿ⁵⁵ zʊ²⁴ tɕʰi³² tsʰʊ⁵⁵ i⁵² tɕiŋ²¹ zʊ²⁴ təʔ⁰ liã⁵² ȵiɛʔ² təʔ⁰。 |
| 13 孝丰 | 葛班学生子坐汽车坐嘚两日嘞。<br>kəʔ³ pɛ⁴⁴ oʔ² sã⁴⁴ tsɿ³²⁴ zu²⁴ tɕʰi³² tsʰʊ²¹³ zu²⁴ təʔ⁰ liã⁴⁵ ȵie̯ʔ² le⁰。 |
| 14 长兴 | 学生子乘汽车乘了整整两日。<br>oʔ² sã⁴⁴ tsɿ⁴⁴ tsʰəŋ³²⁴ tʃʰɿ³² tsʰu²⁴ tsʰəŋ³² ləʔ⁰ tsəŋ⁴⁵ tsəŋ²¹ liã⁵² ȵiɛʔ²。 |
| 15 余杭 | 学生坐汽车坐得两日嘚。<br>iɛʔ² siŋ⁵³ zu¹³ tɕʰi⁵³ tsʰuo³⁵ zu¹³ təʔ⁵ ȵiɑ̃⁵⁵ ȵie̯ʔ² dəʔ²。 |
| 16 临安 | 学生子车子坐得实足两日。<br>uɔʔ² sã⁵⁵ tsɿ³⁵ tsʰuo⁵³ tsɿ³⁵ zo³³ təʔ⁵ zəʔ² tsuo⁵ liã³³ nɐʔ²。 |

续表

| 方言点 | 0021 学生们坐汽车坐了两整天了。 |
|---|---|
| 17 昌化 | 学生坐车子整整坐着两日嘞。<br>iaʔ² səŋ³³⁴ zu²⁴ tsʰu³³ tsɿ⁴⁵ tɕiəŋ⁴⁵ tɕiəŋ⁰ zu²⁴ zaʔ² liɑ̃²⁴ n̠iɛʔ² lɛ⁰。 |
| 18 於潜 | 学生子坐了两天两夜个车子嘞。<br>iæʔ² seŋ⁴³ tsɿ⁴⁵⁴ dzu²⁴ liəu²² liaŋ⁵³ tie⁴³³ liaŋ⁵³ ia²⁴ kəʔ² tsʰa⁴³ tsɿ⁴⁵⁴ liæʔ²。 |
| 19 萧山 | 学生子乘汽车乘嘞实足两日。<br>əʔ²¹ sã̃⁴² tsɿ²¹ tsʰəŋ³³ tɕʰi³³ tsʰo³³ tsʰəŋ³³ ləʔ²¹ zəʔ¹³ tsoʔ⁵ liɑ̃²¹ n̠ieʔ¹³。 |
| 20 富阳 | 格班学生坐汽车坐嘞整整两日嗝。<br>kɛʔ⁵ pã̃⁵⁵ iaʔ² səŋ²²⁴ zʊ²²⁴ tɕʰi³³⁵ tsʰu³³ zʊ²²⁴ lɛʔ⁰ tsən⁴²³ tsən³³⁵ liɑ̃²²⁴ n̠iɛʔ² tɛʔ⁰。 |
| 21 新登 | 学生子们坐汽车坐嘞两整日嘞。<br>ɑʔ² sɛ⁵³ tsɿ³³⁴ meiŋ²³³ zu¹³ tɕʰi⁴⁵ tsʰɑ⁵³ zu¹³ laʔ⁰ liɛ³³⁴ tseiŋ³³⁴ n̠iəʔ⁰ la⁰。 |
| 22 桐庐 | 学生子坐汽车坐嘞两整日嗝。<br>aʔ¹³ zã̃²¹ tsɿ⁵⁵ zu¹³ tɕʰi³⁵ ɕyo³³ zu¹³ ləʔ²¹ liɑ̃³³ tsəŋ²¹ niəʔ¹³ təʔ³。 |
| 23 分水 | 学生坐车子坐了两天啊。<br>iəʔ¹² sən⁴⁴ dzo²⁴ tsʰa⁴⁴ tsɿ⁰ dzo²⁴ la⁰ liã̃⁵³ tʰiã̃⁴⁴ a⁰。 |
| 24 绍兴 | 学生子汽车里实足坐了两日哉。<br>oʔ² san⁴⁴ tseʔ³ tɕʰi³³ tsʰo³³ li⁰ zeʔ² tsoʔ⁵ zo²² ləʔ⁰ liaŋ²⁴ n̠ieʔ³ zE³¹。 |
| 25 上虞 | 学生子汽车乘滴ⁿ两日哉。<br>oʔ² sã̃³³ tsɿ⁰ tɕʰi⁵⁵ tsʰo³³ dzəŋ²¹ tiəʔ² liã̃²¹ n̠iəʔ² tse⁵³。 |
| 26 嵊州 | 班学生坐汽车坐得两日东ⁿ哉。<br>pɛ̃⁴⁴ oʔ² san³³ zo²² tɕʰi³³ tsʰo³³ zo²² təʔ³ liaŋ²² nəʔ³ toŋ⁴⁴ tsE³¹。 |
| 27 新昌 | 格班学生汽车坐记两长日。<br>kɤʔ³ pɛ̃⁵³ oʔ²² san⁵³ tɕʰi³³ tsʰo³³ zɤ¹³ tɕi³³ liaŋ¹³ dzaŋ²² ne³³⁵。 |
| 28 诸暨 | 学生坐汽车坐嘚两日两夜。<br>oʔ²¹ sã̃⁴² zɤu¹³ tʃʰɿ⁴² tsʰoʔ²¹ zɤu¹³ təʔ³ liã̃⁴² nieʔ⁵ liã̃⁴² iA¹³。 |
| 29 慈溪 | 学生子汽车坐嘞两足日啦。/学生子坐汽车坐嘞两足日啦。<br>oʔ² sã̃³⁵ tsɿ⁰ tɕʰi³³ tsʰo⁴⁴ zəu¹¹ laʔ² liã̃¹¹ tsoʔ⁵ n̠iəʔ² la⁰。/oʔ² sã̃³⁵ tsɿ⁰ zəu¹¹ tɕʰi³³ tsʰo⁴⁴ zəu¹³ laʔ² liã̃¹¹ tsoʔ⁵ n̠iəʔ² la⁰。 |
| 30 余姚 | 一帮学生仔乘汽车乘仔两日两夜啷哉。<br>iəʔ⁵ pəŋ⁴⁴ oʔ² sã̃⁴⁴ tsɿ⁰ tsʰ ɤ̃⁴⁴ tɕʰi⁴⁴ tsʰo⁴⁴ tsʰ ɤ̃⁴⁴ tsɿ⁰ liaŋ¹³ n̠iəʔ² liaŋ¹³ ia¹³ ləŋ¹³ tse⁵³。 |
| 31 宁波 | 该眼学生乘汽车乘嘞两日眯。<br>kiəʔ² ŋe⁰ oʔ² sa⁴⁴ dziŋ¹³ tɕʰi⁴⁴ tsʰo⁴⁴ dziŋ¹³ liəʔ² lia¹³ n̠iəʔ² lɐi⁰。 |
| 32 镇海 | 交关多读书小顽坐汽车坐嘞两日眯。<br>tɕio³³ kuɛ⁵³ təu³³ doʔ¹² sɿ³³ ɕio³³ uɛ²⁴ zəu²⁴ tɕʰi³³ tsʰo³³ zəu²⁴ laʔ¹² liã̃²⁴ n̠ieʔ² le⁰。 |

| 方言点 | 0021 学生们坐汽车坐了两整天了。 |
|---|---|
| 33 奉化 | 葛潮学生子乘汽车两日坐落唻。<br>kəʔ⁵ dzɪɔ²⁴ oʔ² sã⁴⁴ tsɿ⁰ dziŋ³³ tɕʰi⁴⁴ tsʰo⁴⁴ liã³³ ȵɪɪʔ² zəu³³ loʔ² le⁰。 |
| 34 宁海 | 舺⁼些学生坐汽车坐两长日唻。<br>ge³ saʔ⁵ ɔʔ³ sã⁰ zəu²² tsʰɿ³³ tsʰo³³ zəu³¹ liã³¹ dɕiã²¹ ȵiəʔ³ lei⁰。 |
| 35 象山 | 舺⁼帮学生坐汽车整整坐嘞两日唻。<br>geʔ² pɔ̃⁴⁴ oʔ² sã⁴⁴ zəu¹³ tɕʰi⁴⁴ tsʰo⁴⁴ tɕiŋ⁴⁴ tɕiŋ⁰ zəu¹³ laʔ² liã³¹ ȵieʔ² lei⁰。 |
| 36 普陀 | 学生坐汽车坐了两整日唻。<br>oʔ² sã⁵⁵ zəu²³ tɕʰi⁵⁵ tsʰo⁵³ zəu²³ leʔ⁰ liã²³ tɕiŋ⁵³ ȵiɜʔ⁰ le⁰。 |
| 37 定海 | 学生子乘汽车乘了两长日唻。<br>oʔ² sã³³ tsɿ⁴⁵ tɕʰiŋ³³ tɕʰi⁴⁴ tsʰo⁰ tɕiŋ³³ leʔ⁰ liã²³ dziã³³ ȵieʔ² lei⁰。 |
| 38 岱山 | 学生乘汽车乘了两长日唻。<br>oʔ² sã⁴⁴ tɕʰoŋ³³ tɕʰi⁴⁴ tsʰo⁰ tsʰoŋ³³ leʔ⁰ liã²³ dziã⁰ ȵieʔ⁰ lei⁰。 |
| 39 嵊泗 | 学生是汽车乘了两长日唻。<br>oʔ² sã⁴⁴ zɿ⁴⁴ tɕʰi⁴⁴ tsʰo⁵³ tsʰoŋ³³ leʔ⁰ liã³⁴ dziã⁰ ȵiɛʔ⁰ lei⁰。 |
| 40 临海 | 学生态⁼坐汽车坐两长日爻。<br>oʔ² sã³⁵ tʰe³¹ zo²² tɕʰi³³ tsʰo³¹ zo²¹ liã⁵² dziã²² ȵieʔ² ɔ⁰。 |
| 41 椒江 | 学生态⁼坐汽车坐两整长日儿爻。<br>oʔ² sã³⁵ tʰə⁰ zo³¹ tɕʰi³³ tsʰo⁴² zo³¹ liã⁵¹ tɕiŋ⁴² dziã²² ȵiŋ⁴¹ ɔ⁰。 |
| 42 黄岩 | 学生态⁼坐汽车坐两长日爻。<br>oʔ² sã³⁵ tʰe⁰ zo¹²¹ tɕʰi³³ tsʰo³² zo¹²¹ liã⁵¹ dziã¹³ ȵieʔ² ɔ⁰。 |
| 43 温岭 | 学生许汽车坐两长日爻。<br>oʔ² sã¹⁵ he⁰ tɕʰi³³ tsʰo³³ zo³¹ ȵiã⁵¹ dziã¹³ ȵiʔ² ɔ³¹。 |
| 44 仙居 | 葛些学生坐汽车坐了两日两夜。<br>kəʔ⁵ səʔ⁰ ɑʔ²³ sã⁵³ zo²¹ tɕʰi³³ tsʰo³³⁴ zo²¹ ləʔ² liã⁴³ ȵiəʔ²³ liã⁴³ i²⁴。 |
| 45 天台 | 谷⁼些学生汽车两整日坐阿落。<br>kuʔ⁵ ɕiəʔ¹ ɔʔ² saʔ⁵¹ kʰi³³ tsʰo³³ liã²¹ tɕiŋ³² ȵiəʔ² zo²¹ aʔ¹ lɔʔ²。 |
| 46 三门 | 葛帮学生乘汽车乘了两整日。<br>kəʔ⁵ pɔ⁵⁵ ɔʔ² sɛ³³⁴ tsʰəŋ¹¹³ tɕʰi⁴⁴ tsʰo⁴⁴⁵ tsʰəŋ¹¹³ ləʔ⁰ liã³²⁵ tɕiŋ³² ȵieʔ²³。 |
| 47 玉环 | 学生许坐汽车坐爻两大日爻。<br>oʔ² sã³⁵ he⁰ zo³¹ tɕʰi³³ tsʰo⁴² zo³¹ ɔ⁰ liã⁵³ dəu²² ȵiəʔ² ɔ⁰。 |
| 48 金华 | 葛些学生坐了两日两夜个汽车了。<br>kəʔ³ səʔ⁴ oʔ²¹ saŋ⁵⁵ suɤ⁵⁵ ləʔ⁰ liaŋ⁵⁵ ȵiəʔ²¹ liaŋ⁵⁵ ia¹⁴ kəʔ⁰ tɕʰi³³ tsʰia⁵⁵ ləʔ⁰。 |

续表

| 方言点 | 0021 学生们坐汽车坐了两整天了。 |
|---|---|
| 49 汤溪 | 学生坐汽车坐了两个整日罢。<br>ɔ¹¹sa⁵²zuɣ¹¹tɕʰi³³tsʰɑ⁵²zuɣ¹¹³laⁿlɣa¹¹kɑ⁵²tɕiã⁵²n̠ie¹¹³bɑ¹¹³。 |
| 50 兰溪 | 一群学堂生坐汽车坐嘞整整两日。<br>ieʔ³⁴dzyæ̃²⁴ɑʔ¹²dɑŋ²¹sæ⁴⁵suɣ⁵⁵tɕʰi⁵⁵tsʰɑ⁴⁵suɣ⁵⁵ləʔ⁰tɕiæ̃⁵⁵tɕiæ⁵⁵liaŋ⁵⁵n̠ieʔ¹²。 |
| 51 浦江 | 吉꞊些学生坐了两日两夜汽车。<br>tɕiə³³sɯ⁵⁵o²⁴sɛ̃³³⁴zu²⁴laⁿlyõ¹¹n̠iə¹¹lyõ²⁴iɑⁿtʃʰi³³tɕʰya³³⁴。 |
| 52 义乌 | 尔꞊些学生坐汽车坐了两日了。<br>n̩³³sʅ⁴⁵ɔ³¹sɛ³³zuɣ³¹tɕʰi³³tsʰia³³zuɣ³¹ləⁿlɯa⁴⁵nai²⁴lə³¹。 |
| 53 东阳 | 学生坐了两日汽车。<br>ɔ²³sɛ³³zu²⁴lɐ²²liɤ²¹⁴nei²⁴tɕʰi³³⁴tɕʰia³¹。 |
| 54 永康 | 若干学生坐汽车坐了两个成日。<br>ʑiɑu³¹kɣ⁵⁵ɑu³¹sai⁵⁵zuo³¹tɕi³¹tɕʰia⁵⁵zuo³¹lɑuⁿliaŋ³¹kuo⁵²ʑiŋ³¹n̠iə²⁴¹。 |
| 55 武义 | 学生们坐汽车坐嘞两个整日罢。<br>ɑu⁵³sa²⁴men⁵³zuo⁵³tɕʰi⁵⁵tɕʰie²⁴zuo¹³ləʔ⁰liaŋ¹³kəʔ⁰tɕin⁵³nə²⁴bɑ⁰。 |
| 56 磐安 | 学生坐汽车坐了两日哇。<br>uə⁵⁵sɛ⁴⁴⁵suɣ⁵⁵tɕʰi⁵⁵tɕʰia⁴⁴⁵suɣ⁵⁵lɑⁿliŋ⁵⁵nɛi¹⁴uə⁰。 |
| 57 缙云 | 学生坐汽车坐落两日两夜。<br>ɔ⁵¹sa⁴⁴zou³¹tɕʰi⁴⁴tɕʰia⁴⁴zou³¹lɔⁿliɑ⁵¹n̠iei¹³liɑ⁵¹iɑ²⁴³。 |
| 58 衢州 | 格些学生坐汽车坐了两日嘞喂。<br>kəʔ⁵ɕiəʔ⁰uəʔ²ɕiã̃³²zu²³¹tsʰʅ⁵³tʃʰya³²zu²³¹ləⁿliã²³¹n̠iəʔ¹²lə⁰ue⁰。 |
| 59 衢江 | 学生坐汽车坐倒两日罢。<br>uəʔ²ɕiɛ³³zou²²tsʰʅ³³tɕʰyø³³zou²²tɔ⁵³liã̃²²nə⁰bɑ⁰。 |
| 60 龙游 | 学生坐汽车整整坐了两日。<br>uɔʔ²sɛ³³⁴zu²²tɕʰi³³tsʰɑ³³⁴tsən³³tsən⁵¹zu²²ləⁿliã̃²²nei⁵¹。 |
| 61 江山 | 学生坐末两日个汽车罢。/学生坐汽车坐末两日罢。<br>ɒʔ²saŋ⁴⁴zi²²moʔ⁵n ɛ̃²⁴nəʔ²gəʔ⁰kʰi⁴⁴tɕʰiə⁴⁴bɒ⁰。/ɒʔ²saŋ⁴⁴zi²²kʰi⁴⁴tɕʰiə⁴⁴zi²²moʔ⁵n ɛ̃²⁴nəʔ²bɒ⁰。 |
| 62 常山 | 乙星꞊学生坐汽车坐班꞊成两日罢。<br>ieʔ⁴sʅ̃⁴⁴ʌʔ³sʅ̃⁴⁴zi²⁴kʰi²²tɕʰie⁴⁴zi²⁴pã̃⁰zĩ²²lɔ̃²²nʌʔ⁰bɛ⁰。 |
| 63 开化 | 学生儿坐汽车坐着两个成日罢。<br>ɔʔ²sã̃⁴⁴n̠iⁿzuei²¹tɕʰi⁴⁴tɕʰiɛ⁴⁴zuei²¹daʔ⁰lã̃²¹³gəʔ⁰ʑin²¹naʔ¹³bɑ⁰。 |
| 64 丽水 | 学生坐汽车坐了两日罢。<br>əʔ²sã̃²²⁴zuo²²tsʰʅ⁴⁴tɕʰio²²⁴zuo²²ləⁿlã̃⁵²nɛʔ²³buə⁰。 |

续表

| 方言点 | 0021 学生们坐汽车坐了两整天了。 |
|---|---|
| 65 青田 | 学生两人坐汽车坐了两日两夜。<br>oʔ³ sɛ⁵⁵ lɛ⁰ neŋ⁰ zu³³ tsʰʅ³³ tɕʰiu⁵⁵ zu³⁴³ laʔ⁰ lɛ⁴⁵⁴ nɛʔ³ lɛ⁴⁵⁴ iu²² 。 |
| 66 云和 | 学生人坐汽车坐了两日哇。<br>oʔ²³ sɛ²⁴ ne³¹ zu²²³ tsʰʅ⁴⁴ tɕʰio²⁴ zu²²³ lɑɔ⁰ la⁴¹ naʔ²³ ua⁰ 。 |
| 67 松阳 | 学生坐汽车坐了两个整日了。<br>oʔ² sã̃⁵³ zu²² tsʰʅ³³ tɕʰyə⁵³ zu²² lɔ⁰ næ²² ki⁰ tɕin³³ nɛʔ² lɔ⁰ 。 |
| 68 宣平 | 学生坐汽车坐了两日了。<br>əʔ⁴² sɛ³²⁴ zo²² tsʰʅ⁴⁴ tɕʰia³²⁴ zo²² lə⁰ lɛ⁴³ nəʔ²³ lə⁰ 。 |
| 69 遂昌 | 乙些学生坐汽车坐了两个整日。<br>iʔ⁵ sɛʔ⁰ ɔʔ² ɕiaŋ⁴⁵ zu¹³ tsʰʅ⁵³ tɕʰiŋ⁴⁵ zu¹³ lə⁰ lɛ̃¹³ kei⁰ tɕin⁵³ nɛʔ²³ 。 |
| 70 龙泉 | 俩学生坐唠两日个车。<br>la⁴⁴ oʔ³ saŋ⁴³⁴ sou⁵¹ lɑʌ⁰ laŋ⁵¹ nɛ²⁴ gəʔ⁰ tɕʰyo⁴³⁴ 。 |
| 71 景宁 | 学生坐汽车坐爻两日哇。<br>oʔ²³ sɛ³² zo³³ tɕʰi⁵⁵ tɕʰio³² zo³³ kɑu³³ lɛ³³ nɛʔ²³ ua⁰ 。 |
| 72 庆元 | 学生依坐汽车坐了整两日。<br>xoʔ³⁴ sæ̃⁵⁵ noŋ³³ so²² tsʰʅ¹¹ tɕʰia³³⁵ so²² lɑ³³ tɕin³³ læ̃²² nɤʔ³⁴ 。 |
| 73 泰顺 | 学生坐汽车坐爻两个全日了。<br>oʔ² sã̃²¹³ so²¹ tsʰʅ²² tɕʰyɔ²¹³ so²¹ kɑɔ⁰ lɛ⁵⁵ ki⁰ ɕyɛ²¹ nɛʔ² lo⁰ 。 |
| 74 温州 | 该侪学生坐汽车哪坐两整天罢。<br>ke³³ lei⁰ o²² siɛ³³ zuɔ²³ tsʰʅ⁴² tsʰo³³ na⁰ zuɔ¹⁴ liɛ²³ tsəŋ⁴⁵ ne²¹² ba⁰ 。 |
| 75 永嘉 | 个侪学生坐汽车坐爻两长日罢。<br>kai⁴³ lei⁰ o²¹ sɛ⁴⁴ zo¹³ tsʰʅ⁵³ tsʰo⁴⁴ zo¹³ ɔ⁰ lɛ¹³ dʑiɛ¹³ ne²¹³ ba¹³ 。 |
| 76 乐清 | 学生乘汽车乘爻整整两日罢。<br>o² sa⁴⁴ tɕʰiaŋ⁴¹ tɕʰi⁴² tɕʰio⁴⁴ tɕʰiaŋ⁴¹ ga⁰ tɕiɛŋ³ tɕiɛŋ⁴¹ la²⁴ ne⁰ be²⁴ 。 |
| 77 瑞安 | 该班学生坐汽车阿坐爻两长日罢。<br>ke³ pɔ⁴⁴ o² sa⁴⁴ zo²² tɕʰi⁵³ tsʰo⁴⁴ a⁰ zo¹³ ɔ⁰ la¹³ dʑiɛ¹³ ne²¹² ba¹³ 。 |
| 78 平阳 | 学生坐汽车坐爻两天整。<br>o²¹ sA³³ zo²³ tɕʰi⁴⁵ tʃʰo¹³ zo²³ ɔ²¹ lA⁴⁵ ne²¹ tʃaŋ⁴² 。 |
| 79 文成 | 学生坐汽车坐落两日整。<br>o²¹ sa³³ zou¹³ tɕʰi⁴² tʃʰo³³ zou¹³ lo²¹ la²¹ ne¹³ tʃɛŋ³³ 。 |
| 80 苍南 | 学堂妹儿坐汽车坐爻两日两夜罢。<br>o¹¹ to¹¹² maŋ³³ ŋ⁰ zo²⁴ tɕʰi⁴² tsʰo⁴⁴ zo²⁴ ga⁰ lia³³ ne¹¹² lia⁵³ i¹¹ ba²⁴ 。 |

续表

| 方言点 | 0021 学生们坐汽车坐了两整天了。 |
|---|---|
| 81 建德<sub>徽</sub> | 葛些学生坐汽车坐了两日两夜。<br>kɐʔ³ sɐʔ⁵ hu²¹ sɛ⁵³ su²¹ tɕʰi³³ tsʰo⁵³ su²¹ lɐʔ⁵ nie²¹ iɐʔ¹² nie²¹ iɑ⁵⁵。 |
| 82 寿昌<sub>徽</sub> | 学生坐汽车坐了两个整日罢。<br>xɔʔ³ sæ¹¹ su³³ tɕʰi³³ tɕʰyə¹¹ su³³ lə²⁰ liɑ̃⁵⁵ kəʔ⁰ tsen³³ n̠iəʔ³ pa⁰。 |
| 83 淳安<sub>徽</sub> | 学生坐汽车坐考＝两日两夜。<br>hɑʔ¹³ sɑ̃²⁴ su⁵⁵ tɕʰi²¹ tsʰo⁵⁵ su⁵⁵ kʰɤ⁵⁵ liɑ̃⁵⁵ iəʔ¹³ liɑ̃⁵⁵ iɑ⁵³。 |
| 84 遂安<sub>徽</sub> | 阿＝些学生坐着两日个车。<br>ɑ⁵⁵ sə³³ xuo²⁴ sɑ̃⁵⁵ sɯu⁵⁵ tɕiə³³ liɑ̃⁵⁵ i²¹ kə³³ tsʰɑ⁵²。 |
| 85 苍南<sub>闽</sub> | 学生坐汽车坐两间了。<br>hɐ²¹ sĩ⁵⁵ tsə³² kʰi³³ tɕʰia⁵⁵ tsə³² nɯŋ²¹ kan⁵⁵ lə⁰。 |
| 86 泰顺<sub>闽</sub> | 学生侬汽车坐两天了。<br>xɐʔ³ sæŋ²¹³ nəŋ²² kʰi²² tɕʰia²¹³ sɔi³¹ lo²² køu²¹³ lø²ʔ⁰。 |
| 87 洞头<sub>闽</sub> | 学生坐汽车坐啦整整两日。<br>hɐk²¹ ɕieŋ³³ tso²¹ kʰi³³ tɕʰia³³ tso²¹ la⁰ tɕĩ³³ tɕĩ⁵³ nɯŋ²¹ dʑiek²⁴。 |
| 88 景宁<sub>畲</sub> | 学生侬坐汽车坐阿＝两天。<br>xoʔ² saŋ⁴⁴ naŋ²² tsʰo⁴⁴ tɕʰi⁵⁵ tɕʰia⁴⁴ tsʰo⁴⁴ a⁰ liɔŋ³²⁵ n̠it²。 |

| 方言点 | 0022 你尝尝他做的点心再走吧。 |
|---|---|
| 01 杭州 | 你尝尝看他做的点心再走咯。<br>n̠i⁵³ zaŋ²² zaŋ²² kʰɛ⁴⁵ tʰa³³⁴ tsəu⁴⁵ tiʔ⁰ tiɛ⁵⁵ ɕiŋ⁰ tsɛ⁴⁵ tsei⁵³ lɔ⁰。 |
| 02 嘉兴 | 㑚尝尝伊做个点心再走。<br>nei¹¹³ zʌ̃¹³ zʌ̃³³ i⁴² tsou³³ gəʔ⁵ tie³³ ɕiŋ³³ tsᴇ³³ tsei³³。 |
| 03 嘉善 | 伊做拉=个点饥㑚尝尝再走好敌=。<br>i⁵³ tsu³⁵ la⁵³ gəʔ² tie⁴⁴ tɕi⁵³ nə¹³ zʌ̃³¹ zʌ̃⁰ tsɛ³⁵ tsə⁴⁴ xɔ⁴⁴ dieʔ²。 |
| 04 平湖 | 㑚吃吃伊做拉=个点心再走好哩。<br>nɯ²¹³ tɕʰiə²³ tɕʰiəʔ⁵ i⁵⁵ tsu²¹³ laʔ⁵ kəʔ⁰ tie⁴⁴ sin⁵³ tsɛ³³⁴ tsɯ⁴⁴ hɔ⁰ li⁰。 |
| 05 海盐 | 㑚吃吃看伊㑚做个点小酒再去好哩。<br>ne⁴²³ tsʰə²³ tsʰəʔ⁵ kʰɤ²¹ e²¹ ne²³ tsu³³⁴ kəʔ⁵ tie²¹ ɕiɔ⁵³ tsɛ⁴²³ tsɛ⁵³ tɕʰi³³⁴ xɔ⁵³ li²¹³。 |
| 06 海宁 | 伊做个点心㑚吃吃看再走好咧。<br>i⁵³ tsəu⁵⁵ gəʔ² tie⁵⁵ ɕiŋ⁵⁵ nɯ⁰ tɕʰie²⁴ tɕʰieʔ⁵ kʰei⁵⁵ tsɛ⁵³ tsɯ⁵³ hɔ⁵³ lieʔ²。 |
| 07 桐乡 | 㑚吃点伊做个小点心再走好咧。<br>nɤɯ²⁴² tɕʰiə²³ tiᴇ⁵³ i⁵³ tsəu³³ kəʔ⁰ siɔ⁴⁴ tie⁰ sin⁰ tsᴇ³³ tsɤɯ⁴⁴ hɔ³³ lieʔ⁰。 |
| 08 崇德 | 㑚尝尝伊做个点心再走好嘚。<br>nɤɯ⁵³ zʌ̃²¹ zʌ̃⁴⁴ i¹³ tsu³³ əʔ⁰ tiɪ⁰ ɕiŋ⁰ tsᴇ³³ tsɤɯ⁵³ hɔ⁵⁵ dəʔ⁰。 |
| 09 湖州 | 怪=点心渠自家做暧闹=,尔尝界=一尝再走噢。<br>kua⁴⁴ tie⁵³ ɕin¹³ dʑi³¹ zɿ³³ ka⁵³ tsəu⁵³ ɛ⁰ nɔ⁵³,n̩³¹ zʌ̃³¹ ka³⁵ ieʔ⁵ zʌ̃³¹ tsei⁵³ tɕiɯ²² ɔ⁰。 |
| 10 德清 | 是尔吃吃是伊做个点心再界=跑。<br>zəʔ² n⁵³ tɕʰio²⁴ tɕʰioʔ⁵ zəʔ² i¹³ tsuo¹³ əʔ² tie⁵³ ɕin³¹ tsᴇ³³ ka³³ bɔ³¹。 |
| 11 武康 | 是尔吃吃是伊做个点心再回去好[嘚暧]。<br>zɜʔ² n²⁴² tɕʰiɜʔ²⁴ tɕʰiɜʔ⁵ zɜʔ² i³³ tsu³⁵ ɜʔ² tiɪ⁵⁵ ɕin⁵³ tsᴇ⁵³ uɛ³¹ tɕʰi⁰ məʔ⁵ xɔ³⁵ dɛ⁵³。 |
| 12 安吉 | 尔吃吃渠做个点心再走哦。<br>ŋ²¹³ tɕʰəʔ⁵ tɕʰəʔ⁰ dʑi²¹ tsu³² kəʔ⁰ ti⁵² ɕiŋ²¹ tsᴇ³² tsəɹ³² ʋ⁰。 |
| 13 孝丰 | 㑚尝尝渠做个点心再走。<br>nəʔ²³ zɔ̃²² zɔ̃⁰ dʑi²² tsu³² kəʔ⁰ tiɪ⁴⁵ ɕiŋ²¹ tsᴇ³²⁴ tsəɹ⁵²。 |
| 14 长兴 | 是尔吃点伊做乖=点心再走。<br>zəʔ² n⁵² tʃʰiᴇʔ⁵ ti⁵² ɿ¹² tsəu³² kua²¹ ti⁴⁵ ʃiŋ²¹ tsᴇ³² tsei⁵²。 |
| 15 余杭 | 是伊做个点心是尔吃吃看再去。<br>zəʔ² i³¹ tsu³⁵ uoʔ² tie⁵⁵ sin⁵³ zəʔ² n³¹ tɕʰiaʔ⁵ tɕʰiaʔ⁵ kʰuõ⁵³ tsɛ⁵³ tɕʰi³⁵。 |
| 16 临安 | 伊做个点心,侬吃吃看再去。<br>i¹³ tsuo⁵⁵ guoʔ² tie⁵⁵ ɕieŋ⁵⁵,noŋ¹³ tɕʰiɐʔ⁵ tɕʰiɐʔ⁵ kʰœ⁵³ tsᴇ⁵³ tɕʰi⁰。 |

续表

| 方言点 | 0022 你尝尝他做的点心再走吧。 |
|---|---|
| 17 昌化 | 尔尝尝渠做个点心再去。<br>ŋ²⁴zɔ̃¹¹zɔ̃²⁴gɯ¹¹²tsɯ⁵⁴kəʔ⁵tiĩ⁴⁵ɕiəŋ⁵³tse⁵⁴tɕʰi⁵⁴⁴。 |
| 18 於潜 | 你吃吃看他做个点心再去好嘞。<br>ni⁵¹tɕʰieʔ⁵³tɕʰieʔ⁵³kʰɛ³⁵tʰa⁴³³tsu³⁵kəʔ²tie⁵³ɕiŋ³¹tse³⁵tɕʰi³⁵xɔ⁵³liæʔ²。 |
| 19 萧山 | 尔尝尝伊做个点心再去。<br>ŋ¹³zɔ̃⁴²zɔ̃²¹i¹³tso³³kəʔ⁵tie¹³ɕiŋ²¹tse³³tɕʰi²¹。 |
| 20 富阳 | 尔尝尝伊做个点心再走。<br>ŋ²²⁴dzã¹³dzã⁵⁵i²²⁴tsu³³⁵kɛʔ⁰tiɛ̃⁴²³ɕin⁵⁵tsɛ³³⁵tsei⁴²³。 |
| 21 新登 | 尔尝尝伊做个点心再走。<br>ŋ³³⁴zã²³³zã²³³i³³⁴tsu⁴⁵kaʔ⁵tiɛ̃³³⁴sein⁵³tse⁴⁵tɕy³³⁴。 |
| 22 桐庐 | 你尝尝伊做个点心再走。<br>ni¹³zã²¹zã³³i¹³tsu¹³kəʔ⁵tie²¹ɕiŋ³³tsE³⁵tsei⁴²。 |
| 23 分水 | 你吃吃他们个点心再走啊。<br>n̠i⁵³tɕʰiəʔ⁵tɕʰiəʔ⁰tʰa⁴⁴mən⁰kəʔ⁵tiɛ̃⁵³ɕin⁴⁴tsɛ²⁴tsə⁴⁴a⁰。 |
| 24 绍兴 | 偌尝尝伊做个点心再去。<br>noʔ²zaŋ²⁴zaŋ³¹i²²tso³³kəʔ⁰tiɛ̃³³ɕiŋ⁵³tsE³³tɕʰi³³。 |
| 25 上虞 | 伊做个点心侬尝尝看，再好走个。<br>i²¹tsʊ⁵⁵kəʔ²tiɛ̃³³ɕiŋ⁰noŋ²¹dzɔ̃²¹dzɔ̃⁰kʰɛ̃⁵⁵, tse³³hɔ³³tsɤ³⁵kəʔ²。 |
| 26 嵊州 | 侬伊个点心尝过再去好哉。<br>noŋ²⁴i²⁴kəʔ³tiɛ̃³³ɕiŋ⁵³zɔŋ²²ko³³⁴tsE⁴⁴tɕʰi³³hɔ³³tsE³¹。 |
| 27 新昌 | 尔渠做个点心尝尝看再去。<br>ŋ¹³dzi²²tsɤ³³kɤʔ⁰tiɛ̃⁵³ɕiŋ⁴⁵zɔ̃²²zɔ̃²²kʰɛ̃⁵³tse⁵³tɕʰi⁴⁵。 |
| 28 诸暨 | 尔尝尝渠做个点心再去。<br>n¹³zã²⁴zã²¹dʐɿ¹³tsɤu³³kəʔ²¹tie³³ɕin⁴²tse³³kʰie²¹。 |
| 29 慈溪 | 渠做个点心侬尝尝看，吃子眼再走。/渠做个点心侬尝尝看再走。<br>ge¹³tsəu⁴⁴kəʔ²tiɛ̃³³ɕiŋ⁰nuŋ¹³dzɔ̃¹³dzɔ̃⁰kʰɛ̃⁴⁴, tɕʰyoʔ⁵tsl̩⁰n̠iɛ̃⁰tse⁴⁴tsø⁰。/<br>ge¹³tsəu⁴⁴kəʔ²tiɛ̃³ɕiŋ⁰nuŋ¹³dzɔ̃¹³dzɔ̃⁰kʰɛ̃⁴⁴tse⁴⁴tsø⁰。 |
| 30 余姚 | 侬尝尝渠做个点心再好去雷⁼。<br>nuŋ¹³zɔŋ¹³zɔŋ⁰ge¹³tsou⁴⁴kəʔ²tiɛ̃³⁴ɕiɜ̃⁴⁴tse⁴⁴hɔ³⁴kʰe⁴⁴le⁰。 |
| 31 宁波 | 侬尝尝渠做或⁼点心再走好嘞。<br>nəu¹³zɔ¹³zɔ⁰dzi¹³tsəu⁴⁴oʔ²ti³³ɕiŋ⁰tsɛ⁴tsœɤ⁴⁴hɔ⁴⁴laʔ²。 |
| 32 镇海 | 侬吃眼渠做和⁼点心再走好唻。<br>nəu²⁴tɕʰyoʔ⁵ŋe⁰dzi²⁴tsəu⁵³əu⁰ti⁵³ɕiŋ³³tse⁵³tsei³⁵hɔ³⁵le⁰。 |

续表

| 方言点 | 0022 你尝尝他做的点心再走吧。 |
|---|---|
| 33 奉化 | 渠做个点心侬倒尝尝味道看再去好唻。<br>dzi³³ tsəu⁴⁴ kəu⁰ te⁴⁴ ɕiŋ⁵³ nəu³³ tʌ⁴⁴ zɔ³³ zɔ̃⁰ mi³³ dʌ⁰ kʰɛ⁰ tse⁴⁴ tɕʰi⁰ hʌ⁴⁴ le⁰。 |
| 34 宁海 | 尔尝尝渠做个点心再去嘛。/渠做个点心，尔尝尝相再去合⁼唻。<br>n̩³³ zɔ̃²³ zɔ̃⁰ dzi²³ tsəu³³ geʔ³ tie⁵³ ɕiŋ⁰ tse³³ tɕʰi⁰ m ã⁰。/dzɿ²³ tsəu³³ geʔ³ tie⁵³ ɕiŋ⁰，<br>n̩²¹ zɔ̃²³ zɔ̃⁰ ɕiã⁰ tsɛ³³ tɕʰi⁰ ha⁰ lei⁰。 |
| 35 象山 | 渠做个点心尔得吃吃看再去嘛。<br>dzieʔ² tsəu⁴⁴ geʔ² ti⁴⁴ ɕiŋ⁴⁴ n̩³¹ taʔ⁵ tɕʰyoʔ⁵ tɕʰyoʔ⁵ kʰɛ⁴⁴ tsei⁴⁴ tɕiɛ⁴⁴ ma⁰。 |
| 36 普陀 | 侬尝尝渠做个点心再走好唻。<br>noŋ²⁴ zɔ̃³³ zɔ̃⁰ dzi²⁴ tsəu⁵⁵ koʔ⁰ tɛ⁵³ ɕiŋ⁰ tsɛ⁵⁵ tseu³³ xɔ⁵³ lɛ⁰。 |
| 37 定海 | 渠做个点心侬吃吃看再去。<br>dzi²³ tsʌu⁴⁴ goʔ⁰ ti⁵² ɕiŋ⁰ noŋ²³ tɕʰyoʔ⁵ tɕʰyoʔ⁵ kʰɛ⁴⁴ tse⁵² tɕi⁴⁴。 |
| 38 岱山 | 渠做的点心侬吃吃看，好吃勿？吃好了再去。<br>dzi²³ tsʌu⁴⁴ ti⁵² te⁵² ɕiŋ⁰ noŋ²³ tɕʰyoʔ⁵ tɕʰyoʔ⁵ kʰɛ⁴⁴，xɔ⁵² tɕʰyoʔ³ vɐi⁰？tɕʰyoʔ⁵ xɔ⁰<br>lɐʔ⁰ tse⁵² tɕʰi⁴⁴。 |
| 39 嵊泗 | 渠做的个点心啦，侬味道啦啧啧看啦再去吡。<br>dzi²⁴ tsʌu⁴⁴ ti⁰ goʔ⁰ tɛ⁵³ ɕiŋ⁰ la⁰，noŋ²⁴ mi¹¹ dɔ⁴⁴ la⁰ tsɐʔ⁵ tsɐʔ³ kʰɛ⁰ la⁰ tse⁴⁴ tɕʰi⁴⁴ iɛ⁰。 |
| 40 临海 | 渠做个点心尔尝尝看再走，得哇？<br>ge²¹ tso⁵⁵ kəʔ⁰ ti⁵² ɕiŋ³¹ n̩⁵² zɔ̃²¹ zɔ̃⁵¹ kʰɛ⁰ tse⁵⁵ tsə⁵²，təʔ⁵ uə⁰？ |
| 41 椒江 | 渠做个点心尔尝尝相再越去是爻。<br>gə³¹ tsəu⁵⁵ kəʔ⁰ tie⁴² ɕiŋ⁴² n̩⁴² zɔ̃³¹ zɔ̃⁴¹ ɕiã⁰ tse⁵⁵ diɔ³¹ kʰə⁵⁵ zɿ³³ ɔ⁰。 |
| 42 黄岩 | 渠做个点心尔尝着相再去耶。<br>gie¹²¹ tsou⁵⁵ kəʔ⁰ tie⁴² ɕin³³ n̩⁴² zɔ̃¹²¹ dzieʔ² ɕiã⁰ tse⁵⁵ kʰie⁵⁵ iɛ⁰。 |
| 43 温岭 | 渠做个点心尔吃吃相再走去是爻。<br>gie³¹ tsu³³ kəʔ⁰ tie⁴² ɕin³³ n̩⁴² tɕʰyoʔ⁵ tɕʰyoʔ⁰ ɕiã⁰ tse⁵⁵ tsɤ⁴² kʰie⁵⁵ zɿ¹³ ɔ⁰。 |
| 44 仙居 | 尔吃吃渠做个点心再去。<br>ŋ²⁴ tɕʰyoʔ⁵ tɕʰyoʔ⁰ gæ²¹³ tso³³ kəʔ⁰ die³¹ sen³³⁴ tsæ⁵⁵ kʰæ⁵⁵。 |
| 45 天台 | 尔尝记渠烧个点心再去。<br>ŋ²¹⁴ zɔ²² ki⁰ gei²² seu³³ kou⁰ tie³² ɕiŋ⁰ tse³³ kʰei³²⁵。 |
| 46 三门 | 尔尝尝渠烧的展⁼力⁼再走哇。<br>ŋ³²⁵ zɔ¹³ zɔ⁰ dzi¹¹³ ɕiɑu³³ təʔ⁰ tɕie³² lie²³ tse⁵⁵ tsɤɯ³² ua⁰。 |
| 47 玉环 | 渠做个点心尔尝尝相再去啊。<br>gie³¹ tsəu⁵⁵ kəʔ⁰ tie⁵³ ɕiŋ³⁵ n̩⁴² zɔ̃³¹ zɔ̃⁴¹ ɕiã⁰ tse⁵⁵ kʰie⁵⁵ a⁰。 |

**续表**

| 方言点 | 0022 你尝尝他做的点心再走吧。 |
|---|---|
| 48 金华 | 侬尝尝渠做个点心再走。<br>noŋ⁵³⁵ ʑiaŋ³¹ ʑiaŋ¹⁴ gəʔ²¹² tsuɤ⁵⁵ kəʔ⁰ tia⁵⁵ ɕiŋ³³⁴ tsɛ³³ tɕiu⁵³⁵。 |
| 49 汤溪 | 尔尝尝渠做个点心再走。<br>ŋ¹¹³ ʑiɔ¹¹ ɕiɔ⁵² gɯ¹¹ tsuɤ⁵² kə⁰ n̠ie⁵² sɛ̃i²⁴ tsɛ⁵² tsɯ⁵³⁵。 |
| 50 兰溪 | 侬尝尝渠做个点心再走哇。<br>noŋ⁵⁵ zaŋ²¹ zaŋ²¹ gi²¹ tsuɤ⁴⁵ kəʔ⁰ tia⁵⁵ sin³³⁴ tsɛ⁴⁵ tsɯ⁵⁵ uɑ⁰。 |
| 51 浦江 | 尔尝尝渠做个点心再走。<br>n⁵³ ʑyõ¹¹ ʑyõ¹¹ ʑi²³² tsɯ³³ kə⁰ tiã³³ sən⁵³ tsa³³ tsɤ⁵³。 |
| 52 义乌 | 侬尝尝起儿渠做个点心再去得了。<br>noŋ⁴² zɯa²² zɯa²² ɕiŋ⁴⁵ ai²² tsuɤ⁴⁵ ə⁰ n̠ia⁴⁵ sən³³ tsai⁴⁵ kʰai³³ tai³³ lə³¹。 |
| 53 东阳 | 渠做阿꞊点心尝尝添儿。<br>gəɯ²³ tsu³³ a³³ ti³³ ɕiɛn³³ ʑiɔ²² ʑiɔ²² tʰin⁵⁵。 |
| 54 永康 | 尔尝尝渠做个点心再去啊。<br>ŋ³¹ ɕiaŋ³³ ɕiaŋ³³ gɯ³¹ tsuo⁵² uə⁰ n̠ia³¹ sən⁵⁵ tsəi⁵² kʰɯ⁵² a⁰。 |
| 55 武义 | 偌尝尝渠做个点心再去呐。<br>nɔ¹³ ʑiaŋ²¹ ʑiaŋ⁰ gɯ¹³ tsʰuo⁵³ kəʔ⁰ nie⁵³ ɕin²⁴ tsa⁵³ kʰɯ⁵³ nə⁰。 |
| 56 磐安 | 尔尝尝渠做个点心再去搭꞊。<br>n³³ ʑiɔ²¹ ʑiɔ¹⁴ gəɯ²¹ tsuɤ⁵⁵ a⁰ niɛ³³ ɕiɐn⁴⁴⁵ tsɛ⁵⁵ kʰɐɯ⁵² tuə⁰。 |
| 57 缙云 | 你尝尝渠做□点点心再去啊。<br>n̠i³¹ ʑia²⁴³ ʑia³¹ gɤ³¹ tsu⁴⁴ iˀ⁰ tia⁰ tia⁵¹ saŋ⁴⁴ tsei⁵¹ kʰɤ⁴⁵³ a⁰。 |
| 58 衢州 | 你尝尝看渠做个点心再走啦。<br>n̠i⁵³ ʒyã²³¹ ʒyã²¹ kʰə̃³⁵ gi²¹ tsu⁵³ gəʔ⁰ tiẽ³⁵ ɕin³² tsɛ⁵³ tsɛ³⁵ la⁰。 |
| 59 衢江 | 渠装点点心你食食再行。<br>gəʔ² tɕyã³³ tie⁰ tie³³ ɕiŋ³³ n̠i²¹ iəʔ² iəʔ² tsei³³ gɛ²¹²。 |
| 60 龙游 | 你尝记渠做个点心再去。<br>n̠i²² zã²² tɕi⁰ gəɯ²² tsu⁵¹ gəʔ⁰ die²² ɕin³³⁴ tsei³³ kʰə⁴。 |
| 61 江山 | 你咥咥嚓꞊渠做个点心再走嘛。<br>n̠i²² tiɛʔ⁵ tiɛʔ⁵ tsʰaʔ⁵ ŋə²² tso⁴⁴ gəʔ⁰ tiɛ̃⁴⁴ ɕĩ⁴⁴ tsɛ⁵¹ tsɯ²⁴¹ ma⁰。 |
| 62 常山 | 尔尝尝渠做个点心再走得꞊。<br>n²⁴ ʑiã⁴⁴ ʑiã⁴⁴ ŋɤ⁴⁴ tsɔ⁴³ kɛʔ⁰ tiɛ̃⁴³ sĩ⁴⁴ tsɛ⁴⁴ tɕiu⁵² teʔ⁰。 |
| 63 开化 | 你食食促꞊渠做个点心再走。<br>n̠i²¹ iaʔ² iaʔ⁵ tsʰəʔ⁰ giɛ²¹ tso⁴⁴ gəʔ⁰ tiɛ̃⁴⁴ ɕin⁴⁴ dzɛ²¹ tsɯ⁵³。 |

续表

| 方言点 | 0022 你尝尝他做的点心再走吧。 |
| --- | --- |
| 64 丽水 | 你尝尝渠做个点心再去呗。<br>ȵi$^{544}$ ʑiã$^{22}$ ʑiã$^{0}$ gɯ$^{22}$ tsu$^{52}$ kə$^{0}$ tiɛ$^{44}$ sen$^{224}$ tsɛ$^{44}$ kʰɯ$^{52}$ pei$^{0}$。 |
| 65 青田 | 你吃吃渠做个点心再走。<br>ȵi$^{454}$ tsʰɿʔ$^{4}$ tsʰɿʔ$^{0}$ gi$^{21}$ tsu$^{33}$ kɛʔ$^{0}$ ɗiɑ$^{33}$ saŋ$^{445}$ tsɛ$^{33}$ tsæi$^{454}$。 |
| 66 云和 | 你尝尝渠做个点心再去噶。<br>ȵi$^{44}$ ʑiã$^{31}$ ʑiã$^{31}$ gi$^{31}$ tso$^{45}$ kei$^{0}$ tiɛ$^{44}$ səŋ$^{24}$ tsa$^{44}$ kʰi$^{45}$ ka$^{0}$。 |
| 67 松阳 | 是你尝尝渠做个点心再走。<br>ʑiʔ$^{2}$ ȵi$^{22}$ ʑiã$^{33}$ ʑiã$^{22}$ gɛʔ$^{2}$ tsu$^{24}$ kɛ$^{0}$ tiɛ̃$^{33}$ ɕin$^{53}$ tsɛ$^{24}$ tsei$^{212}$。 |
| 68 宣平 | 尔尝尝望渠烧个点心再去啊。<br>n$^{22}$ ʑiɑ̃$^{43}$ ʑiɑ̃$^{0}$ mɔ̃$^{44}$ gɯ$^{22}$ ɕiɔ$^{32}$ kə$^{0}$ tiɛ$^{44}$ sən$^{32}$ tsei$^{44}$ kʰɯ$^{55}$ a$^{0}$。 |
| 69 遂昌 | 你尝尝渠做个点心再去□。<br>ȵiɛ$^{13}$ ʑiaŋ$^{22}$ ʑiaŋ$^{21}$ gɤ$^{22}$ tsu$^{33}$ kɛʔ$^{0}$ tiɛ̃$^{53}$ ɕiŋ$^{45}$ tsei$^{45}$ kʰɤ$^{33}$ uɛ$^{0}$。 |
| 70 龙泉 | 你咥记促$^{=}$渠做个点心再去。<br>ŋ$^{44}$ tiᴇʔ$^{5}$ tsɿ$^{0}$ tɕʰiɤɯʔ$^{5}$ gɤɯ$^{21}$ tso$^{44}$ gəʔ$^{0}$ diᴇ$^{21}$ ɕin$^{434}$ tsɛ$^{44}$ kʰɤɯ$^{45}$。 |
| 71 景宁 | 你尝尝渠做个点心再去。<br>ȵi$^{33}$ ʑiɛ$^{33}$ ʑiɛ$^{33}$ ki$^{33}$ tso$^{35}$ ki$^{0}$ tiɛ$^{55}$ saŋ$^{32}$ tsai$^{35}$ kʰi$^{35}$。 |
| 72 庆元 | 你尝记儿渠做个点心再去。<br>ȵiᴇ$^{22}$ ɕiɑ̃$^{52}$ tɕiŋ$^{55}$ kɤ$^{22}$ tso$^{11}$ kæi$^{11}$ ɗiɑ̃$^{33}$ ɕiəŋ$^{335}$ tsæi$^{11}$ kʰɤ$^{11}$。 |
| 73 泰顺 | 你尝尝渠做个点心再去。<br>ȵi$^{55}$ ɕiã$^{53}$ ɕiã$^{22}$ tsɿ$^{21}$ tso$^{35}$ ki$^{0}$ tiã$^{22}$ səŋ$^{213}$ tsæi$^{35}$ tsʰɿ$^{35}$。 |
| 74 温州 | 渠做个点心，你味道尝尝眙再走呐。<br>gei$^{31}$ tsɤu$^{51}$ ge$^{0}$ ti$^{42}$ saŋ$^{33}$，ȵi$^{14}$ mei$^{31}$ də$^{14}$ i$^{2}$ i$^{31}$ tsʰɿ$^{0}$ tsei$^{42}$ tsau$^{25}$ na$^{0}$。 |
| 75 永嘉 | 渠个点心烧起罢，你逮尝尝再走呐。<br>gei$^{31}$ gi$^{0}$ tiɛ$^{53}$ saŋ$^{44}$ ɕyə$^{33}$ tsʰɿ$^{0}$ ba$^{13}$，ȵi$^{13}$ de$^{22}$ iɛ$^{31}$ iɛ$^{31}$ tse$^{53}$ tsau$^{45}$ nɔ$^{0}$。 |
| 76 乐清 | 渠做个点心，你味道尝尝眙再蹜走呐。<br>dʑi$^{31}$ tɕio$^{41}$ ge$^{0}$ tiᴇ$^{42}$ saŋ$^{44}$，ȵi$^{24}$ mi$^{31}$ dɤ$^{24}$ ziɯʌ$^{2}$ ziɯʌ$^{31}$ tsʰɿ$^{0}$ tɕie$^{41}$ sa$^{41}$ tɕiau$^{35}$ na$^{0}$。 |
| 77 瑞安 | 你吃吃眙渠做个点心再走么。/渠做个点心你吃吃眙再走么。<br>ȵi$^{13}$ tɕʰi$^{3}$ tɕʰi$^{323}$ tsʰɿ$^{42}$ gi$^{31}$ tsou$^{53}$ gi$^{0}$ tiɛ$^{53}$ saŋ$^{44}$ tse$^{53}$ tsau$^{35}$ mo$^{0}$。/gi$^{31}$ tsou$^{53}$ gi$^{0}$ tiɛ$^{53}$ saŋ$^{44}$ ȵi$^{13}$ tɕʰi$^{3}$ tɕʰi$^{323}$ tsʰɿ$^{42}$ tse$^{53}$ tsau$^{35}$ mo$^{0}$。 |
| 78 平阳 | 你尝尝渠做个点心再走。<br>ȵi$^{42}$ ie$^{42}$ ie$^{21}$ gi$^{13}$ tʃu$^{42}$ ke$^{21}$ tie$^{45}$ saŋ$^{13}$ tʃe$^{21}$ tʃau$^{13}$。 |
| 79 文成 | 你尝尝渠做个点心再走。<br>ȵi$^{113}$ ʑie$^{21}$ ʑie$^{21}$ gei$^{21}$ tʃou$^{21}$ kai$^{21}$ tie$^{33}$ saŋ$^{33}$ tʃe$^{21}$ tʃau$^{45}$。 |

**续表**

| 方言点 | 0022 你尝尝他做的点心再走吧。 |
|---|---|
| 80 苍南 | 你尝尝眙渠做个点心再走。<br>n̠i⁵³ dʑiɛ³¹ dʑiɛ³¹ tsʰ ŋ̍⁰ gi³¹ tsu⁴² gi⁰ tia⁵³ saŋ⁴⁴ tse⁴² tsau⁵³。 |
| 81 建德<sub>徽</sub> | 尔尝尝渠做个点心再去。<br>n²¹³ so³³ so³³ ki³³ tsu³³ kɐʔ³ tie⁵⁵ ɕin⁰ tsɛ³³ kʰi³³。 |
| 82 寿昌<sub>徽</sub> | 瞀尝尝渠做个点心再行罢唻。<br>tsen⁵² sɑ̃⁵⁵ sɑ̃⁰ kəɯ⁵² tsu³³ kəʔ⁰ ti³³ ɕien¹¹ tɕiæ²⁴ xæ̃⁵² pɑ⁰ læ⁰。 |
| 83 淳安<sub>徽</sub> | 尔尝下促=渠做个点心再行。<br>n⁵⁵ sɑ̃⁴³ ho⁵³ tsʰoʔ⁰ kʰɯ⁴³⁵ tsu²¹ kəʔ⁰ tiɑ̃⁵⁵ ɕin⁵⁵ tɕie²⁴ hɑ̃⁴³⁵。 |
| 84 遂安<sub>徽</sub> | 伊尝下他做个点心再去。<br>i³³ ɕiɑ̃³³ xa⁵⁵ kʰəɯ⁵⁵ tsəɯ⁵² kə³³ tiɑ̃²¹³ ɕin²⁴ tsəɯ⁵⁵ kʰəɯ⁴³。 |
| 85 苍南<sub>闽</sub> | 汝尝尝伊做个点心再走。<br>lu³² ɕiaŋ²⁴ ɕiaŋ³³ i⁴³ tsue²¹ ge²¹ tian³³ ɕin⁵⁵ tsai³³ tsau⁴³。 |
| 86 泰顺<sub>闽</sub> | 尔尝下伊做个点心再走吧。<br>n²² ɕyo²¹ xa³¹ i²² tsou²² køʔ⁰ tie³⁴ sieŋ²¹³ tsai²² tsau²² nøʔ⁰。 |
| 87 洞头<sub>闽</sub> | 汝尝尝伊做个点心再走吧。<br>lu⁵³ ɕioŋ²¹² ɕioŋ²⁴ i³³ tsue²¹ ge²¹ tian²¹² ɕin²⁴ tsai³³ tsau⁵³ pa⁰。 |
| 88 景宁<sub>畲</sub> | 你尝尝渠做个点心再行。<br>n̠i⁴⁴ ɕioŋ²² ɕioŋ²² ki⁴⁴ tsɔ³³ ke⁰ taŋ⁵⁵ ɕin⁴⁴ tsai⁴⁴ xaŋ²²。 |

| 方言点 | 0023 a. 你在唱什么？ b. 我没在唱，我放着录音呢。 |
|---|---|
| 01 杭州 | a. 你辣=动=唱啥西？ b. 我没辣=动=唱，我辣=动=放录音。<br>a. n̠i⁵³ laʔ² doŋ⁴⁵ tsʰaŋ⁴⁵ saʔ⁵ ɕi⁰？<br>b. ŋəu⁵³ mei⁴⁵ laʔ² doŋ⁴⁵ tsʰaŋ⁴⁵，ŋəu⁵³ laʔ² doŋ⁴⁵ faŋ⁴⁵ loʔ² iŋ³³⁴。 |
| 02 嘉兴 | a. 倷花=唱点啥？ b. 我勿花=唱，我花=放录音。<br>a. nei²¹ ho⁴² tsʰã³³ tie⁴² zʌ²⁴？ b. ŋ¹³ vəʔ⁵ ho²¹ tsʰã̃，ŋ¹³ ho³³ fã̃³³ loʔ²¹ iŋ³³。 |
| 03 嘉善 | a. 倷辣=唱哈？ b. 我没曾唱，我辣=放录音。<br>a. nə¹³ laʔ² tsʰã̃³⁵ xa⁵³？ b. ŋ¹³ məʔ² zən³¹ tsʰã̃³⁵，ŋ¹³ laʔ² fã̃³⁵ luoʔ² in⁵³。 |
| 04 平湖 | a. 倷辣=唱啥物事？ b. 我勿唱，我辣=放录音呀。<br>a. nəɯ²¹³ laʔ²³ tsʰã̃³³⁴ sa⁴⁴ məʔ⁵ zʅ⁰？ b. ŋ²¹³ vəʔ²³ tsʰã̃³³⁴，ŋ²¹³ laʔ²³ fã̃³³⁴ loʔ²³ in³¹ ia⁰。 |
| 05 海盐 | a. 倷落霍=唱点啥？ b. 我诺=勿唱欸，我诺=落放录音。<br>a. ne⁴²³ lɔʔ²³ xɔʔ⁵ tsʰã̃³³⁴ tiɛ²¹ sa³³⁴？<br>b. ɔʔ²³ nɔ²³ vəʔ⁵ tsʰã̃³³⁴ e²¹，ɔʔ²³ nɔ²³ lɔʔ²³ fã̃³³⁴ lɔʔ²³ in³¹。 |
| 06 海宁 | a. 倷霍=唱点啥？ b. 我无没霍=唱，霍=放录音。<br>a. nəɯ³⁵ oʔ² tsʰã̃⁵⁵ tieʔ⁵ sa³⁵？ b. u³¹ m³³ məʔ² ho³³ tsʰã̃³³，ho³³ fã̃⁵⁵ loʔ² iŋ⁵⁵。 |
| 07 桐乡 | a. 倷有花=唱点啥？ b. 我弗有牢=唱，我是放录音机。<br>a. nɤɯ²⁴² iɤɯ²⁴² ho⁴⁴ tsʰɒ̃³³ tiɛ⁵³ sa³³⁴？<br>b. u⁵³ fəʔ³ iɤɯ²⁴² lɔ⁰ tsʰɒ̃³³⁴，u⁵³ zʅ²⁴² fɒ̃³³ lɔʔ²³ iŋ⁴⁴ tɕi⁴⁴。 |
| 08 崇德 | a. 倷有花=唱点哽=呀？ b. 我弗有花=唱，我是有花=放录音个。<br>a. nɤɯ⁵³ iɤɯ⁵⁵ hoʔ⁰ tsʰã̃³³ tiɿ⁵³ gã̃²¹ ia⁰？<br>b. oʔ⁵³ fəʔ³ iɤɯ⁵⁵ hoʔ⁰ tsʰã̃³³⁴，oʔ⁵³ zʅ¹³ iɤɯ⁵⁵ hoʔ⁰ fã̃³³ lɔʔ²³ iŋ⁴⁴ kəʔ⁰。 |
| 09 湖州 | a. 尔界=唱点啥？ b. 我无不唱嗳，我界=放录音嗳。<br>a. n¹³ kã̃³⁵ tsʰã̃³⁵ tiɛ³⁵ suo⁵³？ b. ɦ³⁵ m⁵³ pəʔ³ tsʰã̃³⁵ ei²²，ŋ¹³ ka⁵³ fã̃⁵³ luoʔ² in¹³ ei²²。 |
| 10 德清 | a. 是尔界=唱鞋=事？ b. 是我无不唱，是我界=放录音。<br>a. zəʔ² n³⁵ ka⁵³ tsʰã̃⁵³ a³¹ zʅ¹³？ b. zuoʔ² ŋ⁵³ m³¹ pəʔ⁵ tsʰã̃³⁵，zuoʔ² ŋ³⁵ ka⁵³ fã̃³³ luoʔ² in¹³。 |
| 11 武康 | a. 是尔辣=唱鞋=事？ b. 是我无不唱，是我辣=放录音。<br>a. zɜʔ² n¹³ ləʔ² tsʰã̃⁵³ a³³ zʅ³¹？ b. zɜʔ² ŋo¹³ m¹¹ pɜʔ⁵ tsʰã̃³⁵，zɜʔ² ŋo¹³ la³³ fã̃⁵³ luoʔ² in¹³。 |
| 12 安吉 | a. 尔来铜=唱啥西哦？ b. 我无不唱，我来铜=放录音。<br>a. ŋ²¹³ lɛ⁵² doŋ²¹ tsʰɔ̃³²⁴ sʊ⁵² ɕi¹³ ʊ⁰？ b. ŋɔ²¹³ m²² pəʔ⁵ tsʰɔ̃³²⁴，ŋɔ²¹³ lɛ⁵² doŋ²¹ fɔ̃³² lɔʔ²³ iŋ⁵⁵。 |
| 13 孝丰 | a. 倷落=唱啥西啊？ b. 我无不唱，我落=放录音。<br>a. nəʔ²³ luoʔ⁵ tsʰɔ̃³²⁴ sʊ⁴⁵ ɕi²¹ a⁰？<br>b. ŋuoʔ²³ m²² pəʔ⁵ tsʰɔ̃³²⁴，ŋuoʔ²³ luoʔ⁵ fɔ̃³²⁴ luoʔ² iŋ⁴⁴。 |
| 14 长兴 | a. 尔勒唱□？ b. 是我弗勒唱，我勒=放录音欸。<br>a. n⁵² ləʔ⁵ tsʰɔ̃³² gəu²⁴³？ b. zəʔ² ŋ⁵² fəʔ³ ləʔ⁵ tsʰɔ̃³²⁴，ŋ⁵² ləʔ⁵ fɔ̃³² loʔ² iŋ⁴⁴ ɛ⁴⁴。 |

续表

| 方言点 | 0023 a. 你在唱什么？ b. 我没在唱，我放着录音呢。 |
|---|---|
| 15 余杭 | a. 是尔拉里唱坏<sup>=</sup>事？ b. 是我弗唱坏<sup>=</sup>事个，是我来塔<sup>=</sup>里放录音。<br>a. zəʔ² n⁵³ la³³ li³¹ tɕʰ ã³⁵ ua³³ zɿ³¹ ?<br>b. zoʔ² ŋ⁵³ fəʔ⁵ tsʰ ã³³ ua³³ zɿ³³ goʔ² , zoʔ² ŋ⁵³ lɛ³¹ tʰ əʔ⁵ li³¹ fã⁵⁵ loʔ² iŋ³¹ |
| 16 临安 | a. 侬来<sup>=</sup>东<sup>=</sup>唱啥西啊？ b. 我无没唱，我来<sup>=</sup>带<sup>=</sup>放录音。<br>a. noŋ³⁵ lɛ⁵⁵ toŋ⁵⁵ tsʰ ã³⁵ so³³ ɕi⁵³ ʁʔ² ?<br>b. ŋuo¹³ m³³ məʔ² tsʰ ã³³ , ŋo¹³ lɛ³¹ ta⁵⁵ fã⁵⁵ luəʔ² ieŋ⁰ 。 |
| 17 昌化 | a. 尔来=是□里唱大=只=歌啊？ b. 我无唱，我放个录音。<br>a. ŋ²⁴ lɛ¹¹ zɿ²⁴ n ɔ̃⁴⁵ li²⁴ tsʰ ɔ̃⁵⁴⁴ da²³ tsəʔ⁵ kɯ³³⁴ a⁰ ?<br>b. a²⁴ m¹¹ tsʰ ɔ̃⁵⁴⁴ , a²⁴ f ɔ̃⁵ kəʔ⁵ luəʔ² iəŋ³³⁴ 。 |
| 18 於潜 | a. 你拉=唱啥西？ b. 我没有唱，我是来=录音机里放放个。<br>a. ni⁵³ la³⁵ tsʰ aŋ⁵³ sa⁵³ ɕi³¹ ?<br>b. ŋu⁵¹ miæʔ² iəu⁵³ tsʰ aŋ³⁵ , ŋu⁵¹ zɿ²⁴ le²²³ lu²⁴ iŋ⁴³ tɕi⁴³³ li²² faŋ³⁵ faŋ³⁵ kəʔ² 。 |
| 19 萧山 | a. 尔来=东=唱虾=西？ b. 我无有唱，我来=东=放录音机。<br>a. ŋ¹³ ləʔ¹³ toŋ³³ tsʰ ã³³ xo³³ ɕi³³ ? b. ŋo¹³ n³⁵ nio²¹ tsʰ ã²¹ , ŋo¹³ ləʔ¹³ toŋ³³ f ɔ̃³⁵ ləʔ²¹ iŋ³³ tɕ³³ 。 |
| 20 富阳 | a. 尔勒东=唱何事？ b. 我□唱，我勒东=放录音。<br>a. ŋ²²⁴ lɛʔ² toŋ⁵³ tsʰ ã³³⁵ go⁵⁵ l¹³ ? b. ŋo²²⁴ mɛ⁵³ tsʰ ã³³⁵ , ŋo²²⁴ lɛʔ² toŋ⁵³ f ã³³⁵ loʔ² in⁵³ 。 |
| 21 新登 | a. 尔勒哈=唱待=拉？ b. 我□勒哈=唱，我勒哈=放录音。<br>a. ŋ³³⁴ laʔ² ha⁰ tsʰ ã⁴⁵ da²¹ la¹³ ?<br>b. u³³⁴ mi⁴⁵ laʔ² ha⁰ tsʰ ã⁴⁵ , u³³⁴ laʔ² ha⁰ f ã⁴⁵ lɔʔ² eiŋ⁵³ 。 |
| 22 桐庐 | a. 你在里唱达=东西？ b. 我还未唱，我在里放录音。<br>a. ni³³ lɛ²¹ li³⁵ ts ã³³ daʔ¹³ toŋ⁴² ɕi²¹ ? b. ŋo³³ ʌ¹³ mi⁵⁵ tsʰ ã²¹ , ŋo³³ lɛ¹³ li⁵⁵ f ã³³ ləʔ²¹ iŋ⁴² 。 |
| 23 分水 | a. 你在嘞唱什么？ b. 我没有唱，我放录音啊。<br>a. n̥i⁵³ dzɛ²⁴ ləʔ¹² tsʰ ã²⁴ zəʔ¹² ma⁰ ? b. ŋo⁵³ məʔ¹² iə⁵³ tsʰ ã²¹³ , ŋo⁴⁴ f ã²⁴ ləʔ¹² in⁴⁴ a⁰ 。 |
| 24 绍兴 | a. 偌东=唱啥西？ b. 我无〔无有〕唱，我来=埭放录音。<br>a. noʔ² doŋ²³¹ tsʰ aŋ³³ so³³ ɕi⁵³ ? b. ŋo²² n³³ n̥iɤ⁴⁴ tsʰ aŋ³³ , ŋo²² lɛ²⁴ da³¹ faŋ³³ loʔ² iŋ⁵³ 。 |
| 25 上虞 | a. 侬来=东=唱啥西叫=？ b. 我〔无有〕唱，我来搭放录音。<br>a. noŋ²¹ lɛ²¹ toŋ³³ tsʰ ɔ̃⁵⁵ so³³ ɕi³³ tɕio⁵³ ? b. ŋu²¹ n̥iɤ³⁵ tsʰ ɔ̃⁵³ , ŋu²¹ lɛ²¹ taʔ² f ɔ̃⁵⁵ lɔʔ² iŋ³⁵ 。 |
| 26 嵊州 | a. 侬来=东=唱何东西啊？ b. 我〔无有〕唱过，我来=埭放放录音个。<br>a. noŋ²⁴ lɛŋ³³ toŋ³³ tsʰ aŋ³³ ɔ²² toŋ³³ ɕi³³ a⁰ ?<br>b. ŋo²⁴ n̥iɤ²⁴ tsʰ aŋ³³ ko³¹ , ŋo²⁴ lɛ³³ da³¹ foŋ³³ foŋ⁵³ lɔʔ² iŋ³³⁴ ko³³⁴ 。 |
| 27 新昌 | a. 尔来=里唱及=个？ b. 我无得来=古=唱，我来=古=放录音。<br>a. ŋ¹³ le²² li²³² tsʰ aŋ³³ dʑiʔ² ga¹³ ?<br>b. ŋɤ²³² ŋ²² teʔ³ le³³ ku³³ tsʰ aŋ³³⁵ , ŋɤ²³² le²² ku³³ f ɔ̃³³ lɤʔ² iŋ⁵³⁴ 。 |
| 28 诸暨 | a. 尔来=客=唱鞋=只？ b. 我无没唱，我来=客=放录音。<br>a. n¹³ le¹³ kʰ aʔ⁵ tsʰ ã³³ ʌ²¹ tsəʔ⁵ ? b. ŋɤu¹³ m¹³ məʔ⁵ tsʰ ã³³ , ŋɤu¹³ le¹³ kʰ ʌʔ⁵ f ã³³ loʔ²¹ in⁴² 。 |

| 方言点 | 0023 a.你在唱什么？ b.我没在唱，我放着录音呢。 |
|---|---|
| 29 慈溪 | a.侬在唱首西？/侬唱格首西？ b.我无得唱啦，放格录音啦。<br>a. nuŋ¹³ dze¹ tsʰ ɔ̃⁴⁴ sø³⁵ ɕi⁰？/nuŋ¹³ tsʰ ɔ̃⁴⁴ kəʔ² sø³⁵ ɕi⁰？<br>b. ŋo¹³ m¹¹ taʔ² tsʰ ɔ̃⁴⁴ la⁰，f ɔ̃⁴⁴ kəʔ² loʔ² iŋ⁴⁴ la⁴⁴。 |
| 30 余姚 | a.侬来꞊格唱首西？ b.我无没唱，我来꞊格放录音机。<br>a. nuŋ¹³ le¹³ kəʔ² tsʰ ɔŋ⁴⁴ sø³⁴ ɕi⁵³？ b. ŋo¹³ m¹³ miəʔ² tsʰ ɔŋ⁴⁴，ŋo¹³ le¹³ kəʔ² fɔŋ⁴⁴ loʔ² i ɔ̃⁴⁴ tɕi⁴⁴。 |
| 31 宁波 | a.侬来꞊的唱啥西嘞？ b.我没来꞊的唱，我来꞊该放录音嘞。<br>a. nəu¹³ le⁰ tiəʔ² tsʰ ɔ̃⁴⁴ so⁵³ ɕi⁰ laʔ²？ b. ŋo¹³ miəʔ² le⁰ tiəʔ² tsʰ ɔ̃⁴⁴，ŋo¹³ le⁰ ke⁰ fɔ⁴⁴ loʔ⁵ iŋ⁴⁴ laʔ²。 |
| 32 镇海 | a.侬来꞊唱啥西？ b.我没来꞊唱，我来꞊放录音啦。<br>a. nəu²⁴ le²² tsʰ ɔ̃³³ səu⁵³ ɕi⁰？ b. ŋo²⁴ maʔ¹² le⁰ tsʰ ɔ̃³³，ŋo²⁴ le²² fɔ̃³³ loʔ¹² iŋ³³ la⁰。 |
| 33 奉化 | a.侬来꞊该唱啥西啦？ b.我夷꞊没唱，我来꞊该放录音机啦。<br>a. nəu³³ le³³ ke⁰ tsʰ ɔ̃⁴⁴ soʔ⁵ ɕi⁴⁴ la⁰？ b. ŋəu³² i³³ maʔ² tsʰ ɔ̃⁵³，ŋəu³³ le³³ ke⁰ f ɔ̃⁴⁴ loʔ² iŋ⁴⁴ tɕi⁴⁴ la³¹。 |
| 34 宁海 | a.尔来꞊迪꞊唱搞꞊无？ b.我无伯꞊来꞊迪꞊唱，来迪꞊放录音啦。<br>a. n³³ lei²² diəʔ³ tsʰ ɔ̃³³ kau⁵³ m²³？<br>b. ŋo³¹ m²² paʔ³ lei²² diəʔ³ tsʰ ɔ̃³³，lei²² diəʔ³ f ɔ̃³³ luʔ³ iŋ³³ la³³。 |
| 35 象山 | a.尔来꞊唱毫꞊吸꞊？ b.我合꞊无白꞊勒唱，我来꞊该放录音。<br>a. n³¹ lei³¹ tsʰ ɔ̃⁵³ ɔ³¹ ɕieʔ⁵？？<br>b. ŋəu³¹ aʔ² m³¹ beʔ² laʔ² tsʰ ɔ̃⁵³，ŋəu³¹ lei³¹ geʔ² f ɔ̃⁵³ loʔ² iŋ⁴⁴。 |
| 36 普陀 | a.侬来唱啥西？ b.我无没来꞊唱，我来꞊放录音啦。<br>a. noŋ²⁴ le³³ tsʰ ɔ̃³³ səu⁵⁵ ɕi⁰？<br>b. ŋo²³ m⁵⁵ mɐʔ⁰ le³³ tsʰ ɔ̃⁵⁵，ŋo²³ le³³ f ɔ̃³³ loʔ² iŋ⁵⁵ la⁰。 |
| 37 定海 | a.侬来꞊跌꞊唱啥啦？ b.我没跌꞊唱，我跌꞊放录音啦。<br>a. noŋ²³ le³³ tieʔ⁰ tsʰ ɔ̃⁴⁴ sʌu⁴⁴ la⁰？<br>b. ŋo²³ mɐʔ⁵ tieʔ⁰ tsʰ ɔ̃⁰，ŋo²³ tieʔ⁰ f ɔ̃³³ loʔ² iŋ⁵² la⁰。 |
| 38 岱山 | a.侬来꞊唱啥呵？ b.我没来꞊唱，来꞊放录音机啦。<br>a. noŋ²³ le⁰ tsʰ ɔ̃³³ sʌu⁴⁴ ʌ³¹？ b. ŋo²³ nɐʔ⁵ le⁰ tsʰ ɔ̃⁰，le³³ f ɔ̃³³ loʔ³ iŋ⁴⁴ tɕi⁴⁴ la⁰。 |
| 39 嵊泗 | a.侬来꞊唱啥呵？ b.我夷꞊没来꞊唱，我来꞊放录音啦。<br>a. noŋ²⁴ le⁰ tsʰ ɔ̃⁴⁴ sʌu⁴⁴ ʌu⁰？ b. ŋo³⁴ i⁰ mɐʔ⁵ le⁰ tsʰ ɔ̃⁵³，ŋo³⁴ le⁰ f ɔ̃³³ loʔ² iŋ⁴⁴ la⁰。 |
| 40 临海 | a.你在唱何物？ b.我无有在唱，我在放录音啊。<br>a. ŋ⁵² ze²¹ tsʰ ɔ̃³³ ka³⁵ m⁰？ b. ŋe⁵² m²² iu³³ ze²¹ tsʰ ɔ̃⁵⁵，ŋe⁵² ze²¹ f ɔ̃³³ loʔ² iŋ³³ a⁰。 |

**续表**

| 方言点 | 0023 a. 你在唱什么？ b. 我没在唱，我放着录音呢。 |
|---|---|
| 41 椒江 | a. 你在埖唱何物？ b. 我无在埖唱，我在埖放录音唉。<br>a. n⁴² zə?² tə?⁰ tsʰ ɔ̃³³ kã⁵¹ m⁰？<br>b. ŋo⁴² m²⁴ zə?² tə?⁰ tsʰ ɔ̃⁵⁵，ŋo⁴² zə?² tə?⁰ fɔ̃³³ lo?² iŋ⁴² ɛ⁰。 |
| 42 黄岩 | a. 尔在埖唱何物？ b. 我无在埖唱，我在埖放录音啊。<br>a. n⁴² ze¹²¹ tə?⁰ tsʰ ɔ̃³³ kã⁵¹ m⁰？ b. ŋo⁴² m⁴¹ ze¹²¹ tə?⁰ tsʰ ɔ̃⁵⁵，ŋo⁴² ze¹²¹ tə?⁰ fɔ̃³³ lo?² in³² a⁰。 |
| 43 温岭 | a. 你来⁼唱何物？ b. 我无来⁼唱，我来⁼放录音啊。<br>a. n⁴² le³¹ tsʰ ɔ̃³³ a³¹ m⁰？ b. ŋo⁴² m²⁴ le³¹ tsʰ ɔ̃³³，ŋo⁴² le³¹ fɔ̃³³ lo?² in³³ a⁰。 |
| 44 仙居 | a. 尔劳⁼唱矮⁼吸⁼啦？ b. 我无劳⁼唱，我劳⁼放录音<br>a. ŋ²⁴ lɐɯ²¹³ tɕʰ ia⁵⁵ a³¹ ɕiə?⁵ la⁰？ b. ŋo²⁴ m³⁵³ lɐɯ⁰ tɕʰ ia⁵⁵，ŋo²⁴ lɐɯ²¹³ fã⁵⁵ lɯə?²³ in³³⁴。 |
| 45 天台 | a. 尔老阿唱蛇谷⁼？ b. 我觖在阿⁼唱，我在阿⁼放录音安⁼。<br>a. ŋ²¹ lau²¹ a⁰ tsʰ ɔ³³ zo²² ku?⁵？ b. ɔ²¹ vəŋ⁰ zei²² a⁰ tsʰ ɔ³³，ɔ²¹ zei²² a?¹ fɔ̃³³ lu?² iŋ⁰ e⁰。 |
| 46 三门 | a. 尔来⁼唱何物？ b. 我矮⁼觖唱，我放着录音。<br>a. ŋ³²⁵ le³² tsʰ ɔ⁵⁵ ka³³ m²⁵²？ b. ʊ³²⁵ a³² vəŋ²³ tsʰ ɔ⁵⁵，ʊ³²⁵ fɔ⁵⁵ dzia?⁰ lo?² in³³⁴。 |
| 47 玉环 | a. 你来⁼埖唱何物啊？ b. 我无唱，我来⁼埖放录音机唉。<br>a. n⁴² le³¹ tɛ⁰ tsʰ ɔ̃³³ ka⁴² m⁰ a⁰？ b. ŋo⁴² m²⁴ tsʰ ɔ̃³³，ŋo⁴² le³¹ tɛ⁰ fɔ̃³³ lo?² iŋ⁵⁵ tɕi³³ ɛ⁰。 |
| 48 金华 | a. 依来⁼末里唱淡⁼实⁼？<br>b. 我未唱过，我来⁼葛里放录音。/弗是我唱个，我来⁼葛里放录音。<br>a. noŋ⁵³⁵ le³¹ mə?²¹ li¹⁴ tɕʰ iaŋ⁵⁵ ta⁵⁵ ʑiə?²¹²？<br>b. a⁵³⁵ mi¹⁴ tɕʰ iaŋ⁵⁵ kuɣ⁰，a⁵³⁵ lɛ³¹ kə?³ li⁵³⁵ faŋ⁵⁵ lo?²¹ iŋ³³⁴。/fə?³ sʅ⁵³⁵ a⁵³⁵ tɕʰ iaŋ⁵⁵ kə?⁰，a⁵³⁵ lɛ³¹ kə?³ li⁵³⁵ faŋ⁵⁵ lo?²¹ iŋ³³⁴。 |
| 49 汤溪 | a. 尔抓⁼哒唱迦西？ b. 我未唱，我抓⁼哒放录音呢。<br>a. ŋ¹¹³ tɕyɑ²⁴ ta⁰ tɕʰ iɔ⁵² dzia¹¹ sie⁵²？ b. a¹¹³ mi¹¹ tɕʰ iɔ⁵²，a¹¹³ tɕyɑ²⁴ ta⁰ fao⁵² lou¹¹ i ɛ̃i⁵² nə⁰。 |
| 50 兰溪 | a. 依遮⁼里唱带⁼西⁼？ b. 我未遮⁼里唱，我遮⁼里放录音喂。<br>a. noŋ⁵⁵ tsuɑ³³⁴ li⁴⁵ tɕʰ iaŋ⁴⁵ ta⁵⁵ sie⁰？<br>b. uɣ⁵⁵ mi²⁴ tsuɑ³³⁴ li⁴⁵ tɕʰ iaŋ⁴⁵，uɣ⁵⁵ tsuɑ³³⁴ li⁴⁵ faŋ⁴⁵ lɔ?¹² in³³⁴ ue⁰。 |
| 51 浦江 | a. 尔是呐⁼唱个⁼力⁼？ b. 我无没侠⁼呐⁼唱，我侠⁼呐⁼放录音。<br>a. n⁵³ zi¹¹ nɣ²⁴³ tsʰ yɔ̃⁵⁵ gə¹¹ lɛ²⁴³？<br>b. a⁵³ m¹¹ mə²⁴ zia¹¹ lɣ²⁴ tsʰ yɔ̃⁵⁵，a⁵³ zia¹¹ lɣ²⁴³ fɔ̃³³ lɯ²⁴ iən³³⁴。 |
| 52 义乌 | a. 依来⁼拉⁼唱迦西？ b. 我勿来⁼埭唱，我来⁼拉⁼放录音机。<br>a. noŋ³³ le²² la³³ tsʰ ɯa⁴⁵ tsia⁴⁵ si³¹？<br>b. a³³ bə?² le³³ da³¹ tsʰ ɯa³³，a³³ le²² la³³ fŋʷ³³ lau⁴⁵ iən³³ tɕi⁴⁵。 |
| 53 东阳 | a. 尔依唱迦西？ b. 我类⁼弗单⁼唱，单⁼放录音啊。<br>a. n²⁴ nəm²³ tɕʰ iɔ³³ dzioɯ²² si³³？ b. ŋo²⁴ li²² fɛ³³ tan⁵⁵ tɕʰ iɔ³³，tan³³ fɔ³³ lɔ²⁴ iɐn³⁵ a³³。 |

| 方言点 | 0023 a.你在唱什么？ b.我没在唱，我放着录音呢。 |
|---|---|
| 54 永康 | a.尔徛拉唱迦西？ b.我弗唱过，我徛拉放录音。<br>a. ŋ³¹ gəi³¹ la⁵² tɕʰiaŋ³³ dziaŋ³¹ ɕie⁵⁵？<br>b. ŋuo³¹ fə³³ tɕʰiaŋ⁵² kuɑ⁰，ŋuo³¹ gəi³¹ la²⁴¹ faŋ³³ lu³³ iŋ⁵⁵。 |
| 55 武义 | a.偌落阿＝里唱待＝兴＝呐？ b.我未唱过欸，我放录音唎。<br>a. nɔ¹³ lɔ¹³ əʔ⁵ li⁵³ tɕʰiaŋ⁵⁵ dɑ³²⁴ ɕin⁵³ na⁰？<br>b. a¹³ mi²⁴ tɕʰiaŋ⁵⁵ kuo⁵³ e⁰，a¹³ faŋ⁵⁵ lɔ⁵⁵ in²¹ le⁰。 |
| 56 磐安 | a.尔牢＝农＝唱迦西？ b.我无□牢＝农＝唱，我放录音嘞。<br>a. n³³ lo²¹ nɔom²² tɕʰiŋ³³ tɕia³³ ɕi⁵⁵？<br>b. ŋuɤ³³ m²¹ bɛi¹⁴ lo²¹ nɔom²² tɕʰiŋ³³，ŋuɤ³³ fŋ³³ lʌo⁵⁵ iɐn⁴⁴⁵ le⁰。 |
| 57 缙云 | a.你来开＝唱待＝件啊？ b.我未来开＝唱，我来开＝放录音。<br>a. ȵi³¹ lei²⁴³ kʰei⁴⁴ tɕʰia⁴⁴ da²¹ dzie⁴⁵³ a⁰？<br>b. ŋu³¹ mei⁵¹ lei⁵¹ kʰei⁴⁴ tɕʰia⁴⁵³，ŋu³¹ lei²¹ kʰei⁴⁴ fɔ⁵¹ lɔ⁵¹ ieŋ⁴⁴。 |
| 58 衢州 | a.你在唱啥里嘞？ b.我亦歈唱，在放录音喂。<br>a. ȵi⁵³ dzɛ²³¹ tʃʰyã⁵³ sɑ⁵³ li⁰ lɛ⁰？ b. ŋu⁵³ iəʔ² vən²¹ tʃʰyã⁵³，dzɛ²³¹ fã⁵³ ləʔ² in³² ue⁰。 |
| 59 衢江 | a.你去＝囊＝唱何西？ b.我未唱，我去＝囊＝放录音。<br>a. ȵiəʔ² kʰɤ²⁵ nã⁰ tɕʰiã³³ guo²² sei³³？ b. ŋaʔ² me²² tɕʰiã⁵³，ŋaʔ² kʰɤ²⁵ nã⁰ fã³³ ləʔ² iŋ³³。 |
| 60 龙游 | a.你唱曹＝西？ b.奴未唱，是里放录音。<br>a. ȵi²² tsʰã⁵¹ dzɔ²² ɕi³³⁴？ b. nu²² mi³³ tsʰã⁵¹，dzɛʔ² li⁰ fã⁵¹ ləʔ² in³³⁴。 |
| 61 江山 | a.你徛嘞唱倒＝西？ b.我歈唱，我徛嘞放录音。<br>a. ȵi²² gəʔ² ləʔ⁰ tɕʰiaŋ⁵¹ tɐu²⁴ ɕi⁴⁴？ b. ŋu²² vən²² tɕʰiaŋ⁵¹，ŋu²² gəʔ² ləʔ⁰ fəŋ⁵¹ lɔʔ² ĩ⁴⁴。 |
| 62 常山 | a.尔徛得乙里唱倒＝西？ b.我[弗曾]唱，我徛得乙里放录音。<br>a. n²⁴ gɛ²⁴ dʌʔ⁰ ieʔ⁵¹ ɤʔ⁰ tɕʰiã⁴⁴ tɔ⁴³ se⁴⁴？<br>b. ŋa²⁴ fã⁴³ tɕʰiã⁵²，ŋa²⁴ gɛ²⁴ dʌʔ⁰ ieʔ⁵¹ɤʔ⁰ poŋ⁵² lʌʔ ĩ⁴⁴。 |
| 63 开化 | a.你徛嘞唱何西嘞？ b.我歈唱，我徛嘞乙场放录音喂。<br>a. ȵi²¹ gɛ²¹³ ləʔ⁰ tɕʰiã⁵³ ga²¹ sɛ⁴⁴ lɛ⁵³？<br>b. ŋa²¹ vɔŋ²¹ tɕʰiã⁴¹²，ŋa²¹ gɛ²¹³ ləʔ⁰ ieʔ⁵ dzioŋ⁰ pɤŋ⁴⁴ laʔ² in⁴⁴ ue⁵³。 |
| 64 丽水 | a.你牢＝埆唱迦么尖＝哪？ b.我没唱，我牢＝埆放录音。<br>a. ȵi⁴⁴ lə²² tə⁰ tɕʰiã⁴⁴ tɕiaʔ⁵ mə⁰ tɕiɛ²²⁴ nã⁰？<br>b. ŋuo⁴⁴ mei⁵² tɕʰiã⁵²，ŋuo⁴⁴ lə²² tə⁰ fəŋ⁴⁴ ləʔ² in²²⁴。 |
| 65 青田 | a.你徛埭唱从＝物件？ b.我徛埭无唱，我□埭放录音。<br>a. ȵi⁴⁵⁴ gɛ³³ dɑ⁵³ tɕʰi³³ io²² maʔ³ dziɛ⁵⁵？<br>b. ŋu⁴⁵⁴ gɛ³³ dɑ⁵³ m²¹ tɕʰi³³，ŋu⁴⁵⁴ lœ³³ dɑ⁵³ fo³³ lɔʔ³ iaŋ⁴⁴⁵。 |

续表

| 方言点 | 0023 a. 你在唱什么？ b. 我没在唱，我放着录音呢。 |
|---|---|
| 66 云和 | a. 你牢＝阿＝埭唱责＝事噢？ b. 我无唱，我牢＝阿＝埭放录音唉。<br>a. n̠i⁴⁴lɔ³¹aʔ⁵tɔ⁰tɕʰia⁴⁴tsaʔ⁵z̩²²³o⁰？<br>b. ŋo⁴⁴m⁴⁵tɕʰia⁴⁵，ŋo⁴⁴lɔ³¹aʔ⁵tɔ⁰fɔ̃⁴⁴loʔ²³iŋ²⁴ɛ⁰。 |
| 67 松阳 | a. 是尔踞轵＝埭唱哪儿哪？ b. 是我还[弗曾]唱过，是我放录音机咪。<br>a. ziʔ²n²²kei²²aʔ⁰taʔ⁰tɕʰia²⁴na¹³n²²na⁰？<br>b. ziʔ²ŋ³¹uɔ̃³³xæ̃⁵³tɕʰia²⁴ku⁰，ziʔ²ŋ³¹foŋ²⁴loʔ²in²⁴tsɿ⁵³le⁰。 |
| 68 宣平 | a. 尔徛埭唱特＝式啦？ b. 我没唱，我徛埭放录音嘞。<br>a. n²²gei²²taʔ⁰tɕʰia⁴⁴diə̃ʔ²ɕiə⁵lə⁰？<br>b. o²²mei⁵⁵tɕʰia⁵²，o⁴⁴gei²²taʔ⁰fɔ̃⁴⁴lə⁴²in³²lei⁰。 |
| 69 遂昌 | a. 你躲荡＝唱哪西？ b. 我觖唱，我是荡＝放录音。<br>a. n̠iɛ¹³tiu⁴⁵dəŋ²²tɕʰiaŋ³³na⁰ɕiɛ³³⁴？<br>b. ŋo¹³vɛ̃²²tɕʰiaŋ³³⁴，ŋo¹³ziʔ²dəŋ²²foŋ³³lɔʔ²iŋ⁴⁵。 |
| 70 龙泉 | a. 你坐埭唱且＝右＝啊？ b. 我未唱，我是放录音。<br>a. n̠i⁴⁴sou⁵¹toʔ⁰tɕʰiaŋ⁴⁴tɕʰia⁴⁵iəu⁵¹a⁰？<br>b. ŋo⁴⁴mi²²⁴tɕʰiaŋ⁴⁵，ŋo⁴⁴zɿ²¹foŋ⁴⁴loʔ³in⁴³⁴。 |
| 71 景宁 | a. 你牢＝埭唱何喜＝啊？ b. 我[弗会]唱欸，我放录音。<br>a. n̠i³³lau³³tɛʔ⁵tɕʰiɛ³³ga¹¹³ɕi³³a⁰？ b. ŋo³³fai⁵⁵tɕʰiɛ³⁵ɛ⁰，ŋo³³foŋ⁵⁵loʔ²³iŋ³²。 |
| 72 庆元 | a. 你坐埭唱厂＝仰＝？ b. 我[否会]唱，我坐埭放录音。<br>a. n̠iɛ²²so²²ɗɑʔ⁵tɕʰiã¹¹tɕʰia³³n̠iã³³？<br>b. ŋo²²fæi⁵⁵tɕʰiã¹¹，ŋo²²so²²ɗɑʔ⁵fɔ̃¹¹loʔ³⁴iəŋ³³⁵。 |
| 73 泰顺 | a. 你舟＝堆＝唱何西？ b. 我未唱，我舟＝堆＝放录音呢。<br>a. n̠i⁵⁵tɕiəu²¹³tæi²²tɕʰiã³⁵kaʔ²sɿ²¹³？<br>b. ŋo⁵⁵mi²¹tɕʰiã³⁵，ŋo⁵⁵tɕiəu²¹³tæi²²xɔ̃³⁵loʔ²iŋ²¹³n̠i⁰。 |
| 74 温州 | a. 你缩埭唱何[物样]啊？ b. 我冇是埭唱，我是埭放录音哪。<br>a. n̠i¹⁴ɕio³taʔ⁰tɕʰi⁵¹aⁿn̠i³¹a⁰？ b. ŋ¹⁴nau²⁵zɿ²²taʔ⁰tɕʰi⁵¹，ŋ¹⁴zɿ²²taʔ⁰huɔ⁵¹loʔ²iaŋ³³na⁰。 |
| 75 永嘉 | a. 你是宕唱何[物样]？ b. 我冇是宕唱，我是宕放录音机呐。<br>a. n̠i¹³zɿ²²dɔ⁰tɕʰiɛ⁵³ga²¹n̠iɛ³¹？<br>b. ŋ¹³nau⁴⁵zɿ²²dɔ⁰tɕʰiɛ⁵³，ŋ¹³zɿ²²dɔ⁰huɔ⁵³lo¹³iaŋ³³tsɿ⁴⁴no⁰。 |
| 76 乐清 | a. 你是底唱何物？ b. 我冇是底唱，我是底放录音呐。<br>a. n̠i²⁴zɿ²²tiⁿtɕʰiɯʌ⁴¹ga²²m³¹？ b. ŋ²⁴mau³⁵zɿ²²tiⁿtɕʰiɯʌ⁴¹，ŋ²⁴zɿ²²tiⁿfɔ⁴¹loʔ²iaŋ⁴⁴na⁰。 |
| 77 瑞安 | a. 你能下是毂＝唱[物样]色啊？ b. 我冇唱啊，我是毂＝放音乐呐。<br>a. n̠i¹³naŋ²²a²¹zɿ²²auⁿtɕʰiɛ⁵³n̠iɛ³¹seʔ²¹a⁰？<br>b. ŋ¹³nau³⁵tɕʰiɛ⁵³a⁰，ŋ¹³zɿ²²auⁿfɔ⁵³iaŋ³⁵loʔ²¹²no⁰。 |

| 方言点 | 0023 a. 你在唱什么？ b. 我没在唱，我放着录音呢。 |
|---|---|
| 78 平阳 | a. 你［生吼］＝唱个年＝？ b. 我冇唱，［生吼］＝放录音。<br>a. ȵi⁴²sau³³tɕʰie⁴²kai²¹ȵie⁴²？ b. ŋ³³nau²³tɕʰie⁵³，sau³³fɔ⁴⁵lu²¹iaŋ⁵⁵。 |
| 79 文成 | a. 你唱念＝事？ b. 我［无有］唱，我放录音。<br>a. ȵi¹³tɕʰie³³ȵie³³zɿ¹³？ b. ŋ¹³nau³⁵tɕʰie²¹，ŋ¹³fo³³lou¹³iaŋ³³。 |
| 80 苍南 | a. 你能届唱何［物样］？ b. 我能届冇唱，我放录音机。<br>a. ȵi⁵³naŋ¹¹²kia⁰tɕʰiɛ⁴²a¹¹ȵiɛ³¹？<br>b. ŋ⁵³naŋ¹¹²kia⁰nau²⁴tɕʰiɛ⁴²，ŋ⁵³huɔ⁴²lyɔ¹¹iaŋ⁴⁴tɕi⁴⁴。 |
| 81 建德<sub>徽</sub> | a. 尔对＝末里唱啥哩？ b. 卬还未唱，卬对＝葛里放录音。<br>a. n²¹³te²¹mɐʔ¹²li⁵⁵tsʰo³³so⁵⁵li⁰？ b. aŋ²¹³ɐʔ³mi⁵⁵tsʰo³³，aŋ²¹³te²¹kɤʔ³li⁵⁵fo³³lɤʔ¹²in³³。 |
| 82 寿昌<sub>徽</sub> | a. 潜在格里唱奇唻？ b. 咱勿曾唱，咱在格里放录音唻。<br>a. tsen⁵²tɕʰiæ³³kəʔ³li⁰tsʰã̃³³tɕʰi⁵²læ⁰？<br>b. tsa⁵²uəʔ³sen⁵²tsʰã̃¹¹²，tsa⁵²tɕʰiæ³³kəʔ³li⁰fã̃³³lɔʔ³ien¹¹læ⁰。 |
| 83 淳安<sub>徽</sub> | a. 尔是里唱大＝唻？ b. 我不洪＝唱，我园是里放录音。"是""不""洪＝"音殊<br>a. n⁵⁵tsʰəʔ⁵liʔ⁰tsʰã̃²⁴tʰã̃⁵³lie⁵⁵？<br>b. u⁵⁵poʔ⁵on⁴³⁵tsʰã̃²⁴，u⁵⁵kʰon²¹tsʰəʔ⁵liʔ⁰fã̃²⁴laʔ¹³in²⁴。 |
| 84 遂安<sub>徽</sub> | a. 伊靠那里唱大＝拉歌嘞？ b. 我甭唱，我是里放录音。<br>a. i³³kʰɔ⁵⁵la⁵⁵li³³tɕʰiã̃⁵⁵tʰã̃³³la³³kuəɯ⁵⁵le³³？<br>b. kɔ³³pəŋ³³tɕʰiã̃⁵⁵，kɔ³³sɿ⁵⁵li³³fã̃⁵⁵lu⁵⁵in⁵³⁴。 |
| 85 苍南<sub>闽</sub> | a. 汝踮际＝唱什麺？/汝著＝际＝唱什麺？ b. 我无唱，我踮际＝放录音。<br>a. lɯ³²ku⁵⁵tse²¹tɕʰĩũ̃³³ɕie³³mĩ̃⁵⁵？/lɯ³²tuɯ²¹tse²¹tɕʰĩũ̃³³ɕie³³mĩ̃⁵⁵？<br>b. gua³²bɔ²¹tɕʰĩũ̃³³，gua³²ku³³tse²¹pan²¹lie²⁴in⁵⁵。 |
| 86 泰顺<sub>闽</sub> | a. 尔唱何事？ b. 我未唱，是放录音。<br>a. n²²tɕʰyo⁵³kɵʔ⁰sai²¹³？ b. ŋa²²mɔi²²tɕʰyo⁵³，ɕiiʔ³pəŋ³⁴liŋʔ³iæŋ²²。 |
| 87 洞头<sub>闽</sub> | a. 汝即＝唱什咪？ b. 我无即＝唱，我放着录音咦。<br>a. lɯ⁵³tɕiet²¹tɕʰĩũ̃³³ɕie²¹mĩ̃⁵³？<br>b. gua⁵³bɔ²¹²tɕiet²¹tɕʰĩũ̃²¹，gua⁵³paŋ²¹tieu²¹liɔk²⁴in³³no⁰。 |
| 88 景宁<sub>畲</sub> | a. 你在唱奚那？ b. 我没唱，我标＝录音。<br>a. ȵi⁴⁴tsai⁵¹tɕʰiɔŋ⁴⁴ɕi⁴⁴na⁵¹？ b. ŋɔi⁴⁴mi²²tɕʰiɔŋ⁴⁴，ŋɔi⁴⁴pyŋ⁴⁴lɔʔ²in⁴⁴。 |

| 方言点 | 0024 a. 我吃过兔子肉，你吃过没有？ b. 没有，我没吃过。 |
|---|---|
| 01 杭州 | a. 我吃过兔儿肉，你有没有吃过？ b. 没，我没吃过。<br>a. ŋəu⁵³ tɕʰio?³ ku⁴⁵ tʰu⁴⁵ əl⁴⁵ n̠io?⁵，n̠i⁵³ y⁵³ mei⁰ y⁰ tɕʰio?³ ku⁴⁵？<br>b. mei²¹³，ŋəu⁵³ mei²¹³ tɕʰio?³ ku⁴⁵。 |
| 02 嘉兴 | a. 我吃过兔子肉，偌吃过哦？ b. 无没，我侬无没吃过。<br>a. ŋ¹³ tɕʰie?⁵ kou²¹ tʰou²⁴ tsɿ²¹ n̠io?¹，nei¹³ tɕʰie⁵ kou²¹ vʌ³³？<br>b. m³³ mə?⁵，ŋ²¹ nou¹³ m¹³ mə?⁵ tɕʰie?⁵ kou²¹。 |
| 03 嘉善 | a. 我兔子肉吃过敌゠，偌吃过哦？ b. 我没曾吃过。<br>a. ŋ¹³ tʰu⁵⁵ tsɿ⁰ n̠io?² tɕʰiə?⁵ ku³⁵ die?²，nə¹³ tɕʰiə?⁵ ku³⁵ və?²？<br>b. ŋ¹³ mə?² zən³¹ tɕʰiə?⁵ ku³⁵。 |
| 04 平湖 | a. 兔子肉我吃过啦，偌吃过哦？ b. 勿曾，我勿曾吃过。<br>a. tʰu⁴⁴ tsɿ⁰ n̠yo?²³ ŋ²¹³ tɕʰiə?²³ ku³³ la⁰，nəɯ²¹³ tɕʰiə?²³ ku³³⁴ va?⁰？<br>b. və?²³ zən³¹，ŋ²¹³ və?²³ zən³¹ tɕʰiə?²³ ku³³⁴。 |
| 05 海盐 | a. 我诺゠吃过兔子肉，偌吃过哦？ b. 勿曾，我诺゠勿曾吃过。<br>a. ɔ?²³ nɔ?²³ tsʰə?²³ kʰu³³⁴ tʰu⁵⁵ tsɿ²¹ n̠yo?²³，ne⁴²³ tsʰə?²³ kʰu³³⁴ va?⁵？<br>b. və?²³ zən³¹，ɔ?²³ nɔ?²³ və?²³ zən³¹ tsʰə?²³ kʰu³³⁴。 |
| 06 海宁 | a. 兔子肉我吃过哩，偌吃过哦？ b. 我无没吃过。<br>a. tʰəu³³ tsɿ⁵³ n̠io?² u³³ tɕʰie?⁵ kəu⁰ li⁰，nəɯ⁵⁵ tɕʰie?⁵ kəu⁵⁵ və?²？<br>b. u³¹ m³³ mə?² tɕʰie?⁵ kəu⁰。 |
| 07 桐乡 | a. 我吃过兔子肉咧，偌吃过啦？ b. 无没，我无没吃过。<br>a. u⁵³ tɕʰiə?³ kəu³³ tʰəu³³ tsɿ⁵³ n̠io?²³ liə?⁰，nɤɯ²⁴² tɕʰiə?³ kəu³³ la⁰？<br>b. m⁴⁴ mə?⁰，u⁵³ m⁴⁴ mə?⁰ tɕʰiə?³ kəu³³⁴。 |
| 08 崇德 | a. 我吃过兔子肉，偌吃过嘚哦？ b. 无不，我无不吃过。<br>a. o⁵³ tɕʰiə?³ ku³³ tʰu³³ tsɿ⁵³ n̠io?²³，nɤɯ⁵³ tɕʰiə?³ ku³³ də?⁰ və?⁰？<br>b. m²¹ pə?⁵，o⁵³ m²¹ pə?⁵ tɕʰiə?³ ku³³⁴。 |
| 09 湖州 | a. 我吃过兔子肉［嘚嗳］，尔吃过哦？ b. 无不，我无不吃过。<br>a. ŋ³⁵ tɕʰie?⁵ kəu³⁵ tʰəu³³ tsɿ³⁵ n̠io?² dɛ³¹，n³⁵ tɕʰie?⁵ kəu³³ va?⁰？<br>b. m³³ pə³⁵，ŋ³⁵ m³¹ pə?⁵ tɕʰie?⁵ kəu⁵³。 |
| 10 德清 | a. 是我兔子肉吃过噢，是尔吃过哦？ b. 无没。<br>a. zuo?² ŋəu³⁵ tʰəu³³ tsɿ³⁵ n̠io?² tɕʰio?⁵ kəu³³ ɔ⁰，zə?² n³⁵ tɕʰio?⁵ kəu³³ və?⁰？<br>b. m³³ mə?²。 |
| 11 武康 | a. 兔子肉是我吃过［嘚嗳］，是尔吃过哦？ b. 无不。<br>a. tʰu⁵³ tsɿ³⁵ n̠io?² zə?² ŋo³⁵ tɕʰiə?⁵ ku³⁵ dɛ⁵³，zə?² n³⁵ tɕʰiə?⁵ ku³⁵ və?²？ b. m¹¹ bə?⁵。 |
| 12 安吉 | a. 我吃过兔子肉唉，偌吃过没有？ b. 无不。<br>a. ŋɔ²¹³ tɕʰɤə?⁵ ku⁰ tʰu³² tsɿ²² n̠ɤə?⁵ ɛ⁰，nə?²³ tɕʰɤə?⁵ ku⁰ m²² pə?⁵？ b. m²² pə?⁵。 |
| 13 孝丰 | a. 我吃过兔子肉，偌吃过无不？ b. 无不。／我无不吃过。<br>a. ŋuo?²³ tɕʰie?⁵ ku⁰ tʰu³² tsɿ²¹ n̠io?²³，nə?²³ tɕʰie?⁵ ku⁰ m²² pə?⁵？<br>b. m²² pə?⁵。／ŋuo?²³ m²² pə?⁵ tɕʰie?⁵ ku⁰。 |

| 方言点 | 0024 a.我吃过兔子肉，你吃过没有？ b.没有，我没吃过。 |
|---|---|
| 14 长兴 | a 是我吃过兔子肉，尔阿⁼吃过哦？ b.是我无不吃过。<br>a. zəʔ² ŋ⁵² tʃʰiɛ⁵ kəu⁰ tʰəu³² tsɿ²¹ n̠ioʔ² , n⁵² aʔ⁵ tʃʰiɛʔ³ kəu⁰ vaʔ⁰ ？<br>b. zəʔ² ŋ⁵² m¹² pəʔ⁵ tʃʰiɛʔ⁵ kəu⁰ 。 |
| 15 余杭 | a.是我吃兔子肉儿过［嘚嗳］，是尔吃过哦？ b.无不，是我无不吃过。<br>a. zoʔ² ŋ³¹ tɕʰia⁵ tʰu⁵⁵ tsɿ⁵⁵ n̠ioʔ² n³¹ ku³⁵ dɛ¹³ , zoʔ² n³¹ tɕʰia⁵ ku³⁵ vəʔ² ？<br>b. m³¹ pəʔ⁵ , zoʔ² ŋ³¹ m³¹ pəʔ⁵ tɕʰia⁵ ku³⁵ 。 |
| 16 临安 | a.我吃过兔子肉唻，侬有勿吃过啊？ b.我无没吃过。<br>a. ŋo³⁵ tɕʰiɐʔ⁵ ku⁵⁵ tʰu⁵³ tsɿ⁵⁵ n̠yoʔ² lɛ³¹ , noŋ¹³ yœ³⁵ vɐʔ² tɕʰiɐʔ⁵ ku³³ aʔ⁰ ？<br>b. ŋo¹³ m³³ mɐʔ² tɕʰiɐʔ² ku⁰ 。 |
| 17 昌化 | a.我吃过毛兔肉，尔吃过吗？ b.无没，我无没吃过。<br>a. a²⁴ tɕʰiɛʔ⁵ kɯ⁵⁴ mɔ¹¹ tʰu⁴⁵ n̠yɛʔ²³ , ŋ²⁴ tɕʰiɛʔ⁵ kɯ⁵⁴ maʔ⁰ ？<br>b. m¹¹ məʔ²³ , a²⁴ m¹¹ məʔ²³ tɕʰiɛʔ⁵ kɯ⁵⁴⁴ 。 |
| 18 於潜 | a.我毛兔肉吃过嘞，你有没吃过？ b.我没有吃过。<br>a. ŋu⁵¹ mɔ²² tʰu²⁴ n̠yæ²³ tɕʰiɛʔ⁵³ ku²² liæʔ² , ni⁵¹ iəu⁵³ miæʔ² tɕʰiɛʔ⁵³ ku²² ？<br>b. ŋu⁵¹ miæʔ² iəu⁵³ tɕʰiɛʔ⁵³ ku²² 。 |
| 19 萧山 | a.我吃过兔肉，尔有吃过？ b.我无有。<br>a. ŋo¹³ tɕʰiɛ⁵ ku³³ tʰu³⁵ n̠yoʔ²¹ , ŋ¹³ io¹³ tɕʰiɛ⁵ ku²¹ ？ b. ŋo¹³ n³⁵ n̠io²¹ 。 |
| 20 富阳 | a.我吃过兔子肉，尔吃过么？ b.□，我□吃过。<br>a. ŋo²²⁴ tɕʰiɛʔ⁵ ku³³⁵ tʰʋ³³⁵ tsɿ⁴²³ n̠yoʔ² , ŋ²²⁴ tɕʰiɛʔ⁵ ku³³⁵ maʔ⁰ ？<br>b. mɛ⁵³ , ŋ²²⁴ mɛ⁵³ tɕʰiɛʔ⁵ ku⁰ 。 |
| 21 新登 | a.我吃过兔子肉，尔吃过□？ b.□，我□吃过。<br>a. u³³⁴ tsʰaʔ⁵ ku⁴⁵ tʰu⁴⁵ tsɿ³³⁴ n̠yɐʔ² , ŋ³³⁴ tsʰaʔ⁵ kɯ⁴⁵ mi⁴⁵ ？ b. mi⁵³ , u³³⁴ mi⁵³ tsʰaʔ⁵ kɯ⁰ 。 |
| 22 桐庐 | a.我吃过兔子肉嘚，你吃过嘞哦？ b.还未，我还未吃过。<br>a. ŋo³³ tɕʰiɛʔ⁵ ku³³ tʰu³³ tsɿ⁵⁵ n̠yəʔ²¹ təʔ²¹ , ni³³ tɕʰiɛʔ⁵ ku³³ ləʔ²¹ vʌ²¹ ？<br>b. ʌ²¹ mi³⁵ , ŋo³³ ʌ²¹ mi³³ tɕʰiəʔ⁵ ku²¹ 。 |
| 23 分水 | a.我吃过毛兔肉，你吃过没？ b.我没有吃过。<br>a. ŋo⁵³ tɕʰiəʔ² ko²¹ mo²¹ tʰu²⁴ n̠ia¹² , ni⁵³ tɕʰiəʔ⁵ ko²¹ məʔ¹² ？ b. ŋo⁴⁴ məʔ¹² iə⁵³ tɕʰiəʔ⁵ ko⁰ 。 |
| 24 绍兴 | a.我吃过兔肉，偌有有吃过？ b.无［无有］，我无［无有］吃过。<br>a. ŋo²² tɕʰiɛ⁵ ku³³ tʰu³³ n̠io³³ , noʔ² iɤ²⁴ iɤ³¹ tɕʰiɛ⁵ ku³³ ？<br>b. n³³ n̠iɤ³³ , ŋo²² n³³ n̠iɤ⁴⁴ tɕʰiɛ⁵ ku³¹ 。 |
| 25 上虞 | a.兔肉我吃过哉，侬有勿有吃过类⁼？ b.［无有］，我［无有］吃过。<br>a. tʰu⁵⁵ n̠ioʔ² ŋo²¹ tɕʰyoʔ⁵ ku⁰ tse⁵³ , noŋ²¹ iɤ²¹ vəʔ² iɤ²¹ tɕʰyoʔ⁵ ku⁰ lɐʔ⁰ ？<br>b. n̠iɤ³⁵ , ŋo²¹ n̠iɤ³⁵ tɕʰyoʔ⁵ ku⁰ 。 |

续表

| 方言点 | 0024 a.我吃过兔子肉，你吃过没有？ b.没有，我没吃过。 |
|---|---|
| 26 嵊州 | a. 我兔肉吃过个，侬有吃着过？ b. 无有，我［无有］吃过。<br>a. ŋo²⁴tʰu³³n̠ȵoʔ³tɕʰyoʔ⁵ko³³go²³¹，noŋ²⁴iɣ²⁴tɕʰyoʔ³dzaʔ²ko³³？<br>b. n²²n̠iɣ²³¹，ŋo²⁴n̠iɣ²⁴tɕʰyoʔ³ko³³。 |
| 27 新昌 | a. 我兔肉食过了，尔有得食过？ b. 无得，我无得食过。<br>a. ŋɣ²³²tʰu³³n̠ɣʔ³ziʔ²kɣ³³leʔ²³²，ŋ¹³iɯ¹³teʔ³ziʔ³kɣ³³⁵？<br>b. ŋ²²teʔ⁵，ŋɣ²³²ŋ²²teʔ³ziʔ³kɣ³¹。 |
| 28 诸暨 | a. 我吃过兔肉，尔有吃过？ b. 我无没吃过。<br>a. ŋɣu¹³tɕʰieʔ⁵kɣu³³tʰu³³nioʔ⁵，n¹³iɯ³³tɕʰieʔ⁵kɣu²¹？<br>b. ŋɣu¹³m¹³məʔ³tɕʰieʔ⁵kɣu²¹。 |
| 29 慈溪 | a. 我兔子肉吃过个，侬有得吃过哦？ b. 无得，我兔子肉无吃过。<br>a. ŋo¹³tʰu⁴⁴tsɿ⁰n̠ȵoʔ²tɕʰyoʔ²kəu⁰kəʔ²，nuŋ¹³iø¹¹taʔ²tɕʰyoʔ⁵kəu⁰uaʔ⁰？<br>b. m¹¹taʔ²，ŋo¹³tʰu⁴⁴tsɿ⁰n̠ȵoʔ²m¹¹tɕʰyoʔ²kəu⁴⁴。 |
| 30 余姚 | a. 我吃过兔肉，侬吃过勿？ b. 无没，我无没吃过。<br>a. ŋo¹³tɕʰyoʔ⁵kou⁴⁴tʰu⁴⁴n̠ȵoʔ²，nuŋ¹³tɕʰyoʔ⁵kou⁴⁴vəʔ⁴⁴？<br>b. m¹³miəʔ²，ŋo¹³m¹³miəʔ²tɕʰyoʔ⁵kou⁴⁴。 |
| 31 宁波 | a. 兔肉我吃过嘞，侬吃过哦？ b. 无没，我没吃过。<br>a. tʰu⁴⁴n̠ȵoʔ²ŋo¹³tɕʰyoʔ⁵kəu⁰laʔ²，nəu¹³tɕʰyoʔ⁵kəu⁰vaʔ²？<br>b. m²²miəʔ²，ŋo¹³miəʔ²tɕʰyoʔ⁵kəu⁴⁴。 |
| 32 镇海 | a. 我吃过兔肉，侬吃过勿？ b. 无没，我没吃过。<br>a. ŋo²⁴tɕʰyoʔ⁵kəu⁰du²⁴n̠ȵoʔ¹²，nəu²⁴tɕʰyoʔ⁵kəu⁰vaʔ¹²？<br>b. m²⁴maʔ¹²，ŋo²⁴maʔ¹²tɕʰyoʔ⁵kəu⁰。 |
| 33 奉化 | a. 我兔肉吃过要＝唻，侬有吃过无？ b. 毛＝，我没吃过。<br>a. ŋəu³³tʰu⁵³n̠ȵoʔ²tɕʰyoʔ⁵kəu⁰iɔ⁰leʔ⁰，nəu³³iɣ³³tɕʰyoʔ⁵kəu⁰m³¹？<br>b. mʌ³³，ŋəu³³maʔ²tɕʰyoʔ⁵kəu⁰。 |
| 34 宁海 | a. 我毛兔肉吃过唻，尔吃过伯＝？ b. 无伯＝，我无伯＝吃过。<br>a. ŋo³¹mau²²tʰu³⁵n̠ȵuʔ³tɕʰyuʔ³ku³³lei⁰，n³³tɕʰyuʔ⁵ku⁰paʔ³？<br>b. m²²paʔ³，ŋo³¹m²²paʔ³tɕʰyuʔ³ku³³。 |
| 35 象山 | a. 毛兔肉我吃过嘞，尔有吃过□？ b. 无白＝，我合＝无白＝吃过。<br>a. mɔ³¹tʰu⁴⁴n̠ȵoʔ²ŋəu³¹tɕʰyoʔ⁵ku⁴⁴lei⁰，n³¹iu¹³tɕʰyoʔ⁵ku⁰vɣɯ¹³？<br>b. m³¹beʔ²，ŋəu¹³aʔ²m³¹beʔ²tɕʰyoʔ⁵ku⁰。 |
| 36 普陀 | a. 我吃过兔肉，侬吃过勿？／我吃过兔肉，侬吃无没吃过？<br>a. ŋo²³tɕʰyoʔ³kəu⁰tʰu⁵⁵n̠ȵoʔ⁰，noŋ²⁴tɕʰyoʔ⁵kəu⁰væi⁰？／ŋo²³tɕʰyoʔ³kəu⁰tʰu⁵⁵n̠ȵoʔ⁰，noŋ²⁴tɕʰyoʔ⁵m⁵⁵mɐʔ⁰tɕʰyoʔ³kəu⁰？<br>b. 无没，我无没吃过。<br>b. m⁵⁵mɐʔ⁰，ŋo²³m⁵⁵mɐʔ⁰tɕʰyoʔ⁵kəu⁰。 |

续表

| 方言点 | 0024 a.我吃过兔子肉，你吃过没有？ b.没有，我没吃过。 |
|---|---|
| 37 定海 | a. 兔肉我吃过唻，侬有吃过勿？ b. 我没吃过。<br>a. tʰu⁴⁴ ȵyoʔ² ŋo²³ tɕʰyoʔ⁵ kʌuº leº，noŋ²⁴ iɤ³³ tɕʰyoʔ⁵ kʌuº veʔº？<br>b. ŋo²³ mɐʔ²³ tɕʰoʔ²³ kʌuº。 |
| 38 岱山 | a. 我兔肉吃过唻，侬有吃过勿？ b. 我没吃过。<br>a. ŋo²³ tʰu⁴⁴ ȵyoʔº tɕʰyoʔ⁵ kʌuº leiº，noŋ³³ iɤº tɕʰyoʔ⁵ kʌuº veiº？<br>b. ŋo²³ nɐʔ⁵ tɕʰyoʔ²³ kʌuº。 |
| 39 嵊泗 | a. 我兔肉吃过唻，侬吃过勿？ b. 无呐ᵈ，我呐ᵈ吃过。<br>a. ŋo³⁴ tʰu⁴⁴ ȵyoʔ² tɕʰyoʔ⁵ kʌuº leiº，noŋ²⁴ tɕʰyoʔ²³ kʌuº veiº？<br>b. n⁴⁴ nɐiº，ŋo³⁴ nɐʔ⁵ tɕʰyoʔ⁵ kʌuº。 |
| 40 临海 | a. 毛兔肉我吃过，尔吃过无有？ b. 我无有吃过。<br>a. mɔ²² tʰu³³ ȵyoʔ² ŋe⁵² tɕʰyoʔ⁵ kuº，ŋ⁵² tɕʰyoʔ⁵ kuº m²² iu⁵²？<br>b. ŋe⁵² m²² iu⁵⁵ tɕʰyoʔ³ ku⁵⁵。 |
| 41 椒江 | a. 兔肉我吃过，尔吃过哦？ b. 我无吃过。<br>a. tʰəu³³ ȵyoʔ² ŋo⁴² tɕʰyoʔ⁵ kuº，n⁴² tɕʰyoʔ⁵ ku³³ vɛº？ b. ŋo⁴² m²² tɕʰyoʔ³ kuº。 |
| 42 黄岩 | a. 我兔肉吃过爻，尔吃过无？ b. 我无吃过。<br>a. ŋo⁴² tʰou³³ ȵyoʔ² tɕʰyoʔ⁵ kuº ɔº，n⁴² tɕʰyoʔ⁵ kuº m²⁴？ b. ŋo⁴² m⁴¹ tɕʰyoʔ³ kuº。 |
| 43 温岭 | a. 兔肉我吃过爻，尔吃过无？ b. 我无吃过。<br>a. tʰu³³ ȵyoʔ² ŋo⁴² tɕʰyoʔ⁵ kuº ɔº，n⁴² tɕʰyoʔ⁵ kuº mº？ b. ŋo⁴² m²⁴ tɕʰyoʔ³ kuº。 |
| 44 仙居 | a. 我吃过毛兔肉，尔吃过哇？ b. 无，我无吃过。<br>a. ŋo²⁴ tɕʰyoʔ⁵ kuº mɐɯ³³ tʰu³³ ȵyɑ²³，ŋ²⁴ tɕʰyɔʔ⁵ kuº uəʔº？<br>b. m³⁵³，ŋo²⁴ m³⁵³ tɕʰyoʔ⁵ kuº。 |
| 45 天台 | a. 毛兔肉我吃过，尔吃过哦？ b. 冇，我勿吃过。<br>a. mɔ³⁵ tʰuº ȵyuʔ² ɔ²¹ tɕʰyuʔ² kouº，ŋ³³ tɕʰyuʔ² kouº ueº？<br>b. meu³³⁴，ɔ²¹ uəŋº tɕʰyuʔ² kouº。 |
| 46 三门 | a. 我吃毛兔肉，尔吃过没有？ b. 矮ᵈ勿，我矮ᵈ勿吃过。<br>a. ʋ³²⁵ tɕʰioʔ⁵ kuº mɑu⁵⁵ tʰu⁵⁵ ȵioʔ²³，ŋ³²⁵ tɕʰioʔ⁵ kuº me¹³ iu³²？<br>b. a³² vəŋ²⁴，ʋ³²⁵ a³² vəŋ²⁴ tɕʰioʔ⁵ kuº。 |
| 47 玉环 | a. 兔肉我吃过，尔有吃过无？ b. 我无吃过。<br>a. tʰəu³³ ȵyoʔ² ŋo⁵³ tɕʰyoʔ⁵ kuº，n⁴² iu⁴² tɕʰyoʔ⁵ kuº m²⁴？<br>b. ŋo⁵³ m²⁴ tɕʰyoʔ³ kuº。 |
| 48 金华 | a. 我吃过兔个肉，侬吃过未？ b. 还未，我未吃过。<br>a. ɑ⁵³⁵ tɕʰiəʔ³ kuɤ⁵⁵ tʰu⁵⁵ kəʔº ȵioʔ²¹²，noŋ⁵³⁵ tɕʰiəʔ³ kuɤ⁵⁵ miº？<br>b. uɑ³¹ mi¹⁴，ɑ⁵³⁵ mi¹⁴ tɕʰiəʔ⁴ kuɤº。 |

续表

| 方言点 | 0024 a.我吃过兔子肉，你吃过没有？ b.没有，我没吃过。 |
|---|---|
| 49 汤溪 | a. 我吃过兔肉，尔吃过未？ b. 我未吃过。<br>a. ɑ¹¹³tɕʰiei⁵²kuɤ⁵²tʰu³³n̠iou²⁴，ŋ¹¹³tɕʰiei⁵²kuɤ⁵²mi⁰？ b. ɑ¹¹³mi¹¹tɕʰiei⁵²kuɤ⁵²。 |
| 50 兰溪 | a. 我吃过兔儿个肉，侬吃过未？ b. 未，我未吃过。<br>a. uɤ⁵⁵tɕʰieʔ³⁴kuɤ⁴⁵tʰu⁴⁵nəʔ²kəʔ⁰n̠yɤʔ¹²，noŋ⁵⁵tɕʰieʔ³⁴kuɤ⁴⁵mi⁰？<br>b. mi²⁴，uɤ⁵⁵mi²⁴tɕʰieʔ³⁴kuɤ⁴⁵。 |
| 51 浦江 | a. 我食过兔儿个肉，尔食过觖哪？ b. 我无没食过。<br>a. ɑ⁵³zɛ²⁴kuu⁰tʰun⁵⁵kə⁰n̠yɯ²³²，n⁵³zɛ²⁴kuu⁰vən²⁴nɑ⁵⁵？ b. ɑ⁵³m¹¹mə²⁴zɛ²⁴kuu⁰。 |
| 52 义乌 | a. 我兔个肉食过，侬食过未？ b. 未，我［无得］食过。<br>a. a⁴⁵tʰu³³ə⁰n̠iau³¹zai²⁴kuɤ³³，noŋ³³zai³¹kuɤ³³mi⁴⁵？ b. mi²⁴，a³³mai²⁴zai³¹kuɤ³³。 |
| 53 东阳 | a. 兔肉我食过，尔食过［弗啊］？ b. 我无北⁼。<br>a. tʰu⁵³n̠iəɯ²⁴ŋʊ²⁴zei²²kʊ³³，n²⁴zei²²kʊ³³fɐ³³？ b. ŋʊ²⁴n²²pei⁰。 |
| 54 永康 | a. 我食过兔肉，尔食过未？ b. 未，我还未食过。<br>a. ŋuo³¹zəi³¹kuɑ⁵²tʰu³³n̠iu¹¹³，ŋ³¹zəi³¹kuɑ⁵²mi⁵⁵？<br>b. mi²⁴¹，ŋuo³¹uɑ³³mi²⁴¹zəi³¹kuɑ⁵²。 |
| 55 武义 | a. 我食着过兔肉，偌食着过未呢？ b. 未，我未食着过。<br>a. a¹³zə¹³dʑiɑu⁰kuo²⁴tʰu⁵⁵n̠iə¹³，nə¹³zə¹³dʑiɑu²⁴kuo⁵⁵mi²⁴nɑ⁰？<br>b. mi⁵³，a¹³mi²⁴zə¹³dʑiɑu²⁴kuo⁰。 |
| 56 磐安 | a. 我食过兔肉，尔食过［弗啊］？ b. 无□，我无□食过。<br>a. ŋuɤ³³zɛi²¹kuɤ³³tʰu⁵⁵n̠iʌo²¹³，n³³zɛi²¹kuɤ⁵⁵fa⁰？<br>b. m²¹bɛi¹⁴，ŋuɤ³³m²¹bɛi¹⁴zɛi²¹kuɤ⁵²。 |
| 57 缙云 | a. 我食过毛兔肉，你食过弗？ b. 未，我未食过。<br>a. ŋu³¹zai¹³ku⁰mɔ⁴⁴tʰu⁴⁴n̠iə¹³，n̠i³¹zai¹³ku⁰fɛ⁰？ b. mei⁴⁵，ŋu³¹mei⁴⁵zai¹³ku⁰。 |
| 58 衢州 | a. 我吃过兔儿肉，你吃过觖？ b. 觖，我觖吃过。<br>a. ŋu⁵³tɕʰiəʔ³ku³⁵tʰu⁵³n̠iʔ²¹n̠yəʔ¹²，n̠i⁵³tɕʰiəʔ³ku³⁵vən⁰？<br>b. vən²¹，ŋu⁵³vən²¹tɕʰiəʔ³ku⁵³。 |
| 59 衢江 | a. 我食过兔肉，你食过未？ b. 未，我未食过。<br>a. ŋaʔ²iəʔ²kuo⁵³tʰɤ³³n̠yəʔ²，n̠iəʔ²iəʔ²kuo⁵³mɛ⁰？ b. mɛ²¹²，ŋaʔ²mɛ²²iəʔ²kuo⁵³。 |
| 60 龙游 | a. 奴食过兔肉，你食过未？ b. 未，奴未食过。<br>a. nu²²iəʔ²ku⁰tʰu⁵¹n̠yə²³，n̠i²²iəʔ²ku⁰mi³³？ b. mi⁵¹，nu²²mi⁵¹iəʔ²ku⁰。 |
| 61 江山 | a. 我咥过兔肉，你字⁼咥过啦？ b. 觖，我觖咥过。<br>a. ŋɒ²²tiɛʔ⁴kyə⁵¹tʰuə⁵¹n̠iɒʔ²，n̠i²²bəʔ²tiɛʔ⁴kyə⁵¹la⁰？<br>b. vɒŋ²¹³，ŋɒ²²vɒŋ²²tiɛʔ⁴kyə⁵¹。 |
| 62 常山 | a. 我吃过兔肉，尔吃过吗？ b. 我［弗曾］吃过。<br>a. ŋɑ²⁴tɕʰieʔ⁵tɕye⁵²tʰuə⁴³n̠iʌʔ³⁴，n²⁴tɕʰieʔ⁵tɕye⁵²ma⁴⁴？ b. ŋɑ²⁴fã⁵²tɕʰieʔ⁵tɕye⁵²。 |

| 方言点 | 0024 a. 我吃过兔子肉，你吃过没有？ b. 没有，我没吃过。 |
|---|---|
| 63 开化 | a. 我食过兔儿肉呗，你食过醪？ b. 醪，我醪食过。<br>a. ŋɑ²¹ iaʔ² tɕʏɛ⁰ tʰuo⁵³ n̠i⁰ n̠yo²¹ bɛ⁰，n̠i²¹ iaʔ² tɕʏɛ⁰ vɔŋ²¹³？<br>b. vɔŋ²¹³，ŋɑ²¹ vɔŋ²¹ iaʔ¹³ tɕʏɛ⁵³。 |
| 64 丽水 | a. 我吃过兔肉，你吃过没？ b. 没，我没吃过。<br>a. ŋuo⁴⁴ tɕʰiʔ⁵ kuo⁰ tʰu⁵² n̠ioʔ²³，n̠i⁴⁴ tɕʰiʔ⁵ kuo⁰ mei⁵²？ b. mei⁵²，ŋuo⁴⁴ mei⁵² tɕʰiʔ⁵ kuo⁰。 |
| 65 青田 | a. 我吃过毛兔肉，你吃过罢无？ b. 我无吃过。<br>a. ŋu⁴⁵⁴ tsʰ1⁴ʔ ku⁰ mo²² tʰɛ³³ n̠iu³¹，n̠i⁴⁵⁴ tsʰ1⁴ʔ ku⁰ ba⁵⁵ m⁰？ b. ŋu⁴⁵⁴ m²¹ tsʰ1⁴ʔ ku⁰。 |
| 66 云和 | a. 我吃过兔肉，你吃过无噢？ b. 无有，我无吃过。<br>a. ŋo⁴⁴ tɕʰiʔ⁵ ko⁴⁴ tʰu⁴⁵ n̠iəuʔ²³，n̠i⁴⁴ tɕʰiʔ⁵ ko⁴⁴ m⁴⁵ o⁰？<br>b. m⁴⁵ iəu⁰，ŋo⁴⁴ m⁴⁵ tɕʰiʔ⁵ ko⁴⁴。 |
| 67 松阳 | a. 是我咥过兔肉了，是尔咥过［弗啊］？ b. 还［弗曾］，是我还［弗曾］咥过。<br>a. ʑiʔ² ŋ³¹ tiɛʔ⁵ ku⁰ tʰuə³³ n̠ioʔ² lɔ⁰，ʑiʔ² n²² tiɛʔ⁵ ku⁰ fa⁰？<br>b. uɛ̃³³ xæ⁵³，ʑiʔ² ŋ³¹ uɛ̃³³ xæ⁵³ tiɛʔ⁵ ku⁰。 |
| 68 宣平 | a. 我吃过兔肉，尔吃过没啊？ b. 没，我没吃过。<br>a. o²² tɕʰiəʔ⁵ ko⁰ tʰu⁴⁴ n̠yəʔ²³，n²² tɕʰiəʔ⁵ ko⁰ mei⁴⁴ a⁰？ b. mei⁵²，o²² mei⁵⁵ tɕʰiəʔ⁵ ko⁰。 |
| 69 遂昌 | a. 我咥过兔儿肉，你咥过醪？ b. 醪，我醪咥过。<br>a. ŋɒ¹³ tiɛʔ⁵ ku⁰ tʰuə⁵⁵ n̠iɛ²¹ n̠iuʔ²³，n̠iɛ¹³ tiɛʔ⁵ ku⁰ vɛ̃⁰？<br>b. vɛ̃²²¹，ŋɒ¹³ vɛ̃²² tiɛʔ⁵ ku⁰。 |
| 70 龙泉 | a. 我咥过兔儿肉，尔咥过［未啊］？<br>a. ŋo⁴⁴ tiɛ⁵ kou⁰ tʰɤɯ²¹ n̠i⁵⁵ n̠iou²⁴，ŋ⁴⁴ tiɛ⁵ kou⁰ mia⁰？<br>b. 我未咥过。／未。<br>b. ŋo⁴⁴ mi²²⁴ tiɛ⁵ kou⁰。／mi²²⁴。 |
| 71 景宁 | a. 我吃过兔肉，你吃过未啊？ b.［弗会］，我未吃过。<br>a. ŋo³³ tɕʰiʔ⁵ ko³³ tʰy⁵⁵ n̠iu²³，n̠i³³ tɕʰiʔ⁵ ko³³ mi³⁵ a⁰？ b. fai⁵⁵，ŋo³³ mi¹¹³ tɕʰiʔ⁵ ko³⁵。 |
| 72 庆元 | a. 我咥过兔儿肉，你咥过［否会］？ b.［否会］，我［否会］咥过。<br>a. ŋo²² ɗiaʔ⁵ kuɤ¹¹ tʰæ̃⁵⁵ n̠iɯ³⁴，n̠iɛ²² ɗiaʔ⁵ kuɤ¹¹ fæi⁵⁵？<br>b. fæi⁵⁵，ŋo²² fæi⁵⁵ ɗiaʔ⁵ kuɤ¹¹。 |
| 73 泰顺 | a. 我吃过兔肉，你吃过未？ b. 未，我未吃过。<br>a. ŋo⁵⁵ tsʰ1⁵ kuɔ³⁵ tʰø²² n̠iəu²，n̠i⁵⁵ tsʰ1⁵ kuɔ³⁵ mi²²？ b. mi²²，ŋo⁵⁵ mi²¹ tsʰ1⁵ kuɔ³⁵。 |
| 74 温州 | a. 我兔儿肉吃过罢，你有吃过也冇？ b. 冇，我冇吃过。<br>a. ŋ¹⁴ tʰø³³ ŋ⁴⁵ n̠iɤu²¹² tsʰ1³ ku⁰ ba¹⁴，n̠i¹⁴ iau¹⁴ tsʰ1³ ku⁰ a⁰ nau⁰？<br>b. nau²⁵，ŋ¹⁴ nau²⁵ tsʰ1³ ku⁵¹。 |
| 75 永嘉 | a. 兔儿肉我吃过罢，你吃过罢未啊？ b. 未，我未吃过。<br>a. tʰəɯ²² ŋ¹³ n̠iəu²¹³ ŋ¹³ tɕʰiai⁴²³ ku⁰ ba¹³，n̠i¹³ tɕʰiai⁴²³ ku⁰ ba¹³ mei²² a⁰？<br>b. mei²²，ŋ¹³ mei²² tɕʰiai⁴³ ku⁵³。 |

续表

| 方言点 | 0024 a. 我吃过兔子肉，你吃过没有？ b. 没有，我没吃过。 |
|---|---|
| 76 乐清 | a. 我吃过兔肉罢，你吃过罢也未？ b. 未，我未吃过。<br>a. ŋ²⁴tɕʰiɤ³kuᵒtʰy³⁵ȵiau²¹²beᵒ，ȵi²⁴tɕʰiɤ³kuᵒbe²⁴aᵒmiᵒ？<br>b. mi²²，ŋ²⁴mi²²tɕʰiɤ³ku⁴¹。 |
| 77 瑞安 | a. 我兔儿肉也吃过罢，你有吃过阿冇？ b. 冇哦，我冇吃过。<br>a. ŋ¹³tʰø³³ŋ¹³ȵiou²¹²aᵒtɕʰi³ku⁴²ba¹³，ȵi¹³iau¹³tɕʰi³ku³³aᵒnau³⁵？<br>b. nau³⁵ɔᵒ，ŋ¹³nau³⁵tɕʰi³kuɯ⁵³。 |
| 78 平阳 | a. 我吃过兔子肉，你有吃过冇？ b. 冇，我冇吃过。<br>a. ŋ³³tɕʰi³³ku³³tʰɯ³³tsɿ⁴⁵niu¹³，ȵi³³iau⁴⁵tɕʰi⁵⁵ku³³nau²³？<br>b. nau²³，ŋ¹³nau²¹tɕʰi⁴⁵ku²¹。 |
| 79 文成 | a. 我吃过毛兔肉，你吃过冇？ b. 冇，我冇吃过。<br>a. ŋ¹³tɕʰi¹ku²¹me³³tʰu³³ȵiou¹³，ȵi¹³tɕʰi¹ku³³nau²¹？ b. nau³⁵，ŋ¹³nau³⁵tɕʰi³³ku²¹。 |
| 80 苍南 | a. 我有吃过兔儿个肉，你吃过冇？ b. 冇，我冇吃过。<br>a. ŋ⁵³iau⁵³tɕʰi³ku⁴²tʰø³³ŋᵒgiᵒȵiou¹¹²，ȵi⁵³iau⁵³tɕʰi³ku⁴²nau²⁴？<br>b. nau²⁴，ŋ⁵³nau²⁴tɕʰi³ku⁴²。 |
| 81 建德徽 | a. 卬吃过兔儿肉，尔吃过未？ b. 还未，卬还未吃过。<br>a. ɑŋ²¹³tɕʰiɐʔ³ku⁵⁵tʰu³³n̩⁵⁵ȵyɐ˞¹²，n²¹³tɕʰiɐʔ³ku⁵⁵mi⁵⁵？<br>b. ɐʔ³mi⁵⁵，ɑŋ²¹³ɐʔ³mi⁵⁵tɕʰiɐʔ⁵ku³³。 |
| 82 寿昌徽 | a. 咱吃过毛兔肉，潜吃过曾？ b. 勿曾，咱勿曾吃过。<br>a. tsa⁵²tɕʰiəʔ³ku³³mɑ¹¹tʰu³³ȵiɔʔ³¹，tsen⁵²tɕʰiəʔ³ku³³sen⁵⁵？<br>b. uəʔ³sen⁵²，tsa⁵²uəʔ³sen⁵⁵tɕʰiəʔ³ku³³。 |
| 83 淳安徽 | a. 我吃过兔肉，尔吃过没有？ b. 没有，我没有吃过。<br>a. u⁵⁵tɕʰi⁵kuᵒtʰa²⁴iɐʔ¹³，n⁵⁵tɕʰi⁵kuᵒmɤʔ³iɯᵒ？<br>b. mɤʔ³iɯ⁵⁵，u⁵⁵mɤʔ³iɯ⁵⁵tɕʰiʔ⁵ku²⁴。 |
| 84 遂安徽 | a. 我吃着兔肉嘞，伊甭吃着哇？ b. 我甭吃着。<br>a. kɔ³³tsɿ⁵⁵tɕʰiɔ³³tʰu⁵⁵lu²¹lɛ³³，i³³pəŋ³³tsʰɿ³³tɕʰiɔ³³va³³？<br>b. kɔ³³pəŋ³³tsʰɿ⁵⁵tɕʰiɔ³³。 |
| 85 苍南闽 | a. 我有食过兔团肉，汝有食过无？ b. 我无食过。<br>a. gua³²u²¹tɕia²¹kə²¹tʰɔ²¹kã̃²¹hie²⁴，lɯ³²u²¹tɕia²⁴kə²¹bɔ²⁴？ b. gua³²bɔ²⁴tɕia²⁴kə²¹。 |
| 86 泰顺闽 | a. 我食兔团肉了，尔食未？ b. 未，我未食。<br>a. ŋa³⁴⁴ɕia²²tu²²ki²²nyɛʔ³lɤ⁰？，n²²ɕia²³mɔi²²？ b. mɔi²²，ŋa³⁴⁴mɔi²²ɕia²²。 |
| 87 洞头闽 | a. 我食过兔仔肉，汝食过无？ b. 无，我无食过。<br>a. gua⁵³tɕia²¹kə²¹tʰɔ²¹a²¹hiek²⁴，lɯ⁵³tɕia²⁴kə²¹bɔ²⁴？ b. bɔ¹¹³，gua⁵³bɔ²¹²tɕia²⁴kəᵒ。 |
| 88 景宁畲 | a. 我食过兔□，你食过阿⁼没？ b. 我没食过。<br>a. ŋɔi⁴⁴ɕiʔ²ku⁴⁴tʰu⁴⁴pi⁵⁵，ȵi⁴⁴ɕiʔ²ku⁴⁴min²²aᵒ？ b. ŋɔi⁴⁴min²²ɕiʔ²ku⁴⁴。 |

| 方言点 | 0025 我洗过澡了，今天不打篮球了。 |
|---|---|
| 01 杭州 | 我浴汰过嘚，今朝不打篮球嘚。／我汰过浴嘚，今朝不打篮球嘚。<br>ŋəu⁵³ yɛʔ² da¹³ ku⁴⁵ taʔ⁰，kəŋ³³ tsɔ⁴⁵ paʔ³ ta⁴⁵ lɛ²² dʑy⁴⁵ taʔ⁰。／ŋəu⁵³ da¹³ ku⁴⁵ yɛʔ² taʔ⁰，kəŋ³³ tsɔ⁴⁵ paʔ³ ta⁴⁵ lɛ²² dʑy⁴⁵ taʔ⁰。 |
| 02 嘉兴 | 我侬潮＝过浴哩，今朝勿打篮球哩。<br>ŋ²¹ ŋou¹³ zɔ²⁴ kou²¹ ioʔ⁵ li²¹，kəŋ³³ tsɔ⁴² vəʔ⁵ tʌ̃²¹ lɛ¹³ dʑiu¹³ li²¹。 |
| 03 嘉善 | 我潮＝浴也潮＝好敌＝，今朝篮球弗打敌＝。<br>ŋ¹³ zɔ¹³ yøʔ² a⁰ zɔ¹³ xɔ⁵³ dieʔ²，tɕin³⁵ tsɔ⁵³ lɛ¹³ dʑiə³¹ fɝʔ² tæ⁴⁴ dieʔ²。 |
| 04 平湖 | 我浴汰过啦哩，今朝篮球勿慢＝哩。<br>ŋ²¹³ yoʔ⁵ da²⁴ ku⁰ la⁴⁴ li⁰，tɕin⁴⁴ tsɔ⁰ lɛ²⁴ dʑio⁵³ vəʔ²³ mɛ⁵³ li⁰。 |
| 05 海盐 | 我诺＝浴汰好啦哩，今朝篮球我诺＝勿打哩。<br>ɔ²³ nɔ²³ yoʔ⁵ da¹³ xɔ²¹ laʔ⁵ li³¹，tsən⁵⁵ tsɔ⁵³ lɛ²⁴ dʑio⁵³ ɔ²³ nɔʔ⁵ vəʔ²³ tɛ̃²¹³ li²¹。 |
| 06 海宁 | 浴我潮＝过咧，篮球今朝弗打咧。<br>ioʔ² u⁵³ zɔ³³ kəu⁵⁵ lieʔ²，lɛ³³ dʑiəu³⁵ tsən⁵⁵ tsɔ⁵³ fəʔ⁵ tɑ̃⁵³ lieʔ²。 |
| 07 桐乡 | 我浴啊潮＝过咧，篮球今朝弗打咧。<br>u⁵³ ioʔ²³ a⁰ zɔ²¹ kəu⁵³ lieʔ⁰，lɛ²¹ dʑiɯ⁴⁴ kəŋ⁴⁴ tsɔ⁴⁴ fəʔ³ tɑ̃⁵³ lieʔ⁰。 |
| 08 崇德 | 我浴啊汰好嘚，今朝弗去打篮球嘚。<br>o⁵³ ioʔ²³ a⁰ dɑ²¹ hɔ⁵⁵ dəʔ⁰，kəŋ⁴⁴ tsɔ⁴⁴ fəʔ⁴ tɕʰi⁴⁴ tɑ̃⁴⁴ lɛ⁴⁴ dʑiɯ⁴⁴ dəʔ⁴。 |
| 09 湖州 | 我浴也潮＝好华＝［嘚嗳］，今朝篮球弗打［嘚嗳］。<br>ŋ¹³ ioʔ⁵ a⁵³ zɔ³¹ xɔ¹³ uo²² dɛ⁰，kən³⁵ tsɔ⁵³ lɛ³¹ dʑiʉ¹³ fəʔ² dɑ̃²² dɛ⁰。 |
| 10 德清 | 是我浴汰好［嘚嗳］，今朝篮球勿打［嘚嗳］。<br>zuoʔ² ŋəu³⁵ ioʔ² da¹³ xɔ³¹ dɛ¹³，tɕin³³ tsɔ³³ lɛ³¹ dʑiʉ¹³ vəʔ² tɑ̃¹³ dɛ³¹。 |
| 11 武康 | 我汰过浴［嘚嗳］，今朝打篮球勿去［嘚嗳］。<br>ŋ³⁵ da¹¹ ku⁵³ iøʔ² dɛ³¹，tɕin⁴⁴ tsɔ⁴⁴ tɑ̃⁵³ lɛ³¹ dʑiø¹³ vɝʔ² tɕʰi⁴⁴ dɛ³¹。 |
| 12 安吉 | 我汤已经浴过嘚，今朝弗去打篮球嘚。<br>ŋɔ²¹³ tʰɔ̃⁵⁵ i⁵² tɕiŋ²¹ yøʔ² kuⁿ təʔ⁰，kəŋ⁵⁵ tsɔ⁵⁵ fəʔ⁵ tɕʰi³² tɑ̃⁵² lɛ²² dʑiu²² təʔ⁰。 |
| 13 孝丰 | 我汤浴洗过嘞，今朝弗打篮球嘞。<br>ŋuoʔ²³ tʰɔ̃⁴⁴ ioʔ⁵ ɕi⁴⁵ kuⁿ leʔ⁰，kəŋ⁴⁴ tsɔ⁴⁴ fəʔ⁵ tɑ̃⁵² lɛ²² dʑiu²² leʔ⁰。 |
| 14 长兴 | 是我浴过汤嘞，今朝弗去打篮球嘞。<br>zoʔ² ŋ⁵² ioʔ² kəuⁿ tʰɔ̃⁴⁴ lɛʔ⁰，tsoŋ⁴⁴ tsɔ⁴⁴ fəʔ⁵ tʃʰɔ̃³² tɑ̃⁵² lɛ¹² dʑiɣ³³ lɛʔ⁰。 |
| 15 余杭 | 是我汰浴过［嘚嗳］，今朝弗去掼篮球［嘚嗳］。<br>zoʔ⁵ ŋ⁵³ da¹³ ioʔ² ku³⁵ dɛ¹³，kiŋ⁵⁵ tsɔ⁵⁵ fəʔ⁵ tɕʰi⁵³ guɛ¹³ lɛ³³ dʑiɣ³¹ dɛ³¹。 |
| 16 临安 | 我今朝洗澡过唻，篮球弗去敲唻。<br>ŋo³⁵ keŋ⁵³ tsɔ⁵⁵ ɕi⁵⁵ tsɔ⁵⁵ ku⁵³ lɛ³¹，lɛ³³ dʑyœ³⁵ fɐʔ⁵ tɕʰi⁵³ kɔ⁵³ lɛ⁰。 |

**续表**

| 方言点 | 0025.我洗过澡了，今天不打篮球了。 |
|---|---|
| 17 昌化 | 我洗过浴嘞，我今朝不去打篮球嘞。<br>a²⁴sʅ⁴⁵kɯ⁵⁴ yɛʔ² lɛ⁰，a²⁴kəŋ³³tsɔ⁴⁵ pəʔ⁵tɕʰi⁵⁴⁴ tã⁴⁵lɛ̃¹¹zi¹¹²lɛ⁰。 |
| 18 於潜 | 我澡洗过嘞，今朝篮球不打嘞。<br>ŋu⁵¹tsɔ⁵³ɕi⁵³ku²²liæʔ²，ken⁴³tsɔ⁴³³lɛ̃²²dziəu²⁴pəʔ⁵³ta⁵³liæʔ²。 |
| 19 萧山 | 我浴汰过敌⁼，午⁼朝弗去打篮球敌⁼。<br>ŋo¹³yoʔ¹³da¹³ku³³die⁰，ŋ³³tsɔ³³fəʔ⁵tɕʰi¹³tã³³lɛ̃¹³dzio¹³die²¹。 |
| 20 富阳 | 我洗过浴，今朝弗打篮球。<br>ŋo²²⁴sɛ⁴²³ku³³⁵yoʔ²，kin⁵⁵tsɔ⁵³fɛʔ⁵tã̃⁴²³lɛ̃¹³dziɵ⁵⁵。 |
| 21 新登 | 我洗过浴嘞，今朝弗玩篮球嘞。<br>u³³⁴se³³⁴ku⁴⁵iɔʔ²laʔ⁰，tɕiŋ⁵³tsɔ³³⁴faʔ⁵mɛ²³³lɛ̃²³³dzy²³³laʔ⁰。 |
| 22 桐庐 | 我浴洗过嘞，今朝篮球勿打嘞。<br>ŋo³³yəʔ³³sE³³ku²¹ləʔ²¹，kəŋ³³tsɔ³³lã̃²¹dziəu¹³vəʔ⁵tã̃⁴²ləʔ²¹。 |
| 23 分水 | 我洗澡过了，今朝我不打篮球了。<br>ŋo⁴⁴ɕi⁴⁴tsɔ⁵³ko²¹la⁰，kən⁴⁴tsɔ⁴⁴ŋo⁴⁴pəʔ⁵ta⁵³lã̃²¹dziɵ²⁴la⁰。 |
| 24 绍兴 | 我浴㾒过哉，□朝篮球勿去打哉。<br>ŋo²²ioʔ²fu³³ku³³zE²³¹，ɛ̃⁴⁴tsɔ³¹lɛ̃²²dziɤ²³¹veʔ²tɕʰi³³taŋ³³zE³¹。 |
| 25 上虞 | 我人汰过哉，今朝篮球勿掼哉。<br>ŋu²¹n̩iŋ²¹³da³¹ku⁰tse³³，tɕiŋ³³tsɔ³³lɛ²¹dziɤ³³veʔ²guɛ²¹tse³³。 |
| 26 嵊州 | 我浴㾒过哉，今朝篮球弗去抛哉。<br>ŋo²⁴yoʔ²fu³³ko³³tsE³³⁴，tɕiŋ⁵³tsɔ³³lɛ̃²²dziɤ²³¹fəʔ³tɕʰi⁴⁴pʰɔ³³tsE³¹。 |
| 27 新昌 | 我依已经洗过了，今日间篮球我弗去抛了。<br>ŋɤ²³²nɔ̃²²i³³tɕiŋ⁵³ɕi³³kɤ⁴⁵le³¹，tɕiŋ³³neʔ⁵kɛ̃³¹lɛ̃¹³dziɯ²²ŋɤ²³²feʔ³tɕʰi³³pʰɔ⁴⁵le³¹。 |
| 28 诸暨 | 我浴抚过啊，真⁼朝篮球弗打啊。<br>ŋɤu¹³ioʔ⁵fu⁴²kɤu³³A³³，tsɛn⁴²tsɔ⁴²lɛ²¹dziʉ²⁴²fəʔ⁵tã̃²⁴A³³。 |
| 29 慈溪 | 我人汰好啷哉，基⁼梅⁼子篮球弗打哉。<br>ŋo¹¹n̩iŋ¹³da¹¹hɔ³³lã̃¹³tse⁰，tɕi³³me¹³tsʅ⁰lɛ̃¹³dziɵ⁰faʔ⁵tã̃³³tse⁰。 |
| 30 余姚 | 我人汰好啷哉，基⁼末⁼篮球勿打哉。<br>ŋo¹³n̩iɔ̃¹³da¹³hɔ⁰ləŋ¹³tse⁴⁴，tɕi⁴⁴miəʔ²lã̃¹³dziɵ⁰vəʔ²taŋ³⁴tse⁰。 |
| 31 宁波 | 我人净过嘞，今密⁼篮球勿打嘞。/我人净过嘞，今密⁼勿打篮球嘞。<br>ŋo²²n̩iŋ¹³dzia¹³kɐu⁰lɐi⁰，tɕiŋ⁴⁴miəʔ²lɛ¹³dziɤ⁰vaʔ²ta⁴⁴lɐi⁰。/ŋo²²n̩iŋ¹³dzia¹³kɐu⁰lɐi⁰，tɕiŋ⁴⁴miəʔ²vaʔ²ta⁴⁴lɛ¹³dziɤ⁰lɐi⁰。 |

续表

| 方言点 | 0025 我洗过澡了，今天不打篮球了。 |
|--------|-------------------------------------------------------------|
| 32 镇海 | 我净人过来,今末＝弗嬲和篮球唻。<br>ŋo²⁴ dzia̤²⁴ n̠iŋ³¹ kəu³³ le⁰ ,tɕiŋ³³ maʔ¹² faʔ⁵ na²⁴ əu⁰ lɛ²⁴ dziu⁰ le⁰ 。 |
| 33 奉化 | 我人净过要＝唻,今密＝弗去打篮球唻。<br>ŋəu³³ n̠iŋ³³ dzia̤³³ kəu⁰ iɔ⁴⁴ le⁰ ,tɕiŋ⁴⁴ miɪʔ² faʔ² tɕʰi⁰ ta̤⁴⁴ lɛ³³ dziɤ⁰ le³³ 。 |
| 34 宁海 | 我人净合＝唻,今明＝篮球弗打唻。<br>ŋo³¹ n̠iŋ²¹ dzia̤²² aʔ³ lei⁰ ,tɕiŋ³³ miŋ³³ lɛ²³ dziu⁰ fəʔ³ tɛ⁵³ lei⁰ 。 |
| 35 象山 | 我人净过唻,今密＝弗打篮球唻。<br>ŋəu³¹ n̠iŋ³¹ dzia̤³¹ ku⁴⁴ lei⁰ ,tɕiŋ⁴⁴ mieʔ² faʔ⁵ ta̤⁴⁴ lɛ³¹ dziu³¹ lei⁰ 。 |
| 36 普陀 | 我人净过唻,今末＝子篮球弗打唻。<br>ŋo²³ n̠iŋ²⁴ dzia̤²⁴ kəu⁰ lɛ⁰ ,tɕeiʔ³ mɐʔ⁵ tsɿ⁰ lɛ³³ dzieu⁵³ fɐʔ³ ta̤⁵³ lɛ⁰ 。 |
| 37 定海 | 我人净过唻,今末＝篮球弗打唻。<br>ŋo²³ n̠iŋ²³ dzia̤²³ kʌu⁰ lɐi⁰ ,tɕie⁵ mɐʔ² lɛ³³ dziɤ⁵² fɐʔ³ ta̤⁴⁴ lɐi⁰ 。 |
| 38 岱山 | 我人净过唻,今末＝篮球勿去打唻。<br>ŋo²³ n̠iŋ²³ dzia̤⁴⁵ kʌu⁰ lɐi⁰ ,tɕie⁵ mɐʔ⁵ lɛ³³ dziɤ³³ vɐʔ² tɕʰi⁴⁴ ta̤⁴⁴ lɐi⁴⁴ 。 |
| 39 嵊泗 | 我人净过唻,今末＝篮球勿去打唻。<br>ŋo³⁴ n̠iŋ²⁴ dzia̤²⁴ kʌu⁰ lɐi⁰ ,tɕiɛ⁵ mɐʔ⁵ lɛ³³ dziɤ⁴⁴ vɐʔ² tɕʰi⁴⁴ ta̤⁴⁴ lɐi⁴⁴ 。 |
| 40 临海 | 我骑身缴＝呀,基＝日儿篮球弗打呀。<br>ŋe⁵² dzi²¹ ɕiŋ³¹ tɕiə⁵² iə⁰ ,tɕi³³ n̠iŋ⁵¹ lɛ²¹ dziu⁵¹ fəʔ⁵ ta̤⁵² iə⁰ 。 |
| 41 椒江 | 我骑身缴＝过爻,基＝日儿篮球弗打爻。<br>ŋo⁴² dzi³¹ ɕin³² tɕiɔ⁴² ku³³ ɔ⁰ ,tɕi³³ n̠iŋ⁴¹ lɛ²² dziu⁴¹ fəʔ⁵ ta̤⁴² ɔ⁰ 。 |
| 42 黄岩 | 我骑身缴＝过爻,基＝日儿篮球弗打爻。<br>ŋo⁴² dzi¹²¹ ɕin³² tɕiɔ⁴² ku³³ ɔ⁰ ,tɕi³² n̠in⁴¹ lɛ¹³ dziu⁴¹ fəʔ⁵ ta̤⁴² ɔ⁰ 。 |
| 43 温岭 | 我骑身缴＝过爻,己＝日儿篮球弗打爻。<br>ŋo⁴² dzi³¹ ɕin³³ tɕiɔ⁴² ku⁰ ɔ⁰ ,tɕi⁴² n̠in⁴¹ lɛ²⁴ dziu⁴¹ fəʔ⁵ ta̤⁴² ɔ⁰ 。 |
| 44 仙居 | 我洗过游＝呀,今日篮球弗打起。<br>ŋo²⁴ ɕi⁴³ ku⁵⁵ iɐu²¹ iəʔ⁰ ,tɕin³³ n̠iəʔ²³ la³⁵³ dziəɯ⁰ fəʔ⁵ na̤³¹ tɕʰi⁰ 。 |
| 45 天台 | 我骑身洗过落＝,今日篮球弗打落＝。<br>ɔ²¹ gi²¹ ɕiŋ³³ ɕi³² kou⁰ lɔʔ² ,kiŋ³³ n̠iɐʔ² lɛ²²⁴ dziu⁰ fuʔ¹ ta³² lɔʔ² 。 |
| 46 三门 | 我澡洗啦,今日儿弗打篮球啦。<br>ʊ³²⁵ tsɑu³²⁵ ɕi⁵³ la⁰ ,tɕiŋ³³ n̠iŋ²⁵² fəʔ⁵ tɛ³² lɛ¹³ dziu³¹ la⁰ 。 |
| 47 玉环 | 我骑身洗爻,基＝日儿篮球弗打爻。<br>ŋo⁵³ dzi⁴¹ ɕin⁴² ɕi⁵³ ɔ⁰ ,tɕi⁴² n̠iŋ⁴¹ lɛ²² dziu⁴¹ fɐʔ⁵ ta̤⁵³ ɔ⁰ 。 |

续表

| 方言点 | 0025 我洗过澡了，今天不打篮球了。 |
|---|---|
| 48 金华 | 我洗浴过了，今日儿弗去打篮球了。／我洗过浴了，今日儿弗去打篮球了。<br>ɑ⁵³⁵ ɕie⁵⁵ ioʔ²¹² guɤ¹⁴ ləʔ⁰, tɕiŋ³³ ȵi⁵⁵ fəʔ³ kʰɤ⁵⁵ taŋ⁵⁵ lɛ̃³¹ dʑiu¹⁴ ləʔ⁰。／ɑ⁵³⁵ ɕie⁵³ kuɤ⁵⁵ ioʔ²¹² ləʔ⁰, tɕiŋ³³ ȵi⁵⁵ fəʔ³ kʰɤ⁵⁵ taŋ⁵⁵ lɛ̃³¹ dʑiu¹⁴ ləʔ⁰。 |
| 49 汤溪 | 我浴洗过罢，今日弗打篮球了。<br>ɑ¹¹³ iou¹¹³ sie⁵² kuɤ⁵² bɑ¹¹³, ka³³ ȵiei¹¹³ fə⁵² na⁵² luɑ¹¹ tɕieɯ⁵² la⁰。 |
| 50 兰溪 | 我浴洗过嘞，今日篮球弗去搞嘞。<br>uɤ⁵⁵ iəʔ¹² sie⁵⁵ kuɤ⁴⁵ ləʔ⁰, tɕiəʔ³⁴ ȵie¹² luɑ²¹ dʑiəɯ²⁴ fəʔ³⁴ kʰi⁴⁵ kɔ³³⁴ ləʔ⁰。 |
| 51 浦江 | 我浴过啊，今日篮球弗去掼了。<br>ɑ⁵³ yɯ²⁴ kuⁿ⁰ ɑ⁰, tɕiən³³ ȵiə²⁴ lan²⁴ dʑiɤ³³⁴ fəʔ³ tʃʰi⁵⁵ guã²⁴ la⁰。 |
| 52 义乌 | 我浴洗过了，今日勿去打篮球了。<br>a³³ au³¹² si³³ kuɤ³³ lə⁰, tɕiən³³ nai⁴⁵ bəʔ² kʰai⁴⁵ ne⁴² lan²² dʑiɯai²² lə⁰。 |
| 53 东阳 | 我浴都洗过哇，弗去打球哇。<br>ŋʊ²⁴ iɐɯ²⁴ tu⁵⁵ ɕi⁵⁵ kʊ³³ uɐ³³, fɐ³³ kʰɯ³³ nɛ³³ dʑiəɯ³¹ uɐ⁰。 |
| 54 永康 | 我洗浴过咧，够ᵌ日弗打篮球咧。<br>ŋuo³¹ ɕi³³ iu¹¹³ kuɑ⁵² lia⁰, kɯ³³ ȵiə¹¹³ fə³³ nai³³⁴ la³¹ dʑiəu²² lia⁰。 |
| 55 武义 | 我浴洗过罢，格日篮球弗打罢。<br>a¹³ iə¹³ ɕi⁴⁴⁵ kuo⁵³ bɑ⁰, kəʔ⁵ nə¹³ nuo³²⁴ dʑiəu²¹ fəʔ⁵ na⁵⁵ bɑ⁰。 |
| 56 磐安 | 我洗过浴罢，今日儿弗打篮球哇。<br>ŋuɤ³³ ɕi³³ kuɤ⁵⁵ iʌo¹⁴ ba⁰, tɕiɐn³³ nen¹⁴ fə⁵⁵ nɛ³³ lan²¹ dʑiɐɯ²¹ uɐ⁰。 |
| 57 缙云 | 我洗浴过罢，今日弗打篮球罢。<br>ŋu³¹ sɿ⁴⁴ iə¹³ kuⁿ⁰ vɑ⁰, kei⁴⁴ ȵiei⁴⁵ fɛ⁴⁴ na⁵¹ la²¹ dʑiuŋ²⁴³ vɑ⁰。 |
| 58 衢州 | 我浴洗过啦，今日弗去打篮球啦。<br>ŋu⁵³ yəʔ¹² sɿ³⁵ ku⁵³ la⁰, tɕiəʔ⁵ ȵiə¹² fəʔ³ kʰi⁵³ tã³⁵ lã²¹ dʑiu²³¹ la⁰。 |
| 59 衢江 | 我浴得ᵌ洗掉去罢，国ᵌ日篮球弗打罢。<br>ŋaʔ² yəʔ² təʔ⁰ ɕie³³ tɔ⁵³ kʰɤ⁰ ba⁰, kuəʔ³ nəʔ⁵ lã²² tɕy⁵³ fəʔ³ nɛ²⁵ ba⁰。 |
| 60 龙游 | 奴洗过浴罢，今日弗去打篮球罢。<br>nu²² ɕi³⁵ kuⁿ⁰ iəʔ²³ bɑ⁰, gɛ²² nəʔ²³ fəʔ³ kʰəʔ⁴ dɛ²² lã²²⁴ dʑiəu²³¹ bɑ⁰。 |
| 61 江山 | 我浴洗过罢，今日弗捶篮球罢。<br>ŋɒ²² ioʔ² ɕi²⁴ kyə⁵¹ bɒ⁰, kɒʔ⁵ ləʔ² fəʔ⁵ dza²¹³ laŋ²² gɯ²¹³ bɒ⁰。 |
| 62 常山 | 我洗过浴罢，今日弗捶篮球罢。<br>ŋɑ²⁴ ɕi⁴³ tɕye⁵² iʌʔ³⁴ bɛ⁰, kəʔ⁴ nʌʔ⁰ fʌʔ⁴ dzɛ²² lã²⁴ dʑiu³⁴¹ bɛ⁰。 |

续表

| 方言点 | 0025 我洗过澡了，今天不打篮球了。 |
|---|---|
| 63 开化 | 我洗过浴呗，今日就弗捶篮球罢。<br>ŋa²¹ ɕi⁵³ tɕyɛ⁰ yoʔ¹³ bɛ⁰ , kã̀⁴⁴ na¹³ dʑiʊ²¹ fəʔ⁵ dzua²¹ la²¹ dʑiʊ²³¹ ba⁰ 。 |
| 64 丽水 | 我浴洗过罢，今日弗打篮球罢。<br>ŋuo⁴⁴ ioʔ²³ sɿ⁵⁴⁴ kuo⁰ buɔ⁰ , kɛ²³ nɛʔ²³ fəʔ⁵ nã̀⁴⁴ la²¹ tɕiəɯ⁵² buɔ⁰ 。 |
| 65 青田 | 我汏过浴罢，我今日弗去打篮球罢。<br>ŋu⁴⁵⁴ da²² ku⁰ iuʔ³¹ ba⁰ , ŋu⁴⁵⁴ kɛʔ²⁴ nɛʔ³¹ faʔ⁴ kʰi³³ nɛ³³ la²² dʑieu⁵³ ba⁰ 。 |
| 66 云和 | 我浴洗过哇，今日弗打篮球哇。<br>ŋo⁴⁴ ioʔ²³ sɿ⁴⁴ ko⁴⁵ ua⁰ , kɛ²⁴ na⁻²³ fuʔ⁴ nɛ⁴⁴ lã̀²²³ dʑiəɯ³¹ ua⁰ 。 |
| 67 松阳 | 是我洗浴过了，今日弗打篮球了。<br>ziʔ² ŋ⁻³¹ sɿə³³ ioʔ² ku⁰ lə⁰ , kæ̀²⁴ nɛʔ² fɤʔ⁵ nã̀³³ lɔ̃³³ gei³¹ lɔ⁰ 。 |
| 68 宣平 | 我浴洗过了，今日弗去打篮球了。<br>o²² yoʔ²³ sɿ⁴⁴ ko⁵⁵ lə⁰ , kəʔ⁵ nəʔ⁰ fuʔ⁵ kʰɯ⁴⁴ nɛ²² lã̀²² dʑiɯ⁴³ lə⁰ 。 |
| 69 遂昌 | 我洗过浴了，今日弗打篮球罢。<br>ŋɒ¹³ ɕie⁵³ ku⁰ iuʔ²³ lə⁰ , kɛʔ³ nɛ⁵ fəɯ̀⁵ tiaŋ⁵³ laŋ²² dʑiɯ²¹ ba⁰ 。 |
| 70 龙泉 | 我澡都洗过罢，今日弗打篮球罢。<br>ŋo⁴⁴ tsaʌ⁵¹ tɤɯ⁴⁵ ɕi⁴⁴ kou⁴⁵ ba⁰ , kE⁴⁴ nE²⁴ fɤɯ̀⁵ daŋ²¹ laŋ²¹ dʑiəu²¹ ba⁰ 。 |
| 71 景宁 | 我浴洗过哇，今日弗打篮球。<br>ŋo³³ oʔ²³ ɕi³³ ko³³ ua⁰ , kai⁵⁵ nɛʔ²³ fuʔ³ nɛ⁵⁵ lɔ³³ dʑiəɯ⁴¹ 。 |
| 72 庆元 | 我洗身了，直⁼日儿我否打篮球了。<br>ŋo²² ɕiE³³ ɕiəɣ³³⁵ lɔ³³ , tsɿ̀³⁴ næ⁵⁵ ŋo²² fɤ³³ næ̀⁵² lã̀⁵² tɕiɯ⁵² lɔ³³ 。 |
| 73 泰顺 | 我洗过浴了，吉⁼日否打篮球了。<br>ŋɔ⁵⁵ sɿ⁵⁵ kuɔ³⁵ ioʔ² lo⁰ , tsəiʔ² nɛʔ² fu⁵⁵ næi²² lã̀²¹ tɕiəu⁵³ lo⁰ 。 |
| 74 温州 | 我浴洗爻罢，该日篮球我否打罢。<br>ŋ¹⁴ io²¹² sei²⁵ uɔ⁰ ba⁰ , ke⁴⁵ ne²¹² la³¹ dʑiau²¹ ŋ¹⁴ fu²⁵ tie²⁵ ba⁰ 。 |
| 75 永嘉 | 我身体也洗爻罢，个日篮球届否走打罢。<br>ŋ¹³ saŋ⁵³ tʰei⁴⁵ a⁰ sɿ⁴⁵ ɔ⁰ ba¹³ , kai⁴³ ne²¹³ la³¹ dʑiau²¹ ka⁴³ fu⁴⁵ tsau⁴⁵ tɛ⁴⁵ ba⁰ 。 |
| 76 乐清 | 我身体洗爻罢，个日否打篮球罢。<br>ŋ²⁴ saŋ⁴² tʰi³⁵ si³⁵ ga⁰ be²⁴ , kai³⁵ ne²¹² fu³⁵ ta³² lE²² dʑiau³¹ be⁰ 。 |
| 77 瑞安 | 我浴洗爻罢，该日否打篮球罢。<br>ŋ¹³ yo²¹² sei³⁵ ɔ⁰ ba¹³ , ke³ ne²¹² fɯ³⁵ ta³³ lɔ³¹ dʑiau²¹ ba⁰ 。 |
| 78 平阳 | 我身体洗爻罢，该日否打篮球罢。<br>ŋ³³ saŋ³³ tʰi³⁵ si³³ ɔ⁴⁵ bA¹³ , ke³³ ne¹³ fu⁴⁵ tA³³ lɔ³³ dʒau²¹ bA¹³ 。 |

**续表**

| 方言点 | 0025 我洗过澡了，今天不打篮球了。 |
|---|---|
| 79 文成 | 我身体洗过吧，该日否去打篮球罢。<br>ŋ¹³ saŋ³³ tʰi³³ sei³³ ku³³ bɔ¹³，ke²¹ ne²¹ fu³⁵ kʰei³³ ta³³ lɔ²¹ dʒau²¹ bɔ²¹。 |
| 80 苍南 | 我身体洗过罢，该日否打球罢。<br>ŋ⁵³ saŋ⁴² tʰi⁵³ ɕi⁵³ ku⁰ ba²⁴，ke³ ne¹² fu⁵³ tia⁵³ dʑiau³¹ ba⁰。 |
| 81 建德徽 | 卬浴汏过罢，今朝弗去打篮球。<br>aŋ²¹³ yɐʔ¹² tʰa⁵⁵ ku⁵⁵ pɐ⁵，tɕin⁵³ tsɔ²¹³ fɐʔ⁵ kʰi³³ tɛ²¹ nɛ³³ tɕiɤɯ³³。 |
| 82 寿昌徽 | 咱洗过浴罢，今朝勿敲篮球罢。<br>tsa⁵² ɕi³³ ku³³ iɔ³¹ pɑ⁰，ken¹¹ tsɤ¹¹ uəʔ³ kʰɤ¹¹ læ̃¹¹ tɕʰiəɯ¹¹ pɑ⁰。 |
| 83 淳安徽 | 我洗洗浴罢，今朝不打篮球罢。<br>u⁵⁵ ɕi⁵⁵ ɕi⁵⁵ iaʔ¹³ pɑ⁰，ken²¹ tsɤ⁵⁵ pɐʔ⁵ tɑ̃³³ lɑ̃⁴³ tɕʰiu²⁴ pɑ⁰。 |
| 84 遂安徽 | 我今日洗洗浴嘞，不打篮球嘞。<br>kɔ³³ kəɯ⁵⁵ i²¹ ɕi³³ ɕi³³ lu²¹ le³³，pəɯ²⁴ tɑ²¹³ lɑ̃³³ tɕʰiu³³ le³³。 |
| 85 苍南闽 | 我身躯洗过了，今在唔拍篮球了。<br>gua³² ɕin³³ ku⁵⁵ sue⁴³ kə²¹ lə⁰，kĩɑ̃²⁴ tsai²¹ m²¹ pʰa⁴³ lan²¹ kiu²⁴ lə⁰。 |
| 86 泰顺闽 | 我身体洗了，今早唔拍篮球了。<br>ŋa³⁴⁴ sieŋ²¹ tʰei³⁴⁴ sei³⁴⁴ løʔ⁰，kieŋ²¹ tsa²² n²² pʰa²² læŋ²² kʰiøu²² løʔ⁰。 |
| 87 洞头闽 | 我身躯洗浪˭啦，今日唔拍篮球啦。<br>gua³³ ɕin³³ ku³³ sue⁴² loŋ²¹ la⁰，kĩɑ̃²¹² dʑiek²⁴ m²¹ pʰa⁵³ lan²¹ kiu²⁴ la⁰。 |
| 88 景宁畲 | 我洗过浴阿˭，今晡无打篮球阿˭。<br>ŋɔi⁴⁴ sai⁵⁵ ku⁴⁴ ioʔ² a⁰，kin⁴⁴ pu⁴⁴ ŋ²² taŋ⁵⁵ lon²² kiəu²² a⁰。 |

| 方言点 | 0026 我算得太快算错了，让我重新算一遍。 |
|---|---|
| 01 杭州 | 我算了太快算错嗰，让我重新算一遍过。<br>ŋəu⁵³ suo⁴⁵ lə⁰ tʰɛ³³ kʰue⁴⁵ suo³³ tsʰəu⁴⁵ taʔ⁰，zaŋ¹³ ŋəu⁵³ dzoŋ²² ɕin⁴⁵ suo⁴⁵ ieʔ⁵ pie⁰ ku⁰。 |
| 02 嘉兴 | 我算得忒快算错哩，让我俫重新算一遍。<br>ŋ²¹ suə³³ təʔ⁵ tʰəʔ⁵ kʰuA¹³ suə³³ tsʰou⁴² li²¹，n̠iA¹³ ŋ¹³ ŋou¹³ zoŋ¹³ ɕin³³ suə³³ ieʔ⁵ pie²¹。 |
| 03 嘉善 | 我算来忒快算错敌⁼，让我再算遍。<br>ŋ¹³ sø⁵⁵ le⁰ tʰəʔ² kʰua³⁵ sø⁵⁵ tsʰo⁰ dieʔ²，n̠iæ̃²² ŋ³¹ tse⁴⁴ sø³⁵ piɪ⁰。 |
| 04 平湖 | 我算来忒快，算错啦哩，让我再算遍。<br>ŋ²¹³ sø³³⁴ le⁰ tʰəʔ²³ kʰua³³⁴，sø⁴⁴ tsʰo⁰ la⁴⁴ li⁰，n̠iã²¹³ ŋ⁵³ tsɛ³³⁴ sø⁴⁴ pie⁰。 |
| 05 海盐 | 我诺⁼算来忒快，算错哩，让我再算遍。<br>ɔʔ²³ nɔʔ²³ sɤ³³ le³¹ tʰɤ²¹ kʰua³³⁴，sɤ³³ tsʰo⁵³ li²¹，n̠iã¹³ u²¹ tsɛ⁵⁵ sɤ³³⁴ pie²¹。 |
| 06 海宁 | 我算来太快算错哩，让我再来算遍。<br>u⁵³ sɛ⁵³ le⁵³ tʰəʔ⁵ kʰua⁵⁵ sɛ⁵⁵ tsʰo⁵³ li⁰，n̠iã¹³ ŋ³¹ tsɛ⁵⁵ le⁵³ sɛ³⁵ pie⁵³。 |
| 07 桐乡 | 我算得忒加快咧，算差脱咧，让我再算一遍。<br>u⁵³ sɛ³³ təʔ⁵ tʰəʔ³ ka⁴⁴ kʰua³³⁴ liə⁰，sɛ³³ tsʰo⁴⁴ tʰəʔ⁰ liə⁰，n̠iã²¹ u⁵³ tsɛ³³ sɛ³³ iəʔ³ piɛ³³⁴。 |
| 08 崇德 | 我葛显⁼算来忒加快，算差嗰，让我重头再算过一遍。<br>o⁵³ kəʔ³ ɕiɪ³ sɛ³³ le⁰ tʰəʔ³ kaʔ⁵ kʰua³³⁴，sɛ³³ tsʰo⁴⁴ də⁰，n̠iã²¹ o⁵³ zoŋ²¹ dɤw⁴⁴ tsɛ³³ sɛ³³ ku³³ iəʔ⁵ pʰiɪ⁰。 |
| 09 湖州 | 我算得忒加快牢⁼算错[嗰嗳]，让我重新算界⁼一遍看。<br>ŋ⁵³ sɛ⁵³ təʔ⁵ tʰəʔ⁵ kaʔ⁵³ kʰua³⁵ lɔ³³ sɛ⁵³ tsʰəu⁵³ də³¹，n̠iã¹³ ŋ³¹ dzoŋ²² ɕin¹³ sɛ³³ ka³⁵ ieʔ⁵ pie⁰ kʰɛ⁰。 |
| 10 德清 | 是我算来忒界⁼快[嗰嗳]，弄错[嗰嗳]，重新来一遍。<br>zuoʔ² ŋəu³⁵ søʉ³¹ le¹³ tʰəʔ² ka³⁵ kʰua⁵³ dɛ¹³，loŋ³³ tsʰəu³³ dɛ¹³，zoŋ¹³ ɕin³³ le³¹ ieʔ² pie¹³。 |
| 11 武康 | 我算特⁼太快算错[嗰嗳]，让我重新再来遍。<br>ŋo³⁵ sø³³ dəʔ² tʰɛ⁴⁴ kʰa⁴⁴ sø⁵³ tsʰu⁵³ dɛ³⁵，iã⁵³ ŋo¹³ dzoŋ³¹ ɕin³⁵ tsɛ⁵³ le³¹ piɪ¹³。 |
| 12 安吉 | 我算得太快嘞，算错嘞，让我重新再算一遍。<br>ŋo²¹³ sɛ³² təʔ⁰ tʰa³² kʰua³² le⁰，sɛ³² tsʰʊ³²⁴ le⁰，n̠iã²¹ ŋo²¹³ dzoŋ²² ɕin²² tsɛ³² sɛ³² iɛʔ³ pi³²。 |
| 13 孝丰 | 我算得太快，算错嘞，让我再算一遍。<br>ŋuoʔ²³ sɛ³² təʔ⁰ tʰa³² kʰua³²⁴，sɛ³² tsʰu²¹ le⁰，n̠iã³² ŋuoʔ²³ tsɛ³²⁴ se³²⁴ ieʔ⁵ piɪ³²⁴。 |
| 14 长兴 | 是我算得太快，算错脱嘞，让我重新算一遍。<br>zəʔ² ŋ⁵² sɯ³² təʔ⁰ tʰE³² kʰua³²⁴，sɯ³² tsʰəu³²⁴ tʰəʔ⁵ le⁰，n̠iã²⁴ ŋ⁵² dzoŋ¹² ʃiŋ³³ sɯ³² ieʔ² pi³²⁴。 |

续表

| 方言点 | 0026 我算得太快算错了，让我重新算一遍。 |
|---|---|
| 15 余杭 | 是我算得介快个算睐，让我再算一遍。<br>zoʔ⁵ ŋ⁵³ søɤ⁵³ təʔ⁵ ga³³ kʰua⁵³ oʔ² søɤ³³ tsʰu⁵³ lɛ¹³ , n̥iɑ̃³³ ŋ⁵³ tsɛ⁵⁵ søɤ⁵³ ieʔ⁵ piẽ³⁵ 。 |
| 16 临安 | 我算得忒快睐算错睐，侬让我再算一遍添。<br>ŋuo³⁵ sœ⁵⁵ təʔ⁵ tʰɐʔ⁵ kʰua⁵⁵ lɛ³¹ sœ⁵³ tsʰuo³⁵ lɛ⁵³ , noŋ¹³ z ɑ̃³³ ŋuo³¹ tsɛ⁵³ sœ⁵⁵ ieʔ⁵ pie⁵³ tʰie³¹ 。 |
| 17 昌化 | 我算得太快，算错了，让我侬重新算一遍。<br>a²⁴ sɛ̃⁵⁴⁴ təʔ⁵ tʰa⁵⁴ kʰua⁵⁴⁴ , sɛ̃⁵⁴ tsʰu⁵⁴⁴ lɛ⁰ , n̥iã²⁴ a²³ nəŋ⁴⁵ zəŋ¹¹ ɕiəŋ³³⁴ sɛ̃⁵⁴⁴ iɛʔ⁵ pi ĩ⁵⁴⁴ 。 |
| 18 於潜 | 我做得太快，做错嘞，让我再做一回好嘞。<br>ŋu⁵¹ tsu³⁵ təʔ² tʰe³⁵ kʰua³⁵ , tsu³⁵ tsʰu³⁵ liæʔ² , n̥iaŋ²⁴ ŋu⁵¹ tsɛ³⁵ tsu³⁵ ieʔ⁵³ ue²⁴ xɔ⁵³ liæʔ² 。 |
| 19 萧山 | 我算勒太快算错敌꞊，扮我重新算过。<br>ŋo¹³ sə³³ ləʔ¹³ tʰaʔ⁵ kʰua³³ sə³³ tsʰo⁵³ die²¹ , pɛ³³ ŋo¹³ dʑyoŋ¹³ ɕiŋ³³ sə⁵³ ku²¹ 。 |
| 20 富阳 | 我算勒忒快算错嘚，让我重新算一遍。<br>ŋo²²⁴ sɛ³³⁵ lɛʔ⁰ tʰɛ²⁵ kʰua³³⁵ sɛ³³⁵ tsʰʊ³³⁵ tɛʔ⁰ , iɑ̃³³⁵ ŋo²²⁴ dzoŋ¹³ ɕin⁵⁵ sɛ³³⁵ iɛʔ⁵ piɛ̃³³⁵ 。 |
| 21 新登 | 我算勒忒快算错嘞，让我重新算一遍。<br>u³³⁴ sɛ⁴⁵ laʔ⁰ tʰaʔ⁵ kʰua⁴⁵ sɛ⁵³ tsʰu⁴⁵ laʔ⁰ , iɑ̃¹³ u³³⁴ dzoŋ²³³ sein⁵³ sɛ⁴⁵ iəʔ⁵ pi ɛ̃⁴⁵ 。 |
| 22 桐庐 | 我算得太快算错嘞，让我重新算一遍添。<br>ŋo³³ sɛ³³ təʔ⁵ tʰ A³³ kʰuA³⁵ sɛ³³ tsʰu³⁵ ləʔ²¹ , niã¹³ ŋo³³ dzoŋ¹³ ɕiŋ³⁵ sɛ³³ iəʔ⁵ pie³³ tʰie⁴² 。 |
| 23 分水 | 我算得太快，算错了，让我重新算一遍。<br>ŋo⁴⁴ suã²⁴ təʔ⁵ tʰe²⁴ kʰuɛ²⁵ , suã²⁴ tsʰo²⁴ laʔ⁰ , zã²⁴ ŋo⁵³ dzoŋ²¹ ɕin²² suã²⁴ iəʔ⁵ pi ɛ̃²⁴ 。 |
| 24 绍兴 | 我忒个快算错哉，让我重新再算一遍。<br>ŋo²² tʰ əʔ³ kəʔ⁵ kʰua³³ sø̃³³ tsʰo³³ zɛ²³¹ , n̥iaŋ²² ŋo⁵³ dzoŋ²² ɕiŋ³³ tsɛ³³ sø̃³³ ieʔ³ piɛ̃³³ 。 |
| 25 上虞 | 我算得忒快算错哉，让我再算算。<br>ŋʊ²¹ sø̃⁵³ təʔ² tʰiəʔ² kʰua⁵⁵ sø̃⁵⁵ tsʰu⁵⁵ tsɛ³³ , n̥iã²¹ ŋʊ²¹ tsɛ⁵⁵ sø̃⁵⁵ sø̃⁰ 。 |
| 26 嵊州 | 我算得快猛，算错带꞊哉，带꞊我重新算遍添。<br>ŋo²⁴ sœ̃³³ təʔ³ kʰua³³ maŋ³³⁴ , sœ̃³³ tsʰo³³ ta³³ tsɛ³³⁴ , ta³³ ŋo³³ dzoŋ²² ɕiŋ³³ sœ̃³³ pi ẽ³³ tʰi ẽ⁵³ 。 |
| 27 新昌 | 我个账算得忒快了，算赚了，搭我重新算遍凑。<br>ŋɤ¹³ kɤʔ³ tsaŋ⁴⁵ sœ̃³³ teʔ³ tʰiɛʔ⁵ kʰua³³ le²³² , sœ̃³³ dzɛ̃²² le²³² , tɤʔ³ ŋɤ²³² dzoŋ¹³ ɕiŋ³³ sœ̃³³ pi ẽ³³ tɕʰiɯ³³⁵ 。 |
| 28 诸暨 | 我算得忒快算错啊，让我重新算一卯。<br>ŋɤu¹³ sə³³ təʔ⁵ tʰoʔ⁵ kʰuA²¹ sə³³ tsʰo⁴² A²¹ , iã²¹ ŋɤu¹³ dzom²¹ ɕin³³ sə³³ ieʔ⁵ mɔ²¹ 。 |

| 方言点 | 0026 我算得太快算错了，让我重新算一遍。 |
|---|---|
| 29 慈溪 | 我忒快算错唻哉，我再算一遍看。<br>ŋo¹³tʰaʔ⁵kʰua⁴⁴sø̃⁴⁴tsʰəuˀlɔ̃¹³tse⁰,ŋo¹³tse⁴⁴sø̃⁴⁴iəʔ²piẽ⁰kʰɛ̃⁴⁴。 |
| 30 余姚 | 我算得忒快算错哉，让我再算一遍看。<br>ŋo¹³sø̃⁴⁴tiəʔ²tʰəʔ⁵kʰua⁴⁴sø̃⁴⁴tsʰou⁴⁴tse⁰,ȵiaŋ¹³ŋo¹³tse⁴⁴sø̃⁴⁴iəʔ⁵piẽ⁴⁴kʰẽ⁴⁴。 |
| 31 宁波 | 我算勒偷═快算赚嘞，拨我再重新算一遍。<br>ŋo¹³sø̃⁴⁴laʔ²tʰœy⁴⁴kʰua⁴⁴sø̃⁴⁴dze⁴⁴laʔ²,paʔ²ŋo¹³tse⁴⁴dzoŋ²²ɕiŋ⁴⁴sø̃⁴⁴iəʔ²pi⁰。 |
| 32 镇海 | 我算勒忒快算错来，拨我重新再算一遍。<br>ŋo²⁴sø̃³³laʔ¹²tʰe³³kʰua³³sø̃³³tsʰəu⁵³le⁰,paʔ⁵ŋo²⁴dzoŋ²⁴ɕiŋ³³tse⁵³sø̃³³ieʔ⁵pi⁰。 |
| 33 奉化 | 我算勒忒快算赚来，拨我再算一回。<br>ŋəu³³sø̃⁴⁴laʔ²tʰaʔ⁵kʰua⁵³sø̃⁴⁴dzɛ⁰le⁰,paʔ⁵ŋəu⁰tse⁴⁴sø̃⁴⁴iɪʔ⁵uei⁰。 |
| 34 宁海 | 我算得忒快算赚合═来═，搭我再算遍凑。<br>ŋo³¹sø̃³⁵təʔ³tʰəu³³kʰua³⁵sø̃³⁵dzɛ²²aʔ³lei⁰,taʔ³ŋo³¹tsɛ³³sø̃³⁵pie³³tsʰəu³⁵。 |
| 35 象山 | 我算得太快算赚嘞，笃═我重新算一遍。<br>ŋəu³¹sɯ⁵³taʔ⁵tʰa⁴⁴kʰua⁴⁴sɯ⁴⁴dzɛ¹³lei⁰,toʔ⁵ŋəu³¹dzoŋ³¹ɕiŋ⁴⁴sɯ⁴⁴ieʔ⁵pi⁰。 |
| 36 普陀 | 我算了忒快算错唻，拨我重新算一遍过。<br>ŋo²³sø̃³³lɐʔ⁰tʰəʔ⁵kʰua³³sø̃⁵⁵tsʰəu⁵³lɛ⁰,poʔ⁵ŋo⁵⁵dzoŋ³³ɕiŋ⁴⁵sø̃⁵⁵iɛʔ⁰pi⁰kəu⁰。 |
| 37 定海 | 我算了忒快算赚唻，再拨我算遍看。<br>ŋo²³sø̃⁴⁴lɐʔ⁰tʰəʔ⁵kʰua⁴⁴sø̃⁴⁴dzɛ⁰lɐi⁰,tse⁵²poʔ³ŋo⁴⁴sø̃⁴⁴pi⁰kʰɛ⁰。 |
| 38 岱山 | 我算忒快算赚唻，我再算算看。<br>ŋo²³sø̃⁴⁴tʰɐʔ⁵kʰua⁴⁴sø̃⁴⁴dzɛ⁴⁴lɐi⁰,ŋo²³tse⁵²sø̃⁴⁴sø̃⁴⁴kʰɛ⁴⁴。 |
| 39 嵊泗 | 我算忒快啦算脱═唻，我再算一遍好唻。<br>ŋo³⁴ɕy⁴⁴tʰɐʔ⁵kua⁴⁴laʔ⁰ɕy⁴⁴tʰɐʔ⁰lɐi⁰,ŋo³⁴tse⁴⁴ɕy⁴⁴iɐʔ³pi⁰xɔʔ⁰lɐi⁰。 |
| 40 临海 | 我算了快猛呀，算赚算爻，搭我重算一遍。<br>ŋe⁵²sø̃⁵⁵ləʔ⁰kʰua⁵⁵mã̃⁵²iə⁰,sø̃³³dzɛ⁴⁴sø̃³³ɔ⁰,təʔ⁵ŋe⁵²dʑyoŋ²²sø̃⁵⁵ieʔ³pi³³。 |
| 41 椒江 | 我算得快猛险，算赚爻，借我转算一遍。<br>ŋo⁴²sø̃⁵⁵təʔ⁰kʰua⁵⁵mã̃⁴²ɕie⁴²,sø̃³³dzɛ²²ɔ⁴¹,tɕia³³ŋo⁴²tsø̃⁴²sø̃⁵⁵ieʔ³pie⁰。 |
| 42 黄岩 | 我算快猛爻，算赚爻，搭我转算一遍。<br>ŋo⁴²sø̃⁵⁵kʰua⁵⁵mã̃⁴²ɔ⁰,sø̃⁵⁵dzɛ¹²¹ɔ⁴¹,təʔ⁵ŋo⁴²tsø̃⁴²sø̃⁵⁵ieʔ³pie⁰。 |
| 43 温岭 | 我算得忒快爻，算赚算爻，让我转算一遍。<br>ŋo⁴²sø̃⁵⁵təʔ⁰tʰəʔ⁵kʰua⁵⁵ɔ⁰,sø̃³⁵dzɛ⁴⁴sø̃³³ɔ⁰,ȵia¹³ŋo⁴²tɕyø⁴²sø̃⁵⁵iʔ³pie⁰。 |
| 44 仙居 | 我算得太快算错哇，让我算遍凑。<br>ŋo²⁴sø̃⁵⁵ɖiəʔ⁵tʰa⁵⁵kʰua⁵⁵sø̃⁵⁵tsʰo⁵⁵uɑʔ⁰,zia³³ŋo³²⁴sø̃⁵⁵ɓie⁰tsʰɯ⁵⁵。 |

续表

| 方言点 | 0026 我算得太快算错了，让我重新算一遍。 |
|---|---|
| 45 天台 | 我算来快猛算错阿＝落＝，让我算遍凑。<br>ɔ²¹sø³³le⁰kʰua⁵⁵ma²¹sø³³tsʰo³³aʔ¹lɔʔ²，n̠ia³³ɔ²¹sø³³pie⁰tsʰeu⁵⁵。 |
| 46 三门 | 我算得介快，算错了，让我再算一遍凑。<br>ʋ³²⁵sø⁵⁵tɐʔ⁰ka⁵⁵kʰua⁵⁵，sø⁵⁵tsʰo⁵⁵la⁰，ziã²⁴ʋ³²⁵tse⁵⁵sø⁵⁵ieʔ³pie³³⁴tsʰɤɯ³³⁴。 |
| 47 玉环 | 我算得忒快算赚爻，让我转算一遍。<br>ŋo⁵³sø⁵⁵tɐʔ⁰tʰɐʔ⁵kʰua⁵⁵sø³³dzɐ⁴⁴ɔ⁰，n̠ia²²ŋo⁵³tɕyø⁵³sø⁵⁵iɐʔ³pie³³。 |
| 48 金华 | 我算得太快了，算赚了，让我再算一遍过。<br>a⁵³⁵sɤ⁵⁵tə⁰tʰe⁵⁵kʰua⁵⁵ləʔ⁰，sɤ⁵⁵dza¹⁴ləʔ⁰，n̠iaŋ¹⁴a⁵³⁵tse⁵⁵sɤ⁵⁵iəʔ³pie⁵⁵kuɤ⁰。 |
| 49 汤溪 | 我算得忒快算错罢，让我再算记过。<br>a¹¹³sɤ⁵²tə⁰tʰə⁵²kʰua⁵²sɤ⁵²tsʰuɤ⁵²ba¹¹³，n̠iɔ³⁴¹a¹¹³tse⁵²sɤ⁵²tɕie⁵²kuɤ⁰。 |
| 50 兰溪 | 我算勒忒快算赚嘞，让我重新算遍添。<br>uɤ⁵⁵sɤ⁴⁵ləʔ⁰tʰəʔ³⁴kʰua⁴⁵sɤ⁴⁵dzua²⁴ləʔ⁰，n̠iaŋ²⁴uɤ⁵⁵dzioŋ²¹sin³³⁴sɤ⁴⁵pie⁵⁵tʰia³³⁴。 |
| 51 浦江 | 我算得忒快，算赚了，我再算算过。<br>a⁵³sə̃³³tə³³tʰə⁵⁵kʰua³³⁴，sə̃³³dzã¹¹la⁰，a⁵³tsa⁵⁵sə̃³³sə̃³³kɯ⁵⁵。 |
| 52 义乌 | 我算来＝忒快了算赚了，野＝我重新算遍添。<br>a³³sɿ⁴⁵le³³tʰai³³kʰua⁴⁵ləʔ⁰sɿ⁴⁵dzã²⁴lə⁰，ia³³a⁴⁵dzoŋ²²sən³³sɿ⁴⁵pie³³tʰia³³⁵。 |
| 53 东阳 | 我算得忒快算错哇，让我重新算一遍。<br>ŋo²⁴sɯ³³tei³³tʰei³³kʰua²⁴sɯ³³dzɔ²³uɐ³³，n̠ciɔ²²ŋo²⁴tsʰɔm³⁵ɕiɐn⁵⁵sɯ³³i²²pi³¹。 |
| 54 永康 | 我算忒快算赚去，担我再算遍添。<br>ŋuo³¹sɤ⁵²tʰəi⁵⁵tɕʰya⁵²sɤ⁵²dza²⁴¹kʰɯ⁰，naŋ⁵²ŋuo¹¹³tsəi⁵²sɤ⁵²ɓie³³tʰia⁵⁵。 |
| 55 武义 | 我算勒忒快算赚罢，让我再算遍添呢。<br>a¹³sɤ⁵³ləʔ⁰tʰəʔ⁵tsʰua⁵⁵sɤ⁵³dzu⁵³ba⁰，n̠iaŋ⁵³a¹³tsa⁵³sɤ⁵³mie⁵⁵tʰie²⁴nə⁰。 |
| 56 磐安 | 我算得忒快算赚哇，让我再算一遍过。<br>ŋuɤ³³sɯ⁵⁵tɕi⁰tʰei³³kʰua⁵²sɯ⁵²dzɤ¹⁴uə⁰，n̠iɐ¹⁴uɤ³³tse⁵⁵sɯ⁵⁵iɛ³³pie⁵⁵kuɤ⁰。 |
| 57 缙云 | 我算忒快算赚落＝，乐我再算遍添。<br>ŋu³¹sɛ⁴⁵³tʰei⁴⁴kʰuɑ⁴⁵³sɛ⁴⁵³dzɑ²¹³lɔ⁰，ŋɔ²¹ŋu³¹tsei⁴⁵³sɛ⁴⁵³pie⁴⁵³tʰia⁴⁴。 |
| 58 衢州 | 我算得太快啦，算错啦，让我算一遍过。<br>ŋu⁵³sə̃⁵³də²ʔ⁰tʰɛ⁵³kʰuɛ⁵³lɑ⁰，sə̃⁵³tsʰu⁵³lɑ⁰，n̠ia²³¹ŋu⁵³sə̃⁵³iəʔ³pie⁵³kɯ⁵³。 |
| 59 衢江 | 我算勒忒快算错罢，让我算记过。<br>ŋaʔ²sɛ³³ləʔ⁰tʰəʔ³kʰua⁵³sɛ³³tsʰou⁵³ba⁰，n̠ỹã²³¹ŋaʔ²sɛ⁵³tɕiəʔ⁰kuo⁵³。 |
| 60 龙游 | 奴算得忒快算错罢，让奴算遍过。<br>nu²²suei⁵¹dəʔ⁰tʰəʔ³kʰuɑ⁵¹suei³³tsʰu⁵¹ba⁰，n̠ĩã²³¹nu²²suei⁵¹pie⁰kɯ⁵¹。 |

| 方言点 | 0026 我算得太快算错了，让我重新算一遍。 |
|---|---|
| 61 江山 | 我算得忒快罢，算错罢，得我算个遍凑。<br>ŋɒ²² sʋŋ⁴⁴ dəʔ⁰ tʰʋʔ⁴ kʰua⁵¹ bɒ⁰，sʋŋ⁴⁴ tsʰɔ⁵¹ bɒ⁰，təʔ⁵ ŋɒ²² sʋŋ⁴⁴ piɛ̃⁵¹ tsʰɯ⁵¹。 |
| 62 常山 | 我算得忒快算差罢，让我算过。/我算得忒快算差罢，让我重新算一遍。<br>ŋa²⁴ s ɔ̃⁴³ tʌʔ⁵tʰʌʔ⁵ kʰuɛ⁵² s ɔ̃⁴⁵ tsʰɔ⁰ bɛ⁰，ȵi ã²² ŋa²⁴ s ɔ̃⁴⁴ tɕye³²⁴。/ŋa²⁴ s ɔ̃⁴³ tʌʔ⁵tʰʌʔ⁵ kʰuɛ⁵²sɔ̃⁵²tsʰɔ⁴³ bɛ⁰，ȵia²² ŋa²⁴ dzoŋ²⁴ s ĩ⁴⁴ s ɔ̃⁵² ieʔ⁴ pi ɛ̃³²⁴。 |
| 63 开化 | 我算得忒快算错呗，得我算遍凑。<br>ŋa²¹ sʋŋ⁵³ dəʔ⁰tʰɔʔ⁵ kʰua⁴¹²sʋŋ⁴⁴tsʰuo⁴¹²bɛ⁰，təʔ⁵ ŋa²¹ sʋŋ⁵³ pi ɛ̃⁰ tsʰɯ⁴¹²。 |
| 64 丽水 | 我算得忒快算赚了罢，让我重新再算一遍。<br>ŋuo⁴⁴ suɛ⁵² tiʔ⁰ tʰəʔ⁴ kʰuɔ⁵² suɛ⁴⁴ dã¹³¹ lə⁰ buɔ⁰，ȵia²¹ ŋuo⁴⁴ dzioŋ²² sen²²⁴ tsɛ⁵² suɛ⁵² iʔ⁴ piɛ⁵²。 |
| 65 青田 | 我算了忒快算赚爻罢，乞我再算一遍过。<br>ŋu⁴⁵⁴ suɐ³³ lɛ⁰ tʰaʔ⁴ kʰua³³ suɐ³³ dza²² ko⁰ bɑ⁰，kʰɑ³³ ŋu⁴⁵⁴ tsɛ⁵⁵ suɐ³³ iæʔ⁴ ɓia³³ ku³³。 |
| 66 云和 | 我算得忒快算错了，让我再算一遍。<br>ŋɔ⁴⁴ suɛ⁴⁵ tiʔ⁰ tʰaʔ⁴ kʰua⁴⁵ suɛ⁴⁴ tsʰu⁴⁵ lɑɔ⁰，ȵi ã²²³ ŋɔ⁴⁴ tsa⁴⁵ suɛ⁴⁵ iʔ⁴ piɛ⁴⁵。 |
| 67 松阳 | 是我算得忒快算错了，乞我重新再算遍过。<br>ʑiʔ² ŋ³¹ sæ²⁴ lɛʔ⁰ tʰɛʔ⁵ kʰua²⁴ sæ²⁴ tsʰu²⁴ lɔ⁰，kʰaʔ⁵ ŋ²² dzioŋ²¹ ɕin⁵³ tsɛ²⁴ s æ²⁴ pi ɛ̃⁰ ku⁰。 |
| 68 宣平 | 我算得忒快算赚了，让我再算遍过。<br>o⁴⁴ sə⁵⁵ tiəʔ⁰ tʰiəʔ⁴ kʰua⁵² sə⁴⁴ dza²³¹ lə⁰，ȵia²³¹ o²² tsei⁴⁴ sə⁵⁵ piɛ⁴⁴ ko⁰。 |
| 69 遂昌 | 我算得忒快算错了，乞我再算一遍过。<br>ŋo¹³ s ɛ̃³³ tiʔ⁰ tʰɛʔ⁵ kʰua³³ s ɛ̃³³ tsʰu³³ lə⁰，kʰaʔ⁵ ŋo¹³ tsei⁴⁵ s ɛ̃³³ iʔ⁵ pi ɛ̃³³ ku⁰。 |
| 70 龙泉 | 我算太快算错唠，台=我算遍添。/我算太快算错唠，台=我算遍过。<br>ŋo⁴⁴ suɯ⁴⁵ tʰa⁴⁴ kʰua⁴⁵ suɯ⁴⁴ tsʰo⁴⁵ laʌ⁰，dɛ²¹ ŋo⁵¹ suɯ⁴⁴ piɐ⁴⁴ tʰiɛ⁴³⁴。/ŋo⁴⁴ suɯ⁴⁵ tʰa⁴⁴ kʰua⁴⁵ suɯ⁴⁴ tsʰo⁴⁵ laʌ⁰，dɛ²¹ ŋo⁵¹ suɯ⁴⁴ piɐ⁴⁴ kou⁴⁵。 |
| 71 景宁 | 我算忒快错爻罢，乞我算遍添。<br>ŋo³³ sœ³⁵ tʰai³³ kʰuɔ³⁵ tsʰɔ⁵ kɑu³³ ba⁰，kʰaʔ³ ŋo³³ sœ³⁵ piɛ³⁵ tʰiɛ³²。 |
| 72 庆元 | 我算得忒快算错了，乞我再算一次过。<br>ŋo²² s æ̃¹¹ ɖiʔ⁵ tʰɤʔ⁵ kʰua¹¹ s æ̃¹¹ tsʰo¹¹ lɔ³³，kʰɤ³³ ŋo²² tsæi¹¹ s æ̃¹¹ iəuʔ⁵ tsʰ ʅ¹¹ kuɤ¹¹。 |
| 73 泰顺 | 我算得忒快算错爻罢，乞我重新算一遍过。<br>ŋo⁵⁵ sœ³⁵ tiʔ⁵ tʰəiʔ⁵ kʰua³⁵ sœ³⁵ tsʰoʔ⁵ kɑɔ⁰ pa⁰，kʰo²² ŋo⁵⁵ t ɔ̃²¹ səŋ²¹³ sœ³⁵ ieʔ⁵ pi ã²¹³ kuɔ³⁵。 |
| 74 温州 | 我算忒快爻算赚爻罢，乞我再算遍添。<br>ŋ¹⁴ sø⁵¹ tʰɤu³ kʰa⁵¹ uɔ⁰ sø⁴² dza²² uɔ⁰ ba¹⁴，ha⁰ ŋ¹⁴ tsei⁵¹ sø⁵¹ pi⁰ tʰi³³。 |

续表

| 方言点 | 0026 我算得太快算错了，让我重新算一遍。 |
|---|---|
| 75 永嘉 | 乞我算忒快算赚爻罢，我介再新算遍添。<br>kʰa⁴³ ŋ¹³ sø⁵³ tʰo⁴³ kʰa⁵³ sø⁵³ dza²² gɔ⁰ ba⁰，ŋ¹³ ka⁴³ tse⁵³ saŋ⁴⁴ sø⁵³ pi⁵³ tʰiɛ⁴⁴。 |
| 76 乐清 | 我算忒快算赚爻罢，乞我重新算遍添。<br>ŋ²⁴ sø⁴¹ tʰo³ kʰue⁴¹ sø⁴¹ dʑiɛ²² ga⁰ be⁰，kʰa³² ŋ²⁴ dʑyɯʌ²² saŋ⁴⁴ sø⁴¹ piɛ⁰ tʰiɛ⁴⁴。 |
| 77 瑞安 | 我算忒快算赚爻罢，乞我重新算遍添。<br>ŋ¹³ sø⁵³ tʰou³ kʰa⁵³ sø⁵³ dzɿ²² ɔ⁰ ba⁰，kʰɔ³³ ŋ¹³ dʑyo²² saŋ⁴⁴ sø⁵³ pi³³ tʰi⁴⁴。 |
| 78 平阳 | 我算得秃⁼快算赚罢，乞我再算一遍添。<br>ŋ³³ sø³³ te²¹ tʰu³³ kʰʌ⁴² sø³³ dʒɔ³³ bʌ²¹，kʰai¹³ ŋ³⁵ tʃe⁴⁵ sø³³ i⁴⁵ pie⁴² tʰye⁵⁵。 |
| 79 文成 | 我算得太快算赚罢，乞我重新算一遍。<br>ŋ¹³ sø³³ te²¹ tʰa³³ kʰɔ³³ sø³³ dʒɔ²¹ bɔ²¹，kʰa³³ ŋ¹³ dʑyo²¹ seŋ³⁵ sø³³ i³³ pie²¹。 |
| 80 苍南 | 我算太快算赚爻罢，乞我重新算番⁼添。<br>ŋ⁵³ sø⁴² tʰa³³ kʰia⁴² sø⁴² za¹¹ ga⁰ ba⁰，kʰɛ⁴² ŋ⁵³ dʑyɔ¹¹ saŋ⁴⁴ sø⁴² hua⁴² tʰia⁴⁴。 |
| 81 建德徽 | 卬算得忒快算错罢，让卬算遍过。/卬算得忒快算错罢，让卬再算一遍。<br>aŋ²¹³ sɛ³³ tɐʔ⁵ tʰɐʔ⁵ kʰua³³ sɛ³³ tsʰu³³ pɐʔ⁵，ȵie⁵⁵ aŋ²¹³ sɛ³³ pie⁵⁵ ku³³。/aŋ²¹³ sɛ³³ tɐʔ⁵ tʰɐʔ⁵ kʰua³³ sɛ³³ tsʰu³³ pɐʔ⁵，ȵie⁵⁵ aŋ²¹³ tsɛ⁵⁵ sɛ³³ iɐʔ⁵ pie³³。 |
| 82 寿昌徽 | 咱算了忒快算错罢，让咱容⁼起算一遍。<br>tsa⁵² ɕiæ³³ lə⁰ tʰəʔ³ kʰua³³ ɕiæ³³ tsʰu³³ pa⁰，ȵia³³ tsa⁵² iɔŋ¹¹ tɕʰi⁵⁵ ɕiæ³³ iəʔ³ pi⁰。 |
| 83 淳安徽 | 我算得忒快算错考⁼罢，我再算一遍过。<br>u⁵⁵ sã²¹ tiʔ⁵ tʰɑʔ⁵ kʰua²⁴ sã²⁴ tsʰu²⁴ kʰɤ⁵⁵ pa⁰，u⁵⁵ tɕie²⁴ sã²¹ iʔ⁵ piã⁰ ku²⁴。 |
| 84 遂安徽 | 我算得太快哩勒算错嘞，再让我算便添。<br>kɔ³³ sã⁴³ ti³³ tʰɛ⁵⁵ kʰuɛ⁵⁵ li¹³ lɛ³³ sã⁵⁵ tsʰəɯ⁵⁵ lɛ³³，tsɛ⁵⁵ iã⁵² kɔ³³ sã⁴³ piã⁴³ tʰiã⁵²。 |
| 85 苍南闽 | 我算了太紧算赚了，合我再算蜀遍添。<br>gua³² suŋ²¹ lə⁰ tʰai²¹ kin⁴³ suŋ²¹ tʰã²¹ lə⁰，kʰa²¹ gua³² tsai² suŋ²¹ tɕie²¹ pian²¹ tʰ ĩ⁵⁵。 |
| 86 泰顺闽 | 我算太快算错了，我再算遍。<br>ŋa³⁴⁴ so⁵³ tʰai⁵³ kʰai⁵³ so⁵³ tsʰou⁵³ løʔ⁰，ŋa³⁴⁴ tsai⁵³ so⁵³ pie²²。 |
| 87 洞头闽 | 我算相⁼紧算赚了，与我重新算蜀遍。<br>gua³³ suŋ³³ ɕiuŋ²⁴ kin⁵³ suŋ³³ tã²¹ la⁰，ha²¹ gua⁵³ tioŋ²⁴ ɕin⁵⁵ suŋ²¹ tɕiek²¹ pian²¹。 |
| 88 景宁畲 | 我算个太快算错阿⁼，让我再算一遍。<br>ŋɔi⁴⁴ sɔn⁴⁴ ke⁴⁴ tʰai⁴⁴ xiai⁴⁴ sɔn⁴⁴ tsʰɔ⁴⁴ a⁰，ȵiɔŋ²² ŋɔi⁴⁴ tsai⁴⁴ sɔn⁴⁴ it⁵ pien⁴⁴。 |

| 方言点 | 0027 他一高兴就唱起歌来了。 |
|---|---|
| 01 杭州 | 他一高兴就唱起歌儿来嘚。<br>tʰa³³⁴ iɛʔ⁵ kɔ³³ ɕiŋ⁴⁵ dʑy¹³ tsʰaŋ³³ tɕʰi⁴⁵ kəu³³ əl⁴⁵ lɛ⁵⁵ taʔ⁰。 |
| 02 嘉兴 | 伊一开心就唱起歌来哩。<br>i³³ iʔ⁵ kʰɛ³³ ɕiŋ⁴² dʑiu³³ tsʰã³³ tɕʰi³³ kou⁴² lɛ³³ li²¹。 |
| 03 嘉善 | 伊一开心就要唱歌。<br>i⁵³ ieʔ⁵ kʰɛ³⁵ ɕin⁵³ dʑiə²² iɔ³⁵ tsʰã⁵⁵ ku⁰。 |
| 04 平湖 | 伊一开心就唱歌。<br>i⁴⁴ iəʔ⁵ kʰɛ⁴⁴ ɕin⁵³ ziɐɯ²⁴ tsʰã⁴⁴ ku⁰。 |
| 05 海盐 | 伊倷一开心愁⁼唱歌。<br>e²¹ neʔ²³ iəʔ⁵ kʰɛ⁵⁵ ɕin⁵³ ze³¹ tsʰã³³ kʰu⁵³。 |
| 06 海宁 | 伊一开心就唱歌咧。<br>i³⁵ ieʔ⁵ kʰɛ⁵⁵ ɕin⁵³ dʑiəu³³ tsʰã³³ kəu⁵⁵ lieʔ²。 |
| 07 桐乡 | 伊一开心愁⁼唱歌。<br>i⁵³ iəʔ³ kʰɛ⁴⁴ sin⁴⁴ zɤɯ¹³ tsʰɒ̃³³ kou⁴⁴。 |
| 08 崇德 | 伊一开心愁⁼唱起歌来嘚。<br>i¹³ iəʔ³ kʰɛ⁴⁴ ɕin⁴⁴ zɤɯ¹³ tsʰã³³ tɕʰi⁵³ ku⁴⁴ lɛ⁴⁴ dəʔ⁴。 |
| 09 湖州 | 渠一快活就唱歌。<br>dʑi³⁵ ieʔ⁵ kʰa³³ uei³⁵ dʑiɤ³¹ tsʰã⁵³ kəu³⁵。 |
| 10 德清 | 是伊高兴[嘚嗳]就唱歌[嘚嗳]。<br>zəʔ² i¹³ kɔ³³ ɕin³³ dɛ³³ dʑiɤ¹¹ tsʰã³¹ kəu³³ dɛ³³。 |
| 11 武康 | 伊高兴特⁼就唱歌嘚。<br>i¹³ kɔ⁵³ ɕin⁵³ dɛʔ² dʑiø³¹ tsʰã⁵³ ku⁴⁴ dɛ⁴⁴。 |
| 12 安吉 | 渠一高兴就唱起歌来嘚。<br>dʑi²¹³ iɛʔ³ kɔ⁵⁵ ɕiŋ⁵⁵ dʑiu²¹ tsʰɔ³² tɕʰi³² kʊ⁵⁵ lɛ²² təʔ⁰。 |
| 13 孝丰 | 渠一高兴就唱起歌来嘞。<br>dʑi²² ieʔ³ kɔ⁴⁴ ɕiŋ⁴⁴ ʑiu²¹³ tsʰɔ³² tɕʰi²¹ ku⁴⁴ lɛ²² le⁰。 |
| 14 长兴 | 是伊快活得唱起歌来嘞。<br>zəʔ² ʅ¹² kʰa³² uəʔ² təʔ⁵ tsʰɔ³²⁴ tʃʰʅ²¹ kəu⁴⁴ lu⁴⁴ lɛ⁴⁴。 |
| 15 余杭 | 是伊一开心就唱歌儿嘚。<br>zoʔ² i⁵³ ieʔ⁵ kʰɛ⁵⁵ siŋ⁵⁵ ʑiɤ¹³ tsʰã⁵³ ku⁵⁵ n³¹ dəʔ²。 |
| 16 临安 | 伊一高兴就唱歌。<br>i¹³ ieʔ⁵ kɔ⁵³ ɕieŋ⁵³ dʑyœ³³ tsʰã³¹ kɔ³¹。 |

续表

| 方言点 | 0027 他一高兴就唱起歌来了。 |
|---|---|
| 17 昌化 | 渠一记高兴起来就唱歌嘞。<br>gɯ¹¹²iɛʔ⁵tsɿ⁵⁴⁴kɔ³³ɕiəŋ⁴⁵tsʰ ɿ⁴⁵lɛ⁵³ʑi²⁴tsʰ ɔ̃⁵⁴kɯ³³⁴lɛ⁰。 |
| 18 於潜 | 他一开心又唱歌嘞。<br>tʰa⁴³³iɛʔ⁵³ke⁴³ɕiŋ⁴³³ie⁵³tsʰaŋ³⁵ku⁴³³liæʔ²。 |
| 19 萧山 | 伊一高兴就唱歌敌⁼。<br>i¹³iɛʔ⁵kɔ³³ɕiŋ⁴²ʑio¹³tsʰ ã³³kɔ³³die²¹。 |
| 20 富阳 | 伊一高兴就唱歌嘞。<br>i²²⁴iɛʔ⁵kɔ⁵⁵ɕin³¹ʑiʊ²²⁴tsʰ ã³³⁵ku⁵⁵lɛʔ⁰。 |
| 21 新登 | 伊一高兴就唱起歌来嘞。<br>i³³⁴iəʔ⁵kɔ⁵³sein⁴⁵ʑy¹³tsʰ ã̃⁴⁵tɕʰi³³⁴ku⁵³le²³³laʔ⁰。 |
| 22 桐庐 | 伊一高兴就唱起歌来嘚。<br>i¹³iəʔ⁵kɔ³³ɕin⁵⁵dʑiəu¹³tsʰ ã³³tɕʰi²¹ku⁵⁵lɛ¹³təʔ²¹。 |
| 23 分水 | 他一高兴就唱起歌嘞。<br>tʰa⁴⁴iəʔ⁵kɔ⁴⁴ɕin⁴⁴dʑiɵ²⁴tsʰ ã²¹tɕʰi⁴⁴kɔ⁴⁴lɛ⁰。 |
| 24 绍兴 | 伊一高兴就唱歌哉。<br>i²²iɛʔ⁵kɔ³³ɕiŋ³³dʑiɤ²²tsʰaŋ³³kɔ³³ʑɛ²³¹。 |
| 25 上虞 | 伊一发仙就唱起来。/伊一发仙就唱歌。<br>i²¹iəʔ²fɐʔ⁵ɕiẽ³⁵dʑiɤ²¹tsʰ ɔ̃⁵³tɕʰi⁰le⁰。/i²¹iəʔ²fɐʔ⁵ɕiẽ³⁵dʑiɤ²¹tsʰ ɔ̃⁵⁵kʊ³⁵。 |
| 26 嵊州 | 伊高兴猛个辰光啦就来⁼亨⁼唱歌哉。<br>i²⁴kɔ⁵³ɕiŋ³³maŋ³¹kəʔ⁰seŋ³³kuɔŋ³³laʔ⁰ʑiɤ²⁴lɛ²²haŋ³³tsʰaŋ³³kɔ⁵³tsɛ⁴⁴。 |
| 27 新昌 | 渠一记高兴连歌也唱出来了。<br>dʑi¹³iʔ³tɕi⁴⁵kɔ⁵³ɕiŋ³³⁵liɛ̃²²kɤ⁵³ia³³tsʰaŋ³³tsʰeʔ³le⁴⁵le³¹。 |
| 28 诸暨 | 渠一高兴就唱起歌来啊。<br>dʒɿ¹³iɛʔ⁵kɔ³³ɕin³³dʑiɯ³³tsʰ ã³³tʃʰ ɿ²¹kɤu³³le²¹ᴀ²¹。 |
| 29 慈溪 | 渠高兴哉到马唱歌个。<br>ge¹³kɔ⁴⁴ɕiŋ⁰tse⁰tɔ³⁵mo⁰tsʰ ɔ̃⁴⁴kəu³⁵kəʔ²。 |
| 30 余姚 | 渠一开心就哇哇个唱歌哉。<br>ge¹³iəʔ⁵kʰe⁴⁴ɕiə̃⁴⁴dʑiɵ¹³ua⁴⁴ua⁴⁴kəʔ²tsʰ ɔŋ⁴⁴kou⁴⁴tse⁵³。 |
| 31 宁波 | 渠一开心就开始唱歌嘞。/渠一开心就唱起歌来嘞。<br>dʑi¹³iəʔ²kʰe⁴⁴ɕiŋ⁵³dʑiɤ¹³kʰe⁴⁴sɿ⁰tsʰ ɔ̃⁴⁴kəu⁵³lɐi⁰。/dʑi¹³iəʔ²kʰe⁴⁴ɕiŋ⁵³dʑiɤ¹³<br>tsʰ ɔ⁴⁴tɕʰi⁰kəu⁵³le⁰lɐi⁰。 |

| 方言点 | 0027 他一高兴就唱起歌来了。 |
|---|---|
| 32 镇海 | 渠一高兴就唱起歌来唻。<br>dʑi²⁴ ieʔ⁵ kɔ³³ ɕiŋ³³ dʑiu²² tsʰ ɔ̃³³ tɕʰiº kəu³³ le²⁴ leº。 |
| 33 奉化 | 渠一记泡＝冲＝就唱起歌来唻。<br>dʑi³³ iɿʔ² tɕiº pʰ ʌ⁵³ tsʰoŋº dʑiɤ³³ tsʰ ɔ̃⁴⁴ tɕʰiº kəu⁴⁴ leº le³¹。 |
| 34 宁海 | 渠一高兴□唱起来了。<br>dʑʅ²³ iəʔ³ kau³³ ɕiŋ³⁵ beʔ³ tsʰ ɔ̃³³ tɕʰiº leiº leʔ³。 |
| 35 象山 | 渠一高兴就唱起歌来嘞。<br>dʑieʔ² ieʔ⁵ kɔ⁵³ ɕiŋº dʑiu³¹ tsʰ ɔ̃⁵³ tɕʰiº ku⁴⁴ lei³¹ leiº。 |
| 36 普陀 | 渠一高兴就唱歌唻。<br>dʑi²⁴ iɛʔ⁵ kɔ³³ ɕiŋ⁴⁵ dʑieu²³ tsʰ ɔ̃³³ kəu⁵³ leº。<br>渠一高兴就唱起歌唻。<br>dʑi²⁴ iɛʔ⁵ kɔ³³ ɕiŋ⁴⁵ dʑieu²³ tsʰ ɔ̃³³ tɕʰiº kəu⁵³ lɛº。 |
| 37 定海 | 渠一开心随手唱歌唻。<br>dʑi²³ ieʔ⁵ kʰe³³ ɕiŋ⁵² zɐi³³ ɕiɤ⁵² tsʰ ɔ̃³³ kʌu⁵² lɐiº。 |
| 38 岱山 | 渠欢喜煞唻,唱歌唻。<br>dʑi²³ xuø⁴⁴ ɕi³³ sɐʔº leʔº,tsʰ ɔ̃⁴⁴ kʌu⁴⁴ lɐiº。 |
| 39 嵊泗 | 渠泡＝冲＝煞唻,唱歌唻。<br>dʑi²⁴ pʰɔ⁴⁴ tsʰoŋº sɐʔº lɐiº,tsʰ ɔ̃⁴⁴ kʌu⁴⁴ lɐiº。<br>渠闹热煞唻,唱歌唻。<br>dʑi²⁴ nɔ¹¹ ɲiɛʔ⁵ sɐʔº lɐiº,tsʰ ɔ̃⁴⁴ kʌu⁴⁴ lɐiº。 |
| 40 临海 | 渠一高兴便唱歌唱起来爻。<br>ge²¹ ieʔ⁵ kɔ³³ ɕiŋ⁵⁵ bəʔ² tsʰ ɔ̃³³ kɔ³¹ tsʰ ɔ̃³³ tɕʰieº le²² ɔº。 |
| 41 椒江 | 渠个记高兴[起来]便唱歌来爻。<br>gə³¹ kəʔ⁵ tɕiº kɔ³³ ɕiŋ⁵⁵ tɕʰieº bəʔ² tsʰ ɔ̃³³ kɔ³⁵ ləº ɔº。 |
| 42 黄岩 | 渠高兴起便唱歌唱起。<br>gie¹²¹ kɔ³³ ɕiŋ⁵⁵ tɕʰieº bəʔ² tsʰ ɔ̃³³ kɔ³⁵ tsʰ ɔ̃⁵⁵ tɕʰieº。 |
| 43 温岭 | 渠个即高兴起便唱歌来爻。<br>gie³¹ kəʔ⁵ tɕiʔ⁵ kɔ³⁵ ɕin⁵⁵ tɕʰi⁴² be¹³ tsʰ ɔ̃³³ ku¹⁵ le¹³ ɔº。 |
| 44 仙居 | 渠一高兴便唱歌。<br>gæ²¹³ iəʔ³ kɐu⁵⁵ ɕin⁵⁵ baʔ²³ tɕʰia³³ kɔ³³⁴。 |
| 45 天台 | 渠吉＝高兴拔＝要唱起来。<br>gei²²⁴ kiəʔ²¹ kau³³ ɕiŋ⁵⁵ beʔ² ieu³³ tsʰ ɔ̃³³ kʰi³² leiº。 |

续表

| 方言点 | 0027 他一高兴就唱起歌来了。 |
|---|---|
| 46 三门 | 渠一高兴拔=唱起歌来。<br>dʑi¹¹³ ieʔ⁵ kɑu⁵⁵ ɕiŋ⁵⁵ bɐʔ²³ tsʰɔ⁵⁵ tɕi³² kʊ³³ le¹¹³ 。 |
| 47 玉环 | 渠个高兴便歌唱起［来爻］。<br>gie³¹ kɐʔ⁵ kɔ³³ ɕiŋ⁵⁵ be²² ku³⁵ tsʰɔ̃³³ tɕʰiɐʔ⁰ lɔ⁰ 。 |
| 48 金华 | 渠一记高兴［起来］便唱歌了。<br>gəʔ²¹² iəʔ³ tɕie⁵⁵ kao³³ ɕiŋ⁵⁵ tɕʰieʔ⁰ bie¹⁴ tɕʰiaŋ³³ kuɤ³³ ləʔ⁰ 。 |
| 49 汤溪 | 渠一高兴便唱起歌来。<br>gu¹¹ iei⁵⁵ kɔ²⁴ ɕiɛ̃i⁰ bie¹¹ tɕʰiɔ³³ tɕʰi⁵³⁵ kuɤ²⁴ lɛ⁰ 。 |
| 50 兰溪 | 渠一记味道就歌唱［起来］嘞。<br>gi²¹ ieʔ³⁴ tɕie⁴⁵ fi⁵⁵ tɔ⁵⁵ ziɯ²⁴ kuɤ³³⁴ tɕʰiaŋ⁴⁵ tɕʰie⁰ ləʔ⁰ 。 |
| 51 浦江 | 渠一高兴歌儿就唱［起来］了。<br>zi²³² iə³³ ko⁵⁵ ɕiən³³⁴ kɯn⁵³⁴ ziɤ²⁴ tsʰyõ³³ iɑ³³ lɑ³³⁴ 。 |
| 52 义乌 | 渠一记高兴便歌儿唱起来了。<br>ai²² iəʔ³ tɕi⁴⁵ ko³³ ɕiən⁴⁵ bie²⁴ kuɤn³³⁵ tsʰɯa⁴⁵ ɕi³³ le³³ ləʔ⁰ 。 |
| 53 东阳 | 渠一高兴便唱歌哇。<br>gəɯ²³ iɛ³⁴ kɐɯ³³ ɕiɐn⁵⁵ bi²⁴ tɕʰiɔ³³ kʊ³³ uɐ⁰ 。 |
| 54 永康 | 渠一快活便倚拉唱歌唎。<br>gu²² iə³³ kʰuɑ³³ uɑ¹¹³ bie²⁴¹ gəi³¹ lɑ⁰ tɕʰiaŋ³³ kuo⁵⁵ liɑ⁰ 。 |
| 55 武义 | 渠亨=高兴便落阿=里唱歌罢闹=。<br>gu¹³ xa⁵⁵ kɤ³²⁴ ɕin⁵³ bie⁵⁵ lɔ¹³ əʔ⁵ li²¹ tɕʰiaŋ⁵⁵ kuo²¹ bɑ⁰ nɔ⁰ 。 |
| 56 磐安 | 渠一高兴便歌儿唱起来哇。<br>gəɯ²² iɛ⁵⁵ ko³³ xɐn⁵⁵ pie⁵⁵ kuɤn⁴⁴⁵ tɕʰiɔ⁵⁵ tɕʰi³³ lɛ³³ uɐ⁰ 。 |
| 57 缙云 | 渠快活□便唱歌。<br>gɤ³¹ kʰuɑ⁴⁴ uɑ¹³ i⁰ biɛ²¹³ tɕʰia⁴⁴ ku⁴⁴ 。 |
| 58 衢州 | 渠一高兴就唱起歌来啦。<br>gi²¹ iəʔ⁵ kɔ³² ɕin⁵³ ziu²³¹ tʃʰyã⁵³ tɕʰi⁰ ku³² lɛ²¹ lɑ⁰ 。 |
| 59 衢江 | 渠一高兴就唱歌罢。<br>gəʔ²² iəʔ³ kɔ²⁵ ɕiŋ³¹ ziəʔ² tɕʰiã³³ kou³³ bɑ⁰ 。 |
| 60 龙游 | 渠一高兴就唱拉拉戏。<br>gəɯ²² iəʔ³ kɔ³⁵ ɕin²¹ ziəɯ²² tsʰã̃⁵¹ lɑ³³ lɑ³⁵ ɕi²¹ 。 |
| 61 江山 | 渠个高兴起就唱歌罢。<br>ŋə²² a⁴⁴ kɐɯ²⁴ xĩ⁵¹ ki⁰ dziɛʔ² tɕʰiaŋ⁴⁴ ko⁴⁴ bɒ⁰ 。 |

续表

| 方言点 | 0027 他一高兴就唱起歌来了。 |
|---|---|
| 62 常山 | 渠一高兴就唱起歌罢。<br>ŋɤ⁴⁴ ieʔ⁵ kɤ⁵² xĩ³²⁴ dziu⁰ tɕʰiã⁴⁴ tɕʰi⁵² kɔ⁴⁴ bɛ⁰。 |
| 63 开化 | 渠一高兴就唱起歌罢。<br>giɛ²¹³ iɛʔ⁵ kəɯ⁴⁴ ɕin⁵³ dziʊ²¹ tɕʰiã⁵³ tɕʰiʔ⁰ kɔ⁴⁴ bɑ⁰。 |
| 64 丽水 | 渠一高兴便唱起歌罢。<br>gɯ²² iʔ⁵ kə²²⁴ ɕin⁵² bɛʔ² tɕʰiã⁵² tɕʰiʔ⁰ ku²²⁴ buɔ⁰。 |
| 65 青田 | 渠一快活就唱起歌来。<br>gi²¹ iæʔ⁴ kʰuɑ³³ uæ³¹ ieu²² tɕʰi³³ tsʰʅ³³ ku⁴⁴⁵ li⁰。 |
| 66 云和 | 渠一高兴歌便唱起哇。<br>gi³¹ iʔ⁵ kəɯ²⁴ ɕiŋ⁴⁵ ku²⁴ bɛ²²³ tɕʰiã⁴⁵ tsʰʅ⁴¹ ua⁰。 |
| 67 松阳 | 是渠一高兴起便唱歌了。<br>ziʔ² gɛʔ² iʔ³ kʌ³³ ɕin²⁴ tɕʰiʔ⁰ bɛʔ² tɕʰiã³³ ku⁵³ lɔ⁰。 |
| 68 宣平 | 渠一记高兴便唱歌个。<br>gɯ²² iəʔ⁴ tsʅ⁵⁵ kɯ³² ɕin⁵⁵ tɕʰiə⁰ bə²³ tɕʰiã⁴⁴ ko³² kə⁰。 |
| 69 遂昌 | 渠一高兴就唱起歌来罢。<br>gɤ²² iʔ⁵ kəɯ⁵⁵ ɕiŋ³³ ziɯ²¹ tɕʰiaŋ³³ tɕʰiʔ⁰ ku⁴⁵ lei⁰ ba⁰。 |
| 70 龙泉 | 渠巧=活起便唱歌。<br>gɤɯ²¹ kʰɑʌ²¹ uoʔ²⁴ tsʰʅ⁰ biɛ²¹ tɕʰiaŋ⁴⁴ kou⁴³⁴。 |
| 71 景宁 | 渠一快活歌便唱起罢。<br>ki³³ iʔ³ kʰɑu⁵⁵ uɔʔ²³ ko³² bɛ³² tɕʰiɛ³⁵ tɕʰi³³ ba⁰。 |
| 72 庆元 | 渠一高兴便唱起歌来。<br>kɤ²² iəuʔ⁵ kɒ³³ ɕiŋ¹¹ ɓæ̃³¹ tɕʰiã¹¹ tsʰʅ³³ ko³³⁵ liɛ²²。 |
| 73 泰顺 | 渠一快活就唱起歌了。<br>tsʅ²¹ iɛʔ² kʰəu²² ɕɔʔ² tɕieu²² tɕʰiã³⁵ tsʰʅ⁰ ko²¹³ lo⁰。 |
| 74 温州 | 渠快活拉起就唱歌唱起道个。<br>gei³¹ kʰa⁴⁵ o²¹² la⁰ tsʰʅ⁰ iɤu²² tɕʰi⁴² ku³³ tɕʰi⁵¹ tsʰʅ⁰ dɜ¹⁴ ge⁰。 |
| 75 永嘉 | 渠快活起就会唱歌个呐。<br>gei³¹ kʰa⁴⁵ o²¹³ tsʰʅ⁰ iəu²² vai²² tɕʰiɛ⁵³ ku⁴⁴ e⁰ na⁰。 |
| 76 乐清 | 渠快活起就歌唱起道。<br>dzɛ³¹ kʰa³⁵ va²¹² dzi⁰ ziu²² ko⁴⁴ tɕʰiɯʌ⁴¹ dzi⁰ dɤ²⁴。 |
| 77 瑞安 | 渠快活拉起就唱歌道。<br>gi³¹ kʰau³⁵ uɔ²¹² la⁰ tɕʰi⁰ zou²¹² tɕʰiɛ⁵³ kɯ⁴⁴ dɛ¹³。 |

续表

| 方言点 | 0027 他一高兴就唱起歌来了。 |
|---|---|
| 78 平阳 | 渠一高兴就唱歌。<br>gi$^{13}$ i$^{45}$ kɛ$^{21}$ saŋ$^{45}$ zɛu$^{13}$ tɕ$^{h}$ie$^{42}$ ku$^{21}$。 |
| 79 文成 | 渠一高兴就唱歌。<br>gei$^{13}$ i$^{42}$ kɛ$^{55}$ ʃaŋ$^{13}$ ziou$^{13}$ tɕ$^{h}$ie$^{42}$ ko$^{55}$。 |
| 80 苍南 | 渠一快活就会唱歌。<br>gi$^{31}$ e$^{3}$ k$^{h}$au$^{35}$ ua$^{112}$ zɛu$^{11}$ uai$^{11}$ tɕ$^{h}$iɛ$^{42}$ ku$^{44}$。 |
| 81 建德<sub>徽</sub> | 渠一高兴就唱歌儿罢。"儿"音殊<br>ki$^{33}$ iɐʔ$^{5}$ kɔ$^{33}$ ɕin$^{55}$ ɕiɤɯ$^{55}$ tsʰo$^{33}$ ku$^{53}$ m$^{21}$ pɐʔ$^{5}$。 |
| 82 寿昌<sub>徽</sub> | 渠一高兴就唱[起来]歌罢。<br>kəɯ$^{52}$ iə ʔ$^{3}$ kɤ$^{11}$ ɕien$^{33}$ tɕʰiəɯ$^{33}$ tsʰã$^{33}$ tɕʰiæ$^{55}$ ku$^{11}$ pɑ$^{0}$。 |
| 83 淳安<sub>徽</sub> | 渠一高兴就唱起歌唻。<br>k$^{h}$ɯ$^{435}$ iʔ$^{5}$ kɤ$^{24}$ ɕin$^{24}$ ɕiɯ$^{53}$ tsʰã$^{21}$ tɕʰi$^{0}$ ku$^{24}$ lie$^{435}$。 |
| 84 遂安<sub>徽</sub> | 渠一高兴就唱起歌嘞。<br>k$^{h}$əɯ$^{55}$ i$^{24}$ kɔ$^{52}$ ɕin$^{55}$ tɕʰiu$^{55}$ tsã$^{55}$ tsʰɿ$^{33}$ kə$^{55}$ lɛ$^{33}$。 |
| 85 苍南<sub>闽</sub> | 伊一畅就唱起歌来了。<br>i$^{55}$ ie$^{55}$ t$^{h}$ĩũ$^{21}$ tɕiu$^{21}$ tɕʰĩũ$^{21}$ k$^{h}$i$^{43}$ kua$^{55}$ lai$^{24}$ lə$^{0}$。 |
| 86 泰顺<sub>闽</sub> | 你蜀快活就唱歌了。<br>i$^{22}$ ɕiɛʔ$^{3}$ k$^{h}$ei$^{34}$ uɛʔ$^{3}$ tɕiøu$^{22}$ tɕʰyo$^{22}$ kou$^{213}$ lø ʔ$^{0}$。 |
| 87 洞头<sub>闽</sub> | 伊蜀欢喜就唱起歌来啦。<br>i$^{33}$ tɕiek$^{21}$ hũã$^{35}$ hi$^{53}$ tɕiu$^{21}$ tɕʰĩũ$^{33}$ k$^{h}$i$^{21}$ kua$^{33}$ lai$^{24}$ la$^{0}$。 |
| 88 景宁<sub>畲</sub> | 渠一高兴就唱起歌来阿=。<br>ki$^{44}$ it$^{5}$ kau$^{44}$ xin$^{44}$ tɕiəu$^{22}$ tɕʰiɔŋ$^{44}$ xi$^{44}$ ko$^{44}$ loi$^{22}$ a$^{0}$。 |

| 方言点 | 0028 谁刚才议论我老师来着？ |
|---|---|
| 01 杭州 | 哪个头卯辣＝动＝话我老师？<br>la⁵³ koʔ⁰ dei²² mɔ⁴⁵ laʔ² doŋ⁴⁵ uo¹³ ŋəu⁵³ lɔ⁵⁵ sɿ⁰ ？ |
| 02 嘉兴 | 啥人刚刚评价偓老师来哩啊？<br>zA³³ n̠iŋ⁴² kÃ³³ kÃ³³ biŋ¹³ kA²¹ ŋA²¹ lɔ²¹ sɿ³³ lɛ³³ li²¹ A³³ ？ |
| 03 嘉善 | 哈人将＝开＝有辣＝讲我偓老师？<br>xa⁴⁴ n̠in³¹ tɕiæ̃⁵⁵ kʰɛ⁰ iə²² laʔ³ kÃ⁵⁵ ŋ⁵⁵ ŋa⁰ lɔ²² sɿ⁵³ ？ |
| 04 平湖 | 刚刚啥人辣＝话偓老师？<br>kɑ̃⁴⁴ kɑ̃⁰ sa⁴⁴ n̠in³¹ laʔ²³ o⁴⁴ ŋa²¹³ lɔ⁴⁴ sɿ⁰ ？ |
| 05 海盐 | 角＝角＝歇啥人落霍＝讲我拉老师？<br>go³³ go³³ ɕiəʔ²³ sa³³ n̠in³¹ lɔʔ²³ xɔʔ⁵ kuɑ̃⁴²³ ɔʔ²³ la²¹³ lɔ⁵⁵ sɿ²¹ ？ |
| 06 海宁 | 刚刚歇啥人霍＝讲我拉老师啊？<br>kuɑ̃⁵⁵ kuɑ̃⁵⁵ ɕieʔ⁵ sa⁵⁵ n̠iŋ⁵⁵ hoʔ⁵ kuɑ̃⁵⁵ u³³ la³³ lɔ¹³ sɿ⁵⁵ a⁰ ？ |
| 07 桐乡 | 啥人个险＝有牢＝讲我拉老师？<br>sa³³ n̠iŋ⁵³ kəʔ³ ɕiɛ⁵³ iɤɯ²⁴² lɔ² kɔ̃⁵³ uəʔ² la²¹³ lɔ²⁴ sɿ⁰ ？ |
| 08 崇德 | 轧＝人葛显＝有花＝讲阿拉老师啊？<br>gəʔ²¹ n̠iŋ⁴⁴ kəʔ³ ɕiɛ⁵³ iɤɯ⁵⁵ hoʔ⁰ kuɑ̃⁵³ aʔ²³ laʔ²³ lɔ⁵⁵ sɿ⁰ a⁰ ？ |
| 09 湖州 | 刚刚环＝人界＝华＝讲偓老师啊？<br>kɑ̃⁴⁴ kɑ̃⁵³ guei³⁵ n̠in⁵³ kɑ̃⁵³ uo²² kɑ̃³¹ ŋa¹³ lɔ⁴⁴ sɿ⁴⁴ a⁰ ？ |
| 10 德清 | 鞋＝人葛个个＝讲偓老师？<br>a³³ n̠in³⁵ kəʔ⁵ kəʔ⁴ kəʔ⁴ kɑ̃³³ ŋa³³ lɔ³⁵ sɿ⁰ ？ |
| 11 武康 | 刚刚鞋＝人辣＝讲偓老师？<br>kɑ̃⁴⁴ kɑ̃⁴⁴ a³¹ n¹³ la³¹ kɑ̃⁵³ ŋa⁵³ lɔ¹³ sɿ³¹ ？ |
| 12 安吉 | □人起头讲起我老师来嘚？<br>guəʔ² n̠iŋ⁵² tɕʰi³² dəɪ²² kɔ̃⁵² tɕʰi²¹ ŋɔ²¹³ lɔ⁵² sɿ²¹ lɛ²² təʔ⁰ ？ |
| 13 孝丰 | □人起头讲起偓老师啊？<br>guəʔ² n̠iŋ⁵² tɕʰi⁴⁵ dəɪ²¹ kɔ̃⁴⁵ tɕʰi²¹ ŋa³²⁴ lɔ⁴⁵ sɿ²¹ a⁰ ？ |
| 14 长兴 | □人将将讲是我老师个金＝头？<br>gəu²⁴ n̠iŋ²¹ tʃia⁴⁴ tʃia⁴⁴ kɔ̃⁵² zəʔ² n̠ɿ⁵² lɔ⁴⁵ sɿ²¹ kəʔ⁵ tʃiŋ⁴⁴ dei⁴⁴ ？ |
| 15 余杭 | 坏＝儿即个刚刚格歇儿拉＝里话我即个老师？<br>ua¹³ n̠⁵³ tɕieʔ⁵ kəʔ⁵ kɑ̃⁵⁵ kɑ̃⁵⁵ kəʔ⁵ sieʔ⁵ n̠¹ la³³ li³¹ uõ¹³ ŋ³¹ tɕieʔ⁵ kəʔ⁵ lɔ⁵³ sɿ⁵³ ？ |
| 16 临安 | □人刚刚来＝东＝话偓老师？<br>gɑ̃¹³ n̠ieŋ³⁵ gɑ̃⁵³ gɑ̃⁵⁵ lɛ⁵³ toŋ⁵³ uo³³ ŋa³³ lɔ³¹ sɿ⁰ ？ |

续表

| 方言点 | 0028 谁刚才议论我老师来着？ |
|--------|---------------------------|
| 17 昌化 | 大=侬才子=摸=老=来=是=葛里谈我侬老师啊？<br>da²³ nəŋ⁴⁵ zɛ¹¹ tsʅ⁴⁵ muə?² lɔ²⁴ lɛ¹¹ zʅ²⁴ kə?⁵ li⁴⁵ dɔ̃¹¹ a²³ nəŋ⁴⁵ lɔ²³ sʅ⁴⁵ a⁰? |
| 18 於潜 | 个记哪个辣=讲我们老师？<br>kə?⁵³ tɕi³⁵ na⁵³ kə?³¹ la³⁵ tɕiaŋ⁵³ ŋu⁵³ men³¹ lɔ⁵³ sʅ³¹? |
| 19 萧山 | 刚刚虾=个来=东=话倛老师？<br>kɔ̃³³ kɔ̃³³ xo³³ kə?⁵ le¹³ toŋ⁴² uo¹³ ŋa¹³ lɔ¹³ sʅ²¹? |
| 20 富阳 | 何侬格卯话我老师来唭？<br>gã²²⁴ ŋ³³⁵ kɛ?⁵ mɔ⁵⁵ uo³³⁵ ŋɔ²²⁴ lɔ²²⁴ sʅ⁵⁵ lɛ¹³ tɛ?⁰? |
| 21 新登 | 待=人刚刚讲我老师啊？<br>da²¹ neiŋ⁴⁵ kã³³⁴ kã⁴⁵ kã³³⁴ u³³⁴ lɔ³³⁴ sʅ⁴⁵ a⁰? |
| 22 桐庐 | 葛卯达=人讲我老师？<br>gə?²¹ mɔ³³ da?¹³ niŋ⁵⁵ kã³³ ŋɔ³⁵ lɔ²¹ sʅ²¹? |
| 23 分水 | 于=暂=哪个讲我老师？<br>y²¹ tsã²⁴ na⁴⁴ ko²⁴ tɕiã⁴⁴ ŋɔ⁵³ lɔ⁴⁴ sʅ³³? |
| 24 绍兴 | 何谁头先来=东=话倛老师？<br>a²² zʅ²³¹ dɤ²² ɕiẽ³³ lɛ³³ toŋ³³ uo²² ŋa²² lɔ²⁴ sʅ³¹? |
| 25 上虞 | 头记卯何谁来=东=话我老师啦？<br>dɤ²¹ tɕi⁰ mɔ⁰ a²¹ dzʅ⁰ le²¹ toŋ³³ uo²² ŋʊ²¹ lɔ²¹ sʅ³⁵ la⁰? |
| 26 嵊州 | 头蛮=兴=哪侬来=东=讲倛老师啊？<br>dʑ²² mɛ̃⁴⁴ ɕiŋ³¹ na²² noŋ²⁴ lɛ³³ toŋ³³ kɔŋ³³ ŋa⁵³ lɔ²⁴ sʅ³³ a⁰? |
| 27 新昌 | 头抢=哪侬来=古=讲倛老师个闲话？<br>diɯ²² tɕʰiaŋ⁵³ na³³ nɔ̃²³² le²² ku⁵³ kɔ̃⁵³ ŋa⁵³ lɔ²² sʅ⁵³ ke?³ ɛ̃²² uo³³⁵? |
| 28 诸暨 | 鞋=个头=卯歇来=客=讲倛老师？<br>ʌ²¹ kie⁴² dei²¹ mɔ³³ ɕie?²¹ le¹³ kʰa?²¹ kã⁴² ŋʌ¹³ lɔ¹³ sʅ⁴²? |
| 29 慈溪 | 头卯啥人来=话我老师啦？<br>dø¹³ mɔ⁰ sa³³ ɲiŋ¹³ le¹¹ uo¹¹ ŋɔ⁰ lɔ¹³ sʅ¹⁰ la⁰? |
| 30 余姚 | 头卯啥人来=格话我格老师？<br>dø¹³ mɔ⁰ saŋ⁴⁴ ɲiə¹³ le¹³ kə?² uo¹³ ŋɔ¹³ kə?² lɔ¹³ sʅ¹⁵³? |
| 31 宁波 | 啥人起头来=该讲我老师嘞？<br>zo?² ɲiŋ⁰ tɕʰi⁴⁴ dœɤ¹³ le⁰ ke⁰ kɔ³⁵ ŋɔ³³ lɔ²² sʅ⁴⁴ la?²? |
| 32 镇海 | 啥人刚刚讲我老师来咪？<br>səu⁵³ ɲiŋ²⁴ kɔ̃³³ kɔ̃⁰ kɔ̃³⁵ ŋɔ⁰ lɔ²⁴ sʅ³³ le²⁴ le⁰? |

| 方言点 | 0028 谁刚才议论我老师来着？ |
|---|---|
| 33 奉化 | 啥人待会来＝该讲阿拉老师啦？<br>soʔ⁵ n̠iŋ⁰ de³³ uei⁰ le³³ keº kɔ⁴⁴ aʔ² laʔ⁵ lʌ³³ sɿ⁴⁴ laº ? |
| 34 宁海 | 敢＝五＝对刚磊迪＝讲我老师？<br>kɛ⁵³ ŋ³¹ tei³ kɔ³³ lei²¹ diəʔ³ kɔ⁵³ ŋoº lau³¹ sɿ⁰ ? |
| 35 象山 | 合＝孰上带＝头来＝该讲我老师啦？<br>aʔ² zoʔ² zɔ̃⁰ ta⁴⁴ dɤu³¹ lei³¹ geʔ² kɔ⁴⁴ ŋəu³¹ lɔ³¹ sɿ⁴⁴ laº ? |
| 36 普陀 | 特＝回子啥人讲我老师个闲话？<br>dɐʔ² uɐi⁵⁵ tsɿ⁰ səu⁵⁵ n̠iŋ⁰ kɔ̃⁵⁵ ŋo⁵⁵ lɔ²³ sɿ⁰ koʔ⁰ ɛ³³ uo⁴⁵ ? |
| 37 定海 | 头回啥人跌＝话阿拉老师啦？<br>dɐʔ² uɐi⁴⁵ sʌu⁴⁴ n̠iŋ⁰ tieʔ⁰ uo³³ ɐʔ³ lɐʔ³ lɔ⁴⁵ sɿ⁰ laº ? |
| 38 岱山 | 头回的＝啥人来＝话阿拉老师啦？<br>dœɤ³³ uɐi⁴⁴ ti⁴⁴ sʌu⁴⁴ n̠iŋ⁰ le³³ uo⁴⁴ ɐʔ⁰ lɐʔ⁰ lɔ²³ sɿ⁰ lɐʔ⁰ ? |
| 39 嵊泗 | 头回啥人来＝讲阿拉老师啦？<br>dɔ¹¹ uɐi⁴⁴ soʔ⁵ n̠iŋ⁴⁴ le³³ kɔ̃⁴⁴ ɐʔ³ lɐʔ⁰ lɔ³⁴ sɿ⁰ laº ? |
| 40 临海 | 何人头起在得讲我老师？<br>ka³⁵ n̠iŋ⁵¹ də²² tɕʰi⁵⁵ ze²¹ təʔ⁰ kɔ̃⁵² ŋe⁵² lɔ⁴² sɿ³¹ ? |
| 41 椒江 | 减＝儿＝头顷在得讲我老师唉？<br>kiɛ⁴² n⁰ dio²² tɕʰiã⁵¹ zə³¹ təʔ⁰ kɔ̃⁴² ŋo⁴² lɔ⁴² sɿ³⁵ ɛ⁰ ? |
| 42 黄岩 | 怼＝头减＝儿＝在得讲我老师耶？<br>te⁴² dio²⁴ kiɛ⁴² n⁰ ze¹²¹ təʔ⁰ kɔ̃⁴² ŋo⁴² lɔ⁴² sɿ³² iɛ⁰ ? |
| 43 温岭 | 扣顷减＝儿＝背后来勒＝讲我老师？<br>tɕʰiɤ⁵⁵ tɕʰiã⁴² kiɛ⁴² n⁰ pe³³ iɤ⁵¹ le³¹ ləº kɔ̃⁴² ŋo⁴² lɔ⁴² sɿ¹⁵ ? |
| 44 仙居 | 矮＝日＝傣＝先＝谈论我老师？<br>a³¹ n̠iəʔ²³ dɐ²¹ ɕie⁵³ da²⁴ len⁵⁵ ŋo³¹ lɐu²¹ sɿ³³⁴ ? |
| 45 天台 | 耽＝顷陆＝谷＝在阿＝讲我老师背后话？<br>te³³ tɕʰia³¹ luʔ² kuʔ⁵ zei²¹ aʔ⁵ kɔ³² ɔ²¹ lau²¹ sɿ⁵¹ pei⁵⁵ əu⁰ uo³⁵ ? |
| 46 三门 | 干＝人头起讲我老师来啦？<br>kɛ³³⁴ niŋ³¹ dɤu¹³ tɕʰi³²⁵ kɔ³² ʋ³²⁵ lau³² sɿ³³ le¹¹ laº ? |
| 47 玉环 | 减＝儿＝头起来底讲我老师唉。<br>kiɛ⁵³ n⁰ diɤ²² tɕʰi⁵³ le³¹ tiº kɔ⁵³ ŋo⁵³ lɔ⁴² sɿ³⁵ ɛ⁰ ? |
| 48 金华 | 还正葛记哪个来＝葛里谈论我浪＝老师？<br>ua³¹ tɕiŋ⁵⁵ kəʔ² tɕie⁵⁵ la⁵³ kəʔ⁴ le³¹ kəʔ³ li⁵³⁵ da³¹ ləŋ¹⁴ a⁵⁵ laŋ¹⁴ lao⁵⁵ sɿ³³⁴ ? |

续表

| 方言点 | 0028 谁刚才议论我老师来着？ |
|---|---|
| 49 汤溪 | 哪侬迦𬌗ᵘ记评论我个老师过？<br>la¹¹ nao⁵² tɕia⁵² gə¹¹ tɕie⁵² bɛ̃i¹¹ lã⁵² ɑ¹¹ kə⁰ lɔ⁵² sʅ²⁴ kuɤ⁰ ？ |
| 50 兰溪 | 哪个前头遮ᵘ里讲我个老师？<br>la⁵⁵ kɑ⁰ ziɑ²¹ təɯ⁵⁵ tsuɑ³³⁴ li⁴⁵ kɑŋ⁵⁵ uɤ⁵⁵ kə⁰ lɔ⁴⁵ sʅ⁰ ？ |
| 51 浦江 | 粥ᵘ屋ᵘ哪个侠ᵘ呐谈论我个老师？<br>tɕyɯ³³ ɯ⁵⁵ la¹¹ kɑ⁵³ ziɑ²⁴ lɤ²⁴ dã²⁴ lən³³⁴ ɑ³³ kə⁰ lo¹¹ sʅ⁵³ ？ |
| 52 义乌 | 迦ᵘ儿还正来ᵘ拉议论我拉老师？<br>dʑian²⁴ ua²² tsən⁴⁵ le²² la³³ n̠i²⁴ lən³¹ əʔ⁵ la³³ lo⁴⁵ sʅ³³⁵ ？ |
| 53 东阳 | □迦个儿在哝讲我拉老师？<br>n̠iɔ³³ tɕʰiɐn⁵⁵ dʑie²³ kan⁵³ zi²⁴ nɔm²² kɔ⁵⁵ ŋʊ²⁴ la³³ lɯu²⁴ sʅ³³ ？ |
| 54 永康 | 茄ᵘ侬样节倚拉讲我个老师？<br>dʑia³¹ noŋ³³ iaŋ⁵² tɕia⁰ gəi³¹ la⁰ kaŋ³³⁴ ŋuo¹¹³ uə⁰ lau³¹ sʅ⁵⁵ ？ |
| 55 武义 | 阿ᵘ记豆ᵘ个落阿ᵘ里讲我偌老师呐？<br>əʔ⁵ tɕi³²⁴ dɑu⁵³ tɕia⁰ lɔ¹³ əʔ⁵ li³²⁴ kaŋ³³ a¹³ nɔ¹³ lɤ⁵³ sʅ²⁴ na⁰ ？ |
| 56 磐安 | 迦个秧ᵘ起ᵘ儿讲我老师嘞？<br>tɕia⁵² ka⁵⁵ iɒ⁵⁵ tɕʰin⁴⁴⁵ kɒ³³ uɤ³³ lo⁵⁵ sʅ⁴⁴⁵ le⁰ ？ |
| 57 缙云 | 塞ᵘ个早记讲我老师啊？<br>tsʰei⁵¹ ku⁰ tɕiəɤ⁵¹ tɕi³¹ kɔ⁵¹ ŋu³¹ ləɤ⁵¹ sʅ⁴⁴ a⁰ ？ |
| 58 衢州 | 哪个前头在讲我老师？<br>na⁵³ gəʔ⁰ ziẽ²¹ de²³¹ dzɛ²³¹ kɑ̃³⁵ ŋu⁵³ lɔ²³¹ sʅ³² ？ |
| 59 衢江 | 咸ᵘ坎ᵘ含ᵘ侬讲我老师？<br>ã²² kʰɑ̃²⁵ gã²² nəŋ²¹² kɑ̃²⁵ ŋaʔ² lɔ³³ sʅ²¹ ？ |
| 60 龙游 | 策ᵘ侬歇ᵘ涝ᵘ是里讲奴老师？<br>tsʰəʔ⁴ nən²¹ ɕiəʔ³ lɔ⁵¹ dzəʔ² li⁰ kɑ̃³⁵ nu²¹ lɔ³³ sʅ³³⁴ ？ |
| 61 江山 | 倒ᵘ侬腔ᵘ好倚勒ᵘ数我老师？<br>tɐu⁴⁴ naŋ⁵¹ kʰiaŋ⁴⁴ xɐu²⁴¹ gəʔ² ləʔ⁰ ɕyə²⁴ ŋɒ²² lɐɯ²² suɯ⁴⁴ ？ |
| 62 常山 | 鸭ᵘ侬一记数我老师嘞？<br>aʔ⁴ nã⁵² eʔ⁵ tɕie⁰ suə⁵² ŋa²⁴ lɤ²² sʅ⁴⁴ le⁰ ？ |
| 63 开化 | 哎ᵘ歇是何侬倚乙场谈我老师？<br>a⁴⁴ ɕiɛʔ⁵ dʑieʔ² gɑ²¹ nɤŋ²³¹ geʔ²¹ iɛʔ⁵ dziɔŋ⁰ dã²¹ ŋa²¹ lɔ⁵³ sʅ⁰ ？ |
| 64 丽水 | 迦人才记念我老师勒ᵘ？<br>tɕiaʔ⁵ nen²² zeʔ²¹ tsʅ⁵² n̠iɛ¹³¹ ŋuo⁴⁴ lə⁴⁴ sʅ²²⁴ na⁰ ？ |

| 方言点 | 0028 谁刚才议论我老师来着？ |
|---|---|
| 65 青田 | 从＝人新＝讲我老师？<br>io²² neŋ⁵³ saŋ⁴⁴⁵ ko⁵⁵ ŋu³³ lœ³³ sʅ⁴⁴⁵？ |
| 66 云和 | 才记撤＝人讲我老师噢？<br>za³¹ tsʅ⁴⁵ tɕʰiɛʔ⁵ nɛ³¹ kɔ̃⁴⁴ ŋo⁴⁴ lɑɔ⁴⁴ sʅ²⁴ o⁰？ |
| 67 松阳 | 哪侬当下踞轨＝埭讲我老师？<br>na²¹ nəŋ²⁴ toŋ²⁴ uə¹³ kei⁵³ aʔ⁰ ta⁰ koŋ³³ ŋ²² lʌ²¹ sʅə⁵³？ |
| 68 宣平 | 直＝人央＝时节倚埭讲我个老师啦？<br>dziəʔ²³ nin⁵² iɑ̃³² zʅ⁴³ tɕiəʔ⁵ gei²² taʔ⁰ kɔ̃⁴⁴ o²² kə⁰ lɔ⁴³ sʅ³² lə⁰？ |
| 69 遂昌 | 哪侬拥＝本＝躲荡＝讲我老师啊？<br>na¹³ nəŋ²² ioŋ⁴⁵ pɛ̃⁵³ tiu⁴⁵ dɔŋ¹³ koŋ⁵³ ŋo¹³ lɐɯ²¹ sʅ⁴⁵ a⁰？ |
| 70 龙泉 | 且＝侬开前坐埭讲我老师啊？<br>tɕʰia⁴⁴ nəŋ⁵¹ kʰɛ⁴⁴ ʑiɛ²¹ sou⁵¹ toʔ⁰ koŋ⁴⁴ ŋo⁵¹ lɑʌ²¹ sɤɯ⁴³⁴ a⁰？ |
| 71 景宁 | 七＝个先讨＝讲我老师啊？<br>tsʰəɯʔ⁵ ki³³ ɕiɛ³³ tʰɑu⁵⁵ koŋ³³ ŋo³³ lɑu⁵⁵ sʅ³²⁴ a⁰？ |
| 72 庆元 | 启＝个向＝□儿讲我个老师？<br>tɕʰi³³ kæi¹¹ ɕiɑ̃¹¹ tɕʰioŋ⁵⁵ kɔ̃³³ ŋo³³ kæi¹¹ lɒ²² sɤ³³⁵？ |
| 73 泰顺 | 何人阿＝声＝讲我老师呢？<br>ka²² nɛ⁵³ aʔ² ɕiŋ²¹³ kɔ̃⁵⁵ ŋo⁵⁵ lɑɔ²² sʅ²¹³ nɛ⁰？ |
| 74 温州 | 该下儿何［物样］侬背后讲我拉老师啊？<br>ke³³ oŋ²⁵ a²² ȵi³¹ naŋ³¹ pai⁴² au¹⁴ kuɔ³³ ŋ¹⁴ la⁰ lə³¹ sʅ³³ a⁰？ |
| 75 永嘉 | 刚下儿何［物样］侬是宕讲我老师唉？<br>ko³³ oŋ²¹ ga²¹ ȵiɛ³¹ naŋ³¹ zʅ²¹ dɔ⁰ kɔ⁴⁵ ŋ¹³ lə³¹ sʅ⁴⁴ ɛ⁰？ |
| 76 乐清 | 新［个下］何侬缩底讲我老师唉？<br>saŋ³⁵ ko³²³ ga²² naŋ³¹ so³ ti⁰ kɔ³³ ŋ²⁴ lɤ³¹ sʅ⁴⁴ ɛ⁰？ |
| 77 瑞安 | ［物样］侬□刚儿讲我拉老师［物样］事干啊？／□□刚儿讲我拉老师［物样］事干啊？<br>ȵiɛ³¹ naŋ²¹ tɛ³³ koŋ⁴⁴ ko³³ ŋ¹³ la⁰ lɛ³¹ sʅ⁴⁴ ȵiɛ³¹ zʅ³¹ kø⁴² a⁰？／ȵiŋ³¹ tɛ³³ koŋ⁴⁴ ko³³ ŋ¹³ la⁰ lɛ³¹ sʅ⁴⁴ ȵiɛ³¹ zʅ³¹ kø⁴² a⁰？ |
| 78 平阳 | 年＝侬□鲜＝议论我老师？<br>ȵiɛ³³ naŋ⁴² dʌ²¹ ɕiɛ⁴² ȵi³³ ləŋ³³ ŋ³³ lɛ⁴² sʅ¹³？ |
| 79 文成 | 念＝侬能＝介议论我老师？<br>ȵia⁴² naŋ¹³ naŋ³⁵ ka¹³ ȵi¹³ lø²¹ ŋ¹³ lɛ³³ sʅ¹³？ |

续表

| 方言点 | 0028 谁刚才议论我老师来着？ |
|---|---|
| 80 苍南 | □起阿⁼如⁼讲我个老师啊？<br>dau¹¹ tɕʰi⁵³ a³ dʑy³¹ ko³³ ŋ⁵³ gi⁰ lɛ⁴² sʅ⁴⁴ a⁰ ? |
| 81 建德<sub>徽</sub> | 还置⁼葛下哪个对⁼葛里谈论卬个老师？<br>ua³³ tsʅ⁵⁵ kɐʔ³ ho⁵⁵ la⁵⁵ ka³³ te²¹ kɐʔ³ li⁵⁵ tɛ³³ lən⁵⁵ aŋ²¹ kɐʔ⁵ lɔ⁵⁵ sʅ³³ ? |
| 82 寿昌<sub>徽</sub> | 从⁼糠⁼糠⁼在格里讲我拉老师啊？<br>tsʰɔŋ⁵² kʰã¹¹ kʰã⁵⁵ tɕʰiæ⁵⁵ kəʔ³ li⁰ kã²⁴ a³³ la¹¹ la³³ sʅ¹¹ a⁰ ? |
| 83 淳安<sub>徽</sub> | 哪个乙⁼六⁼谈论歪⁼老师？<br>la⁴³ ka²⁴ iʔ⁵ laʔ¹³ tʰã⁴³ len⁵³ ua²⁴ lɤ⁵⁵ sʅ²¹ ? |
| 84 遂安<sub>徽</sub> | 阿拉是哪个靠那里议论我老师啊？<br>a³³ la³³ sʅ⁵⁵ la³³ kə³³ kʰɔ⁵⁵ la⁵⁵ li³³ i⁵⁵ ləŋ⁵² kɔ³³ lɔ³³ sʅ⁵⁵ a²¹ ? |
| 85 苍南<sub>闽</sub> | 填⁼头先讲我老师？<br>tʰian²⁴ tʰau²⁴ sũĩ³³ kaŋ⁴³ gua³² nõ²¹ sɯ⁵⁵ ? |
| 86 泰顺<sub>闽</sub> | 这下何依讲我老师了？<br>tɕi²² xa²² køʔ³ nəŋ²² ko²² ŋa³⁴⁴ lau³⁴⁴ sʅ²² løʔ⁰ ? |
| 87 洞头<sub>闽</sub> | □即⁼阵议论滚⁼老师？<br>ɕioŋ²⁴ tɕiet²¹ tsun²¹ gi²¹ lun²¹ gun²¹ lau²¹ sʅ²⁴ ? |
| 88 景宁<sub>畲</sub> | 哪个正议论我老师阿⁼？<br>na²² kɔi⁴⁴ tɕiaŋ⁴⁴ ȵi⁵¹ luən⁵¹ ŋɔi⁴⁴ lau⁵⁵ su⁴⁴ a⁰ ? |

| 方言点 | 0029 只写了一半，还得写下去。 |
|---|---|
| 01 杭州 | 只写了一半，还要写落去。<br>tsaʔ⁵ ɕi⁵³ lə⁰ iɛ⁵ puo⁴⁵ , uaʔ² iɔ⁴⁵ ɕi⁵³ loʔ⁰ tɕʰiʰ⁰ 。 |
| 02 嘉兴 | 便写嘞一半，还要写下去。<br>bie¹³ ɕiʌ⁴² lə⁵ iʔ⁵ pə²¹ , ɛ³³ iɔ³³ ɕiʌ³³ o³³ tɕʰi²¹ 。 |
| 03 嘉善 | 只有写氏⁼一半，还要写落去敁⁼。<br>tsɛʔ⁵ iə⁵³ ɕia⁵⁵ zʅ⁰ ieʔ⁵ pø⁰ , ɛ⁴⁴ iɔ³⁵ ɕia³⁵ luoʔ² tɕʰi³¹ dieʔ² 。 |
| 04 平湖 | 写嘚一半啦哩，还要写落去哩。<br>sia⁴⁴ təʔ⁵ iəʔ³ pø³³⁴ la⁴⁴ li⁰ , ɛ⁵³ iɔ⁰ sia⁴⁴ loʔ⁵ tɕʰiʰ⁰ li⁰ 。 |
| 05 海盐 | 一面写嘚一半啦哩，还要写落起。<br>iʔ⁵ miɛ³³⁴ ɕia⁴²³ tɤ²¹ iəʔ⁵ pɤ³³⁴ la²³ li²¹ , ɛ⁵⁵ iɔ²¹ ɕia⁴²³ lɔʔ⁵ tɕʰi²¹ 。 |
| 06 海宁 | 便得写哩一半，还要写落去唎。<br>bie¹³ təʔ⁵ ɕia⁵⁵ li³³ ieʔ⁵ pei⁰ , ɛ³³ iɔ⁰ ɕia⁵⁵ lɔʔ² tɕʰi⁵⁵ lieʔ³ 。 |
| 07 桐乡 | 盘⁼得写嘚一半啦哩，还要写落去哩。 "嘚"在动词后有时读作[l]声母<br>bɛ²⁴² təʔ⁰ sia⁵³ lə⁰ iəʔ³ pɛ³³ la⁴⁴ li⁰ , ua²¹ iɔ³³⁴ sia⁵³ lɔʔ⁰ tɕʰiʰ⁰ li⁰ 。 |
| 08 崇德 | 便得写嘚一半哩，还要写落去哩。<br>bii²¹ təʔ⁵ ɕia⁵⁵ dəʔ⁰ iəʔ³ pɛ³³ li⁵³ , ua²¹ iɔ⁴⁴ ɕia⁵⁵ lɔʔ⁰ tɕʰiʰ⁰ li⁰ 。 |
| 09 湖州 | 孛⁼得写嘞一半华⁼唻，还要写脱去唻。<br>bəʔ² təʔ⁵ ɕia⁵³ lə³ ieʔ² pɛ⁵³ uo¹³ lei³¹ , a²² iɔ²² ɕia⁵³ tʰəʔ² tɕʰi²² lə⁰ 。 |
| 10 德清 | 孛⁼得界⁼写嘚一半，还要写落去个。<br>bəʔ² dəʔ⁴ ka⁵³ ɕia⁵³ dəʔ³ ieʔ² pøu³⁵ , ɛ¹¹ iɔ¹³ ɕia³³ luoʔ² tɕʰi⁵³ gəʔ⁰ 。 |
| 11 武康 | 孛⁼特⁼写特⁼一半，还要写落去唻。<br>bəʔ² dəʔ⁴ ɕia⁵³ dəʔ² ieʔ⁵ pø³⁵ , ɛ⁴⁴ iɔ⁴⁴ ɕia⁵³ luoʔ² tɕʰi⁵³ lɛ³¹ 。 |
| 12 安吉 | 只写嘚一半老⁼如⁼，还要写落去。<br>tsəʔ⁵ ɕia⁵² təʔ⁰ iɛ⁵ pɛ²¹³ lɔ⁵² zʅ²¹ , uɛ²² iɔ²¹³ ɕia⁵² lɔʔ² tɕʰi³²⁴ 。 |
| 13 孝丰 | 只写了一半，还要写落去。<br>tsəʔ⁵ ɕia⁵² lə⁰ ieʔ⁵ pe³²⁴ , a²² iɔ³²⁴ ɕia⁵² luoʔ² tɕʰiʰ⁰ 。 |
| 14 长兴 | 只写了一半，还要写下去。<br>tsəʔ⁵ ʃia⁵² lə⁰ iɛʔ² puɯ³²⁴ , a¹² iɔ³²⁴ ʃia⁵² u⁴⁵ tʃʰɿ²¹ 。 |
| 15 余杭 | 只有写嘚一半，还要写落去[嘚嗳]。<br>tsəʔ⁵ iɤ⁵³ sia⁵³ təʔ⁵ ieʔ⁵ puõ⁵³ , a³³ iɔ³⁵ sia⁵⁵ lɔʔ² tɕʰi⁵⁵ deʔ² 。 |
| 16 临安 | 葛写嘞一半，还要再写落去唻。<br>kɐʔ⁵ ɕia⁵⁵ lɐʔ² ieʔ⁵ pɔɛ³³ , uɛ³³ iɔ¹³ tsɛ⁵³ ɕia³³ luɔʔ² tɕʰiʰ⁰ lɛ⁰ 。 |

续表

| 方言点 | 0029 只写了一半，还得写下去。 |
|---|---|
| 17 昌化 | 只写着一半，还要写下去。<br>tsəʔ⁵ ɕie⁴⁵ zaʔ⁵ ieʔ⁵ pɛ̃⁵⁴⁴，a¹¹ iɔ²⁴ ɕie⁴⁵ u⁵³ tɕʰi⁵⁴⁴。 |
| 18 於潜 | 就写了一半，还要写落去。<br>dziəu²⁴ ɕia⁵³ liəu²² ieʔ⁵³ pɛ³⁵，ua²⁴ iɔ³⁵ ɕia⁵³ læʔ³¹ tɕʰi³¹。 |
| 19 萧山 | 结＝写嘞一半，还要写落去。<br>tɕieʔ⁵ ɕia⁴² ləʔ²¹ ieʔ⁵ pə²¹，ua¹³ iɔ⁵³ ɕia⁴² ləʔ²¹ tɕʰi²¹。 |
| 20 富阳 | 只写嘞一半，还要写落去。<br>tsɛʔ⁵ ɕia⁴²³ lɛʔ⁰ ieʔ⁵ pã³³⁵，ua¹³ iɔ⁵⁵ ɕia⁴³² loʔ² tɕʰi³³⁵。 |
| 21 新登 | 只有写嘞一半，还要写落去。<br>tsaʔ⁵ y³³⁴ ɕia³³⁴ laʔ⁰ ieʔ⁵ pɛ̃⁴⁵，aʔ² iɔ⁴⁵ ɕia³³⁴ laʔ² tɕʰi⁴⁵。 |
| 22 桐庐 | 只写嘞一半，还要写落去。<br>tsəʔ⁵ ɕiʌ³³ ləʔ²¹ ieʔ⁵ pe³⁵，ʌ²¹ iɔ³⁵ ɕiʌ⁴² ləʔ²¹ kʰi²¹。 |
| 23 分水 | 写了一半，还要写下去。<br>ɕie⁵³ laʔ⁰ ieʔ⁵ puɛ̃²⁴，xɛ²¹ iɔ²⁴ ɕie⁵³ zia²⁴ tɕʰy²⁴。 |
| 24 绍兴 | 就写了一半，还要写落去。<br>tɕiɤ⁴⁴ ɕia³³ ləʔ⁰ ieʔ⁵ puø̃³³，vɛ̃²² iɔ⁴⁴ ɕia³³ loʔ³ tɕʰi³¹。 |
| 25 上虞 | 就写滴＝一半，还要写落起大＝咪。<br>dziɤ²¹ ɕia³³ tiəʔ² ieʔ⁵ pø⁵³，uɛ²¹ iɔ⁵ ɕia³³ loʔ² tɕʰi⁰ da³¹ le⁰。 |
| 26 嵊州 | 写嘚一半货＝，还要再写落去。<br>ɕia⁵³ təʔ³ ieʔ⁵ pœ⁴⁴ ho³³⁴，uɛ̃²² iɔ⁴⁴ tsɛ⁵³ ɕia³³ loʔ⁴ tɕʰi³³。 |
| 27 新昌 | 写嘚一半货＝，还要写落去。<br>ɕia³³ tɤʔ⁵ iʔ³ pœ̃⁴⁵ hɤ³³⁵，uɛ̃²² iɔ⁴⁵ ɕia³³ lɤʔ³ tɕʰi³³。 |
| 28 诸暨 | 接＝写嘚一半，还得写落去。<br>tɕieʔ⁵ ɕiʌ⁴² təʔ⁵ ieʔ⁵ pə³³，vɛ¹³ təʔ⁵ ɕiʌ⁴² loʔ⁵ kʰie²¹。 |
| 29 慈溪 | 只写嘚一半啷来，还要写落去咪。<br>tɕyoʔ⁵ ɕia³³ taʔ⁵ ieʔ² pø⁴⁴ lɔ̃¹³ le⁰，uaʔ² iɔ¹³ ɕia³³ loʔ² kʰe⁴⁴ le⁰。 |
| 30 余姚 | 只写嘞一半，还要写落去咪。<br>tɕyoʔ⁵ ɕia³⁴ laʔ² ieʔ⁵ pø̃⁵³，ʔuaʔ² iɔ⁴⁴ ɕia³⁴ loʔ² kʰe⁴⁴ le⁰。 |
| 31 宁波 | 还只写嘞一半，还要写落去。<br>ua¹³ tɕieʔ⁵ ɕia³⁵ laʔ² ieʔ⁵ pu⁴⁴，ua¹³ io⁴⁴ ɕia⁵³ loʔ² tɕʰi⁰。 |
| 32 镇海 | 只写嘞一半，还要写落去咪。<br>tɕieʔ⁵ ɕia³³ laʔ¹² ieʔ⁵ pø³³，ua¹² io³³ ɕia³³ loʔ¹² tɕʰi³³ le⁰。 |

| 方言点 | 0029 只写了一半，还得写下去。 |
|---|---|
| 33 奉化 | 只写嘞一半，还雀＝写落去。<br>tɕiɿʔ⁵ ɕia⁴⁴ laʔ² iɿʔ² pø⁵³，uaʔ² tɕʰia⁵ ɕia⁴⁴ loʔ² tɕʰiᵒ。 |
| 34 宁海 | 还只写了一半，还要写落去。<br>uaʔ³ tsaʔ³ ɕia⁵³ ieʔ³ iəʔ³ pø³⁵，uaʔ³ iaʔ³ ɕia⁵³ loʔ³ tɕʰiᵒ。 |
| 35 象山 | 还只写嘞一半，还要写落去。<br>uaʔ² tɕieʔ⁵ ɕia⁴⁴ laʔ² ieʔ⁵ pɤuɯ⁴⁴，uaʔ² io⁴⁴ ɕia⁴⁴ loʔ² tɕʰiɛᵒ。 |
| 36 普陀 | 只写了一半，还要写落去。<br>tɕiɛʔ⁵ ɕia³³ ləʔᵒ ieʔ³ pø⁵⁵，uɐʔ² iɔ⁵⁵ ɕia⁵³ loʔᵒ tɕʰiᵒ。 |
| 37 定海 | 还即写了一半，还差写落去。<br>uɐʔ² tɕieʔ⁵ ɕia³³ ləʔᵒ ieʔ³ pø⁴⁴，uɐʔ² tsʰo⁴⁴ ɕia⁵² loʔᵒ tɕʰiᵒ。 |
| 38 岱山 | 还即写了一半，还要写。<br>uɐʔ² tɕieʔ⁵ ɕia³³ ləʔᵒ ieʔ³ pø⁴⁴，uɐʔ² io⁴⁴ ɕia⁴⁵。 |
| 39 嵊泗 | 还即写一半，格再写落去吧。<br>uɐʔ² tɕiɛʔ⁵ ɕia³³ iɛʔ⁵ pɤ⁴⁴，kɐʔ³ tsɛ⁴⁴ ɕia⁴⁴ loʔ² tɕʰiᵒ iɛᵒ。 |
| 40 临海 | 菊＝写了一半，还要写落去凑。<br>tɕɥeʔ⁵ ɕia⁵² ləʔᵒ ieʔ³ pø⁵⁵，uɛ²² iəʔ⁵ ɕia⁵² ləʔᵒ kʰe³³ tsʰəᵒ⁵⁵。 |
| 41 椒江 | 便只一半料写爻，还要写落去凑。<br>bəʔ² tsəʔ⁵ ieʔ³ pø³³ liɔ⁴¹ ɕia⁴² ɔᵒ，uaʔ² iɔᵒ ɕia⁴² loʔ² kʰəᵒ tɕioᵒ⁵⁵。 |
| 42 黄岩 | 拢孟＝一半写爻，还要写落去凑。<br>loŋ⁴² mã̃²⁴ ieʔ³ pø⁵⁵ ɕia⁴² ɔᵒ，ua¹³ iɔᵒ ɕia⁴² loʔ² kʰəᵒ tɕioᵒ⁵⁵。 |
| 43 温岭 | 便只一半写爻，还要写落去凑。<br>be¹³ tsɿ⁵¹ iʔ³ pø⁵¹ ɕia⁴² ɔᵒ，a¹³ iʔᵒ ɕia⁴² ləᵒ kʰəᵒ tsʰɤ⁵⁵。 |
| 44 仙居 | 和＝计写了一半，还要写凑。<br>o²⁴ tɕi⁵⁵ ɕi³¹ ləʔᵒ iəʔ³ ɓø⁵³，uəʔ²⁴ iəʔᵒ ɕi³¹ tsʰou⁵⁵。 |
| 45 天台 | 只一半写啊，还要写落去凑。<br>tɕiəʔ⁵ iəʔ¹ pø⁵⁵ ɕi³² aᵒ，ua²²⁴ ieuᵒ ɕi³² loʔ² kʰeiᵒ tsʰeu⁵⁵。 |
| 46 三门 | 扣＝写了一半，还要写落去。<br>kʰɤuɯ⁵⁵ ɕia³² ləʔᵒ ieʔ³ pø⁵⁵，uɛ¹³ iauɯ⁵⁵ ɕia³² ləʔ²³ tɕʰiᵒ。 |
| 47 玉环 | 只一半写爻，还要写落凑。<br>tsɿ⁵³ iɐʔ³ pø⁵³ ɕia⁵³ ɔᵒ，ua²⁴ iɐʔᵒ ɕia⁵³ loʔ² tɕʰiɤ⁵⁵。 |
| 48 金华 | 还正写了一半，还要写落去。<br>uɑ³¹ tɕiŋ⁵⁵ sia⁵⁵ ləʔᵒ iəʔ³ pɤ⁵⁵，uɑ³¹ iɑo⁵⁵ sia⁵⁵ loʔ³ kʰɤ⁵⁵。 |

**续表**

| 方言点 | 0029 只写了一半，还得写下去。 |
|---|---|
| 49 汤溪 | 只写了一半，还要写落下添。<br>tɕia⁵² sia⁵³⁵ la⁰ iei⁵² mɤ⁵²，uɑ¹¹ iɔ⁵² sia⁵² lɔ¹¹ uɑ¹¹³ tʰie²⁴。 |
| 50 兰溪 | 还正写嘞一半，还要写落去。<br>uɑ²¹ tɕiæ̃⁴⁵ sia⁵⁵ lə?⁰ ie?³⁴ pɤ⁴⁵，uɑ²¹ iɔ³³⁴ sia⁵⁵ lə?⁰ gi²⁴。 |
| 51 浦江 | 只写置꞊一半，还该写下去。<br>tsɛ⁵⁵ ɕia⁵⁵ tsʅ³³⁴ iə³³ pə̃⁵⁵，uɑ̃¹¹ ka⁵⁵ ɕia³³ ɕiɑ⁵⁵ i⁰。 |
| 52 义乌 | 只写了一半儿，还要写落去。<br>tsai⁴⁵ sia³³ lə⁰ iə?³ pɤn⁴⁵，ua²² ie⁴⁵ sia³³ lɔ³³ ai³¹。 |
| 53 东阳 | 写嘚一半儿，还嘅꞊写落。<br>ɕia⁵⁵ te⁵⁵ iɛ?³⁴ pɯn⁵³，ɔ³³ kɛ³³ ɕia⁴⁴ lo³¹。 |
| 54 永康 | 还正写一半，还该写落去添。<br>uɑ³¹ tɕiŋ⁵² ɕia³³⁴ iə³³ ɓuo⁵²，uɑ³¹ kəi⁵⁵ ɕia³³⁴ lɑu³¹ kʰɯ⁵² tʰia⁵⁵。 |
| 55 武义 | 还□写一半，还乐写落去。<br>ŋuo²¹ tɕiɑu⁵⁵ ɕia⁴⁴⁵ iə?⁵ muo⁵³，ŋuo²¹ ŋau⁵³ ɕia⁴⁴⁵ lɔ²⁴ kʰɯ⁰。 |
| 56 磐安 | 只写了一半，还该写了去。<br>tsɛi⁵⁵ ɕia³³ la⁰ iɛ?³ pɯ⁵²，ɒ²¹ ke³³ ɕia³³ la⁰ kʰɐɯ⁵²。 |
| 57 缙云 | 还只写一半，还乐写落去添。<br>uɑ²⁴³ tsʅ⁴⁴ ɕia⁵¹ iei⁴⁴ pɛ⁴⁵³，uɑ²⁴³ ŋɔ²¹³ ɕia⁵¹ lɔ²¹³ kʰɤ⁰ tʰia⁴⁴。 |
| 58 衢州 | 隔꞊本꞊写了一半，还要写落去嘞。<br>ka?³ pən⁵³ ɕia³⁵ lə⁰ iə?³ pə̃⁵³，a?² iɔ⁵³ ɕia⁵³ lə?² kʰi⁵³ lɛ⁰。 |
| 59 衢江 | 得꞊写掉一半，还乐写下去。<br>tə?⁵ ɕie³³ tɔ⁰ iə?³ pɛ⁵³，ua?² ŋɔ²² ɕie²⁵ xu²² kʰɤ⁵³。 |
| 60 龙游 | 还只写了一半，还乐写下去。<br>uɑ²² tsə?³ ɕia³³ lə?⁰ iə?³ pie⁵¹，uɑ²²⁴ ŋɔ²³¹ ɕiɑ³³ xuɑ²³¹ kʰə?⁴。 |
| 61 江山 | 只写着个半，蛤꞊□写下去。<br>tsə?⁵ ɕiə⁵⁴ də?⁰ ka⁴⁴ piɛ̃⁵¹，gə?² lɐɯ⁵¹ ɕiə⁴⁴ o²² kʰə⁰。 |
| 62 常山 | 只写班꞊一半，□罗꞊写下去。<br>tsɤ?⁴ ɕiɛ⁵² pã⁰ iε?⁴ pɔ̃³²⁴，gɤ?³ lɔ²⁴ ɕiɛ⁵² ɔ²² kʰɤ?⁰。 |
| 63 开化 | 只写了一半，□助꞊写下去。<br>tsʅ⁴⁴ ɕiɛ⁴⁴ lə?⁰ iɛ?⁵ pen⁴¹²，gə?² zɑ²¹³ ɕiɛ⁴⁴ ɔ⁰ kʰiɛ⁰。 |
| 64 丽水 | 只写到一半，还乐写落去添。<br>tsə?⁵ ɕio⁵⁴⁴ tə⁰ i?⁴ pɛ⁵²，ã²¹ ŋɯ²² ɕio⁵⁴⁴ lə?⁰ kʰɯ⁵² tʰiɛ²²⁴。 |

续表

| 方言点 | 0029 只写了一半，还得写下去。 |
|---|---|
| 65 青田 | 新＝写了一半，还爱写落去添。<br>saŋ⁴⁴⁵ ɕiu⁵⁵ laʔ⁰ iæʔ⁴ ɓuɐ³³，ua²² ɛ³³ ɕiu⁵⁵ loʔ³ kʰiⁿ⁰ tʰia⁴⁴⁵。 |
| 66 云和 | 最＝写了一半，还乐写落去。<br>tsei⁴⁵ ɕio⁴⁴ laɔ⁰ iʔ⁴ pɛ⁴⁵，a³¹ ŋɑ⁴⁴ ɕio⁴⁴ loʔ²³ kʰi⁴⁵。 |
| 67 松阳 | 乙＝写了一半，还乐写落去。<br>iʔ⁵ ɕyə²¹ lɔ⁰ iʔ³ pæ̃²⁴，uɔ̃³¹ ŋɔ²² ɕyə³³ loʔ² kʰɯə²⁴。 |
| 68 宣平 | 还寻＝写一半，还乐写落去。<br>uɑʔ² zən⁴³³ ɕia⁴⁴ iəʔ⁴ pə⁵²，uɑʔ²³ ŋə²² ɕia⁴⁴ ləʔ²³ xə⁰。 |
| 69 遂昌 | 总是写了一半，还乐写落去。<br>tsəŋ⁵³ ziʔ²³ ɕiɔ⁵³ lə⁰ iʔ⁵ pɛ̃³³⁴，aʔ² ŋɐɯ⁴⁵ ɕiɔ⁵³ lɔʔ² kʰɤ⁰。 |
| 70 龙泉 | 正写唠一半，固乐写落去。<br>tɕin⁴⁴ ɕio⁴⁴ laʌ⁰ ieiʔ³ pɯə⁴⁵，ku⁴⁴ ŋaʌ⁴⁴ ɕio⁴⁴ louʔ³ kʰɤɯ⁴⁵。 |
| 71 景宁 | 信＝写一半，固乐写落去。<br>saŋ³⁵ ɕio³³ iʔ³ pœ³⁵，ku³⁵ ŋau¹¹³ ɕio³³ loʔ²³ kʰi³³。 |
| 72 庆元 | 只写了一半，估＝乐写落去。<br>tsɤʔ⁵ ɕia³³ lɔ³³ iəɯʔ⁵ ɓæ̃¹¹，ku³³⁵ ŋɔ³¹ ɕia³³ loʔ³⁴ kʰɤ¹¹。 |
| 73 泰顺 | 只写爻一半，固乐写落去。<br>tsɹ³⁵ ɕyɔ⁵⁵ kaɔ⁰ iɛʔ² pɛ³⁵，ku³⁵ ŋaɔ²² ɕyɔ⁵⁵ loʔ⁰ tsʰɹ³⁵。 |
| 74 温州 | 还只写一半，还着写落添。<br>va³¹ tsɹ⁰ sei²⁵ iʔ³ pø⁵¹，va³¹ dzia⁰ sei²⁵ loʔ² tʰiⁿ⁰。 |
| 75 永嘉 | 还只写一半，还着写落添。/还只写一半，还着写添。<br>va³¹ tsɹ⁴³ sɹ⁴⁵ iⁿ⁴³ pø⁵³，va³¹ dzia²¹ sɹ⁴⁵ loⁿ²¹ tʰiɛ⁴⁴。/va³¹ tsɹ⁴³ sɹ⁴⁵ iⁿ⁴³ pø⁵³，va³¹ dzia²¹ sɹ⁴⁵ tʰiɛ⁴⁴。 |
| 76 乐清 | 统也只写一半，还着写落添。<br>tʰoŋ³⁵ aⁿ⁰ tsɹ⁰ si³⁵ iⁿ³ pɯ⁴¹，ve³¹ dziɯʌ²² si³⁵ loⁿ⁰ tʰiɛ⁴⁴。 |
| 77 瑞安 | 还只写一半哎，还着写落添。/还只写一半哎，还着写添。<br>uɔ³¹ tsɹ³³ sei³⁵ eⁿ³ pø⁵³ eⁿ⁰，uɔ³¹ dziɔ² sei³⁵ tʰiɛ⁴⁴。/uɔ³¹ tsɹ³³ sei³⁵ eⁿ³ pø⁵³ eⁿ⁰，uɔ³¹ dziɔ² sei³⁵ loⁿ² tʰiɛ⁴⁴。 |
| 78 平阳 | 总写一半，还得写落去。<br>tʃoŋ⁴⁵ si⁴⁵ iⁿ⁴⁵ pɛ⁵³，vɔ¹³ teⁿ² si⁴⁵ lo³³ kʰi³³。 |
| 79 文成 | 只写落＝一半，还乐继续写。<br>tsɹ⁴⁵ sei⁴⁵ lo³³ iⁿ³³ pø²¹，vɔ¹³ ŋɔ²¹ tɕi²¹ zou²¹ sei⁴⁵。 |

**续表**

| 方言点 | 0029 只写了一半,还得写下去。 |
|---|---|
| 80 苍南 | 还只写一半呐,还着写落添。<br>ua¹¹ tsʅ⁵³ ɕi⁵³ e³ pø⁴² na⁰ , ua³¹ dʑia⁰ ɕi⁵³ lo⁰ tʰia⁴⁴ 。 |
| 81 建德<sub>徽</sub> | 还置＝写嗝一半,还要写落去。<br>uɑ³³ tsʅ⁵⁵ ɕie²¹ tɐʔ⁵ iɐʔ⁵ pɛ³³ , uɑ³³ iɔ⁵⁵ ɕie²¹ lo¹³ kʰi³³ 。 |
| 82 寿昌<sub>徽</sub> | 只写了一半,还要写下去。<br>tsʅ⁵⁵ ɕiɛ³³ ləʔ⁰ iəʔ³ piæ³³ , uə⁵² iɤ³³ ɕiɛ²⁴ xuɑ³³ kʰəɯ³³ 。 |
| 83 淳安<sub>徽</sub> | 滴＝写考＝一半,还要写下去。<br>tiʔ⁵ ɕiɑ⁵⁵ kʰɤ⁵⁵ iʔ⁵ pã²⁴ , ɑʔ¹³ iɤ²⁴ ɕiɑ⁵⁵ ho⁵³ kʰɯ⁰ 。 |
| 84 遂安<sub>徽</sub> | 是写下一半,还要写。<br>sʅ³³ ɕiɛ²¹³ ɕiɑ⁴³ i²⁴ pã⁵⁵ , və³³ iɔ⁵⁵ ɕiɛ²¹³ 。 |
| 85 苍南<sub>闽</sub> | 就写了蜀半,要着写落添。<br>tɕiu²¹ ɕia⁴³ lə⁰ tɕie²¹ pũã²¹ , iau³³ tio²¹ ɕia³³ lo²¹ tʰ ĩ⁵⁵ 。 |
| 86 泰顺<sub>闽</sub> | □□写蜀半,固乐写落去。<br>tsø ʔ³ na²² ɕia³⁴⁴ ɕiɛʔ³ piæŋ⁵³ , ku²¹ ŋa³¹ ɕia³⁴⁴ lou²² kʰy⁵³ 。 |
| 87 洞头<sub>闽</sub> | 只写啦蜀半,□骨＝着写落去。<br>tsʅ²⁴ ɕia⁵³ la⁰ tɕiek²¹ pũã²¹ , a³³ kuət⁵ tieu²¹ ɕia⁵³ lo²¹ kʰɯ⁰ 。 |
| 88 景宁<sub>畲</sub> | 正写掉一半,估＝爱写落去。<br>tɕiaŋ⁴⁴ ɕia⁴⁴ tʰau⁴⁴ itʰ⁵ pɔn⁴⁴ , ku⁴⁴ oi⁴⁴ ɕia³²⁵ loʔ² ɕy⁴⁴ 。 |

| 方言点 | 0030 你才吃了一碗米饭，再吃一碗吧。 |
|---|---|
| 01 杭州 | 你才子吃了一碗饭，再吃碗。<br>n̠i⁵³ dzɛ²² tsʅ⁴⁵ tɕʰio?⁵ lə⁰ iɛ?³ uo⁵³ vɛ¹³，tsɛ⁴⁵ tɕʰio?³ uo⁵³。 |
| 02 嘉兴 | 倷只吃一碗饭，再吃一碗。<br>nei¹³ tsɛ?⁵ tɕʰie?⁵ i?⁵ uə²¹ vɛ²¹，tsɛ³³ tɕʰie?⁵ i?⁵ uə²¹。 |
| 03 嘉善 | 倷只有吃一碗饭拉敌=，再吃介=一碗好敌=。<br>nə¹³ tsɛ?⁵ iə⁵³ tɕʰia?⁵ ie?⁵ ø⁰ vɛ¹³ la¹³ die?²，tsɛ⁴⁴ tɕʰia?⁵ ka³⁵ ie?⁵ ø⁰ xɔ⁴⁴ die?²。 |
| 04 平湖 | 倷吃得一碗饭，再吃碗。<br>nəu²¹³ tɕʰiə?⁵ tə?⁵ iə?³ ø⁴⁴ vɛ²¹³，tsɛ⁵³ tɕʰiə?²³ ø³³⁴。 |
| 05 海盐 | 倷便吃得一碗饭啦哩，再吃碗。<br>ne⁴²³ biɛ⁵³ tsʰə?²³ tə²¹ iə?⁵ uɤ²¹³ vɛ²¹³ la²³ li²¹，tsɛ⁵³ tsʰə?²³ uɤ³¹。 |
| 06 海宁 | 倷便得吃嗰一碗，再吃碗好哦？<br>nəu⁵³ bie¹³ tə?⁵ tɕʰie?⁵ tə?⁵ ie?⁵ uɛ³¹，tsɛ⁵⁵ tɕʰie?⁵ uɛ⁵³ hɔ⁵⁵ və?² ？ |
| 07 桐乡 | 倷盘=得吃一碗饭，再吃一碗。<br>nɤɯ²⁴² bɛ²⁴² tə?⁰ tɕʰiə?³ iə?³ uɛ⁵³ vɛ⁰，tsɛ³³ tɕʰiə?⁵ iə?⁰ uɛ⁰。 |
| 08 崇德 | 倷便得吃嗰一碗饭，再吃一碗。<br>nɤɯ⁵³ bii²¹ tə?⁵ tɕʰiɔ?³ də?⁵ iə?³ uɛ⁵³ vɛ¹³，tsɛ³³ tɕʰiɔ?³ iə?⁵ uɛ⁰。 |
| 09 湖州 | 是尔吃了一碗乌=里么，再吃界=一碗噢。<br>zə?² n³⁵ tɕʰie?⁵ lə?² ie?⁵ uɛ⁵³ əu²² li¹³ mə?⁰，tsei⁴⁴ tɕʰie?⁵ ka⁵³ ie?² uɛ³¹ ɔ⁰。 |
| 10 德清 | 是尔孛=特=界=吃特=一碗饭，是尔再吃界=一碗哦？<br>zə?² n³⁵ bə?² də?³ ka⁵³ tɕʰio?⁵ də?² ie?² øʉ³³ vɛ¹³，zə?² n³⁵ tsɛ⁵³ tɕʰio?⁵ ka³⁵ ie?⁵ øʉ³³ və?² ？ |
| 11 武康 | 是尔只有吃特=一碗饭，再吃一碗么好[嗰嗳]。<br>zə?² n¹³ tsɛ?⁵ iø⁴⁴ tɕʰiə?⁵ də?² ie?² ø⁵³ vɛ³¹，tsɛ⁵³ tɕʰiə?⁵ ie?⁵ ø⁵³ mə?² xɔ⁴⁴ dɛ³¹。 |
| 12 安吉 | 尔吃了一碗饭老=如=，再吃一碗。<br>ŋ²¹³ tɕʰiɤ?⁵ lə?⁰ iɛ?⁵ uɛ⁵² vɛ²¹³ lɔ⁵² zʅ²¹，tsɛ³² tɕʰiɤ?⁵ iɛ?⁵ uɛ⁵²。 |
| 13 孝丰 | 倷只吃了一碗饭，再吃一碗。<br>nə?²³ tsə?⁵ tɕʰie?⁵ lə?⁰ ie?⁵ ue?⁵ vɛ²¹，dzɛ²⁴ tɕʰie?⁵ ie?⁵ ue?⁵。 |
| 14 长兴 | 是尔将将只吃了一碗饭，尔再吃一碗。<br>zə?² n⁵² tʃiã⁴⁴ tʃiã⁴⁴ tsə?⁵ tʃʰiɛ?⁵ lə?⁰ iɛ?² uɯ⁵² vɛ²⁴，n⁵² tsɛ³²⁴ tʃʰiɛ?⁵ iɛ?² uɯ⁵²。 |
| 15 余杭 | 是尔才刚吃得一碗饭，还要吃一碗。<br>zə?² n⁵³ zɛ³³ kã̃³⁵ tɕʰia?⁵ tə?⁵ ie?⁵ uõ⁵³ vɛ³³，ɛ³³ iɔ³⁵ tɕʰia?⁵ ie?⁵ uõ⁵³。 |
| 16 临安 | 侬吃嘞一碗饭，再吃一碗添。<br>noŋ³⁵ tɕʰie?⁵ lɐ?⁵ ie?⁵ uə⁵⁵ vɛ³³，tsɛ⁵⁵ tɕʰiɐ?⁵ ie?⁵ uə⁵⁵ tʰie³¹。 |

**续表**

| 方言点 | 0030 你才吃了一碗米饭，再吃一碗吧。 |
|---|---|
| 17 昌化 | 尔还是吃着一碗饭，尔再吃一碗添。<br>ŋ²⁴ a¹¹ zʅ²⁴ tɕʰiɛʔ⁵ zaʔ² iɛʔ⁵ uɔ̃⁴⁵ vã²⁴ ,ŋ²⁴ tsɛ⁵⁴ tɕʰiɛʔ⁵ iɛʔ⁵ uɔ̃⁴⁵ tʰĩĩ³³⁴ 。 |
| 18 於潜 | 你就吃了一碗饭，再吃一碗添。<br>ni⁵¹ dʑiəu²⁴ tɕʰieʔ⁵³ liəu²² ieʔ⁵³ uɛ⁵³ vɛ²⁴ ,tse³⁵ tɕʰieʔ⁵³ ieʔ⁵³ uɛ⁵³ tʰie⁴³³ 。 |
| 19 萧山 | 尔结⁼吃嘞一碗饭，在吃一碗东⁼。<br>ŋ¹³ tɕieʔ⁵ tɕʰieʔ⁵ ləʔ²¹ ieʔ⁵ uə⁴² vɛ¹³ ,tse³³ tɕʰieʔ⁵ ieʔ⁵ uə⁴² toŋ²¹ 。 |
| 20 富阳 | 尔才刚吃嘞一碗饭，再吃一碗。<br>ŋ²²⁴ dze¹³ kɑ̃⁵⁵ tɕʰiɛʔ⁵ ləʔ⁰ iɛʔ⁵ uɛ̃³³⁵ vã²²⁴ ,tsei³³⁵ tɕʰiɛʔ⁵ iɛʔ⁵ uɛ̃³³⁵ 。 |
| 21 新登 | 尔才发⁼吃嘞一碗饭，再吃一碗。<br>ŋ³³⁴ ze¹³ faʔ⁵ tsʰaʔ⁵ laʔ⁰ iɛʔ⁵ uɛ³³⁴ vɛ¹³ ,tse⁴⁵ tsʰaʔ⁵ iɛʔ⁵ uɛ³³⁴ 。 |
| 22 桐庐 | 你只有吃嘞一碗饭，再吃一碗添。<br>ni³³ tsəʔ⁵ iəu³³ tɕʰiəʔ⁵ ləʔ²¹ iəʔ⁵ uã̃³³ vã¹³ ,tsᴇ³³ tɕʰiəʔ⁵ iəʔ⁵ uã̃³³ tʰie⁴² 。 |
| 23 分水 | 你吃了一碗饭，还吃一碗添。<br>ȵi⁵³ tɕʰiəʔ⁵ laʔ⁰ iəʔ⁵ uã̃⁵³ vã²⁴ ,uã̃²² tɕʰiəʔ⁵ iəʔ⁵ uã̃⁵³ tʰiɛ̃⁴⁴ 。 |
| 24 绍兴 | 偌就吃了一碗饭，再吃碗东⁼。<br>noʔ² tɕiɤ³³ tɕʰieʔ³ ləʔ⁰ ieʔ³ uø̃⁴⁴ vɛ̃²² ,tsᴇ³³ tɕʰieʔ³ uø̃⁴⁴ doŋ³¹ 。 |
| 25 上虞 | 侬就吃滴⁼一碗饭大⁼来，再吃碗东⁼。<br>noŋ²¹ dʑiɤ²¹ tɕʰyoʔ⁵ tiəʔ⁵ iəʔ² uø³³ vɛ̃³¹ da³¹ le⁰ ,tse⁵⁵ tɕʰyoʔ⁵ uø̃⁰ toŋ³³ 。 |
| 26 嵊州 | 侬饭吃得一碗货⁼，再吃一碗东⁼添。<br>noŋ³³ uɛ̃²⁴ tɕʰyoʔ³ təʔ³ ieʔ³ uœ⁴⁴ ho³³⁴ ,tsᴇ⁴⁴ tɕʰyoʔ³ ieʔ³ uœ³³ toŋ³³ tʰĩɛ⁵³ 。 |
| 27 新昌 | 尔饭食得一碗货⁼，再食碗凑⁼。<br>ŋ²³² uɛ̃¹³ ʑiʔ² teʔ³ iʔ³ uœ⁴⁵ hɤ³³⁵ ,tsᴇ⁴⁵ ʑiʔ³ uœ³³ tɕʰiɯ³³⁵ 。 |
| 28 诸暨 | 尔接⁼吃喝一碗饭，再吃一碗添。<br>n¹³ tɕieʔ⁵ tɕʰieʔ⁵ təʔ²¹ ieʔ⁵ vəʔ⁴² vɛ²¹ ,tsɛ⁴² tɕieʔ²¹ ieʔ⁵ vəʔ⁴² tʰie²¹ 。 |
| 29 慈溪 | 侬只吃仔一碗饭，再吃仔一碗唧嘛。<br>nuŋ¹³ tɕyoʔ⁵ tɕʰyoʔ⁵ tsʅ⁰ iəʔ² uø̃¹¹ vɛ̃¹³ ,tse⁴⁴ tɕʰyoʔ⁵ tsʅ⁰ iəʔ² uø̃¹³ lɔ̃¹³ ma⁰ 。 |
| 30 余姚 | 侬只吃嘞一碗饭唧雷⁼，再吃一碗唧。<br>nuŋ¹³ tɕyoʔ⁵ tɕʰyoʔ⁵ laʔ² iəʔ⁵ uø̃³⁴ vã̃¹³ lɔŋ⁴⁴ le⁰ ,tse⁴⁴ tɕʰyoʔ⁵ iəʔ⁵ uø̃³⁴ lɔŋ⁰ 。 |
| 31 宁波 | 侬还只吃嘞一碗饭，再吃一碗凑。<br>nəu¹³ ua¹³ tɕieʔ⁵ tɕʰyoʔ⁵ laʔ² iəʔ⁵ u⁰ vɛ¹³ ,tse⁴⁴ tɕʰyoʔ⁵ iəʔ⁵ u⁰ tsʰœɤ⁴⁴ 。 |
| 32 镇海 | 侬还只吃一碗饭，再吃一碗好来。<br>nəu²⁴ ua⁴² tɕieʔ⁵ tɕʰyoʔ⁵ ieʔ⁵ uɛ²⁴ vɛ²⁴ ,tse⁵³ tɕʰyoʔ⁵ ieʔ⁵ uɛ²⁴ hɔ³³ le⁰ 。 |

续表

| 方言点 | 0030 你才吃了一碗米饭，再吃一碗吧。 |
|---|---|
| 33 奉化 | 侬还即吃一碗饭，还好再吃一碗。<br>$nəu^{33}$ $ua?^2$ $tɕiɪ?^5$ $tɕ^h yo?^5$ $iɪ?^5$ $uø^{44}$ $vɛ^{31}$，$ua?^2$ $hʌ^{44}$ $tse^{44}$ $tɕ^h yo?^2$ $iɪ?^2$ $uø^{35}$。 |
| 34 宁海 | 尔□吃一碗饭，再吃碗凑嘛。<br>$n^{31}$ $be?^3$ $tɕ^h yu?^3$ $iə?^3$ $uø^0$ $vɛ^{31}$，$tse^{35}$ $tɕ^h yu?^3$ $uø^0$ $ts^h eu^{35}$ $m\tilde{a}^{31}$。 |
| 35 象山 | 尔还只吃嘞一碗饭，再吃一碗凑嘛。<br>$n^{31}$ $ua?^2$ $tɕie?^5$ $tɕ^h yo?^5$ $la?^2$ $ie?^5$ $uɤu^{44}$ $vɛ^{13}$，$tsei^{44}$ $tɕ^h yo?^5$ $ie?^5$ $uɤu^{44}$ $ts^h ɤu^{53}$ $ma^0$。 |
| 36 普陀 | 侬只吃了一碗饭，再吃一碗好眯。<br>$noŋ^{24}$ $tɕie?^5$ $tɕ^h yo?^3$ $lɐ?^0$ $iɛ?^3$ $uø^{45}$ $vɛ^{13}$，$tsɛ^{55}$ $tɕ^h yo?^3$ $iɛ?^3$ $uø^{45}$ $xɔ^0$ $lɛ^0$。 |
| 37 定海 | 侬还即吃一碗饭，再吃一碗跌⁼。<br>$noŋ^{23}$ $uɐ?^2$ $tɕie?^5$ $tɕ^h yo?^3$ $ie?^3$ $uø^{52}$ $vɛ^{13}$，$tsɛ^{52}$ $tɕ^h yo?^5$ $ie?^3$ $uø^0$ $tie?^0$。 |
| 38 岱山 | 侬还即吃一碗饭嘛，再吃碗好眯。<br>$noŋ^{23}$ $uɐ?^2$ $tɕie?^5$ $tɕ^h yo?^3$ $ie?^5$ $uø^{44}$ $vɛ^{11}$ $ma^{33}$，$tse^{44}$ $tɕ^h yo?^3$ $uø^0$ $xɔ^0$ $lɐi^0$。 |
| 39 嵊泗 | 侬还即吃一碗饭，格再吃一碗吧。<br>$noŋ^{24}$ $uɐ?^2$ $tɕiɛ?^5$ $tɕ^h yo?^3$ $iɛ?^5$ $uɤ^{44}$ $vɛ^{213}$，$kɐ?^3$ $tse^{53}$ $tɕ^h yo?^5$ $iɛ?^3$ $uɤ^{33}$ $iɛ^0$。 |
| 40 临海 | 尔菊⁼一碗饭吃爻，再吃碗凑。<br>$ŋ^{52}$ $tɕye?^5$ $ie?^3$ $ue^{52}$ $vɛ^{324}$ $tɕ^h yo?^5$ $ɔ^0$，$tse^5$ $tɕ^h yo?^5$ $ue^{52}$ $ts^h ə^{55}$。 |
| 41 椒江 | 尔只一碗饭吃爻，吃碗凑耶。<br>$n^{42}$ $tsə?^3$ $ie?^3$ $uə^{42}$ $vɛ^{24}$ $tɕ^h yo?^3$ $ɔ^0$，$tɕ^h yo?^3$ $uə^{42}$ $tɕio^{55}$ $iɛ^0$。 |
| 42 黄岩 | 尔拢孟⁼一碗饭吃爻已，吃碗凑耶。<br>$n^{42}$ $loŋ^{42}$ $m\tilde{a}^{24}$ $ie?^3$ $uø^{42}$ $vɛ^{24}$ $tɕ^h yo?^5$ $ɔ^0$ $i^0$，$tɕ^h yo?^3$ $uø^{42}$ $tɕio^{55}$ $iɛ^0$。 |
| 43 温岭 | 尔便只一碗饭吃爻，吃碗凑凑。<br>$n^{42}$ $be^{13}$ $tsʅ^{51}$ $i?^3$ $ue^{51}$ $vɛ^{13}$ $tɕ^h yo?^5$ $ɔ^0$，$tɕ^h yo?^3$ $ue^{42}$ $ts^h ɤ^{55}$ $ts^h ɤ^0$。 |
| 44 仙居 | 尔和⁼计⁼吃一碗饭，吃碗凑。<br>$ŋ^{324}$ $o^{24}$ $tɕi^{55}$ $tɕ^h yo?^3$ $iə?^3$ $ua^{53}$ $va^{24}$，$tɕ^h yo?^5$ $ua^{31}$ $ts^h əɯ^{55}$。 |
| 45 天台 | 尔立⁼总⁼吃勒一碗饭，再吃一碗凑。<br>$ŋ^{214}$ $liə?^2$ $tsuŋ^0$ $tɕ^h yu?^5$ $lə?^2$ $iə?^1$ $uø^{32}$ $ve^{35}$，$tse^{33}$ $tɕ^h yu?^5$ $iə?^1$ $uø^{32}$ $ts^h eu^{55}$。 |
| 46 三门 | 尔质⁼吃了一碗饭，再吃一碗凑⁼。<br>$ŋ^{325}$ $tsɐʔ^5$ $tɕ^h io?^5$ $lə?^0$ $ie?^3$ $uø^{325}$ $vɛ^{24}$，$tse^{55}$ $tɕ^h io?^5$ $ie?^3$ $uø^{325}$ $ts^h ɯ^{55}$。 |
| 47 玉环 | 尔只一碗饭吃爻，再装碗凑。<br>$n^{42}$ $tsʅ^{42}$ $iɐ?^3$ $ue^{53}$ $vɛ^{22}$ $tɕ^h yo?^5$ $ɔ^0$，$tse^{55}$ $ts\tilde{ɔ}^{33}$ $ue^{53}$ $tɕ^h iɤ^{55}$。 |
| 48 金华 | 侬还正吃了一碗饭，再吃碗添儿。<br>$noŋ^{535}$ $ua^{31}$ $tɕiŋ^{55}$ $tɕ^h iə?^3$ $lə?^0$ $iə?^3$ $ua^{55}$ $va^{14}$，$tse^{55}$ $tɕ^h iə?^3$ $ua^{55}$ $t^h i\tilde{ɛ}^{334}$。 |

续表

| 方言点 | 0030 你才吃了一碗米饭，再吃一碗吧。 |
|---|---|
| 49 汤溪 | 尔只吃了一碗饭，再吃一碗添。<br>ŋ¹¹³ tɕia⁵² tɕʰiei⁵⁵ la⁰ iei⁵² uɑ⁵² vɤɑ³⁴¹ , tsɛ⁵² tɕʰiei⁵² iei⁵² uɑ⁵³⁵ tʰie²⁴ 。 |
| 50 兰溪 | 侬就吃嘞一碗饭，再吃碗添哇。<br>noŋ⁵⁵ ziəɯ²⁴ tɕʰie³⁴ ləʔ⁰ ie³⁴ uɑ⁵⁵ via²⁴ , tsei⁴⁵ tɕʰie³⁴ uɑ⁵⁵ tʰia³³⁴ uɑ⁰ 。 |
| 51 浦江 | 尔只食置＝一碗饭，再食碗先＝。<br>n⁵³ tsɛ⁵⁵ zɛ²⁴ tsɿ³³⁴ iə³³ uɑ̃⁵⁵ vɑ̃²⁴ , tsa⁵⁵ zɛ²⁴ uɑ̃⁰ ɕiɑ̃⁵⁵ 。 |
| 52 义乌 | 侬还正食来＝一碗饭，食碗添好了。<br>noŋ³³ ua²² tsən³³ zai³¹ le³³ iə³ uɑ⁴⁵ bɔ²⁴ , zai³¹ uɑ³³ tʰia⁴⁵ ho³³ lə⁰ 。 |
| 53 东阳 | 尔独只一碗饭食过耶，再食碗添。<br>n²⁴ tʊ³³ tsei³³ i³³ ɔ³³ vɔ²² zei²⁴ kʊ³³ iɛ⁰ , tsei³³ zei²⁴ ɔ²⁴ tʰi³³ 。 |
| 54 永康 | 尔还正食一碗饭，再食碗添个。<br>ŋ³¹ uɑ³¹ tɕiŋ⁵² zəi¹¹³ iə³³ uɑ³³ vɑ²⁴¹ , tsəi⁵² zəi¹¹³ uɑ⁵⁵ tʰia⁵⁵ kɑ⁰ 。 |
| 55 武义 | 偌还□食一碗饭欸，食碗添呢。<br>nɔ¹³ ŋuo³²⁴ tɕiau⁵³ zə¹³ iəʔ⁵ ŋuo⁵³ vuo²⁴ e⁰ , ze¹³ ŋuo⁵³ tʰie²⁴ nə⁰ 。 |
| 56 磐安 | 尔只食了一碗饭，再食碗添。<br>n³³ tsɛi⁵⁵ zɛi²¹ la⁰ ie³³ ɒ⁵⁵ vɒ¹⁴ , tse⁵⁵ zɛi²¹ ɒ³³ tʰie⁴⁴⁵ 。 |
| 57 缙云 | 你还只食一碗饭，再食一碗添。<br>n̠i³¹ uɑ²⁴³ tsɿ⁴⁴ zai¹³ iei⁴⁴ uɑ⁵¹ vɑ²¹³ , tsei⁴⁵³ zai¹³ iei⁴⁴ uɑ⁵¹ tʰia⁴⁴ 。 |
| 58 衢州 | 你隔＝本＝吃了一碗饭，再吃一碗添。<br>n̠i⁵³ kaʔ³ pən³⁵ tɕʰiəʔ⁵ lə⁰ iəʔ⁵ uɑ̃³⁵ vɑ̃²³¹ , tsɛ⁵³ tɕʰiəʔ⁵ iəʔ³ uɑ̃³⁵ tʰiẽ³² 。 |
| 59 衢江 | 你得＝食掉一碗饭，再食碗添啦。<br>n̠iəʔ² təʔ⁵ iəʔ² tɔ⁵³ iəʔ³ uɑ̃²⁵ vɑ̃²³¹ , tsei⁵³ iəʔ² uɑ̃²⁵ tʰie³³ la⁰ 。 |
| 60 龙游 | 你还只食了一碗饭，再食一碗添。<br>n̠i²² uɑ²²⁴ tsəʔ⁴ iəʔ² ləʔ⁰ iəʔ³ uɑ̃⁵¹ vɑ̃²³¹ , tsei⁵¹ iəʔ² iəʔ³ uɑ̃⁵¹ tʰie³³⁴ 。 |
| 61 江山 | 你触＝末哇得个瓯饭，再哇个瓯凑。<br>n̠i²² tɕʰioʔ⁵ moʔ² tiɛʔ⁵ tɤɯ⁵¹ a⁴⁴ u²⁴ vaŋ³¹ , tsE⁵¹ tiɛʔ⁵ a⁴⁴ u²⁴ tsʰɯ⁵¹ 。 |
| 62 常山 | 尔磕＝目＝吃班＝一瓯饭，再吃一瓯添。/尔磕＝目＝吃班＝一瓯饭，再吃一瓯凑。<br>n²⁴ kʰɤʔ² mɤʔ⁵ tɕʰieʔ⁵ pɑ̃⁰ ieʔ⁵ u⁴⁴ vɑ̃¹³¹ , tsɛ⁴³ tɕʰieʔ⁵ ieʔ⁵ u⁴⁴ tʰiɛ̃⁴⁴ 。 /n²⁴ kʰɤʔ² mɤʔ⁵ tɕʰieʔ⁵ pɑ̃⁰ ieʔ⁵ u⁴⁴ vɑ̃¹³¹ , tsɛ⁴³ tɕʰieʔ⁵ ieʔ⁵ u⁴⁴ tɕʰiu³²⁴ 。 |
| 63 开化 | 你□是食了一瓯饭，再食一瓯凑嘞。<br>n²¹ gəʔ² dziɛʔ¹³ ia² ləʔ⁰ iɛʔ⁵ u⁴⁴ vɑ̃²¹³ , tsɛ⁴⁴ iaʔ² iɛʔ⁵ u⁴⁴ tsʰɯ⁴¹² lɛ⁰ 。 |

续表

| 方言点 | 0030 你才吃了一碗米饭，再吃一碗吧。 |
|---|---|
| 64 丽水 | 你才吃了一碗饭，再吃一碗添。<br>ȵi⁴⁴ zɛ²² tɕʰi²ʔ⁵ lə⁰ iʔ⁴ uã̃⁵⁴⁴ vã̃²¹，tsɛ⁵² tɕʰi²ʔ⁵ iʔ⁴ uã̃⁵² tʰiɛ²²⁴。 |
| 65 青田 | 你新ᵉ吃了一碗饭，再吃一碗添。<br>ȵi⁴⁵⁴ saŋ⁴⁴⁵ tsʰɿ²ʔ⁴ laʔ⁰ iæʔ⁴ uɑ⁵⁵ vɑ²²，tsɛ³³ tsʰɿ²ʔ⁴ iæʔ⁴ uɑ⁵⁵ tʰiɑ⁴⁴⁵。 |
| 66 云和 | 你正吃了一碗饭，再吃碗添噶。<br>ȵi⁴⁴ tɕiŋ⁴⁵ tɕʰiʔ⁵ laɔ⁰ iʔ⁴ uã̃⁴⁴ vã̃²²³，tsa⁴⁵ tɕʰiʔ⁵ uã̃⁴⁴ tʰiɛ²⁴ ka⁰。 |
| 67 松阳 | 是你曾ᵉ□咥了一碗饭，再咥一碗添。<br>ziʔ² ȵi²² zæ²¹ oŋ²⁴ tiɛʔ⁵ lə⁰ iʔ³ uɔ̃²⁴ vɔ̃¹³，tsɛ²⁴ tiɛʔ⁵ iʔ⁵ uɔ̃²⁴ tʰiɛ̃⁵³。 |
| 68 宣平 | 尔还寻ᵉ吃一碗饭，再吃碗添啊。<br>n²² uaʔ² zən⁴³³ tɕʰiəʔ⁴ iəʔ⁴ uã̃⁵⁵ vã̃²³¹，tsei⁴⁴ tɕʰiəʔ⁴ uã̃⁴⁴ tʰiɛ³² a⁰。 |
| 69 遂昌 | 你拥ᵉ咥了一碗饭，再咥碗添。<br>ȵiɛ¹³ ioŋ⁴⁵ tiɛʔ⁵ lə⁰ iʔ⁵ uɛ̃⁵³ vaŋ²¹³，tsei⁴⁵ tiɛʔ⁵ uɛ̃⁵³ tʰiɛ⁴⁵。 |
| 70 龙泉 | 你正咥唠一碗饭，再咥一碗添哦。<br>ȵi⁵¹ tɕin⁴⁴ tiɛʔ⁵ lʌŋ⁰ ieiʔ³ uaŋ⁵¹ vaŋ²²⁴，tsɛ⁴⁴ tiɛʔ⁵ ieiʔ³ uaŋ⁵¹ tʰiɛ⁴³⁴ o⁰。 |
| 71 景宁 | 你信ᵉ吃爻一碗饭，固吃碗添哇。<br>ȵi³³ saŋ³⁵ tɕʰiʔ⁵ kau³³ iʔ³ uɔ³³ vɔ¹¹³，ku³⁵ tɕʰiʔ⁵ uɔ³³ tʰiɛ³² ua⁰。 |
| 72 庆元 | 你才咥了一碗饭，再咥碗先。<br>ȵiɛ²² sæi¹¹ ɗiaʔ⁵ lɒ³³ iɯəʔ⁵ uã̃³³ fã̃³¹，tsæi¹¹ ɗiaʔ⁵ uã̃³³ ɕiã̃³³⁵。<br>你才咥了一碗饭，再咥碗添。<br>ȵiɛ²² sæi¹¹ ɗiaʔ⁵ lɒ³³ iɯəʔ⁵ uã̃³³ fã̃³¹，tsæi¹¹ ɗiaʔ⁵ uã̃³³ tʰiã̃³³⁵。 |
| 73 泰顺 | 你正吃爻一碗饭，再吃碗先哇。<br>ȵi⁵⁵ tɕiŋ³⁵ tsʰɿ²ʔ⁵ kaɔ⁰ iɛʔ² uã̃⁵⁵ uã̃²²，tsæi³⁵ tsʰɿ²ʔ⁵ uã̃⁵⁵ ɕiã̃²¹³ ua⁰。 |
| 74 温州 | 你饭还只吃一碗哎，再吃碗添呐。<br>ȵi¹⁴ va²² va³¹ tsɿ⁰ tsʰɿ³ i³ y²⁵ ei⁰，tsei⁵¹ tsʰɿ³ y³³ tʰi³³ na⁰。 |
| 75 永嘉 | 你还只吃一碗饭，吃碗添呐。/你还只吃一碗饭，再吃碗添呐。/你还只吃一碗饭，再吃碗呐。<br>ȵi¹³ va³¹ tsɿ⁴³ tɕʰiai⁴³ i⁴³ y⁴⁵ va²²，tɕʰiai⁴³ y³³ tʰiɛ⁴⁴ nɔ⁰。/ȵi¹³ va³¹ tsɿ⁴³ tɕʰiai⁴³ i⁴³ y⁴⁵ va²²，tse⁵³ tɕʰiai⁴³ y³³ tʰiɛ⁴⁴ nɔ⁰。/ȵi¹³ va³¹ tsɿ⁴³ tɕʰiai⁴³ i⁴³ y⁴⁵ va²²，tse⁵³ tɕʰiai⁴³ y³³ nɔ⁰。 |
| 76 乐清 | 你统也只吃一碗饭，吃碗添呐。<br>ȵi²⁴ tʰoŋ³⁵ a⁰ tsɿ⁴ tɕʰiɤ³ i³ uɤ³⁵ vE²²，tɕʰiɤ³ uɤ⁰ tʰiE⁴⁴ na⁰。 |

**续表**

| 方言点 | 0030 你才吃了一碗米饭，再吃一碗吧。 |
|---|---|
| 77 瑞安 | 你阿还是吃一碗饭唉，再吃碗添呐。／你阿还是吃一碗饭唉，吃碗添呐。／你阿还是吃一碗饭唉，再吃一碗呐。<br>ȵi¹³ a⁰ uɔ³¹ zʅ²² tɕʰi³ e³ y³⁵ vɔ²² e⁰ , tse⁵³ tɕʰi³ y³³ tʰiɛ⁴⁴ nɔ⁰ 。／ȵi¹³ a⁰ uɔ³¹ zʅ²² tɕʰi³ e³ y³⁵ vɔ²² e⁰ , tɕʰi³ y³³ tʰiɛ⁴⁴ nɔ⁰ 。／ȵi¹³ a⁰ uɔ³¹ zʅ²² tɕʰi³ e³ y³⁵ vɔ²² e⁰ , tse⁵³ tɕʰi³ e³ y³⁵ nɔ⁰ 。 |
| 78 平阳 | 你总吃一碗饭，再吃一碗添。<br>ȵi³³ tʃoŋ⁴⁵ tɕʰi³⁴ i⁴⁵ ye¹³ vɔ²¹ , tʃe⁴⁵ tɕʰi³⁴ i⁴⁵ ye²¹ tʰye⁵⁵ 。 |
| 79 文成 | 你只吃一碗，再吃一碗添。<br>ȵi¹³ tsʅ³³ tɕʰi²¹ i³³ yø²¹ , tʃe²¹ tɕʰi²¹ i²¹ yø²¹ tʰie⁴⁵ 。 |
| 80 苍南 | 你正吃一碗饭，再吃碗添。<br>ȵi⁵³ tseŋ⁴² tɕʰi³ e³ ye⁵³ ua¹¹ , tse⁴² tɕʰi³ ye⁵³ tʰyɛ⁴⁴ 。 |
| 81 建德<sub>徽</sub> | 尔还置＝吃一碗饭，吃一碗添。<br>n²¹³ ua³³ tsʅ⁵⁵ tɕʰiɐʔ⁵ iɐʔ⁵ uɛ²¹ fɛ⁵⁵ , tɕʰiɐʔ⁵ iɐʔ⁵ uɛ²¹ tʰie⁵³ 。 |
| 82 寿昌<sub>徽</sub> | 潜只吃了一碗饭，再吃一碗添。<br>tsen⁵² tsʅ⁵⁵ tɕʰiə ʔ³ lə⁰ iəʔ³ ŋuə²⁴ fɤ³³ , tɕiæ²⁴ tɕʰiə ʔ³ iəʔ³ ŋuə²⁴ tʰi¹¹² 。 |
| 83 淳安<sub>徽</sub> | 尔滴＝吃考＝一碗饭，再吃一碗添。<br>n⁵⁵ tiʔ⁵ tɕʰiʔ⁵ kʰɤ⁵⁵ iʔ⁵ uã⁵⁵ fã⁵³ , tɕie²⁴ tɕʰiʔ⁵ iʔ⁵ uã⁵⁵ tʰiã²⁴ 。 |
| 84 遂安<sub>徽</sub> | 你瓦＝滴＝吃下一碗饭，再吃一碗添。<br>i³³ vɑ⁵⁵ ti³³ tsʰʅ⁵⁵ ɕiɑ⁵⁵ i²⁴ uã²¹³ fã⁵² , tsɛ⁵⁵ tsʰʅ⁵⁵ uã²¹³ tʰiã⁵³⁴ 。 |
| 85 苍南<sub>闽</sub> | 汝正食了蜀碗糜，再食蜀碗添。<br>lɯ³² tɕĩã²¹ tɕia²⁴ lə⁰ tɕie²¹ũa²¹ mãĩ⁵⁵ , tsai⁴³ tɕia²⁴ tɕie²¹ũa²¹ tʰ ĩ⁵⁵ 。 |
| 86 泰顺<sub>闽</sub> | 尔正食碗白饭，再食碗添吧。<br>n²² tɕiæŋ²² ɕia²² uæŋ²² pa²² pɔi³¹ , tsai⁵³ ɕia²² uæŋ²² tʰie²² pa⁰ 。 |
| 87 洞头<sub>闽</sub> | 汝只吃一碗糜，果＝食蜀碗添。<br>lɯ⁵³ tsʅ²⁴ tɕia²¹ tɕiek²¹ũa⁵³ mãĩ³³ , ko⁵³ tɕia²¹ tɕiek²¹ũa²¹ tʰ ĩ⁵⁵ 。 |
| 88 景宁<sub>畲</sub> | 你正食一碗饭，再食一碗凑。<br>ȵi⁴⁴ tɕiaŋ⁴⁴ ɕiʔ⁵ it⁵ uon⁵⁵ pʰɔn⁵¹ , tsai⁴⁴ ɕiʔ⁵ it⁵ uon⁵⁵ tɕʰiəu⁴⁴ 。 |

| 方言点 | 0031 让孩子们先走，你再把展览仔仔细细地看一遍。 |
|---|---|
| 01 杭州 | 让小伢儿先走，你再拨展览仔仔细细地看一遍。<br>zaŋ¹³ ɕiɔ⁵⁵ ia²² əl⁰ ɕiɛ³³ tsei⁵³，n̩i⁵³ tsɛ⁴⁵ paʔ⁵ tsuo⁵⁵ lɛ⁰ tsʅ⁵⁵ tsʅ⁵⁵ ɕi³³ ɕi³³ tiʔ⁰ kʰɛ⁴⁵ iɛʔ⁵ piɛ⁰。 |
| 02 嘉兴 | 让小百⁼喜⁼先走，倷再拿展览仔仔细细看一遍。<br>n̩iÃ̃¹³ ɕiɔ³³ pA̤ʔ⁵ ɕi²¹ ɕie³³ tsei³³，nei¹³ tsɛ³⁵ nɛ⁴² tsɛ³³ lɛ⁴² tsʅ³³ tsʅ³³ ɕi³³ ɕi³³ kʰə³³ iʔ⁵ pie²¹。 |
| 03 嘉善 | 让小人拉先跑，倷再好好叫看一遍格个展览。<br>n̩iæ̃¹³ ɕiɔ⁴⁴ n̩in³¹ lɑ⁰ ɕie⁵³ bɔ³¹，nɔ¹³ tsɛ⁴⁴ xɔ³³ xɔ⁵³ tɕiɔ⁰ kʰø³⁵ ieʔ⁵ piɪ⁰ kəʔ⁴ kəʔ⁵ tsø⁴⁴ lɛ³¹。 |
| 04 平湖 | 让小把戏拉先走，倷再担展览好好叫看遍。<br>n̩iã̃²¹³ ɕiɔ⁴⁴ paʔ ɕi⁰ lɑ⁰ ɕiɛ⁴⁴ zɯu⁰，nəɯ²¹³ tsɛ⁵³ nɛ³¹ tsø⁴⁴ lɛ⁵³ hɔ²¹³ hɔ⁰ tɕiɔ⁰ kʰø⁴⁴ piɛ⁰。 |
| 05 海盐 | 让小人家先走，倷好好叫担展览再看遍。<br>n̩iɛ̃²¹³ ɕiɔ²⁴ n̩in⁵³ ka²¹ ɕiɛ⁵³ tsɛ⁴²³，ne⁴²³ xɔ⁵³ xɔ²¹³ tɕiɔ²¹ nɛ³¹ tsɤ⁵³ lɛ³¹ tsɛ⁵⁵ kʰɤ³³⁴ piɛ²¹。 |
| 06 海宁 | 让小把戏拉先走，倷再细细叫看遍展览。<br>n̩iã̃³³ ɕiɔ⁵⁵ paʔ⁵ ɕi⁵⁵ lɑ³³ ɕiɛ⁵⁵ tsəɯ⁵³，nəɯ⁵⁵ tsɛ⁵³ ɕi³³ ɕi⁵⁵ tɕiɔ⁰ kʰei³³ pie³³ tsɛ³³ lɛ³³。 |
| 07 桐乡 | 让小人家先走脱，倷再拿刮⁼展览好好叫看一遍。刮⁼：这些<br>n̩iã̃²¹ siɔ⁵³ n̩iŋ⁰ ka⁰ siE⁴⁴ tsɤɯ⁵³ tʰəʔ⁰，nɤɯ²⁴² tsɛ³³⁴ no⁴⁴ kuaʔ³ tsɛ⁴⁴ lɛ⁰ hɔ⁵³ hɔ⁰ tɕiɔ⁰ kʰE³³ iəʔ⁵ piE³³⁴。 |
| 08 崇德 | 让小人家先走，倷再拿葛刮⁼展览细细到到看一遍。<br>n̩iã̃¹³ ɕiɔ⁵⁵ n̩iŋ⁰ kɑ⁰ ɕiɪ³³ tsɤɯ⁵³，nɤɯ⁵³ tsɛ³³⁴ no⁴⁴ kəʔ³ kuaʔ⁵ tsɛ⁵⁵ lɛ⁰ ɕi³³ ɕi³³ tɔ⁵⁵ tɔ⁰ kʰE³³ iəʔ⁵ pʰiɪ⁰。 |
| 09 湖州 | 让小把戏先回转，葛个展览尔再好好叫看界⁼一遍看。<br>n̩iã̃³³ ɕiɔ⁵³ pəʔ⁵ ɕi³³ ɕie³³ uei⁵³ tsɛ³¹，kəʔ⁴ kəʔ⁵ tsɛ⁵³ lɛ¹³ n̩¹³ tsɛ⁵³ xɔ⁵³ xɔ³¹ tɕiɔ⁰ kʰɛ³³ ka³⁵ ieʔ⁵ pie⁵³ kʰɛ⁰。 |
| 10 德清 | 让小人家先走，是尔好好叫再拨展览看一遍。<br>n̩iã̃³³ ɕiɔ³⁵ n̩in⁵³ ka³¹ ɕie³¹ tɕiuɯ⁵³，zəʔ² n̩³⁵ xɔ³³ xɔ³¹ tɕiɔ³¹ tsɛ³³ pəʔ⁵ tsøʉ³³ lɛ³¹ kʰøʉ³¹ ieʔ⁵ pie¹³。 |
| 11 武康 | 让小人先跑，尔再搭展览好好叫看一遍。<br>n̩iã̃³¹ ɕiɔ⁵⁵ n̩in⁵³ ɕiɪ⁵³ bɔ¹³，n̩¹³ tsɛ⁴⁴ təʔ⁵ tsø⁵⁵ lɛ⁵³ xɔ⁴⁴ xɔ⁴⁴ tɕiɔ⁵³ kʰø⁴⁴ ieʔ⁵ piɪ¹³。 |
| 12 安吉 | 让小把戏先走，尔再拨展览仔细看一遍。<br>n̩iã̃²¹³ ɕiɔ⁵² paɁ ɕi²¹ ɕi⁵⁵ tsəɯ⁵²，ŋ²¹³ tsɛ³²⁴ pəʔ⁵ tsɛ⁵² lɛ²¹ tsʅ⁵² ɕi²¹ kʰE³² ieʔ⁵ pi³²⁴。 |
| 13 孝丰 | 让格班小把戏先走，倷拨展览再仔仔细细看一遍。<br>n̩iã̃³²⁴ kəʔ³ pɛ⁴⁴ ɕiɔ⁴⁵ pa²¹ ɕi²¹ ɕiɪ⁴⁴ tsəɪ⁵²，nəʔ²³ pəʔ⁵ tsɛ⁴⁵ lɛ²¹ tsɛ³²⁴ tsʅ⁴⁵ tsʅ⁰ ɕi⁴⁵ ɕi⁰ kʰe³² ieʔ⁵ piɪ³²⁴。 |
| 14 长兴 | 让小把戏先走，是尔搭⁼乖⁼展览好好叫再看一遍。<br>n̩iã̃²⁴ ʃiɔ⁴⁵ pa⁵⁵ ʃʅ²¹ ʃi⁴⁴ tsei⁵²，zəʔ² n̩⁵² taʔ⁵ kua⁴⁴ tsɛ⁴⁵ lɛ²¹ hɔ⁴⁵ hɔ⁴⁴ tʃiɔ²¹ tsɛ³²⁴ kʰɯ³² ieʔ² pi³²⁴。 |

续表

| 方言点 | 0031 让孩子们先走，你再把展览仔仔细细地看一遍。 |
|---|---|
| 15 余杭 | 让小人儿先去，是尔再拨展览好好叫看一遍。<br>n̥iã̃¹³ siɔ⁵³ n̥iŋ³¹ n³¹ sie⁵³ tɕʰi³⁵，zəʔ² n³¹ tse⁵³ po³⁵ tsøɤ⁵⁵ lɛ³³ xɔ⁵³ xɔ⁵³ tɕiɔ³⁵ kʰu õ̃⁵³ ieʔ⁵ piẽ⁵³。 |
| 16 临安 | 让小鬼头先去，依拨展览再仔仔细细看一遍。<br>n̥iã̃³⁵ ɕiɔ⁵⁵ kuɛ⁵⁵ də⁵⁵ ɕie⁵³ tɕʰi⁵³，noŋ³⁵ pɐʔ⁵ tsœ⁵⁵ lɛ⁵⁵ tsɛ⁵⁵ tsʅ⁵³ tsʅ⁵³ ɕi⁵⁵ ɕi⁵⁵ kʰ œ̃³³ ieʔ² pie³¹。 |
| 17 昌化 | 让小鬼头先跑，尔把展览再仔仔细细看一遍添。<br>n̥iã̃²⁴ ɕiɔ⁴⁵ kuei⁴⁵ di⁵³ ɕiĩ³³ bɔ¹¹²，ŋ²⁴ pu⁴⁵ tɕy ĩ⁴⁵ lɔ̃⁵³ tsɛ⁵⁴⁴ tsʅ⁴⁵ tsʅ⁰ ɕi⁵⁴ ɕi⁰ kʰ ɛ̃⁵⁴ ieʔ⁵ pi ĩ⁵⁴⁴ tʰi ĩ³³⁴。 |
| 18 於潜 | 让小鬼头先去，你再把展览好好叫看一回。<br>n̥iaŋ²⁴ ɕiɔ⁵³ kue⁵³ dieu³¹ ɕie⁴³³ tɕʰi³⁵，ni⁵¹ tse³⁵ pəʔ⁵³ tsɛ⁵³ lɛ³¹ xɔ⁵³ xɔ⁵³ tɕiɔ⁴³³ kʰɛ³⁵ ieʔ⁵³ ue³¹。 |
| 19 萧山 | 扮小人先去，尔再仔仔细细再看一遍展览。<br>pɛ³³ ɕiɔ³³ n̥iŋ³³ ɕie³³ tɕʰi³³，ȵ¹³ tse⁴² tsʅ³³ tsʅ³³ ɕi³³ ɕi³³ tse³³ kʰie³³ ieʔ⁵ pie³³ tsə³³ lɛ⁴²。 |
| 20 富阳 | 让小人先走，尔再拨展览仔仔细细看一遍。<br>iã̃³³⁵ ɕiɔ⁴²³ nin¹³ ɕiɛ̃⁵⁵ tsei⁵³，ŋ²²⁴ tsei³³⁵ pɛʔ⁵ tɕy ɛ̃⁴²³ lã̃²²⁴ tsʅ⁴²³ tsʅ³³⁵ ɕi³³⁵ ɕi⁵³ kʰi ɛ̃³³⁵ ieʔ⁵ pi ɛ̃³³⁵。 |
| 21 新登 | 让小人先走，尔再拨展览仔仔细细个看一遍。<br>iã̃¹³ ɕiɔ³³⁴ neiŋ⁴⁵ ɕi ɛ̃⁵³ tɕy³³⁴，ŋ³³⁴ tse⁴⁵ pɑ⁴⁵ tsɛ³³⁴ l ɛ̃⁴⁵ tsʅ³³⁴ tsʅ³³⁴ ɕi³³⁴ ɕi⁴⁵ kaʔ⁰ kʰ ɛ̃⁴⁵ iəʔ⁵ pi ɛ̃⁴⁵。 |
| 22 桐庐 | 让小人先走，你再拨展览仔仔细细望一遍。<br>niã̃¹³ ɕiɔ³³ niŋ⁵⁵ ɕie³³ tsei¹³，ni³³ tsɛ³⁵ pəʔ⁵ tsã̃³³ lã̃³³ tsʅ⁴⁴ tsʅ³³ ɕi³³ ɕi³³ moŋ¹³ iəʔ³ pie³³。 |
| 23 分水 | 让小鬼头先走，你把展览仔细看一遍。<br>n̥iã̃²⁴ ɕiɔ⁵³ kue⁴⁴ də²¹ ɕiã̃⁴⁴ tse⁵³，n̥i⁴⁴ pa⁵³ tsã̃⁴⁴ lã̃⁵³ tsʅ⁴⁴ ɕi²¹ kʰã̃²¹ iəʔ⁵ piã̃²¹。 |
| 24 绍兴 | 让小人先走，展览偌再仔细个看一遍。<br>n̥iaŋ²² ɕiɔ³³ n̥iŋ²³¹ zi ẽ²³¹ tsɤ³³⁴，tsẽ⁴⁴ l ẽ⁵³ noʔ² tsɛ³³ tsʅ³³ ɕi³³ kəʔ⁰ kʰ ẽ³³ ieʔ³ pi ẽ³³。 |
| 25 上虞 | 让阿＝些小人先走，阿＝个展览依再仔仔细细个看遍。<br>n̥iã̃²¹ aʔ² ɕiəʔ² ɕiɔ³³ n̥iŋ²¹³ ɕi ẽ³³ tsɤ³³，aʔ² kəʔ² tsɛ³³ l ẽ⁰ noŋ²¹³ tse⁵⁵ tsʅ³³ tsʅ⁰ ɕi⁵⁵ ɕi⁰ kəʔ² kʰ ẽ³³ pie⁰。 |
| 26 嵊州 | 带＝小侬先归去，侬啦拨展览啦再仔仔细细个看遍添。<br>ta³³ ɕiɔ³³ noŋ²³¹ ɕi ẽ⁵³ kuɛ⁵³ tɕʰi⁴⁴，noŋ²⁴ la³³ pəʔ³ ts œ̃³³ l ẽ³³⁴ la⁰ tsɛ³³ tsʅ³³ tsʅ³³ ɕi³³ ɕi³³ ka⁰ kʰ œ̃³³ pi ẽ³³ tʰi ẽ⁵³。 |

| 方言点 | 0031 让孩子们先走，你再把展览仔仔细细地看一遍。 |
|---|---|
| 27 新昌 | 搭=小侬先走，尔拨展览个东西细细意意个再看遍凑。<br>tɤʔ³ ɕiɔ³³ nɔ²³² ɕiɛ̃³³ tɕiɯ⁴⁵，ŋ¹³ peʔ³ tsœ̃³³ lɛ̃⁴⁵ kɤʔ³ toŋ⁴⁵ ɕi³³ ɕi⁵³ ɕi³³ i³³ i³³ ka³³ tse³³ kʰœ̃³³ piɛ̃⁴⁵ tɕʰiɯ³³⁵。 |
| 28 诸暨 | 要小人头先去，尔再拨展览仔仔细细看一卯。<br>iɔ³³ ɕiɔ³³ nin⁴² dei³³ ɕie²¹ kʰie¹³，n¹³ tse³³ pəʔ⁵ tsə⁵ lɛ⁴² tsɿ⁴² tsɿ²¹ ∫ɿ²¹ ∫ɿ²¹ kʰə²¹ ieʔ⁵ mɔ²¹。 |
| 29 慈溪 | 讴一帮小人先去，侬再仔细眼展览馆看仔一遍。<br>əu³³ iəʔ² pɔ̃⁴⁴ ɕiɔ³⁵ n̠iŋ⁰ ɕiẽ³ kʰe⁴⁴，nuŋ¹³ tse⁴⁴ tsɿ³³ ɕi⁴⁴ n̠iẽ⁰ tsẽ³³ lɛ̃¹³ kuø̃⁴⁴ kʰɛ̃⁴⁴ tsɿ⁰ iəʔ² piẽ⁰。 |
| 30 余姚 | 讴两个小人先去，侬再仔仔细细把展览看一遍。<br>ø⁴⁴ liaŋ¹³ kou⁴⁴ ɕiɔ³⁴ n̠iə̃¹³ ɕi⁴⁴ tsø³⁴，nuŋ¹³ tse⁴⁴ tsɿ³⁴ tsɿ⁰ ɕi⁵³ ɕi⁰ po³⁴ tsẽ³⁴ lã¹³ kʰẽ⁴⁴ iəʔ² piẽ⁵³。 |
| 31 宁波 | 拨该眼小人先走，侬再搭该眼展览仔仔细细看一遍。<br>paʔ⁵ kiəʔ⁵ ŋɛ⁰ ɕiɔ⁴⁴ n̠iŋ⁰ ɕi⁵³ tsœɤ⁰，nəu¹³ tse⁴⁴ taʔ² kiəʔ⁵ ŋɛ⁰ tɕi⁵³ lɛ⁰ tsɿ⁵³ tsɿ⁰ ɕi⁴⁴ ɕi⁰ kʰɛ⁵³ iəʔ² pi⁰。 |
| 32 镇海 | 拨介多小人先走，侬再把展览清清爽爽看一遍。<br>paʔ⁵ ka³³ təu³³ ɕiɔ³⁵ n̠iŋ²⁴ ɕi³³ tsei³⁵，nəu²⁴ tse⁵³ po³³ tse³³ lɛ²⁴ tɕʰiŋ³³ tɕʰiŋ⁰ sɔ̃³⁵ sɔ̃⁰ kʰi³³ ieʔ¹² pi⁰。 |
| 33 奉化 | 讴阿潮罗=罗=汤=先去，侬再把展览团团圆圆张一遍。<br>æi⁴⁴ aʔ⁵ dziɔ⁰ ləu⁰ tʰɔ̃⁴⁴ ɕi⁴⁴ tɕʰi⁵³，nəu³³ tse⁴⁴ po⁴⁴ tse⁴⁴ lɛ⁰ dø³³ dø⁰ y³³ y⁰ tɕiã⁴⁴ iɿʔ² pi⁴⁴。 |
| 34 宁海 | 让些小人先去，尔再拨展览细细意意相一遍。<br>n̠iã²² saʔ⁵ ɕieu³³ n̠iŋ⁰ ɕie³³ tɕʰi³⁵，n³³ tsɛ³³ paʔ³ tse³³ lɛ⁰ sɿ³⁵ sɿ⁰ i³⁵ i⁰ ɕiã³⁵ iəʔ³ pie⁰。 |
| 35 象山 | 得该帮小人先去，尔再达=展览仔仔细细看一遍。<br>taʔ⁵ geʔ² pɔ̃⁴⁴ ɕiɔ⁴⁴ n̠iŋ³¹ ɕi⁴⁴ tɕʰiɛ⁵³，n³¹ tsei⁴⁴ daʔ² tsei⁴⁴ lɛ³¹ tsɿ⁴⁴ tsɿ⁴⁴ ɕi⁴⁴ ɕi⁴⁴ kʰɛ⁵³ ieʔ⁵ pi⁰。 |
| 36 普陀 | 拨小人先走，侬再搭展览仔仔细细看一遍。<br>pɐʔ³ ɕiɔ⁵⁵ n̠iŋ⁵⁵ ɕi⁵³ tseu³³，non²⁴ tse⁵⁵ tɐʔ³ tɕi⁵³ lɛ⁰ tsɿ⁵³ tsɿ³³ ɕi³³ ɕi³³ kʰi⁵⁵ ieʔ⁰ pi⁰。 |
| 37 定海 | 小人拨渠拉先去，该展览侬再仔仔细细看一遍。<br>ɕiɔ⁴⁴ n̠iŋ⁴⁴ pɐʔ³ dzieʔ² leʔ⁰ ɕi⁴⁴ tɕʰi⁴⁴，kieʔ⁵ tsø⁴⁴ lɛ⁰ non²³ tsɛ⁵² tsɿ⁵² tsɿ⁰ ɕi⁰ ɕi⁰ kʰi⁴⁴ ieʔ² pi⁰。 |
| 38 岱山 | 小人拨渠拉先去，该展览侬看仔细眼。<br>ɕiɔ⁴⁴ n̠iŋ⁴⁴ pɐʔ³ dzieʔ² leʔ⁰ ɕi⁴⁴ tɕʰi⁴⁴，kieʔ⁵ tsø³³ lɛ³¹ non²³ kʰi⁴⁴ tsɿ⁵² ɕi⁰ ŋɛ⁰。 |

续表

| 方言点 | 0031 让孩子们先走，你再把展览仔仔细细地看一遍。 |
|---|---|
| 39 嵊泗 | 小人拨渠拉先去，侬该展览呢再仔仔细细看一遍。<br>ɕio⁴⁴ n̠iŋ⁴⁴ pɐʔ⁰ dʑiɛ⁰ lɐʔ⁰ ɕi³³ tɕʰi⁴⁴ , noŋ²⁴ kiɛʔ³ tsʏ⁴⁴ lɛ⁰ n̠i⁴⁴ tse³³ tsʅ⁴⁴ tsʅ³³ ɕi⁰ ɕi⁰ kʰi⁴⁴ iɛʔ³ pi⁰ 。 |
| 40 临海 | 讴班小佬人走过先，尔再拨葛展览好好个望一遍。<br>ɔ³³ pɛ³⁵³ ɕiə⁴² lɔ⁴² n̠iŋ⁵¹ tsə⁵² ku³³ ɕi³⁵³ , ŋ⁵² tse⁵⁵ pəʔ³ kəʔ⁰ tɕi⁴² lɛ⁵² hɔ⁴² hɔ⁰ ke³⁵³ mɔ̃²² ieʔ³ pi³¹ 。 |
| 41 椒江 | 搭小人态⁼走爻起，尔再拨展览仔仔细细望一遍。<br>təʔ³ ɕiɔ⁴² n̠iŋ²⁴ tʰə⁰ tɕiɔ⁴² ɔ⁰ tɕʰi⁴² , n̠⁴² tsə⁵⁵ pəʔ⁵ tɕie⁴² lɛ⁴² tsʅ⁴² tsʅ⁴² ɕi³³ ɕi⁵⁵ mɔ̃²⁴ ieʔ³ pie⁴² 。 |
| 42 黄岩 | 搭小人态⁼趱去起，尔拨葛展览再仔细个望着相。<br>təʔ³ ɕiɔ⁴² n̠in²⁴ tʰe⁰ dio¹²¹ kʰə⁰ tɕʰi⁴² , n̠⁴² pəʔ⁵ kəʔ³ tɕie⁴² lɛ⁴² tse⁵⁵ tsʅ⁴² ɕi⁵⁵ kə⁰ m ɔ̃²⁴ dʑieʔ⁰ ɕiɑ⁰ 。 |
| 43 温岭 | 让小人许走爻起，尔再拨葛展览从头细粒望一遍。<br>n̠iã¹³ ɕiɔ⁴² n̠in²⁴ he⁰ tsɤ⁴² ɔ⁰ tɕʰi⁴² , n̠⁴² tse⁵⁵ pəʔ⁵ kəʔ³ tɕie⁴² lɛ⁴² ʑyuŋ¹³ dɤ¹³ ɕi³³ nøn⁵¹ mɔ̃¹³ iʔ³ pie³³ 。 |
| 44 仙居 | 让小佬人先去起，尔拨展览仔细望遍凑。<br>zia³³ ɕiɐɯ³¹ lɐɯ²¹ n̠in³⁵³ ɕie³³ kʰæ⁵⁵ tɕʰi⁰ , ŋ²⁴ ɓəʔ⁵ tɕie³¹ la³²⁴ tsʅ³¹ ɕi⁵⁵ mɑ̃²⁴ ɓie⁰ tsʰəɯ⁰ 。 |
| 45 天台 | 讴谷⁼些小佬人先去起，尔再搭谷⁼展览仔细点相遍凑。<br>au³³ kuʔ⁵ ɕiəʔ¹ ɕieɯ³² lau²¹ n̠iŋ⁰ ɕi³³ kʰei³³ kʰi³² , ŋ²¹ tse³³ taʔ¹ kuʔ⁵ tse³³ le⁰ tsʅ³² ɕi⁰ tie⁰ ɕia⁵⁵ pie⁰ tsʰeu⁵⁵ 。 |
| 46 三门 | 让葛帮小佬人先去，尔再把展览仔细相一遍凑。<br>ziɑ̃²⁴ kɐʔ⁵ pɔ⁵⁵ ɕiau³² lau³² n̠iŋ⁵³ ɕie⁵⁵ tɕʰi⁵⁵ , ŋ³²⁵ tse⁵⁵ pa³² tɕie³² lɛ³²⁵ tsʅ³² ɕi⁵⁵ ɕiɑ̃⁵⁵ ieʔ⁵ pie⁵⁵ tsʰɤɯ⁵⁵ 。 |
| 47 玉环 | 让小弯⁼许先走，尔再拨展览好好个个再望遍凑。<br>n̠ia²² ɕiɔ⁴² uɛ⁵³ he⁰ ɕie³³ tɕiɤ⁵³ , n̠⁵³ tse⁵⁵ pɐʔ⁵ tɕie⁵³ lɛ⁴² hɔ⁵³ hɔ⁴² kie⁵³ kɐʔ⁰ tse⁵⁵ mɔ²² pie³³ tɕʰiɤ⁵⁵ 。 |
| 48 金华 | 让小个人走起，依再帮展览会认认真真望一遍过。<br>n̠iɑŋ¹⁴ siɑo⁵⁵ kəʔ⁰ n̠iŋ³¹³ tɕiu⁵³ tɕʰi⁵³⁵ , noŋ⁵³⁵ tse⁵⁵ pɑŋ³³ ts ɛ̃⁵⁵ l ɛ̃⁵⁵ ui¹⁴ n̠iŋ⁵³ n̠iŋ⁵³ tɕiŋ³³ tɕiŋ⁵⁵ mɔŋ¹⁴ iəʔ³ pie⁵⁵ kuɤ⁰ 。 |
| 49 汤溪 | 让细依儿先走，尔展览再仔仔细细个望一遍。<br>n̠iɔ³⁴¹ sia³³ noŋ²⁴ sie³³ tsəɯ⁵³⁵ , ŋ¹¹³ tsɑ̃⁵² lɑ̃⁵³⁵ tse⁵² tsʅ⁵² tsʅ⁵² sʅ³³ sʅ⁵² kə⁰ mɑo³⁴¹ iei⁵² mie³⁴¹ 。 |
| 50 兰溪 | 让细人先走起，依再帮展览仔细点望遍添。<br>n̠iɑŋ²⁴ sia⁴⁵ nin⁰ sia⁵⁵ tsəɯ⁵⁵ tɕʰi⁵⁵ , noŋ⁵⁵ tse⁵⁵ pɑ³³⁴ ts æ̃⁵⁵ l æ̃⁵⁵ tsʅ⁵⁵ sie⁴⁵ ti⁰ moŋ²⁴ pie⁵⁵ tʰia³³⁴ 。 |

续表

| 方言点 | 0031 让孩子们先走,你再把展览仔仔细细地看一遍。 |
|---|---|
| 51 浦江 | 得细佬儿走去哇,尔再担展览仔仔细细望遍先⁼。<br>tə³³ɕia³³lon⁵⁵tsɤ⁵⁵i³³uɑ²⁴,n⁵³tsa⁵⁵nɑ³³⁴tsian³³nan²⁴³tsɿ³³tsɿ³³ʃi³³ʃi⁵⁵mõ¹¹piẽ¹¹ɕiɑ̃⁵⁵。 |
| 52 义乌 | 野⁼小侬先去,侬再做展览仔细点儿个望遍添。<br>ia²²suɤ³³noŋ⁴⁵sia³³kʰai⁴⁵,noŋ³³tsai⁴⁵tsuɤ³³tsan⁴²lan³³tsɿ⁴⁵si³¹nin³³ə⁰muɤ²⁴pie³¹tʰia³³⁵。 |
| 53 东阳 | 麻头儿去起,格展览尔再仔细阿⁼望一遍。<br>mo²²dəɯn²⁴kʰəɯ³³tɕʰi³³,kɤ³⁴tsan⁵⁵lan²⁴n²⁴tsei³³tsɿ³³ɕi³³a³³mʋ²⁴iɛ³³pi³¹。 |
| 54 永康 | 担小家脚⁼先去,尔再替⁼展览仔细点望一遍添个。<br>na⁵²ɕiɑu³³kuɑ⁵⁵tɕiɑu⁵²ɕie³³kɯ⁵²,ŋ¹¹³tsei⁵²tʰəi⁵²tɕia³³la¹¹³tsɿ³³⁴ɕie⁵²ȵiɑ⁰mɑŋ²⁴¹iə³³ɓie⁵²tʰia⁵⁵ka⁰。 |
| 55 武义 | 让细伢鬼先去呢,偌再听⁼展览仔细点望一遍添呢。<br>ȵiɑŋ⁵³xia⁵³uɑ⁵⁵kui⁵³ɕie³²⁴kʰɯ⁵³nə⁰,nɔ¹³tsa⁵³tʰin⁵⁵tɕie⁵⁵nuo¹³tsɿ⁵⁵ɕie⁵³ti⁰mɑŋ²⁴iə⁷⁵mie⁵³tʰie⁵⁵nə⁰。 |
| 56 磐安 | 让小侬躐起,尔再帮展览仔仔细细个望一遍。<br>ȵin¹⁴ɕio⁵⁵nɔom²²lie²²tɕʰi³³⁴,n³³tse⁵⁵mɔ³³tsan³³lan¹⁴tsɿ³³tsɿ³³ɕi³³ɕi⁵⁵a⁰mo¹⁴iɛ³³pie⁵²。 |
| 57 缙云 | □考⁼人儿先去,你再帮展览仔细□遍添。<br>mɛŋ⁴⁴kʰɔ⁵¹nɛŋ⁴⁴ȵi⁴⁵³ɕiɛ⁴⁴kʰɤ⁴⁵³,ȵi³¹tsei⁴⁵³pɔ⁴⁴tɕia⁵¹la²¹³tsɿ⁵¹sɿ⁴⁵³ȵiɑ⁴⁴pie⁴⁵³tʰia⁴⁴。 |
| 58 衢州 | 让细伢儿先走,你再担展览仔仔细细个看一遍。<br>ȵiɑ̃²³¹ɕia⁵³ŋa²¹ȵi²¹ɕiẽ³²tse³⁵,ȵi⁵³tse⁵³tã³²tʃyə̃³⁵lã²¹tsɿ³⁵tsɿ⁰sɿ⁵³sɿ⁵³gə⁷⁰kʰə̃⁵³iə⁷³piẽ⁵³。 |
| 59 衢江 | 让细侬先行,你再帮展览仔细促⁼一遍。<br>ȵyɑ̃²³¹ɕie³³nəŋ²¹²ɕie³³gɛ²¹²,ȵiə⁷²tsei³³pã³³tɕiɛ³³lã⁵³tsɿ³³sɿ³³tsʰə⁷⁵iə⁷³pie⁵³。 |
| 60 龙游 | 让细侬先行,你再帮展览仔细启一遍。<br>ȵiɑ̃²³¹ɕia³⁵nən²¹ɕie³³gɛ²¹,ȵi²²tsei⁵¹pã³³tsã³³lã⁵¹dzɿ²²ɕi⁵¹tɕʰi³³iə⁷³pie⁵¹。 |
| 61 江山 | 让囡妹儿先走起,你再帮展览仔细个促⁼个遍凑。<br>ȵiaŋ²²na⁷²mɛ²²ȵi²¹³ɕiɛ̃⁴⁴tsu²⁴kʰi²⁴¹,ȵi²²tsɛ⁵¹paŋ²⁴tɕiɛ̃⁴⁴laŋ⁴⁴tsə⁴⁴ɕi⁵¹gə⁷⁵tsʰo⁷⁵a⁴⁴piɛ̃⁵¹tsʰɯ⁵¹。 |
| 62 常山 | 让乙星⁼妹妹先走,尔再痍⁼展览仔仔细细促⁼遍凑。<br>ȵia²⁴ie⁷²sɿ⁴⁴mue⁰mue²⁴ɕiɛ̃⁴⁴tɕiu⁵²,n²⁴tsɛ⁴⁴pue⁵²tɕiɛ̃⁴³lã⁵²tsɿ⁴³tsɿ⁰ɕie⁵²ɕie⁰tsʰɤ⁷⁵piɛ̃⁴⁴tɕʰiu³²⁴。 |
| 63 开化 | 让细侬儿先走,你再腹⁼展览仔仔细细个促⁼一遍。<br>ȵiəŋ²¹sɛ⁴⁴nɤŋ²¹ȵi⁵³ɕiɛ̃⁴⁴tsu⁵³,ȵi²¹tsɛ⁴⁴pə⁷⁵tɕiɛ̃⁴⁴lã⁵³tsɿ⁴⁴tsɿ⁴⁴sɛ⁵³sɛ⁰gə⁷⁵tsʰə⁷⁵iɛ⁷⁵piɛ̃⁰。 |

续表

| 方言点 | 0031 让孩子们先走，你再把展览仔仔细细地看一遍。 |
|---|---|
| 64 丽水 | 让细庚゠儿先去，你再拨展览仔仔细细望一遍。<br>n̠ia̰¹³¹ sɿ⁴⁴ kã⁴⁴ ŋ⁵² ɕie²²⁴ kʰɯ⁵², n̠i⁴⁴ tsɛ⁵² pəʔ⁴ tɕie⁴⁴ lã⁵⁴⁴ tsɿ⁴⁴ tsɿ⁴⁴ sɿ⁴⁴ sɿ⁵² mɔŋ¹³¹ iʔ⁴ pie⁵²。 |
| 65 青田 | 叫妹儿先走去先，你再帮展览仔仔细细相一遍。<br>tɕioɛ³³ mɛ²² n̠⁵⁵ ɕia³³ tsæi⁵⁵ kʰi³³ ɕia⁴⁴⁵, n̠i⁴⁵⁴ tsɛ³³ ɓo³³ tɕie³³ la⁵³ tsɿ⁵⁵ tsɿ³³ sɿ³³ sɿ⁵⁵ ɕi³³ iæʔ⁴ ɓia³³。 |
| 66 云和 | 让细根゠儿先去，你再帮展览仔仔细细相一遍。<br>n̠ia̰²²³ sɿ⁴⁴ kɛ⁴⁴ n̠i⁴⁵ ɕie²⁴ kʰi⁴⁵, n̠i⁴⁴ tsa⁴⁵ pɔ̰²⁴ tɕie⁴⁴ lã⁴¹ tsɿ⁴⁴ tsɿ⁴⁴ sɿ⁴⁴ sɿ⁴⁵ ɕ ia̰⁴⁵ iʔ⁴ pie⁴⁵。 |
| 67 松阳 | 乞小侬儿走了起，是你再仔仔细细帮展览个东西望一遍。<br>kʰa̰ʔ³ ɕio²⁴ nəŋ²¹ n²⁴ tsei²¹ lɛ⁰ tsʰɿ²¹² , ziʔ² n̠i²¹ tsɛ²⁴ tsɿə³³ tsɿə³³ sɿə³³ sɿə²⁴ pɔŋ⁵³ tɕiɛ̰³³ lɔ̰²² kɛ⁰ nəŋ²⁴ sɿə⁵³ mɔŋ¹³ iʔ⁰ piɛ̰²⁴。 |
| 68 宣平 | 让细人先去，尔再帮展览仔仔细细个望遍添。<br>n̠ia̰²³¹ ɕia⁴⁴ nin²² ɕie³² kʰɯ⁵², n²² tsei⁵⁵ pɔ̰³² tɕie⁴⁴ lã²²³ tsɿ⁴⁴ tsɿ⁴⁴ sɿ⁴⁴ sɿ⁵⁵ kə⁰ m sɔ̰²³¹ pie⁴⁴ tʰie³²⁴。 |
| 69 遂昌 | 讴小侬儿去起，你再帮展览仔仔细细望一遍。<br>ɐɯ⁴⁵ ɕiɐu³³ nəŋ²² n̠iɛ²¹ kʰɤ³³ tsʰɿ⁵³³, n̠iɛ¹³ tsei⁴⁵ pɔŋ⁴⁵ tɕi ɛ̰⁵³ laŋ¹³ tsɤ⁵³ tsɤ³³ ɕie⁵⁵ ɕie³³ mɔŋ²¹ iʔ⁵ pi ɛ̰³³⁴。 |
| 70 龙泉 | 让两妹先去，你再帮展览仔仔细细个促゠遍添。<br>n̠iaŋ²¹ laŋ⁵¹ mɛ⁴⁵ ɕie⁴⁴ kʰɤɯ⁴⁵, ŋ⁵¹ tsɛ⁴⁴ paŋ⁴⁴ dziɛ²¹ laŋ⁵¹ dzɿ²¹ dzɿ²¹ ɕi⁴⁴ ɕi⁴⁵ gəʔ⁰ tɕʰiɤɯʔ⁵ piɛ⁰ tʰiɛ⁴³⁴。 |
| 71 景宁 | 乞细庚゠儿先去，你帮展览再仔细个相一遍。<br>kʰa̰ʔ³ ɕi³³ kɛ³³ n̠i⁵⁵ ɕie³² tsəɯ³³, n̠i³³ mɔŋ³² tɕie⁵⁵ lɔ³³ tsai³³ tsɿ³⁵ ki³³ ɕie³⁵ iʔ³ pie³⁵。 |
| 72 庆元 | 喊细儿侬先走，你再帮展览仔仔细细略一遍。<br>xa̰³³ ɕi ɛ̰⁵⁵ nɔŋ³³ ɕia̰³³⁵ tsɐɯ³³, n̠iɛ²² tsæi¹¹ ɓɔ̰³³⁵ tɕi ɛ̰³³ lã²²¹ tsɿ³³ tsɿ³³ ɕiɛ³³ ɕiɛ¹¹ lɔ³³⁵ iəɯʔ⁵ ɓia̰¹¹。 |
| 73 泰顺 | 乞□两妹去先，你挖゠展览仔仔细细个望一遍先。<br>kʰo²² kʰi³⁵ lɛʔ² mɛ³⁵ tsʰɿ³⁵ ɕia̰ʔ²¹³, n̠i⁵⁵ uoʔ² tɕie²² la̰⁵⁵ tsɿ²² tsɿ²² sɿ²² sɿ³⁵ ki⁰ m sɔ̰²² iɛʔ² pia̰³⁵ ɕia̰²¹³。 |
| 74 温州 | 乞细儿走爻先，你再把展览好好能胎遍添。<br>ha⁵¹ sei³³ ŋ¹² tsau²⁵ uoʔ⁰ ɕi⁰, n̠i¹⁴ tsei⁵¹ po³ tɕi⁴² la¹⁴ hɔ³ hɔ²⁵ naŋ⁰ tsʰɿ⁵¹ piʔ⁰ tʰi³³。 |
| 75 永嘉 | 乞细儿走爻先，你逮个展览严正式胎遍添。<br>kʰa⁴³ sɿ³³ ŋ⁰ tsau⁴⁵ ɔ⁰ ɕi⁴⁴, n̠i¹³ de²² kai⁴³ tɕi⁵³ la¹³ n̠iɛ¹³ tɕiaŋ⁴⁵ se⁴²³ tsʰɿ⁵³ pi⁵³ tʰiɛ⁴⁴。 |

| 方言点 | 0031 让孩子们先走，你再把展览仔仔细细地看一遍。 |
|---|---|
| 76 乐清 | 你乞妹蹋走先，再畀展览严正式眙遍添。<br>n̩i²⁴ kʰa⁴¹ mai⁴⁴ sa⁴¹ tɕiau⁰ siɛ⁴⁴ , tɕie⁴¹ be²² tɕiɛ⁴² lɛ²⁴ n̩iɛ²² tɕieŋ³⁵ se³²³ tsʰ n̩⁴¹ piɛ⁰ tʰ iɛ⁴⁴ 。 |
| 77 瑞安 | 乞琐细儿走爻先，你再逮个展览好好能眙遍添呐。<br>kʰɔ³³ sai³⁵ se³³ ŋ⁰ tsau³⁵ ɔ⁰ ɕi⁴⁴ , n̩i¹³ tse⁵³ de²¹ kai³³ tɕi⁵³ lɔ³⁵ hɛ³³ hɛ³⁵ naŋ²¹ tsʰ n̩⁵³ pi⁴² tʰ iɛ⁴⁴ nɔ⁰ 。 |
| 78 平阳 | 乞妹儿走先，你再代展览仔细眙一遍。<br>kʰai³³ mai⁵³ ŋ²¹ tʃau³³ ɕie⁴² , n̩i³³ tʃe⁵³ de²¹ tɕie⁴² lɔ¹³ tsɿ³³ si³³ tsʰ n̩³³ i³³ pie²¹ 。 |
| 79 文成 | 乞妹儿先走，你再搭展览仔细眙一遍。<br>kʰai³³ mai³³ ŋ³³ ɕie³³ tʃau⁴⁵ , n̩i¹³ tʃe²¹ te²¹ tɕie³³ lɔ³³ tsɿ³³ sei³³ tsʰ n̩³³ i³³ pie²¹ 。 |
| 80 苍南 | 乞妹儿儿走先，你再把展览仔细眙番＝添。<br>kʰɛ⁴² maŋ³³ ŋ¹¹² tsau⁵³ ɕie⁴⁴ , n̩i⁵³ tse⁴² puɔ⁵³ tɕiɛ⁴² la⁵³ tsɿ⁵³ ɕi⁴² tsʰ n̩⁴² hua⁴² tʰ yɛ⁴⁴ 。 |
| 81 建德徽 | 让细人家先走起，尔再八＝展览会仔仔细细个看一遍。<br>n̩ie⁵⁵ ɕie²¹ in³³ ko⁵³ ɕie⁵³ tsɤɯ¹³ tɕʰi²¹³ , n²¹³ tsɛ⁵⁵ po⁵⁵ ts ɛ̃³³ nɛ⁵⁵ ue²¹³ tsɿ²¹ tsɿ⁵⁵ ɕi³³ ɕi⁵⁵ kɐ⁵ kʰ ɛ³³ iɐʔ⁵ pie³³ 。 |
| 82 寿昌徽 | 让细侬先行起，潜再把展览仔仔细细个促＝一遍。<br>n̩iã³³ ɕie³³ nɔŋ⁵⁵ ɕi³³ xæ⁵² tɕʰi²⁴ , tsen⁵² tɕiæ²⁴ pa³³ tsæ̃⁵⁵ læ̃⁵⁵ tsɿ³³ tsɿ⁵⁵ ɕi³³ ɕi³³ kɐʔ⁰ tsʰ ɔʔ³ iəʔ³ pi⁰ 。 |
| 83 淳安徽 | 让嫩＝兔＝家先去起，尔再勒＝展览仔仔细细去促＝一遍。<br>iã⁵³ lã⁵³ miã⁵⁵ ko⁵⁵ ɕiã²⁴ kʰɯ²¹ tɕʰi⁵⁵ , n⁵⁵ tɕie²⁴ ləʔ⁵ ts ã⁵⁵ l ã²¹ tsɿ⁵⁵ tsɿ⁵⁵ ɕi²⁴ ɕi⁰ kʰɯ²⁴ tsʰ ɔʔ⁵ iʔ⁵ piã⁰ 。 |
| 84 遂安徽 | 让小人先去，伊再把展览仔仔细细个瞅一遍。<br>iã⁵² ɕie³³ nəŋ³³ ɕiã⁵⁵ kʰəɯ⁴³ , i³³ tsɛ⁵⁵ pa²¹³ ts ã³³ l ã³³ tsɿ³³ tsɿ³³ ɕi⁵⁵ ɕi⁵⁵ kə³³ tsʰ u³³ i²⁴ piã̃⁵² 。 |
| 85 苍南闽 | 合团团走先，汝合展览详细看蜀编添。<br>kʰa²¹ kin³³ k ã⁴³ tsau⁴³ s ũ ĩ⁵⁵ , lɯ³² kʰa²¹ tian²¹ lan⁴³ ɕiɑŋ²¹ ɕi²¹ kʰ ũ ã²¹ tɕie²¹ pian²¹ tʰ ĩ⁵⁵ 。 |
| 86 泰顺闽 | 乞角螺团先走，尔把展览细腻映遍添。<br>kʰɛ⁵ kɒʔ³ ləi²² ki³⁴ sɛ²¹³ tsau³⁴⁴ , n²² pa³⁴⁴ tɕie²¹ læŋ²² sei²¹ ni⁵³ ŋɔ⁵³ pie⁵³ tʰ ie²¹³ 。 |
| 87 洞头闽 | 与团仔先走，汝再合展览仔细看蜀遍。<br>ha²¹ k ĩ²¹ n ã⁵³ tsau⁵³ s ã ĩ³³ , lɯ³³ tsai²¹ kɐt²¹ tsan²¹² lan⁵³ tsɿ²⁴ se²¹ kʰ ũ ã²¹ tɕiek²¹ pian²¹ 。 |
| 88 景宁畲 | 让细崽□先行，你再抵＝展览认真睇一遍。<br>n̩iɔŋ⁵¹ sat⁵ tsoi⁵⁵ lin⁵⁵ ɕien⁴⁴ xaŋ²² , n̩i⁴⁴ tsai⁴⁴ ti⁵⁵ tɕin⁵⁵ lɔn³²⁵ n̩in⁵¹ tɕin⁴⁴ tʰ ai³²⁵ it⁵ pien⁴⁴ 。 |

| 方言点 | 0032 他在电视机前看着看着睡着了。 |
|---|---|
| 01 杭州 | 他辣=动=电视机前头看看看看眮熟嘚。<br>tʰa³³⁴ la² doŋ⁵³ d/ie¹³ zʅ³³ tɕi⁵³ dziɛ²² dei⁴⁵ kʰɛ⁴⁵ kʰɛ⁵³ kʰɛ⁴⁵ kʰɛ⁵³ kʰuən⁴⁵ zoʔ² taʔ⁰ 。 |
| 02 嘉兴 | 伊落电视机前头看法看法眮着哩。<br>i⁴² ləʔ¹ die²¹ sʅ³³ tɕi⁴² dzie²¹ dei³³ kʰə³³ fʌʔ⁵ kʰə³³ fʌʔ⁵ kʰuəŋ³³ zaʔ⁵ li²¹ 。 |
| 03 嘉善 | 伊辣=看电视看看么眮去敌=。<br>i⁵³ ləʔ² kʰø³⁵ diɿ²² zʅ³¹ kʰø³⁵ kʰø⁵³ mɜʔ² kʰuən³⁵ tɕʰi³⁵ dieʔ² 。 |
| 04 平湖 | 伊看电视，看看眮着啦哩。<br>i⁴⁴ kʰø⁴⁴ tiɛ²¹ zʅ⁴⁴ , kʰøʔ²¹ kʰø⁴⁴ kʰuən⁴⁴ zaʔ⁵ la⁴⁴ li⁰ 。 |
| 05 海盐 | 伊侪落霍=电视机门底看法看法，愁=眮着辣=哩。<br>e²¹ neʔ²³ ləʔ²³ xɔʔ⁵ tie³⁵ zʅ⁵⁵ tɕi²¹ mən²⁴ ti⁵³ kʰɤ⁵⁵ faʔ²¹ kʰɤ⁵⁵ faʔ²¹ , ze³¹ kʰuən⁵⁵ zaʔ²³ laʔ²³ li²¹ 。 |
| 06 海宁 | 伊霍=看电视，看看看看眮着咧。<br>i⁵⁵ ho³³ kʰɛ⁵³ die³³ zʅ³¹ , kʰei⁵⁵ kʰei⁵³ kʰei⁵⁵ kʰei⁵³ kʰuəŋ³³ zaʔ² lieʔ² 。 |
| 07 桐乡 | 伊侪有牢=电视机门底，看看么愁=眮着咧。<br>iəʔ²³ nɤɯ²¹³ iɤɯ²⁴² ləɔ⁰ diɛ²¹ zʅ²¹ tɕi⁵³ məŋ²¹ ti⁴⁴ , kʰE³³ kʰE⁴⁴ məʔ⁵ zɤɯ¹³ kʰuəŋ³³ zaʔ⁵ liəʔ⁰ 。 |
| 08 崇德 | 伊有牢=电视机门前，看到部=里眮着嘚。<br>i¹³ iɤɯ⁵⁵ ləɔ⁰ diɿ²¹ zʅ²¹ tɕi⁴⁴ məŋ²¹ zii³³⁴ , kʰE³³ tɔ⁵³ bu⁴⁴ li⁰ kʰuəŋ³³ zaʔ²³ dəʔ⁰ 。 |
| 09 湖州 | 渠看电视看把=看把=眮着［嘚嗳］。<br>dzi³³ kʰɛ³⁵ die³³ zʅ³⁵ kʰɛ⁵ puo⁵³ kʰɛ⁵³ puo⁵³ kʰuən³³ zaʔ² dɛ¹³ 。 |
| 10 德清 | 是伊看电视看看看看眮把=着。<br>zəʔ² i¹³ kʰøʉ³³ die³¹ zʅ¹³ kʰøʉ⁵³ kʰøʉ³⁵ kʰøʉ⁵³ kʰøʉ⁵³ kʰuen⁵³ puo³¹ za¹¹ 。 |
| 11 武康 | 是伊看看电视眮着［嘚嗳］。<br>zɜʔ² i¹³ kʰø⁵⁵ kʰø⁵³ diɿ¹¹ zʅ¹³ kʰuen⁵³ zɜʔ² dɛ¹³ 。 |
| 12 安吉 | 渠来铜=看电视，看记=看记=啊看得眮熟嘚。<br>dzi²¹ lE⁵² doŋ²¹ kʰE³² di²¹ zʅ²¹³ , kʰE³² tɕi⁵⁵ kʰE³² tɕi⁰ aʔ⁰ kʰE³² təʔ⁰ kʰuəŋ³² zoʔ² təʔ⁰ 。 |
| 13 孝丰 | 渠落=电视机前头看记=看记=眮着嘞。<br>dzi²² luoʔ⁵ diɿ²¹ zʅ²¹ tɕi⁴⁴ zii²² dəɿ²² kʰE³² tɕi²¹³ kʰE³² tɕi²¹ kʰuəŋ³² dza ʔ⁰ le⁰ 。 |
| 14 长兴 | 伊勒看电视个辰光，看看看看眮着嘞。<br>ʅ¹² ləʔ⁵ kʰɯ³²⁴ di²¹ zʅ²⁴ kəʔ⁵ dzəŋ¹² kɔ̃³³ , kʰɯ³² kʰɯ²⁴ kʰɯ³² kʰɯ¹³ kʰuəŋ³² dzəʔ² lE⁰ 。 |
| 15 余杭 | 是伊拉=里看电视，看看看看眮着唻［嘚嗳］。<br>zəʔ² i⁵³ la³³ li³¹ kʰuõ⁵³ die¹³ zʅ¹³ , kʰuõ⁵³ kʰuõ⁰ kʰuõ⁰ kʰuõ⁰ kʰuəŋ⁵³ zɜʔ² lɛ¹³ dɛ¹³ 。 |
| 16 临安 | 伊来=东=电视机前头看看看眮熟唻。<br>i³⁵ lE³³ toŋ⁵⁵ die³¹ zʅ³³ tsʅ⁵³ zie³³ dəʔ³³ kʰœ⁵³ kʰœ⁵³ kʰœ³³ kʰœ⁵⁵ kʰuen³³ zuɔʔ² lE³³ 。 |

续表

| 方言点 | 0032 他在电视机前看着看着睡着了。 |
|---|---|
| 17 昌化 | 渠来＝是＝电视前头，看指＝看指＝瞓着嘞。<br>gu¹¹²lɛ¹¹zɿ²⁴di ĩ²³zɿ⁴⁵ʑi ĩ¹¹di¹¹²，kʰɛ̃⁵⁴tsɿ⁴⁵kʰɛ̃⁵⁴tsɿ⁴⁵kʰuən⁵⁴zaʔ²lɛ⁰。 |
| 18 於潜 | 他来＝电视机前头看看看看瞓着嘞。<br>tʰa⁴³³le²²³die²⁴zɿ⁵³tɕi⁴³³ʑie²²diəu²⁴kʰɛ³⁵kʰɛ²²kʰɛ³⁵kʰɛ²²kʰuen³⁵dzæʔ²liæʔ²。 |
| 19 萧山 | 伊来＝东＝看电视看歇看歇瞓熟敌＝。<br>i¹³le³³toŋ³³kʰie³³die¹³zɿ¹³kʰie³³ɕieʔ⁵kʰie³³ɕie³³kʰuəŋ³³ʑyoʔ¹³die¹³。 |
| 20 富阳 | 伊来＝电视机前头看看看看瞓着嗰。<br>i²²⁴le¹³di²²⁴zɿ¹³tɕi⁵³ʑi ɛ̃¹³dei⁵⁵kʰi ɛ̃²²⁴kʰi ɛ̃³³⁵kʰi ɛ̃²²⁴kʰi ɛ̃³³⁵kʰuən³³⁵dzɛʔ⁰tɕ⁰。 |
| 21 新登 | 伊勒电视机前头看记看记瞓着嘞。<br>i³³⁴laʔ²di ɛ̃²¹zɿ¹³tɕi⁵³zi ɛ̃²³³dəu²³³kʰ ɛ̃⁴⁵tɕi⁰kʰ ɛ̃⁴⁵tɕi⁰kʰueŋ⁴⁵tsaʔ⁰laʔ⁰。 |
| 22 桐庐 | 伊在电视机前头望去望去瞓着嗰。<br>i¹³lɛ³³die²¹zɿ³³tɕi³³dzie²¹dei⁵³moŋ¹³kʰi³⁵moŋ¹³kʰi³⁵kʰuəŋ³³dzəʔ²¹təʔ³。 |
| 23 分水 | 他看电视看瞓觉了。<br>tʰa⁴⁴kʰ ã̃²²di ɛ̃²⁴zɿ²⁴kʰ ã̃²²kʰuən²⁴kɔ²¹la⁰。 |
| 24 绍兴 | 伊电视看看了瞓熟哉。<br>i²²di ɛ̃²²zɿ²²kʰ ɛ̃³³kʰ ɛ̃⁴⁴kʰ ɛ̃³³ləʔ⁰kʰu ø³³zoʔ²zɛ³¹。 |
| 25 上虞 | 伊电视看看，瞓熟哉。<br>i²²die³¹zɿ⁰kʰɛ⁵⁵kʰɛ⁰，kʰuəŋ⁵⁵dzoʔ²tse⁰。 |
| 26 嵊州 | 伊〔来＝亨＝〕看电视，看套＝看套＝瞓去哉。<br>i²⁴laŋ³³kʰ œ̃³³di ɛ̃²²zɿ²⁴，kʰ ɛ̃³³tʰɔ⁴⁴kʰ œ̃³³tʰɔ³¹kʰuəŋ³³tɕi³³tsɛ³³⁴。 |
| 27 新昌 | 渠来＝蒙＝看电视，看记看记瞓去了。<br>dzi²²le²²moŋ³³kʰ œ̃³³di ɛ̃²²zɿ³³⁵，kʰ œ̃⁵³tɕi⁴⁵kʰ œ̃⁵³tɕi³³kʰuen⁵³tɕi³³le²³²。 |
| 28 诸暨 | 渠来＝客＝电视机面前看息＝看息＝瞓熟啊。<br>dʒi¹³le³³kʰaʔ²die²¹zɿ³³tʃĩ²¹mie̯³³ʑie³³kʰə⁴²ɕieʔ⁵kʰə³³ɕieʔ³kʰuɛn⁴²zoʔ¹³A²¹。 |
| 29 慈溪 | 渠相电视相得去瞓熟唧哉。<br>ɕe¹³ɕi a ĩ⁴⁴di ĩ¹³zɿ⁰ɕi a ĩ⁴⁴taʔ²kʰe⁴⁴kʰuəŋ⁴⁴zoʔ²l ĩ̯¹³tse⁰。 |
| 30 余姚 | 渠看电视看得去瞓着哉。<br>ɕe¹³kʰ ẽ⁴⁴di ẽ¹³dzɿ⁰kʰ ẽ⁴⁴taʔ²kʰe⁴⁴kʰu ẽ⁴⁴zoʔ²tse⁵³。 |
| 31 宁波 | 渠来＝勒＝电视机前头，一边看一边瞓着嘞。<br>dʑi¹³le⁴⁴laʔ²di¹³sɿ⁰tɕi⁴⁴ʑi¹³dœɤ⁰，iəʔ²pi⁴⁴kʰi⁴⁴iəʔ²pi⁴⁴kʰuəŋ⁴⁴dzoʔ²lɐi⁰。 |
| 32 镇海 | 渠来＝电视机前头看嘞看嘞瞓着来。<br>dʑi²⁴le⁰di²⁴zɿ⁰tɕi³³ʑi²⁴dei⁰kʰi⁵³laʔ¹²kʰi⁵³laʔ¹²kʰuəŋ⁵³dzoʔ¹²le⁰。 |

续表

| 方言点 | 0032 他在电视机前看着看着睡着了。 |
|---|---|
| 33 奉化 | 渠来=电视机前头看记看记，看到后头瞓熟该来。<br>dʑi³³ le³¹ diɛ³³ zɿ⁰ tɕi⁴⁴ zi³³ dæi³¹ kʰɛ⁵³ tɕi⁰ kʰɛ⁵³ tɕi⁰ , kʰɛ⁴⁴ tʌ⁰ æi³³ dæi³¹ kʰuəŋ⁵³ zoʔ² ke⁰ le⁰ 。 |
| 34 宁海 | 渠电视相相□瞓去嘞。<br>dʑɿ²³ diɛ² sɿ⁰ ɕia³⁵ ɕiã⁰ beʔ³ kʰuəŋ³ tɕʰi⁰ lei⁰ 。 |
| 35 象山 | 渠来=看电视，看脚=看脚=瞓起嘞。<br>dʑieʔ² lei³¹ kʰɛ⁴⁴ di¹³ zɿ¹³ , kʰɛ⁵³ tɕieʔ⁵ kʰɛ⁵³ tɕieʔ⁵ kʰuəŋ⁴⁴ tɕʰi⁰ lei⁰ 。 |
| 36 普陀 | 渠来=电视机前头看嘞看嘞就瞓熟唻。<br>dʑi²⁴ lɛ³³ di¹³ zɿ⁵⁵ tɕi⁵⁵ i³³ deu⁵³ kʰi⁵⁵ ləʔ⁰ kʰi³³ ləʔ⁰ dʑieu²³ kʰuəŋ⁵⁵ zoʔ⁰ lɛ⁰ 。 |
| 37 定海 | 渠电视看嘞结煞瞓熟唻。<br>dʑi²³ di²³ zɿ⁰ kʰi⁴⁴ ləʔ² tɕieʔ² ʔəs⁰ kʰuəŋ⁴⁴ zoʔ² lɐi⁰ 。 |
| 38 岱山 | 渠看电视看嘞瞓熟唻。<br>dʑi²³ kʰi⁴⁴ di²³ zɿ³¹ kʰi³³ ləʔ⁰ kʰuəŋ⁴⁴ zoʔlɐi⁰ 。 |
| 39 嵊泗 | 渠看电视看嘞结煞瞓熟唻。<br>dʑi²⁴ kʰi⁴⁴ di²⁴ zɿ⁰ kʰi⁴⁴ ləʔ⁰ tɕiɛʔ⁰ ʔəs⁰ kʰuəŋ⁴⁴ zoʔ² lɐi⁰ 。 |
| 40 临海 | 渠在电视机头前望望望望瞓去爻。<br>ge²¹ ze²¹ di²² zɿ²² tɕi³¹ de²¹ zi⁵¹ mɔ̃²² mɔ̃⁵¹ mɔ̃²² mɔ̃⁵¹ mɔ̃²² kʰuəŋ⁵⁵ kʰe³³ ɔ⁰ 。 |
| 41 椒江 | 渠在电视机头前望望望望瞓［去爻］。<br>gə³¹ zə³¹ diɛ²² zɿ²² tɕi³⁵ dio³¹ zie⁴¹ mɔ̃²² mɔ̃⁴¹ mɔ̃²² mɔ̃⁴¹ mɔ̃²² kʰuəŋ⁵⁵ kʰɔ⁰ 。 |
| 42 黄岩 | 渠在电视机头前望望望望瞓去爻。<br>gie¹²¹ ze¹²¹ diɛ¹¹ zɿ¹³ tɕi³⁵ dio¹³ zie⁴¹ mɔ̃¹³ mɔ̃⁴¹ mɔ̃¹³ mɔ̃⁴¹ mɔ̃¹³ kʰuən⁵⁵ kʰə⁰ ɔ⁰ 。 |
| 43 温岭 | 渠来=电视机头前望望望望瞓去爻。<br>gie³¹ le⁰ diɛ¹¹ zɿ¹³ tɕi¹⁵ dɤ²⁴ zie⁴¹ mɔ̃¹³ mɔ̃⁰ mɔ̃¹³ mɔ̃⁰ mɔ̃¹³ kʰuəŋ⁵⁵ kʰie³³ ɔ⁰ 。 |
| 44 仙居 | 渠望电视，望望望瞓格=。/渠望电视，望记望记望瞓格=。<br>gæ²¹³ mã²⁴ diɛ³⁵³ zɿ⁰ , mã²⁴ mã⁰ mã²⁴ kʰuen⁵⁵ kaʔ⁵ 。 / gæ²¹³ mã²⁴ tɕi⁰ diɛ³⁵³ zɿ⁰ , mã²⁴ tɕi⁰ mã²⁴ tɕi⁰ mã²⁴ kʰuen⁵⁵ kaʔ⁵ 。 |
| 45 天台 | 渠老=电视机面前相记相记拔=相瞓去落=。<br>gei²²⁴ lau³³ diɛ²¹ zɿ⁰ ki⁵¹ mie²¹ zie⁰ ɕia⁵⁵ ki⁰ ɕia⁵⁵ ki⁰ beʔ² ɕia⁵⁵ kʰuəŋ³³ kʰei³³ lɔʔ² 。 |
| 46 三门 | 渠相电视相着相着相瞓着。<br>dʑi¹¹³ ɕiã⁵⁵ di²³ zɿ⁵⁵ ɕiã⁵⁵ dʑiaʔ⁰ ɕiã⁵⁵ dʑiaʔ⁰ ɕiã⁵⁵ kʰuəŋ³² dʑiaʔ⁰ 。 |
| 47 玉环 | 渠在电视机头前望望望望望瞓［着爻］。<br>gie³¹ zəʔ² diɛ²² zɿ²² tɕi³⁵ diɤ²² zie⁴¹ mɔ̃²² mɔ̃⁴¹ mɔ̃²² mɔ̃⁴¹ mɔ̃²² kʰuəŋ⁵⁵ dʑiɔ⁰ 。 |

续表

| 方言点 | 0032 他在电视机前看着看着睡着了。 |
|---|---|
| 48 金华 | 渠来＝电视机前面望记望记眍去了。<br>gəʔ²¹² lɛ³¹³ di ɛ̃¹⁴ sɿ⁵⁵ tɕi³³⁴ zia³¹ mie¹⁴ moŋ¹⁴ tɕie⁰ moŋ¹⁴ tɕie⁰ kʰ uəŋ⁵⁵ kʰ ɤ⁰ ləʔ⁰。 |
| 49 汤溪 | 渠抓＝电视机前望望望望眍去罢。<br>gu¹¹ tɕya²⁴ die¹¹ zɿ¹¹ tɕi²⁴ zie¹¹ mɑo³⁴¹ mɑo⁰ mɑo³⁴¹ mɑo⁰ kʰ uã̃⁵² kʰ ɯ⁰ ba¹¹³。 |
| 50 兰溪 | 渠坐嘞电视机面前望望望望望眍去嘞。<br>gi²¹ suɤ⁵⁵ ləʔ⁰ di ɛ̃¹⁴ sɿ⁵⁵ tɕi⁵⁵ mie⁵⁵ zia²⁴ moŋ²⁴ moŋ⁰ moŋ²⁴ moŋ⁰ moŋ²⁴ kʰ uæ̃⁴⁵ kʰ i⁴⁵ ləʔ⁰。 |
| 51 浦江 | 渠儿＝呐＝电视机前望望望望鼾[去啊]。<br>zi²³² nʔ³³ nɤ³³⁴ dian¹¹ zɿ¹¹ tʃiʔ⁵³ ziɑ̃⁰ mõ¹¹ mõ²⁴ mõ¹¹ mõ²⁴ xə̃⁵⁵ iɑ³³⁴。 |
| 52 义乌 | 渠来＝面儿电视机头先,望去望去眠熟去了。<br>ai²² le²² mien³³ diɑ²⁴ zɿ³¹ tɕi³³ dɯɯ²² sia³³,mɯɤ²⁴ ai³¹ mɯɤ²⁴ ai³¹ mien²² zau³¹² ai³³ lə⁰。 |
| 53 东阳 | 渠在望电视望得眠熟去哇。<br>gɯ²² za³³ mʊ²⁴ ti³³ sɿ³³ mʊ²⁴ tei⁵⁵ miɐn³³ zɯɯ²² kʰ əm²⁴ uɐ⁰。 |
| 54 永康 | 渠倚拉望电视,望望望眍去咧。<br>gɯ²² gəi³¹ la⁰ maŋ²⁴¹ diɑ³¹ zi²⁴¹,maŋ²⁴¹ maŋ⁰ maŋ²⁴¹ kʰ uəŋ⁵² kʰ ɯ⁵² lia⁰。 |
| 55 武义 | 渠望电视望望望眍去罢。<br>gɯ¹³ maŋ⁵³ die⁵⁵ zɿ⁵⁵ maŋ⁵³ maŋ⁰ maŋ⁵³ kʰ uo⁵³ kʰ ɯ⁰ ba⁰。 |
| 56 磐安 | 渠牢＝侬＝电视机前望啊望啊便望眠熟去哇。<br>gəɯ²¹³ lo²² nɔom²² tie⁵⁵ sɿ⁵⁵ tɕi³³ zie²¹³ mo¹⁴ a⁰ mo¹⁴ a⁰ bie¹⁴ mo¹⁴ miɐn²² zʌo²² ɐɯ²² uə⁰。 |
| 57 缙云 | 渠来＝电视机前望记望记望眍去罢。<br>gɤ³¹ lei²⁴³ diɑ²¹ zɿ¹¹ tɕi⁴⁴ zia²⁴³ mə²¹ tɕi⁰ mə²¹ tɕi⁰ mə²¹³ kʰ uɛ⁴⁵³ kʰ ɤ⁰ va⁰。 |
| 58 衢州 | 渠在电视机前看去看去就眍去啦。<br>gi²¹ dzɛ²³¹ di ɛ̃²³¹ zɿ²¹ tsɿ³² zi ɛ̃²¹ kʰ ə̃⁵³ kʰ i⁰ kʰ ə̃⁵³ kʰ i⁰ dziu²³¹ kʰ uən⁵³ kʰ i⁰ la⁰。 |
| 59 衢江 | 渠促＝电视,促＝去促＝去就眍去罢。<br>gəʔ² tsʰ əʔ⁵ die²² sɿ⁵³,tsʰ əʔ³ kʰ ɤ⁵³ tsʰ əʔ³ kʰ ɤ⁵³ ziəʔ⁵ kʰ uɛ³³ kʰ ɤ⁰ ba⁰。 |
| 60 龙游 | 渠啓电视啓去啓去,就啓啓眍眍去罢。<br>gəɯ²² tɕʰi⁵¹ die²² sɿ⁵¹ tɕʰi⁵¹ kʰ əʔ⁰ tɕʰi⁵¹ kʰ əʔ⁰,ziəɯ²² tɕʰi⁵¹ tɕʰi²¹ kʰ uɛ⁵¹ kʰ uɛ²¹ kʰ əʔ⁰ ba⁰。 |
| 61 江山 | 渠倚嘞促＝电视,促＝促＝就眍起去罢。<br>ŋə²² gəʔ² ləʔ⁰ tsʰ oʔ⁵ di ɛ̃²² zu³¹,tsʰ oʔ⁵ tsʰ oʔ⁵ dziɛʔ² kʰ u ɛ̃⁴⁴ ki⁰ kʰ ə⁵¹ bɒ⁰。 |
| 62 常山 | 渠倚电视机面前促＝去促＝去促＝眍去罢。<br>ŋɤ⁴⁴ gɛ²⁴ di ɛ̃²⁴ zɿ⁵² tɕi⁴⁴ mi ɛ̃²² zue²⁴ tsʰ ɤʔ⁵ kʰ ɤʔ⁰ tsʰ ɤʔ⁵ kʰ ɤʔ⁰ tsʰ ɤʔ⁵ kʰ u ɔ̃³²⁴ kʰ ɤʔ⁰ bɛ⁰。 |

续表

| 方言点 | 0032 他在电视机前看着看着睡着了。 |
|---|---|
| 63 开化 | 渠徛电视机前促<sup>=</sup>去促<sup>=</sup>去就睏去罢。<br>giɛ²¹³ gɛ²¹ diɛ̃²¹ zʅ²¹ tɕi⁴⁴ zuɛ²³¹ tsʰə̃ʔ⁵ kʰiɛ⁰ tsʰə̃ʔ⁵ kʰiɛ⁰ dʑiʊ²¹ kʰuõ⁵³ kʰiɛ⁰ bɑ²³¹。 |
| 64 丽水 | 渠牢<sup>=</sup>电视机前望望望望便睏着罢。<br>gu²² lə²² diɛ²² zʅ²² tsʅ²²⁴ ʑiɛ²² mɔŋ¹³¹ mɔŋ⁰ mɔŋ¹³¹ mɔŋ⁰ bɛʔ² kʰuɛ⁴⁴ dʑiɔʔ²³ buɔ⁰。 |
| 65 青田 | 渠□电视机前相记相记相睏去罢。<br>gi²¹ lœ²² diɑ²² zʅ²¹ tsʅ⁴⁴⁵ iɑ²¹ ɕi³³ tsʅ⁰ ɕi³³ tsʅ⁰ ɕi³³ kʰuɐ³³ kʰi⁰ bɑ⁰。 |
| 66 云和 | 渠牢<sup>=</sup>电视机前相相相相便睏去了。<br>gi²²³ lɑɔ³¹ diɛ²²³ sʅ⁴⁴ tsʅ²⁴ ʑiɛ³³ ɕiã⁴⁵ ɕiɑ⁴⁴ ɕiã⁴⁵ ɕiɑ⁴⁴ biɛ²²³ kʰuɛ⁴⁵ kʰi⁴⁴ lɑɔ⁰。 |
| 67 松阳 | 是渠踞电视机前面望去望去睏去了。<br>ziʔ² gɛʔ² kei⁵³ diɛ̃²¹ zʅ¹³ tsʅ⁵³ ziɛ̃³³ miɛ̃¹³ mɔŋ¹³ kʰɯə⁰ mɔŋ¹³ kʰɯə⁰ kʰuɛ̃²⁴ kʰɯə⁰ lə⁰。 |
| 68 宣平 | 渠徛电视机前望望望便睏去了。<br>gu²² gei²² diɛ²² zʅ²² tsʅ³²⁴ ʑiɛ⁴³³ mɔ̃²³¹ mɔ̃²³¹ mɔ̃²³¹ bə²³ kʰuɛ⁵⁵ xə⁰ lə⁰。 |
| 69 遂昌 | 渠躲电视机前面望去望去都睏去了罢。<br>gɤ²² tiu⁴⁵ diɛ̃¹³ zʅ²¹ tsʅ⁴⁵ ziɛ̃²² miɛ̃²¹ mɔŋ²¹ kʰɤ⁴⁵ mɔŋ²¹ kʰɤ⁴⁵ təɯʔ⁵ kʰəŋ³³ kʰɤ⁴⁵ lə⁰ bɑ⁰。 |
| 70 龙泉 | 渠促<sup>=</sup>电视促<sup>=</sup>记促<sup>=</sup>记便睏去唠。<br>gɤɯ²¹ tɕʰiɤɯʔ³ diɛ²¹ zʅ²²⁴ tɕʰiɤɯʔ⁵ tsʅ⁰ tɕʰiɤɯʔ⁵ tsʅ⁰ biɛ²¹ kʰuo⁴⁵ kʰɤɯ⁰ lɑʌ⁰。 |
| 71 景宁 | 渠牢<sup>=</sup>电视机门前相记相记便睏去罢。<br>ki³³ lɑu⁴¹ diɛ³³ sʅ⁵⁵ tɕi³² maŋ⁵⁵ ʑiɛ⁴¹ ɕiɛ³⁵ tɕi⁵⁵ ɕiɛ³⁵ tɕi⁵⁵ bɛ¹¹³ kʰuœ³⁵ kʰi³³ bɑ⁰。 |
| 72 庆元 | 渠坐电视机前略略略略便睏去了。<br>kɤ²² so²² tiã³¹ sʅ³³ tsʅ³³⁵ ɕiã⁵² lɒ³³⁵ lɒ³³ lɒ³³⁵ lɒ³³ ɓæ̃³¹ kʰuæ¹¹ kʰɤ¹¹ lɒ³³。 |
| 73 泰顺 | 渠舟<sup>=</sup>电视机前望望望就睏去罢。<br>tsʅ²¹ tɕiəu²¹³ tiã²¹ sʅ²² tsʅ²¹³ ɕiã⁵³ mɔ̃²² mɔ̃²² mɔ̃²² tɕiəu²² kʰuɛ³⁵ tsʰʅ⁰ pa⁰。 |
| 74 温州 | 渠缩电视机门前眙眙眙眙眙睏着罢。<br>gei³¹ ɕio³ di²² zʅ³¹ tsʅ³³ maŋ³¹ i²¹ tsʰʅ³³ tsʰʅ⁵¹ tsʰʅ³³ tsʰʅ⁵¹ tsʰʅ³³ kʰø⁵¹ dʑia⁰ ba⁰。 |
| 75 永嘉 | 渠缩电视机门前眙眙眙眙就眙睏着。/渠缩电视机门前眙啦眙眙啦眙就眙睏着。<br>gei³¹ ɕyo⁴³ di²² zʅ³¹ tɕi⁴⁴ maŋ³¹ i²² tsʰʅ³³ tsʰʅ⁵³ tsʰʅ³³ tsʰʅ³³ iəu²² tsʰʅ³³ kʰø⁵³ dʑia⁰。/<br>gei³¹ ɕyo⁴³ di²² zʅ³¹ tɕi⁴⁴ maŋ³¹ i²² tsʰʅ⁵³ la⁰ tsʰʅ³³ tsʰʅ⁵³ la⁰ tsʰʅ⁵³ iəu²² tsʰʅ³³ kʰø⁵³ dʑia⁰。 |
| 76 乐清 | 渠眙电视眙眙眙眙眙睏着罢。<br>dʑi³¹ tsʰʅ³⁴ diɛ²² zʅ²²³ tsʰʅ³ tsʰʅ⁴¹ tsʰʅ³ tsʰʅ⁴¹ tsʰʅ³ kʰuɤ⁴¹ dʑɯʌ⁰ be⁰。 |

续表

| 方言点 | 0032 他在电视机前看着看着睡着了。 |
|---|---|
| 77 瑞安 | 渠缩榖＝眙电视，眙眙眙眙眙眑着罢。<br>gi³¹ ɕyo³ au⁰ tsʰ ɿ³³ di²² z ɿ³¹，tsʰ ɿ³³ tsʰ ɿ³³ tsʰ ɿ⁵³ tsʰ ɿ³³ tsʰ ɿ⁵³ tsʰ ɿ³³ kʰ y⁵³ dzio²¹ ba⁰。 |
| 78 平阳 | 渠生＝电视机门前眙眑着罢。<br>gi¹³ sʌ⁴² die³⁵ z ɿ⁴⁵ tɕi²¹ maŋ⁴² ie⁴² tsʰ ɿ³³ kʰ ye⁵³ dʒɔ²¹ bʌ²¹。 |
| 79 文成 | 渠是电视机门前头眙眙眙眑着罢。<br>gei²¹ z ɿ²¹ die²¹ s ɿ³³ tɕi³³ maŋ³³ zie¹³ diou²¹ tsʰ ɿ³³ tsʰ ɿ³³ tsʰ ɿ³³ kʰ uø dzie²¹ bɔ¹³。 |
| 80 苍南 | 渠缩电视机门先眙啊眙啊眙眑着。/渠缩电视机门先眙眙眙眙眙眑着。<br>gi³¹ ɕyɔ³ die¹¹ z ɿ³¹ tɕi⁴⁴ maŋ³¹ ɕie⁴⁴ tsʰ ɿ⁴² a⁰ tsʰ ɿ⁴² a⁰ tsʰ ɿ³³ kʰ ye⁴² dzia⁰。/gi³¹ ɕyɔ³ die¹¹ z ɿ³¹ tɕi⁴⁴ maŋ³¹ ɕie⁴⁴ tsʰ ɿ³³ tsʰ ɿ⁴² tsʰ ɿ³³ tsʰ ɿ⁴² tsʰ ɿ³³ kʰ ye⁴² dzia⁰。 |
| 81 建德₍徽₎ | 渠看电视，看去看去看眑着罢。<br>ki³³ kʰ ɛ³³ ti ε̃¹³ s ɿ²¹³，kʰ ɛ³³ kʰ i⁵⁵ kʰ ɛ³³ kʰ i⁵⁵ kʰ ɛ³³ kʰ uen³³ tsa²¹ pɐʔ⁵。 |
| 82 寿昌₍徽₎ | 渠在电视机前促＝促＝促＝促＝眑着罢。<br>kəɯ⁵² tɕʰ iæ³³ ti ε̃²⁴ s ɿ³³ tɕi³³ ɕi⁵² tsʰ ɔ⁰ʔ³ tsʰ ɔ⁰ʔ⁰ tsʰ ɔ⁰ʔ³ tsʰ ɔ⁰ʔ⁰ tsʰ ɔ⁰ʔ³ kʰ uen³³ tsʰ ɔ³¹ pɑ⁰。 |
| 83 淳安₍徽₎ | 渠促＝电视促＝去促＝去眑着罢。<br>kʰ ɯ⁴³⁵ tsʰ ɔ⁰ʔ⁵ tʰ iɑ⁵³ s ɿ²¹ tsʰ ɔ⁰ʔ⁵ kʰ ɯ⁰ tsʰ ɔ⁰ʔ⁵ kʰ ɯ⁰ kʰ uen²⁴ tsʰ ɑ⁰ʔ¹³ pɑ⁰。 |
| 84 遂安₍徽₎ | 渠靠那里瞅电视瞅个瞅个瞅了眑着嘞。<br>kʰ əɯ³³ kʰ ɔ⁵⁵ lɑ⁵⁵ li³³ tsʰ u³³ tʰ i ε̃⁵⁵ s ɿ⁵² tsʰ u³³ kə³³ tsʰ u³³ kə³³ tsʰ u³³ lɑ³³ kʰ uəŋ⁵⁵ tɕʰ iɔ³³ lε³³。 |
| 85 苍南₍闽₎ | 伊跕电视机面前看电视看眑了。<br>i⁵⁵ ku⁵⁵ tian²¹ ɕi²¹ ki⁵⁵ bin²¹ tsu ĩ²⁴ kʰ ũa²⁴ tian²¹ ɕi²¹ kʰ ũa²⁴ kʰ un²¹ lə⁰。 |
| 86 泰顺₍闽₎ | 伊映电视映□映□映眑了。<br>i²² ŋo²² tie³¹ ɕi²² mo²² ŋo²² mo²² ŋo²¹ kʰ uəŋ⁵³ lø?⁰。 |
| 87 洞头₍闽₎ | 伊即＝电视头前看际看际眑落啦。<br>i³³ tɕiet²¹ tian²¹ s ɿ²¹ tʰ au²⁴ tsa ĩ²¹ kʰ ũa²¹ tse²¹ kʰ ũa²¹ tse²¹ kʰ un²¹ lo²¹ la⁰。 |
| 88 景宁₍畲₎ | 渠在电视机前睇电视睇眑去阿＝。<br>ki⁴⁴ tsai⁵¹ tien⁵¹ s ɿ⁵¹ tɕi⁴⁴ ɕiaŋ⁵¹ tʰ ai⁵⁵ tien⁵¹ s ɿ⁵¹ tʰ ai⁵⁵ fuən⁴⁴ xy⁴⁴ a⁰。 |

| 方言点 | 0033 你算算看，这点钱够不够花？ |
|---|---|
| 01 杭州 | 你算算看，格点钞票够不够用？<br>n̠i⁵³ suo³³ suo⁴⁵ kʰɛ⁰ , kaʔ³ tie⁵³ tsʰɔ⁵⁵ pʰiɔ⁰ kei⁴⁵ paʔ⁵ kei³³ ioŋ¹³ ? |
| 02 嘉兴 | 倷算算看，葛点钞票够勿够用？<br>nei¹³ suə³³ suə⁴² kʰə²¹ , kəʔ⁵ tie³³ tsʰɔ²¹ pʰiɔ³³ kei³³ vəʔ⁵ kei³³ ioŋ¹³ ? |
| 03 嘉善 | 倷到算算看，葛纳⁼钞票够用哦？<br>nə¹³ tɔ⁴⁴ sø³⁵ sø⁵³ kʰø⁰ , kəʔ⁵ nəʔ² tsʰɔ⁴⁴ pʰiɔ³⁵ kə³⁵ ioŋ³⁵ vɜʔ² ? |
| 04 平湖 | 倷算算看，葛难⁼铜钿够哦？<br>nəɯ²¹³ sø⁴⁴ sø⁰ kʰø⁰ , kəʔ³ nɛ⁵³ doŋ²⁴ diɛ⁵³ kəɯ³³⁴ va⁰ ? |
| 05 海盐 | 倷倒算算看觩⁼难⁼难⁼钞票够哦？<br>ne⁴²³ tɔ²¹ sɤ⁵⁵ sɤ³³⁴ kʰɤ²¹ gəʔ²³ nɛ²¹ nɛ²¹ tsʰɔ⁵⁵ pʰiɔ³³⁴ ke³³⁴ vaʔ²³ ? |
| 06 海宁 | 倷算算看，格点钞票够哦？<br>nəɯ⁵⁵ sɛ⁵⁵ sɛ⁵³ kʰɛ⁵³ , kəʔ⁵ tie⁵ tsʰɔ⁵⁵ pʰiɔ⁵³ kəɯ⁵⁵ vəʔ² ? |
| 07 桐乡 | 倷倒同我算算看，个点钞票够弗够用？<br>nɤɯ²⁴² tɔ³³ doŋ²¹ u⁵³ sE³³ sE⁴⁴ kʰE⁰ , kəʔ⁵ tiE⁵³ tsʰɔ³³ pʰiɔ³³⁴ kɤɯ³³ fəʔ⁵ kɤɯ³³ ioŋ³³⁴ ? |
| 08 崇德 | 倷算算看，葛点钞票够用嘚哦？<br>nɤɯ⁵³ sE³³ sE³³ kʰE⁵³ , kəʔ³ tii⁵³ tsʰɔ³³ pʰiɔ³³⁴ kɤɯ³³ ioŋ³³⁴ dəʔ⁰ vəʔ⁰ ? |
| 09 湖州 | 你合合看闹⁼，个点钞票够特⁼哦？<br>n³¹ kəʔ⁴ kəʔ⁵ kʰɛ⁵³ nɔ³¹ , kəʔ² tie³⁵ tsʰɔ³³ pʰiɔ⁵³ køɯ³³ dəʔ² vəʔ⁵ ? |
| 10 德清 | 是尔算算看，葛点钞票够尔花哦？<br>zəʔ² n³⁵ ɕiɯ³¹ ɕiɯ³¹ kʰøɯ³⁵ , kəʔ² tie³⁵ tsʰɔ³³ pʰiɔ³³ køɯ³³ n¹³ xuo³¹ va¹¹ ? |
| 11 武康 | 是尔算算看，葛点钞票够用哦？<br>zəʔ² n³⁵ sø³⁵ sø⁵³ kʰø³⁵ , kəʔ⁴ tie⁵ tsʰɔ⁴⁴ piɔ⁴⁴ kø⁴⁴ ioŋ³¹ vɜ¹³ ? |
| 12 安吉 | 尔得算算看呢，格点钞票够用哦？<br>ŋ²¹³ təʔ⁰ sE³² sE⁰ kʰE³²⁴ n̠i⁰ , kəʔ³ ti¹² tsʰɔ⁵⁵ pʰiɔ⁵⁵ kəɪ⁵² ioŋ²¹ va⁰ ? |
| 13 孝丰 | 倷算算看，葛点钞票够勿够用？<br>nəʔ²³ se³² seʔ⁰ kʰɛ³²⁴ , kəʔ³ tiɪ⁵² tsʰɔ⁴⁵ pʰiɔ²¹ kəɪ³²⁴ vəʔ⁰ kəɪ³² ioŋ³²⁴ ? |
| 14 长兴 | 是尔算算看，格点铜钿还有得用嘞？<br>zəʔ² n⁵² sɯ³²⁴ sɯ⁰ kʰɯ³²⁴ , kəʔ³ ti⁵² doŋ²⁴ di²⁴ a⁵² i⁵² təʔ⁰ ioŋ³² lE⁰ ? |
| 15 余杭 | 是尔合合看，即点儿铜钱够勿够？<br>zəʔ² n⁵³ kəʔ⁵ kəʔ⁵ kʰu õ⁵³ , tɕieʔ⁵ tiẽ⁵³ n³¹ doŋ³¹ ziẽ¹³ køɤ⁵³ vəʔ² køɤ⁵³ ? |
| 16 临安 | 侬算算看，葛点钞票够勿够用？<br>noŋ³⁵ sœ⁵³ sœ⁵³ kʰœ⁵³ , kɐʔ⁵ tie⁵³ tsʰɔ⁵⁵ pʰiɔ⁵⁵ kə⁵⁵ vɐʔ⁵ kə⁵⁵ ioŋ³³ ? |

续表

| 方言点 | 0033 你算算看,这点钱够不够花? |
|---|---|
| 17 昌化 | 尔算一记看,葛点钞票够不够用?<br>ŋ²⁴sɛ̃⁵⁴⁴iɛʔ⁵tsʅ⁵⁴kʰɛ̃⁵⁴⁴,kəʔ⁵tiĩ⁴⁵tsʰɔ³³pʰiɔ⁴⁵ki⁵⁴pəʔ⁰ki⁵⁴yŋ²⁴³? |
| 18 於潜 | 你想想看,格点钞票够不够用?<br>ni⁵¹ɕiaŋ⁵³ɕiaŋ⁵³kʰɛ³⁵,kəʔ⁵³tie³¹tsʰɔ⁴³³pʰiɔ³¹kiəu³⁵pəʔ²kiəu³⁵ioŋ²⁴? |
| 19 萧山 | 尔算算看,葛色⁼钞票够弗够用?<br>ŋ¹³sə⁴²sə²¹kʰie²¹,kəʔ⁵səʔ⁵tsʰɔ³³pʰiɔ³³kio³³fəʔ⁵kio³³yoŋ¹³? |
| 20 富阳 | 尔算算看,格丢⁼钞票够弗够用。<br>ŋ²²⁴sɛ²²⁴sɛ³³⁵kʰiɛ̃⁰,kɛʔ⁵tiʊ⁴²³tsʰɔ⁵⁵pʰiɔ³³⁵kiʊ³³⁵fɛʔ⁵kiʊ³³⁵yoŋ³³⁵? |
| 21 新登 | 尔算算看,格丢⁼钞票够弗够用?<br>ŋ³³⁴sɛ̃⁴⁵sɛ̃⁵³kʰɛ̃⁰,kəʔ⁵təu³³tsʰɔ³³⁴pʰiɔ⁴⁵kəu⁴⁵faʔ⁵kəu⁴⁵ioŋ¹³? |
| 22 桐庐 | 你算算看,葛点钞票够勿够用?<br>ni¹³se⁵⁵se⁵⁵kʰe²¹,gəʔ²¹tie⁵⁵tsʰɔ³³pʰiɔ³³kei³³vəʔ⁵kei³³ioŋ¹³? |
| 23 分水 | 你算算看,格点钱够不够用?<br>ȵi⁵³suə̃²¹suə̃⁰kʰã²¹,kəʔ⁵tiɛ̃⁵³dziɛ̃²¹kɵ²⁴pəʔ⁵kɵ²⁴ioŋ²⁴? |
| 24 绍兴 | 偌算算看,葛索⁼钞票够勿够用?<br>noʔ²sø³³sø³³kʰe³³,keʔ³soʔ⁵tsʰɔ³³pʰiɔ³³kɤ³³veʔ⁰kɤ³³ioŋ²²? |
| 25 上虞 | 侬倒算算看,阿⁼些钞票够够?<br>noŋ²¹tɔ³³sø⁵⁵sø⁰kʰɛ⁵⁵,aʔ²ɕiɔʔ²tsʰɔ³³pʰiɔ⁰kɤ⁵³kɤ⁰? |
| 26 嵊州 | 侬算记看,个点钞票啦够弗够用?<br>noŋ²⁴sœ̃³³tɕi⁴⁴kʰœ̃³¹,ka³³tie⁴⁴tsʰɔ³³pʰiɔ³³la⁰kɤ³³faʔ⁵kɤ³³yoŋ²⁴? |
| 27 新昌 | 尔倒算记看,格点钞票够弗够用?<br>ŋ¹³tɔ⁰sœ̃³³tɕi⁴⁵kʰɛ̃⁵³,kɤʔ³tiɛ̃⁴⁵tsʰɔ³³pʰiɔ³³kimɯ³³feʔ⁵kimɯ³³yoŋ¹³? |
| 28 诸暨 | 尔算算看,葛滴⁼钞票够弗够用?<br>n̩¹³sɔ³³sɔ³³kʰɔ²¹,kəʔ⁵tieʔ⁵tsʰɔ⁴²pʰiɔ²¹kʰiʉ³³fəʔ⁵kiʉ³³iom¹³? |
| 29 慈溪 | 侬算算看,乙眼钞票够用弗够用?<br>nuŋ¹³sø̃⁴⁴sø̃⁰kʰɛ̃⁴⁴,iəʔ²ȵiɛ̃⁰tsʰɔ³⁵pʰiɔ⁰kø⁴⁴iuŋ¹¹faʔ²kø⁴⁴iuŋ¹³? |
| 30 余姚 | 侬算算看,乙眼钞票侬够勿够用? /依算算看,乙眼钞票够用勿?<br>nuŋ¹³sø̃⁴⁴sø̃⁰kʰẽ⁴⁴,iəʔ⁵ȵiẽ¹³tsʰɔ⁴⁴pʰiɔ⁴⁴nuŋ¹³kø⁴⁴vəʔ²kø⁴⁴iuŋ¹³? /nuŋ¹³sø̃⁴⁴sø̃⁰kʰẽ⁴⁴,iəʔ⁵ȵiẽ¹³tsʰɔ⁴⁴pʰiɔ⁴⁴kø⁴⁴iuŋ¹³və⁴⁴? |
| 31 宁波 | 侬算算看,该眼钞票够用嘞哦? /依算算看,该眼钞票够勿够用?<br>nəu¹³sø⁴⁴sø⁰kʰɛ⁴⁴,kiəʔ⁵ŋɛ⁰tsʰɔ⁴⁴pʰio⁰kœɤ⁴⁴yoŋ¹³laʔ²vaʔ²? /nəu¹³sø⁴⁴sø⁰kʰɛ⁴⁴,kiəʔ⁵ŋɛ⁰tsʰɔ⁴⁴pʰio⁰kœɤ⁴⁴vaʔ²kœɤ⁴⁴yoŋ¹³? |

续表

| 方言点 | 0033 你算算看,这点钱够不够花? |
|---|---|
| 32 镇海 | 侬算算看,该眼钞票够用勿够用?<br>nəu²⁴ sø⁵³ sø⁰ kʰi³³ , keʔ⁵ ŋɛ²⁴ tsʰɔ³³ pʰio⁰ kəu⁵³ yoŋ²⁴ vaʔ¹² kəu³³ yoŋ²⁴ ? |
| 33 奉化 | 侬倒派派看,葛眼钞票够无?<br>nəu³³ tʌ⁴⁴ pʰa⁵³ pʰa⁰ kʰɛ⁴⁴ , kəʔ⁵ ŋɛ⁰ tsʰʌ⁴⁴ pʰiɔ⁰ kæi⁵³ m³¹ ? |
| 34 宁海 | 尔算算相,解=底=钞票够弗够用? /尔算算相,解=底=钞票够用勿?<br>n³³ sø³⁵ sø⁰ ɕiã⁰ , ka⁵³ ti⁰ tsʰau³³ pʰieu⁰ keu⁰ fəʔ³ kəu³³ yuŋ²⁴ ? /n³³ sø³⁵ sø⁰ ɕiã⁰ , ka⁵³ ti⁰ tsʰau³³ pʰieu⁰ keu³³ yuŋ²⁴ uaˀ⁰ ? |
| 35 象山 | 尔得算算看,该眼钞票有用嘞□?<br>n³¹ taʔ⁵ sɤɯ⁴⁴ sɤɯ⁰ kʰɛ⁴⁴ , geʔ² ŋɛ³¹ tsʰɔ⁴⁴ pʰio⁴⁴ iu³¹ yoŋ¹³ laʔ² vɤɯ¹³ ? |
| 36 普陀 | 侬算算看,跌=眼钞票有用了勿? /跌=眼钞票够用弗够用? /跌=眼钞票够用勿?<br>noŋ²⁴ sø⁵⁵ sø⁵⁵ kʰɛ⁵⁵ , diɛʔ⁵ ŋɛ⁵⁵ tsʰɔ⁵³ pʰiɔ⁰ ieu²³ ioŋ⁵³ ləʔ⁰ væi⁰ ? /diɛʔ⁵ ŋɛ⁵⁵ tsʰɔ⁵³ pʰiɔ⁰ keu⁵⁵ ioŋ⁵³ fəʔ³ keu⁵⁵ ioŋ⁵³ ? /diɛʔ⁵ ŋɛ⁵⁵ tsʰɔ⁵³ pʰiɔ⁰ keu⁵⁵ ioŋ⁵³ væi⁰ ? |
| 37 定海 | 侬搭算算看,该眼钞票有了勿?<br>noŋ³³ tɐʔ⁵ sø⁴⁴ sø⁴⁴ kʰɛ⁴⁴ , kie⁵ ŋɛ⁴⁴ tsʰɔ⁵² pʰio⁰ iɣ²³ ləʔ⁰ vɐi⁰ ? |
| 38 岱山 | 侬算算看,介管=钞票有用了勿?<br>noŋ²³ sø⁴⁴ sø⁴⁴ kʰɛ⁴⁴ , ka⁴⁴ kuø⁴⁴ tsʰɔ⁵² pʰio⁰ iɣ²³ yoŋ⁴⁴ ləʔ⁰ vɐi⁰ ? |
| 39 嵊泗 | 侬搭算算看,该钞票有用了勿?<br>noŋ²⁴ tɐʔ⁵ sɣ⁴⁴ sɣ⁴⁴ kʰɛ⁴⁴ , kiɛʔ⁵ tsʰɔ³³ pio⁰ iɣ³⁴ yoŋ⁰ ləʔ⁰ vɐi⁰ ? |
| 40 临海 | 尔算算相,葛顶=钞票有啊欠多?<br>ŋ⁵² sø⁵⁵ sø⁰ ɕiã⁵⁵ , kəʔ³ ʔtiŋ³⁵³ tsʰɔ⁴² pʰiə⁵⁵ iu⁵² aˀ⁰ tɕʰi⁵⁵ to³¹ ? |
| 41 椒江 | 尔算算相,葛丁钞票有够爻哦?<br>n⁴² sø⁵⁵ sø⁰ ɕiã⁵⁵ , kəʔ³ tiŋ⁵¹ tsʰɔ⁴² pʰiɔ⁵⁵ iu⁴² tɕio⁵⁵ ɔ⁰ vɛ⁰ ? |
| 42 黄岩 | 尔算着相,搭=了=某=钞票有用爻哦?<br>n⁴² sø⁵⁵ dʑieʔ² ɕiã⁰ , təʔ³ liɔ⁵⁵ m⁵¹ tsʰɔ⁴² pʰiɔ⁵⁵ iu⁴² yoŋ¹³ ɔ⁰ vɛ⁰ ? |
| 43 温岭 | 尔划算相,葛眼钞票有爻哦?<br>n⁴² o¹³ sø⁵⁵ ɕiã⁰ , kəʔ³ ȵiɛ⁵¹ tsʰɔ⁴² pʰiɔ⁵⁵ iu³³ ɔ⁰ vɛ⁰ ? |
| 44 仙居 | 尔算算相,葛丢=钞票有法有?<br>ŋ²⁴ sø⁵⁵ sø⁰ ɕia⁰ , kəʔ⁵ ȡiɐu⁰ tsʰɐɯ³¹ pʰiɐɯ⁵⁵ iɐɯ²⁴ faʔ⁰ iɐɯ⁰ ? |
| 45 天台 | 尔算算相,谷=点钞票有了用了哦?<br>ŋ²¹⁴ sø⁵⁵ sø⁰ ɕia⁰ , kuʔ⁵ tie⁰ tsau³³ pʰieu⁰ iu²¹ ləʔ² yuŋ³⁵ ləʔ² ue⁰ ? |
| 46 三门 | 尔算算相,则=点钞票够弗够用?<br>ŋ³²⁵ sø⁵⁵ sø⁰ ɕiã⁵⁵ , tsɐʔ⁵ tie³² tsʰau³³ pʰiau⁵⁵ kɣɯ⁵⁵ fəʔ⁵ kɣɯ⁵⁵ ioŋ²⁴³ ? |

| 方言点 | 0033 你算算看，这点钱够不够花？ |
|---|---|
| 47 玉环 | 尔算算相，葛垾钞票有够用爻哦？<br>n⁵³sø²²sø⁵⁵ɕia⁰，kɐʔ³tɛ⁵³tsʰɔ⁵³pʰiɔ⁵⁵iu⁵³kiɤ³³yoŋ⁴⁴ɔ⁰veº？ |
| 48 金华 | 侬算算起，葛帝⁼儿钞票够弗够用？<br>noŋ⁵³⁵sɤ⁵⁵sɤ⁰tɕiº，kɐʔ³tiŋ⁵⁵tsʰao⁵³pʰiao⁵⁵kiu⁵⁵fəʔ⁴kiu⁵⁵ioŋ¹⁴？ |
| 49 汤溪 | 尔算算睇，羿⁼点儿钞票够用弗够用？<br>ŋ¹¹³sɤ⁵²sɤ⁰tʰɛ⁵²，gəˌ¹¹n̪ia⁵²tsʰɔ⁵²pʰie⁵²kɯiao³⁴¹fəʔ⁵²kɯ⁵²iao³⁴¹？ |
| 50 兰溪 | 侬算算起，格点钞票够用弗？<br>noŋ⁵⁵sɤ⁴⁵sɤ⁰tɕiº，kɐʔ³⁴ti⁵⁵tsʰɔ⁵⁵pʰiɔ⁴⁵kɐɯ³³⁴ioŋ²⁴fəʔ³⁴？ |
| 51 浦江 | 尔算算起儿，袋⁼末⁼儿钞票够弗够用？<br>n⁵³sə̃³³sə̃³³iən⁵⁵，da²⁴mɯn⁰tsʰo⁵⁵pʰi³³⁴kɤ⁵⁵fəʔ⁵⁵kɤ⁵⁵yon²⁴？ |
| 52 义乌 | 侬算算起，点儿钞票够勿够用？<br>noŋ³³sɿ⁴⁵sɿ⁴⁵ɕi³¹，nin³³tsʰo⁴⁵pʰie³¹kɐɯ⁴⁵pəʔ³kɐɯ⁴⁵ioŋ²⁴？ |
| 53 东阳 | 尔算算添，亨⁼点儿钞票够用没？<br>n²⁴sɯ³³sɯ³³tʰi⁵⁵，hɛ²⁴tin⁵⁵tsʰɐɯ³³pʰiɐɯ³³kɐɯ⁵⁵iɔm⁵⁵min⁵⁵？ |
| 54 永康 | 尔算算望，够⁼点铜钿够用弗？<br>ŋ³¹sɤ⁵²sɤ⁰maº，kɯ³³n̪ia⁵²doŋ³¹die³¹kɐɯ⁵²ioŋ²⁴¹fə³³？ |
| 55 武义 | 偌算算望，阿⁼点钞票够弗够用？<br>nɔ¹³sɤ⁵³sɤ⁰maŋ⁰，əʔ⁵tiº tsʰau³²⁴pʰie⁵³kau⁵³fəʔ⁵kau⁵³ioŋ⁵³？ |
| 56 磐安 | 尔算算觑儿，格帝⁼儿钞票够弗够用？<br>n³³sɯ⁵⁵sɯ⁵⁵tɕʰin⁴⁴⁵，ka³³tin³³tsʰo⁵⁵pʰio⁵⁵kɐɯ⁵⁵fə⁵⁵kɐɯ⁵⁵iɔom¹⁴？ |
| 57 缙云 | 你算算望，以⁼点钞票够弗够用？<br>n̪i³¹sɛ⁴⁵³sɛ⁰mɔ⁴⁴，i²¹tia⁵¹tsʰɔ⁴⁴pʰəɤ⁴⁵¹kɤ⁴⁵³fɛ⁴⁴kɤ⁴⁵³iɔ²¹³？ |
| 58 衢州 | 你算算看，格点钞票够用弗？<br>n̪i⁵³sə̃⁵³sə̃⁵³kʰə̃³⁵，kɐʔ⁵tieº tsʰɔ³²pʰiɔ⁵³kɯ⁵³yoŋ²³¹fəʔ⁵？ |
| 59 衢江 | 你算算看，瞎⁼点钞票够用[弗啊]？<br>n̪iəʔ²sɛ²⁵sɛ³¹kʰã̃º，xaʔ⁵tieº tsʰɔ³³pʰiɔ²⁵kɤ⁵³yoŋ²³¹faʔ⁰？ |
| 60 龙游 | 你算算策⁼，阿⁼点钞票够用弗？<br>n̪i²²suei⁵¹suei²¹tsʰəʔ⁰，əʔ³tie³⁵tsʰɔ²²pʰiɔ³⁵kɐɯ⁵¹ioŋ²³¹fəʔ⁴？ |
| 61 江山 | 你算算嚓，乙末钞票字够使嘎？<br>n̪i²²sɒŋ⁴⁴sɒŋ⁴⁴tsʰaʔ⁵，iɛʔ⁵moʔ⁵tsʰɐɯ⁴⁴pʰiɐɯ²⁴¹bəʔ²kɯ⁴⁴ɕiɐ²⁴gaº？ |
| 62 常山 | 尔算算促⁼，乙点儿钞票够弗够使？<br>n²⁴sɔ̃⁵²sɔ̃⁰tsʰɤʔ⁵，ieʔ⁵n̪iɛ̃²⁴nⁱ⁰tsʰɤ⁴³pʰiɤ⁵²tɕiu⁴⁵fɤʔ⁰tɕiu⁴⁵si⁵²？ |

续表

| 方言点 | 0033 你算算看，这点钱够不够花？ |
|--------|----------------------------------|
| 63 开化 | 你算算促＝,乙滴钞票够弗够使？<br>n̠i²¹ sɔŋ⁴⁴ sɔŋ⁰ tsʰə?⁵ ,iɛ?⁵ tiɛ?⁵ tsʰəɯ⁴⁴ pʰiɐɯ⁵³ kɯ⁴⁴ fə?⁵ kɯ⁰ suei⁵³ ? |
| 64 丽水 | 你算算望,乙滴老钿够弗够用？<br>n̠i⁴⁴ suɛ⁵² suɛ⁰ mɔŋ⁴⁴ ,i?⁵ ti?⁰ lə²¹ tiɛ⁵² kɯ⁵² fə?⁴ kɯ⁵² ioŋ¹³¹ ? |
| 65 青田 | 你算算喏,伊＝两钞票够用弗？<br>n̠i⁴⁵⁴ suɐ³³ suɐ³³ no³³ ,i⁵⁵ lɵ⁰ tsʰo³³ pʰiœ⁵⁵ kæi³³ io⁵⁵ fa?⁴² ? |
| 66 云和 | 你算算相,乙滴儿钞票够弗够用？<br>n̠i⁴⁴ suɛ⁴⁵ suɛ⁴⁵ ɕiã⁴⁵ ,i?⁵ tiŋ⁴⁵ tsʰɑɯ⁴⁴ pʰiɑɯ⁴⁵ kəɯ⁴⁵ fu?⁴ kəɯ⁴⁵ ioŋ²²³ ? |
| 67 松阳 | 你算算望,乙滴儿钞票够弗够用？<br>n̠i²² sæ̃²⁴ sæ̃⁰ moŋ¹³ ,i?³ tin⁵³ tsʰɔ³³ pʰiɔ²⁴ kei²⁴ fɤ?⁵ kei³³ ioŋ¹³ ? |
| 68 宣平 | 尔算算望,阿＝滴钞票够弗够用？<br>n²² sə⁵⁵ sə⁰ mɔ̃⁴⁴ ,a?⁵ tiə?⁰ tsʰɔ³² pʰiɔ⁵² kɯ⁵⁵ fə?⁴ kɯ⁵⁵ iɔ̃²³¹ ? |
| 69 遂昌 | 你算算望,乙滴儿钞票辽＝够弗辽＝够用？<br>n̠iɛ¹³ sɛ̃³³ sɛ̃⁴⁵ moŋ⁰ ,i?⁵ ti?⁰ n̠iɛ?⁰ tsʰɐɯ⁵⁵ pʰiɐɯ³³ liɐɯ²² ku³³ fəɯ?⁵ liɐɯ²² ku³³ ioŋ²¹³ ? |
| 70 龙泉 | 你算记促＝,搭＝拉儿钞票够用[弗啊]？<br>n̠i⁴⁴ suɯə⁴⁵ tsɿ⁰ tɕʰiɤɯ?⁵ ,to?⁵ la²¹ n̠i²¹ tsʰɑʌ⁴⁴ pʰiɑʌ⁴⁵ kɤɯ⁴⁴ ioŋ²²⁴ fa?⁰ ? |
| 71 景宁 | 你算算望,埆粒＝钿料＝弗料＝用？<br>n̠i³³ sœ³³ sœ³³ məŋ⁵⁵ ,tɛ?⁵ lœ?⁵ diɛ⁴¹ liau¹¹³ fu?⁵ liau¹¹³ ioŋ¹¹³ ? |
| 72 庆元 | 你算记儿望,搭＝□儿钿够否够用？<br>n̠iɛ²² sæ̃¹¹ tɕiŋ⁵⁵ mɔ̃³¹ ,dɑ?⁵ n̠iəŋ⁵⁵ tiɛ̃⁵² kɐɯ¹¹ fɤ³³ kɐɯ¹¹ iɔ̃³¹ ? |
| 73 泰顺 | 你算算望,□两钿够否够用？<br>n̠i⁵⁵ sœ³⁵ sœ³⁵ mɔ̃²² ,kʰi³⁵ lɛ?⁰ tiɛ⁵³ kɐɯ³⁵ fu²² kɐɯ³⁵ iɔ̃²² ? |
| 74 温州 | 你算算眙,该厘儿钞票了得用也否眙？<br>n̠i¹⁴ sø³ sø⁵¹ tsʰ̩¹⁰ ,ke³³ niŋ²⁵ tsʰuɔ³³ pʰiɛ²⁵ liɛ¹⁴ tei⁰ yɔ²² a⁰ fu?⁵ tsʰ̩¹⁰ ? |
| 75 永嘉 | 你算一算眙,个厘儿钞票了得用也了否得用哦？/你算一算眙,个厘儿钞票了得用也[否哎]？<br>n̠i¹³ sø⁵³ i⁴³ sø⁵³ tsʰ̩¹⁰ ,kai⁴³ le¹³ ŋ⁰ tsʰɔ³³ pʰyə⁴⁵ lyə²² tei⁴⁵ yɔ²² a⁰ lyə²² u⁰ tei⁴²³ yɔ⁰ ? /n̠i¹³ sø⁵³ i⁴³ sø⁵³ tsʰ̩¹⁰ ,kai⁴³ le¹³ ŋ⁰ tsʰɔ³³ pʰyə⁴⁵ lyə²² tei⁴⁵ yɔ²² a⁰ fɛ⁴³ ? |
| 76 乐清 | 你算算眙,个□钞票了得用也否？<br>n̠i²⁴ sø³ ø⁴¹ tsʰ̩¹⁰ ,kai³⁵ ŋe³²³ tɕʰia³⁵ pʰɤ⁴¹ liɯʌ²⁴ ti⁴¹ iɔ²² a⁰ fu⁰ ? |

| 方言点 | 0033 你算算看，这点钱够不够花？ |
|---|---|
| 77 瑞安 | 你算算眙，能多钞币有也否了得用？/你算算眙，能多钞币了得用也否了得用？<br>n̠i¹³sø³³sø⁵³tsʰ̩⁴²，naŋ³³tou⁴⁴tsʰɔ³³bi²¹iau¹³aⁿfu³luɔ¹³tei³²³yɔ²²？/n̠i¹³sø³³sø⁵³tsʰ̩⁴²，naŋ³³tou⁴⁴tsʰɔ³³biluɔ²¹¹³tei³yɔ²²aⁿfu³luɔ¹³tei³²³yɔ²²？ |
| 78 平阳 | 你算算眙，个能⁼钞票够否够用？<br>n̠i³³sø⁵³sø³³tsʰ̩²¹，kai²¹neŋ⁴⁵tsʰɔ³³pʰie³³kau⁵³fu⁴⁵kau⁴⁵yɔ¹³？ |
| 79 文成 | 你算算眙，该□钞票够否购买用？<br>n̠i¹³sø³³sø³³tsʰ̩³³，ke²¹neŋ³⁵tʃʰo³³pʰie²¹kau²¹fu⁴⁵kau³³yɔ²¹？ |
| 80 苍南 | 你算算眙，该□钞票了得否了得用？<br>n̠i⁵³sø³³sø⁴²tsʰ̩²¹，ke³n̠iŋ⁵³tsʰa⁴⁴pʰyɛ⁴²lia⁵³teⁿfu³lia⁵³teⁿyɔ¹¹？ |
| 81 建德徽 | 尔算算看，葛点钞票够弗够用？<br>n²¹³sɛ³³sɛ⁵⁵kʰɛ⁵⁵，kɤʔ³tie⁵⁵tsʰ̩²¹pʰiɔ⁵⁵kɤɯ³³fɤʔ⁵kɤɯ³³ioŋ⁵⁵？ |
| 82 寿昌徽 | 潘算算忖，格点钞票够勿够用？<br>tsen⁵²ɕiæ³³ɕiæ³³tsʰen⁵⁵，kəʔ³tien⁵⁵tsʰɤ³³pʰiɤ³³kəɯ³³uəʔ³kəɯ³³ioŋ³³？ |
| 83 淳安徽 | 尔算下促⁼，乙些钞票够不够用？<br>n⁵⁵sã²⁴hɔ⁵³tsʰoⁿ，iʔ³səʔ⁵tsʰɤ⁵⁵pʰiɤ²¹kɯ²¹pəʔ⁵kɯ²¹ioŋ⁵³？ |
| 84 遂安徽 | 伊算算瞅瞅，阿⁼点点钞票够不够用。<br>i³³sã̃⁵⁵sã̃⁵⁵tsʰu³³tsʰu³³，ɑ³³ti³³ti³³tsʰɔ⁵⁵pʰiɔ⁵²kəɯ⁵⁵pəɯ²¹kəɯ⁵⁵ləŋ⁵²。 |
| 85 苍南闽 | 汝算算看，蜀点钱够用无？<br>lɯ⁵⁵suŋ²⁴suŋ²¹kʰũã̃²¹，tɕie⁴³tian²¹tɕĩ²⁴kau²⁴in²¹bɔ²¹？ |
| 86 泰顺闽 | 尔算下映这花⁼钱有够未？<br>n³⁴⁴so²²xa²²ŋɔ²²tɕi³⁴fa²²tɕie²²u²²keu⁵³mɔi²²？ |
| 87 洞头闽 | 汝算算看，蜀低⁼仔钱有无够用？<br>lɯ³³suŋ⁵⁵suŋ⁵⁵kʰũã̃²¹，tɕiek⁵ti³³ia³³tɕĩ̃³³u²¹bɔ²¹kau³³ieŋ²¹？ |
| 88 景宁畲 | 你算算睇，个点钱留⁼唔留⁼使？<br>n̠i⁴⁴sɔn⁴⁴sɔn⁴⁴tʰai⁵⁵，kɔi⁴⁴tien⁵⁵tsʰan²²liəu²²ŋ²²liəu²²suei⁵⁵？ |

| 方言点 | 0034 老师给了你一本很厚的书吧？ |
|---|---|
| 01 杭州 | 老师拨了你一本冒厚的书噢？／老师是不是拨你一本冒厚的书？<br>lɔ⁵⁵ sʅ³³⁴ paʔ³ ləº n̠i⁵³ iɛʔ³ pəŋ⁵³ mɔ¹³ ei¹³ tiʔº sʮ³³⁴ ɔº？／lɔ⁵⁵ sʅ³³⁴ zʅ¹³ paʔ⁵ zʅº paʔ³ n̠i⁵³ iɛʔ³ pəŋ⁵³ mɔ¹³ ei¹³ tiʔº sʮ³³⁴？ |
| 02 嘉兴 | 老师拨嘞倷一本蛮厚个书，是哦？<br>lɔ²¹ sʅ³³ pəʔ⁵ ləʔ¹ nei²¹ iʔ⁵ pəŋ²¹ mɛ³³ ei¹³ gəʔ¹ sʮ³³ ，zʅ²¹ vʌ³³？ |
| 03 嘉善 | 老师拨倷蛮厚个一本书是哦？<br>lɔ²² sʅ⁵³ pəʔ⁵ nə³¹ mɛ⁵³ əʔ¹³ gəʔ² iɛ⁵ pən⁵³ sʮ⁵³ zʅ²² vɜʔ²？ |
| 04 平湖 | 老师本⁼倷一本蛮厚个书，是啦哦？<br>lɔ⁴⁴ sʅº pən⁴⁴ nɯɯ²¹³ iə³ pən⁴⁴ mɛ³¹ e²¹³ kəʔº sʮ⁵³ ，zʅ²¹³ la⁴⁴ vaº？ |
| 05 海盐 | 老师拨倷搿⁼本书蛮厚欸是哦？<br>lɔ⁵⁵ sʅ²¹ pəʔ⁵ ne⁴²³ gəʔ²¹ pən⁴²³ ɕy⁵³ mɛ³¹ e²¹³ e²¹ zʅ⁵⁵ vaʔ²¹？ |
| 06 海宁 | 老师拨倷一本蛮厚个书是哦？<br>lɔ¹³ sʅ⁵³ pəʔ⁵ nəɯ⁵⁵ iɛʔ⁵ pəŋ³³ mɛ³¹ əɯ¹³ kəʔ⁵ sʅ⁵⁵ zʅ³³ vɜʔ⁵？ |
| 07 桐乡 | 老师半⁼倷一本蛮厚个书是啦？<br>lɔ²⁴ sʅº pɛ⁵³ nɤɯ²⁴² iəʔ³ pəŋ⁵³ mɛ⁴⁴ ɤɯ²⁴² kəʔº sʅ⁴⁴ zʅ²⁴² laº？ |
| 08 崇德 | 老师拨嗰倷一本蛮厚个书是哦？<br>lɔ⁵⁵ sʅº pəʔ⁵ dəʔº nɤɯ⁵³ iəʔ³ pəŋ⁵³ mɛ³¹ ɤɯ⁵³ əʔº sʅ⁴⁴ zʅ²⁴ vɜʔº？ |
| 09 湖州 | 个本烂厚个书是老师拨尔个哦？<br>kəʔ⁵ pən³⁵ lɛ³⁵ øʉ⁵³ kəʔ⁵ sʅ⁴⁴ zʅ³¹ lɔ³⁵ sʅ⁵³ pəʔ⁵ n⁵³ kəʔº vɜʔº？ |
| 10 德清 | 老师拨尔特⁼一本蛮厚界⁼一本书是哦？<br>lɔ¹³ sʅ³¹ pəʔ⁵ n³¹ dəʔ² iɛʔ⁵ pen³¹ mɛ³³ øʉ¹³ ka¹³ iɛʔ⁵ pen³¹ sʅ³³ zʅ¹³ vɜʔº？ |
| 11 武康 | 老师拨特⁼尔一本嗨⁼回厚个书，是哦？<br>lɔ³⁵ sʅ⁵³ pəʔ⁴ dəʔ⁵ n⁴⁴ iɛʔ⁵ pin⁵³ xɛ³⁵ uɛ⁵³ ø³⁵ gəʔ² sʅ⁴⁴ ，zʅ¹³ vɜʔ²？ |
| 12 安吉 | 老师拨倷蛮厚个一本书哦？<br>lɔ⁵² sʅº pəʔ⁵ nəʔ²³ mɛ²² əɪ⁵² kəʔ⁵ iɛʔ⁵ pəŋ⁵² sʅ⁵⁵ vaº？ |
| 13 孝丰 | 老师拨了倷一本蛮厚个书哦⁼？<br>lɔ⁴⁵ sʅ²¹ pəʔ⁵ ləʔ⁵ nəʔ² iɛ³ pəŋ⁵² mɛ⁵² gəɪ²⁴³ kəʔ⁵ sʅ⁴⁴ vaº？ |
| 14 长兴 | 老师像得拨了尔一本蛮厚个一本书？<br>lɔ⁴² sʅ²¹ ʒiã̃²⁴ təʔ² pəʔ⁵ ləʔº n⁵² iɛʔ² pəŋ⁵² mɛ⁵² gei²⁴³ kəʔº iɛʔ² pəŋ⁵² sʅ⁴⁴？ |
| 15 余杭 | 老师拨得尔蛮厚一本书哦？<br>lɔ⁵³ sʅ⁵³ poʔ⁵ təʔ⁵ n⁵³ mɛ³³ øɤ⁵³ iɛʔ⁵ piŋ⁵⁵ sʅ⁵⁵ fəʔ⁵？ |
| 16 临安 | 老师拨依蛮厚个一本书啊？<br>lɔ¹³ sʅ⁵⁵ pɐʔ⁵ noŋ⁵⁵ mɛ⁵⁵ gə³³ əʔ² iɛʔ⁵ pieŋ⁵³ ɕy⁵³ ɐº？ |

| 方言点 | 0034 老师给了你一本很厚的书吧？ |
|---|---|
| 17 昌化 | 老师碾＝尔着一本蛮厚个书吗？<br>lɔ²³ sʅ⁴⁵ n̠i ĩ̃²⁴ ŋ⁴⁵ zaʔ⁰ ieʔ⁵ pəŋ⁴⁵ m̃ɔ̃¹¹ gi²⁴ kəʔ⁵ ɕy³³ ma⁰？ |
| 18 於潜 | 老师是不是拨你一本蛮厚个书啊？<br>lɔ⁵³ sʅ³¹ zʅ²⁴ pəʔ² zʅ²⁴ pəʔ⁵³ ni⁵¹ ieʔ⁵³ peŋ⁵³ mɛ⁵¹ giəu²⁴ kəʔ² ɕy⁴³³ a²²？ |
| 19 萧山 | 老师扮嘞尔一本介厚个书啊？<br>lɔ¹³ sʅ⁴² pɛ⁴² ləʔ⁵ ŋ²¹ ieʔ⁵ pəŋ⁴² kaʔ⁵ io¹³ kəʔ⁵ sʅ⁴² a²¹？ |
| 20 富阳 | 老师拨尔一本呆厚喎书啊？<br>lɔ²²⁴ sʅ⁵⁵ pɛʔ⁵ ŋ²²⁴ ieʔ⁵ pən⁴²³ ŋɛ¹³ eiʔ⁵⁵ tɛʔ⁰ ɕy⁵³ a⁰？ |
| 21 新登 | 老师拨嘞尔一本蛮厚个书啊？<br>lɔ³³⁴ sʅ⁵³ pɑ⁴⁵ laʔ⁰ ŋ³³⁴ iəʔ⁵ peiŋ³³⁴ mɛ²³³ gəu¹³ kaʔ⁰ sɥ⁵³ a⁰？ |
| 22 桐庐 | 老师拨嘞你一本蛮厚个书吧？<br>lɔ³³ sʅ³³ pəʔ⁵ ləʔ²¹ ni³³ iəʔ⁵ pəŋ³³ m̃ã³⁵ gei¹³ gəʔ²¹ ɕy⁴² pʌ²¹？ |
| 23 分水 | 老师拨你一本蛮厚个书啊？<br>lɔ⁵³ sʅ⁴⁴ pa⁴⁴ n̠i⁵³ iəʔ⁵ pən⁵³ m̃ã²² gə²⁴ kəʔ⁵ ɕy⁴⁴ a⁰？ |
| 24 绍兴 | 老师有勿有拨倷一本蛮蛮厚个书？<br>lɔ²⁴ sʅ³¹ iɤ²² veʔ² iɤ³³ peʔ³ noʔ² ieʔ³ pẽ³³ m̃ɛ̃³³ m̃ɛ̃⁴⁴ɤ²² kəʔ⁰ ɕy⁵³？ |
| 25 上虞 | 老师拨侬老厚个一本书啦？<br>lɔ²¹ sʅ⁵³ piəʔ⁵ noŋ²¹ lɔ²¹ɤ³¹ kəʔ² ieʔ² pəŋ³⁵ ɕy³³ la⁰？ |
| 26 嵊州 | 老师有蛮厚个一本书带＝侬东＝啊？<br>lɔ²⁴ sʅ⁵³ iɤ²⁴ m̃ɛ̃⁵³ gɤ²⁴ gəʔ² ieʔ³ peŋ⁵³ sʅ⁴⁴ ta⁵³ noŋ²⁴ toŋ³³ a⁰？ |
| 27 新昌 | 老师有本顶厚个书册搭尔掉＝哦？<br>lɔ²² sʅ⁵³ iɯ³³ peŋ³³ tiŋ⁵³ dʑiɯ¹³ kɤʔ³ sʅ³³ tsʰaʔ⁵ tɤʔ⁵ ŋ¹³ tiɔ⁴⁵ o³³？ |
| 28 诸暨 | 老师拨尔本蛮厚个书吧？<br>lɔ³³ sʅ⁴² pəʔ⁵ n¹³ pen²¹ mɛ⁵³ giʉ¹³ kəʔ⁵ ɕy²¹ pʌ⁰？ |
| 29 慈溪 | 介厚格一本书是老师摘＝侬格末？<br>ka³³ ø¹³ kəʔ² iəʔ² pəŋ³⁵ sɥ⁴⁴ zʅ¹¹ lɔ¹³ sʅ¹⁰ tsaʔ⁵ nuŋ¹³ kəʔ² ue⁰？ |
| 30 余姚 | 老师捉侬嘞一本老老厚个书啷噢？<br>lɔ¹³ sʅ⁴⁴ tsoʔ⁵ nuŋ¹³ liəʔ² iəʔ⁵ pə̃³⁴ lɔ¹³ lɔ⁰ ø¹³ kəʔ² sɥ⁴⁴ lɔŋ¹³ ɔ⁵³？ |
| 31 宁波 | 老师一本交关厚或＝书拨侬过哦？<br>lɔ¹³ sʅ⁰ iəʔ² pəŋ³⁵ tɕio⁴⁴ kuɛ⁴⁴ əu¹³ oʔ² sɥ⁴⁴ paʔ⁵ nəu¹³ kəu⁴⁴ vaʔ²？ |
| 32 镇海 | 老师拨侬一本交关厚和＝书，是位＝？<br>lɔ²⁴ sʅ³³ paʔ⁵ nəu²⁴ ieʔ⁵ pəŋ³⁵ tɕio³³ kuɛ⁵³ ei²⁴ əu⁰ sɥ³³，zʅ²⁴ vei⁰？ |

**续表**

| 方言点 | 0034 老师给了你一本很厚的书吧？ |
|---|---|
| 33 奉化 | 老师拨侬一本交关厚个书是无？<br>lʌ³³ sɿ⁴⁴ paʔ⁵ nəu³³ iɪʔ² pəŋ⁴⁴ tɕiɔ⁴⁴ kuɛ⁴⁴ æi³³ kəʔ² sʮ⁴⁴ zɿ³³ m³¹ ? |
| 34 宁海 | 老师送搭尔一本蛮厚个书芒⁼？<br>lau³¹ sɿ⁰ suŋ³⁵ taʔ³ n³³ iəʔ³ pəŋ⁵³ mɛ²¹ heu³¹ geʔ³ sʮ³³ m̃³¹ ? |
| 35 象山 | 老师得⁼尔一本书蛮厚个□？<br>lɔ³¹ sɿ⁴⁴ taʔ⁵ n³¹ ieʔ⁵ pəŋ⁴⁴ sʮ⁴⁴ mɛ³¹ ɣɯ¹³ geʔ² tsʰo⁴⁴ ? |
| 36 普陀 | 老师拨侬一本交关厚个书噢？<br>lɔ²³ sɿ⁵⁵ poʔ⁵ noŋ⁵⁵ iɛʔ³ pəŋ⁵⁵ tɕyoʔ² kuɛʔ⁵ eu²³ koʔ⁰ sʮ⁵³ ɔ⁰ ? |
| 37 定海 | 一本厚厚个书老师有拨侬过勿？<br>ieʔ³ pɐŋ³³ ɐi²³ ɐi⁰ goʔ⁰ sʮ⁵² lɔ²⁴ sɿ⁰ iɣ⁴⁴ pɐʔ⁵ noŋ⁵² kʌu⁰ vɐʔ⁰ ? |
| 38 岱山 | 老师拨侬蛮厚厚一本书啊？<br>lɔ²³ sɿ⁵² pɐʔ⁰ noŋ³³ mɛ²³ œɣ³³ œɣ⁰ ieʔ⁵ pɐŋ⁰ sʮ⁵² a⁰ ? |
| 39 嵊泗 | 一本看⁼厚个书，老师有拨侬过勿？<br>iɛʔ³ pɐŋ⁴⁴ kʰi⁴⁴ œɣ³⁴ goʔ⁰ sʮ⁵³ , lɔ³⁴ sɿ⁰ iɣ³³ pɐʔ³ noŋ²⁴ kʌu⁰ vɐiʔ⁰ ? |
| 40 临海 | 老师拨尔一本騆厚个书哇？<br>lɔ⁴² sɿ³¹ pəʔ⁵ ŋ⁵² ieʔ³ pəŋ⁵² ə²² ə⁵² kəʔ⁰ ɕy³¹ uɛ⁰ ? |
| 41 椒江 | 老师一本騆厚个书拨尔好⁼？<br>lɔ⁴² sɿ³⁵ ieʔ³ pəŋ⁴² io²² dzio³¹ kəʔ⁰ sʮ⁴² pəʔ⁵ n⁴² hɔ⁰ ? |
| 42 黄岩 | 老师一本騆厚个书拨尔□？<br>lɔ⁴² sɿ³² ieʔ³ pən⁴² io¹³ dzio¹²¹ kəʔ³ sʮ³² pəʔ³ n⁴² h̃⁵¹ ? |
| 43 温岭 | 老师拨尔一本騆厚个书爻晓⁼？<br>lɔ⁴² sɿ¹⁵ pəʔ⁵ n⁴² iʔ³ pən⁴² iɣ¹³ dziɣ³¹ kəʔ⁰ ɕy³³ ɔ⁰ ɕiɔ⁰ ? |
| 44 仙居 | 老师正⁼是拨尔一本有厚个书哇？<br>lɯɯ³¹ sɿ³³⁴ tɕin³³ zɿ²¹³ ɓəʔ³ iəʔ³ ɓen³²⁴ iəɯ²⁴ gəɯ²¹ kəʔ⁰ ɕy³³⁴ uəʔ⁰ ? |
| 45 天台 | 老师[拨尔]吉⁼本蛮厚个书弗啦？<br>lau²¹ sɿ⁵¹ pəŋ³²⁵ kiəʔ⁵ pəŋ⁰ me²²⁴ eu²¹ kou⁰ ɕy³³ fuʔ⁵ la⁰ ? |
| 46 三门 | 老师拨尔一本牢⁼厚的书吧？<br>lɑu³² sɿ³³ pɐʔ⁵ ŋ³²⁵ ieʔ³ pəŋ³²⁵ lɑu¹³ ɣɯ²¹³ təʔ⁰ sʮ³³ pa⁰ ? |
| 47 玉环 | 老师拨了尔一本厚险厚个书好⁼？<br>lɔ⁴² sɿ³⁵ pɐʔ⁵ liɔ⁰ n⁵³ iɐʔ³ pəŋ⁴² giɣ³¹ ɕie⁵³ giɣ³¹ kɐʔ⁰ ɕy⁴² hɔ⁰ ? |
| 48 金华 | 老师是弗是分侬一本危险厚个书？/老师是弗是分侬一本厚猛个书？<br>lao⁵⁵ sɿ³³⁴ sɿ⁵³ fəʔ³ sɿ⁵³⁵ fəŋ³³ noŋ⁵³⁵ iəʔ³ pəŋ⁵⁵ ui³³ ɕie⁵³ kiu⁵³⁵ kəʔ⁰ ɕy³³⁴ ? /lao⁵⁵ sɿ³³⁴ sɿ⁵³ fəʔ³ sɿ⁵³⁵ fəŋ³³ noŋ⁵³⁵ iəʔ³ pəŋ⁵⁵ kiu⁵³ mɑŋ⁵³⁵ kəʔ⁰ ɕy³³⁴ ? |

续表

| 方言点 | 0034 老师给了你一本很厚的书吧？ |
|---|---|
| 49 汤溪 | 老师摅尔一本很厚个书弗？<br>lɔ⁵²sʮ²⁴iɔ⁵⁵ŋ¹¹iei⁵²mã⁵²xã⁵²gɯ¹¹kə⁵²ɕy²⁴fə⁰? |
| 50 兰溪 | 老师担侬一本吓人厚个书是弗？<br>lɔ⁴⁵sʮ⁰tɑ³³⁴noŋ⁵⁵ie?³⁴pæ̃⁵⁵xə³⁴nin⁴⁵kɯ⁵⁵kə?⁰ɕy³³⁴sʮ⁵⁵fə?³⁴? |
| 51 浦江 | 老师担得尔一本危险厚个书唉？<br>lo¹¹sʮ⁵³nã̃⁵⁵tə³³n³³⁴iə³³pən⁵³uɛ¹¹ɕ̃ie⁵³gɤ¹¹kə⁰ɕy⁵³⁴ia⁰? |
| 52 义乌 | 老师分等侬一本危险厚个书喽？<br>lo⁴⁵sʮ³³fən³³nən⁴⁵noŋ³¹²iə?³mən⁴⁵uai²²ɕie⁴²gɯ³¹ə⁰ɕy³³lo⁴⁵? |
| 53 东阳 | 老师尽厚一本书分得侬呀？<br>lɐɯ²⁴sʮ³³ʑiɐn²⁴gɯ⁵⁵iə?³⁴pən³³sʮ³³fən³³tei³³nom²²iɛ⁰? |
| 54 永康 | 老师担尔一本交厚个书个？<br>lau³¹sʮ⁵⁵naŋ⁵²ŋ¹¹³iə³³mɘŋ⁵²kau⁵⁵gɯ¹¹³uə⁰ɕy⁵⁵ka⁰? |
| 55 武义 | 老师分偌一本吵⁼厚个书哇？<br>lɤ⁵³sʮ²⁴fen⁵⁵nɔ¹³iə?⁵men⁵³tsʰɑɯ⁵⁵gau¹³kə?⁰ɕy⁴⁴⁵kua⁰? |
| 56 磐安 | 老师摅得尔一本新⁼厚个书？<br>lo⁵⁵sʮ⁴⁴⁵ia³³tɛi³³n³³iɛ³³mɐn³³ɕiɐn⁵⁵kɐɯ⁵⁵a⁰ɕy⁴⁴⁵? |
| 57 缙云 | 老师摅担你一本厚猛个书？<br>ləɤ⁵¹sʮ⁴⁴iɔ⁴⁴neŋ⁴⁴ɲi³¹iei⁴⁴pɛ⁵¹gɤ³¹ma⁵¹lɛ⁰sʮ⁴⁴? |
| 58 衢州 | 老师拿了你一本交关厚个书哈？<br>lɔ²³¹sʮ³²nɑ²¹lə⁰ɲi⁵³iə?³pən³⁵tɕiɔ³²kuã̃⁵³ɯ²³¹gə?⁰ʃy³²xɑ⁰? |
| 59 衢江 | 老师担你一本厚个书罢哈？<br>lɔ³³sʮ²¹nã̃³³ɲiə?²iə?³pɛ²⁵gɯ²¹²gə?⁰ɕy³³ba⁰xa⁰? |
| 60 龙游 | 老师担了本吓侬厚个书你啊？<br>lɔ³³sʮ³³⁴tã̃³³lə⁰pən⁵¹xə²⁴nən²¹gɐɯ²²⁴gə?⁰ɕy³³⁴ɲi²²a⁰? |
| 61 江山 | 老师畀得你个本厚得个书啦？<br>lɐɯ²²sɯ⁴⁴pə?⁵də?⁰ɲi²²a⁴⁴pɛ̃²⁴¹gu²²da?⁰gə?⁰ɕiə⁴⁴la⁰? |
| 62 常山 | 老师瘫⁼班⁼一本交关厚个书尔哈？<br>lɤ²²sʮ⁴⁴pue⁵²pã̃⁰ie?⁵pɔ̃⁵²tɕye?⁴kuã̃⁴⁴gu²⁴kɛ⁰ɕie⁴⁴n²⁴xɑ⁰? |
| 63 开化 | 老师担了你一本交关厚个书罢？<br>lɔ⁵³sʮ⁴⁴nã̃⁴⁴lə?⁰ɲi²¹iɛ?⁴pɛn⁵³tɕiɐɯ⁴⁴kuã̃⁴⁴gu²¹gə?⁰ɕie⁴⁴bã̃⁰? |
| 64 丽水 | 老师乞你一本厚险个书吧？<br>lə⁴⁴sʮ²²⁴kʰə?⁴ɲi⁴⁴i?⁴pɛ⁵⁴⁴gɯ²²ɕiɛ⁵⁴⁴kə⁰sʮ²²⁴pa⁰? |

**续表**

| 方言点 | 0034 老师给了你一本很厚的书吧？ |
|---|---|
| 65 青田 | 老师乞你一本厚倒个书啊？<br>lœ²² sι⁴⁴⁵ kʰa³³ n̠i⁴⁵⁴ iæʔ⁴ ɓaŋ⁴⁵⁴ gæi³³ ɗœ⁴⁵⁴ kɛʔ⁰ sι̥³³ ɑ⁰ ？ |
| 66 云和 | 老师乞了你一本厚厚个书哈？<br>lɑɔ⁴⁴ sι²⁴ kʰa⁴⁴ lɑɔ⁰ n̠i⁴⁴ iʔ⁴ pɛ⁴⁴ gəɯ²²³ gəɯ²³¹ kɛ⁰ sι̥²⁴ xa⁰ ？ |
| 67 松阳 | 老师乞你一本厚险个书嚓？<br>lʌ²¹ sι̩ɔ⁵³ kʰaʔ⁵ n̠i²² iʔ³ pæ²⁴ gu²¹ ɕiɛ̃²¹ kɛ⁰ ɕyɛ⁵³ xɔ⁰ ？ |
| 68 宣平 | 老师摭了尔一本厚猛个书嘛？<br>lɔ⁴³ sι̩³² iəʔ⁵ ləʔ⁰ n²² iəʔ⁴ bə²³¹ gu²² mɛ²² kə⁰ ɕy³² ma⁰ ？ |
| 69 遂昌 | 老师乞你一本厚险个书哦？<br>lɐɯ²¹ sι̩⁴⁵ kʰaʔ⁵ n̠iɛ¹³ iʔ³ pɛ̃⁵³ gu¹³ ɕiɛ̃⁵³ kɛʔ⁰ ɕyɛ⁴⁵ ɒ⁰ ？ |
| 70 龙泉 | 老师乞你一本老厚个书哈？<br>lɑʌ²¹ sɤɯ⁴³⁴ kʰaʔ³ n̠i⁵¹ ieiʔ³ pɯə⁵¹ lɑʌ²²⁴ ku⁵¹ gəʔ⁰ ɕy⁴³⁴ xa⁰ ？ |
| 71 景宁 | 老师乞你一本厚险个书啊？<br>lɑu⁵⁵ sι̩³²⁴ kʰaʔ³ n̠i³³ iʔ³ pœ³³ gəɯ³³ ɕiɛ³³ kɛ⁰ ɕy³² ɑ⁰ ？ |
| 72 庆元 | 老师乞你一本蛮厚个书哦？<br>lɒ²² sɤ³³⁵ kʰɤ¹¹ n̠iɛ²² iəɯʔ⁵ ɓæ̃³³ mɑ̃⁵² ku²² kæi¹¹ ɕyɛ³³⁵ ɒ³³ ？ |
| 73 泰顺 | 老师乞你一本蛮厚个书吧？<br>lɑɔ²² sι̩²¹³ kʰɔ²² n̠i⁵⁵ iɛʔ² pəŋ⁵⁵ mɑ̃³⁵ kəu²¹ ki⁰ ɕy²¹³ pa⁰ ？ |
| 74 温州 | 老师有本厚险厚个书乞你也否啊？<br>lə³¹ sι̩³³ iau²² paŋ⁰ gau¹⁴ ɕi²⁵ gau¹⁴ ge⁰ sι̩³³ ha⁵¹ n̠i¹⁴ a⁰ fu⁰ a⁰ ？ |
| 75 永嘉 | 老师有本厚险厚个书乞你啊？<br>lə³¹ sι̩⁴⁴ iau²² paŋ⁴³ gau⁰ ɕi⁴⁵ gau¹³ gi⁰ sι̥⁴⁴ kʰa⁴³ n̠i¹³ a⁰ ？ |
| 76 乐清 | 老师有本厚险厚个书乞你也否？<br>lɤ³¹ sι̩⁴⁴ iau²² paŋ⁰ gau²³ ɕiɛ³⁵ gau²⁴ ge⁰ sy⁴⁴ kʰa⁴¹ n̠i²⁴ a⁰ fu⁰ ？ |
| 77 瑞安 | 老师乞你一本厚险厚个书啊？<br>lɛ³¹ sι̩⁴⁴ kʰɔ⁵³ n̠i²² e³ paŋ³⁵ gau²² ɕi³⁵ gau¹³ gi⁰ səɯ⁴⁴ a⁰ ？ |
| 78 平阳 | 老师有冇乞你一本很厚个书？<br>lɛ⁴⁵ sι̩¹³ iau⁴⁵ nau¹³ kʰai³³ n̠i³³ i³³ paŋ⁴⁵ xaŋ⁴⁵ gau¹³ kai²¹ sʉ⁴² ？ |
| 79 文成 | 老师有冇乞你一本很厚的书？<br>lɛ³³ sι̩¹³ iau⁴⁵ nau³³ kʰai²¹ n̠i³³ i³³ paŋ³³ xaŋ⁴⁵ gau³³ kai³³ søy³³ ？ |
| 80 苍南 | 老师乞你一本厚险厚个书吧？<br>lɛ⁴² sι̩⁴⁴ kʰɛ⁴² n̠i⁵³ e³ paŋ⁵³ gau¹¹ ɕiɛ²⁴ gau²⁴ gi⁰ ɕy⁴⁴ ba⁰ ？ |

| 方言点 | 0034 老师给了你一本很厚的书吧？ |
|---|---|
| 81 建德<sub>徽</sub> | 老师是弗是八<sup>=</sup>尔一本交关厚个书？<br>lɔ⁵⁵ sʅ³³ tsʅ²¹ fɐʔ⁵ tsʅ²¹³ po⁵⁵ n²¹³ iɐʔ⁵ pən²¹³ tɕiɔ²¹ kuɛ⁵⁵ hɤɯ²¹ kɐʔ⁵ ɕy⁵³ ？ |
| 82 寿昌<sub>徽</sub> | 老师拿了潜一本吓侬厚个书噢？<br>lɑ⁵⁵ sʅ³³ nuə¹¹ lə⁰ tsen⁵² iəʔ³ pen³³ xəʔ³ nɔŋ⁵⁵ kʰəɯ³³ kəʔ⁰ ɕy¹¹ ɑ⁰ ？ |
| 83 淳安<sub>徽</sub> | 老师勒<sup>=</sup>尔一本雌<sup>=</sup>考<sup>=</sup>厚个书，是不是？<br>lɤ⁵⁵ sʅ³³ ləʔ³ n⁵⁵ iʔ⁵ pen⁵⁵ tsʰa²¹ kʰɤ⁵⁵ kʰɯ⁵⁵ kəʔ⁰ ɕya²⁴ , tsʰa⁵⁵ pəʔ⁰ tsʰa⁵⁵ ？ |
| 84 遂安<sub>徽</sub> | 老师给伊一本老厚格书哈？<br>lɔ³³ sʅ⁵⁵ n³³ i³³ i²⁴ pən²¹³ lɔ²¹³ xəɯ⁴³ kə³³ ɕy⁵⁵ xɑ⁵⁵ ？ |
| 85 苍南<sub>闽</sub> | 老师有与汝蜀本蛮厚个书无？<br>nõ²¹ sɯ⁵⁵ u²¹ ha²¹ lɯ³² tɕie²¹ pun⁴³ ban⁴³ kau³² ge²¹ tsɯ⁵⁵ bɔ²¹ ？ |
| 86 泰顺<sub>闽</sub> | 老师送本尽厚个书乞尔哦？<br>lau³⁴⁴ sʅ²² səŋ³¹ pʰuŋ³⁴⁴ tsieŋ³¹ kau³⁴⁴ kø?⁰ ɕy²² xɛʔ⁵ n²² o⁰ ？ |
| 87 洞头<sub>闽</sub> | 老师与汝蜀本尽厚个书吧？<br>lo²¹² sʅ³³ ha²¹ lɯ⁵³ tɕiek²¹ pɯŋ⁵³ tɕin²¹ kau³³ ge²¹ tsʅ³³ pa⁰ ？ |
| 88 景宁<sub>畲</sub> | 老师分你一本厚厚个书曜？<br>lau⁵⁵ su⁴⁴ puən⁴⁴ ŋi⁴⁴ it⁵ puən⁵⁵ kau⁵¹ kau⁵¹ ke⁴⁴ ɕy⁴⁴ xɔ⁰ ？ |

| 方言点 | 0035 那个卖药的骗了他一千块钱呢。 |
|---|---|
| 01 杭州 | 那个卖药的骗了他一千块洋钿唻。<br>la³ ko²⁵ mɛ¹³ iɛʔ² ti²⁰ pʰiɛ⁴⁵ ləⁿ⁰ tʰa³³⁴ iɛʔ³ tɕʰiɛ⁴⁵ kʰuei⁵³ aŋ²² diɛ²¹³ lə⁰。 |
| 02 嘉兴 | 还个买药个骗嘞伊一千钞票。<br>ɛ⁴² gəʔ¹ mʌ¹³ iʌʔ⁵ gəʔ¹ pʰie³³ ləʔ⁵ iʔ²¹ iʔ⁵ tɕʰie³³ tsʰɔ²¹ pʰiɔ³³。 |
| 03 嘉善 | 伊一千块洋钿拨还个卖药个骗踢＝敌。<br>i⁵³ ieʔ⁵ tɕʰiɪ³⁵ kʰuɛ⁵³ iæ¹³ diæ³¹ pɔʔ⁵ ɛ⁵⁵ kəʔ⁴ ma²² iaʔ³ gəʔ² pʰiɪ⁴⁴ tʰɔʔ⁵ dieʔ²。 |
| 04 平湖 | 记＝葛档＝卖药个骗脱伊一千块铜钿啦呀。<br>tɕi⁴⁴ kəʔ⁵ tɑ⁰ mɑ²⁴ iaʔ⁵ kəʔ⁰ pʰiɛ²¹ tʰəʔ⁵ i⁴⁴ iəʔ⁵ tɕʰiɛ⁵³ kʰueᵒ doŋ²⁴ diɛ⁵³ laʔ⁰ iaᵒ。 |
| 05 海盐 | 卖药葛个骗兹伊一千块钞票。<br>ma²¹ iaʔ²³ kəʔ³ kəʔ⁵ pʰiɛ³³⁴ zɿ²¹ i⁵³ iəʔ⁵ tɕʰiɛ⁵³ kʰue²⁴ tsʰɔ⁵⁵ pʰiɔ³³⁴。 |
| 06 海宁 | 黑＝里个卖药个骗脱伊唻一千块洋钿。<br>həʔ⁵ li³¹ kəʔ⁵ ma³³ iaʔ² əʔ⁵ pʰie⁵⁵ tʰəʔ⁵ i⁵³ lei³¹ ieʔ⁵ tɕie⁵⁵ kʰuɛ⁵⁵ iã³³ die³³。 |
| 07 桐乡 | 卖药即个人骗咧伊一千块洋钿。<br>ma²¹ iəʔ²³ tɕieʔ³ kɤɯ³³ ȵiŋ¹³ pʰiɛ³ liəʔ⁰ i⁵³ iəʔ³ tsʰiɛ⁴⁴ kʰuei⁰ ã²¹ diɛ⁴⁴。 |
| 08 崇德 | 吓＝里即个卖药个骗噶伊一千块洋钿。<br>haʔ³ li⁵⁵ tɕieʔ⁰ kəʔ⁰ mɑ¹³ iaʔ²³ əʔ⁰ pʰiɪ³³ dəʔ⁰ i⁵³ iəʔ³ tɕʰiɪ⁴⁴ kʰui⁴⁴ iã²¹ diɪ⁴⁴。 |
| 09 湖州 | 个卖药嗳骗特＝渠一千块洋钿闹＝。<br>keʔ⁵ ma⁴⁴ iaʔ⁵ eiᵒ pʰiɛ⁴⁴ dəʔ⁴ dʑi³¹ ieʔ⁵ tɕʰiɛ⁴⁴ kʰuei⁵³ iã³¹ die²² nɔ⁰。 |
| 10 德清 | 黑＝里个卖药个骗特＝伊一千块洋钿。<br>xəʔ² li³³ kəʔ⁵ ma³³ iaʔ² əʔ² pʰie³³ dəʔ² i³³ ieʔ⁵ tɕʰie⁵³ kʰuɛ⁵³ iã³¹ die¹³。 |
| 11 武康 | 黑＝里个卖药个，骗特＝伊一千块洋钿。<br>xəʔ⁵ li¹³ kəʔ⁵ ma⁵³ ieʔ⁵ kəʔ⁵³，pʰiɪ⁵³ dəʔ² i⁴⁴ ieʔ⁵ tɕʰiɪ⁴⁴ kʰuɛ⁵³ iã¹¹ diɪ¹³。 |
| 12 安吉 | 亨＝个卖假药个骗得伊一千块洋钿。<br>hã⁵⁵ kəʔ⁵ ma²¹ ka⁵² iɛ⁵ kəʔ⁵ pʰiɪ³² təʔ⁰ i²¹³ iɛʔ⁵ tɕʰiɪ⁵⁵ kʰuɛ⁵⁵ã²² di²²。 |
| 13 孝丰 | 格个卖药个骗了渠一千块钞票嘞。<br>kəʔ³ kəʔ⁵ ma³² iaʔ²³ kəʔ⁰ pʰiɪ³¹ ləʔ⁰ dʑi²² ieʔ⁵ tɕʰiɪ⁴⁴ kʰue⁴⁴ tsʰɔ⁴⁴ pʰiɔ⁴⁴ le⁰。 |
| 14 长兴 | 格头个卖药个骗了伊一千块洋钿。<br>kəʔ³ dei⁴⁴ kei⁴⁴ ma³² iaʔ² kei³²⁴ pʰi³²⁴ ləʔ⁰ ɭ¹² iɛʔ² tʃʰi⁴⁴ kʰua⁴⁴ã¹² di²⁴。 |
| 15 余杭 | 即个卖药个骗得伊一千块洋钱。<br>tɕieʔ⁵ kəʔ⁵ ma¹³ iaʔ² go³¹ pʰiẽ⁵³ təʔ⁵ i¹³ ieʔ⁵ tsʰiẽ⁵⁵ kʰuɛ⁵⁵ iɑ̃³³ ziẽ³¹。 |
| 16 临安 | 亨＝个卖药个人骗嘞伊一千块钞票。<br>hã³⁵ kəʔ⁵ ma⁵⁵ iəʔ⁵ kəʔ⁵ ȵieŋ³³ pʰie⁵⁵ ləʔ⁵ i⁵⁵ ieʔ⁵ tɕʰie⁵³ kʰuɛ⁵⁵ tsʰɔ³³ pʰiɔ³³。 |

| 方言点 | 0035 那个卖药的骗了他一千块钱呢。 |
|---|---|
| 17 昌化 | □个卖药个骗着渠一千块钞票。<br>nɔ̃⁴⁵ kəʔ⁵ ma²⁴ iaʔ² kəʔ⁵ pʰi ĩ⁵⁴⁴ zaʔ⁰ gu¹¹² iɛʔ⁵ tɕʰi ĩ³³ kʰuɛ⁵⁴ tsʰɔ³³ pʰiɔ⁴⁵³。 |
| 18 於潜 | 那个卖假药个骗子骗了他一千块钞票。<br>na²⁴ kəʔ⁵³ ma²⁴ tɕia⁵³ iæ³¹ kəʔ² pʰie³⁵ tsʅ⁴⁵⁴ pʰie³⁵ liəu²² tʰa⁴³³ ie⁵³ tɕʰie⁴³³ kʰue³⁵ tsʰɔ⁴³ pʰiɔ³¹。 |
| 19 萧山 | 亨⁼个卖药个骗嘞伊一千块洋钿唻呢。<br>xã³³ kəʔ⁵ ma⁴² iaʔ²¹ kəʔ⁵ pʰie³³ ləʔ⁵ i²¹ ieʔ⁵ tɕʰie³³ kʰue⁴² iã¹³ die²¹ le³³ n̩i⁰。 |
| 20 富阳 | 唔带个卖药个骗嘞伊一千块洋钱。<br>ŋ³³⁵ ta³³⁵ kəʔ⁰ ma³³⁵ yoʔ² koʔ⁰ pʰi ɛ̃³³⁵ ləʔ⁰ i²²⁴ iɛʔ⁵ tɕʰi ɛ̃⁵⁵ kʰuɛ³³⁵ ɑ̃¹³ n̩i ɛ̃⁵⁵。 |
| 21 新登 | 那个卖药个骗嘞伊一千块钞票。<br>na⁴⁵ kaʔ⁰ ma¹³ iaʔ² kaʔ⁰ pʰi ɛ̃⁴⁵ laʔ⁰ i³³⁴ iəʔ⁵ tɕʰi ɛ̃⁵³ kʰue⁴⁵ tsʰɔ³³⁴ pʰiɔ⁴⁵。 |
| 22 桐庐 | 得⁼个卖药个骗嘞伊一千块钞票。<br>təʔ⁵ kəʔ³ mɑ³⁵ iaʔ²¹ gəʔ²¹ pʰie³³ ləʔ²¹ i³³ iəʔ⁵ tɕʰie³⁵ kʰuʌ³³ tsʰɔ³³ pʰiɔ²¹。 |
| 23 分水 | 卖药个骗子把他骗去一千块钱。<br>me²⁴ iaʔ¹² kəʔ⁵ pʰi ɛ̃²⁴ tsʅ⁰ pa⁵³ tʰa⁴⁴ pʰi ɛ̃²⁴ tɕʰy²¹ iəʔ⁵ tɕi ɛ̃⁴⁴ kʰuɛ²¹³ dʑi ɛ̃²²。 |
| 24 绍兴 | 亨⁼个卖药个骗了伊一千块东⁼。<br>haŋ⁴⁴ kəʔ⁰ ma²² ioʔ² goʔ² pʰieʔ⁵ ləʔ⁰ i³³ ieʔ³ tɕʰi ɛ̃⁴⁴ kʰuɛ³³ doŋ³¹。 |
| 25 上虞 | 一千块钞票拨伊亨⁼个卖药个骗去亨⁼哉。<br>iəʔ² tɕʰie³³ kʰua⁵⁵ tsʰɔ³³ pʰiɔ⁵³ piəʔ² i²¹ ha̰³³ kəʔ² ma²¹ iaʔ² kəʔ² pʰie⁵⁵ tɕʰi⁰ ha̰³³ tse⁰。 |
| 26 嵊州 | 伊带⁼拨个游方郎中啦骗去一千块钞票东⁼呢。<br>i²⁴ ta³³ pəʔ³ kəʔ⁰ iɣ²² fəŋ³³ ləŋ³³ tsoŋ³³ la⁰ pʰi ɛ̃³³ tɕʰi⁴⁴ ieʔ³ tɕʰi ɛ̃³³ kʰuɛ³³ tsʰɔ³³ pʰiɔ⁴⁴ toŋ³¹ nɛ⁰。 |
| 27 新昌 | 蒙⁼个卖药个侬骗掉渠一千块钞票。<br>moŋ²² ka⁵³ ma²² iaʔ² kɣʔ³ nɔ̃²³² pʰi ɛ̃³³ liɔ⁴⁵ dʑi²² iʔ³ tɕʰi ɛ̃⁵³ kʰue³³ tsʰɔ⁵³ pʰiɔ⁴⁵。 |
| 28 诸暨 | 妹⁼个卖药个骗嘚渠一千块钞票去。<br>me¹³ kʌ³³ mʌ³³ iaʔ¹³ kəʔ⁵ pʰie³³ təʔ⁵ dʑl²¹ ieʔ⁵ tɕʰie⁴² kʰue³³ tsʰɔ⁴² pʰiɔ²¹ kʰie²¹。 |
| 29 慈溪 | 乙个卖药格人骗嘞渠一千块钞票唥。<br>iʔ² kəu⁰ ma¹¹ iaʔ² kəʔ² n̩iŋ¹³ pʰi ɛ̃⁴⁴ laʔ² ge¹³ iəʔ² tɕʰi ɛ̃³³ kʰua⁴⁴ tsʰɔ³³ pʰiɔ⁴⁴ lɔ̃⁰。 |
| 30 余姚 | 乙个卖药个骗嘞渠一千块钞票唥嘞。<br>iʔ⁵ kou⁴⁴ ma¹³ iaʔ² kəʔ² pʰi ɛ̃⁴⁴ liəʔ² ge¹³ iəʔ⁵ tɕʰi ɛ̃⁴⁴ kʰua⁴⁴ tsʰɔ⁴⁴ pʰiɔ⁴⁴ lɔŋ¹³ liəʔ²。 |
| 31 宁波 | 该个卖药或⁼钞票会搭渠骗去一千块嘞。<br>kiəʔ⁵ kəu⁰ ma²² iəʔ² oʔ² tsʰɔ⁴⁴ pʰio⁰ uei¹³ taʔ⁵ dʑi pʰi⁴⁴ kʰi⁰ iəʔ⁵ tɕʰi⁴⁴ kʰuei⁴⁴ laʔ²。 |

续表

| 方言点 | 0035 那个卖药的骗了他一千块钱呢。 |
|---|---|
| 32 镇海 | 该个卖药和=骗勒渠一千块钞票呢。<br>keʔ⁵ kəu⁰ ma²⁴ ieʔ¹² əu⁰ pʰi³³ laʔ¹² dʑi²⁴ ieʔ⁵ tɕʰi³³ kʰuaʔ tsʰɔ³³ pʰio³³ n̩i⁰ 。 |
| 33 奉化 | 阿=个卖药个人骗去渠一千块铜钿啦。<br>aʔ⁵ kəu⁰ ma³³ iaʔ⁵ kəu⁰ n̩iŋ³³ pʰi⁴⁴ tɕiⁿ dʑi³³ iɪ⁵ tɕʰi⁴⁴ kʰuaʔ doŋ³³ di³³ la⁰ 。 |
| 34 宁海 | 解=个卖药个拨渠一千块钞票骗去啦。/渠一千块钞票搭解=个卖药个骗<br>去啦。<br>ka⁵ keʔ³ ma²² iaʔ³ ɡeʔ³ paʔ⁵ dʑi²¹ iəʔ³ tɕʰie³³ kʰuaʔ tsʰau³³ pʰieu⁰ pʰie³³ tɕʰiʔ la³³ 。/dʑɿ²¹<br>iəʔ³ tɕʰie³³ kʰuaʔ tsʰau³³ pʰieu⁰ taʔ³ ka⁵⁵ keʔ³ ma²² iaʔ³ ɡeʔ³ pʰie³³ tɕʰiʔ la³³ 。 |
| 35 象山 | 舸=个卖药个骗勒渠一千块钞票嘞。<br>ɡeʔ² ɡeʔ² ma³¹ ieʔ⁵ ɡeʔ² pʰi⁴⁴ laʔ² dʑieʔ² ieʔ⁵ tɕʰi⁴⁴ kʰuei⁴⁴ tsʰɔ⁴⁴ pʰio⁵³ lei⁰ 。 |
| 36 普陀 | 跌=个卖药个骗了渠一千块钞票啦。<br>tieʔ⁵ koʔ⁵ ma¹¹ iɛʔ⁵ koʔ⁰ pʰi⁵⁵ ləʔ⁰ dʑi²⁴ iɛʔ³ tɕʰi⁵⁵ kʰuæiʔ tsʰɔ⁵³ pʰiɔʔ la⁰ 。 |
| 37 定海 | 渠一千多块钞票拨卖药人骗去唻。<br>dʑi²³ ieʔ³ tɕʰi³³ tʌu⁴⁴ kʰuɐi⁴⁴ tsʰɔ⁵² pʰio⁰ pɐʔ³ ma³³ ieʔ² n̩iŋ⁴⁴ pʰi⁴⁴ tɕʰiʔ lɐi⁰ 。 |
| 38 岱山 | 渠拨卖药个骗子骗去一千块钞票。<br>dʑi²³ pɐʔ⁵ ma³³ ieʔ² ɡoʔ⁰ pʰi⁴⁴ tsɿ⁰ pʰi⁴⁴ tɕʰiʔ ieʔ⁵ tɕʰi⁵² kʰuɐi⁰ tsʰɔ⁵² pʰio⁰ 。 |
| 39 嵊泗 | 该个卖药个骗子搭渠一千块钞票也骗去唻。<br>kiɛʔ⁵ ɡoʔ⁰ ma¹¹ ieʔ² ɡoʔ⁵ pʰi⁴⁴ tsɿ⁴⁴ tiɛʔ³ dʑi⁴⁴ iɛʔ⁵ tɕʰi⁵³ kʰuɐiʔ tsʰɔ³³ pʰio⁰ ia²⁴ pʰi⁴⁴<br>tɕʰiʔ lɐi⁰ 。 |
| 40 临海 | 减=个卖药个拨渠一千块钞票哄去爻呀。<br>kɛ⁴² ke³⁵³ ma²² iaʔ² kəʔ⁰ pəʔ³ ɡe²¹ ieʔ³ tɕʰi³¹ kʰue³³ tsʰɔ⁴² pʰiə⁵⁵ hoŋ⁵² kʰe³³ ɔ⁰ iə⁰ 。 |
| 41 椒江 | 解=个卖药个拨渠一千块钞票旋[去爻]啊。<br>ka⁴² kəʔ⁵ ma²² iəʔ² kəʔ⁰ pəʔ³ ɡə³¹ ieʔ³ tɕʰie³³ kʰuə⁴² tsʰɔ⁴² pʰiɔ⁵⁵ zø²⁴ kʰɔ⁰ a⁰ 。 |
| 42 黄岩 | 解=个卖药个拨渠一千块钞票旋去爻啊。<br>ka⁴² kəʔ⁵ ma¹³ ieʔ² kəʔ⁰ pəʔ³ ɡie¹²¹ ieʔ³ tɕʰie³² kʰuø³³ tsʰɔ⁴² pʰiɔ⁵⁵ zø²⁴ kʰie³³ ɔ⁰ a⁰ 。 |
| 43 温岭 | 解=个卖药个拨渠一千块钞票旋去爻啊。<br>ka⁴² kie¹⁵ ma¹³ iaʔ² kəʔ⁰ pəʔ³ ɡie¹² iʔ³ tɕʰie³³ kʰue³³ tsʰɔ⁴² pʰiɔ⁵⁵ zyø¹³ kʰie⁵⁵ ɔ⁰ a⁰ 。 |
| 44 仙居 | 蓬=个卖药个拨渠一千块骗去。<br>boŋ²⁴ ko⁰ ma³³ yɑʔ²³ kəʔ⁰ ɓəʔ⁰ ɡæ²¹³ iəʔ³ tɕʰie⁵⁵ kʰuæ⁰ pʰie⁵⁵ kʰæ⁵⁵ 。 |
| 45 天台 | 解=个卖药个搭渠一千块钞票骗去落啦。<br>ka³²⁵ kou⁰ ma³³ iaʔ² kou⁰ taʔ⁵ ɡei²²⁴ iəʔ³ tɕʰie³³ kʰuei³³ tsʰau³³ pʰieu⁰ pʰie³³ kʰei⁵⁵<br>lɔʔ² la⁰ 。 |

| 方言点 | 0035 那个卖药的骗了他一千块钱呢。 |
|---|---|
| 46 三门 | 那记＝卖药滴＝拐了渠一千块钞呢。<br>nɔ²³tɕi⁵⁵ ma²³ia??²³ tie?⁵ kua³²⁵ lə??⁰ dʑi¹¹³ ie?³ tɕʰie⁵⁵ kʰue⁵⁵ tsʰɑu³³ pʰiɑu⁵⁵ n̩i⁰。 |
| 47 玉环 | 解＝个卖药个拨渠一千块钞票骗[去爻]。<br>ka⁵³ kie³³ ma²²ie??² kə??⁰ pɐ??³ gie³¹ ie??³ tɕʰie⁴² kʰue³³ tsʰɔ⁵³ pʰiɔ⁵⁵ pʰie⁵⁵ kʰɔ⁰。 |
| 48 金华 | 渠让末个卖药个骗走一千块钞票。<br>gə??²¹² n̩iaŋ¹⁴ mə??²¹ gə??²¹² ma¹⁴iə²¹ kə??⁰ pʰie⁵⁵ tɕiu⁰iə??³ tsʰia⁵⁵ kʰuɛ³ tsʰɑo⁵³ pʰiɑo⁵⁵。 |
| 49 汤溪 | 狂＝个卖药个侬骗了渠一千块钞票嗟＝。<br>gɑo¹¹ ka⁵² ma¹¹iɔ¹¹ kə⁵²nɑo¹¹ pʰie⁵²lɑ⁰gu¹¹ iei⁵² tsʰie⁵² kʰuɛ⁵² tsʰɔ⁵² pʰie⁵²tɕie⁰。 |
| 50 兰溪 | 共＝个卖药个人骗嘞渠一千块钞票喂。<br>goŋ²¹ kə??⁰ ma²⁴iə??¹² kə??⁰nin²¹ pʰie⁴⁵lə??⁰gi²¹ ie³⁴ tsʰia³³⁴ kʰue⁴⁵ tsʰɔ⁵⁵ pʰiɔ⁴⁵ue⁰。 |
| 51 浦江 | 墨＝个卖药个骗了渠一千块钞票。"卖"韵殊<br>mə¹¹ ka⁵³ mã̀¹¹yo¹¹ kə⁰pʰie³³lɑ³³zi²³²iə³³ tsʰiã̀³³ kʰua⁵⁵ tsʰo⁵⁵ pʰi³³⁴。 |
| 52 义乌 | 面个卖药个骗了渠一千块钞票啦。<br>mie⁴⁵ kə??³ ma³³iɔ³¹² ə⁰pʰie⁴⁵lə⁰ai²²iə??³ tsʰia⁴⁵ kʰue³³ tsʰo⁴⁵ pʰie³¹la³³。 |
| 53 东阳 | 哝个卖药阿＝渠一千洋钿都骗去。<br>nɔm²³ ka³³ ma²³iɔ²⁴ a³³gəɯ²⁴ iɛ??³⁴tɕʰi⁵⁵iɔ²² di²⁴təɯ³³ pʰi²⁴ kʰəɯ²²。 |
| 54 永康 | 勾＝个卖药个骗落渠一千块钞票。<br>kuʔ⁵⁵ kuo⁰ mia³¹iɑu¹¹³ uə⁰pʰie⁵²lɑu⁰gɯ²²iə³³ tɕʰia⁵⁵ kʰuəi⁵² tsʰɑu³¹ pʰiɑu⁵²。 |
| 55 武义 | 的＝个卖药个骗嘞渠一千块钞票嘞。<br>tə??⁵tɕia⁵³ mia⁵³iɑu¹³ kə??⁰pʰie⁵³lə??⁰gu¹³iə??⁵tɕʰie⁵³ kʰua⁰tsʰɑu²¹ pʰie⁵³lə??⁰。 |
| 56 磐安 | 农＝个卖药个骗了渠一千块钞票嘞。<br>nɔom⁵² ka??⁵⁵ ma⁵⁵yə²¹ a⁰pʰie⁵⁵lɑ⁰gəɯ²¹³iɛ³³tɕʰie⁴⁴⁵ kʰue⁵⁵ tsʰo³³ pʰio⁵²le⁰。 |
| 57 缙云 | 阿＝个卖药人骗落渠一千块钞票。<br>a²¹ ku⁴⁵³ mɑ²¹iɔ⁵¹ nɛŋ²⁴³pʰiɛ⁴⁵³lɔ⁰gɤ³¹ iei⁴⁴tɕʰia⁴⁴ kʰuei⁴⁵³ tsʰɔ⁴⁴ pʰɤɤ⁴⁵³。 |
| 58 衢州 | 博＝个卖药个骗了渠一千块钞票嘞。<br>pə??⁵ gə??⁰ mɛ²³¹ia??² gə??⁰pʰiẽ⁵³lə⁰gi²¹iə??⁵tɕʰĩ³² kʰue⁵³ tsʰɔ³² pʰiɔ⁵³lɛ⁰。 |
| 59 衢江 | 艺＝个卖药个侬帮渠骗去一千块钞票嘞。<br>ŋ⁵⁵ gə??⁰ muo²²ia??² gə??⁰nəŋ⁵³pã̀³³gə??⁰pʰie³³kʰɤ⁰iə??⁵tɕʰie³³ kʰuei⁵³ tsʰɔ³³ pʰiɔ²⁵lei⁰。 |
| 60 龙游 | 卖药个骗了渠一千块钞票嘞。<br>ma²²iə??²³ gə??⁰pʰie⁵¹lə??⁰gəɯ²²iə??³tɕʰie⁵¹ kʰuei²¹ tsʰɔ²² pʰiɔ³⁵lɛ⁰。 |
| 61 江山 | 喝＝个卖药个侬界渠骗走个千块钞票嘞。<br>xa??⁵ gə??⁰ mɔ²²ia??² gə??⁰naŋ⁵⁵ pə??⁵ŋə²²pʰiɛ̃⁵¹tsu²⁴¹a⁴⁴tɕʰiɛ̃⁴⁴ kʰɐ²⁴¹ tsʰɐɯ⁴⁴ pʰiɐɯ²⁴¹ lɛ⁰。 |

续表

| 方言点 | 0035 那个卖药的骗了他一千块钱呢。 |
|---|---|
| 62 常山 | 末＝个卖药个侬骗班＝渠一千块钞票嘞。<br>mɤʔ³⁴ kɤʔ⁰ mɑ⁴⁴ iaʔ³⁴ kɛ⁰ nã⁰ pʰiɛ̃⁴⁴ pã⁰ ŋɤ⁴⁴ ieʔ⁴ tɕʰiɛ̃⁴⁴ kʰuɛ⁵² tsʰ ɤ⁴³ pʰiɤ⁵² lɛ⁰。 |
| 63 开化 | 哎＝个卖药个侬骗了渠一千块钞票嘞。<br>ɛ²¹ gəʔ⁰ mɑ²¹ iaʔ¹³ gəʔ⁰ nɤŋ²³¹ pʰiɛ̃⁴⁴ ləʔ⁰ gieʔ⁵ tɕʰiɛ̃⁴⁴ kʰua⁴¹² tsʰəɯ⁴⁴ pʰiəɯ⁵³ lɛ⁰。 |
| 64 丽水 | 阿＝个卖药个骗了渠一千块老钿嘞。<br>aʔ⁵ kə⁰ muɔ²¹ iɔʔ²³ kə⁰ pʰiɛ⁵² ləʔ⁰ gu²² iʔ⁴ tɕʰiɛ²²⁴ kʰuei⁵² lə²¹ tiɛ⁵² lɛ⁰。 |
| 65 青田 | 限＝个卖药个拐渠一千块钞票唻。<br>a⁵⁵ kɑ²² iʔ³¹ kɛʔ⁰ kua⁵⁵ gi²¹ iæ⁴ tɕʰia⁴⁴⁵ kʰuæi³³ tsʰo³³ pʰiœ⁵⁵ lɛ⁰。 |
| 66 云和 | 阿＝个卖药个骗了渠一千块钞票嘞。<br>aʔ⁵ kei⁴⁵ mɔ²²³ iɔʔ²³ kei⁰ pʰiɛ⁴⁵ laɔ⁰ gi³¹ iʔ⁴ tɕʰiɛ²⁴ kʰuei⁴⁴ tsʰaɔ⁴⁴ pʰiaɔ⁴⁵ lei⁰。 |
| 67 松阳 | 轭＝个卖药个唻骗了渠一千块钞票唻。<br>aʔ³ kɛ⁰ ma²² iaʔ² kɛ⁰ lɛ⁰ pʰiɛ̃²⁴ lɛ⁰ gəʔ² iʔ³ tɕʰiɛ̃²⁴ kʰuei³³ tsʰɔ³³ pʰiɔ²⁴ lɛ⁰。 |
| 68 宣平 | 特＝个卖药个骗了渠一千块钞票嘞。<br>diəʔ² kəʔ⁰ ma⁴³ iə²³ kə⁰ pʰiɛ⁵⁵ lə⁰ guɯ²² iəʔ⁴ tɕʰiɛ⁵⁵ kʰuei⁴⁴ tsʰɔ³² pʰiɔ⁵⁵ lɛ⁰。 |
| 69 遂昌 | 许个卖药个骗了渠一千块钞票唻。<br>xaʔ⁵ kei⁰ ma²² ia²³ kɛʔ⁰ pʰiɛ̃³³ lə⁰ gɤ²² iʔ⁵ tɕʰiɛ̃³³ kʰuei⁴⁵ tsʰɐɯ⁵⁵ pʰiɐɯ³³ lɛ⁰。 |
| 70 龙泉 | 学＝个卖药个侬骗唠渠一千块钿嘞。<br>oʔ³ gəʔ⁰ ma²¹ iaʔ²⁴ gəʔ⁰ nəŋ²¹ pʰiɛ⁴⁵ ɑʌ⁰ gɤɯ²¹ iei ʔ³ tɕʰiɛ⁴⁵ kʰuəi²¹ diɛ²¹ lɛ⁰。 |
| 71 景宁 | 阿＝个卖药个骗爻渠一千块钿啊。<br>a³³ kɛ³³ ma⁵⁵ iaʔ²³ kɛ⁰ pʰiɛ³⁵ kau³³ ki³³ iʔ³ tɕʰiɛ³² kʰuai³⁵ diɛ⁴¹ a⁰。 |
| 72 庆元 | 狭＝个卖药个骗了渠一千块钿。<br>xaʔ³⁴ kæi¹¹ ma³¹ iaʔ³⁴ kæi¹¹ pʰiɛ̃¹¹ lɔ³³ kɤ²²¹ iəɯʔ⁵ tɕʰiã³³⁵ kʰuæi¹¹ tiɛ̃⁵²。 |
| 73 泰顺 | 阿＝□个卖药个骗爻渠一千块钿呢。<br>aʔ² kʰi³⁵ ki⁰ ma²² iɔʔ² ki⁰ pʰiɛ³⁵ kaɔ⁰ tsʅ²¹ iɛʔ² tɕʰiã²¹³ kʰuæi²² tiɛ⁵³ nɛ⁰。 |
| 74 温州 | 许个卖药个哪逮渠钞票骗爻一千番钿讲＝。<br>hei²⁵ kai⁰ ma¹⁴ ia²¹² ge⁰ na⁰ de²² gei³¹ tsʰuɔ³³ pʰiɛ²⁵ pʰi⁵¹ huɔ⁰ i³ tɕʰi³³ fa³³ di²²³ kuɔ⁰。 |
| 75 永嘉 | 许个卖药个逮渠骗爻一千番钿吶。<br>hai⁴⁵ kai⁴³ ma¹³ ia²¹³ gi⁰ de²² gei³¹ pʰi⁵³ ɔ⁰ i⁴³ tɕʰi⁴⁴ fa³³ di²¹ nɔ⁰。 |
| 76 乐清 | 许个卖药个畀渠骗爻一千个番钿唉。<br>he³⁵ kai⁰ me²⁴ ia²¹² ge⁰ be²² dʑi³¹ pʰiɛ⁴¹ ga⁰ i³ tɕʰiɛ⁴⁴ kai⁰ fɛ⁴⁴ diɛ²²³ e⁰。 |
| 77 瑞安 | 许个卖药个骗渠一千番钿吶。<br>he³⁵ kai⁰ ma¹³ iɔ²¹² gi⁰ pʰi⁵³ gi⁰ e³ tɕʰi⁴⁴ fɔ³ di²¹ nɔ⁰。 |

续表

| 方言点 | 0035 那个卖药的骗了他一千块钱呢。 |
|---|---|
| 78 平阳 | 许个卖药个侬骗爻渠一千个钞票。<br>xai⁴⁵ kai⁴⁵ mʌ⁴⁵ iɔ¹² ke²¹ naŋ²⁴² pʰie³³ ɔ²¹ gi⁴² i⁴⁵ tɕʰie⁴⁵ kai³³ tsʰɔ²¹ pʰie⁴² 。 |
| 79 文成 | 阿⁼个卖药个骗落⁼渠一千钞票。<br>a²¹ kai³³ mɔ³⁵ ia²¹ kai²¹ pʰie³³ lo⁴⁵ gei³³ i²¹ tɕʰi³³ tʃʰo³³ pʰie²¹ 。 |
| 80 苍南 | 渠乞许个卖药个人骗去一千番钿爻。<br>gi³¹ kʰɛ³ he³ kai⁴² mia¹¹ ia¹¹² giᵒ naŋ³¹ pʰie⁴² kʰi⁴² e³ tɕʰiɛ⁴⁴ hua⁴⁴ diɛ³¹ gaᵒ 。 |
| 81 建德 徽 | 末个卖药个骗渠一千块钞票。<br>mɐʔ¹² kɐʔ⁵ mɑ⁵⁵ iɑ²¹ kɐʔ⁵ pʰie³³ ki³³ iɐ?⁵ tɕʰie⁵³ kʰue³³ tsʰɔ²¹ pʰiɔ⁵⁵ 。 |
| 82 寿昌 徽 | 末个卖药个骗了渠一千块钞票唻。<br>mɐʔ³ kɐ?³ mɑ³³ iɔ?³¹ kɐ?ᵒ pʰi³³ lɐᵒ kɐw⁵² iɐ?³ tɕʰi¹¹ kʰuæ³³ tsʰɤ³³ pʰiɤ³³ læᵒ 。 |
| 83 淳安 徽 | 拎⁼个卖药个骗考⁼渠一千块钞票呢。<br>len²⁴ kɑᵒ mɑ⁵³ iɑ?¹³ kɑᵒ pʰiɑ²¹ kʰɤ⁵⁵ kʰɯ⁴³⁵ i?⁵ tɕʰiɑ²⁴ kʰue²⁴ tsʰɤ⁵⁵ pʰiɤ²⁴ leᵒ 。 |
| 84 遂安 徽 | 伊个卖药个骗卡⁼他一千块钞票。<br>i⁵⁵ kə⁵⁵ ma⁴³ iɔ²¹³ kə³³ pʰiɑ̃⁴³ tɕʰiɑ⁴³ kʰəɯ³³ i²⁴ tɕʰiɑ̃⁵⁵ kʰuɛ⁵² tsʰɔ⁵³⁴ pʰiɔ⁵² 。 |
| 85 苍南 闽 | 喜⁼个卖药个骗了伊蜀千袋⁼钱。<br>hi⁴³ ke²⁴ bue²¹ io²⁴ ke²¹ pʰian²¹ lɐᵒ i⁵⁵ tɕie²¹ tsʰũĩ⁵⁵ tə²¹ tɕĩ²⁴ 。 |
| 86 泰顺 闽 | 许个卖药个骗伊蜀千□钱哦。<br>ɕy³⁴⁴ kɔi⁵³ mei²¹ iɛ?³ kø?ᵒ pʰie³¹ i²² ɕiɛ?³ tsʰɛ²¹³ tɔi³⁴ tɕie²² oᵒ 。 |
| 87 洞头 闽 | 许个卖药个骗啦伊蜀千银呢。<br>hi⁵³ ge²¹ bue²¹² ieu²⁴¹ ge²¹ pʰian³³ laᵒ i³⁵ tɕiek²¹ tsʰãĩ³³ gun³³ niᵒ 。 |
| 88 景宁 畲 | 尔个揾⁼药个人骗阿⁼渠一千块钱。<br>n̩i²² kɔi⁴⁴ uɔn⁵¹ io?² ke⁴⁴ n̩in²² pʰien⁴⁴ aᵒ ki⁴⁴ it⁵ tɕian⁴⁴ kʰuei⁴⁴ tsʰan²² 。 |

| 方言点 | 0036 a.我上个月借了他三百块钱<sub>借入</sub>。b.我上个月借了他三百块钱<sub>借出</sub>。 |
|---|---|
| 01 杭州 | a.我上个月借了他三百块洋钿。b.同 a。<br>a. ŋəu⁵³zaŋ¹³koʔ² yɛʔ²tɕia⁴⁵ lə⁰tʰa³³sɛ³³paʔ⁵kʰuei⁴⁵aŋ²²diɛ²¹³。 |
| 02 嘉兴 | a.我上高头借脱嘞伊三百块钞票。b.我上高头借拨伊三百块钞票。<br>a. ŋ²¹z̃ʌ¹³kɔ²¹dei²¹tɕiʌ³³tʰəʔ²ləʔ⁵i²¹sɛ³³pʌʔ⁵kʰuei²¹tsʰɔ²¹pʰiɔ¹³。<br>b. ŋ²¹z̃ʌ¹³kɔ²¹dei²¹tɕia³³pəʔ⁵i²¹sɛ³³pʌʔ⁵kʰuei²¹tsʰɔ²¹pʰiɔ¹³。 |
| 03 嘉善 | a.我上个月同伊借三百块洋钿。b.我上个月借拨伊三百块洋钿。<br>a. ŋ¹³za̍¹³kəʔ⁵n̩yøʔ²doŋ¹³i⁵³tɕia³⁵sɛ⁵⁵paʔ⁴kʰuɛ⁰iæ̃¹³diɿ³¹。<br>b. ŋ¹³za̍¹³kəʔ⁵n̩yøʔ²tɕia⁴⁴pəʔ⁵i⁵³sɛ⁵⁵paʔ⁵kʰuɛ⁰iæ̃¹³diɿ³¹。 |
| 04 平湖 | a.上个月我同伊借三百块钞票。b.上个月我借拨伊三百块钞票。<br>a. za̍²¹³kəʔ⁵n̩yoʔ²³ŋ²¹³doŋ²¹³i⁴⁴tsia³³⁴sɛ⁴⁴paʔ⁰kʰuɛ⁰tsʰɔ²¹piɔ²¹³。<br>b. za̍²¹³kəʔ⁵n̩yoʔ²³ŋ²¹³tsia⁴⁴pəʔ⁵i⁴⁴sɛ⁴⁴paʔ⁰kʰuɛ⁰tsʰɔ²¹pʰiɔ³³⁴。 |
| 05 海盐 | a.我诺﹦上个月同伊借兹三百块钞票。b.我诺﹦上个月借拨伊三百块钞票。<br>a. ɔʔ²³nɔʔ²³za̍²⁴kəʔ⁵yɔʔ²³doŋ³¹i⁵³tɕia³³⁴zɿ²¹sɛ⁵⁵paʔ⁵kʰuɛ³³⁴tsʰɔ⁵⁵pʰiɔ³³⁴。<br>b. ɔʔ²³nɔʔ²³za̍²⁴kəʔ⁵yɔʔ²³tɕia⁵⁵pəʔ⁵i⁵³sɛ⁵⁵paʔ⁵kʰuɛ³³⁴tsʰɔ⁵⁵pʰiɔ³³⁴。 |
| 06 海宁 | a.上个月我同伊借哩三百块洋钿。b.上个月我借拨伊三百块洋钿。<br>a. za̍³³kəʔ⁵ioʔ²u⁵³doŋ³³i¹³tɕia³³li⁵³sɛ⁵⁵paʔ⁵kʰuɛ³³ia³³die³³。<br>b. za̍³³kəʔ⁵ioʔ²u⁵³tɕia⁵⁵pəʔ⁵i⁵³sɛ⁵⁵paʔ⁵kʰuɛ³³ia³³die³³。 |
| 07 桐乡 | a.我倷上个月同伊借唎三百块洋钿。b.我倷上个月借半﹦伊三百块洋钿。<br>a. uəʔ²³n̩ɣɯ²⁴²zɒ̃²¹kɣɯ⁴⁴iəʔ³doŋ²¹i⁵³tsia³³liəʔ⁰sɛ⁴⁴paʔ⁵kʰuei⁰a̍²¹diɛ⁴⁴。<br>b. uəʔ²³n̩ɣɯ²⁴²zɒ̃²¹kɣɯ⁴⁴iəʔ²³tsia³³pɛ⁴⁴i⁵³sɛ⁴⁴paʔ⁵kʰuei⁰a̍²¹diɛ⁴⁴。 |
| 08 崇德 | a.上个月我同伊借嘚三百块洋钿。b.上个月我借拨嘚伊三百块洋钿。<br>a. za̍²¹kəʔ⁵iəʔ²oʔ⁵³doŋ²¹i⁵³tɕia³³dəʔ⁰sɛ⁴⁴paʔ⁴kʰui⁴⁴ia²¹diɿ⁴⁴。<br>b. za̍²¹kəʔ⁵iəʔ²oʔ⁵³tɕia³³pəʔ⁵dəʔ⁰i¹³sɛ⁴⁴paʔ⁴kʰui⁴⁴ia²¹diɿ⁴⁴。 |
| 09 湖州 | a.我上个月搭伊借三百块洋钿。b.我上个月借拨伊三百块洋钿。<br>a. ŋ³⁵za̍⁵³kəʔ⁴ieʔ⁵təʔ⁵i⁵³tɕia⁴⁴sɛ⁴⁴paʔ⁵kʰuei⁵³ia³¹die⁰。<br>b. ŋ³⁵za̍⁵³kəʔ⁵ieʔ²tɕia⁵³pəʔ⁵i⁵³sɛ⁵³paʔ⁵kʰuei³¹ia³¹die⁰。 |
| 10 德清 | a.是我上个月搭伊借特﹦三百块洋钿。b.是我上个月借拨伊三百块洋钿。<br>a. zəʔ²ŋəu³⁵za̍³³kəʔ²ieʔ³təʔ²i³³tɕia³³dəʔ⁰sɛ³³paʔ⁵kʰuɛ⁵³ia³¹die¹³。<br>b. zuoʔ²ŋəu³⁵za̍³³kəʔ²ieʔ³tɕia³³pəʔ⁵i³⁵sɛ³³paʔ⁵kʰuɛ⁵³ia³¹die¹³。 |
| 11 武康 | a.是我上个月搭伊借嘚三百块洋钿。b.是我上个月借拨伊三百块洋钿。<br>a. zəʔ²ŋo¹³za̍³¹kəʔ⁵ieʔ²təʔ²i¹³tɕia⁵³dəʔ²sɛ⁴⁴paʔ⁵kʰuɛ⁵³ia³¹diɿ¹³。<br>b. zəʔ²ŋo¹³za̍³¹kəʔ⁵ieʔ²tɕia⁴⁴pəʔ⁵i⁵³sɛ⁴⁴paʔ⁵kʰuɛ⁵³ia³¹diɿ⁰。 |

| 方言点 | 0036 a. 我上个月借了他三百块钱<sub>借入</sub>。b. 我上个月借了他三百块钱<sub>借出</sub>。 |
|---|---|
| 12 安吉 | a. 上个月我问伊借三百块洋钿。/上个月我借得伊三百块洋钿。<br>b. 我上个月借拨渠三百块洋钿。<br>a. $z\tilde{ɔ}^{24}$ $kəʔ^5$ $ɣəʔ^{23}$ $ŋɔ^{213}$ $məŋ^{21}$ $i^{213}$ $tɕia^{32}$ $sE^{55}$ $pɐʔ^5$ $k^huE^{55}\tilde{a}^{22}$ $di^{22}$。 / $z\tilde{ɔ}^{24}$ $kəʔ^5$ $ɣəʔ^{23}$ $ŋɔ^{213}$ $tɕia^{32}$ $təʔ^0$ $i^{213}$ $sE^{55}$ $pɐʔ^5$ $k^huE^{55}\tilde{a}^{22}$ $di^{22}$。<br>b. $ŋɔ^{213}$ $z\tilde{ɔ}^{24}$ $kəʔ^5$ $ɣəʔ^{23}$ $tɕia^{32}$ $pəʔ^5$ $dʑi^{213}$ $sE^{55}$ $pɐʔ^5$ $k^huE^{55}\tilde{a}^{22}$ $di^{22}$。 |
| 13 孝丰 | a. 我上个月借了渠三百块钞票。b. 我上个月借拨渠三百块钞票。<br>a. $ŋɔʔ^{23}$ $z\tilde{ɔ}^{243}$ $kəʔ^5$ $ieʔ^{23}$ $tɕia^{32}$ $ləʔ^0$ $dʑi^{22}$ $sɛ^{44}$ $paʔ^5$ $k^huɯ^{44}$ $tsʰɔ^{44}$ $pʰiɔ^{44}$。<br>b. $ŋɔʔ^{23}$ $z\tilde{ɔ}^{243}$ $kəʔ^5$ $ieʔ^{23}$ $tɕia^{32}$ $pəʔ^5$ $dʑi^{22}$ $sɛ^{44}$ $paʔ^5$ $k^huɯ^{44}$ $tsʰɔ^{44}$ $pʰiɔ^{44}$。 |
| 14 长兴 | a. 是我上个月借了伊三百块洋钿。b. 是我上个月借拨伊三百块洋钿。<br>a. $zəʔ^2$ $ŋ^{52}$ $z\tilde{ɔ}^{24}$ $kəʔ^0$ $iɛʔ^2$ $tʃia^{324}$ $ləʔ^0$ $ʅ^{12}$ $sɛ^{44}$ $paʔ^5$ $k^huɯ^{44}\tilde{a}^{12}$ $di^{24}$。<br>b. $zəʔ^2$ $ŋ^{52}$ $z\tilde{ɔ}^{24}$ $kəʔ^0$ $iɛʔ^2$ $tʃia^{324}$ $pəʔ^5$ $ʅ^{12}$ $sɛ^{44}$ $paʔ^5$ $k^huɯ^{44}\tilde{a}^{12}$ $di^{24}$。 |
| 15 余杭 | a. 是我上个月同伊借得三百块洋钱。b. 是我上个月借拨得伊三百块洋钱。<br>a. $zoʔ^2$ $ŋ^{31}$ $z\tilde{a}^{33}$ $kəʔ^5$ $ieʔ^2$ $toŋ^{53}$ $i^{53}$ $tɕia^{53}$ $təʔ^5$ $sɛ^{55}$ $paʔ^5$ $k^huɛ^{55}$ $i\tilde{a}^{33}$ $zi\tilde{e}^{31}$。<br>b. $zoʔ^2$ $ŋ^{31}$ $z\tilde{a}^{33}$ $kəʔ^5$ $ieʔ^2$ $tɕia^{53}$ $po^{55}$ $təʔ^5$ $i^{53}$ $sɛ^{55}$ $paʔ^5$ $k^huɛ^{55}$ $i\tilde{a}^{33}$ $zi\tilde{e}^{31}$。 |
| 16 临安 | a. 我上个月借拨伊三百块钞票。b. 上个月我问伊借三百块钞票。<br>a. $ŋo^{13}$ $z\tilde{a}^{33}$ $kɐʔ^5$ $ɣɔʔ^2$ $tɕia^{55}$ $pɐʔ^5$ $i^{55}$ $sɛ^{33}$ $pɐʔ^5$ $kuɛ^{31}$ $tsʰɔ^{33}$ $pʰiɔ^{33}$。<br>b. $z\tilde{a}^{33}$ $kɐʔ^5$ $ɣɔʔ^2$ $ŋo^{13}$ $meŋ^{33}$ $i^{35}$ $tɕia^{53}$ $sɛ^{33}$ $pɐʔ^5$ $kuɛ^{31}$ $tsʰɔ^0$ $pʰiɔ^0$。 |
| 17 昌化 | a. 我上个月借了渠三百块钞票。b. 我上个月借把渠三百块钞票。<br>a. $a^{24}$ $z\tilde{ɔ}^{24}$ $kəʔ^5$ $ɣɛʔ^{23}$ $tɕie^{54}$ $ləʔ^0$ $guɯ^{112}$ $s\tilde{ɔ}^{33}$ $paʔ^5$ $k^huɛ^{544}$ $tsʰɔ^{33}$ $pʰiɔ^{453}$。<br>b. $a^{24}$ $z\tilde{ɔ}^{24}$ $kəʔ^5$ $ɣɛʔ^{23}$ $tɕie^{54}$ $pu^{45}$ $guɯ^{112}$ $s\tilde{ɔ}^{33}$ $paʔ^5$ $k^huɛ^{544}$ $tsʰɔ^{33}$ $pʰiɔ^{453}$。 |
| 18 於潜 | a. 上个月我问他借了三百块钞票。b. 上个月我借拨他三百块钞票。<br>a. $zaŋ^{24}$ $kəʔ^{53}$ $ɣæʔ^{23}$ $ŋu^{51}$ $veŋ^{24}$ $tʰa^{433}$ $tɕia^{35}$ $liəu^{22}$ $sɛ^{43}$ $pɐʔ^{53}$ $k^hue^{35}$ $tsʰɔ^{43}$ $pʰiɔ^{31}$。<br>b. $zaŋ^{24}$ $kəʔ^{53}$ $ɣæʔ^{23}$ $ŋu^{51}$ $tɕia^{35}$ $pəʔ^{53}$ $tʰa^{433}$ $sɛ^{43}$ $pɐʔ^{53}$ $k^hue^{35}$ $tsʰɔ^{43}$ $pʰiɔ^{31}$。 |
| 19 萧山 | a. 我上个月问伊借嘞三百块洋钿唻呢。b. 我上个月借扮伊三百块洋钿唻呢。<br>a. $ŋo^{13}$ $z\tilde{ɔ}^{13}$ $kəʔ^5$ $ɣoʔ^{21}$ $məŋ^{13}$ $i^{42}$ $tɕia^{21}$ $ləʔ^{21}$ $sɛ^{33}$ $paʔ^5$ $k^hue^{33}$ $i\tilde{a}^{13}$ $die^{21}$ $le^{33}$ $ȵi^{21}$。<br>b. $ŋo^{13}$ $z\tilde{ɔ}^{13}$ $kəʔ^5$ $ɣoʔ^{21}$ $tɕia^{33}$ $pɛ^{21}$ $i^{21}$ $sɛ^{33}$ $paʔ^5$ $k^hue^{33}$ $i\tilde{a}^{13}$ $die^{21}$ $le^{33}$ $ȵi^{21}$。 |
| 20 富阳 | a. 我上个月问伊借嘞三百块洋钱。b. 我上个月借拨伊三百块洋钱。<br>a. $ŋo^{224}$ $z\tilde{a}^{224}$ $kɛʔ^5$ $ɣoʔ^5$ $mən^{335}$ $i^{224}$ $tɕia^{335}$ $lɛʔ^0$ $s\tilde{a}^{55}$ $paʔ^5$ $k^hue^{335}$ $\tilde{a}^{13}$ $ȵi\tilde{ɛ}^{55}$。<br>b. $ŋo^{224}$ $z\tilde{a}^{224}$ $kɛʔ^5$ $ɣoʔ^5$ $tɕia^{335}$ $pɛʔ^0$ $i^{224}$ $s\tilde{a}^{55}$ $paʔ^5$ $k^hue^{335}$ $\tilde{a}^{13}$ $ȵi\tilde{ɛ}^{55}$。 |
| 21 新登 | a. 我上个月问伊借嘞三百块钞票。b. 我上个月借嘞伊三百块钞票。<br>a. $u^{334}$ $z\tilde{a}^{21}$ $ka ʔ^5$ $ɣəʔ^2$ $mein^{233}$ $i^{334}$ $tɕia^{45}$ $laʔ^0$ $sɛ^{53}$ $paʔ^5$ $k^hue^{45}$ $tsʰɔ^{334}$ $pʰiɔ^{45}$。<br>b. $u^{334}$ $z\tilde{a}^{21}$ $kaʔ^5$ $ɣəʔ^2$ $tɕia^{45}$ $laʔ^0$ $i^{334}$ $sɛ^{53}$ $paʔ^5$ $k^hue^{45}$ $tsʰɔ^{334}$ $pʰiɔ^{45}$。 |
| 22 桐庐 | a. 我上个月问伊借三百块钞票。b. 我上个月借拨伊三百块钞票。<br>a. $ŋo^{13}$ $z\tilde{a}^{13}$ $kəʔ^3$ $ɣəʔ^{21}$ $mən^{24}$ $i^{21}$ $tɕiA^{33}$ $s\tilde{a}^{33}$ $paʔ^5$ $k^huA^{33}$ $tsʰɔ^{21}$ $pʰiɔ^{33}$。<br>b. $ŋo^{13}$ $z\tilde{a}^{13}$ $kəʔ^3$ $ɣəʔ^{21}$ $tɕiA^{35}$ $pəʔ^5$ $i^{21}$ $s\tilde{a}^{33}$ $paʔ^5$ $k^huA^{33}$ $tsʰɔ^{21}$ $pʰiɔ^{33}$。 |

**续表**

| 方言点 | 0036 a. 我上个月借了他三百块钱<sub>借入</sub>。b. 我上个月借了他三百块钱<sub>借出</sub>。 |
|---|---|
| 23 分水 | a. 我上个月问他借了三百块钱。b. 上个月我借他三百块钱。<br>a. ŋo⁴⁴ za²⁴ ko²⁴ yəʔ¹² mən²⁴ tʰa⁴⁴ tɕie²⁴ la⁰ sã⁴⁴ pəʔ⁵ kʰuɛ²⁴ dʑiɛ̃²² 。<br>b. za²⁴ ko²⁴ yəʔ¹² ŋo⁴⁴ tɕie²⁴ tʰa⁴⁴ sã⁴⁴ pəʔ⁵ kʰuɛ²⁴³ dʑiɛ̃²² 。 |
| 24 绍兴 | a. 我上个月问伊借了三百块。b. 我上个月借得伊三百块。<br>a. ŋo²² zɑŋ²² koʔ³ ioʔ³ mẽ²² i²² tɕia³³ ləʔ⁰ sɛ̃³³ paʔ³ kʰuɛ³³ 。<br>b. ŋo²² zɑŋ²² koʔ³ ioʔ³ tɕia³³ təʔ³ i²⁴ sɛ̃³³ paʔ³ kʰuɛ³³ 。 |
| 25 上虞 | a. 伊上个月借拨我三百块钞票。b. 我上个月借拨伊三百块钞票。<br>a. i²¹ zɔ²¹ kəʔ² ioʔ² tɕia⁵⁵ piəʔ² ŋʋ²¹ sɛ³³ paʔ² kʰua⁵⁵ tsʰɔ³³ pʰiɔ⁰ 。<br>b. ŋʋ²¹ zɔ²¹ kəʔ² ioʔ² tɕia⁵⁵ piəʔ² i²¹ sɛ³³ paʔ² kʰua⁵⁵ tsʰɔ³³ pʰiɔ⁰ 。 |
| 26 嵊州 | a. 我上个月日问伊借得三百块钞票。b. 我上个月日借拨伊三百块钞票。<br>a. ŋo²⁴ zaŋ²⁴ ka³³ ɲyoʔ³ nəʔ⁰ men²⁴ i⁴⁴ tɕia³³ təʔ⁰ sɛ̃⁵³ paʔ³ kʰuɛ³³ tsʰɔ³³ pʰiɔ⁵³ 。<br>b. ŋo²⁴ zaŋ²² ka³³ ɲyoʔ³ nəʔ⁰ tɕia³³ pəʔ³ i³³ sɛ̃⁵³ paʔ³ kʰuɛ³³ tsʰɔ³³ pʰiɔ³³ 。 |
| 27 新昌 | a. 我上个月日问渠借三百块钞票。b. 我上个月日借得渠三百块钞票。<br>a. ŋɤ²³² zaŋ²² kɤʔ³ ɲyɤʔ³ neʔ⁰ men²² dʑi²² tɕia³³ sɛ̃³³ paʔ³ kʰue³³ tsʰɔ⁵³ pʰiɔ⁴⁵ 。<br>b. ŋɤ²³² zaŋ²² kɤʔ³ ɲyɤʔ³ neʔ⁰ tɕia³³ tɤʔ³ dʑi²² sɛ̃³³ paʔ³ kʰue³³ tsʰɔ⁵³ pʰiɔ³³ 。 |
| 28 诸暨 | a. 我上个月借嗰渠三百块钞票。b. 我上个月向渠借嗰三百块钞票。<br>a. ŋɤu¹³ zã²⁴ kʌʔ³³ ioʔ⁵ tɕiʌ³³ təʔ⁵ dʒʅ²¹ sɛ⁴² paʔ⁵ kʰue²¹ tsʰɔ⁴² pʰiɔ²¹ 。<br>b. ŋɤu¹³ zã¹² kʌʔ³³ ioʔ⁵ ɕiʌ⁴² dʒʅ⁴² tɕiʌ³³ təʔ⁵ sɛ³³ paʔ⁵ kʰue²¹ tsʰɔ⁴² pʰiɔ²¹ 。 |
| 29 慈溪 | a. 上月我渠单里借嘞三百块钞票。b. 上月我借摘=渠三百块钞票。<br>a. zɔ̃¹³ ɲyoʔ² ŋo¹³ ge¹¹ tɛ̃³ li⁰ tɕia⁴⁴ laʔ² sɛ̃³³ paʔ⁵ kʰua⁴⁴ tsʰɔ³³ pʰiɔ⁵³ 。<br>b. zɔ̃¹³ ɲyoʔ² ŋo¹³ tɕia⁴⁴ tsaʔ⁵ ge¹¹ sɛ̃³³ paʔ⁵ kʰua⁴⁴ tsʰɔ³³ pʰiɔ⁵³ 。 |
| 30 余姚 | a. 上个月我借嘞渠三百块钞票。b. 上个月我借则=渠三百块钞票。<br>a. zəŋ¹³ kou⁴⁴ ioʔ² ŋo¹³ tɕia⁵³ liəʔ² ge¹³ sã⁴⁴ paʔ⁵ kʰua⁴⁴ tsʰɔ⁴⁴ pʰiɔ⁴⁴ 。<br>b. zəŋ¹³ kou⁴⁴ ioʔ² ŋo¹³ tɕia⁵³ tsəʔ⁵ ge¹³ sã⁴⁴ paʔ⁵ kʰua⁴⁴ tsʰɔ⁴⁴ pʰiɔ⁴⁴ 。 |
| 31 宁波 | a. 我上个月借嘞渠三百块钞票。b. 我上个月借拨渠三百块钞票。<br>a. ŋo¹³ zo¹³ kəu⁰ yəʔ² tɕia⁴⁴ laʔ² dʑi¹³ sɛ⁴⁴ paʔ⁵ kʰuei⁴⁴ tsʰɔ⁴⁴ pʰio⁰ 。<br>b. ŋo¹³ zo¹³ kəu⁰ yəʔ² tɕia⁴⁴ pi⁴⁴ dʑi¹³ sɛ⁴⁴ paʔ⁵ kʰuei⁴⁴ tsʰɔ⁴⁴ pʰio⁰ 。 |
| 32 镇海 | a. 我上个号头借嘞渠三百块钞票。b. 我上个号头借拨渠三百块钞票。<br>a. ŋo²⁴ zɔ̃²⁴ kəu⁰ ɔ²⁴ dei⁰ tɕia³³ laʔ¹² dʑi²⁴ sɛ³³ paʔ⁵ kʰuei⁰ tsʰɔ³³ pʰio⁰ 。<br>b. ŋo²⁴ zɔ̃²⁴ kəu⁰ ɔ²⁴ dei⁰ tɕia³³ pie⁰ dʑi²⁴ sɛ³³ paʔ⁵ kʰuei⁰ tsʰɔ³³ pʰio⁰ 。 |
| 33 奉化 | a. 我上个月借嘞渠三百块钞票。b. 我上个月借拨渠三百块钞票。<br>a. ŋəu³³ zɔ̃³³ kəu⁰ yoʔ² tɕia⁴⁴ laʔ² dʑi⁴⁴ sɛ⁴⁴ paʔ⁵ kʰua⁴⁴ tsʰʌ⁴⁴ pʰiɔ⁰ 。<br>b. ŋəu³³ zɔ̃³³ kəu⁰ yoʔ² tɕia⁴⁴ paʔ² dʑi³³ sɛ⁴⁴ paʔ⁵ kʰua⁴⁴ tsʰʌ⁴⁴ pʰiɔ⁰ 。 |

续表

| 方言点 | 0036 a. 我上个月借了他三百块钱借入。b. 我上个月借了他三百块钱借出。 |
|---|---|
| 34 宁海 | a. 我上个月问渠借来⁼三百块钞票。b. 我上个月借搭渠三百块钞票。<br>a. ŋɔ³¹ zɔ̃²⁴ geʔ³ n̠yɔʔ³ məŋ² dzɿ²³ tɕia³⁵ lei⁰ sɛ³³ paʔ⁵ kʰua³⁵ tsʰau³³ pʰieu⁰。<br>b. ŋɔ³¹ zɔ̃²⁴ geʔ³ n̠yɔʔ³ tɕia³³ taʔ³ dzɿ²³ sɛ³³ paʔ⁵ kʰua³⁵ tsʰau³³ pʰieu⁰。 |
| 35 象山 | a. 我上个月问渠借嘞三百块钞票。b. 我上个月借得渠三百块钞票。<br>a. ŋəu³¹ zɔ̃¹³ geʔ² yoʔ² məŋ¹³ dzieʔ² tɕia⁴⁴ laʔ² sɛ⁴⁴ paʔ⁵ kʰuei⁴⁴ tsʰɔ⁴⁴ pʰio⁵³。<br>b. ŋəu³¹ zɔ̃¹³ geʔ² yoʔ² tɕia⁴⁴ taʔ⁵ dzieʔ² sɛ⁴⁴ paʔ⁵ kʰuei⁴⁴ tsʰɔ⁴⁴ pʰio⁵³。 |
| 36 普陀 | a. 我上个月借渠三百块钞票。b. 我上个月借拨渠三百块钞票。<br>a. ŋɔ²³ zɔ̃²³ koʔ⁰ yoʔ² tɕia³³ dzɿ³³ sɛ³³ pɐʔ⁵ kʰuæi⁰ tsʰɔ⁵³ pʰiɔ⁰。<br>b. ŋɔ²³ zɔ̃²³ koʔ⁰ yoʔ² tɕia³³ pɐʔ³ dzɿ³³ sɛ³³ pɐʔ⁵ kʰuæi⁰ tsʰɔ⁵³ pʰiɔ⁰。 |
| 37 定海 | a. 上个月我问渠借了三百块钞票。b. 我上个月借拨渠三百块钞票。<br>a. zɔ̃²³ kʌuᵘ⁰ yoʔ⁰ ŋɔ²³ mɐŋ⁴⁴ dzi⁴⁴ tɕia⁴⁴ lɐʔ⁰ sɛ³³ pɐʔ³ kʰuɐi⁴⁵ tsʰɔ⁵² pʰio⁰。<br>b. ŋɔ²³ zɔ̃²³ kʌuᵘ⁰ yoʔ⁰ tɕia⁴⁴ pɐʔ³ dzi³³ sɛ³³ pɐʔ³ kʰuɐi⁴⁵ tsʰɔ⁵² pʰio⁰。 |
| 38 岱山 | a. 我上个月借渠三百块钞票。b. 我上个月借拨渠三百块钞票。<br>a. ŋɔ²³ zɔ̃¹¹ kʌu⁴⁴ yoʔ² tɕia⁴⁴ dzi⁴⁴ sɛ⁵² pɐʔ⁵ kʰuɐi⁰ tsʰɔ⁵² pʰio⁰。<br>b. ŋɔ²³ zɔ̃¹¹ kʌu⁴⁴ yoʔ² tɕia⁴⁴ pɐʔ⁵ dzi⁴⁴ sɛ⁵² pɐʔ⁵ kʰuɐi⁰ tsʰɔ⁵² pʰio⁰。 |
| 39 嵊泗 | a. 我上个月借渠三百块钞票。b. 我上个月借拨渠三百块钞票。<br>a. ŋɔ³⁴ zɔ̃¹¹ kʌu⁴⁴ yoʔ² tɕia⁴⁴ dzi⁰ sɛ⁵³ pɐʔ⁵ kʰuɐi⁰ tsʰɔ⁰ pʰio⁰。<br>b. ŋɔ³⁴ zɔ̃¹¹ kʌu⁴⁴ yoʔ² tɕia⁴⁴ pɐʔ³ dzi⁰ sɛ³³ pɐʔ⁵ kʰuɐi⁰ tsʰɔ⁰ pʰio⁰。 |
| 40 临海 | a. 我上个月问渠三百元钞票借来爻。b. 我上个月三百块钞票借拨渠爻。<br>a. ŋe⁵² zɔ̃²² ke³³ n̠yø⁵¹ məŋ²² ge²¹ sɛ³¹ paʔ³ kʰue³³ tsʰɔ⁴² pʰiə⁵⁵ tɕia⁵⁵ le²¹ ɔ⁰。<br>b. ŋe⁵² zɔ̃²² ke³³ n̠yø⁵¹ sɛ³¹ paʔ³ kʰue³³ tsʰɔ⁴² pʰiə⁵⁵ tɕia⁵⁵ pɐʔ⁵ ge²¹ ɔ⁰。 |
| 41 椒江 | a. 我头月问渠三百块钞票借来爻。b. 我头月三百块钞票借拨渠爻。<br>a. ŋo⁴² dio²² n̠yø⁴¹ məŋ²² gə¹ sɛ⁴² paʔ³ kʰuə³³ tsʰɔ⁴² pʰiɔ⁵⁵ tɕia⁵⁵ lə³¹ ɔ⁰。<br>b. ŋo⁴² dio²² n̠yø⁴¹ sɛ⁴² paʔ³ kʰuə³³ tsʰɔ⁴² pʰiɔ⁵⁵ tɕia⁵⁵ pəʔ⁵ gə³¹ ɔ⁰。 |
| 42 黄岩 | a. 我上个月问渠三百块钞票借来。b. 我上个月借拨渠三百块钞票。<br>a. ŋo⁴² zɔ̃¹³ kəʔ³ n̠yeʔ² mən¹³ gie¹²¹ sɛ³² pɐʔ³ kʰuø³³ tsʰɔ⁴² pʰiɔ⁵⁵ tɕia⁵⁵ le⁰。<br>b. ŋo⁴² zɔ̃¹³ kəʔ³ n̠yeʔ² tɕia⁵⁵ pəʔ⁵ gie¹²¹ sɛ³² pɐʔ³ kʰuø³³ tsʰɔ⁴² pʰiɔ⁵⁵。 |
| 43 温岭 | a. 我上月问渠三百块钞票借来爻。b. 我上月借拨渠三百块钞票爻。<br>a. ŋo⁴² zɔ̃¹³ n̠yø⁴¹ mən¹³ gie³¹ sɛ³³ paʔ³ kʰue³³ tsʰɔ⁴² pʰiɔ⁵⁵ tɕia⁵⁵ le⁰ ɔ⁰。<br>b. ŋo⁴² zɔ̃¹³ n̠yø⁴¹ tɕia⁵⁵ pəʔ⁵ gie³¹ sɛ³³ paʔ³ kʰue³³ tsʰɔ⁴² pʰiɔ⁵⁵ ɔ⁰。 |
| 44 仙居 | a. 上个月渠抓⁼拨我三百钞票。b. 上个月我抓⁼拨渠三百钞票。<br>a. zia³³ ko³³ n̠yaʔ²³ gæ²¹³ tɕɣa⁵⁵ pəʔ⁰ ŋo³¹ sa³³ɦaʔ⁰ tsʰɯu³¹ pʰiɐɯ⁵⁵。<br>b. zia³³ ko³³ n̠yaʔ²³ ŋo³²⁴ tɕɣa⁵⁵ pəʔ⁰ gæ²¹³ sa³³ɦaʔ⁰ tsʰɯu³¹ pʰiɐɯ⁵⁵。 |

续表

| 方言点 | 0036 a. 我上个月借了他三百块钱<sub>借入</sub>。b. 我上个月借了他三百块钱<sub>借出</sub>。 |
|---|---|
| 45 天台 | a. 我上个月在渠埪借来三百块钞票。b. 我上个月借[拨渠]三百块钞票。<br>a. ɔ²¹zɔ²¹kou⁰ȵyəʔ² zei²¹gei²²teʔ⁰tɕi³³lei²²se³³paʔ¹kʰuei³³tsʰau³³pʰieu⁰。<br>b. ɔ²¹zɔ²¹kou⁰ȵyəʔ²tɕi³³pei³²⁵se³³paʔ¹kʰuei³³tsʰau³³pʰieu⁵⁵。 |
| 46 三门 | a. 我上记⁼月借了渠三百块钞票。b. 我上记⁼月借拨渠三百块钞票。<br>a. ʋ³²⁵zɔ²³tɕi⁵⁵ȵyəʔ²³tɕia⁵⁵ləʔ⁰dzi¹¹³se⁵⁵paʔ⁵kʰue⁵⁵tsʰau³³pʰiau⁵⁵。<br>b. ʋ³²⁵zɔ²³tɕi⁵⁵ȵyəʔ²³tɕia⁵⁵pɐʔ⁵dzi¹¹³se⁵⁵paʔ⁵kʰue⁵⁵tsʰau³³pʰiau⁵⁵。 |
| 47 玉环 | a. 上个月我问渠借了三百块钞票。b. 上个月我借拨渠三百块钞票。<br>a. zɔ̃²²kɐʔ⁵ȵyoʔ²ŋo⁴²məŋ²²gie³¹tɕia⁵⁵liɔ⁰se⁴²pɐʔ³kʰue⁴²tsʰɔ⁵³pʰiɔ⁵⁵。<br>b. zɔ̃²²kɐʔ⁵ȵyoʔ²ŋo⁵³tɕia⁵⁵pɐʔ⁵gie³¹se⁴²pɐʔ³kʰue³³tsʰɔ⁵³pʰiɔ⁵⁵。 |
| 48 金华 | a. 上个月我问渠借了三百块钞票。b. 我上个月借得渠三百块钞票。/我上个月借渠三百块钞票。<br>a. ziaŋ¹⁴kɐʔ⁰ȵyɤ¹⁴ɑ⁵³⁵məŋ¹⁴gəʔ²¹²tsia⁵⁵ləʔ⁰sa³³pəʔ⁴kʰuɛ⁰tsʰao⁵³pʰiao⁵⁵。<br>b. ɑ⁵³⁵ziaŋ¹⁴kɐʔ⁰ȵyɤ¹⁴tsia⁵⁵təʔ⁰gəʔ²¹²sa³³pəʔ⁴kʰuɛ⁰tsʰao⁵³pʰiao⁵⁵。/ɑ⁵³⁵ziaŋ¹⁴kɐʔ⁰ȵyɤ¹⁴tsia⁵⁵gəʔ²¹²sa³³pəʔ⁴kʰuɛ⁰tsʰao⁵³pʰiao⁵⁵。 |
| 49 汤溪 | a. 我上个月问渠借了三百块钞票。b. 我上个月借渠三百块钞票。<br>a. ɑ¹¹³ziɔ¹¹kɑ⁵²ȵyɤ¹¹³mɑ̃³⁴¹gɯ¹¹tsia⁵²lɑ⁰sua²⁴pa⁵²kʰuɛ⁵²tsʰɔ⁵²pʰie⁵²。<br>b. ɑ¹¹³ziɔ¹¹kɑ⁵²ȵyɤ¹¹³tsia⁵²gɯ¹¹sua²⁴pa⁵²kʰuɛ⁵²tsʰɔ⁵²pʰie⁵²。 |
| 50 兰溪 | a. 我上个月问渠借来三百块钞票。b. 我上个月借嘞渠三百块钞票。<br>a. uɤ⁵⁵ziaŋ²⁴kəʔ⁰ȵyɤʔ¹²mæ̃²⁴gi²⁴tsia⁴⁵le⁰sua³³⁴pəʔ³⁴kʰue⁴⁵tsʰɔ⁵⁵pʰiɔ⁴⁵。<br>b. uɤ⁵⁵ziaŋ²⁴kəʔ⁰ȵyɤʔ¹²tsia⁴⁵ləʔ⁰gi²¹sua³³⁴pəʔ³⁴kʰue⁴⁵tsʰɔ⁵⁵pʰiɔ⁴⁵。 |
| 51 浦江 | a. 渠上个月借得我三百块。b. 我上个月借得渠三百块。<br>a. ʑi²³²ʐyɔ̃¹¹kə⁰ȵyi²³²tsia⁵⁵təʔ⁰ɑ⁵³sɑ̃⁵⁵pa³³kʰua³³⁴。<br>b. ɑ⁵³ʐyɔ̃¹¹kə⁰ȵyi²³²tsia⁵⁵təʔ⁰ʑi²³²sɑ̃⁵⁵pa³³kʰua³³⁴。 |
| 52 义乌 | a. 我头个月向渠借了三百块钞票。b. 我头个月借了渠三百块钞票。<br>a. ɑ³³dɐɯ²²kəʔ⁵ȵye³¹²ɕiɔ³³ai²²tsia⁴⁵ləʔ⁰sɔ³³pɛ⁴⁵kʰue³³tsʰo⁴⁵pʰie³¹。<br>b. ɑ³³dɐɯ²²kəʔ⁵ȵye³¹²tsia⁴⁵ləʔ⁰ai²²sɔ³³pɛ⁴⁵kʰue³³tsʰo⁴⁵pʰie³¹。 |
| 53 东阳 | a. 上个月我渠记儿借了三百洋钿。b. 上个月我借得渠三百洋钿。<br>a. dʑiɔ²⁴kɐʔ³⁴ȵiɛ²³ŋɯ²³gəɯ²⁴tɕin⁴⁴tɕia³⁴lɐ²²sɔ²³paʔ³ɔ²³di⁰。<br>b. dʑiɔ²⁴kɐʔ³⁴ȵiɛ²³ŋɯ²⁴tɕia³⁴tei³³gəɯ²⁴sɔ²³paʔ³ɔ²³di⁰。 |
| 54 永康 | a. 我头个月问渠借来三百块钞票。b. 我头个月借渠三百块钞票。<br>a. ŋuo³¹dəɯ³¹kuo³³ȵye¹¹³muo²⁴¹gɯ²²tɕia⁵²ləi²²sa³³ɓai³³kʰuəi⁵²tsʰau³¹pʰiau⁵²。<br>b. ŋuo³¹dəɯ³¹kuo³³ȵye¹¹³tɕia⁵²gɯ²²sa³³ɓai³³kʰuəi⁵²tsʰau³¹pʰiau⁵²。 |
| 55 武义 | a. 我上个月问渠借嘞三百块钞票。b. 我上个月借让渠三百块钞票。<br>a. ɑ¹³dʑiaŋ¹³kəʔ⁵ȵye¹³muo²¹gɯ¹³tɕia⁵³ləʔ⁰suo³²⁴pa⁵³kʰua⁵³tsʰau²¹pʰie⁵³。<br>b. ɑ¹³dʑiaŋ¹³kəʔ⁵ȵye¹³tɕia⁵³ȵiaŋ³²⁴gɯ¹³suo²¹³pa⁵³kʰua⁵³tsʰau²¹pʰie⁵³。 |

续表

| 方言点 | 0036 a. 我上个月借了他三百块钱<sub>借入</sub>。b. 我上个月借了他三百块钱<sub>借出</sub>。 |
|---|---|
| 56 磐安 | a. 我头个月借了渠三百块钞票。b. 我头个月借到渠三百块钞票。<br>a. ŋuɤ³³ dɐɯ²¹ ka⁵² n̠ʑɛ¹⁴ tɕia⁵⁵ la⁰ gɐɯ²² sɒ³³ pa³³ kʰue⁵² tsʰo³³ pʰio⁵²。<br>b. ŋuɤ³³ dɐɯ²¹ ka⁵² n̠ʑɛ¹⁴ tɕia⁵⁵ tɐɯ³³ gɐɯ²² sɒ³³ pa³³ kʰue³³ tsʰo³³ pʰio⁵²。 |
| 57 缙云 | a. 我头个月来渠开⁼借来三百钞票。b. 我头个月借担渠三百钞票。<br>a. ŋu³¹ diuŋ²⁴³ ku⁴⁴ n̠ʑɛ¹³ lei²⁴³ gɤ³¹ kʰei⁰ tɕia⁴⁵³ lei⁰ sa⁴⁴ pa⁴⁵³ tsʰɔ⁴⁴ pʰəɤ⁴⁵³。<br>b. ŋu³¹ diuŋ²⁴³ ku⁴⁴ n̠ʑɛ¹³ tɕia⁴⁵³ nɛŋ⁴⁴ gɤ³¹ sa⁴⁴ pa⁴⁵³ tsʰɔ⁴⁴ pʰəɤ⁴⁵³。 |
| 58 衢州 | a. 上个月渠借了我三百块洋钿。b. 我上个月借了渠三百块洋钿。<br>a. ʒyã̆²³¹ gəʔ⁰ yəʔ¹² gi²¹ tɕia¹ lə⁰ ŋu⁵³ sã̆³² paʔ³ kʰue⁵³ iã̆²¹ diẽ²³¹。<br>b. ŋu⁵³ ʒyã̆²³¹ gəʔ² yəʔ¹² gi²¹ tɕia¹ lə⁰ sã̆³² paʔ³ kʰue⁵³ iã̆²¹ diẽ²³¹。 |
| 59 衢江 | a. 上个月渠借我三百块钞票。b. 上个月我借渠三百块钞票。<br>a. dʑiã̆²² gəʔ⁰ n̠yəʔ² gəʔ² tɕie⁵³ ŋaʔ³ sã̆³³ paʔ³ kʰuei⁵³ tsʰɔ³³ pʰiɔ²⁵。<br>b. dʑiã̆²² gəʔ⁰ n̠yəʔ² ŋaʔ² tɕie⁵³ gəʔ² sã̆³³ paʔ³ kʰuei⁵³ tsʰɔ³³ pʰiɔ²⁵。 |
| 60 龙游 | a. 上个月奴问渠借了三百块钞票。b. 上个月奴借渠三百块钞票。<br>a. zã̆²² gəʔ⁰ n̠yəʔ²³ nu²² mei²²⁴ gəɯ²² tɕia⁵¹ lə⁰ sã̆³³ pəʔ⁴ kʰuei⁵¹ tsʰɔ³³ pʰiɔ³⁵。<br>b. zã̆²² gəʔ⁰ n̠yəʔ²³ nu²² tɕia⁵¹ gəɯ²²⁴ sã̆³³ pəʔ⁴ kʰuei⁵¹ tsʰɔ²² pʰiɔ³⁵。 |
| 61 江山 | a. 我上个后⁼日问渠借得三百[块洋]钿。<br>b. 我上个后⁼日借得渠三百[块洋]钿。<br>a. ŋɒ²² dʑiaŋ²² gaʔ⁰ u²² nəʔ² mɛ̃²² ŋəʔ² tɕia⁴⁴ dəʔ⁰ san⁴⁴ paʔ⁵ kʰuaŋ⁵¹ diɛ̃²¹³。<br>b. ŋɒ²² dʑiaŋ²² gaʔ⁰ u²² nəʔ² tɕia⁴⁴ dəʔ⁰ ŋəʔ² san⁴⁴ paʔ⁵ kʰuaŋ⁵¹ diɛ̃²¹³。 |
| 62 常山 | a. 我上个月问渠借班⁼三百块钞票。b. 我上个月借班⁼渠三百块钞票。<br>a. ŋa²⁴ dʑiã̆²² kɤʔ⁰ ŋɤʔ⁰ mɔ⁴³ ŋɤ⁴⁴ tɕie⁵² pã̆⁰ sã̆⁴⁴ pɛʔ⁵ kʰuɛ⁵² tsʰɤ⁴³ pʰiɤ⁵²。<br>b. ŋa²⁴ dʑiã̆²² kɤʔ⁰ ŋɤʔ⁰ tɕie⁵² pã̆⁰ ŋɤ⁴⁴ sã̆⁴⁴ pɛʔ⁵ kʰuɛ⁵² tsʰɤ⁴³ pʰiɤ⁵²。 |
| 63 开化 | a. 我上个月问渠借了三百块钞票。b. 我上个月借得渠三百块钞票。<br>a. ŋa²¹ dʑiã̆²¹ gəʔ⁰ yaʔ¹³ mɛn²¹ gie²¹³ tɕie⁴⁴ ləʔ⁰ sã̆⁴⁴ paʔ⁵ kʰua⁵³ tsʰəɯ⁴⁴ pʰiəɯ⁵³。<br>b. ŋa²¹ dʑiã̆²¹ gəʔ⁰ yaʔ¹³ tɕie⁴⁴ dəʔ⁰ gie²¹ sã̆⁴⁴ paʔ⁵ kʰua⁵³ tsʰəɯ⁴⁴ pʰiəɯ⁵³。 |
| 64 丽水 | a. 我上个月问渠借了三百块老钿。b. 我上个月借了渠三百块老钿。<br>a. ŋuo⁴⁴ dʑiã̆²¹ kuɔ⁵² n̠ʑɛʔ²³ men²¹ gu²² tɕio⁵² lə⁰ sã̆²²⁴ paʔ⁵ kʰuei⁴⁴ lə²¹ tiɛ⁵²。<br>b. ŋuo⁴⁴ dʑiã̆²¹ kuɔ⁵² n̠ʑɛʔ²³ tɕio⁵² lə⁰ gu²² sã̆²²⁴ paʔ⁵ kʰuei⁴⁴ lə²¹ tiɛ⁵²。 |
| 65 青田 | a. 我上个月日借渠三百块钞票。b. 同 a。<br>a. ŋu⁴⁵⁴ dʑi³³ kɛʔ⁰ n̠yæʔ³ nɛʔ³¹ tɕiu³³ gi²¹ sa³³ ɓɛʔ⁴² kʰuæi³³ tsʰo³³ pʰiɔ⁵⁵。 |
| 66 云和 | a. 我上个月问渠借了三百块钞票。b. 我上个月借了渠三百块钞票。<br>a. ŋɔ⁴⁴ dʑiã̆²²³ kei⁰ n̠yɛʔ²³ məŋ³¹ gi³¹ tɕio⁴⁵ lɑɔ⁰ sã̆²⁴ paʔ⁵ kʰuei⁴⁵ tsʰɑɔ⁴⁴ pʰiɑɔ⁴⁵。<br>b. ŋɔ⁴⁴ dʑiã̆²²³ kei⁰ n̠yɛʔ²³ tɕio⁴⁵ lɑɔ⁰ gi³¹ sã̆²⁴ paʔ⁵ kʰuei⁴⁵ tsʰɑɔ⁴⁴ pʰiɑɔ⁴⁵。 |
| 67 松阳 | a. 是我上个月借了渠三百块钞票。b. 同 a。<br>a. zɿʔ² ŋ³¹ dʑiã̆²¹ kɛʔ⁰ n̠yɛʔ² tɕyə²⁴ lɛ⁰ gɛʔ² sɔ⁵³ paʔ⁰ kʰuei³³ tsʰɔ³³ pʰiɔ²⁴。 |

续表

| 方言点 | 0036 a. 我上个月借了他三百块钱借入。b. 我上个月借了他三百块钱借出。 |
|---|---|
| 68 宣平 | a. 我上个月问渠借了三百块钞票。b. 我上个月借了渠三百块钞票。<br>a. o²² dʑiɑ̃²² kəʔ⁰ ɲyəʔ²³ mən²³¹ gu²² tɕia⁵⁵ lə⁰ sɑ̃³² paʔ⁵ kʰuei⁴⁴ tsʰɔ³² pʰiɔ⁵²。<br>b. o²² dʑiɑ̃²² kə⁰ ɲyəʔ²³ tɕia⁵⁵ lə⁰ gu²² sɑ̃³² paʔ⁵ kʰuei⁴⁴ tsʰɔ³² pʰiɔ⁵²。 |
| 69 遂昌 | a. 我上个月借了渠三百块钞票。b. 同 a。<br>a. ŋɒ¹³ dʑiaŋ¹³ kei⁰ ɲyeʔ²³ tɕiɔ³³ lə⁰ gɤ²² saŋ⁴⁵ piaʔ⁰ kʰuei⁰ tsʰɐɯ⁵⁵ pʰiɐɯ³³⁴。 |
| 70 龙泉 | a. 我上个月到渠埭借了三百块钿。b. 我上个月借乞渠三百块钱。<br>a. ŋo⁵¹ dʑiaŋ²¹ gəʔ⁰ ɲyoʔ²⁴ taʌ⁴⁵ gɤɯ²¹ toʔ⁰ tɕio⁴⁵ lə⁰ saŋ⁴³⁴ paʔ⁵ kʰuəi²¹ diɛ²¹。<br>b. ŋo⁵¹ dʑiaŋ²¹ gəʔ⁰ ɲyoʔ²⁴ tɕio⁴⁴ kʰaʔ⁵ gɤɯ²¹ saŋ⁴³⁴ paʔ⁵ kʰuəi²¹ diɛ²¹。 |
| 71 景宁 | a. 上个月日渠借乞我三百块钿。b. 上个月日我借乞渠三百块钿。<br>a. dʑiɛ¹¹³ kɛ³³ ɲyoʔ²³ nɛʔ²³ ki³³ tɕio³⁵ kʰaʔ⁵ ŋo³³ sɔ³² paʔ⁵ kʰuai³⁵ diɛ⁴¹。<br>b. dʑiɛ¹¹³ kɛ³³ ɲyoʔ³ nɛʔ²³ ŋo³³ tɕio³⁵ kʰaʔ⁵ ki³³ sɔ³² paʔ⁵ kʰuai³⁵ diɛ⁴¹。 |
| 72 庆元 | a. 我上个月向渠借三百块钿。b. 我上个月借渠三百块钿。<br>a. ŋo²² tɕiɑ̃²² kæi⁰ ɲyɛ³⁴ ɕiɑ¹¹ kɤ²² tɕia¹¹ sɑ̃³³ ɓɑʔ⁵ kʰuæi¹¹ tiɛ̃⁵²。<br>b. ŋo²² tɕiɑ̃²² kæi⁰ ɲyɛ³⁴ tɕia¹¹ kɤ²² sɑ̃³³ ɓɑʔ⁵ kʰuæi¹¹ tiɛ̃⁵²。 |
| 73 泰顺 | a. 我上个月借渠三百块钿。b. 同 a。<br>a. ŋɔ⁵⁵ tɕiɑ̃²² ki⁰ ɲyɛʔ² tɕyɔ³⁵ tsɿ²¹ sɑ²¹³ paʔ² kʰuæi²² tiɛ⁵³。 |
| 74 温州 | a. 我上个月日走渠拉借来三百番钿。b. 乞我上个月日借乞渠三百番钿。<br>a. ŋ¹⁴ i³¹ kai⁰ ɲy³¹ ne²¹ tsau³³ gei³¹ la⁰ tsei⁴² lei²¹ sa³³ pa⁰ fa³³ di²²³。<br>b. ha⁰ ŋ¹⁴ i³¹ kai⁰ ɲy³¹ ne²¹ tsei⁵¹ ha³² ge³¹ sa³³ pa⁰ fa³³ di²²³。 |
| 75 永嘉 | a. 我前个月日拔渠借来三百番钱。b. 我前个月日借乞渠三百番钱。<br>a. ŋ¹³ i²² kai⁴³ ɲy¹³ ne²¹³ bo²¹ gei³¹ tsɿ⁵³ lei²¹ sa³³ pa⁴³ fa³³ di²¹。<br>b. ŋ¹³ i²² kai⁴³ ɲy¹³ ne²¹³ tsɿ⁵³ kʰa⁴³ gei³¹ sa³³ pa⁴³ fa³³ di²¹。 |
| 76 乐清 | a. 上个月日我走渠埭借来三百番钿。b. 上个月日我借乞渠三百番钿。<br>a. ziɯʌ²² kai⁰ ɲyɛ³¹ ne²¹² ŋ²⁴ tɕiau³³ dʑi³¹ tɛ⁰ tɕi⁴¹ li⁰ sɛ⁴⁴ pe⁰ fɛ⁴⁴ diɛ²²³。<br>b. ziɯʌ²² kai⁰ ɲyɛ³¹ ne²¹² ŋ²⁴ tɕi⁴¹ kʰa⁴¹ dʑi³¹ sɛ⁴⁴ pe⁰ fɛ⁴⁴ diɛ²²³。 |
| 77 瑞安 | a. 我前个月日向渠借三百发钿。b. 我前个月日借乞渠三百发钿。<br>a. ŋ¹³ i³¹ kai⁰ ɲy¹³ ne²¹² ɕiɛ³³ gi³¹ tsei⁵³ sɔ³³ pa³ fɔ³ di²¹。<br>b. ŋ¹³ i³¹ kai⁰ ɲy¹³ ne²¹² tsei⁵³ kʰɔ⁴² gi³¹ sɔ³³ pa³ fɔ³ di²¹。 |
| 78 平阳 | a. 我上个月日问渠借三百钞票。b. 我上个月日借渠三百钞票。<br>a. ŋ³³ ie³³ kai³³ ɲye⁴⁵ ne¹³ maŋ³³ gi³⁵ tɕi³³ sɔ³³ pʌ³³ tsʰɔ⁴² pʰie²¹。<br>b. ŋ³³ ie³³ kai³³ ɲye⁴⁵ ne¹³ tɕi⁵³ gi¹³ sɔ³³ pʌ³³ tsʰɔ⁴² pʰie²¹。 |
| 79 文成 | a. 我上个月日搭渠借三百钞票。b. 我上个月日借乞渠三百钞票。<br>a. ŋ¹³ ʑie¹³ kai³³ ɲyø²¹ ne¹³ te²¹ gei³⁵ tɕi²¹ sɔ³³ pa²¹ tʃʰo³³ pʰie²¹。<br>b. ŋ¹³ ʑie¹³ kai³³ ɲyø²¹ ne¹³ tɕi²¹ kʰa³³ gei³⁵ sɔ³³ pa²¹ tʃʰo³³ pʰie²¹。 |

续表

| 方言点 | 0036 a.我上个月借了他三百块钱<sub>借入</sub>。 b.我上个月借了他三百块钱<sub>借出</sub>。 |
|---|---|
| 80 苍南 | a.我上个月日逮渠借三百个。 b.我上个月日借渠三百个。<br>a. ŋ⁵³ dʑiɛ³¹ kai⁴² n̠yɛ¹¹ ne¹¹² de¹¹ gi³¹ tɕi⁴² sa⁴⁴ pa³ kai⁴²。<br>b. ŋ⁵³ dʑiɛ³¹ kai⁴² n̠yɛ¹¹ ne¹¹² tɕi⁴² gi³¹ sa⁴⁴ pa³ kai⁴²。 |
| 81 建德<sub>徽</sub> | a.卬上个月问渠借三百块钞票。 b.卬上个月借八⁼渠三百块钞票。<br>a. ɑŋ²¹³ so²¹ kɐʔ⁵ y²¹³ mən⁵⁵ ki³³ tɕie³³ sɛ⁵³ pa⁵⁵ kʰue³³ tsʰɔ²¹ pʰiɔ⁵⁵。<br>b. ɑŋ²¹³ so²¹ kɐʔ⁵ y²¹³ tɕie³³ po⁵⁵ ki³³ sɛ⁵³ pa⁵⁵ kʰue³³ tsʰɔ²¹ pʰiɔ⁵⁵。 |
| 82 寿昌<sub>徽</sub> | a.咱上个月借了渠三百块钞票。 b.同 a。<br>a. tsa⁵² sã³³ kəʔ⁰ n̠yei²⁴ tɕiɛ³³ ləʔ⁰ kəɯ⁵² suɔ³³ pəʔ³ kʰuæ²⁴ tsʰɤ³³ pʰiɤ³³。 |
| 83 淳安<sub>徽</sub> | a.上个月渠问我借考⁼三百块钞票。 b.我上个月借考⁼渠三百块钞票。<br>a. sã⁵³ kəʔ⁰ vəʔ¹³ kʰɯ⁴³⁵ men⁵³ u⁵⁵ tɕia²⁴ kʰɤ⁵⁵ sã²⁴ paʔ⁵ kʰueʔ⁰ tsʰɤ⁵⁵ pʰiɤ²⁴。<br>b. u⁵⁵ sã⁵³ kəʔ⁰ vəʔ¹³ tɕia²⁴ kʰɤ⁵⁵ kʰɯ²⁴ sã²⁴ paʔ⁵ kʰueʔ⁰ tsʰɤ⁵⁵ pʰiɤ²¹。 |
| 84 遂安<sub>徽</sub> | a.我上个月借去渠三百块钞票。 b.同 a。<br>a. kɔ³³ ɕiã⁵⁵ kə⁵⁵ viɛ²¹ tɕiɛ⁵² tɕʰiɑ⁵⁵ kʰəɯ³³ sã⁵⁵ pɛ²¹ kʰuɛ⁵² tsʰɔ⁵³⁴ pʰiɔ⁵²。 |
| 85 苍南<sub>闽</sub> | a.我前月团合伊借了三百袋⁼。 b.我前月团借合伊三百袋⁼钱。<br>a. gua³² tsuĩ²⁴ gə²¹ kã²⁴ kʰa²¹ i⁵⁵ tɕio⁴³ ləⁿ⁰ sã⁵⁵ pa⁴³ təⁿ⁰。<br>b. gua³² tsuĩ⁴³ gə²¹ kã²⁴ tɕio⁴³ kʰa²¹ i⁵⁵ sã⁵⁵ pa²⁴ təⁿ⁰ tɕĩ²⁴。 |
| 86 泰顺<sub>闽</sub> | a.我上个月日借伊三百□钱。 b.我上个月日借乞伊三百□钱。<br>a. ŋa³² ɕyo³¹ kɔi²² ŋuøʔ³ niɿ̃ʔ³ tɕia⁵³ i²² sæŋ²² pa²² tɔi³⁴ tɕie²²。<br>b. ŋa³² ɕyo³¹ kɔi²² ŋuøʔ³ niŋʔ³ tɕia⁵³ xɛʔ³ i²² sæŋ²¹ pa²² tɔi³⁴⁴ tɕie²²。 |
| 87 洞头<sub>闽</sub> | a.我前月日向伊借三百银。 b.我前月日与伊三百银。<br>a. gua⁵³ tsãĩ²¹ gə²¹ dʑiek²⁴ hioŋ³³ i³³ tɕieu⁵³ sã³³ pa³³ gun²⁴。<br>b. gua³³ tsãĩ²¹ gə²¹ dʑiek²⁴ ha²¹ i³³ sã³³ pa³³ gun²⁴。 |
| 88 景宁<sub>畲</sub> | a.我上个月向渠借三百块钱。 b.我上个月借分渠三百块钱。<br>a. ŋɔi⁴⁴ ɕiɔŋ⁵¹ kɔi⁴⁴ n̠yotʔ² ɕiaŋ⁴⁴ ki⁴⁴ tsa⁴⁴ sɔn⁴⁴ paʔ² kʰuei⁴⁴ tsʰan²²。<br>b. ŋɔi⁴⁴ ɕiɔŋ³³ kɔi⁴⁴ n̠yotʔ² tsa⁴⁴ puən⁴⁴ ki⁴⁴ sɔn⁴⁴ paʔ⁵ kʰuei⁴⁴ tsʰan²²。 |

| 方言点 | 0037 a. 王先生的刀开得很好<sub>施事</sub>。b. 王先生的刀开得很好<sub>受事</sub>。 |
|---|---|
| 01 杭州 | a. 王先生的刀开了冒<sup>=</sup>好。b. 同 a。<br>a. uaŋ²² ɕiɛ³³ səŋ⁴⁵ ti?⁰ tɔ³³⁴ kʰɛ³³ lə⁰ mɔ¹³ xɔ⁵³。 |
| 02 嘉兴 | a. 王先生开刀开得蛮好。b. 王先生个刀开得蛮好。<br>a. uÃ²¹ ɕie³³ sÃ³³ kʰE³³ tɔ⁴² kʰE³³ tə?¹ mE³³ hɔ²¹。<br>b. uÃ²¹ ɕie³³ sÃ³³ gə?¹ tɔ⁴² kʰE³³ tə?¹ mE³³ hɔ²¹。 |
| 03 嘉善 | a. 王先生开刀生活蛮好。b. 王先生格排刀开来蛮好。<br>a. uã¹³ ɕiɪ³⁵ sæ̃⁵³ kʰɛ³⁵ tɔ⁵³ sæ̃⁵⁵ uo?² mɛ³⁵ xɔ⁵³。<br>b. uã¹³ ɕiɪ³⁵ sæ̃⁵³ kə?⁵ ba³¹ tɔ⁵³ kʰɛ³⁵ lɛ⁵³ mɛ³⁵ xɔ⁵³。 |
| 04 平湖 | a. 王先生个把刀开来蛮好。b. 王先生个刀开来蛮好。<br>a. uã³¹ ɕiɛ⁴⁴ sã⁵³ kə?⁰ po?⁵ tɔ⁵³ kʰɛ⁴⁴ lɛ⁰ mɛ²⁴ hɔ⁵³。<br>b. uã³¹ ɕiɛ⁴⁴ sã⁵³ kə?⁰ tɔ⁵³ kʰɛ⁴⁴ lɛ⁰ mɛ²⁴ hɔ⁵³。 |
| 05 海盐 | a. 王先生葛把刀是开起来好得个来。b. 王先生辫<sup>=</sup>满<sup>=</sup>个一刀开来好来。<br>a. uã³¹ ɕiɛ⁵⁵ sẽ⁵³ kə?⁵ po⁴²³ tɔ⁵³ zɿ²¹ kʰɛ⁵⁵ tɕʰi⁵³ lɛ³¹ xɔ²¹³ tɤ²¹ kə?⁵ lɛ²¹。<br>b. uã³¹ ɕiɛ⁵⁵ sẽ⁵³ gə?²³ mɤ³¹ kə?⁵ iə?⁵ tɔ⁵³ kʰɛ⁵⁵ lɛ⁵³ xɔ²⁴ lɛ⁵³。 |
| 06 海宁 | a. 王先生开起刀来好来野<sup>=</sup>。b. 王先生个刀开来蛮好。<br>a. uã³³ ɕiɛ⁵⁵ sã⁵³ kʰɛ⁵⁵ tɕʰi⁵³ tɔ⁵³ lɛ³¹ hɔ⁵⁵ lɛ³³ ia³¹。<br>b. uã³³ ɕiɛ⁵⁵ sã⁵³ gə?² tɔ³⁵ kʰɛ⁵³ lɛ³³ mɛ³³ hɔ⁵³。 |
| 07 桐乡 | a. 王先生开刀开得蛮好。b. 王先生个毛<sup>=</sup>点刀开得蛮好。<br>a. ɒ̃²¹ siE⁴⁴ sã⁴⁴ kʰE³³ tɔ⁴⁴ kʰE⁴⁴ tə?⁴ mɛ⁴⁴ hɔ⁵³。 b. ɒ̃²¹ siE⁴⁴ sã⁴⁴ kə?³ mɔ⁴⁴ tiE⁰ tɔ⁰ kʰE⁴⁴ tə?⁴ mɛ⁴⁴ hɔ⁵³。 |
| 08 崇德 | a. 王先生个刀开来蛮好。b. 同 a。<br>a. uã²¹ ɕiɪ⁴⁴ sã⁴⁴ kə?⁴ tɔ⁴⁴ kʰE⁴⁴ lE⁴⁴ mɛ⁴⁴ hɔ⁵³。 |
| 09 湖州 | a. 王先生开刀开得烂好。b. 王先生葛次刀开得蛮好华<sup>=</sup>暧。<br>a. uã³³ ɕie⁴⁴ sã⁵³ kʰei⁵³ tɔ⁵³ kʰei⁴⁴ tə?⁵ lɛ³³ xɔ¹³。<br>b. uã³³ ɕie⁴⁴ sã⁴⁴ kə?⁵ tsʰɿ³⁵ tɔ⁴⁴ kʰei⁴⁴ tə?⁵ mɛ⁴⁴ xɔ⁵³ uo³¹ ei⁰。 |
| 10 德清 | a. 王先生开刀开特<sup>=</sup>蛮好唉。b. 王先生个刀开特<sup>=</sup>蛮好暧。<br>a. uã³³ ɕie³³ sã¹³ kʰɛ³¹ tɔ³³ kʰɛ³³ də?² mɛ³¹ xɔ³³ ɛ³¹。<br>b. uã³³ ɕie³³ sã¹³ gə?² tɔ³³ kʰɛ³³ də?² mɛ³¹ xɔ³¹ ɛ⁰。 |
| 11 武康 | a. 王先生开刀技术蛮好个。b. 王先生搭我开刀开特<sup>=</sup>蛮好个。<br>a. uã¹¹ ɕiɪ³⁵ sã⁵³ kʰɛ⁵⁵ tɔ⁵³ dʑi¹¹ zɿ?² mɛ³⁵ xɔ⁵³ go³¹。<br>b. uã¹¹ ɕiɪ³⁵ sã³¹ tə?⁵ ŋo³⁵ kʰɛ⁵⁵ tɔ⁵³ kʰɛ⁴⁴ də?² mɛ⁵³ xɔ³⁵ go³¹。 |
| 12 安吉 | a. 王先生开刀开得蛮好个。b. 王先生,刀开得蛮好。<br>a. uɔ̃²² ɕi⁵⁵ sã⁵⁵ kʰɛ³³ tɔ⁵⁵ kʰE⁵⁵ tə?⁰ mE²² hɔ⁵² kə?⁰。<br>b. uɔ̃²² ɕi⁵⁵ sã⁵⁵ ,tɔ⁵⁵ kʰE⁵⁵ tə?⁰ mE²² hɔ⁵²。 |

续表

| 方言点 | 0037 a. 王先生的刀开得很好施事。b. 王先生的刀开得很好受事。 |
|---|---|
| 13 孝丰 | a. 王先生个刀开得蛮好。/王先生开刀开得蛮好。b. 王先生格＝刀开得蛮好。/王先生格＝一刀开得蛮好。<br>a. uɔ̃²² ɕi²² sã²² kə?⁵ tɔ⁴⁴ kʰe⁴⁴ tə?⁰ mɛ³² hɔ⁵² 。/uɔ̃²² ɕi²² sã²² kʰe³³ tɔ⁴⁴ kʰe⁴⁴ tə?⁰ mɛ³² hɔ⁵² 。<br>b. uɔ̃²² ɕi²² sã²² kə?⁵ tɔ³³ kʰe⁴⁴ tə?⁰ mɛ³² hɔ⁵² 。/uɔ̃²² ɕi²² sã²² kə?⁵ ie?³ tɔ³³ kʰe⁴⁴ tə?⁰ mɛ³² hɔ⁵² 。 |
| 14 长兴 | a. 王医师开刀开得蛮好唉。b. 王先生个刀，开得好唉。<br>a. ɔ̃¹² ʐ⁴⁴ sɿ⁴⁴ kʰɯ³² tɔ⁴⁴ kʰɯ⁴⁴ tə?⁰ mɐ³² hɔ⁵² ɛ⁰ 。<br>b. ɔ̃¹² ʃi⁴⁴ sã⁴⁴ kə?⁵ tɔ⁴⁴ ，kʰɯ⁴⁴ tə?⁰ hɔ⁵² ɛ⁰ 。 |
| 15 余杭 | a. 王先生开刀开得蛮好个。b. 王先生即个刀开得蛮好个。<br>a. uɑ̃³³ sie⁵⁵ sɑ̃⁵⁵ kʰɛ⁵⁵ tɔ⁵³ kʰɛ⁵⁵ tə?⁵ mɛ⁵⁵ xɔ⁵³ go?² 。<br>b. uɑ̃⁵⁵ sie⁵⁵ sɑ̃⁵⁵ tɕie?⁵ kə?⁵ tɔ⁵³ kʰɛ⁵⁵ tə?⁵ mɛ⁵⁵ xɔ⁵³ go?² 。 |
| 16 临安 | a. 王医生个刀开得蛮好。b. 王先生个刀开得蛮好。<br>a. uɑ̃¹³ i³⁵ seŋ⁵⁵ kɐ?⁵ tɔ³³ kʰE⁵³ tɐ?⁵ mɛ³¹ hɔ⁰ 。<br>b. uɑ̃¹³ ɕie⁵³ seŋ⁵⁵ kɐ?⁵ tɔ³³ kʰE³³ tɐ?⁵ mɛ³¹ hɔ⁰ 。 |
| 17 昌化 | a. 王先生个刀开得蛮好。b. 王先生个刀开好嘞。<br>a. uɔ̃¹¹ ɕiĩ³³ sã⁴⁵ kə?⁵ tɔ³³⁴ kʰɛ³³ tə?⁵ m³¹¹ xɔ⁴⁵³ 。<br>b. uɔ̃¹¹ ɕiĩ³³ sã⁴⁵ kə?⁵ tɔ³³⁴ kʰɛ³³ xɔ⁴⁵ le⁰ 。 |
| 18 於潜 | a. 王先生开刀个技术蛮好个。b. 王先生个刀开得蛮好个。<br>a. uaŋ²²³ ɕie⁴³ saŋ⁴³³ kʰe⁴³ tɔ³³ kə?² tɕi³⁵ zɿ³¹ mɛ⁵¹ xɔ⁵¹ kə?² 。<br>b. uaŋ²²³ ɕie⁴³ saŋ⁴³³ kə?² tɔ³³ kʰe⁴³³ tə?² mɛ⁵¹ xɔ⁵¹ kə?² 。 |
| 19 萧山 | a. 王先生刀开得蛮好。b. 王先生个刀开得蛮好。<br>a. uɔ̃¹³ ɕie³³ sã³³ tɔ³³ kʰe³³ tə?²¹ mɛ³⁵ xɔ²¹ 。<br>b. uɔ̃¹³ ɕie³³ sã³³ kə?⁵ tɔ³³ kʰe³³ tə?²¹ mɛ³⁵ xɔ²¹ 。 |
| 20 富阳 | a. 王先生个刀开嘚呆好。b. 同 a。<br>a. uɑ̃¹³ ɕiɛ̃⁵⁵ sən⁵⁵ kɛ?⁰ tɔ⁵³ kʰɛ⁵⁵ tɛ?⁰ ŋɛ¹³ hɔ⁴²³ 。 |
| 21 新登 | a. 王先生个刀开勒蛮好。b. 同 a。<br>a. uɑ̃²³³ ɕiɛ̃⁵³ sɛ³³⁴ ka?⁰ tɔ⁵³ kʰe⁵³ la?⁰ mɛ²³³ hɔ³³⁴ 。 |
| 22 桐庐 | a. 王先生个刀开得蛮好。b. 同 a。<br>a. uɑ̃¹³ ɕie³³ sã⁵⁵ gə?²¹ tɔ⁴² kʰE⁴² tə?²¹ mã¹³ xɔ⁴² 。 |
| 23 分水 | a. 王先生动手术蛮好个。b. 王先生手术做个蛮好个。<br>a. uɑ̃²² ɕiɛ̃⁴⁴ sən⁴⁴ doŋ¹³ sø⁴⁴ su²¹ mã²² ɔ⁵⁵ kə?⁵ 。<br>b. uɑ̃²² ɕiɛ̃⁴⁴ sən⁴⁴ sø⁴⁴ su²¹ tsɔ²⁴ kə?⁵ mã²² ɔ⁵⁵ kə?⁵ 。 |

续表

| 方言点 | 0037 a. 王先生的刀开得很好施事。b. 王先生的刀开得很好受事。 |
|---|---|
| 24 绍兴 | a. 王先生开刀开得蛮好。b. 王先生个刀开得蛮好。<br>a. uɑŋ$^{22}$ ɕie$^{33}$ saŋ$^{33}$ kʰɛ$^{33}$ tɔ$^{53}$ kʰɛ$^{33}$ təʔ$^{0}$ mɛ̃$^{44}$ hɔ$^{334}$。<br>b. uɑŋ$^{22}$ ɕie$^{33}$ saŋ$^{33}$ kəʔ$^{0}$ tɔ$^{53}$ kʰɛ$^{33}$ təʔ$^{0}$ mɛ̃$^{44}$ hɔ$^{334}$。 |
| 25 上虞 | a. 王医师个刀开滴=财=好哉。b. 王先生个手术动滴=蛮好。<br>a. uɔ̃$^{21}$ i$^{33}$ sɿ$^{33}$ kəʔ$^{2}$ tɔ$^{35}$ kʰe$^{33}$ tiəʔ$^{5}$ zɤ$^{33}$ tse$^{0}$。<br>b. uɔ̃$^{21}$ ɕie$^{33}$ sa$^{33}$ kəʔ$^{2}$ sɤ$^{35}$ zoʔ$^{2}$ doŋ$^{21}$ tiəʔ$^{2}$ mɛ$^{21}$ hɔ$^{0}$。 |
| 26 嵊州 | a. 王先生开刀是开得好。b. 王先生个刀是开得好。<br>a. uɔŋ$^{22}$ ɕie$^{33}$ saŋ$^{33}$ kʰɛ$^{33}$ tɔ$^{534}$ sɿ$^{33}$ kʰɛ$^{33}$ təʔ$^{0}$ hɔ$^{33}$。<br>b. uɔŋ$^{22}$ ɕie$^{33}$ saŋ$^{33}$ kəʔ$^{0}$ tɔ$^{534}$ sɿ$^{33}$ kʰɛ$^{33}$ təʔ$^{0}$ hɔ$^{33}$。 |
| 27 新昌 | a. 王师父个刀开得好古=啊。b. 同 a。<br>a. uɔ̃$^{22}$ sɿ$^{33}$ u$^{232}$ kɤʏʔ$^{3}$ tɔ$^{534}$ kʰe$^{33}$ teʔ$^{3}$ hɔ$^{33}$ ku$^{45}$ a$^{31}$。 |
| 28 诸暨 | a. 王先生开刀开得蛮好。b. 王先生个刀开得蛮好。<br>a. vɑ̃$^{21}$ ɕie$^{33}$ sã$^{42}$ kʰe$^{42}$ tɔ$^{42}$ kʰe$^{42}$ təʔ$^{21}$ mɛ$^{13}$ hɔ$^{42}$。<br>b. vɑ̃$^{21}$ ɕie$^{33}$ sã$^{42}$ kəʔ$^{5}$ tɔ$^{42}$ kʰe$^{42}$ təʔ$^{21}$ mɛ$^{13}$ hɔ$^{42}$。 |
| 29 慈溪 | a. 王先生开刀交关好。b. 王先生个刀开得交关好。<br>a. uɔ̃$^{13}$ ɕie$^{3}$ sã$^{53}$ kʰe$^{33}$ tɔ$^{35}$ tɕiɔ$^{35}$ kuɛ̃$^{44}$ hɔ$^{0}$。<br>b. uɔ̃$^{13}$ ɕie$^{33}$ sã$^{53}$ kəʔ$^{2}$ tɔ$^{35}$ kʰe$^{33}$ taʔ$^{2}$ tɕiɔ$^{35}$ kuɛ̃$^{44}$ hɔ$^{0}$。 |
| 30 余姚 | a. 王先生个刀开得老老好。b. 王先生个刀开得老老好。<br>a. uɔŋ$^{13}$ ɕie$^{44}$ sã$^{44}$ kəʔ$^{2}$ tɔ$^{44}$ kʰe$^{44}$ taʔ$^{5}$ lɔ$^{13}$ lɔ$^{0}$ hɔ$^{34}$。<br>b. uɔŋ$^{13}$ ɕie$^{44}$ sã$^{44}$ kəʔ$^{2}$ tɔ$^{44}$ kʰe$^{44}$ taʔ$^{5}$ lɔ$^{13}$ lɔ$^{0}$ hɔ$^{34}$。 |
| 31 宁波 | a. 王医生或=刀开勒蛮好。b. 王先生或=刀开勒蛮好。<br>a. uɔ$^{22}$ i$^{44}$ sa$^{0}$ oʔ$^{2}$ tɔ$^{44}$ kʰe$^{44}$ laʔ$^{2}$ mɛ$^{13}$ hɔ$^{0}$。 b. uɔ$^{22}$ ɕie$^{44}$ sa$^{0}$ oʔ$^{2}$ tɔ$^{44}$ kʰe$^{44}$ laʔ$^{2}$ mɛ$^{13}$ hɔ$^{0}$。 |
| 32 镇海 | a. 王先生和=刀开勒负=话=介好来。b. 王先生该回刀开勒是交关好。<br>a. uɔ̃$^{24}$ ɕi$^{33}$ sã$^{33}$ əu$^{0}$ tɔ$^{33}$ kʰe$^{33}$ laʔ$^{12}$ vu$^{24}$ uo$^{0}$ ka$^{33}$ hɔ$^{33}$ le$^{0}$。<br>b. uɔ̃$^{24}$ ɕi$^{33}$ sã$^{33}$ keʔ$^{2}$ uei$^{24}$ tɔ$^{33}$ kʰe$^{33}$ laʔ$^{12}$ zɿ$^{24}$ tɕio$^{33}$ kuɛ$^{53}$ hɔ$^{35}$。 |
| 33 奉化 | a. 王先生开刀开勒交关好。/王先生个刀倒是开勒好。b. 同 a。<br>a. uɔ̃$^{33}$ ɕi$^{44}$ sã$^{44}$ kʰe$^{44}$ tʌ$^{44}$ kʰe$^{44}$ laʔ$^{2}$ tɕiɔ$^{44}$ kuɛ$^{44}$ hʌ$^{44}$。 /uɔ̃$^{33}$ ɕi$^{44}$ sã$^{44}$ kəu$^{0}$ tʌ$^{44}$ tʌ$^{44}$ zɿ$^{0}$ kʰe$^{44}$ laʔ$^{2}$ hʌ$^{44}$。 |
| 34 宁海 | a. 王先生个刀开迪=蛮好。b. 王先生个刀开爻蛮好个。<br>a. uɔ̃$^{21}$ ɕie$^{53}$ sã$^{33}$ geʔ$^{3}$ tau$^{33}$ kʰɛ$^{33}$ diəʔ$^{3}$ mɛ$^{22}$ hau$^{53}$。<br>b. uɔ$^{21}$ ɕie$^{53}$ sã$^{33}$ geʔ$^{3}$ tau$^{33}$ kʰɛ$^{33}$ ɔʔ$^{3}$ mɛ$^{22}$ hau$^{53}$ gɔʔ$^{3}$。 |
| 35 象山 | a. 王先生动手术算好嘞。b. 王先生个手术是开勒好。<br>a. uɔ̃$^{31}$ ɕi$^{44}$ sã$^{44}$ doŋ$^{13}$ ɕiu$^{44}$ zoʔ$^{2}$ sɿɯ$^{44}$ hɔ$^{53}$ lei$^{0}$。<br>b. uɔ̃$^{31}$ ɕi$^{44}$ sã$^{44}$ geʔ$^{2}$ ɕiu$^{44}$ zoʔ$^{2}$ zɿ$^{13}$ kʰi$^{44}$ laʔ$^{2}$ hɔ$^{53}$。 |

续表

| 方言点 | 0037 a. 王先生的刀开得很好施事。 b. 王先生的刀开得很好受事。 |
|---|---|
| 36 普陀 | a. 王先生刀开勒交关好。 b. 同 a。<br>a. uõ³³ ɕi⁵⁵ sã⁵³ tɔ⁵³ kʰɛ³³ lɐʔ⁰ tɕyo³ kuɐʔ⁵ xɔ⁰ 。 |
| 37 定海 | a. 王先生开刀开勒交关好。 b. 同 a。<br>a. uõ³³ ɕi⁴⁴ sã⁰ kʰɛ³³ tɔ⁵² kʰɛ³³ lɐʔ² tɕio³³ kuɛ⁵² xɔ⁴⁵ 。 |
| 38 岱山 | a. 王先生开刀开了交关好唻。 b. 同 a。<br>a. uõ⁴⁴ ɕi⁴⁴ sã⁰ kʰɛ³³ tɔ⁵² kʰɛ³³ lɐʔ⁰ tɕio³³ kuɛ⁵² xɔ³³ lɐi⁰ 。 |
| 39 嵊泗 | a. 王先生该刀开了看˭好唻。 b. 同 a。<br>a. uõ³³ ɕi⁴⁴ sã⁰ kiɛʔ⁵ tɔ⁵³ kʰɛ³³ lɐʔ⁰ kʰi⁴⁴ xɔ³³ lɐi⁰ 。 |
| 40 临海 | a. 王先生葛把刀开得好得猛。 b. 王先生个刀开得好得猛。<br>a. ɔ̃²² ɕi⁵⁵ sã³¹ kəʔ³ po⁵² tɔ³¹ kʰɛ³¹ təʔ⁰ hɔ⁴² təʔ⁰ mã⁵² 。 b. ɔ̃²² ɕi⁵⁵ sã³¹ kəʔ⁵ tɔ³¹ kʰɛ³³ təʔ⁰ hɔ⁴² təʔ⁰ mã⁵² 。 |
| 41 椒江 | a. 王先生葛把刀开得夠好。 b. 王先生个刀开得夠好。<br>a. uõ²² ɕie³⁵ sã⁴² kəʔ³ po⁴² tɔ⁴² kʰə³³ təʔ⁰ io²² hɔ⁴² 。<br>b. uõ²² ɕie³⁵ sã⁴² kəʔ⁰ tɔ⁴² kʰə³³ təʔ⁰ io²² hɔ⁴² 。 |
| 42 黄岩 | a. 王先生开刀夠上个。 b. 王先生个刀开得夠好个。<br>a. uõ²² ɕie³⁵ sã⁴² kʰie³⁵ tɔ⁴² io¹³ zɔ̃⁴⁴ kəʔ⁰ 。<br>b. uõ²² ɕie³⁵ sã³² kəʔ⁰ tɔ³² kʰie⁴² təʔ⁰ io¹³ hɔ⁴² kəʔ⁰ 。 |
| 43 温岭 | a. 王先生葛把刀开得夠好个。 b. 王先生个刀开得夠好个。<br>a. uõ¹³ ɕie⁵⁵ sã³¹ kəʔ³ po⁴² tɔ³³ kʰie³³ təʔ⁰ iɤ¹³ hɔ⁴² kə⁰ 。<br>b. uõ¹³ ɕie⁵⁵ sã³¹ kəʔ⁰ tɔ³³ kʰie³³ təʔ⁰ iɤ¹³ hɔ⁴² kə⁰ 。 |
| 44 仙居 | a. 王先生个刀开得有好。 b. 同 a。<br>a. uã³³ ɕie³³ sã³³⁴ kəʔ⁰ ɗɐɯ³³⁴ kʰæ³³ ɗiəʔ⁰ iəɯ²⁴ hɐɯ³²⁴ 。 |
| 45 天台 | a. 王先生开刀开来蛮好哑˭。 b. 王先生个刀口开啊蛮好哑˭。<br>a. uɔ²² ɕie³³ sa³³ kʰei³³ tau³³ kʰei³³ lei⁰ me²²⁴ hau⁰ o⁰ 。<br>b. uɔ²² ɕie³³ sa³³ kou⁰ tau³³ kʰɐɯ³²⁵ kʰei³³ aⁿ⁰ me²²⁴ hau⁰ o⁰ 。 |
| 46 三门 | a. 王先生的刀开得死˭好好。 b. 王先生的刀开得恢复死˭好好。<br>a. uɔ¹¹ ɕi³³ sɛ³³⁴ təʔ⁰ tau³³⁴ kʰɛ³³ tɐʔ⁰ sɿ³² hɔ³²⁵ hɔ⁰ 。<br>b. uɔ¹¹ ɕi³³ sɛ³³⁴ təʔ⁰ tau³³⁴ kʰɛ³³ tɐʔ⁰ hue³³ fu³³⁴ sɿ³² hɔ³²⁵ hɔ⁰ 。 |
| 47 玉环 | a. 王先生开刀开好险。 b. 王先生个刀开好险。<br>a. ɔ̃²² ɕie⁵⁵ sã⁴² kʰie⁵⁵ tɔ³³ kʰie³³ hɔ³³ ɕie⁵³ 。 b. ɔ̃²² ɕie⁵⁵ sã⁴² kəʔ⁰ tɔ⁴² kʰie³³ hɔ³³ ɕie⁵³ 。 |
| 48 金华 | a. 王先生个刀开得危险好。 b. 王先生个刀开得危险好。<br>a. uaŋ³¹ ɕie³³ saŋ⁵⁵ kəʔ⁰ tao³³⁴ kʰɛ³³ təʔ⁰ ui³³ ɕie⁵³ xao⁵³⁵ 。<br>b. uaŋ³¹ ɕie³³ saŋ⁵⁵ kəʔ⁰ tao³³⁴ kʰɛ³³ təʔ⁰ ui³³ ɕie⁵³ xao⁵³⁵ 。 |

续表

| 方言点 | 0037 a. 王先生的刀开得很好<sub>施事</sub>。b. 王先生的刀开得很好<sub>受事</sub>。 |
|---|---|
| 49 汤溪 | a. 王先生刀开得吓侬好。b. 同 a。<br>a. ua $\tilde{a}^{11}$ sie$^{24}$ sa$^0$ tɔ$^{24}$ kʰɛ$^{24}$ tə$^0$ xa$^{55}$ nɑo$^0$ xɔ$^{535}$。 |
| 50 兰溪 | a. 王先生个刀开勒吓人好。b. 王先生格回个刀开勒吓人好。<br>a. uaŋ$^{21}$ ɕie$^{334}$ sæ̃$^{45}$ kə$ʔ^0$ tɔ$^{334}$ kʰe$^{334}$ lə$ʔ^0$ xə$ʔ^{34}$ nin$^{45}$ xɔ$^0$。<br>b. uaŋ$^{21}$ ɕie$^{334}$ sæ̃$^{45}$ ki$^{45}$ ue$^0$ kə$ʔ^0$ tɔ$^{334}$ kʰe$^{334}$ lə$ʔ^0$ xə$ʔ^{34}$ nin$^{45}$ xɔ$^0$。 |
| 51 浦江 | a. 王先生刀开得危险好。b. 同 a。<br>a. õ$^{11}$ sɛ̃$^{33}$ sɛ̃$^{334}$ to$^{534}$ kʰa$^{55}$ tə$^0$ uɛ$^{11}$ ɕiẽ$^{33}$ xo$^{53}$。 |
| 52 义乌 | a. 王先生个刀开来危险好。b. 同 a。<br>a. n$^{22}$ sɯɤ$^{33}$ sɛ$^{45}$ ə$^0$ to$^{33}$ kʰe$^{45}$ le$^{33}$ uai$^{22}$ ɕie$^{42}$ ho$^{31}$。 |
| 53 东阳 | a. 王先生阿=刀开得尽好。b. 同 a。<br>a. ɔ$^{24}$ ɕi$^{33}$ sɛ$^{55}$ a$^{33}$ tɐɯ$^{24}$ kʰe$^{55}$ te$^{33}$ ʑiɐn$^{24}$ hɐɯ$^{33}$。 |
| 54 永康 | a. 王先生个刀开来[交儿]好。b. 王先生够=次个刀开来[交儿]好。<br>a. uaŋ$^{33}$ ɕie$^{33}$ sai$^{55}$ uə$^0$ ɗɑu$^{55}$ kʰəi$^{33}$ ləi$^{55}$ gɑu$^{241}$ xɑu$^{334}$。<br>b. uaŋ$^{33}$ ɕie$^{33}$ sai$^{55}$ kɯ$^{33}$ tsʰ$\gamma^{52}$ uə$^0$ ɗɑu$^{55}$ kʰəi$^{33}$ ləi$^{55}$ gɑu$^{241}$ xɑu$^{334}$。 |
| 55 武义 | a. 王先生个刀开勒吵=好个嘞。b. 王先生个刀开勒吵=好嘞。<br>a. uaŋ$^{53}$ ɕie$^{21}$ sa$^{55}$ kə$ʔ^0$ lɤ$^{24}$ kʰa$^{324}$ lə$ʔ^0$ tsʰau$^{55}$ xɤ$^{55}$ kə$ʔ^0$ lə$ʔ^0$。<br>b. uaŋ$^{53}$ ɕie$^{21}$ sa$^{55}$ kə$ʔ^0$ lɤ$^{24}$ kʰa$^{324}$ lə$ʔ^0$ tsʰau$^{55}$ xɤ$^{55}$ lə$ʔ^0$。 |
| 56 磐安 | a. 王先生个刀开得新=好。b. 同 a。<br>a. ɒ$^{22}$ ɕie$^{33}$ sɛ$^{55}$ a$^0$ to$^{445}$ kʰe$^{33}$ tɛi$^{55}$ ɕiɐn$^{55}$ xo$^{334}$。 |
| 57 缙云 | a. 王先生开刀开个好猛。b. 王先生以=回个刀开个好猛。<br>a. iɔ$^{243}$ ɕiɛ$^{44}$ sa$^{44}$ kʰei$^{44}$ tə$ɤ^{44}$ kʰei$^{44}$ lei$^0$ xə$ɤ^{51}$ ma$^{51}$。<br>b. iɔ$^{243}$ ɕiɛ$^{44}$ sa$^{44}$ i$^{21}$ uei$^{243}$ tiɛ$^0$ tə$ɤ^{44}$ kʰei$^{44}$ lei$^0$ xə$ɤ^{51}$ ma$^{51}$。 |
| 58 衢州 | a. 王先生个刀开得交关好。b. 同 a。<br>a. uã$^{21}$ ɕiẽ$^{32}$ ɕiã$^{53}$ gə$ʔ^0$ tɔ$^{32}$ kʰɛ$^{32}$ də$ʔ^0$ tɕiɔ$^{32}$ kuã$^{53}$ xɔ$^{35}$。 |
| 59 衢江 | a. 王先生个刀开勒惊侬好。b. 同 a。<br>a. ã$^{22}$ ɕie$^{33}$ ɕiɛ$^{33}$ gə$ʔ^0$ tɔ$^{33}$ kʰei$^{33}$ lə$ʔ^0$ kuɛ$^{25}$ nəŋ$^{31}$ xɔ$^{25}$。 |
| 60 龙游 | a. 王先生个刀开得吓侬好。b. 同 a。<br>a. uã$^{22}$ ɕie$^{33}$ sɛ$^{334}$ gə$ʔ^0$ tɔ$^{334}$ kʰɛ$^{33}$ tə$ʔ^4$ xə$ʔ^4$ nən$^{21}$ xɔ$^{35}$。 |
| 61 江山 | a. 王先生个刀开得好得来。b. 同 a。<br>a. uaŋ$^{22}$ ɕiɛ̃$^{44}$ saŋ$^{44}$ gə$ʔ^0$ tɐɯ$^{44}$ kʰE$^{44}$ də$ʔ^0$ xɐɯ$^{24}$ da$ʔ^2$ lɛ$^0$。 |
| 62 常山 | a. 王先生个刀开得交关好。b. 同 a。<br>a. uã$^{22}$ ɕiɛ̃$^{44}$ sĩ$^{44}$ kɤ$ʔ^0$ tɤ$^{44}$ kʰɛ$^{44}$ dʌ$ʔ^0$ tɕye$ʔ^4$ kuã$^{44}$ xɤ$^{52}$。 |

续表

| 方言点 | 0037 a. 王先生的刀开得很好<sub>施事</sub>。b. 王先生的刀开得很好<sub>受事</sub>。 |
|---|---|

| 方言点 | 0037 a. 王先生的刀开得很好施事。b. 王先生的刀开得很好受事。 |
|---|---|
| 63 开化 | a. 王先生刀开得交关好嘞。b. 同 a。<br>a. uã̧²¹ ɕiɛ̃⁴⁴ sɛn⁴⁴ təɯ⁴⁴ kʰɛ⁴⁴ dəʔ⁰ tɕiəɯ⁴⁴ kuã̧⁴⁴ xəɯ⁵³ lɛ⁰。 |
| 64 丽水 | a. 王先生个刀开得很好。b. 同 a。<br>a. uã̧²² ɕiɛ⁴⁴ sã̧²²⁴ kə⁰ tə²²⁴ kʰɛ²²⁴ tiʔ⁰ xuen²² xə⁵⁴⁴。 |
| 65 青田 | a. 王先生个刀开得好倒。b. 同 a。<br>a. io²¹ ɕia²² sɛ⁴⁴⁵ kɛʔ⁰ ɗœ⁴⁴⁵ kʰɛ³³ ɗɛʔ⁰ xœ³³ ɗœ⁴⁵⁴。 |
| 66 云和 | a. 王先生个刀开好险。b. 同 a。<br>a. iɔ̃³¹ ɕiɛ⁴⁴ sɛ²⁴ kei⁰ təɯ²⁴ kʰei²⁴ xɯ⁴⁴ ɕiɛ⁴¹。 |
| 67 松阳 | a. 王先生个刀开得好险。b. 同 a。<br>a. ioŋ³³ ɕiɛ̃³³ sã̧²⁴ kɛ⁰ tʌ⁵³ kʰɛ⁵³ lɛʔ⁰ xei²⁴ ɕiɛ̃⁰。 |
| 68 宣平 | a. 王先生个刀开得好险。b. 同 a。<br>a. uã̧²² ɕiɛ⁴⁴ sɛ³² kə⁰ təɯ³²⁴ kʰei³² tiəʔ⁴ xəɯ⁴⁴ ɕiɛ⁴⁴⁵。 |
| 69 遂昌 | a. 王先生个刀开得好险。b. 同 a。<br>a. iɔŋ²² ɕyɛ̃³³ ɕiaŋ⁴⁵ kɛʔ⁰ tɐɯ⁴⁵ kʰei⁴⁵ tiʔ⁰ xɐɯ⁵³ ɕiɛ̃⁵³³。 |
| 70 龙泉 | a. 王先生个刀开老好。b. 同 a。<br>a. iɔŋ²¹ ɕiɛ⁴⁴ saŋ⁴³⁴ gəʔ⁰ taʌ⁴³⁴ kʰɛ⁴⁴ laʌ²²⁴ xaʌ⁵¹。 |
| 71 景宁 | a. 王先生刀开好险。b. 同 a。<br>a. iɔŋ⁴¹ ɕiɛ³³ sɛ³² təɯ³² kʰai³² xɯɯ³³ ɕiɛ³³。 |
| 72 庆元 | a. 王先生个刀开得蛮好。b. 同 a。<br>a. iɔ̃⁵² ɕiã̧³³ sæ̃³³⁵ kæi¹¹ ɗɒ³³⁵ kʰæi¹¹ ɗiʔ⁵ mã̧⁵² xɐɯ³³。 |
| 73 泰顺 | a. 王先生个刀开得蛮好。b. 同 a。<br>a. iɔ̃⁵³ ɕiã̧²² sã̧²¹³ ki⁰ taɔ²¹³ kʰæi²¹³ tiʔ⁰ mã̧³⁵ xəɯ⁵⁵。 |
| 74 温州 | a. 王先生开刀开好险。b. 王先生开刀开爻好险好。<br>a. yɔ²³ ɕi³³ siɛ³³ kʰe³³ tɜ³³ kʰe³³ hɜ²⁵ ɕi²⁵。<br>b. yɔ²³ ɕi³³ siɛ³³ kʰe³³ tɜ³³ kʰe³³ uɔ⁰ hɜ³ ɕi²⁵ hɜ²⁵。 |
| 75 永嘉 | a. 王先生个遍个手术做好险做好。b. 同 a。<br>a. yɔ¹³ ɕi³³ sɛ⁴⁴ kai⁴³ pi⁴³ gi⁰ ɕiəɯ⁴⁵ yo²¹³ tsɔ⁴³ hə⁴⁵ ɕi⁴⁵ tsɔ⁴³ hə⁴⁵。 |
| 76 乐清 | a. 王先生开刀开好险。b. 王先生开刀开爻好险好。<br>a. iɔ²³ siɛ⁴⁴ sa⁴⁴ kʰe⁴⁴ tɤ⁴⁴ kʰe⁴⁴ hɤ³⁵ ɕiɛ³⁵。<br>b. iɔ²³ siɛ⁴⁴ sa⁴⁴ kʰe⁴⁴ tɤ⁴⁴ kʰe⁴⁴ ga⁰ hɤ³³ ɕiɛ³⁵ hɤ³⁵。 |
| 77 瑞安 | a. 王先生个手术做好险做好。b. 同 a。<br>a. yo¹³ ɕi³³ sa⁴⁴ gi⁰ sou³⁵ yo²¹² tsou³ hɛ³⁵ ɕi³⁵ tsou³ hɛ³⁵。 |

**续表**

| 方言点 | 0037 a. 王先生的刀开得很好施事。b. 王先生的刀开得很好受事。 |
|---|---|
| 78 平阳 | a. 王先生个刀开得蛮好。b. 同 a。<br>a. yo³⁵ ɕie³³ sʌ³³ kai²¹ tɛ⁵⁵ kʰe⁵⁵ te²¹ mɔ²¹ xɛ²¹。 |
| 79 文成 | a. 王先生开刀很好。b. 王先生个刀开得很好。<br>a. yo²¹ ɕie³³ sa³³ kʰe³³ tɛ³³ xaŋ³³ xɛ⁴⁵。<br>b. yo²¹ ɕie³³ sa³³ kai³³ tɛ³³ kʰe³³ te²¹ xaŋ³³ xɛ⁴⁵。 |
| 80 苍南 | a. 王先生刀开好险。b. 同 a。<br>a. yɔ³¹ ɕiɛ³³ ɕia⁴⁴ tɛ⁴⁴ kʰe⁴⁴ hɛ⁵³ ɕiɛ⁵³。 |
| 81 建德徽 | a. 王先生刀开得交关好。b. 同 a。<br>a. ŋo³³ ɕie⁵³ sɛ²¹³ tɔ⁵³ kʰɛ⁵³ tɐʔ⁵ tɕiɔ²¹ kuɛ⁵⁵ hɔ²¹³。 |
| 82 寿昌徽 | a. 王先生个刀开了吓侬好。b. 同 a。<br>a. ũã¹¹ ɕi³³ sæ̃¹¹ kəʔ⁰ tɤ¹¹ kʰiɛ¹¹ lə⁰ xəʔ⁵ nɔŋ⁵⁵ xɤ³³。 |
| 83 淳安徽 | a. 王先生刀开得雌⁼考⁼好。b. 同 a。<br>a. ũã⁴³ ɕiã²¹ sen⁵⁵ tɤ²⁴ kʰie²¹ tiʔ⁵ tsʰa²¹ kʰɤ⁵⁵ hɤ⁵⁵。 |
| 84 遂安徽 | a. 王先生开刀开得最好。b. 王先生开刀开好哩。<br>a. ũã³³ ɕiã⁵⁵ sã⁵⁵ kʰəɯ⁵⁵ tɔ⁵³⁴ kʰəɯ⁵⁵ ti³³ tsəɯ⁴³ xɔ²¹。<br>b. ũã³³ ɕiã⁵⁵ sã⁵⁵ kʰəɯ⁵⁵ tɔ⁵³⁴ kʰəɯ⁵⁵ xɔ³³ liɛ³³。 |
| 85 苍南闽 | a. 王先生开刀开得可以说很好。b. 王先生个刀开得很好。<br>a. ɑŋ²⁴ ɕĩ⁵⁵ ɕin⁵⁵ kʰui⁵⁵ to⁵⁵ kʰui⁵⁵ tə⁰ hən⁴³ ho⁴³。<br>b. ɑŋ²⁴ ɕĩ³³ ɕin⁵⁵ ke²¹ to⁵⁵ kʰui⁵⁵ tə⁰ hən⁴³ ho⁴³。 |
| 86 泰顺闽 | a. 王先生开刀开得尽好。b. 王先生个刀开得尽好。<br>a. uo²² ɕie²¹ sæŋ²¹³ kʰai²¹ tau³⁴⁴ kʰai²¹³ tiøʔ⁰ tsieŋ²² xou³⁴⁴。<br>b. uo²² ɕie²¹ sæŋ²¹³ køʔ⁰ tau³⁴⁴ kʰai²¹³ tiøʔ⁰ tsieŋ²² xou³⁴⁴。 |
| 87 洞头闽 | a. 王先生开刀开尽好。b. 王先生开个刀开尽好。<br>a. oŋ²⁴ ɕian³³ ɕieŋ³³ ge²¹ to³³ kʰui³³ tɕin²¹² ho⁵³。<br>b. oŋ²⁴ ɕian³³ ɕieŋ³³ kʰui³³ ge²¹ to³³ kʰui³³ tɕin²¹² ho⁵³。 |
| 88 景宁畲 | a. 王先生个开刀开得真好。b. 王先生个刀开得真好。<br>a. uɔŋ²² ɕin⁴⁴ saŋ⁴⁴ ke⁰ kʰoi⁴⁴ tau⁴⁴ kʰoi⁴⁴ teʔ⁰ tɕin⁴⁴ xau³²⁵。<br>b. uɔŋ²² ɕin⁴⁴ saŋ⁴⁴ ke⁰ tau⁴⁴ kʰoi⁴⁴ teʔ⁰ tɕin⁴⁴ xau³²⁵。 |

| 方言点 | 0038 我不能怪人家，只能怪自己。 |
|---|---|
| 01 杭州 | 我不好怪人家，只好怪自家。<br>ŋəu⁵³ paʔ³ xɔ⁵³ kuɛ⁴⁵ zəŋ²² tɕia⁴⁵ , tsaʔ³ xɔ⁵³ kuɛ⁴⁵ dzɿ¹³ tɕia⁵³ 。 |
| 02 嘉兴 | 我勿好怪人家，只好怪自家。<br>ŋ¹³ vəʔ⁵ hɔ²¹ kuʌ³³ ȵiŋ²¹ kʌ³³ , tsɔʔ⁵ hɔ⁴² kuʌ³³ zɿ²¹ kʌ⁴² 。 |
| 03 嘉善 | 阿奴弗好怪人家，只好怪自家。<br>aʔ² nu¹³ fəʔ⁵ xɔ⁰ kua³⁵ ȵin¹³ ka³¹ , tsɔʔ⁵ xɔ⁰ kua³⁵ zɿ³⁵ ka⁰ 。 |
| 04 平湖 | 我勿好怪人家，只好怪自家。<br>ŋ²¹³ vəʔ²³ hɔ²¹³ kua³³⁴ ȵin²⁴ ka⁵³ , zəʔ³ hɔ²¹³ kua³³⁴ zɿ²⁴ ka⁰ 。 |
| 05 海盐 | 我诺⁼勿会得怪人家，只会得怪自家。<br>ɔʔ²³ nɔʔ²³ vəʔ⁵ ue⁵⁵ tɤ²¹ kua³³⁴ ȵin²⁴ ka⁵³ , tsəʔ⁵ ue⁵⁵ tɤ²¹ kua³³⁴ zɿ¹³ ka²¹ 。 |
| 06 海宁 | 我弗好怪人家个，只好怪自家个。<br>u⁵³ fəʔ⁵ hɔ⁵³ kua⁵³ ȵiŋ³³ ka⁵⁵ əʔ⁰ , tsəʔ⁵ hɔ⁵³ kua⁵³ zɿ³³ ka⁵³ əʔ⁰ 。 |
| 07 桐乡 | 我偨弗怪人家，只怪自家。<br>uəʔ²³ nɤɯ²⁴² fəʔ³ kua³³ ȵin²¹ ka⁴⁴ , tsaʔ³ kuaʔ³³ zɿ²¹ ka⁵³ 。 |
| 08 崇德 | 我弗怪别人家，只好怪我自家。<br>o⁵³ fəʔ³ kuɑ³³⁴ bəʔ²³ ȵiŋ⁴⁴ kɑ⁴⁴ , tsəʔ³ hɔ⁵³ kuɑ³³ o⁵³ zɿ²¹ kɑ⁵³ 。 |
| 09 湖州 | 是我无处怪别人家，只好怪自家。<br>zaʔ² ŋ³⁵ m⁵³ tsʰi³⁵ kua⁵³ bəʔ² ȵin³⁵ ka⁰ , tsəʔ⁵ xɔ³⁵ kua⁵³ zɿ²² ka¹³ 。 |
| 10 德清 | 是我弗好去怪人家嗳，只好怪自家。<br>zuoʔ² ŋəu³⁵ fəʔ² xɔ³⁵ tɕʰi⁵³ kua³¹ ȵin³¹ ka³¹ ɛ¹¹ , tsəʔ⁵ xɔ⁵³ kua⁵³ zɿ¹¹ ka¹¹ 。 |
| 11 武康 | 我勿好怪人家个，只好怪自家。<br>ŋo¹³ vəʔ² xɔ³⁵ kua⁵³ ȵin³¹ ka³³ ko¹³ , tsəʔ⁵ xɔ³⁵ kua⁵³ zɿ³¹ ka³⁵ 。 |
| 12 安吉 | 我弗好怪孛⁼人家，只好怪自家。<br>ŋo²¹³ fəʔ⁵ hɔ⁵² kua³²⁴ bəʔ² ȵiŋ²² ka²¹³ , tsəʔ⁵ hɔ⁵² kua³²⁴ zɿ²¹ ka²¹³ 。 |
| 13 孝丰 | 我弗去怪人家，只怪自家。<br>ŋuoʔ²³ fəʔ⁵ tɕʰi³²⁴ kua³²⁴ ȵiŋ²² ka²² , tsəʔ⁵ kua³²⁴ zɿ²¹ ka²⁴ 。 |
| 14 长兴 | 我弗好怪人家，只好怪自家。<br>ŋ⁵² fəʔ³ hɔ⁵² kua³²⁴ ȵiŋ¹² ka³³ , tsəʔ³ hɔ⁵² kua³²⁴ zɿ²¹ ka²⁴ 。 |
| 15 余杭 | 是我弗好怪别人家个，只好怪自己个。<br>zoʔ² ŋ³¹ fəʔ⁵ xɔ⁵³ kua³⁵ bəʔ² ȵiŋ³³ kã⁵⁵ goʔ² , tsəʔ⁵ xɔ⁵³ kua³⁵ zɿ³³ tɕi³⁵ goʔ² 。 |
| 16 临安 | 我弗好怪人家，只好怪自家。<br>ŋo³⁵ fɐʔ⁵ hɔ⁵³ kuɐ⁵⁵ ȵieŋ³³ ka³³ , tsɐʔ⁵ hɔ³³ kua³³ zɿ³¹ ka⁰ 。 |

续表

| 方言点 | 0038 我不能怪人家，只能怪自己。 |
|---|---|
| 17 昌化 | 我无搭＝怪侬家，我节＝好怪自家。<br>$a^{24}$ $m^{11}$ $ta\mathrm{?}^5$ $kua^{54}$ $nəŋ^{11}$ $ku^{334}$ ，$a^{24}$ $tɕiɛ\mathrm{?}^5$ $xɔ^{45}$ $kua^{54}$ $z\mathrm{ɿ}^{23}$ $ku^{45}$ 。 |
| 18 於潜 | 我不好怪人家个，只好怪自己个。<br>$ŋu^{51}$ $pə\mathrm{?}^2$ $xɔ^{53}$ $kua^{35}$ $ȵiŋ^{22}$ $tɕia^{433}$ $kə\mathrm{?}^2$ ，$tsɐ\mathrm{?}^{53}$ $xɔ^{53}$ $kua^{35}$ $zi^{24}$ $tɕi^{53}$ $kə\mathrm{?}^2$ 。 |
| 19 萧山 | 我弗怪人家，结＝怪自。<br>$ŋo^{13}$ $fə\mathrm{?}^5$ $kua^{33}$ $ȵiŋ^{13}$ $ko^{33}$ ，$tɕie\mathrm{?}^5$ $kua^{33}$ $zi^{242}$ 。 |
| 20 富阳 | 我弗好怪［别人］家，只好怪自家。<br>$ŋo^{224}$ $fɛ\mathrm{?}^5$ $hɔ^{423}$ $kua^{335}$ $bən^{13}$ $ko^{55}$ ，$tsɛ\mathrm{?}^5$ $hɔ^{423}$ $kua^{335}$ $z\mathrm{ɿ}^{224}$ $ko^{53}$ 。 |
| 21 新登 | 我弗好怪人家，只好怪自家。<br>$u^{334}$ $fa\mathrm{?}^5$ $hɔ^{334}$ $kua^{45}$ $nei\eta^{233}$ $ka^{334}$ ，$tsa\mathrm{?}^5$ $hɔ^{334}$ $kua^{45}$ $z\mathrm{ɿ}^{21}$ $ka^{45}$ 。 |
| 22 桐庐 | 我勿好怪人家，只好怪自己。<br>$ŋo^{33}$ $və\mathrm{?}^{21}$ $xɔ^{55}$ $kuA^{33}$ $niŋ^{21}$ $kuo^{21}$ ，$tsɔ\mathrm{?}^5$ $xɔ^{21}$ $kuA^{33}$ $zi^{21}$ $kuo^{42}$ 。 |
| 23 分水 | 我不好怪人家，怪我自己不好。<br>$ŋo^{44}$ $pə\mathrm{?}^5$ $xɔ^{53}$ $kuɛ^{24}$ $ȵin^{21}$ $tɕia^{44}$ ，$kuɛ^{21}$ $ŋo^{44}$ $z\mathrm{ɿ}^{24}$ $tɕi^0$ $pə\mathrm{?}^5$ $xɔ^{53}$ 。 |
| 24 绍兴 | 我勿能够怪别人，就得怪自。<br>$ŋo^{22}$ $ve\mathrm{?}^2$ $nəŋ^{22}$ $kɤ^{33}$ $kua^{33}$ $bie\mathrm{?}^2$ $ȵiŋ^{231}$ ，$tɕiɤ^{44}$ $tə\mathrm{?}^0$ $kua^{33}$ $zi^{22}$ 。 |
| 25 上虞 | 我就怪自，勿怪别人家。<br>$ŋu^{21}$ $dziɤ^{21}$ $kua^{55}$ $zi^{213}$ ，$və\mathrm{?}^2$ $kua^{55}$ $biə\mathrm{?}^2$ $ȵiŋ^{21}$ $ko^{53}$ 。 |
| 26 嵊州 | 我无好怪别侬个，我只有怪自个。<br>$ŋo^{24}$ $ŋ^{22}$ $kɔ^{53}$ $kua^{33}$ $bə\mathrm{?}^2$ $nɔŋ^{334}$ $go^{231}$ ，$ŋo^{24}$ $ts\mathrm{ɿ}^{33}$ $iɤ^{53}$ $kua^{33}$ $zi^{24}$ $go\mathrm{?}^0$ 。 |
| 27 新昌 | 我无好怪别侬，我只有自怪自。<br>$ŋɤ^{232}$ $ŋ^{22}$ $kɔ^{53}$ $kua^{53}$ $biɛ\mathrm{?}^2$ $n\tilde{ɔ}^{232}$ ，$ŋɤ^{232}$ $ts\mathrm{ɿ}^{33}$ $iɯ^{53}$ $z\mathrm{ɿ}^{13}$ $kua^{33}$ $z\mathrm{ɿ}^{13}$ 。 |
| 28 诸暨 | 我弗怪人家，接＝怪自。<br>$ŋɤu^{13}$ $fə\mathrm{?}^5$ $kuA^{33}$ $nin^{21}$ $ko^{42}$ ，$tɕie\mathrm{?}^5$ $kuA^{33}$ $ʒ\mathrm{ɿ}^{13}$ 。 |
| 29 慈溪 | 我弗能怪别人，只得怪自家。<br>$ŋo^{11}$ $fa\mathrm{?}^5$ $nəŋ^0$ $kua^{44}$ $biə\mathrm{?}^2$ $ȵiŋ^0$ ，$tɕyo\mathrm{?}^5$ $ta\mathrm{?}^2$ $kua^{44}$ $i^{11}$ $ko^{44}$ 。 |
| 30 余姚 | 我勿好怪人家，只好怪自家。<br>$ŋo^{13}$ $və\mathrm{?}^2$ $hɔ^{34}$ $kua^{44}$ $ȵi\tilde{ɔ}^{13}$ $ko^{44}$ ，$tɕyo\mathrm{?}^5$ $hɔ^0$ $kua^{44}$ $i^{13}$ $ko^{44}$ 。 |
| 31 宁波 | 我好牿怪人家，只要怪自家。<br>$ŋo^{13}$ $hɔ^{53}$ $vəŋ^0$ $kua^{44}$ $ȵiŋ^{13}$ $ko^0$ ，$tɕiə\mathrm{?}^5$ $io^0$ $kua^{44}$ $zi^{22}$ $ko^{44}$ 。 |
| 32 镇海 | 我弗能怪人家，只能怪自家。<br>$ŋo^{24}$ $fa\mathrm{?}^5$ $nəŋ^{24}$ $kua^{33}$ $ȵiŋ^{24}$ $ko^{33}$ ，$tɕie\mathrm{?}^5$ $nəŋ^{24}$ $kua^{33}$ $zi^{24}$ $ko^{33}$ 。 |

续表

| 方言点 | 0038 我不能怪人家，只能怪自己。 |
|--------|--------------------------------|
| 33 奉化 | 我无告怨人家，只好怨自家。<br>$ŋəu^{33}$ $m^{33}$ $kʌ^0$ $y^{44}$ $ȵiŋ^{33}$ $ko^{53}$, $tɕiɿ^5$ $hʌ^0$ $y^{44}$ $dzɿ^{32}$ $ko^0$。 |
| 34 宁海 | 我无告=怪人家，只有怪自家。<br>$ŋo^{31}$ $m^{22}$ $kau^0$ $kua^{35}$ $ȵiŋ^{21}$ $ko^{33}$, $tsa?^3$ $iu^0$ $kua^{35}$ $zi^{22}$ $ko^{33}$。 |
| 35 象山 | 我剞怪人家，要怪怪实=家。<br>$ŋəu^{31}$ $vei^{13}$ $kua^{44}$ $ȵiŋ^{31}$ $ko^{35}$, $io^{44}$ $kua^{44}$ $kua^{44}$ $zo?^2$ $ko^{44}$。 |
| 36 普陀 | 我弗好怪人家，只好怪自家。<br>$ŋo^{23}$ $fa?^3$ $xɔ^{45}$ $kua^{55}$ $ȵiŋ^{33}$ $ko^{53}$, $tɕiɛ?^3$ $xɔ^{53}$ $kua^{55}$ $i^{11}$ $ko^{55}$。 |
| 37 定海 | 我怪别人怪弗来，只好怪自家。<br>$ŋo^{23}$ $kua^{33}$ $bie?^2$ $ȵiŋ^0$ $kua^{44}$ $fɐ?^3$ $le^0$, $tɕie?^5$ $xɔ^0$ $kua^{44}$ $i^{11}$ $ko^{44}$。 |
| 38 岱山 | 我怪别人怪勿来，只好怪自家。<br>$ŋo^{23}$ $kua^{44}$ $bie?^2$ $ȵiŋ^{44}$ $kua^{44}$ $vɐ?^2$ $le^0$, $tɕie?^5$ $xɔ^0$ $kua^{44}$ $i^{11}$ $ko^{44}$。 |
| 39 嵊泗 | 我莫怪人家，只怪自家。<br>$ŋo^{34}$ $ma^{53}$ $kua^{44}$ $ȵiŋ^{33}$ $ko^{44}$, $tɕiɛ?^3$ $kua^{44}$ $iɣ^{11}$ $ko^{44}$。 |
| 40 临海 | 我无有怪别个，菊=怪自己。<br>$ŋe^{52}$ $m^{22}$ $iu^{55}$ $kua^{55}$ $bie?^2$ $ke^{55}$, $tɕy?^5$ $kua^{55}$ $zɿ^{22}$ $tɕi^{52}$。 |
| 41 椒江 | 我无处怪别人，只好怪自己。<br>$ŋo^{42}$ $m^{31}$ $tsʰ ʮ^{55}$ $kua^{53}$ $bie?^2$ $ȵiŋ^{41}$, $tɕie?^5$ $hɔ^{42}$ $kua^{33}$ $zɿ^{22}$ $tɕi^{42}$。 |
| 42 黄岩 | 我无处怪别个，只好怪自己。<br>$ŋo^{42}$ $m^{121}$ $tsʰ ʮ^{55}$ $kua^{55}$ $bie?^2$ $kie^{51}$, $tɕie?^5$ $hɔ^{42}$ $kua^{55}$ $zɿ^{13}$ $tɕi^{42}$。 |
| 43 温岭 | 我无出怨人家，只好怨自己。<br>$ŋo^{42}$ $m^{13}$ $tɕʰ y?^5$ $yø^{33}$ $ȵin^{24}$ $ko^{31}$, $tsɿ^{55}$ $hɔ^{42}$ $yø^{33}$ $zɿ^{13}$ $tɕi^{42}$。 |
| 44 仙居 | 我弗怪别个，只怪自己。<br>$ŋo^{24}$ $fə?^5$ $kua^{55}$ $biə?^{23}$ $ko^{55}$, $tsə?^5$ $kua^0$ $zɿ^{33}$ $tɕi^{324}$。 |
| 45 天台 | 我孬怪别个人，只好怪我自己。<br>$ɔ^{21}$ $fau^{32}$ $kua^{55}$ $biə?^5$ $kou^0$ $ȵiŋ^{51}$, $tɕiə?^5$ $hau^0$ $kua^{55}$ $ɔ^{21}$ $zɿ^{33}$ $ki^{325}$。 |
| 46 三门 | 我弗能冤别人，质=能冤自家。<br>$ʋ^{325}$ $fə?^5$ $nəŋ^{113}$ $yø^{33}$ $bie?^2$ $ni^{252}$, $tsɐ?^5$ $nəŋ^{113}$ $yø^{33}$ $zɿ^{23}$ $ko^{52}$。 |
| 47 玉环 | 我弗怪别人，只怪自己。<br>$ŋo^{53}$ $fɐ?^5$ $kua^{55}$ $biɐ?^2$ $ȵiŋ^{41}$, $tsɐ?kua^{55}$ $zɿ^{22}$ $tɕi^{53}$。 |
| 48 金华 | 我弗好怪别个，只好怪我自。<br>$a^{535}$ $fə?^3$ $xao^{535}$ $kua^{55}$ $bie^{14}$ $kə?^0$, $tɕiə?^4$ $xao^{535}$ $kua^{55}$ $a^{55}$ $zi^{14}$。 |

续表

| 方言点 | 0038 我不能怪人家，只能怪自己。 |
|---|---|
| 49 汤溪 | 我弗怪别侬，只怪自。<br>ɑ¹¹³ fa⁵² kuɑ⁵² bie¹¹ nɑo⁵² ，tɕie⁵² kuɑ⁵² zi³⁴¹ 。 |
| 50 兰溪 | 我弗好怪别个，只好怪自。<br>uɤ⁵⁵ fəʔ³⁴ xɔ⁵⁵ kua⁴⁵ bieʔ¹² ga²⁴ ，tɕieʔ³⁴ xɔ⁵⁵ kua⁴⁵ zi²⁴ 。 |
| 51 浦江 | 我［弗要］要怨别个，只好怨我自。<br>ɑ⁵³ fɛ⁵⁵ i⁵⁵ yẽ³³ biə²⁴ kɑ³³⁴ ，tsɛ³³ xo⁵³ yẽ³³ ɑ¹¹ zi²⁴ 。 |
| 52 义乌 | 我勿好怪别侬，只好怪自。<br>a³³ bəʔ² ho⁴² kua⁴⁵ bie³¹ noŋ²¹³ ，tsai⁴⁵ ho³³ kua³³ zi²⁴ 。 |
| 53 东阳 | 我弗怪别个儿，怪我自。<br>ŋʊ²⁴ fəʔ⁴ kua⁵⁵ bieʔ²³ kan²³ ，kua³³ ŋʊ²⁴ zi³³ 。 |
| 54 永康 | 我弗好怪别侬，只好怪我自。<br>ŋuo³¹ fə³³ xɑu³¹ kuai⁵² ɓə³³ noŋ²⁴¹ ，tsəi⁵² xɑu³³⁴ kuai⁵² ŋuo³¹ ʑi²⁴¹ 。 |
| 55 武义 | 我□□做=够=个着，只有做=我自着罢呢。<br>a¹³ nie⁵³ kɑu⁰ tsuo⁴⁴⁵ kɑu⁵⁵ tɕia⁵³ dʑiɑu⁰ ，tsəʔ⁵ iɯ¹³ tsuo⁴⁴⁵ a¹³ ʑi⁵³ dʑiɑu⁰ ba⁰ nə⁰ 。 |
| 56 磐安 | 我难过怪别个，只能怪自。<br>ŋuɤ³³ nɒ²¹ kuɤ⁵⁵ kua⁵⁵ pie³³ ka⁵² ，tsɛi⁵⁵ nɐn²¹ kua⁵⁵ ʑi¹⁴ 。 |
| 57 缙云 | 我未都埋怨别人，便只埋怨自。<br>ŋu³¹ mei⁵¹ tu⁴⁴ ma⁴⁴ yɛ⁴⁵³ bie⁵¹ nɛŋ²⁴³ ，bieʔ tsʅ⁵¹ ma⁴⁴ yɛ⁴⁵³ zʅ²¹³ 。 |
| 58 衢州 | 我无法怪人家，只有怪自家。<br>ŋu⁵³ m̩²¹ faʔ⁵ kuɛ⁵³ n̠in²¹ ka³² ，tsəʔ³ iu⁵³ kuɛ⁵³ zʅ²³¹ ka³² 。 |
| 59 衢江 | 我无法怪别侬，得=怪自家。　"怪"韵殊<br>ŋaʔ² mɤ²⁵ faʔ⁵ kuã̃³³ biəʔ² nəŋ⁰ ，təʔ⁵ kuã̃³³ zʅ²² kuo³³ 。 |
| 60 龙游 | 奴弗怪别人，只怪自家。<br>nu²² fəʔ³ kua⁵¹ biəʔ² nən²²⁴ ，tsəʔ³ kua⁵¹ zi²² kuɑ³³⁴ 。 |
| 61 江山 | 我无法怪别侬，只有法怪自家。<br>ŋu²² m⁴⁴ faʔ⁵ kua⁵¹ biɛʔ² naŋ²¹³ ，tsəʔ⁵ iɯ²² faʔ⁵ kua⁵¹ dʑiɒiʔ² gɒ²² 。 |
| 62 常山 | 我无法怪别侬，只有法怪自家。<br>ŋa²⁴ n²² faʔ⁰ kuɛ⁵² bɤʔ³ nã̃⁵² ，dʑieʔ³ iu²⁴ faʔ⁰ kuɛ⁵² dʑieʔ³ ka⁴⁵ 。 |
| 63 开化 | 我无法怪侬家，只有怪自家。<br>ŋa²¹ muo²¹ faʔ⁵ kua⁴⁴ nɤŋ²¹ ka⁴⁴ ，tsʅ⁴⁴ iɯ²¹ kua⁵³ ʑiɛʔ² ka⁴⁴ 。 |
| 64 丽水 | 我弗能怪别人，只能怪自。<br>ŋuo⁴⁴ fəʔ⁵ nen²² kua⁴⁴ bəʔ² nen²² ，tsəʔ⁵ nen²² kua⁴⁴ zʅ¹³¹ 。 |

| 方言点 | 0038 我不能怪人家，只能怪自己。 |
|---|---|
| 65 青田 | 我弗好埋怨别人，只好埋怨自。<br>ŋu⁴⁵⁴ faʔ⁴ xœ⁴⁵⁴ mu²¹ yɐ³³ baʔ³ nɛ⁵³，tsaʔ⁴ xœ⁴⁵⁴ mu²¹ yɐ³³ zɿ²²。 |
| 66 云和 | 我无法怪别人，最⁼能怪特⁼自。<br>ŋo⁴⁴ m⁴⁵ fɔʔ⁵ kua⁴⁵ biɛʔ²³ nɛ³¹，tsei⁴⁵ nɛ³¹ kua⁴⁵ daʔ²³ zɿ²²³。 |
| 67 松阳 | 是我无涝⁼怪别侬，乙⁼好怪自。<br>ʑiʔ² ŋ³¹ muə¹³ lʌ²¹ kua³³ biɛʔ² nəŋ³¹，iʔ⁵ xei³³ kua³³ zɿ¹³。 |
| 68 宣平 | 我没法怪别人，只有自怪自。<br>o⁴⁴ mei⁵⁵ fɔʔ⁴ kua⁴⁴ biəʔ² nin⁴³³，tsəʔ⁵ iɯ²² zɿ²² kua⁴⁴ zɿ²³¹。 |
| 69 遂昌 | 我无法怪别个侬，总好怪自家。<br>ŋɒ¹³ muə²¹ faʔ⁵ kua³³ biɛʔ² kei⁴⁵ nəŋ⁰，tsəŋ⁵³ xɑɯ⁵³ kua³³ zy²ʔ kɒ³³⁴。 |
| 70 龙泉 | 我无让怨别侬，都怨独自。<br>ŋo⁵¹ mɣɯ⁴⁵ ȵiaŋ²¹ yo⁴⁵ biɛʔ³ nəŋ²¹，tou⁴⁵ yo⁵¹ douʔ³ zɿ²²⁴。 |
| 71 景宁 | 我弗怨别人，独怨自。<br>ŋo³³ fuʔ³ yœ³⁵ baʔ²³ naŋ⁴¹，dəɯʔ²³ yœ³³ zɿ¹¹³。 |
| 72 庆元 | 我否敢怪渠，益⁼好怪自。<br>ŋo²²¹ fɣ³³ kæ̃³³ kua¹¹ kɣ²²¹，iəɯʔ⁵ xɯ³³ kua¹¹ sɿ³¹。 |
| 73 泰顺 | 我否好怨别人，只好怨独自。<br>ŋɔ⁵⁵ fu²² xəu⁵⁵ yɛ³⁵ pɛʔ² nɛ⁵³，tsɿ⁵⁵ xəu⁵⁵ yɛ³⁵ təuʔ² sɿ²²。 |
| 74 温州 | 我否好怪别侬，只怪自呐。<br>ŋ¹⁴ fu³ hɘ²⁵ ka⁵¹ bi²⁴ naŋ³¹，tsɿ³³ ka⁵¹ zɿ²² na⁰。 |
| 75 永嘉 | 我否好怨别侬，只好怨自。<br>ŋ¹³ fu⁴³ hɘ⁴⁵ y⁵³ bi²¹³ naŋ²¹，tsɿ⁴³ hɘ⁴⁵ y⁵³ zɿ²²。 |
| 76 乐清 | 我无处怨别侬，只好怨自呐。<br>ŋ²⁴ m²² tɕʰy⁴¹ yɛ⁴¹ biɛ²² naŋ²²³，tsɿ³⁵ hɣ³⁵ yɛ⁴² zɿ²² na⁰。 |
| 77 瑞安 | 我[否好]拉怨别侬，只能怨自。<br>ŋ¹³ fɛ³²³ la⁰ y⁵³ bi² naŋ³¹，tsɿ³³ naŋ²¹ y⁵³ zɿ²²。 |
| 78 平阳 | 我否能怪别侬，只能怪自个。<br>ŋ³³ fu⁴⁵ naŋ³³ kʌ³³ bie²¹ naŋ¹³，tsɿ⁴⁵ naŋ³³ kʌ³³ zɿ²¹ kai⁵³。 |
| 79 文成 | 我否怪别侬，只怪达⁼自。<br>ŋ¹³ fu⁴⁵ kɔ³³ bie²¹ naŋ³³，tsɿ⁴⁵ kɔ³³ da²¹ zɿ²¹。 |
| 80 苍南 | 我[否会]怨别侬，只怨自个。<br>ŋ⁵³ huai⁴⁴ yɛ⁴² ba¹¹ naŋ¹¹²，tsɿ⁵³ yɛ⁴² zɿ¹¹ kai⁴²。 |

**续表**

| 方言点 | 0038 我不能怪人家，只能怪自己。 |
|---|---|
| 81 建德<sub>徽</sub> | 卬弗好怪别个，只好怪自盖＝。<br>aŋ²¹³ fɐʔ⁵ hɔ²¹³ kuɑ³³ pi²¹ ka³³，tsɿ⁵⁵ hɔ²¹³ kuɑ³³ ɕi⁵⁵ kɛ³³。 |
| 82 寿昌<sub>徽</sub> | 咱勿能够怪侬家，只能够怪自家。<br>tsa⁵² uəʔ³ len¹¹ kəɯ³³ kuɑ³³ nɔŋ¹¹ kuɑ¹¹²，tsɿ³³ len¹¹ kəɯ³³ kuɑ³³ sɿ³³ ka¹¹²。 |
| 83 淳安<sub>徽</sub> | 我不能够怪别侬，滴＝能够怪自家。<br>u⁵⁵ pəʔ⁵ len²¹ kɯ²⁴ kuɑ²⁴ pʰiəʔ¹³ lon²⁴，tiʔ⁵ len²¹ kɯ²⁴ kuɑ²⁴ sa⁵³ ko⁵⁵。 |
| 84 遂安<sub>徽</sub> | 我不怪别侬，只怪自家。<br>kɔ³³ pəɯ²⁴ kuɑ⁴³ pʰie²¹³ ləŋ³³，tsɿ²¹³ kuɑ⁴³ sɿ⁵⁵ ka⁵³⁴。 |
| 85 苍南<sub>闽</sub> | 我唔能怪别侬，总怪该己。<br>gua³² m²¹ lan⁵⁵ kuai²¹ pɐ²¹ lan²⁴，tsɑŋ⁴³ kuai⁵⁵ kai²¹ ki²¹。 |
| 86 泰顺<sub>闽</sub> | 我唔怪别侬，只好怪独自。<br>ŋa³⁴⁴ mei²¹ kuai³⁴ pøʔ³ nəŋ²²，tsøʔ⁰ xou³⁴⁴ kuai⁵³ tɛʔ³ tɕi³¹。 |
| 87 洞头<sub>闽</sub> | 我唔怪别侬，只怪阿己。<br>gua³³ m²⁴ kuai⁵³ pɐt²¹ laŋ²⁴，tsɿ²⁴ kuai⁵³ a²¹ ki²¹。 |
| 88 景宁<sub>畲</sub> | 我无怪别人，只能怪独家。<br>ŋɔi⁴⁴ ŋ²² kuɔi⁴⁴ pʰieʔ² n̠in²²，tsɿ⁴⁴ nən²² kuɔi⁴⁴ tɔʔ² kɔ⁴⁴。 |

| 方言点 | 0039 a. 明天王经理会来公司吗？ b. 我看他不会来。 |
|---|---|
| 01 杭州 | a. 明朝王经理会不会来公司？ b. 我看他[不会]来。<br>a. məŋ²² tsɔ⁴⁵ uaŋ²² tɕiŋ³³ li⁴⁵ uei¹³ paʔ⁵ ueiⁿ lɛ²² koŋ³³ sɿ⁴⁵？<br>b. ŋəu⁵³ kʰɛ⁴⁵ tʰa⁵³ pei⁴⁵ lɛ²¹³ |
| 02 嘉兴 | a. 明朝王经理公司里会来哦？ b. 我看伊勿会来。<br>a. məŋ²¹ tsɔ³³ uÃ²¹ tɕiŋ³³ li²¹ koŋ³³ sɿ³³ li²¹ uei³³ lɛ²⁴ vA³³？ b. ŋ¹³ kʰə³³ i²¹ vəʔ¹ uei²¹ lɛ²¹ |
| 03 嘉善 | a. 明朝公司里向王经理弗[知道]会得来哦？ b. 我看伊弗会得来。<br>a. mən¹³ tsɔ⁵³ koŋ³⁵ sɿ⁵³ li²² ɕiæ⁵³ uã¹³ tɕin⁵⁵ liⁿ fəʔ⁵ tsɔ⁵³ uɛ⁴⁴ təʔ⁵ lɛ³¹ vəʔ²？<br>b. ŋ¹³ kʰø³⁵ i⁵³ fəʔ⁵ uɛ⁴⁴ təʔ⁵ lɛⁿ。 |
| 04 平湖 | a. 王经理明朝到公司里来哦？ b. 我看伊勿会得来个。<br>a. uã³¹ tsin⁴⁴ liⁿ min²⁴ tsɔ⁵³ tɔ³³⁴ koŋ⁴⁴ sɿ⁵³ liⁿ lɛ³¹ va⁰。<br>b. ŋ²¹³ kʰø³³⁴ i⁴⁴ vəʔ²³ uɛ⁴⁴ təʔ⁵ lɛ³¹ kəʔ⁰。 |
| 05 海盐 | a. 明朝王经理有得到公司里来哦？ b. 我诺⁼看是勿会得来。<br>a. mən²⁴ tsɔ⁵³ uã⁵⁵ tɕin⁵³ li²¹ io²¹³ tɤ²¹ tɔ³³⁴ koŋ⁵⁵ sɿ⁵³ li²¹ lɛ³¹ vaʔ²³？<br>b. ɔʔ²³ nɔʔ²³ kʰɤ³³⁴ zɿ²¹ vəʔ²³ uɛ⁵⁵ tɤ²¹ lɛ³¹。 |
| 06 海宁 | a. 王经理明朝公司里来哦？ b. 我看伊是弗会得来个。<br>a. uã³³ tɕin⁵⁵ li³³ mən³³ tsɔ⁵⁵ koŋ⁵⁵ sɿ⁵³ li⁵⁵ lɛ³³ vəʔ²？<br>b. u³⁵ kʰɛ⁵⁵ i⁵⁵ zɿ³³ fəʔ⁵ uɛ³³ təʔ⁵ lɛ³³ gəʔ²。 |
| 07 桐乡 | a. 明朝王经理有得来公司啦？ b. 我看伊弗带⁼会得来。<br>a. mən²¹ tsɔ⁴⁴ ʋ̃²¹ tɕin⁴⁴ li⁴⁴ iɤɯ²⁴² təʔ⁰ lɛ¹³ koŋ⁴⁴ sɿ⁴⁴ la⁴⁴？<br>b. u⁵³ kʰɛ³³ i⁵³ fəʔ³ ta⁴⁴ uei⁰ təʔ⁰ lɛ⁰。 |
| 08 崇德 | a. 明朝王经理有得来公司哦？ b. 我看伊弗有得来。<br>a. məŋ²¹ tsɔ⁴⁴ uã²¹ tɕin⁴⁴ li⁴⁴ iɤɯ⁵⁵ təʔ⁰ lɛ²¹ koŋ⁴⁴ sɿ⁴⁴ vəʔ⁴？<br>b. o⁵³ kʰɛ³³ i¹³ fəʔ³ iɤɯ⁵⁵ təʔ⁰ lɛ¹³。 |
| 09 湖州 | a. 明朝王经理会特⁼到公司里来哦？ b. 我看弗会得来。<br>a. mən³¹ tsɔ⁵³ uã³¹ tɕin⁵³ li³⁵ uei³¹ dəʔ² tɔ³⁵ koŋ⁴⁴ sɿ⁴⁴ li⁴⁴ lɛ⁴⁴ vəʔ⁰？<br>b. ŋ³⁵ kʰɛ⁵³ fəʔ⁵ uei⁵³ təʔ² lɛ⁰。 |
| 10 德清 | a. 明朝王经理会得来公司哦？ b. 是我看勿得来的。<br>a. min³³ tsɔ³⁵ uã³¹ tɕin¹³ li¹³ uɛ³³ təʔ⁵ lɛ³³ koŋ³³ sɿ³³ vəʔ²？<br>b. zuoʔ² ŋ³⁵ kʰɛ⁵³ vɛ¹³ təʔ⁵ lɛ³¹ tie⁰。 |
| 11 武康 | a. 明朝王经理公司会来哦？ b. 是我看是勿会特⁼来个。<br>a. min³³ tsɔ³⁵ uã³¹ tɕin¹³ li¹³ koŋ⁴⁴ sɿ⁴⁴ uɛ⁵³ lɛ³¹ vəʔ²？<br>b. zəʔ² ŋo¹³ kʰø⁵³ zɿ³¹ vəʔ² uɛ¹³ dɛ²ʔ lɛ³¹ o⁰。 |

续表

| 方言点 | 0039 a.明天王经理会来公司吗？ b.我看他不会来。 |
|---|---|
| 12 安吉 | a.明朝王经理会得到公司里来得？ b.我看弗会得来。<br>a. məŋ²² tsɔ²² u ɔ̃²² tɕiŋ⁵⁵ li⁵⁵ ue²¹ tə?⁰ tɔ³² koŋ⁵⁵ sʅ⁵⁵ li⁵⁵ lɛ²² va⁰？<br>b. ŋɔ²¹³ kʰɛ³² fə?⁵ ue²¹ tə?⁰ lɛ²²。 |
| 13 孝丰 | a.明朝王经理会弗会来公司啊？ b.我看渠弗会来。<br>a. məŋ²² tsɔ²² u ɔ̃²² tɕiŋ⁴⁴ li⁴⁴ ue³² fə?⁵ ue³² lɛ²² koŋ⁴⁴ sʅ⁴⁴ a?⁵？<br>b. ŋuo?²³ kʰe³²⁴ dʑi³²⁴ fə?³ ue³²⁴ lɛ²²。 |
| 14 长兴 | a.明朝王经理阿＝活＝得来公司啊？ b.我看弗活＝得来。<br>a. məŋ¹² tsɔ³³ ɔ̃¹² tʃiŋ⁴⁴ lʅ⁴⁴ a?⁵ uə?² tə?⁵ luɯ¹² koŋ⁴⁴ sʅ⁴⁴ a⁰？ b. ŋ⁵² kʰ ɯ³² fə?⁵ uə?² tə?⁵ luɯ¹²。 |
| 15 余杭 | a.明朝王经理来勿来公司个？ b.是我看伊弗会得来个。<br>a. miŋ³¹ tsɔ⁵³ u ã³¹ tɕiŋ³³ li³¹ lɛ³¹ və?² lɛ³¹ koŋ⁵⁵ sʅ⁵³ go?²？<br>b. zo?² ŋ⁵³ kʰ u ɔ̃⁵³ i³¹ fə?⁵ ue⁰ tə?⁵ lɛ³¹ go?²。 |
| 16 临安 | a.明朝王经理来勿来公司个？ b.我看伊弗大会来。<br>a. meŋ³³ tsɔ⁵⁵ u ã³¹ tɕieŋ³³ li⁵³ lɛ³³ və?² lɛ³³ koŋ⁵³ sʅ³³ guo?⁰？<br>b. ŋuo¹³ kʰœ⁵⁵ i⁵⁵ fɐ?⁵ da³³ uɛ³³ lɛ⁰。 |
| 17 昌化 | a.明朝王经理会不会来公司啊？ b.我看不大会来哦。<br>a. məŋ¹¹ tsɔ³³⁴ u ɔ̃¹¹ tɕiəŋ³³ li⁴⁵ uei²⁴ pə?⁵ uei²⁴ lɛ¹¹² kəŋ³³ sʅ⁴⁵ a⁰？<br>b. a²⁴ kʰ ɛ̃⁵⁴ pə?⁵ da²⁴ uei²⁴ lɛ¹¹² ɯ⁰。 |
| 18 於潜 | a.王经理明朝来不来公司个？ b.我看他不会来个。<br>a. uaŋ²²³ tɕiŋ⁴³ li⁵³ miŋ²² tsɔ⁴³³ le²²³ pə?² le²²³ koŋ⁴³ sʅ⁴³³ kə?²？<br>b. ŋu⁵¹ kʰɛ³⁵ tʰa⁴³³ pə?² ue²²³ le²²³ kə?²。 |
| 19 萧山 | a.明朝王经理会会来公司？ b.我看伊〔弗会〕来。<br>a. məŋ¹³ tsɔ³³ u ɔ̃¹³ tɕiŋ³³ li⁴² ue¹³ ue⁴² le⁴² koŋ²¹ sʅ²¹？ b. ŋɔ¹³ kʰie⁴² i⁴² fe²¹ le²¹。 |
| 20 富阳 | a.明朝王经理会来公司么？ b.我看伊〔弗会〕来。<br>a. mən¹³ tsɔ⁵⁵ u ã¹³ tɕiŋ⁵⁵ li⁰ uɛ³³⁵ lɛ¹³ koŋ⁵⁵ sʅ⁵⁵ mɛ⁰？ b. ŋɔ²²⁴ kʰi ɛ̃³³⁵ i²²⁴ fɛ³³⁵ lɛ³¹。 |
| 21 新登 | a.明朝王经理会来公司吗？ b.我看伊弗会来。<br>a. meiŋ²³³ tsɔ³³⁴ u ã²³³ tɕiŋ⁵³ li³³⁴ ue¹³ le¹³ koŋ⁵³ sʅ³³⁴ ma⁰？ b. u³³⁴ kʰ ɛ̃⁵³ i³³⁴ fa?⁵ ue⁴⁵ le²³³。 |
| 22 桐庐 | a.门＝朝王经理会来公司哦？ b.我望伊勿会来。<br>a. məŋ²¹ tsɔ³⁵ u ã²¹ tɕiŋ²¹ li³⁵ uɛ²¹ lɛ²¹ koŋ⁵⁵ zʅ²¹ va³³？ b. ŋɔ³³ moŋ¹³ i²¹ və?⁵ uɛ²¹ lɛ²¹。 |
| 23 分水 | a.我不晓得王经理明天来不来公司？ b.我想他不会来。<br>a. ŋɔ⁴⁴ pə?⁵ ɕiɔ⁴⁴ tə?⁵ u ã²² tɕin⁴⁴ li⁵⁵ min²¹ tʰi ɛ̃⁴⁴ lɛ²¹ pə?⁵ lɛ²¹ koŋ⁴⁴ sʅ⁴⁴？<br>b. ŋɔ⁴⁴ ɕi ã⁵⁵ tʰa⁴⁴ pə?⁵ ue²⁴ lɛ²¹。 |
| 24 绍兴 | a.明朝王经理会勿会来公司？ b.我看伊〔弗会〕来。<br>a. miŋ²² tsɔ⁵³ uaŋ²² tɕiŋ³³ li³³ uɛ²⁴ ve?² uɛ³³ lɛ³³ koŋ³³ sʅ⁵³？ b. ŋɔ²² kʰ ɛ̃³³ i³³ fɛ⁴⁴ lɛ³¹。 |

| 方言点 | 0039 a. 明天王经理会来公司吗？ b. 我看他不会来。 |
|---|---|
| 25 上虞 | a. 明朝王经理公司会会来啦？ b. 我看伊剑来个。<br>a. miŋ²¹tsɔ⁵³uɔ̃²¹tɕiŋ³³li⁰koŋ³³sʅ⁵³ue³¹ue⁰le²¹³la⁰？ b. ŋo²¹kʰe⁵⁵i²¹ue³¹le²¹kə?²。 |
| 26 嵊州 | a. 明朝王经理公司里会会来啦？ b. 我看来伊［弗会］来个。<br>a. miŋ²²tsɔ³³uɔŋ²²tɕiŋ³³li²⁴kuoŋ⁵³sʅ³³li³³uɛ²⁴uɛ²⁴lɛ²²la⁰？<br>b. ŋo²⁴kʰœ̃³³lɛ³³i³³fɛ³³lɛ⁴⁴go⁰。 |
| 27 新昌 | a. 明朝间王经理俚公司里来弗来啊？ b. 我望望渠是［弗会］来个。<br>a. miŋ¹³tsɔ³³kɛ̃⁵³uɔ²²tɕiŋ³³li²³²ŋa²³²koŋ³³sʅ⁴⁵li³¹le²²fe?³le¹³a⁰？<br>b. ŋɤ²³²mɔ̃²²mɔ̃²³²dʑi²²zʅ²²fe³³le⁴⁵go³¹。 |
| 28 诸暨 | a. 明朝王经理会来公司无没？ b. 我看渠弗会来。<br>a. mɛn¹³tsɔ⁴²vã²¹tɕiŋ²¹lʅ¹³ve³³le³³kom³³sʅ³³m³³mə?³？<br>b. ŋɤu¹³kʰə⁴²dʑʅ²¹fə?³ve³³le¹³。 |
| 29 慈溪 | a. 王经理明朝到公司会来哦？ b. 我话渠弗会来个。<br>a. uẽ¹¹tɕiŋ⁴⁴li⁰m¹¹tsɔ³⁵tɔ³³kuŋ³³sʅ³⁵ue¹¹le¹³ua⁵³？ b. ŋo¹³uoⁱ¹ge¹³fa?⁵ue⁰le¹³kə?²。 |
| 30 余姚 | a. 明朝王经理公司里会来勿？ b. 我估道渠剑来个。<br>a. miɔ̃¹³tsɔ⁴⁴uɔŋ¹³tɕiɔ̃⁴⁴li¹³kuŋ⁴⁴sʅ⁴⁴li⁰ue¹³le¹³ve⁴⁴？<br>b. ŋo¹³ku⁴⁴dɔ¹³ge¹³ue⁴⁴le¹³kə?⁵。 |
| 31 宁波 | a. 明朝王经理会来公司哦？ b. 我看渠剑来或⁼。<br>a. miŋ¹³tɕiɔ⁵³uɔ¹³tɕiŋ⁴⁴li⁰uɐi¹³le⁰koŋ⁴⁴sʅ⁴⁴va?³？ b. ŋo¹³kɛ⁴⁴dʑi⁰vɐi⁴⁴le⁰o?²。 |
| 32 镇海 | a. 明朝王经理会来公司哦？ b. 我看渠剑来唻。<br>a. miŋ²⁴tɕiɔ⁵³uɔ̃²⁴tɕiŋ³³li²⁴uei¹³le⁰koŋ³³sʅ³³ua⁰？ b. ŋo²⁴kʰi³³dʑi²⁴vei²⁴le²⁴le⁰。 |
| 33 奉化 | a. 明朝王经理会来公司无？ b. 我忖渠是［弗会］来哦。<br>a. miŋ³³tɕiɔ⁵³uɔ̃³³tɕiŋ⁴⁴li⁰uei³³le³³koŋ⁴⁴sʅ⁴⁴m³¹？<br>b. ŋəu³²⁴tsʰən⁴⁴dʑi³³zʅ³³fei⁴⁴le⁰o⁰。 |
| 34 宁海 | a. 天酿⁼王经理会搭公司来勿？ b. 我忖渠弗会来。<br>a. tʰie³³ȵiã²⁴uɔ̃²²tɕiŋ³³li⁰ua?³ta?³kuŋ³³sʅ⁰lei²³ua⁰？<br>b. ŋo³¹tsʰən⁵³dʑʅ²¹fə?³uei⁰lei¹³。 |
| 35 象山 | a. 明朝王经理公司会来个□？ b. 我看渠是剑来。<br>a. miŋ³¹dʑio³¹uɔ³¹tɕiŋ⁴⁴li⁰koŋ⁴⁴sʅ⁴⁴uei¹³lei¹³ge?²vɤɯ¹³？<br>b. ŋəu³¹kʰɛ⁴⁴dʑie?²zʅ¹³vei¹³lei³¹。 |
| 36 普陀 | a. 明朝王经理会来公司勿？ b. 我看渠剑来。<br>a. miŋ³³tɕiɔ⁵³uɔ³³tɕiŋ⁵³li³³uæi¹³lɛ³³koŋ³³sʅ⁵³væi⁰？ b. ŋo²³kʰi³³dʑi³³væi¹³lɛ⁰。 |
| 37 定海 | a. 明朝王经理公司会来勿呵？ b. 我看渠剑来呵。<br>a. mɐŋ³³tɕio⁵²uɔ̃³³tɕiŋ⁴⁴li⁰koŋ³³sʅ⁵²uɐi³³lɛ⁴⁵vɐ?²？<br>b. ŋo²³kʰi⁴⁴dʑi³³vɐi²³lɛ⁰ʌu⁰。 |

续表

| 方言点 | 0039 a. 明天王经理会来公司吗？ b. 我看他不会来。 |
|---|---|
| 38 岱山 | a. 明朝王经理公司会来剹？ b. 我忖忖渠剹来呵。<br>a. miŋ³³ tɕio⁵² uõ³³ tɕiŋ⁵² li⁰ koŋ³³ sʅ⁵² uɐi³³ le³¹ vɐi⁰？<br>b. ŋo²³ tsʰɐŋ³³ tsʰɐŋ⁵² dʑi⁰ vɐi²³ le⁰ ʌu⁰。 |
| 39 嵊泗 | a. 王经理明朝搭公司来勿？ b. 我看看渠是剹来个。<br>a. uõ³³ tɕiŋ⁴⁴ li⁰ mi³³ tɕio⁰ tɐʔ³ kõ⁴⁴ sʅ⁵³ le²⁴ vɐi⁴⁴？<br>b. ŋo³⁴ kʰi³³ kʰi⁰ dʑi³³ zʅ⁴⁴ vɐi²⁴ le⁰ gʌu⁰。 |
| 40 临海 | a. 天酿⁼王经理会来公司哇？ b. 我望望渠[弗会]来个。<br>a. tʰi³³ ȵiã⁴⁴ɔ̃²² tɕiŋ³³ li⁵² uo⁰ʔ³ le²¹ koŋ⁵⁵ sʅ³¹ uə⁰？<br>b. ŋe⁵² mɔ̃²² mɔ̃²² ge²¹ fi⁵⁵ le²¹ kəʔ⁰。 |
| 41 椒江 | a. 天酿⁼王经理会趖公司来哦？ b. 我望渠[弗会]来㸬。<br>a. tʰie³³ ȵiã⁴⁴ uɔ̃²² tɕiŋ³³ li⁴² uəʔ³ dio³¹ koŋ³⁵ sʅ⁴² lə³¹ vɛ⁰？<br>b. ŋo⁴² mɔ̃²² gəʔ³¹ fe⁵⁵ lə³¹ ɔ⁰。 |
| 42 黄岩 | a. 天酿⁼王经理弗即⁼到公司来哦？ b. 我望渠弗来。<br>a. tʰie³³ ȵiã⁴⁴ uɔ̃¹³ tɕiŋ³³ li⁴² fəʔ⁵ tɕieʔ⁵ tɔ³³ koŋ³⁵ sʅ⁴² le¹²¹ və⁰？<br>b. ŋo⁴² mɔ̃¹³ gie¹²¹ fəʔ⁵ le¹²¹。 |
| 43 温岭 | a. 天酿⁼王经理会来公司哦？ b. 我望渠弗来㸬。<br>a. tʰie³⁵ ȵiã⁴⁴ uɔ̃¹³ tɕiŋ³³ li⁴² uoʔ³ le³¹ kuŋ⁵⁵ sʅ³¹ və⁰？<br>b. ŋo⁴² mɔ̃¹³ gie³¹ fəʔ⁵ le⁵¹ ɔ⁰。 |
| 44 仙居 | a. 明朝王经理会来公司哇？ b. 我望渠[弗会]来。<br>a. mi³³ tɕiɐɯ⁵³ uɑ̃³³ tɕin³³ li³²⁴ uəʔ³ læ²¹ koŋ³³ sʅ³³ uəʔ⁰？<br>b. ŋo²⁴ mɑ̃²⁴ gæ²¹³ fæ⁵⁵ læ²¹³。 |
| 45 天台 | a. 天亮王经理搭公司武⁼来哦？ b. 我想渠[弗会]来。<br>a. tʰe³³ ȵia⁵¹ uɔ³³ kiŋ³³ li⁰ taʔ⁵ kŋ³³ sʅ⁰ vu²¹ lei²²⁴ ve⁰？ b. ɔ²¹ ɕia³² gei²² fei³³ lei²²⁴。 |
| 46 三门 | a. 天酿⁼王经理会来公司吗？ b. 我想渠弗会来。<br>a. tʰie⁵⁵ liɑ̃⁵⁵ uə¹¹ tɕiŋ³³ li³²⁵ ue²⁴ le¹¹ koŋ³³ sʅ³³⁴ ma⁰？<br>b. ʋ³²⁵ ɕiɑ̃³²⁵ dʑi¹¹³ fəʔ³ ue⁵⁵ le¹¹³。 |
| 47 玉环 | a. 天酿⁼王经理会来公司哦？ b. 我望渠弗会来。<br>a. tʰie³³ ȵia⁴⁴ɔ̃²² tɕiŋ³³ li⁴² ue²² le³¹ koŋ⁵⁵ sʅ⁴² və⁰？ b. ŋo⁵³ mɔ²² gie³¹ fɐʔ³ ue²² le³¹。 |
| 48 金华 | a. 明朝王经理会弗会来公司？ b. 我望渠弗会来。<br>a. miŋ³¹ tɕiɑo³³⁴ uaŋ³¹ tɕi³³ li⁵³⁵ ue⁵⁵ fəʔ³ ue⁵⁵ lɛ³¹³ koŋ³³ sʅ⁵⁵？<br>b. ɑ⁵³⁵ moŋ¹⁴ gəʔ²¹² fəʔ³ ue⁵⁵ lɛ³¹³。<br>a. 明朝王经理会来公司弗？ b. 我望渠[弗会]来。<br>a. miŋ³¹ tɕiɑo³³⁴ uaŋ³¹ tɕi³³ li⁵³⁵ ue⁵⁵ lɛ³¹³ koŋ³³ sʅ⁵⁵ fəʔ⁰？<br>b. ɑ⁵³⁵ moŋ¹⁴ gəʔ²¹² fɛ⁵⁵ lɛ³¹³。 |

| 方言点 | 0039 a. 明天王经理会来公司吗？ b. 我看他不会来。 |
|---|---|
| 49 汤溪 | a. 明朝王经理会到公司来弗？ b. 我望［弗会］来罢。<br>a. mɛ̃i³³ tɕiɔ²⁴ uɑ¹¹ tɕiɛ̃i³³ li¹¹³ uɛ¹¹ tɔ⁵² kɑo²⁴ sʅ⁰ lɛ¹¹ fə⁰？<br>b. ɑ¹¹³ mɑo³⁴¹ fuɛ⁵² lɛ¹¹ bɑ¹¹³。 |
| 50 兰溪 | a. 明朝王经理会到公司里来弗？ b. 我望望嘞渠［弗会］来个。<br>a. min²¹ tɕiɔ³³⁴ uɑŋ²¹ tɕin³³⁴ li⁵⁵ uɛ⁵⁵ tɔ³³⁴ koŋ³³⁴ sʅ⁴⁵ li⁰ le⁰ fə?³⁴？<br>b. uɤ⁵⁵ moŋ²⁴ moŋ⁰ lə?⁰ gi²¹ fe⁴⁵ le²¹ kə?⁰。 |
| 51 浦江 | a. 明朝日王经理会会来公司？ b. 我望去渠弗会来。<br>a. mən¹¹ tsɯ³³ ȵiə⁵⁵õ¹¹ tɕiən³³ li⁵³ uɑ²⁴ uɑ⁰ lɑ¹¹³ kon⁵⁵ sʅ³³⁴？<br>b. ɑ⁵⁵ mõ²⁴ i⁰ ʑi²³² fɑ⁵⁵ uɑ⁵⁵ lɑ¹¹³。 |
| 52 义乌 | a. 明朝王经理会来公司［勿啊］？ b. 我望渠勿会来。<br>a. mən²² tɕie⁴⁵ n²² tɕiən⁴⁵ li³¹ uɛ⁴² le²² koŋ³³ sʅ⁴⁵ bɑ³¹？<br>b. ɑ⁴⁵ mɯɤ²⁴ ɑi²² bə?² ue²⁴ le²²。 |
| 53 东阳 | a. 王经理明朝会来公司［弗啊］？ b. 我望渠弗会来。<br>a. ɔ²⁴ tɕiɐn³³ li²⁴ mɐn²⁴ tɕiɔ⁴⁴ uei²¹³ lei³³ kɔm³³ sʅ⁵⁵ fɐ?³³？<br>b. ŋʊ²⁴ mɯ²² gɐɯ³³ fɐ?³⁴ ue³³ lei³³。 |
| 54 永康 | a. 明朝王经理会来公司弗啦？ b. 我望渠来=［弗会］来哦。<br>a. miŋ³³ tɕiɑu⁵⁵ uɑŋ³³ tɕiŋ⁵⁵ li¹¹³ uəi³¹ ləi³¹ koŋ³³ sʅ⁵⁵ fɔ³³ lɑ⁵⁵？<br>b. ŋuo³¹ mɑŋ²⁴¹ gu²² ləi³¹ fəi⁵² ləi²² ɑu⁰。 |
| 55 武义 | a. 明日王经理会到公司来弗呐？ b. 我想渠［弗乐］来个。<br>a. muo¹³ nə²⁴ uɑŋ⁵⁵ tɕin⁵⁵ li¹³ uɑ⁵⁵ lɤ⁴⁴⁵ koŋ²¹ sʅ⁵³ lɑ⁵⁵ fə?⁵ nɑ⁰？<br>b. ɑ¹³ ɕiɑŋ⁴⁴⁵ gu¹³ fɑu⁵³ lɑ²¹ gɔ²⁴。 |
| 56 磐安 | a. 明朝王经理会来公司［弗啊］？ b. 我望渠［弗会］来。<br>a. mɐn²¹ dʑio¹⁴ uɑn²² tɕiɐn³³ li³³ ue⁵⁵ le²² kɔom³³ sʅ⁴⁴⁵ fɑ⁰？<br>b. ŋʉɤ³³ mo¹⁴ gɐɯ²² fe⁵⁵ le²¹。 |
| 57 缙云 | a. 明朝日王经理会来公司弗？ b. 我□渠［弗会］来。<br>a. məɤ⁴⁴ tɕiəɤ⁴⁴ ȵiei⁴⁵ iɔ²⁴³ tɕiəŋ⁴⁴ li⁴⁴ uɛ⁵¹* lei²⁴³ kõũ⁴⁴ sʅ⁴⁴ fɛ³²²？<br>b. ŋu³¹ ȵiɑ⁴⁴ gɤ³¹ fei⁵¹ lei²⁴³。 |
| 58 衢州 | a. 明日王经理会到公司来弗？ b. 我看渠勿来啰。<br>a. mə?² ȵiə?¹² uɑ̃²¹ tɕin³² li⁵³ ue²³¹ tɔ⁵³ koŋ³² sʅ⁵³ lɛ²¹ fə?⁵？<br>b. ŋu⁵³ kʰõ̃⁵³ gi²¹ ve²³¹ lɛ²¹ lo⁰。 |
| 59 衢江 | a. 明日王经理晓会到公司高来［弗啊］？ b. 我促=渠勿来哦。<br>a. mə?² nə?² ɑ̃²² tɕiŋ³³ li⁵³ ɕiɔ²⁵ uei²¹² tɔ⁵³ kəŋ³³ sʅ³³ kɔ⁰ li²¹² fɑ?⁰？<br>b. ŋɑ?² tsʰə?⁵ gə?⁰ vɑ²² li²¹² o⁰。 |

续表

| 方言点 | 0039 a.明天王经理会来公司吗？ b.我看他不会来。 |
|---|---|
| 60 龙游 | a.王经理明日会到公司里来弗？ b.奴啙渠姁来哦。<br>a. uã²² tɕin³³ li⁵¹ mei²² nə²³ uei²² tɔ⁵¹ koŋ³³ sɿ³³⁴ li⁰ lei²² fəʔ⁴？<br>b. nu²² tɕʰi⁵¹ gəɯ⁰ vɛ²²⁴ lei²³¹ o⁰。 |
| 61 江山 | a.明日王经理字=□到公司里来嘎？ b.我促=渠[弗会]来个。<br>a. maʔ² lə² uaŋ²² kĩ⁴⁴ li²² bəʔ² lɯɯ⁵¹ tɐɯ⁵¹ koŋ⁴⁴ sə⁴⁴ lə⁰ li²¹³ ga⁰？<br>b. ŋɔ²² tsʰo²⁵ ŋə²² fa⁴⁴ li²¹³ gəʔ⁰。 |
| 62 常山 | a.明天王经理会到公司里来吗？ b.我促=渠[弗会]来。<br>a. mã²² nʌʔ³⁴ uã²² tɕĩ⁴⁴ li⁰ uɛ²⁴ tɤ⁵² koŋ⁴⁴ lɤ⁵ liʔ⁵ li³⁴¹ ma⁰？<br>b. ŋɑ²⁴ tsʰɤʔ⁵ ŋɤ⁰ fɛ⁵² li³⁴¹。 |
| 63 开化 | a.王经理明日会[弗会]来公司？ b.我促=渠是[弗会]来。<br>a. uã²¹ tɕin⁴⁴ li⁵³ mã¹³ naʔ² ua²¹ fa⁴⁴ li²³¹ kɤŋ⁴⁴ sɿ¹？　b. ŋɑ²¹ tsʰ əʔ⁵ giɛ⁰ dziɛ⁰ fa⁵³ li⁰。 |
| 64 丽水 | a.明朝王经理会来公司弗？ b.我望渠弗会来。<br>a. men²² tɕiə²²⁴ uã²² tɕin⁴⁴ li⁵⁴⁴ uei²² li²² koŋ⁴⁴ sɿ²²⁴ fəʔ⁵？<br>b. ŋuo⁵⁴⁴ mɔŋ¹³¹ gɯ²² fəʔ⁵ uei²² li²²。 |
| 65 青田 | a.明朝日王经理会来公司[弗会]？ b.我相渠弗会走来。<br>a. maʔ³ tɕiɶ⁵⁵ nɛʔ³¹ io²² tɕin³³ li⁵⁵ uæi²² li²¹ koŋ²² sɿ⁴⁴⁵ fɛ⁵⁵？<br>b. ŋu⁴⁵⁴ ɕi³³ gi²¹ faʔ⁴ uæi²² tsæi⁵⁵ li⁵³。 |
| 66 云和 | a.明朝王经理会来公司[弗啊]？ b.我相渠[弗会]来哇。<br>a. məɯ²²³ tɕiaɔ²⁴ iɔ̃³¹ tɕiŋ⁴⁴ li⁴¹ uei²²³ li³¹ koŋ⁴⁴ sɿ²⁴ fɔ⁵？<br>b. ŋɔ⁴⁴ ɕiã̃⁴⁵ gi³¹ fei⁴⁵ li³¹ ua⁰。 |
| 67 松阳 | a.明朝王经理会来公司[弗啊]？ b.是我望是渠弗会来。<br>a. min³³ tɕiɔ⁵³ iɔŋ³³ tɕin²⁴ li¹³ uei¹³ li²² kəŋ²⁴ sɿə⁵³ fa⁰？<br>b. ʑiʔ² ŋ³¹ mɔŋ¹³ ʑiʔ² gəʔ² fɤ⁵ uei¹³ li³¹。 |
| 68 宣平 | a.明日王经理会走公司埔来弗啊？ b.我望渠[弗会]来。<br>a. mã̃⁴³ nəʔ²³ uã̃²² tɕin⁴⁴ li²² uei²² tsəɯ⁴⁴ kən⁴⁴ sɿ³² tɑʔ⁵ lei⁴³³ fəʔ⁴ a⁰？<br>b. o²² mɔ̃²³¹ gɯ²² fei⁵⁵ lei⁴³³。 |
| 69 遂昌 | a.明日王经理会来公司弗？ 我望渠[弗会]来。<br>a. mɔ²² nɛʔ²³ iɔŋ²² tɕin³³ li¹³ uei²¹ lei²² kəŋ³³ sɤ⁴⁵ fəɯʔ⁵？　ŋɔ¹³ mɔŋ²¹ gɤ²² fei⁴⁵ lei²²¹。 |
| 70 龙泉 | a.明日王经理会到公司来[弗啊]？ b.我促=渠弗会来。<br>a. maŋ²¹ nɛʔ²⁴ iɔŋ²² tɕin⁴⁵ li⁵¹ uɛ²¹ tɑʌ⁴⁵ kəŋ⁴⁴ sɤɯ⁴³⁴ li²¹ faʔ⁰？<br>b. ŋɔ⁵¹ tɕʰiɤɯ⁵ gɤɯ²¹ fɤɯʔ³ uɛ²²⁴ li²¹。 |
| 71 景宁 | a.明朝王经理会来公司弗啊？ b.我相渠[弗会]来。<br>a. mau³³ tɕiɑɯ³² iɔŋ²² tɕin⁵⁵ li³³ uai¹¹³ li⁴¹ kəŋ³³ sɿ³² fuʔ³ a⁰？<br>b. ŋɔ³³ ɕiɛ³⁵ ki³³ fai³⁵ li⁴¹。 |

| 方言点 | 0039 a.明天王经理会来公司吗？ b.我看他不会来。 |
|---|---|
| 72 庆元 | a.明日王经理会来公司否？ b.我略渠否会来。<br>a. mã⁵²nɤʔ³⁴ĩɔ̃⁵²tɕiŋ³³li²²¹uæi³¹liɛ²²koŋ³³sɿ³³⁵fɤ³³？<br>b. ŋo²²lɿ³³⁵kɤ²²¹fɤ³³uæi³¹liɛ²²¹。 |
| 73 泰顺 | a.明朝日王经理会来公司哇？ b.我望渠否会来。<br>a. mɛʔ²tɕiɑɔ²¹³nɛʔ²ĩɔ̃⁵³tɕiŋ²²li⁵⁵uæi²²li²²koŋ²²sɿ²¹³ua⁰？<br>b. ŋɔ⁵⁵mɔ̃²²tsɿ²¹fu²²fæi³⁵li⁵³。 |
| 74 温州 | a.明朝王经理会走公司里也否啊？ b.我眙渠否会走来。<br>a. maŋ²²tɕiɛ³³yɔ²³tɕiaŋ⁴²lei¹⁴vai²²tsau³³koŋ³³sɿ³³lei⁰a⁰fu⁰a⁰？<br>b. ŋ¹⁴tsʰɿ⁵¹gei³¹fu⁴²vai²²tsau³³lei⁰。 |
| 75 永嘉 | a.明朝王经理会走公司底也［否哎］？ b.我眙渠否会走来。<br>a. maŋ²²tɕɣə⁴⁴yɔ¹³tɕiaŋ⁵³lei¹³vai²²tsau⁴⁵koŋ³³sɿ⁴⁴tei⁰a⁰fɛ⁴³？<br>b. ŋ¹³tsʰɿ⁵³gei³¹fu⁴⁵vai²²tsau⁴⁵lei⁰。 |
| 76 乐清 | a.明朝王经理会走公司底也否？ b.我眙渠否会走来。<br>a. maŋ²²tɕiɣ⁴⁴iɔ²²tɕiaŋ⁴²li²⁴vai²²tɕiau³⁵koŋ⁴⁴sɿ⁴⁴ti⁰a⁰fu⁰？<br>b. ŋ²⁴tsʰɿ⁴²dʑi²¹fu⁴²vai²²tɕiau³li⁰。 |
| 77 瑞安 | a.明朝王经理会走公司底也［否啊］？ b.我眙渠会否走来。<br>a. maŋ²²tɕy⁴⁴yo²²tɕiaŋ⁵³lei¹³vai²²tsau³³koŋ³³sɿ⁴⁴tei⁰a⁰fa²¹？<br>b. ŋ¹³tsʰɿ⁵³gi³¹vai²²fɯ³⁵tsau³⁵lei²¹。 |
| 78 平阳 | a.明朝王经理会来公司否？ b.我眙渠［否会］来。<br>a. meŋ²¹tɕye⁵⁵yo¹³tʃaŋ³³li¹³vai³³li⁴⁵koŋ³³sɿ³³fu⁴⁵？ b. ŋ³³tsʰɿ³³gi³³fai⁴²li⁴²。 |
| 79 文成 | a.明朝日王经理来否来公司？ b.我眙渠否会来。<br>a. meŋ¹³tɕyø³³ne¹³yo²¹tʃaŋ³³lei¹³fu⁴⁵lei¹³koŋ³³sɿ³³？<br>b. ŋ¹³tsʰɿ³³gei³³fu⁴⁵vai¹³lei²¹。 |
| 80 苍南 | a.明朝王经理会来公司吗？ b.我眙渠［否会］来。<br>a. maŋ¹¹tɕyɔ⁴⁴yɔ³¹tɕiaŋ⁴²li⁵³uai¹¹li³¹koŋ³³sɿ⁴⁴ma⁰？ b. ŋ⁵³tsʰɿ⁴²gi³¹huai²²³li³¹。 |
| 81 建德徽 | a.明朝王经理会弗会来公司？ b.卬看渠［弗会］来。<br>a. mən³³tsɔ⁵³ŋo³³tɕin⁵³li²¹³ue⁵⁵fɐʔ⁵ue⁵⁵lɛ³³koŋ⁵³sɿ⁵⁵？<br>b. aŋ²¹³kʰɛ³³ki³³fe⁵⁵lɛ³³。 |
| 82 寿昌徽 | a.明朝王经理会到公司里来哇？ b.咱促⁼渠勐来。<br>a. men¹¹tsɣ¹¹²uã¹¹tɕien¹¹li⁵²uæ³³tɣ³³kɔŋ¹¹sɿ¹¹li⁰liæ¹¹uæ⁰？<br>b. tsɑ⁵²tsʰɔʔ³kəɯ³³uæ⁵²liæ⁵²。 |
| 83 淳安徽 | a.王经理明朝会不会到公司里来？ b.我促⁼渠不会来。<br>a. uã⁴³tɕin²¹li⁵⁵men⁴³tsɣ²⁴ve⁵³pəʔ⁵ve⁵³tɣ²⁴kon²¹sɿ⁵⁵li⁰lie⁴³⁵？<br>b. u⁵⁵tsʰoʔ⁵kʰɯ⁴³⁵pəʔ⁵ve²¹lie⁴³⁵。 |

续表

| 方言点 | 0039 a. 明天王经理会来公司吗？ b. 我看他不会来。 |
|---|---|
| 84 遂安<sub>徽</sub> | a. 明日王经理会到公司里来啊？ b. 我说渠[不会]得来。<br>a. min³³ i²⁴ uɑ̃³³ tɕin⁵⁵ li³³ vəɯ⁴³ tɔ⁵⁵ koŋ⁵³⁴ sɿ⁵³⁴ li³³ lɛ³³ vɑ³³ ?<br>b. kɔ³³ i³³ kʰəɯ³³ pəɯ²⁴ tə²¹ lɛ³³ 。 |
| 85 苍南<sub>闽</sub> | a. 明在王经理会来公司吗？ b. 我看𣍐来。<br>a. mã²⁴ tsai²¹ ɑŋ²¹ kin²¹ li⁴³ ue²¹ lai²⁴ kɑŋ³³ ɕi⁵⁵ mã ? b. gua³² kʰũã⁵⁵ bue²¹ lai²⁴ 。 |
| 86 泰顺<sub>闽</sub> | a. 明早王经理会来公司吗？ b. 我映伊唔来。<br>a. mieŋ²¹ tsa²² uo²² kieŋ²¹ li³⁴⁴ uə?³ li²² kəŋ²² sɿ²² mə?⁰ ? b. ŋa³⁴⁴ ŋo⁵³ i²² n²² li²² 。 |
| 87 洞头<sub>闽</sub> | a. 王经理明在有来公司吗？ b. 我看伊无来。<br>a. oŋ²⁴ tɕieŋ³³ li⁵³ mã²⁴ tsai²¹ u²¹ lai²⁴ koŋ³³ ɕi³³ ma⁰ ? b. gua⁵³ kʰũã²¹ i³³ bɔ²¹ lai²⁴ 。 |
| 88 景宁<sub>畲</sub> | a. 天头王经理会来公司无啊？ b. 我睇渠𣍐来。<br>a. tʰaŋ³²⁵ tʰiəu²² uəŋ²² tɕin⁴⁴ li²² xai⁴⁴ loi²² koŋ⁴⁴ sɿ⁴⁴ ŋ²² a⁰ ?<br>b. ŋɔi⁴⁴ tʰai⁴⁴ ki⁴⁴ mai²² loi²² 。 |

| 方言点 | 0040 我们用什么车从南京往这里运家具呢？ |
|---|---|
| 01 杭州 | 我们用啥个车子从南京望格里运家具？<br>ŋəu⁵³ məŋ⁰ ioŋ¹³ saʔ⁵ kəˀ⁰ tsʰuei³³ tsʅ⁴⁵ dzoŋ²² nɛ²² tɕiŋ⁴⁵ maŋ¹³ kaʔ³ li⁴⁵ yŋ¹³ tɕia³³ dʑy⁴⁵？ |
| 02 嘉兴 | 我拉用啥个车子拨家具从南京运到葛塔⁼？<br>ŋ²¹ ŋʌ¹³ ioŋ¹³ zʌ¹³ kəʔ⁵ tsʰo⁴² tsʅ²¹ pəʔ³ kʌ⁴² tɕy²¹ zoŋ²¹ nəˀ¹³ tɕiŋ³³ yəŋ²⁴ tɔ²¹ kəʔ⁵ tʰʌʔ⁵？ |
| 03 嘉善 | 我卡⁼用哈⁼个车拿家具从南京运到格搭⁼呢？<br>ŋ²² kʰa⁵³ ioŋ³⁵ xa⁵⁵ əʔ² tsʰo⁵³ nɛ⁵³ ka³⁵ dʑy⁵³ zoŋ³¹ nø¹³ tɕin⁵³ in²² tɔ³⁵ kɜ⁴ tɜʔ⁵ nə⁰？ |
| 04 平湖 | 倻用啥车子担葛点家具从南京运回转？<br>ŋa²¹³ ioŋ⁴⁴ sa³³⁴ tsʰo⁴⁴ tsʅ⁰ nɛ³¹ kəʔ⁵ tie³³⁴ ka⁴⁴ tɕy⁰ zoŋ³¹ nø²⁴ tsin⁵³ yn²⁴ ue⁰ tsø⁰？ |
| 05 海盐 | 辂⁼满⁼我拉用啥个车子担南京葛点家具去装回来？<br>gəʔ²³ mɤ³¹ ɔʔ² la²¹³ ioŋ²¹³ sa³³⁴ kəʔ⁵ tsʰo⁵³ tsʅ²¹ nɛ³¹ nɤ²⁴ tɕin⁵³ kəʔ⁵ tie²¹ tɕie⁵³ tɕy²¹ tɕʰi³³⁴ zã̃³¹ ue²⁴ lɛ⁵³？ |
| 06 海宁 | 我拉用啥个车子从南京往格塔⁼运家生呢？<br>u³⁵ la⁵³ ioŋ⁵⁵ sa⁵⁵ kəʔ⁵ tsʰo⁵⁵ tsʅ⁵⁵ zoŋ³³ nɛ³³ tɕiŋ⁵³ ũ³³ kəʔ⁵ tʰəʔ⁵ iŋ³³ ka⁵⁵ sã̃⁵⁵ ȵi³³？ |
| 07 桐乡 | 我拉用啥个车子拿个点家具从南京装回来？<br>uəʔ²³ la²¹³ ioŋ³³⁴ sa³³ kəʔ⁰ tsʰo⁴⁴ tsʅ⁴⁴ no⁴⁴ kəʔ³ tie⁵³ ka⁴⁴ dʑi⁴⁴ zoŋ¹³ nɛ²¹ tɕiŋ⁴⁴ tsɒ̃⁴⁴ uei⁴⁴ lɛ⁴⁴？ |
| 08 崇德 | 阿拉用哽个车子拿葛点家具从南京运到葛塔⁼呢？<br>aʔ²³ la²³ ioŋ³³⁴ gã²¹ kəʔ⁰ tsʰo⁴⁴ tsʅ⁴⁴ no⁴⁴ kəʔ³ tii⁵³ tɕiɑ⁴⁴ dʑi⁴⁴ zoŋ¹³ nɛ²¹ tɕiŋ⁴⁴ iŋ²¹ tɔ³³ kəʔ³ tʰaʔ⁵ nəʔ⁰？ |
| 09 湖州 | 倻用啥个车子拿怪⁼家具从南京运过来？<br>ŋa³⁵ ioŋ⁵³ suoʔ⁵ kəʔ² tsʰuo⁴⁴ tsʅ⁴⁴ nɛ³³ kua⁵³ tɕia⁴⁴ dʑi⁴⁴ dzoŋ³¹ nɛ³¹ tɕin³¹ in³¹ kəu¹³ lei¹³？ |
| 10 德清 | 是倻用鞋⁼事车拨家具从南京运过来？<br>zəʔ² ŋa¹³ ioŋ³⁵ a³¹ zʅ¹³ tsʰuo³³ pəʔ⁵ tɕia³³ dʑi³³ dzoŋ³¹ nøʉ³³ tɕin³⁵ in¹³ kəu³³ lɛ¹³？ |
| 11 武康 | 是倻用鞋⁼事车到南京去装家具呢？<br>zəʔ² ŋa¹³ ioŋ⁴⁴ a¹¹ zʅ¹³ tsʰo⁴⁴ tɔ⁵³ nø³¹ tɕin¹³ tɕʰi¹³ tsã̃⁵³ ka⁴⁴ dʑi⁴⁴ ni⁴⁴？ |
| 12 安吉 | 倻南京个家具用啥个汽车去运回来？<br>ŋa²¹³ nɛ²² tɕiŋ²² kəʔ⁵ tɕia⁵⁵ dʑy⁵⁵ ioŋ²¹ sʊ⁵² kəʔ² tɕʰi³² tsʰʊ⁵⁵ tɕʰi³² iŋ²¹ ue²² lɛ²²？ |
| 13 孝丰 | 倻用啥个车拨家具从南京运过来嘞？<br>ŋa³²⁴ ioŋ³²⁴ sʊ⁵² kəʔ⁰ tsʰʊ⁴⁴ pəʔ⁵ tɕia⁴⁴ dʑy⁴⁴ dzoŋ²² nɛ²² tɕiŋ²² iŋ³²⁴ ku³² lɛ²² le⁰？ |
| 14 长兴 | 是倻用□乖⁼车子搭乖⁼家具从南京运过来？<br>zəʔ² ŋa⁵² ioŋ³²⁴ gəu²⁴³ kua²¹ tsʰou⁴⁴ tsʅ⁴⁴ taʔ⁵ kua⁴⁴ tʃia⁴⁴ dʒʅ⁴⁴ dzoŋ¹² nɯ¹² tʃiŋ³³ iŋ³² kəu²¹ lɯ²⁴？ |

续表

| 方言点 | 0040 我们用什么车从南京往这里运家具呢？ |
|---|---|
| 15 余杭 | 是偓用坏<sub>=</sub>事车子从南京望塔<sub>=</sub>里运家具？<br>zoʔ² ŋa³¹ ioŋ³⁵ uɑ¹³ zʅ³¹ tsʰo⁵⁵ tsʅ⁵⁵ zoŋ³¹ nøɣ³¹ tɕiŋ¹³ maŋ¹³ tʰəʔ⁵ li³¹ iŋ¹³ tɕia⁵⁵ dʑi³³ ？ |
| 16 临安 | 偓用□事车子拨家具从南京运到葛里来？<br>ŋa³⁵ ioŋ⁵⁵ go¹³ zʅ³⁵ tsʰo⁵³ tsʅ³³ pɐʔ⁵ tɕia⁵³ dʑy¹³ dzoŋ³³ nœ³³ tɕieŋ³³ ioŋ³³ tɔ³³ kɐʔ² li³³ lE⁰ ？ |
| 17 昌化 | 我拉用大<sub>=</sub>只车子从南京梦<sub>=</sub>葛里运家具？<br>a²³ la⁴⁵ yəŋ²⁴ da²³ tsəʔ⁵ tsʰu³³ tsʅ⁴⁵ zəŋ¹¹ nɛ̃¹¹ tɕiəŋ³³⁴ məŋ²⁴ kəʔ⁵ li⁴⁵ yəŋ²⁴ tɕia³³ dʑy⁴⁵ ？ |
| 18 於潜 | 我们用啥个车子拨南京个家具装装回来？<br>ŋu⁵³ meŋ³¹ ioŋ²⁴ sa⁵³ kəʔ³¹ tsʰa⁴³ tsʅ⁴⁵⁴ pəʔ⁵³ nɛ²² tɕiŋ⁴³³ kəʔ² tɕia⁴³ dʑy²⁴ tsuaŋ⁴³ tsuaŋ⁴³³ ue²² le²⁴ ？ |
| 19 萧山 | 偓用虾<sub>=</sub>个车从南京望葛里运家具？<br>ŋa¹³ yoŋ³³ xo³⁵ kəʔ⁵ tsʰo³³ dzoŋ¹³ nɛ¹³ tɕiŋ¹³ mã¹³ kəʔ⁵ li⁴² yoŋ¹³ tɕia³³ dʑy²¹ ？ |
| 20 富阳 | 阿拉用何事车从南京往屋里装家具呢？<br>aʔ⁵ la²²⁴ yoŋ³³⁵ go¹³ ʅ⁵⁵ tsʰu⁵⁵ dzo¹³ nɛ̃¹³ tɕin⁵⁵ uã²²⁴ uoʔ⁵ li⁰ tsã⁵⁵ tɕia⁵⁵ dʑy³¹ nɐ⁰ ？ |
| 21 新登 | 我拉用待<sub>=</sub>拉车从南京望格里运家具呢？<br>u³³⁴ lə⁰ ioŋ¹³ da²¹ la¹³ tsʰɑ⁵³ dzoŋ²³³ n ɛ̃²³³ tɕiŋ³³⁴ moŋ¹³ kəʔ⁵ li¹³ yiŋ¹³ ka⁵³ dʑʅ¹³ nəʔ⁰ ？ |
| 22 桐庐 | 我得<sub>=</sub>用达<sub>=</sub>个车从南京朝葛里运家私？<br>ŋA¹³ təʔ⁵ ioŋ¹³ da¹³ kəʔ³ tɕʰyo⁴² dzoŋ¹³ nã²¹ tɕiŋ¹³ dzo¹³ gəʔ²¹ li³³ yŋ¹³ kuo³⁵ sʅ²¹ ？ |
| 23 分水 | 我们用什么样个车子从南京运家具？<br>ŋo⁴⁴ mən⁰ ioŋ²⁴ səʔ⁵ ma⁰ iã²¹ kəʔ⁵ tsʰa⁴⁴ tsʅ⁰ dzoŋ²² nã²² tɕin⁴⁴ yn¹³ tɕia⁴⁴ tɕy²¹ ？ |
| 24 绍兴 | 偓用啥个车从南京望葛里运家具？<br>ŋa²² ioŋ²³¹ so⁴⁴ koʔ⁰ tsʰo⁵³ zoŋ²² nṼ²² tɕiŋ⁵³ maŋ³³ ke³ li³³ yṼ²² tɕia³³ dʑy²² ？ |
| 25 上虞 | 从南京到阿<sub>=</sub>头，伢<sub>=</sub>用啥个车载家具啦？<br>dzoŋ²¹ nṼ²¹ tɕiŋ³⁵ to⁵⁵ aʔ² dɣ⁰ ，ŋa²¹ yoŋ²¹ soʔ⁵ kəʔ² tsʰo³³ tse³³ ko³³ dʑy³¹ la⁰ ？ |
| 26 嵊州 | 偓用何个车啦拨家具从南京拨伊运归来？<br>ŋa²⁴ yoŋ²⁴ o²² kəʔ⁰ tsʰo⁵³ la³¹ pəʔ³ tɕia⁵³ dʑy²⁴ dzoŋ²² nœ²² tɕiŋ³³⁴ pəʔ³ i³³ yoŋ²² kuE³³ lE²³¹ ？ |
| 27 新昌 | 偓用及<sub>=</sub>个车过南京拨家具拖得偓赛<sub>=</sub>来？<br>ŋa²³² yoŋ⁵³ dʑiʔ² ga²³² tsʰo⁵³⁴ kɣ³³ nœ̃¹³ tɕiŋ³³ peʔ³ tɕia⁵³ dʑy²² tʰa³³ teʔ³ ŋa²² se³³ le³³⁵ ？ |
| 28 诸暨 | 偓用鞋<sub>=</sub>只<sub>=</sub>车从南京往个埠运家具？<br>ŋA¹³ iom³³ A²¹ tsəʔ²¹ tsʰo²¹ dzom³³ nə²¹ tɕin⁴² vɑ̃⁴² kəʔ⁵ do¹³ iom³³ tɕiA²¹ tɕy²¹ ？ |

续表

| 方言点 | 0040 我们用什么车从南京往这里运家具呢？ |
|---|---|
| 29 慈溪 | 鞋=搭乙眼家具用啥个车从南京装到乙头来啦？<br>a¹³ taʔ² iəʔ⁵ n̥i ẽ⁰ ko³⁵ dʑyⁿ iuŋ¹³ saʔ⁵ kəʔ² tsʰo⁴⁴ dzuŋ¹¹ nẽ¹³ tɕiŋ⁰ tsɔ̃³ tɔ⁴⁴ iəʔ⁵ dø¹³ le¹³ la⁰？ |
| 30 余姚 | 阿拉用啥个车子把家具从南京运到荡=头来宁=？<br>aʔ⁵ la⁴⁴ iuŋ¹³ soʔ⁵ kəʔ⁵ tsʰo⁴⁴ tsɿ⁰ po⁴⁴ ko⁴⁴ dʑy¹³ dzuŋ¹³ nã¹³ tɕiɔ̃³⁴ iuŋ¹³ tɔ⁴⁴ dɔŋ¹³ dø¹³ le¹³ n̥iɔ̃⁰？ |
| 31 宁波 | 该眼家具从南京装到荡=头用啥车子呢？<br>kiəʔ⁵ ŋeⁿ tɕiæ⁴⁴ dʑyⁿ dzɔŋ¹³ nɛⁿ tɕiŋ⁰ tsɔ⁴⁴ tɔⁿ dɔ¹³ dœyⁿ yoŋ¹³ soⁿ⁵³ tsʰo⁴⁴ tsɿ⁰ n̥i⁰？ |
| 32 镇海 | 阿拉用啥车子从南京朝荡=头运家具呢？<br>aʔ¹² laʔ⁵ yoŋ²⁴ səu⁵³ tsʰo³³ tsɿ⁰ dzoŋ²⁴ nɛ²⁴ tɕiŋ⁵³ dzio⁰ dɔ̃²⁴ dei⁰ yoŋ²⁴ ko³³ dʑyⁿ n̥i⁰？ |
| 33 奉化 | 阿拉派啥车子拨一眼房里家生从南京运到堂=岸=来咦？<br>aʔ² laʔ⁵ pʰa⁴⁴ soʔ⁵ tsʰo⁴⁴ tsɿ⁰ paʔ⁵ iɪʔ⁵ ŋeⁿ vɔ̃³³ liⁿ ko⁴⁴ sã⁴⁴ dzoŋ³³ neⁿ³³ tɕiŋ⁵³ yoŋ³³ tʌ⁰ dɔ̃³³ ŋeⁿ³³ leⁿ³³ i⁰？ |
| 34 宁海 | 鞋=等用搞无车拨房里家生从南京运搭旦=来热=？<br>a²³ təŋ⁰ yuŋⁿ kau⁵³ m²² tsʰo³³ paʔ³ vɔ̃²³ liⁿ ka³³ sã³³ dzuŋ²¹ nɛ²² tɕiŋ³³ yuŋ²³ taʔ³ tɛ³³ leiⁿ n̥iəʔ³？ |
| 35 象山 | 阿拉用槽=个车子达=该眼家具从南京运到囊=塔=呢？<br>aʔ² laʔ² yoŋ¹³ dzoⁿ³¹ geʔ² tsʰo⁴⁴ tsɿ⁰ daʔ² geʔ² ŋeⁿ⁰ ko⁴⁴ dʑy³¹ dzoŋ³¹ nɛ³¹ tɕiŋ⁴⁴ yoŋ¹³ tɔⁿ nɔ̃³¹ tʰaʔ⁵ neⁿ⁵³？ |
| 36 普陀 | 阿拉用啥车从南京到道=眼送家具呢？<br>ɐʔ³ lɐʔ⁵ ioŋ³³ səu⁵⁵ tsʰo⁵³ dzoŋ³³ nɛ³³ tɕiŋ⁵³ tɔ³ dɔ¹¹ ŋe⁵⁵ soŋ³³ tɕia³³ dʑy⁵⁵ n̥i⁰？ |
| 37 定海 | 南京一眼家计要装过来，阿拉用啥车啦？<br>nɐi³³ tɕiŋ⁵² ieʔ³ ŋe⁴⁴ ko³³ tɕi⁴⁵ io³³ tsɔ̃⁴⁴ kʌu⁵² le⁰，ɐʔ³ lɐʔ⁵ yoŋ³³ sʌu⁴⁴ tsʰo⁵² lɐʔ⁰？ |
| 38 岱山 | 南京有眼家计要装过来，阿拉用啥车去拖拖来？<br>nɐi³³ tɕiŋ⁵² iʏ³³ ŋe³³ ko⁵² tɕi io³³ ts ɔ̃³³ kʌu⁵² le⁰，ʔ³ lɐʔ⁵ yoŋ³³ sʌu⁵² tsʰo⁵² tɕʰi³³ tʰa⁵² tʰa⁰ le⁰？ |
| 39 嵊泗 | 南京一眼家具啦，阿拉用啥车搭渠搬过来呵？<br>nɐi³³ tɕiŋ⁴⁴ iɛʔ³ ŋe⁴⁴ tɕia⁴⁴ dʑy⁴⁴ la⁰，ɐʔ³ lɐʔ⁵ yoŋ³³ sʌu⁴⁴ tsʰo⁵³ tiɛʔ³ dʑi⁴⁴ pʏ³³ kʌu⁰ le⁰ ʌu⁰？ |
| 40 临海 | 我呐=用何物车拨南京个家生运到葛头呢？<br>ŋe⁵² nəʔ⁰ yoŋ²² kã⁵² m⁰ tsʰo³¹ pəʔ³ nø³⁵ tɕiŋ³¹ kəʔ⁰ ko³⁵ sã³¹ yŋ²² tɔ³³ kəʔ³ də²² ne⁰？ |

**续表**

| 方言点 | 0040 我们用什么车从南京往这里运家具呢？ |
|---|---|
| 41 椒江 | 南京个家生我态＝用何物个车拨渠载到个底来唉？<br>nε²⁴tɕiŋ⁴²kəʔ⁰ko³⁵sã⁴²ŋo⁴²tʰə⁵¹yoŋ²²kã⁵¹m⁰kəʔ⁰tsʰo⁴²pəʔ³gə³¹tsə³³tɔ³³kəʔ³ti⁵¹lə³¹ε⁰？ |
| 42 黄岩 | 我等用何物个车拨家生从南京运到个底咦？<br>ŋo⁴²tən⁴²yoŋ¹³kã⁵¹m⁰kəʔ⁰tsʰo³²pəʔ³ko³⁵sã⁴²zoŋ¹²¹lε²⁴tɕin⁴²yn¹³tɔ³³kəʔ³ti⁵¹i⁰？ |
| 43 温岭 | 我等用何物个车拨南京个家具运到埠咦？<br>ŋo⁴²təŋ⁵¹yuŋ¹³kã⁴²m⁰kəʔ⁰tsʰo³³pəʔ³nε²⁴tɕin³³kə⁰ko³³gy⁴⁴yn¹³tɔ³³tε⁵¹i⁰？ |
| 44 仙居 | 我家人用矮＝吸＝车拨家具从南京运过来？<br>ŋo²⁴ko⁰ȵin⁰ioŋ²⁴a³¹ɕiəʔ⁵tsʰo³³⁴ɦəʔ⁵tɕia⁵⁵ɻy⁵⁵zioŋ³³nø³³tɕin⁵³yen²⁴ku⁰læ⁰？ |
| 45 天台 | 我等用蛇＝谷＝车搭南京个家生拖埠来乃＝？<br>ɔ²¹təŋ³¹yuŋ³⁵zo²²kuʔ⁵tsʰo³³taʔ¹nε²²kin³³kou⁰ko³³sa³³tʰa³³tε⁵¹lei²²ne⁰？ |
| 46 三门 | 我等＝用何物汽车把家具从南京载过来呢？<br>ʋ³²⁵təŋ³²ioŋ²⁴ka³³m²⁵²tɕʰi⁴⁴tsʰo⁴⁴⁵pa³²tɕia⁵⁵gy⁵⁵zoŋ¹¹³nε¹¹tɕin³³⁴tse⁵⁵ku⁰le¹¹³ne⁰？ |
| 47 玉环 | 我唻用何物车拨家具从南京运到个埠来啊？<br>ŋo⁵³le⁰ioŋ²²kã⁵³m⁰tsʰo³³pəʔ³ko³³gy⁴⁴zioŋ³¹nε²⁴tɕin⁴²ioŋ²²tɐʔ⁰kɐʔ³tε⁵³le³¹a⁰？ |
| 48 金华 | 我浪＝用淡＝实＝车分葛些家具从南京运归来呢？<br>a⁵⁵laŋ¹⁴ioŋ¹⁴ta⁵⁵ziəʔ²¹²tsʰia³³⁴fəŋ³³kəʔ⁴səʔ⁴tɕia³³dʑy¹⁴zoŋ³¹³nɤ³¹tɕin⁵⁵yəŋ¹⁴kuε⁵⁵lε⁵⁵ȵi⁵⁵？ |
| 49 汤溪 | 我尔用迦车从南京替辮＝些家具运□头来？<br>a¹¹ŋ⁵²iao³⁴¹dʑia¹¹tsʰa²⁴tsʰao³⁵nɤ¹¹tɕiε̃i⁵²tʰε⁵²gəʔ¹¹sɤ⁵²tɕia³³tɕy⁵²yε̃i³⁴¹da¹¹təɯ⁵²lε¹¹？ |
| 50 兰溪 | 我拉用带＝车从南京望格里运家具呢？<br>uɤ⁵⁵ləʔ¹²ioŋ²⁴ta⁵⁵tsʰa³³⁴dzoŋ²¹nɤ²¹tɕin⁴⁵mæ̃⁵⁵kəʔ³⁴li⁴⁵yæ̃²⁴tɕia³³⁴dʑy²⁴ni⁰？ |
| 51 浦江 | 我嘚用咯＝力＝车从南京木＝吉＝里运家时＝？<br>a⁵⁵tɛ⁰yon²⁴gəʔ¹¹lɛ²⁴tɕʰya⁵³⁴dzon¹¹nə̃²⁴tɕiən³³⁴mɯ⁵⁵tɕiəʔ³³li³³⁴yən²⁴tɕia⁵⁵zฺ¹³³⁴？ |
| 52 义乌 | 我拉用迦西车从南京向尔架＝运家具呢？<br>əʔ⁵la²¹³ioŋ²⁴tsia³³si⁴⁵tsʰia³³⁵dzoŋ²²nɯ²²tɕiən⁴⁵ɕio⁴⁵n³³kəʔ⁴⁵yən²⁴kɔ³³tɕy³³ni⁴⁵？ |
| 53 东阳 | 亨＝个家具我拉用迦车南京运归来？<br>hε²⁴kɐʔ⁵³kʊ³³tɕy⁵³ŋʋ²⁴la³³iəm³³dʑia²³tɕʰia⁴⁴nε³³kɯ⁵⁵iɐn³¹tɕyu⁵⁵lei³³？ |
| 54 永康 | 我尚＝尔用迦车从南京往够＝拉运家具？<br>ŋuo³¹ziaŋ²⁴¹ŋ¹¹³ioŋ²⁴dʑia²⁴¹uə⁰tɕʰia⁵⁵zoŋ²²nɤ³¹tɕin⁵⁵uaŋ³¹kɯ³³la⁵²yeŋ³¹kuɑ³³tɕy⁵²？ |

续表

| 方言点 | 0040 我们用什么车从南京往这里运家具呢？ |
|---|---|
| 55 武义 | 我［火＝偌］用待＝拉车从南京望阿＝里运家具呢？<br>a²¹ xuen⁵³ ioŋ⁵³ da¹³ la¹³ tɕʰie²⁴ zoŋ³²⁴ nɤ²¹ tɕin⁵³ uaŋ¹³ əʔ⁵ li⁰ yen⁵³ kua²⁴ dʐy⁵³ nə⁰？ |
| 56 磐安 | 我拉用迦个车从南京向格块儿运零碎呢？<br>ŋɤ⁵⁵ la³³⁴ imoɯ²² tɕia⁵⁵ aʔ⁰ tɕʰia⁴⁴⁵ dzɔom²¹ nɯ²¹ kɐn⁵⁵ ɕiŋ³³ ka³³ kʰuen⁵² yɐn⁵² lɐn²¹ se⁵⁵ ne⁰？ |
| 57 缙云 | ［我些］人用哪样车从南京望以＝开＝运家具呢？<br>ŋuai²¹ nɛŋ²⁴³ iɔ⁴⁴ dɑ²¹ n̻iɑ²⁴³ tɕʰia⁴⁴ zɔ²⁴³ nɛ⁴⁴ tɕiɛŋ⁴⁴ mɔ²¹ i²¹ kʰei⁴⁴ yɐŋ²¹ tɕia⁴⁴ dʐy⁴⁵³ nɛ⁰？ |
| 58 衢州 | 我拉用啥里车从南京往格里拖家具？<br>ŋu⁵³ laʔ⁰ yoŋ²³¹ sa⁵³ li⁰ tʃʰya³² dzoŋ²¹ nə̃²¹ tɕin³² uə̃²³¹ kəʔ⁵ li⁰ tʰu³² tɕia³² dʒy²³¹？ |
| 59 衢江 | 俺拉用何车到南京去运家具到瞎＝囊＝来？<br>ã²⁵ laʔ⁰ yoŋ²³¹ guo²² tɕʰyø³³ tɔ⁵³ nɛ²² tɕin³³ kʰɤ⁵³ iŋ²³¹ tɕia³³ dʒy²³¹ tɔ⁵³ xaʔ³ nã⁵³ li²¹²？ |
| 60 龙游 | 阿依用曹＝车从南京望阿＝里运家具？<br>əʔ⁴ nən²¹ ioŋ²² dzɔ²² tsʰɑ³³⁴ dzoŋ²¹ nã²² tɕin³³⁴ mã²² əʔ³ li⁵¹ yn²³¹ tɕia³³ dʒy²³¹？ |
| 61 江山 | 俺使倒＝车帮家具从南京运归啊？<br>aŋ²⁴ ɕiɐ⁴⁴ tɯ²⁴ tɕʰiɐ⁴⁴ paŋ²⁴ kɔ⁴⁴ gyəʔ⁵¹ dzoŋ²² naŋ²² kĩ⁴⁴ yĩ²² kuɛ⁴⁴ a⁰？ |
| 62 常山 | 我星＝依使倒＝西＝车从南京往乙里运家具嘞？<br>ŋɑ²⁴ sĩ⁵² nã²² si⁵² tɔ⁴³ se⁴⁴ tɕʰie⁴⁴ dzoŋ²⁴ nã²² kĩ⁴⁴ uã⁵² eʔ⁴¹ ɤʔ⁰ uĩ²² tɕia⁵² dʒy⁰ lɛ⁰？ |
| 63 开化 | 我俫使何车明日从南京往乙场运家私？<br>ŋɑ²¹ lɛ²³¹ suei⁵³ gɑ²¹³ tɕʰiɛ⁴⁴ mã²¹ ləʔ⁰ dzɤŋ²³¹ nã²¹ tɕin⁴⁴ uã²¹ iɛʔ⁵ dzioŋ⁰ yn²¹ kɑ⁴⁴ sɿ⁴⁴？ |
| 64 丽水 | 我粒＝用迦个车从南京往垟运家具呢？<br>ŋuo⁵⁴⁴ ləʔ² ioŋ²² tɕiaʔ⁵ kɔ⁰ tɕʰio²²⁴ dzioŋ²² nuɛ²²⁴ tɕin²²⁴ moŋ²¹ tə⁴⁴ yn²² kuo²²⁴ tsʮ⁵² nɛ⁰？ |
| 65 青田 | 我两人用从＝恁车从南京望伊＝垺运家生货呢？<br>ŋu⁴⁵⁴ lɛ⁰ nɐŋ²¹ io²² io²² nɐŋ⁰ tɕʰiu⁴⁴⁵ io²² nuɐ²¹ tɕiŋ⁴⁴⁵ mo²² i⁵⁵ da²² yɐŋ²² ku³³ sɛ³³ xu⁵⁵ nɛ⁰？ |
| 66 云和 | 我人用责＝车从南京往乙垺运家具呢？<br>ŋo⁴⁴ nɛ³¹ iɔ̃²²³ tsaʔ⁵ tɕʰio²⁴ ʑioŋ³¹ nuɛ²²³ tɕin²⁴ mɔ̃²²³ iʔ⁵ tɔʔ⁰ yŋ²²³ ko²⁴ dʐʮ⁴⁵ n̻i⁰？ |
| 67 松阳 | 是我些依用哪□车从南京望垺运家具呢？<br>ziʔ² ŋ³¹ sɛʔ⁰ nɐŋ⁰ ioŋ²² na²¹ nɐŋ²⁴ tɕʰyə⁵³ zioŋ³¹ n̻æ³³ tɕin⁵³ mɔŋ²¹ taʔ⁵ yn²¹ kuə²⁴ dʐyɛ¹³ nɛ⁰？ |
| 68 宣平 | 我两个用特＝□车从南京运家具到阿＝垺呢？<br>o²² lɛ⁵⁵ kaʔ⁰ iɔ̃²² dieʔ⁵ lə⁵⁵ tɕʰia³²⁴ ziɔ̃²² nə⁴³ tɕin³²⁴ yɐn⁴³ ko³² dʒy²³¹ tɐɯ⁴⁴ a⁴⁴ taʔ⁰ ni⁰？ |

续表

| 方言点 | 0040 我们用什么车从南京往这里运家具呢？ |
|---|---|
| 69 遂昌 | 卬用哪□车从南京望乙荡=运家具？<br>aŋ⁴⁵ ioŋ²¹ na²¹ nəŋ⁴⁵ tɕʰio⁴⁵ zioŋ²² nɛ̃²² tɕin⁴⁵ moŋ²¹ i²⁵ dəŋ¹³ yŋ²¹ kɒ⁵⁵ dzy²¹³ ？ |
| 70 龙泉 | 偓拉用且=右=车帮家生从南京载到搭=里啊？<br>ŋa⁴³⁴ la⁰ ioŋ²¹ tɕʰia⁴⁵ iɐu⁵¹ tɕʰyo⁴³⁴ pəŋ⁴⁴ ko⁴⁴ saŋ⁴³⁴ zioŋ²¹ nɯe²¹ tɕin⁴³⁴ tsɛ⁴⁵ taʌ⁵¹ to²⁵ li⁰ a⁰ ？ |
| 71 景宁 | 我拉用何□车从南京望阿=埪运家具嘞？<br>ŋo³³ la³³ ioŋ⁵⁵ ga¹¹³ ɳia³³ tɕʰio³² zioŋ⁴¹ nœ³³ tɕin³² məŋ⁴¹ a⁵⁵ tɛ²⁵ iaŋ⁵⁵ ko³² dzy¹¹³ lɛ⁰ ？ |
| 72 庆元 | 我□儿用厂=仰=车从南京到直=埪搬家具？<br>ŋo²² ɳĩ⁵⁵ i ɔ̃³¹ tɕʰiã³³ ɳiã²² tɕʰia³³⁵ ɕi ɔ̃⁵² nẽ⁵² tɕin³³⁵ ɗɯ¹¹ tsʅ³⁴ ɗa²⁵ ɓæ̃³³⁵ ko³³⁵ tɕyɛ³¹ ？ |
| 73 泰顺 | 我人用何尼=车从南京望□堆=运家具呢？<br>ŋɔ⁵⁵ nɛ⁵³ i ɔ̃²² ka²² ɳi²² tɕʰyo²¹³ ɕi ɔ̃⁵³ nɛ²² tɕin²¹³ m ɔ̃²² kʰi³⁵ tæi²² ioŋ²² kɔ²¹³ tɕy²² nɛ⁰ ？ |
| 74 温州 | 〔我伲〕你用何〔物样〕车逮间底从南京运拉该里呢？<br>ŋuɔ²² ɳi¹⁴ yɔ²² a² ɳi³¹ tsʰo³³ de²² ka⁴² tei²⁵ yɔ²² nø²² tɕiaŋ³³ ioŋ²² la⁰ ke³³ lei³³ nɛ⁰ ？ |
| 75 永嘉 | 〔我伲〕你用何〔物样〕车走南京拔家具运来呢？<br>ɔ²¹³ ɳi² yɔ²² ga²¹ ɳiɛ³¹ tsʰo⁴⁴ tsau⁴⁵ nø²² tɕiaŋ⁴⁴ bo²¹ ko³³ dzʮ¹³ ioŋ²² lei³¹ nɛ⁰ ？ |
| 76 乐清 | 我对你用何物车走南京界间底运到埪？<br>ŋ²⁴ tai³² ɳi⁰ iɔ²² ga²² m³¹ tɕʰio⁴⁴ tɕiau⁴⁴ nɛ²² tɕiaŋ⁴⁴ be²² kɛ⁴² ti³⁵ iaŋ²² tɤ⁰ tɛ³²³ ？ |
| 77 瑞安 | 我伄用几〔物样〕车家具南京运毂=来呢？<br>ŋ¹³ lei⁰ yɔ²² ke³³ ɳiɛ³¹ tsʰo⁴⁴ ko³³ dzɤ²¹ nɛ²² tɕiaŋ⁴⁴ iaŋ²² kau³²³ lei⁰ nɛ⁰ ？ |
| 78 平阳 | 我伄用个年=车从南京到□宕运家具？<br>ŋ⁴⁵ lɛ²¹ yɔ³³ kai²¹ ɳie⁴² tʃʰo³³ yɔ³³ nə²¹ tʃaŋ⁵⁵ tɛ⁴⁵ kau²¹ do³⁵ vəŋ³³ ko²¹ dzy³⁵ ？ |
| 79 文成 | 我伄用念=车从南京望厚=运家具？<br>ŋ¹³ le³³ yɔ²¹ ɳia²¹ tʃʰo³³ yo¹³ ne²¹ tʃaŋ³³ mo¹³ gau²²⁴ yən⁴² ko³³ dzy²¹ ？ |
| 80 苍南 | 自伄用何〔物样〕车把家具从南京运到毂=呢？<br>zʅ¹¹ le⁰ yɔ¹¹ a¹¹ ɳiɛ³¹ tsʰo⁴⁴ puɔ⁵³ ko⁴⁴ dzy³¹ dzyɔ¹¹ ne¹¹ tɕiaŋ⁴⁴ uəŋ¹¹ tɛ⁰ kau²²³ nɛ⁰ ？ |
| 81 建德<sub>徽</sub> | 尔下=用啥哩车从南京毛=葛里运家伙呢？<br>n²¹ ho⁵⁵ ioŋ⁵⁵ so⁵⁵ li⁰ tsʰo⁵³ tsoŋ³³ nɛ³³ tɕin⁵³ mɔ³³ kɐ²⁵³ li⁵⁵ yn⁵⁵ ko⁵³ hu⁴¹ nɛ⁰ ？ |
| 82 寿昌<sub>徽</sub> | 我拉用奇车从南京望格里运家私唻？<br>ɑ³³ la¹¹ ioŋ³³ tɕʰi⁵⁵ tɕʰyə¹¹ tsʰɔŋ¹¹ niæ¹¹ tɕien¹¹² mɑ̃³³ kɐ²⁵³ li⁰ yɛ̃³³ kuə¹¹ sʅ¹¹² læ⁰ ？ |
| 83 淳安<sub>徽</sub> | 歪=用大=唻车从南京朝里埪运家具呢？"呢"声殊<br>uɑ²⁴ ion⁵³ tʰɑ⁵³ lie⁵⁵ tsʰo²⁴ tsʰon⁴³ lã̃⁴³ tɕin²⁴ tsʰɤ⁴³ li²¹ tɑ²⁵ ven⁵³ ko²⁴ tɕy⁵³ tɛ⁰ ？ |

| 方言点 | 0040 我们用什么车从南京往这里运家具呢？ |
|---|---|
| 84 遂安<sub>徽</sub> | 嘎拉用塔=拉=车从南京去到边运家具？<br>kɑ³³lɑ³³ləŋ⁵⁵tʰɑ²¹lɑ³³tsʰɑ⁵³⁴tsʰəŋ⁵⁵nɑ̃³³tɕin⁵⁵kʰə⁵⁵tɔ⁵⁵pʰiɑ̃⁵⁵vin⁵⁵kɑ⁵⁵tɕy⁴³？ |
| 85 苍南<sub>闽</sub> | 难=用什咪车从南京望蜀尾运家具？<br>lan⁴³in²¹ɕie²¹mĩ²¹tɕʰia⁵⁵tɕiaŋ²¹lan²¹kĩɑ̃⁵⁵mɔ̃²¹tɕie⁴³bə⁴³un²¹kɑ²⁴ku²¹？ |
| 86 泰顺<sub>闽</sub> | 我侬用何物车从南京运家具到这团呢？<br>ŋa³⁴⁴nəŋ²²iəŋ³¹kɛʔ³møʔ³tɕʰia²¹³tsəŋ²²næŋ²²kieŋ²¹³yeŋ³¹ka²²ky⁵³tau⁵³tɕi²²ki²²nei⁰？ |
| 87 洞头<sub>闽</sub> | 滚=用什咪车从南京望蜀搭=运家具呢？<br>gun²¹ieŋ²¹ɕie²¹mĩ⁵³tɕʰia³³tɕioŋ²¹lan²¹²kĩɑ̃⁵⁵mɔŋ²¹tɕiek⁵ta⁵³un²¹ka⁵³ku²¹ni⁰？ |
| 88 景宁<sub>畲</sub> | 我侬使奚个车从南京往这运家具啊？<br>ŋɔi⁴⁴naŋ²²suei⁵⁵ɕi⁴⁴kəʔ⁰tɕʰia⁴⁴ɕyŋ²²nɔn²²kiaŋ⁴⁴mɔŋ⁵¹kɔi³²⁵yn⁵¹kɔ⁴⁴tɕy⁵¹a⁰？ |

| 方言点 | 0041 他像个病人似的靠在沙发上。 |
|---|---|
| 01 杭州 | 他像病人一样靠辣=沙发高头。<br>tʰa³³⁴ dʑiaŋ²² biŋ¹³ zəŋ⁵³ iɛʔ⁵ iaŋ¹³ kʰɔ⁴⁵ laʔ⁵ sa³³ faʔ⁵ kɔ⁵⁵ dei⁰。 |
| 02 嘉兴 | 伊像个病人家靠落沙发浪=。<br>i⁴² dʑiÃ¹³ gəʔ¹ biŋ¹³ n̠iŋ³³ kʌ²¹ kʰɔ³³ loʔ³ so³³ fʌʔ⁵ lÃ²¹。 |
| 03 嘉善 | 伊赛过个生病鬼纳=介隑辣=沙发浪=。<br>i⁵³ sɛ⁵⁵ ku³⁵ kɜʔ⁵ sæ̃⁵⁵ bin³¹ tɕy⁰ naʔ² ka³⁵ gɛ²² laʔ² so⁵⁵ fɜʔ⁵ lÃ⁰。 |
| 04 平湖 | 伊像个病人实=介隑辣=沙发浪=。<br>i⁴⁴ ziÃ³³⁴ kəʔ⁰ bin²¹ n̠in³¹ zaʔ²³ gaʔ²¹ gɛ³³⁴ laʔ⁰ so⁴⁴ faʔ⁰ lÃ̃⁰。 |
| 05 海盐 | 伊倷像病鬼一样隑起葛沙发浪=。<br>e²¹ neʔ²³ dʑiɛ̃²¹³ bin¹³ tɕy²¹ iəʔ⁵ iɛ̃³³⁴ gɛ¹³ tɕʰi²¹ kəʔ²¹ so⁵⁵ fa⁵ lÃ³¹。 |
| 06 海宁 | 伊赛过道=像个生病人隑牢沙发浪=。<br>i⁵³ sɛ⁵⁵ kəu⁵⁵ dɔ⁵³ dʑiA³³ kəʔ⁵ sÃ³⁵ biŋ³¹ n̠iŋ³¹ gɛ³³ lɔ³³ so⁵⁵ fəʔ⁵ lÃ̃⁰。 |
| 07 桐乡 | 伊像生咧病一样隑咧只沙发浪=。<br>i⁵³ ziÃ²⁴² sÃ⁴⁴ liəʔ⁰ biŋ²¹³ i³³ iÃ³³⁴ gɛ²¹ liəʔ⁰ tsaʔ⁵ so⁴⁴ fa⁴⁴ lɔ̃⁴⁴。 |
| 08 崇德 | 伊同生毛病人勒=该=隑牢=沙发浪=。<br>i¹³ doŋ¹³ sÃ⁴⁴ mɔ²¹ biŋ⁴⁴ n̠iŋ⁴⁴ ləʔ⁴ kɛ⁴⁴ gɛ²¹ lɔ¹³ so⁴⁴ faʔ⁴ lÃ⁴⁴。 |
| 09 湖州 | 渠介个病人一样靠起牢=沙发牢=。<br>dʑi¹³ ka³¹ kəʔ⁵ bin¹³ n̠in³⁵ ieʔ⁵ iÃ⁵³ kʰɔ³³ tɕʰi³³ lɔ⁴⁴ suo³¹ fəʔ² lɔ³³。 |
| 10 德清 | 是伊像个病人介靠特=沙发浪=。<br>zəʔ² i³⁵ dʑiÃ¹³ kəʔ⁵ bin³¹ n̠in¹¹ ka¹³ kʰɔ³¹ dəʔ² suo³³ fəʔ² lÃ¹¹。 |
| 11 武康 | 是伊像个生病人靠特=沙发浪=。<br>zɜʔ² i¹³ ziÃ³¹ gəʔ² sÃ⁴⁴ bin⁴⁴ n̠in⁴⁴ kɔ⁵³ dəʔ² so⁴⁴ fɜʔ⁵ lÃ⁴⁴。 |
| 12 安吉 | 渠哪像生病人一样个靠到沙发高头。<br>dʑi²² naʔ⁰ ziÃ²¹ sÃ⁵⁵ biŋ⁵⁵ n̠iŋ⁵⁵ iɛʔ⁵ lÃ²¹³ kəʔ⁰ kʰɔ³² tɔ³² sʊ⁵⁵ fɐʔ⁵ kɔ⁵⁵ dɐɪ²²。 |
| 13 孝丰 | 渠像个病人介个靠落=沙发浪=。<br>dʑi²² ziÃ²⁴ kəʔ⁰ biŋ²¹ n̠iŋ²⁴ ka³² kəʔ⁰ kʰɔ³² luoʔ⁵ sʊ⁴⁴ faʔ⁵ lɔ̃⁴⁴。 |
| 14 长兴 | 伊像得个病人一样靠勒=沙发浪=。<br>ɿ¹² ʑiÃ²⁴ təʔ² kəʔ⁰ biŋ²¹ n̠iŋ²⁴ iɛʔ²iÃ³²⁴ kʰɔ³² ləʔ⁵ sʊ⁴⁴ faʔ⁵ lɔ̃⁴⁴。 |
| 15 余杭 | 是伊像个病人沙发浪=靠起特=牢=。<br>zoʔ² i¹³ ziÃ¹³ kəʔ⁵ biŋ³³ n̠iŋ¹³ so³⁵ fəʔ⁵ lÃ³³ kʰɔ⁵³ tɕʰi⁵³ dəʔ² lɔ³⁵。 |
| 16 临安 | 伊像个病人一样靠得沙发上。<br>i¹³ ʑiÃ³³ kɐʔ⁵ bieŋ³³ n̠ieŋ¹³ ieʔ⁵ iÃ³³ kʰɔ⁵⁵ dɐʔ² so⁵³ fɐʔ⁵ zÃ̃⁰。 |

续表

| 方言点 | 0041 他像个病人似的靠在沙发上。 |
|---|---|
| 17 昌化 | 渠像个病人样个靠是＝沙发高里。<br>guɯ¹¹²ʑia²⁴ kə²⁵ biəŋ²³ nəŋ⁴⁵ ia²⁴ kə²⁵ kʰɔ⁵⁴ zɿ²⁴ su³³ fa²⁵ kɔ³³ li⁴⁵。 |
| 18 於潜 | 他靠了沙发高头，像个生毛病个人一样。<br>tʰa⁴³³ kʰɔ³⁵ liəu²² sa⁴³ fa⁴³³ kɔ⁴³ diəu²⁴，ʑiaŋ²⁴ kə⁵³ saŋ⁴³³ mɔ²² biŋ²⁴ kəʔ² ȵiŋ²²³ ieʔ⁵³ iaŋ²⁴。 |
| 19 萧山 | 伊则＝个病人介靠亨＝沙发浪＝。<br>i¹³ tsəʔ⁵ kə²⁵ biŋ¹³ ȵiŋ²¹ ka²¹ kʰɔ³³ xã³³ so³³ faʔ⁵ lɔ̃²¹。 |
| 20 富阳 | 伊像个病人一样个靠勒＝沙发浪＝。<br>i²²⁴ ʑiã²²⁴ kɛʔ⁵ bin²²⁴ nin¹³ ieʔ⁵ iã³³⁵ gɔ⁰ kʰɔ³³⁵ lɛʔ⁰ so⁵⁵ faʔ⁵ lã⁰。 |
| 21 新登 | 伊像个病人一样靠勒＝沙发浪＝。<br>i³³⁴ ʑiã¹³ kaʔ⁰ bein²¹ neiŋ¹³ iəʔ⁵ iã¹³ kʰɔ⁴⁵ laʔ⁰ sa⁵³ faʔ⁵ lã⁰。 |
| 22 桐庐 | 伊像个生毛病个人一样靠在沙发上。<br>i¹³ ʑia²¹ kəʔ³ sã³³ mɔ²¹ biŋ¹³ gəʔ²¹ niŋ¹³ iəʔ⁵ iã¹³ kʰɔ³³ lɛ³³ ɕyo⁴² fʌ²¹ zã¹³。 |
| 23 分水 | 他像病人一样靠在沙发上。<br>tʰa⁴⁴ ɕia²¹ bin²⁴ ȵin²¹ iəʔ⁵ iã²⁴ kʰɔ²⁴ dzɛ²⁴ sa⁴⁴ faʔ⁵ zã²⁴。 |
| 24 绍兴 | 伊刚只＝病人个靠亨＝沙发高头。<br>i²² kɑŋ³³ tseʔ⁵ biŋ²² ȵiŋ²² geʔ³ kʰɔ³³ haŋ³³ so³³ fɛʔ³ kɔ⁴⁴ dɤ³¹。 |
| 25 上虞 | 伊沙发高头靠滴＝，像煞个病人。<br>i²² so³³ fɐʔ⁵ kɔ³³ dɤ²¹³ kʰɔ⁵³ tiəʔ²，ʑia²¹ saʔ⁵ kəʔ² biŋ²¹ ȵiŋ²¹。 |
| 26 嵊州 | 伊像个生病点侬介个踉亨＝沙发里。<br>i²⁴ ʑiaŋ²⁴ ka³³ saŋ⁵³ biŋ²³¹ tie³³ nɔŋ³³ ka³³ gɔ⁰ la²⁴ haŋ³³ so⁵³ fɛʔ³ li⁰。 |
| 27 新昌 | 渠像生病侬介隑蒙＝沙发头。<br>dʑi²² ʑiaŋ²³² saŋ⁵³ biŋ¹³ nɔ̃³³ ŋa³³ ŋɛ²² mõŋ⁵³ so⁵³ fɛʔ⁵ diɯ³³。 |
| 28 诸暨 | 渠像个生病头佬一样靠得沙发高墩。<br>dʐɿ¹³ ʑia³³ kʌ³³ sã³³ bin³³ dei³³ lɔ³³ ieʔ⁵ iã³³ kʰɔ³³ təʔ³ so⁴² faʔ³³ kɔ⁴² tɛn²¹。 |
| 29 慈溪 | 渠像个生病头人沙发上靠仔。<br>ge¹³ ia¹¹ kəu⁴⁴ sã³⁵ biŋ⁰ dø¹³ ȵiŋ⁰ so³³ faʔ⁵ zɔ̃⁰ kʰɔ⁴⁴ tsɿ⁴⁴。 |
| 30 余姚 | 渠像个病人样个隑得沙发高头唡。<br>ge¹³ iaŋ¹³ kou⁴⁴ bə̃¹³ ȵiə̃¹³ iaŋ¹³ kəʔ² geʔ³ tiəʔ² so⁴⁴ faʔ⁵ kɔ⁴⁴ dø¹³ lɔŋ⁰。 |
| 31 宁波 | 渠像或＝生病人一样隑勒＝沙发上头。<br>dʑi¹³ ʑia²² oʔ² sa⁴⁴ biŋ¹³ ȵiŋ¹³ iəʔ² ia¹³ geʔ³ laʔ² so⁴⁴ faʔ⁵ zɔ¹³ dœɤ⁰。 |
| 32 镇海 | 渠像个生病人一样和＝隑勒＝沙发里。<br>dʑi²⁴ ia²⁴ kəu⁰ sã³³ biŋ²⁴ ȵiŋ²⁴ ieʔ⁵ ia²⁴ əu⁰ geʔ³ laʔ¹² so³³ faʔ⁵ li⁰。 |

**续表**

| 方言点 | 0041 他像个病人似的靠在沙发上。 |
| --- | --- |
| 33 奉化 | 渠像个生病人家隑来沙发里。<br>dʑi$^{33}$ dʑiã$^{33}$ kəu$^{0}$ sã$^{44}$ biŋ$^{0}$ ȵiŋ$^{33}$ ka$^{44}$ ge$^{33}$ le$^{0}$ so$^{44}$ faʔ$^{2}$ li$^{0}$ 。 |
| 34 宁海 | 渠像生病人样个隑勒$^{=}$沙发迪$^{=}$。<br>dzɿ$^{23}$ dʑiã$^{0}$ sã$^{33}$ biŋ$^{22}$ ȵiŋ$^{23}$ iã$^{22}$ geʔ$^{3}$ gɛ$^{22}$ laʔ$^{3}$ so$^{33}$ faʔ$^{3}$ diəʔ$^{3}$ 。 |
| 35 象山 | 渠像个生病人一样个隑勒$^{=}$沙发上面头。<br>dʑieʔ$^{2}$ iã$^{13}$ geʔ$^{2}$ sã$^{44}$ biŋ$^{13}$ ȵiŋ$^{31}$ ieʔ$^{5}$ iã$^{13}$ geʔ$^{2}$ gei$^{13}$ laʔ$^{2}$ so$^{44}$ faʔ$^{5}$ zɔ̃$^{13}$ mi$^{13}$ dɤɯ$^{0}$ 。 |
| 36 普陀 | 渠像个生病人介靠勒$^{=}$沙发里。<br>dʑi$^{24}$ iã$^{33}$ koʔ$^{0}$ sã$^{55}$ biŋ$^{55}$ ȵiŋ$^{55}$ ka$^{0}$ k$^{h}$ɔ$^{33}$ lɐʔ$^{0}$ sɔ$^{33}$ fɐʔ$^{5}$ li$^{0}$ 。 |
| 37 定海 | 渠像生病人介沙发里倚该。<br>dʑi$^{23}$ iã$^{33}$ sã$^{44}$ biŋ$^{44}$ ȵiŋ$^{44}$ ka$^{0}$ so$^{52}$ fɐʔ$^{0}$ li$^{0}$ gɛ$^{11}$ kɛ$^{52}$ 。 |
| 38 岱山 | 渠沙发里倚该，像个生病人介。<br>dʑi$^{23}$ so$^{44}$ fɐʔ$^{5}$ ge$^{11}$ ke$^{52}$ ，iã$^{33}$ kɐʔ$^{0}$ sã$^{52}$ biŋ$^{0}$ ȵiŋ$^{0}$ ka$^{0}$ 。 |
| 39 嵊泗 | 渠像生病人一样个是沙发里隑的。<br>dʑi$^{24}$ iã$^{0}$ sã$^{53}$ biŋ$^{0}$ ȵiŋ$^{0}$ iɛʔ$^{3}$ iã$^{11}$ gʌu$^{44}$ zɿ$^{0}$ so$^{33}$ fɐʔ$^{5}$ li$^{0}$ gɛ$^{11}$ ti$^{53}$ 。 |
| 40 临海 | 渠搭生毛病人个样隑在沙发哒。<br>ge$^{21}$ təʔ$^{3}$ sã$^{33}$ mɔ$^{22}$ biŋ$^{22}$ ȵiŋ$^{21}$ kəʔ$^{0}$ iã$^{22}$ ge$^{22}$ ze$^{21}$ so$^{33}$ fəʔ$^{5}$ təʔ$^{0}$ 。 |
| 41 椒江 | 渠搭个生病人样个隑埲个沙发埲。<br>gə$^{31}$ tɛʔ$^{5}$ kəʔ$^{3}$ sã$^{33}$ biŋ$^{22}$ ȵiŋ$^{24}$ iã$^{22}$ kəʔ$^{0}$ gə$^{22}$ təʔ$^{0}$ kəʔ$^{3}$ so$^{33}$ fəʔ$^{5}$ təʔ$^{0}$ 。 |
| 42 黄岩 | 渠扣搭生毛病人样个隑在沙发哒。<br>gie$^{121}$ tɕ$^{h}$io$^{55}$ təʔ$^{5}$ sã$^{33}$ mɔ$^{13}$ bin$^{13}$ ȵin$^{121}$ iã$^{13}$ kəʔ$^{0}$ gie$^{13}$ ze$^{121}$ so$^{33}$ fəʔ$^{5}$ dəʔ$^{0}$ 。 |
| 43 温岭 | 渠扣搭生毛病人样个隑来$^{=}$个沙发嘞。<br>gie$^{31}$ tɕ$^{h}$iɤ$^{55}$ təʔ$^{3}$ sã$^{33}$ mɔ$^{33}$ bin$^{33}$ ȵin$^{31}$ iã$^{13}$ kəʔ$^{0}$ gie$^{13}$ le$^{31}$ kə$^{0}$ so$^{33}$ fəʔ$^{5}$ ləʔ$^{0}$ 。 |
| 44 仙居 | 渠搭个生病人样个靠沙发嘚。<br>gæ$^{213}$ ɗəʔ$^{3}$ kəʔ$^{5}$ sã$^{55}$ bin$^{55}$ ȵin$^{213}$ ia$^{24}$ kəʔ$^{5}$ k$^{h}$ɐɯ$^{55}$ so$^{33}$ fɑʔ$^{53}$ ɗiəʔ$^{0}$ 。 |
| 45 天台 | 渠搭个生病人样隑谷$^{=}$沙发来。<br>gei$^{224}$ taʔ$^{5}$ kou$^{0}$ sa$^{33}$ biŋ$^{0}$ ȵiŋ$^{22}$ ia$^{0}$ ge$^{35}$ kuʔ$^{1}$ so$^{33}$ feʔ$^{1}$ lei$^{0}$ 。 |
| 46 三门 | 渠像记生病人一样隑在沙发上。<br>dʑi$^{113}$ ʑiɑ̃$^{24}$ tɕi$^{55}$ sɛ$^{44}$ biŋ$^{44}$ niŋ$^{52}$ ieʔ$^{3}$ iɑ̃$^{24}$ ge$^{24}$ dze$^{21}$ so$^{33}$ faʔ$^{5}$ zɔ$^{243}$ 。 |
| 47 玉环 | 渠搭个生病人样个靠埲沙发埲。<br>gie$^{31}$ tɐʔ$^{3}$ kɐʔ$^{3}$ sã$^{33}$ biŋ$^{22}$ ȵiŋ$^{31}$ ia$^{22}$ kɐʔ$^{0}$ k$^{h}$ɔ$^{55}$ tɐʔ$^{5}$ so$^{33}$ fɐʔ$^{5}$ tɐʔ$^{0}$ 。 |
| 48 金华 | 渠跟生病个人一样隑得沙发上。<br>gəʔ$^{212}$ kəŋ$^{33}$ sɑŋ$^{33}$ biŋ$^{14}$ kəʔ$^{0}$ ȵiŋ$^{313}$ i$^{55}$ iɑŋ$^{14}$ gɛ$^{14}$ təʔ$^{0}$ sɑ$^{33}$ fəʔ$^{4}$ ɕiɑŋ$^{0}$ 。 |

续表

| 方言点 | 0041 他像个病人似的靠在沙发上。 |
|---|---|
| 49 汤溪 | 渠好比生病鬼般跰得沙发上。<br>gu¹¹ xɔ⁵² pi⁵³⁵ sa³³ bɛ̃i¹¹ kuɛ⁵² mɤ²⁴ lɤ³⁴¹ tə⁰ sa³³ fɤa⁵⁵ ziɔ⁰。 |
| 50 兰溪 | 渠跟生病个人一样隒勒沙发上。<br>gi²¹ kæ̃³³⁴ sæ̃³³⁴ bin²⁴ kə?⁰ nin²¹ ie³⁴ iɑ²⁴ ge²⁴ lə?⁰ suɑ³³⁴ fə?³⁴ ɕiaŋ⁰。 |
| 51 浦江 | 渠慌⁼得生病个侬生[□儿⁼]呐⁼沙发。<br>ʑi²³² xõ³³ tə⁵⁵ sɛ̃³³ biən²⁴ kə⁰ lən²⁴ sɛ̃³³⁴ an¹¹ nɤ³³ sa⁵⁵ fɑ³³⁴。 |
| 52 义乌 | 渠好比生病鬼生⁼跰面儿沙发里。<br>ai²² ho³³ pi³³ sɛ³³ pən³³ tɕy⁴⁵ sɛ³¹ le²² mien⁴² sa³³ fa³³ li⁴⁵。 |
| 53 东阳 | 渠□生病中阿⁼靠唻沙发里哇。<br>gɯ²⁴ ha³³ sɛ³³ bɐn²⁴ tɕiɔm⁵⁵ a³³ kʰɯa³³ nɔm³³ sa³³ fɐ⁴⁴ li²⁴ uɐ⁰。 |
| 54 永康 | 渠□个生病侬歀□在沙发埔。<br>gu²² xa⁵² kə⁰ sai³³ biŋ³¹ noŋ²² ai⁰ gau²⁴¹ zəi³¹ suɑ³³ fa³³⁴ la²⁴¹。 |
| 55 武义 | 渠火⁼生病侬样隒得个沙发当⁼。<br>gu¹³ xuo⁵³ sa⁵⁵ bin⁵³ noŋ³²⁴ iɑŋ⁵³ ga⁵³ tə?⁵ kə?⁰ suo⁵⁵ fuɑ⁵³ nɑŋ⁰。 |
| 56 磐安 | 渠像个病侬亨⁼牢⁼农⁼沙发里。<br>gɐɯ²² ɕiɐn⁵⁵ kɑ⁰ bɐn²¹ nɔom⁵⁵ xɛ³³ lo²² nɔom²² sa³³ fə³³ li³³⁴。 |
| 57 缙云 | 渠替⁼搭⁼生病人样勴来沙发里。<br>gɤ³¹ tʰi⁴⁴ tɑ⁴⁴ sa⁴⁴ bɐŋ²¹³ nɛŋ²⁴³ iɑ²¹³ lei²¹ lei⁰ su⁴⁴ fɑ⁴⁴ lɤ⁰。 |
| 58 衢州 | 渠像个生病人样，瘫在沙发上。<br>gi²¹ ʑiã²³¹ gə?⁰ ɕiã³² bin²³¹ n̩in²¹ iã²³¹，tʰɛ³² dzɛ²³¹ sɑ³² fa?⁵ ʒyã²³¹。 |
| 59 衢江 | 渠像个病侬样靠勒沙发高。<br>gə?² ʑiã²¹² gə?⁰ bɛ²² nəŋ⁵³ iã²³ kʰɔ³³ lə?⁰ sa³³ fa?³ kɔ⁵³。 |
| 60 龙游 | 渠像个病人样靠得沙发里。<br>gəɯ²² ʑiã²² gə?⁰ bin²²⁴ nən²³¹ iã²¹ kʰɔ³³ də?⁰ sa³³ fə?⁴ li⁵¹。 |
| 61 江山 | 渠跟个嘞生病人样个靠个沙发里。<br>ŋɯ²² kɛ̃²⁴ kə?⁵ lɛ⁴⁴ saŋ⁴⁴ baŋ²² naŋ²¹³ aŋ²⁴ gə?⁰ kʰɐɯ⁴⁴ gə?⁰ sa⁴⁴ fa?⁵ lə?⁰。 |
| 62 常山 | 渠跟一个病侬样个靠得沙发高。<br>ŋɤ²² kɔ̃⁴⁴ ie?⁵ kɤ?⁰ bĩ²² nã⁵² iã⁰ kɤ?⁵ kʰɤ³² dʌ?⁰ sa⁴⁴ fa?⁵ kɤ⁰。 |
| 63 开化 | 渠像个病侬样个靠得沙发高。<br>giɛ?² dziã²¹ gə?⁰ bã²¹ nɤŋ²³¹ iã²³ gə?⁰ kʰəɯ⁴⁴ lə?⁰ sa⁴⁴ fa?⁵ kəɯ⁰。 |
| 64 丽水 | 渠像生病人一样隒在沙发上。<br>gu²² ʑiã²² sã⁴⁴ bin²¹ nen⁵² i?⁴ iã¹³¹ gə¹³¹ dzə⁰ suo⁴⁴ fɔ?⁵ dziã¹³¹。 |

续表

| 方言点 | 0041 他像个病人似的靠在沙发上。 |
|---|---|
| 65 青田 | 渠像个生病人一式靠□沙发上。<br>gi²¹ i³³ kɑ⁰ sɛ³³ beŋ²² neŋ⁵³ iæʔ⁴ sɛʔ⁴² kʰœ³³ lœ²² so³³ faʔ⁴² dʑi⁰。 |
| 66 云和 | 渠像病人样靠记沙发上。<br>gi³¹ ʑiã²²³ biŋ²²³ nɛ³¹ iã²²³ kʰəɯ⁴⁵ tsɿ⁴⁴ sɔ⁴⁴ fɔʔ⁵ dʑiã²²³。 |
| 67 松阳 | 是渠像生病侬一样靠沙发里。<br>ʑiʔ² gɛʔ² dʑiã²² sã²⁴ bin¹³ nəŋ³¹ iʔ³ iã¹³ kʰʌ²⁴ suə²⁴ fɔʔ⁵ lɛ⁰。 |
| 68 宣平 | 渠相像生病人样□特꞊个沙发垲。<br>guɯ²² ɕiã⁴⁴ dʑiã²² sɛ⁴⁴ bin²² nin⁴³³ iã⁴⁴ guɯ²³¹ diəʔ² kəʔ⁰ sa⁴⁴ fɔʔ⁵ tɑʔ⁰。 |
| 69 遂昌 | 渠像个生病侬样靠倒沙发上。<br>gɤ²² dʑiaŋ¹³ kei⁰ ɕiaŋ⁵⁵ biŋ²¹ nəŋ²² iaŋ²¹ kʰɐɯ³³ tɐɯ⁴⁵ sɒ³³ faʔ⁵ dʑiaŋ⁰。 |
| 70 龙泉 | 渠照照病人样控꞊沙发里。<br>gɤɯ²¹ tɕiaʌ⁴⁵ tɕiaʌ⁵¹ bin²²⁴ nəŋ⁵¹ iaŋ²¹ kʰəŋ⁴⁵ so⁴⁴ foʔ⁵ li⁰。 |
| 71 景宁 | 渠像病人相个靠记沙发围꞊里。<br>ki³³ dʑiɛ¹¹³ biŋ³³ naŋ⁴¹ ɕiɛ³³ kɛʔ⁰ kʰəɯ³⁵ tɕi³⁵ sɔ³³ fɔʔ⁵ y³³ li⁰。 |
| 72 庆元 | 渠像病侬般靠垮沙发里。<br>kɤ²² tɕiɛã²² piŋ³³ noŋ⁵² ɓæ̃³³ kʰɒ¹¹ ɗɑʔ⁵ so³³⁵ fɑʔ⁵ liɛ³³。 |
| 73 泰顺 | 渠相像个生病人靠沙发上。<br>tsɿ²¹ tɕʰiã²² tɕia²¹ ki⁰ sã²² piŋ²¹ nɛ⁵³ kʰəu³⁵ sɔ²² fɔʔ⁵ tɕiã²¹。 |
| 74 温州 | 渠伉病侬一色靠个沙发里。<br>gei³¹ kʰuɔ³ beŋ³¹ naŋ²¹ i³ sɛ³²³ kʰɜ⁵¹ kai⁰ so⁴⁵ ho³²³ lei⁰。 |
| 75 永嘉 | 渠伉病侬一色靠是沙发上。<br>gei³¹ kʰɔ⁴³ beŋ³¹ naŋ²¹ i⁴³ sɛ³²³ kʰɜ⁵³ zɿ⁰ so⁴⁵ ho⁴²³ iɛ⁰。 |
| 76 乐清 | 渠装起病侬一色靠是沙发上呐。<br>dʑi³¹ tɕyɯʌ⁴⁴ dʑi⁰ beŋ²² naŋ³¹ i³ sɛ³²³ kʰɤ⁴¹ zɿ²¹ so³⁵ fa³²³ ziɯʌ⁰ na⁰。 |
| 77 瑞安 | 渠摩着病人一色靠拉沙发上。<br>gi³¹ mo²² dʑiɔ²¹ beŋ³¹ naŋ²¹ e³ sɛ³²³ kʰɛ⁵³ la⁰ so³⁵ fɔ³²³ iɛ²¹。 |
| 78 平阳 | 渠病侬一色靠园沙发里。<br>gi³⁵ beŋ⁴⁵ naŋ²¹ i⁴⁵ sɛ²¹ kʰɛ⁵³ kʰo²¹ sɔ⁴⁵ fɔ²¹ li²¹。 |
| 79 文成 | 渠像个病侬色꞊靠沙发上。<br>gei²¹ ʑie¹³ kai³³ beŋ¹³ naŋ³³ se¹³ kʰɛ⁴² sɔ³³ fɔ²¹ ʑie²¹。 |
| 80 苍南 | 渠相像病人一色靠园沙发上。<br>gi³¹ ɕi⁵³ dʑiɛ³¹ beŋ³¹ naŋ³¹ e³ se²²³ kʰɛ⁴² kʰo⁴² so⁴⁴ hua²²³ dʑiɛ³¹。 |

| 方言点 | 0041 他像个病人似的靠在沙发上。 |
|---|---|
| 81 建德<sub>徽</sub> | 渠像个病人样个靠得沙发上。<br>ki³³ ɕie²¹ kɐʔ⁵ pʰin⁵⁵ in³³ iɛ⁵⁵ kɐʔ⁰ kʰɔ³³ tɐʔ⁵ so⁵³ fɐʔ⁵ so⁵⁵。 |
| 82 寿昌<sub>徽</sub> | 渠像个病侬样个靠了沙发上。<br>kəɯ⁵² ɕiã̠⁵² kəʔ⁰ pʰien³³ nɔŋ⁵⁵ iã̠³³ kəʔ⁰ kʰɤ³³ lə⁰ sɑ¹¹ fəʔ³ sã̠⁰。 |
| 83 淳安<sub>徽</sub> | 渠像个生病侬一样靠泽=沙发上。<br>kʰɯ⁴³⁵ ɕiã̠⁵⁵ kəʔ⁵ sã̠²¹ pʰin⁵³ lon²¹ iʔ⁵ iã̠⁵³ kʰɤ⁵³ tsʰəʔ¹³ so²⁴ faʔ⁵ sã̠⁰。 |
| 84 遂安<sub>徽</sub> | 渠像病人似底=靠在沙发上。<br>kʰəɯ³³ ɕiã̠⁴³ pʰin⁴³ zəŋ³³ sɿ⁵⁵ ti³³ kʰɔ⁵² tsɛ³³ sɑ⁵⁵ faʔ⁵² sã̠⁴³。 |
| 85 苍南<sub>闽</sub> | 伊像个病侬□沙发椅。<br>i⁵⁵ tɕʰĩũ³² ge²¹ pin²¹ lan²⁴ tʰe⁵⁵ sa³³ uə⁴³ i⁴³。 |
| 86 泰顺<sub>闽</sub> | 伊像个病侬靠□沙发上。<br>i²² ɕyo² køʔ⁰ pæŋ²² nəŋ²² kʰou⁵³ kiøu²¹ sa²¹ fɛʔ⁵ ɕyo²¹。 |
| 87 洞头<sub>闽</sub> | 伊参=像病人个样子靠在沙发面顶。<br>i³³ tsʰan²¹ tɕʰĩũ²¹ pĩ²¹ laŋ²⁴ ge³³ ĩũ²¹ tsɿ⁵³ kʰo³³ tsai²¹ sa³³ huət⁵ bin²¹² tieŋ⁵³。 |
| 88 景宁<sub>畲</sub> | 渠像个病人一样靠在沙发上。<br>ki⁴⁴ ɕiaŋ⁵¹ kəʔ⁰ pʰiaŋ⁵¹ ȵin²² it⁵ iəŋ⁵¹ kʰiəu⁴⁴ tsai⁵¹ sɔ⁴⁴ fɔt⁵ ɕiəŋ⁵¹。 |

| 方言点 | 0042 这么干活连小伙子都会累坏的。 |
| --- | --- |
| 01 杭州 | 实⁼介套做生活连小伙子都要吃力煞的。<br>zaʔ$^{2}$ kaʔ$^{3}$ tʰɔ$^{45}$ tsəu$^{45}$ saŋ$^{33}$ uaʔ$^{5}$ liɛ$^{22}$ ɕiɔ$^{55}$ xu$^{0}$ tsɿ$^{0}$ təu$^{55}$ iɔ$^{13}$ tɕʰiɛʔ$^{3}$ liɛʔ$^{5}$ saʔ$^{5}$ tiʔ$^{0}$ 。 |
| 02 嘉兴 | 实⁼介做生活连小伙子还要吃力煞个。<br>zəʔ$^{1}$ kᴀ$^{24}$ tsou$^{21}$ sᴀ̃$^{21}$ uəʔ$^{1}$ lie$^{13}$ ɕiɔ$^{33}$ fu$^{42}$ tsɿ$^{21}$ ᴀ$^{13}$ iɔ$^{24}$ tɕʰieʔ$^{5}$ lieʔ$^{5}$ sᴀʔ$^{5}$ gəʔ$^{1}$ 。 |
| 03 嘉善 | 直⁼介纳⁼介做生活是啊连小青年也侪要做坏蹋⁼个。<br>zaʔ$^{2}$ ka$^{35}$ naʔ$^{2}$ ka$^{0}$ tsu$^{53}$ sæ̃$^{55}$ uoʔ$^{2}$ zɿ$^{22}$ a$^{13}$ liɪ$^{31}$ ɕiɔ$^{55}$ tɕʰin$^{35}$ ȵiɪ$^{31}$ a$^{0}$ zɛ$^{31}$ iɔ$^{55}$ tsu$^{55}$ ua$^{55}$ tʰɜʔ$^{5}$ gəʔ$^{2}$ 。 |
| 04 平湖 | 实⁼介做生活，连后生家矮⁼吃勿消。<br>zaʔ$^{23}$ ga$^{213}$ tsu$^{44}$ sɑ̃$^{44}$ vəʔ$^{0}$，liɛ$^{31}$ əɯ$^{21}$ sɑ̃$^{53}$ ka$^{0}$ a$^{0}$ tɕʰiəʔ$^{5}$ vəʔ$^{23}$ ɕiɔ$^{53}$ 。 |
| 05 海盐 | 介衣⁼做生活，连小男客倒吃勿消欸。<br>gɑʔ$^{23}$ i$^{31}$ tsu$^{24}$ sɛ̃$^{55}$ oʔ$^{5}$，liɛ$^{31}$ ɕiɔ$^{423}$ nɤ$^{24}$ kʰaʔ$^{21}$ tɔ$^{21}$ tsʰəʔ$^{23}$ vəʔ$^{5}$ ɕiɔ$^{53}$ e$^{21}$ 。 |
| 06 海宁 | 介辣⁼法子做生活连小潮头也吃弗消个。<br>ka$^{35}$ laʔ$^{2}$ fəʔ$^{5}$ tsɿ$^{53}$ tsəu$^{55}$ sɑ̃$^{55}$ uəʔ$^{2}$ lie$^{33}$ ɕiɔ$^{55}$ zɔ$^{55}$ dəɯ$^{53}$ a$^{31}$ tɕʰieʔ$^{5}$ fəʔ$^{5}$ ɕiɔ$^{55}$ əʔ$^{0}$ 。 |
| 07 桐乡 | 实⁼介做生活，小伙子也吃弗消。<br>zəʔ$^{23}$ ga$^{213}$ tsəu$^{33}$ sɑ̃$^{44}$ uəʔ$^{0}$，siɔ$^{53}$ fu$^{0}$ tsɿ$^{0}$ ia$^{53}$ tɕʰiəʔ$^{3}$ fəʔ$^{3}$ siɔ$^{44}$ 。 |
| 08 崇德 | 实⁼隑⁼做生活，连小伙子啊侪会得吃弗消个。<br>zəʔ$^{23}$ gᴇ$^{13}$ tsu$^{33}$ sɑ̃$^{44}$ uᴇ$^{44}$，liɪ$^{21}$ ɕiɔ$^{55}$ hu$^{0}$ tsɿ$^{0}$ ɑ$^{0}$ zᴇ$^{21}$ ui$^{44}$ təʔ$^{4}$ tɕʰiɔʔ$^{4}$ fəʔ$^{4}$ ɕiɔ$^{44}$ kəʔ$^{0}$ 。 |
| 09 湖州 | 介华⁼做生活是小伙子也吃弗消嗳。<br>ka$^{13}$ uo$^{35}$ tsəu$^{53}$ sɑ̃$^{44}$ uei$^{44}$ zɿ$^{44}$ ɕiɔ$^{53}$ xəu$^{31}$ tsɿ$^{31}$ a$^{0}$ tɕʰieʔ$^{2}$ vəʔ$^{2}$ ɕiɔ$^{0}$ ei$^{0}$ 。 |
| 10 德清 | 葛介做生活小伙子都要做坏噢。<br>kəʔ$^{2}$ ka$^{35}$ tsəu$^{53}$ sɑ̃$^{33}$ əu$^{33}$ ɕiɔ$^{35}$ xəu$^{53}$ tsɿ$^{31}$ təu$^{31}$ iɔ$^{31}$ tsəu$^{31}$ ua$^{31}$ ɔ$^{11}$ 。 |
| 11 武康 | 葛样子做生活连特⁼小伙子也要做坏个。<br>kəʔ$^{5}$ iã$^{35}$ tsɿ$^{53}$ tsu$^{53}$ sã$^{44}$ u$^{44}$ liɪ$^{44}$ dəʔ$^{2}$ ɕiɔ$^{44}$ fu$^{44}$ tsɿ$^{53}$ a$^{11}$ iɔ$^{31}$ tsu$^{53}$ ua$^{31}$ go$^{0}$ 。 |
| 12 安吉 | 尔介做生活，连小伙子都吃弗了。<br>ŋ$^{22}$ ka$^{324}$ tsʊ$^{32}$ sɑ̃$^{55}$ uəʔ$^{5}$，li$^{22}$ ɕiɔ$^{52}$ fu$^{21}$ tsɿ$^{21}$ tu$^{55}$ tɕʰʏəʔ$^{5}$ fəʔ$^{5}$ ləʔ$^{0}$ 。 |
| 13 孝丰 | 介样子做生活，连小伙子都吃弗落嘞。<br>ka$^{324}$ iɑ̃$^{32}$ tsɿ$^{21}$ tsu$^{32}$ sɑ̃$^{44}$ uəʔ$^{5}$，liɪ$^{22}$ ɕiɔ$^{45}$ hu$^{21}$ tsɿ$^{21}$ tu$^{44}$ tɕʰieʔ$^{5}$ fəʔ$^{5}$ luoʔ$^{23}$ le$^{0}$ 。 |
| 14 长兴 | 介做生活，连搭⁼乖⁼小伙子做坏唉。<br>ka$^{324}$ tsəu$^{32}$ sɑ̃$^{44}$ uəʔ$^{5}$，li$^{12}$ taʔ$^{5}$ kua$^{44}$ ʃiɔ$^{45}$ həu$^{55}$ tsɿ$^{21}$ tsəu$^{32}$ ua$^{24}$ ᴇ$^{44}$ 。 |
| 15 余杭 | 葛样子做生活连小伙子都要做坏个。<br>gəʔ$^{2}$ iɑ̃$^{13}$ tsɿ$^{53}$ tsu$^{35}$ sɑ̃$^{55}$ u$^{13}$ liẽ$^{35}$ siɔ$^{53}$ u$^{33}$ tsɿ$^{53}$ tu$^{55}$ tsu$^{35}$ ua$^{13}$ goʔ$^{2}$ 。 |
| 16 临安 | 介做生活连小伙子都要吃力煞个。<br>ga$^{13}$ tso$^{53}$ sɑ̃$^{53}$ uo$^{33}$ lie$^{13}$ ɕiɔ$^{55}$ hu$^{55}$ tsɿ$^{55}$ tu$^{53}$ iɔ$^{31}$ tɕʰieʔ$^{5}$ lieʔ$^{2}$ sɐʔ$^{2}$ go$^{0}$ 。 |

| 方言点 | 0042 这么干活连小伙子都会累坏的。 |
|---|---|
| 17 昌化 | 介那做事体连毛后生都吃不牢个。<br>ka³³na²⁴tsɯ⁵⁴zʅ²³tʰi⁴⁵liʅ¹¹mɔ¹¹ei²³sã⁴⁵tu³³⁴tɕʰiɛ⁵pəʔ⁵lɔ¹¹²kəʔ⁵。 |
| 18 於潜 | 格样子做生活，就是年纪轻个人也吃不落个。<br>kəʔ⁵³iaŋ²⁴tsʅ⁴⁵⁴tsu³⁵saŋ⁴³uɐʔ²³，dziəu²⁴zʅ²⁴ȵie²²tɕi³⁵tɕʰiŋ⁴³³kəʔ²ȵiŋ²⁴ie⁵³tɕʰie⁵³pəʔ²læʔ²³kəʔ²。 |
| 19 萧山 | 介做生活后生子都要吃力煞个。<br>kaʔ⁵tso⁵³sã³³uoʔ¹³io¹³sã⁵³tsʅ²¹tu³³iɔ³³tɕʰieʔ⁵lie⁵saʔ⁵kəʔ¹。 |
| 20 富阳 | 格样子做生活连后生家也会吃力煞个。<br>kɛʔ⁵ã³³⁵tsʅ⁰tsɔ³³⁵sã⁵⁵uoʔ²ȵi ɛ̃¹³ei²²⁴sã⁵⁵ko⁵⁵iɛ²²⁴uɛ³³⁵tɕʰiɛʔ⁵liɛʔ²saʔ⁵gɔ⁰。 |
| 21 新登 | □个做生活连小伙子都会吃力煞个。<br>za¹³kaʔ⁵tsu⁴⁵se⁵³uaʔ²liɛ̃²³³ɕiɔ³³⁴hu³³⁴tsʅ⁴⁵tu⁵³ue¹³tsʰaʔ⁵liəʔ²saʔ⁵kaʔ⁰。 |
| 22 桐庐 | 介个做生活连小伙子亦⁼要吃力个。<br>kʌ²¹kəʔ⁵tsu⁵⁵sã⁵⁵uəʔ¹³lie¹³ɕiɔ³³xu²¹tsʅ²¹iəʔ³iɔ³³tɕʰiəʔ⁵liəʔ⁵gəʔ²¹。 |
| 23 分水 | 格样子做生活，后生家都吃不落。<br>kəʔ⁵iã²⁴tsʅ⁰tso²⁴sən⁴⁴xuəʔ¹²，xɤ²⁴sən⁴⁴tɕia⁴⁴tɤ⁴⁴tɕʰiəʔ⁵pəʔ⁵lɔ⁰。 |
| 24 绍兴 | 是个做生活连小伙子要吃力煞哉。<br>zeʔ²geʔ³tso³³saŋ³³uoʔ³liẽ²²ɕiɔ³³hu⁴⁴tseʔ³tu³³iɔ³³tɕʰie³lieʔ²seʔ³zɤ³¹。 |
| 25 上虞 | 格着力个生活，连小伙子都吃勿落个。<br>kaʔ⁵dzaʔ²liəʔ²kəʔ²sã³³uəʔ²，lie²¹ɕiɔ³³fu³³tsʅ⁰tu³³tɕʰyoʔ⁵vəʔ²loʔ²kəʔ²。 |
| 26 嵊州 | 介个做生活只⁼后生侬吃弗落带⁼。<br>ga²⁴kəʔ³tso³³saŋ⁵³uɛ²³tseʔ⁰iɣ²⁴saŋ⁴⁴nɔŋ³¹tɕʰyoʔ³fəʔ³loʔ³ta³³。 |
| 27 新昌 | □做生活小后生啊食弗落。<br>ŋã⁵³tsɣ³³saŋ³³uɣʔ³ɕiɔ⁵³iɯ⁴⁵saŋ³³a³³ziʔ³feʔ³loʔ³。 |
| 28 诸暨 | 像介个做相后生家也会做得吃力煞个。<br>ziã³³kʌ¹kəʔ⁵tsʁu²¹ɕiã²¹iɯ¹³sã⁴²ko²¹ʌ¹³ve³³tsɣu³³təʔ²¹tɕʰieʔ⁵lie⁵saʔ²¹kəʔ²¹。 |
| 29 慈溪 | 生活介做连小后生都要着力煞个。<br>sã³³uəʔ²ka⁴⁴tsəu⁴⁴lie¹¹ɕiɔ³⁵əu¹¹sã³⁵tu³³iɔ³⁵dzaʔ²liʔ²saʔ⁵kəʔ²。 |
| 30 余姚 | 格相貌做生活，就是后生家也要着力煞死个。<br>kaʔ⁵ɕiaŋ⁴⁴mɔ¹³tsou⁴⁴sã⁴⁴uoʔ²，iø¹³dzʅ⁰ø¹³sã⁴⁴ko⁴⁴a¹³iɔ⁴⁴zaʔ²liəʔ²saʔ⁵ɕi⁰kəʔ²。 |
| 31 宁波 | 格貌做就是后生还要吃力煞或⁼。<br>kaʔ⁵mɔ⁰tsəu⁴⁴ziɣ¹³zʅ⁰əu⁴⁴sã⁴⁴ua¹³io⁴⁴tɕʰyoʔ⁵liəʔ²saʔ²oʔ²。 |
| 32 镇海 | 谷⁼麦⁼介做生活连后生家都吃勿落和⁼。<br>koʔ⁵maʔ¹²ka⁰tsəu³³sã³³oʔ¹²li²⁴ei²⁴sã³³ko³³tu³³tɕʰyoʔ⁵vaʔ¹²loʔ¹²əu⁰。 |

续表

| 方言点 | 0042 这么干活连小伙子都会累坏的。 |
|---|---|
| 33 奉化 | 葛么介做生活,后生家也要着力煞哦。<br>kəʔ⁵ moʔ² ka⁰ tsəu⁴⁴ sã⁴⁴ ua²² , æi³³ sã⁴⁴ ko⁴⁴ a³³ iɔ⁰ dziɪʔ² liɪʔ² saʔ⁵ o⁰ 。 |
| 34 宁海 | 葛窗⁼做生活连后生也要做□爻个。<br>geʔ³ tɕʰ yɔ̃³³ tsəu³³ sã̃³³ uɔʔ³ lie²¹ əu³¹ sã⁵³ ia²² iaʔ³ tsəu³³ hɛ³³ ɔʔ³ goʔ³ 。 |
| 35 象山 | 介貌做生活连小后生统要做倒来个。<br>ka⁴⁴ mɔ¹³ tsəu⁴⁴ sã̃⁴⁴ uoʔ² li¹ ɕiɔ⁰ ɣɯ³¹ sã⁴⁴ tʰoŋ⁴⁴ io⁰ tsəu⁴⁴ tɔ⁴⁴ lei³¹ geʔ² 。 |
| 36 普陀 | 葛么介做带⁼小后生也会着力煞个。<br>koʔ⁵ moʔ⁵ ka⁵⁵ tsəu⁵⁵ ta³³ ɕiɔ⁵⁵ eu⁵⁵ sã⁵⁵ ia²³ uæi³³ dziɛʔ² liɛʔ⁵ sɐʔ⁰ kəu⁰ 。 |
| 37 定海 | 该生活后生也做勒着力死咪。<br>kieʔ⁵ sã³³ uo⁵² ɐi²³ sã⁴⁴ a⁰ tsʌu³³ lɐʔ⁰ dzieʔ² lieʔ⁵ sɐʔ⁰ lɐi⁰ 。 |
| 38 岱山 | 格介做生活,小娃也要竭力煞呵。<br>kioʔ⁵ ka⁰ tsʌu⁴⁴ sã⁴⁴ uo³¹ , ɕiɔ⁴⁴ uɛ⁴⁴ ia³³ io⁵² dzieʔ² lieʔ² sɐʔ⁰ ʌu⁰ 。 |
| 39 嵊泗 | 该生活后生也做勒竭力煞咪。<br>kiɛʔ⁵ sã³³ uo⁵³ œɣ³⁴ sã⁴⁴ a⁰ tsʌu³³ lɐʔ⁰ dziɛʔ² liɪʔ³ sɐʔ⁰ lɐi⁰ 。 |
| 40 临海 | 葛挺⁼做生活小后生都吃力死。<br>kəʔ³ tʰiŋ⁵⁵ tso³³ sã³³ uəʔ² ɕiɔ⁴² ə⁴² sã³⁵³ təʔ⁵ tɕʰ yoʔ³ lieʔ² sɿ⁰ 。 |
| 41 椒江 | 生活铁⁼做法小后生都会做得吃力死。<br>sã³³ uəʔ² tʰieʔ⁵ tsəu³³ fəʔ⁵ ɕiɔ⁴² io⁴² sã³⁵ təʔ⁵ uəʔ³ tsəu⁵⁵ təʔ⁰ tɕʰ ieʔ³ lieʔ² sɿ⁴² 。 |
| 42 黄岩 | 做生活铁⁼做法,后生人也熬弗牢。<br>tsou³³ sã³³ uɐʔ² tʰieʔ⁵ tsou³³ fəʔ⁵ , io⁴² sã³⁵ ȵin⁴¹ a⁰ ŋɔ¹²¹ fəʔ⁵ lɔ⁴¹ 。 |
| 43 温岭 | 醒⁼娘⁼做事干后生头也熬弗牢。<br>ɕin⁴² ȵia²⁴ tsu³³ zɿ¹³ tɕie⁵⁵ iɣ⁴² sã³³ dɣ²⁴ a⁰ ŋɔ³¹ fəʔ⁵ lɔ⁴¹ 。 |
| 44 仙居 | 葛咋做生活连后生人也熬弗牢。<br>kəʔ³ tsəʔ⁵ tso³³ sã³³ uɑʔ²³ lie²¹³ əɯ³¹ sã⁵³ ȵin⁰ aʔ⁵ ŋəɯ²¹ fəʔ³ lɐɯ²¹³ 。 |
| 45 天台 | 生活格子做法连小后生笃⁼熬弗牢个。<br>sa³³ uɔʔ² kaʔ⁵ tsɿ⁰ tsou⁵⁵ feʔ¹ lie²² ɕieu³² eu⁰ sa⁵¹ tuʔ¹ au²² fuʔ² lau²² kou⁰ 。 |
| 46 三门 | 葛子做生活连小后生督⁼要做倒嘚。<br>kɐʔ⁵ tsɿ³² tɕieu⁵⁵ sɛ³³ uɐʔ²³ lie¹¹³ ɕiau³² ɣɯ²³ sɛ⁵² toʔ⁵ iau⁵⁵ tɕieu⁵⁵ tau³² təʔ⁰ 。 |
| 47 玉环 | 个恁做事干连小后生都熬弗牢。<br>kɐʔ³ nəŋ⁴¹ tsəu³³ zɿ²² tɕie⁵⁵ lie³¹ ɕiɔ⁵³ iɣ⁵³ sã³⁵ təu⁵⁵ ŋɔ³¹ fəʔ⁵ lɔ⁴¹ 。 |
| 48 金华 | 葛亨⁼样子做生活,连后生都吃弗落。<br>kəʔ⁴ xaŋ³³⁴ iaŋ⁵³ tsɿ⁵³⁵ tsuɣ⁵⁵ saŋ³³ uɑ¹⁴ , lie³¹³ eu⁵⁵ saŋ³³⁴ tu⁵⁵ tɕʰ iəʔ⁴ fəʔ⁴ loʔ²¹² 。 |

**续表**

| 方言点 | 0042 这么干活连小伙子都会累坏的。 |
|---|---|
| 49 汤溪 | 搿⁼□做工连后生秃⁼吃弗牢。<br>gə$^{11}$ tsɑo$^{52}$ tsuɤ$^{33}$ kɑo$^{52}$ lie$^{33}$ əɯ$^{11}$ sa$^{24}$ tʰou$^{55}$ tɕʰiei$^{52}$ fə$^{52}$ lɔ$^{113}$。 |
| 50 兰溪 | [格样]子做生活连细后生都吃弗消个。<br>kɑŋ$^{45}$ tsɿ$^{0}$ tsuɤ$^{334}$ sæ̃$^{334}$ uɑʔ$^{12}$ lie$^{21}$ sia$^{334}$ əɯ$^{55}$ sæ̃$^{334}$ tu$^{45}$ tɕʰieʔ$^{34}$ fəʔ$^{34}$ siɔ$^{334}$ kəʔ$^{0}$。 |
| 51 浦江 | 袋⁼儿做生活晒⁼，后生都会着力。<br>dan$^{24}$ tsɯ$^{33}$ sɛ̃$^{33}$ uɑ$^{33}$ ɕyɑ$^{334}$，ɤ$^{11}$ sɛ̃$^{53}$ tɯ$^{33}$ ua$^{24}$ dzyo$^{11}$ lɛ$^{243}$。 |
| 52 义乌 | [尔⁼生]做生活里连后生依要吃力倒个。<br>nɛ$^{33}$ tsuɤ$^{45}$ sɛ$^{33}$ ua$^{312}$ li$^{33}$ lie$^{22}$ ɐɯ$^{33}$ sɛ$^{33}$ noŋ$^{45}$ ie$^{33}$ tɕʰiəʔ$^{5}$ lai$^{31}$ to$^{33}$ ə$^{0}$。 |
| 53 东阳 | 亨⁼样生活后生依都吃力倒。<br>hɛ$^{24}$ ȵiɔ$^{55}$ sɛ$^{33}$ ua$^{23}$ əɯ$^{231}$ sɛ$^{33}$ nɔm$^{44}$ tu$^{33}$ tɕʰiɛ$^{33}$ lei$^{24}$ tɐɯ$^{33}$。 |
| 54 永康 | 亨⁼样子做生活，后生依都吃弗消。<br>xai$^{33}$ iɑŋ$^{31}$ tsɿ$^{0}$ tsuo$^{33}$ sai$^{33}$ uɑ$^{113}$，əu$^{31}$ sai$^{33}$ noŋ$^{31}$ ɗu$^{33}$ tɕʰiə$^{33}$ fə$^{33}$ ɕiɑu$^{55}$。 |
| 55 武义 | 若亨⁼个做工罢后生依也吃弗牢哇。<br>ʑiɑu$^{324}$ xa$^{445}$ kəʔ$^{5}$ tsuo$^{53}$ koŋ$^{24}$ bə$^{0}$ ɑu$^{55}$ sa$^{55}$ noŋ$^{324}$ ia$^{13}$ tɕʰiəʔ$^{5}$ fəʔ$^{5}$ lɑu$^{324}$ kua$^{0}$。 |
| 56 磐安 | 格亨⁼做连后生依都会做吃力啊。<br>ka$^{33}$ xɛ$^{33}$ tsuɤ$^{55}$ lie$^{22}$ ɐɯ$^{55}$ sɛ$^{33}$ nɔom$^{55}$ tu$^{33}$ ue$^{33}$ tsuɤ$^{33}$ tɕʰiɛ$^{33}$ lɛi$^{213}$ a$^{0}$。 |
| 57 缙云 | 那⁼干是连后生人都乐着力去。<br>na$^{21}$ kuɛ$^{44}$ dzɿ$^{31}$ liɛ$^{243}$ əɤ$^{51}$ sa$^{44}$ nɛŋ$^{243}$ tu$^{44}$ ŋɔ$^{51}$ dʑiɔ$^{51}$ lai$^{13}$ kʰɤ$^{0}$。 |
| 58 衢州 | 格凉⁼子个做劲连麻头鬼都要着力死喂。<br>kəʔ$^{3}$ liã$^{35}$ tsɿ$^{0}$ gəʔ$^{0}$ tsu$^{53}$ tɕin$^{53}$ liẽ$^{21}$ mɑ$^{21}$ de$^{21}$ kue$^{35}$ tu$^{32}$ iɔ$^{53}$ dʒyaʔ$^{2}$ liəʔ$^{12}$ sɿ$^{35}$ ue$^{0}$。 |
| 59 衢江 | 仰⁼子做生活小鬼儿会做坏[个唉]。<br>ȵiã$^{25}$ tsɿ$^{0}$ tsou$^{53}$ ɕiɛ$^{33}$ uəʔ$^{2}$ ɕiɔ$^{33}$ kuei$^{25}$ ȵi$^{0}$ uei$^{22}$ tsou$^{53}$ ua$^{231}$ gei$^{0}$。 |
| 60 龙游 | 央⁼皮⁼做生活连后生家都食弗落。<br>iã$^{33}$ bi$^{224}$ tsu$^{33}$ sɛ$^{33}$ uəʔ$^{23}$ lie$^{22}$ əɯ$^{22}$ sɛ$^{33}$ kuɑ$^{334}$ tu$^{33}$ iəʔ$^{2}$ fəʔ$^{4}$ lɔʔ$^{23}$。 |
| 61 江山 | [乙样]个做工夫连小后生得⁼咥弗住。<br>iaŋ$^{24}$ gəʔ$^{0}$ tso$^{51}$ koŋ$^{44}$ fə$^{44}$ liɛ̃$^{22}$ ɕiɐɯ$^{44}$ oʔ$^{2}$ saŋ$^{241}$ təʔ$^{5}$ tiɛʔ$^{5}$ fəʔ$^{0}$ dʑyə$^{31}$。 |
| 62 常山 | 乙样个做事干连小后生得⁼罗⁼累班⁼个嘞。<br>eʔ$^{5}$ iã$^{0}$ kɤʔ$^{5}$ tsɔ$^{44}$ ze$^{24}$ kɔ̃$^{0}$ liɛ̃$^{22}$ ɕiɤ$^{43}$ u$^{22}$ sĩ$^{52}$ tɤʔ$^{5}$ lɔ$^{24}$ lue$^{22}$ pã$^{0}$ kɤʔ$^{5}$ lɛ$^{0}$。 |
| 63 开化 | 样子做事连小后生儿都食弗住。<br>iã$^{44}$ tsɿ$^{0}$ tsɔ$^{44}$ zuei$^{213}$ liɛ̃$^{21}$ ɕiəɯ$^{44}$ u$^{21}$ sã$^{44}$ ȵi$^{0}$ təʔ$^{5}$ iaʔ$^{2}$ fəʔ$^{5}$ dʑyo$^{0}$。 |
| 64 丽水 | 乙色⁼做道路连后生人都会做着力了嘎。<br>iʔ$^{5}$ səʔ$^{0}$ tsu$^{44}$ də$^{21}$ lu$^{131}$ lie$^{22}$ əɯ$^{44}$ sã$^{224}$ nen$^{52}$ tu$^{224}$ uei$^{22}$ tsu$^{44}$ dʑiəʔ$^{21}$ liʔ$^{23}$ lə$^{0}$ ka$^{0}$。 |

**续表**

| 方言点 | 0042 这么干活连小伙子都会累坏的。 |
|---|---|
| 65 青田 | 恁一记做事干连妹儿都会用力倒个。<br>neŋ⁵⁵ iæʔ⁴ tsɿ⁰ tsu³³ zɿ²¹ kuɐ³³ liɛ²² mɛ²¹ n⁵⁵ ɗu⁴⁴⁵ uæ²² io²² li³¹ ɗœ⁴⁵⁴ kɛʔ⁰ 。 |
| 66 云和 | 乙色﹦做道路连后生都会着力了。<br>iʔ⁵ saʔ⁰ tso⁴⁴ dɑɔ²²³ lu²²³ liɛ³¹ u⁴⁴ sɛ²⁴ tu²⁴ uei²²³ dzioʔ²³ li²³ lɑɔ⁰ 。 |
| 67 松阳 | 乙□做道路连小后生儿都会着力死个。<br>iʔ³ xã²⁴ tsu³³ dʌ²² luə¹³ liɛ̃³³ ɕiɔ³³ u²² sã²¹ n²⁴ tu²⁴ uei¹³ dziaʔ² li² sɿə²¹ kɛ⁰ 。 |
| 68 宣平 | 爱﹦□样子做生意连后生人都会吃弗牢［个哦］。<br>ei⁴⁴ zə²² iã̃⁵⁵ tsɿ⁴⁴ tso⁴⁴ sɛ³² i⁵² liɛ²² əɯ²² sɛ⁴⁴ nin⁴³³ to³² uei²² tɕʰiəʔ² fəʔ⁴ lɔ⁴³ kɔ⁰ 。 |
| 69 遂昌 | 乙响﹦做道路连后生儿都会着力死个。<br>iʔ³ ɕiaŋ⁵³ tsu³³ dɐɯ²² luə²¹ liɛ̃²² u²¹ ɕiaŋ⁵⁵ ȵiɛ²¹ təɯʔ⁵ uei²¹ dziaʔ² li²³ sɤ⁵³ kɛ⁰ 。 |
| 70 龙泉 | 蟹﹦儿做事连后生依都会做着力个。<br>xa⁵¹ ŋ²¹ tso⁴⁴ zɤɯ²²⁴ liɛ²¹ u²¹ saŋ⁴⁵ nəŋ²¹ tou⁴⁴ uɛ²¹ tso⁴⁴ dzia³ lieiʔ²⁴ gəʔ⁰ 。 |
| 71 景宁 | 样做﹦做连后生人都会做□嘎。<br>iɛ¹¹³ tso⁵⁵ tso³⁵ liɛ⁴¹ u⁵⁵ sɛ³³ naŋ⁴¹ to³³ uai¹¹³ tso³⁵ ka³³ ka⁰ 。 |
| 72 庆元 | 直﹦号﹦式做连后生依都会着力死个。<br>tsɿʔ³⁴ xɐ³¹ sɿʔ⁵ tso¹¹ liɛ̃⁵² u²² sæ̃³³⁵ noŋ³³ ɗɤ³³⁵ uæi³¹ tɕiɐʔ³⁴ li³⁴ sɤ³³ kæi¹¹ 。 |
| 73 泰顺 | 许样做事连后生星﹦都会着力死爻。<br>xã̃⁵⁵ ȵiã̃²² tso²² sɿʔ⁵ liɛ²¹ əɯ²² sã²² ɕiŋ³³ to²¹³ uæi²¹ tɕiɔʔ² li² sɿ⁵⁵ kɑɔ⁰ 。 |
| 74 温州 | 该能干事干呐连后生儿也会干恰爻。<br>ke⁴⁵ naŋ³²³ kø³³ zɿ⁴² kø²¹ na⁰ li²² au²⁴ siɛ³³ ŋ¹² a³³ vai²² kø³³ vai⁵¹ uɔ⁰ 。 |
| 75 永嘉 | 能干事干连后生儿也立否牢﹦。<br>naŋ²¹³ ky⁵³ zɿ³¹ ky⁴³ li²² au¹³ sɛ³³ ŋ⁰ a⁰ le²¹³ u⁰ lə³¹ 。 |
| 76 乐清 | 能缩底干连后生依也会妆﹦恰爻唉。<br>naŋ³²³ so³ ti⁰ kuɤ⁴¹ liɛ³¹ au²⁴ sa⁴⁴ naŋ²²³ a³⁵ vai²² tɕyɯʌ³³ uai⁴¹ ga⁰ e⁰ 。 |
| 77 瑞安 | 能干连后生儿也会干否动爻。<br>naŋ³³ kø⁵³ li²² au¹³ sa³³ ŋ⁰ a⁰ vai²² kø⁵³ vɯ⁰ doŋ¹³ gɔ⁰ 。 |
| 78 平阳 | 个能个做生活后生也吃否落。<br>kai²¹ naŋ³⁵ kai⁴⁵ tʃu⁴⁵ sʌ⁴⁵ vo¹³ au⁴⁵ sʌ³³ ʌ³³ tɕʰi⁴⁵ fu⁴⁵ lo¹² 。 |
| 79 文成 | 个能干连后生依也会吃否落。<br>kai²¹ naŋ³³ kuø³³ lie¹³ au³⁵ sa³³ naŋ³³ a¹³ vai²¹ tɕʰi³³ fu⁴⁵ lo²¹ 。 |
| 80 苍南 | 乞能做息连后生儿也吃否落。<br>ga¹¹ naŋ¹¹² tsu³ ɕi²²³ liɛ¹¹ au⁵³ ɕia³³ ŋ⁰ a⁰ tɕʰi³ u⁰ lo¹¹² 。 |

| 方言点 | 0042 这么干活连小伙子都会累坏的。 |
|---|---|
| 81 建德<sub>徽</sub> | 像葛阶做生活连后生家都吃弗落个。<br>ɕie²¹ kɐʔ³ tɕiɛ²¹³ tsu³³ sɛ⁵³ o²¹³ nie³³ hɤɯ⁵⁵ sɛ⁵³ ko²¹³ tu⁵⁵ tɕʰiɐʔ⁵ fɐʔ⁵ lo²¹ kɐʔ⁵ 。 |
| 82 寿昌<sub>徽</sub> | 格样子做生活连后生家都要做生病个。<br>kəʔ³ iã̃³³ tsɿ²⁴ tsu³³ sæ̃¹¹ uə²⁴ li¹¹ xəɯ⁵⁵ sæ̃¹¹ kuə¹¹ tu²⁴ iɤ³³ tsu³³ sæ̃¹¹ pʰien³³ kəʔ⁰ 。 |
| 83 淳安<sub>徽</sub> | 乙式做事体连后生家都吃不消。<br>iʔ³ səʔ⁵ tsu²¹ sa⁵³ tʰi⁵⁵ liã̃⁴³ hɯ⁴³ sã̃⁵⁵ ko⁵⁵ tu²⁴ tɕʰiʔ⁵ pəʔ⁰ ɕiɤ²⁴ 。 |
| 84 遂安<sub>徽</sub> | 阿⁼样做事后生家都吃不牢。<br>ɑ³³ iã̃⁴³ tsəɯ⁴³ sɿ⁴³ xəɯ⁴³ sã̃⁵³⁴ kɑ⁵³⁴ tu³³ tsʰɿ⁵⁵ pəɯ²⁴ lɔ³³ 。 |
| 85 苍南<sub>闽</sub> | □作息连后生团统会着力。<br>ai⁴³ tso³³ ɕie⁴³ lian²⁴ hau²¹ ɕin³³ ŋã̃⁴³ tʰɑŋ⁴³ e²¹ tio²¹ lɐ²⁴ 。 |
| 86 泰顺<sub>闽</sub> | 这做稿就后生团也□倒哦。<br>tɕyo²¹ tsau²¹ ɕiɿʔ³ tɕiøu²¹ xeu²² sæŋ²² ki³⁴ ia²¹ mɛʔ⁵ tou³⁴⁴ o⁰ 。 |
| 87 洞头<sub>闽</sub> | 爱⁼年⁼做西连青年侬也统做无法着。<br>ai²¹ nĩ̃³⁵ tso³³ ɕie⁵⁵ lian²¹² tɕʰieŋ³³ lian³³ naŋ²⁴ a³³ tʰoŋ³³ tsue³³ bɔ²¹ huɐt⁵ tieu²¹ 。 |
| 88 景宁<sub>畲</sub> | 个系⁼做事连后生崽都解倦坏掉。<br>kɔi⁴⁴ ɕi⁴⁴ to⁴⁴ su⁵¹ lien²² fu²² saŋ⁴⁴ tsoi⁵⁵ tu⁴⁴ xai⁴⁴ tɕiɔŋ⁴⁴ kai⁵¹ tʰau⁰ 。 |

| 方言点 | 0043 他跳上末班车走了。我迟到一步，只能自己慢慢走回学校了。 |
|---|---|
| 01 杭州 | 他爬上末班车走嗻。我晏了步，只好自家慢慢叫走回学校。<br>tʰa³³⁴ba²²zaŋ⁴⁵mo²pɛ³³tsʰuei⁴⁵tsei⁵³ta²⁰。ŋəu⁵³ɛ⁴⁵ləⁿbuⁿ,tsa²³xɔ⁵³dʐ̩¹³tɕia⁵³mɛ¹³mɛ⁵⁵tɕiɔ⁰tsei⁵³uei²²iɛ²iɔ⁴⁵。 |
| 02 嘉兴 | 伊乘末班车去哩。我侬慢嘞一步，只好自家慢慢叫走回学堂。<br>i³³zəŋ²⁴məʔ³pɛ⁵⁵tsʰo²¹tɕʰi³³li³³。ŋ²¹nou¹³mɛ¹³ləʔ⁵iʔ⁵buⁿ,tsəʔ⁵hɔ²¹z̩²¹kᴀ⁴²mɛ²¹mɛ²⁴tɕiɔ²¹tsei⁴²uei²¹oʔᵈdᴀ̃¹³。 |
| 03 嘉善 | 伊么乘上末班车去敌꞊。我么晏蹋꞊一步，只好自家慢慢叫走到学堂里去。<br>i⁵³məʔ²tsʰən⁴⁴zã¹³məʔ²pɛ³⁵tsʰo⁵³tɕʰi³⁵dieʔ²。ŋ²²məʔ³ɛ⁴⁴tʰəʔ²ieʔ⁵buⁿ,tsəʔ⁵xɔ⁵³z̩¹³ka⁵³mɛ²mɛ³⁵tɕiɔ⁰tsə⁴⁴tɔⁿuoʔ²dã̃¹³li⁵³tɕʰiⁿ。 |
| 04 平湖 | 伊乘牢꞊末班车走啦哩。我慢来一步，只好自家慢慢叫走回到学堂里去。<br>i⁴⁴tsʰən⁴⁴lɔⁿməʔ²pɛ⁵³tsʰo³¹zəɯ²¹³laʔⁿli⁰。ŋ²¹³mɛ²⁴lɛ²³ieʔ³buⁿ,zəʔ³hɔ²¹³z̩¹³kaⁿmɛ²⁴mɛⁿtɕiɔ⁰zəɯ²ⁿueⁿtɔ²¹oʔ²³dã̃¹li⁰tɕʰi³³⁴。 |
| 05 海盐 | 伊偌乘牢꞊末班车先去啦哩。我诺꞊沓脱啦哩，只好靠自家慢慢叫走到学堂里去。<br>e²¹neʔ²³tsʰən³³lɔ³¹məʔ²³pɛ⁵³tsʰo³¹ɕiɛ⁵³tɕʰi³³⁴laʔ²³li²¹。ɔʔ²³nɔʔ²³tʰaʔ²³tʰəʔ²laʔ⁵li²¹,tsəʔ⁵xɔ³³⁴kʰɔ³³⁴z̩¹³ka²¹mɛ¹³mɛ²¹tɕiɔ²¹tsɛ⁵³tɔ⁵³ɔʔ²³dã⁵³li²¹tɕʰi³³⁴。 |
| 06 海宁 | 伊么搭牢꞊部末班车跑哩。我么晏哩一步，只好自家慢慢叫走回到学堂。<br>i⁵³məʔ²taʔ⁵lɔ³³bəu²³məʔ²pɛ⁵⁵tsʰo⁵⁵bɔ³³li⁰。u⁵³məʔ²ɛ³³li³³ieʔ⁵buⁿ³¹,tsəʔ⁵hɔ⁵³z̩³³ka⁵³mɛ³³mɛ³⁵tɕiɔ⁵³tsəɯ⁵⁵uɛ³³tɔ⁵⁵oʔ²dã̃³³。 |
| 07 桐乡 | 伊趁꞊牢꞊末班车先走咧。我塔꞊脱꞊咧一步，只好自家慢慢叫个走到学堂里咧。<br>i⁵³tsʰən³³lɔ⁰məʔ²³pɛ⁴⁴tsʰo⁴⁴siɛ⁴⁴tsʏɯ⁴⁴liəʔ⁰。u⁵³tʰaʔ²³tʰəʔ⁵liəʔ⁰iəʔ³bu²¹³,tsaʔ⁵hɔ⁰z̩²¹ka⁵³mɛ²¹mɛ⁴⁴tɕiɔ⁰kəʔ⁰tsʏɯ⁵³tɔ⁰ɔʔ²³dɒ⁴⁴li⁰liəʔ⁰。 |
| 08 崇德 | 伊跳上末班车走嗻。我晏嗻一步，只好自家慢慢叫走到学堂里去嗻。<br>i¹³tʰiɔ³³zã̃⁰məʔ²³pɛ⁴⁴tsʰo⁴⁴tsʏɯ⁵⁵dəʔ⁰。o⁵³ɛ³³dəʔⁿieʔ³buⁿ,tsəʔ⁵hɔ⁵³z̩²¹kɑ⁵³mɛ²¹mɛ²¹tɕiɔ⁵³tsʏɯ⁵⁵tɔⁿɔʔ²³dã̃⁴⁴li⁴⁴tɕʰi⁴⁴dəʔ⁴。 |
| 09 湖州 | 渠搭末班车回学堂嗻。我脱班嗻，只好百泰界꞊走回转［嗻嗳］。<br>dʑi¹³taʔ³məʔ²pɛ³⁵tsʰuo⁵³uei³³uo³³dã̃³⁵dɛ⁵³。ŋ³⁵tʰəʔ²pɛ⁴⁴dɛ³¹,tsəʔ⁵xɔ⁵³paʔ⁵tʰɛ³⁵ka⁵³tɕiɤ⁵³uei³¹tsə⁰dɛ⁰。 |
| 10 德清 | 是伊赶上特꞊末班车走［嗻嗳］。是我晏特꞊一步，我只好慢慢叫界꞊跑回学堂去［嗻嗳］。<br>zəʔ²i³⁵køɯ³⁵zã̃⁵³dəʔ²məʔ²pɛ¹³tsʰuo³¹tɕiɤ¹³dɛ³¹。zuoʔ²ŋəu³⁵ɛ⁵³dəʔ²ieʔ³bu¹³,ŋəu³⁵tsəʔ⁵xɔ⁵³mɛ³³mɛ³³tɕiɔ³¹ka¹³bɔ³¹uɛ¹³uoʔ²dã̃¹³tɕʰi¹³dɛ⁰。 |

| 方言点 | 0043 他跳上末班车走了。我迟到一步，只能自己慢慢走回学校了。 |
|---|---|
| 11 武康 | 是伊乘末班车先跑［嘚嗳］。我么晏特＝一步，只有自家慢慢叫跑到学堂里去［嘚嗳］。<br>zɜʔ²i³⁵tsʰen⁵³mɜʔ²pɛ⁴⁴tsʰo⁴⁴ɕiɿ⁵³bɔ³¹dɛ¹¹。ŋ¹³mɜʔ²ɛ³³dɜʔ²ie⁵bu¹³，tsɜʔ⁵iø⁵³zɿ¹¹ka⁵³mɛ⁴⁴mɛ⁴⁴tɕiɔ⁵³bɔ¹¹tɔ³¹uo²⁴dã¹³li¹¹tɕʰi⁵³dɛ³¹。 |
| 12 安吉 | 渠跳上末班车走嘞。我迟到一步，只好慢慢叫自家走到学堂里来。<br>dʑi²¹³tʰiɔ³²zɔ̃²¹mɘʔ²pɛ⁵⁵tsʰʊ⁵⁵tsei⁵²le⁰。ŋ²¹³dʑɿ²²tɔ³²⁴iE⁵bu²¹³，tsɜʔ⁵hɔ⁵²mE²¹mE⁰tɕiɔ²¹³zɿ²¹ka²¹³tsɘɿ⁵²tɔ⁰ʔoʔ²dɔ̃²²li⁵²lE²²。 |
| 13 孝丰 | 渠跳上末班车走嘞。我迟到一步，只好慢慢叫走回学校。<br>dʑi²²tʰiɔ³²zɔ̃²⁴³muoʔ²pɛ²²tsʰʊ³²⁴tsɘɿ⁵²le⁰。ŋuoʔ²³dʑɿ²²tɔ³²⁴ie⁵bu²¹，tsɜʔ³hɔ⁵²mE³²mE⁰tɕiɔ³²⁴tsɘɿ⁴⁵ue²¹yɘʔ²iɔ²²。 |
| 14 长兴 | 伊乘了末班车走脱了。是我晚了一步，只好自家慢慢叫跑到学堂里去嘞。<br>ɿ¹²tsʰəŋ³²⁴lɘʔ⁰mɘʔ²pɛ⁴⁴tsʰəu⁴⁴tsei⁵²tʰɘʔ⁵lE⁰。zɜʔ²ŋ⁵²E³²lɘʔ⁰iEʔ²bu²⁴，tsɜʔ³hɔ⁵²zɿ²¹ka²⁴mE³²mE²¹tʃiɔ³²⁴bɔ¹²tɔ³³ʔoʔ²dɔ̃²²lɿ³³tʃʰɿ³²lE⁰。 |
| 15 余杭 | 是伊乘上牢＝末班车走嘚。是我迟到一步，只好慢慢叫走到学校里。<br>zoʔ²i¹³tsʰiŋ⁵³zɑ̃³¹lɔ¹³moʔ²pɛ⁵⁵tsʰo⁵⁵tɕiɣ⁵³dɘ³¹。zoʔ²ŋ⁵³zɿ³³tɔ³⁵ieʔ⁵pu³⁵，tsɜʔ⁵xɔ⁵³mE³³mE¹³tɕiɔ³⁵tsøɣ⁵³tɔ³⁵ieʔ²iɔ¹³li³¹。 |
| 16 临安 | 伊乘上嘞末班车。我迟到嘞一步，只好慢慢道＝走到学校去。<br>i³⁵tsʰəŋ⁵⁵zɑ̃⁵⁵lɐʔ²mɘʔ²pɛ³³tsʰuo⁵⁵。ŋuo³⁵dʑɿ³³tɔ⁵⁵lɐʔ²ieʔ⁵bu³¹，tsɜʔ⁵hɔ³⁵mɛ³³mɛ³³dɔ³³tsɘ⁵³tɔ⁵³yɔʔ²iɔ³¹tɕʰi⁰。 |
| 17 昌化 | 渠跳着末班车去走嘞。我迟着一步，节＝好自家慢慢叫跑着到学校里去嘞。<br>gu¹¹tʰiɔ⁵⁴zaʔ²³maʔ²pɔ̃³³tsʰu⁴⁵tɕʰi⁵⁴tsei²⁴lɛ⁰。a²⁴zɿ¹¹zaʔ²³ieʔ⁵bu²⁴，tɕiɛʔ⁵xɔ⁴⁵zɿ²³ku⁴⁵mɛ̃²⁴mɛ̃⁰tɕiɔ⁵⁴⁴bɔ¹¹²zaʔ²tɔ⁵⁴iaʔ²iɔ²⁴li⁴⁵tɕʰi⁵⁴⁴lɛ⁰。 |
| 18 於潜 | 他坐上末头一班车去嘞。我么来迟嘞，只好八腿回学校里去嘞。<br>tʰa⁴³³dzu²⁴zaŋ²⁴maʔ²diɘu²⁴ie⁵³pɐ⁴³tsʰa⁴³³tɕʰi³⁵liæʔ²。ŋu⁵¹mɘʔ²le²²³dʑɿ²²³liæʔ²，tsɜʔ⁵³xɔ⁵³pɐʔ⁵³tʰe³¹ue²⁴iæʔ²ɕiɔ³⁵li²²tɕʰi³⁵liæʔ²。 |
| 19 萧山 | 伊跄上末班车去嘞。我迟嘞一步，结＝嘞自慢慢叫走回学堂里去。<br>i¹³dʑiã¹³zɔ̃⁴²moʔ⁵pɛ³³tsʰo³³tɕʰi³³lɘʔ²¹。ŋo¹³dʑɿ³⁵lɘʔ⁵ie⁵bu²¹，tɕie⁵lɘʔ⁵zi¹³mɛ¹³mɛ¹³tɕiɔ⁴²tɕio⁴²ue²¹ɘʔ²¹dɔ̃²¹li²¹tɕʰi²¹。 |
| 20 富阳 | 伊爬上最后一部车子走嘚。我迟到一步，只好自家慢慢走回学校嘞。<br>i²²⁴bɔ¹³zɑ̃²⁴tsei³³⁵ei²²⁴iɛ⁵bu²²⁴tsʰu⁵⁵tsɿ⁰tsei⁴²³tɛ⁰。ŋo²²⁴dʑɿ¹³tɔ⁵⁵iɛ⁵bu²²⁴，tsɜʔ⁵hɔ⁴²³zɿ²²⁴ko⁵⁵mɛ̃²²⁴mɛ̃³³⁵tsei⁴²³ue¹³iaʔ²iɔ³³⁵lɛ⁰。 |

续表

| 方言点 | 0043 他跳上末班车走了。我迟到一步，只能自己慢慢走回学校了。 |
|---|---|
| 21 新登 | 伊爬上嘞顶末角部车去嘞。我迟到嘞一步，只好自家慢慢叫个走路回学堂嘞。<br>i³³⁴ bɑ²³³ zɑ̃¹³ laʔ⁰ teiŋ³³⁴ maʔ² kaʔ⁵ bu¹³ tsʰɑ⁵³ tɕʰi⁴⁵ laʔ⁰。u³³⁴ dzi²³³ tɔ⁴⁵ laʔ⁰ iəʔ⁵ bu¹³，tsaʔ⁵ hɔ³³⁴ zɿ²¹ ka⁴⁵ mɛ²¹ mɛ¹³ tɕiɔ⁴⁵ kaʔ⁰ tɕy³³⁴ lu¹³ ue²³³ iaʔ² dɑ̃¹³ laʔ⁰。 |
| 22 桐庐 | 伊跳上末班车走唦。我迟到一步，只好自家慢慢叫走回学堂。<br>i¹³ tʰiɔ³⁵ zɑ̃¹³ məʔ²¹ pɑ̃³³ tɕʰyo¹³ tsei⁴² təʔ³。ŋɔ³³ dzi¹³ tɔ⁵⁵ iəʔ⁵ bu¹³，tsəʔ⁵ xɔ³³ zi¹³ kuo⁵⁵ mɑ̃¹³ mɑ̃⁵⁵ tɕiɔ³³ tsei⁵⁵ uɛ¹³ aʔ¹³ dɑ̃¹³。 |
| 23 分水 | 他上末班车走了。我慢了一步，只有慢慢走学校了。<br>tʰa⁴⁴ zɑ̃²⁴ məʔ¹² pɑ̃⁴⁴ tsʰa⁴⁴ tsɵ⁵³ la。ŋɔ⁴⁴ mɑ̃²⁴ laʔ⁰ iəʔ⁵ bu¹³，tsəʔ⁵ iə⁵³ mɑ̃²⁴ mɑ̃⁰ tsɵ⁵³ iəʔ⁵ ɕiɔ²¹³ laʔ⁰。 |
| 24 绍兴 | 伊乘上末班车走哉。我迟了一步，就了自慢慢叫个走到学堂里哉。<br>i²²³ tsʰɛ̃³³ zaŋ³¹ meʔ² pɛ̃³³ tsʰo⁵³ tsɤ³³ zɛ²³¹。ŋɔ²² dzi²² ləʔ⁰ ieʔ³ bu²²，tɕiɤ³³ ləʔ⁰ zi²² mɛ̃³³ mɛ̃⁴⁴ tɕiɔ³¹ kəʔ⁰ tsɤ³³ tɔ³³ oʔ² dɑŋ²⁴ li³³ zɛ³¹。 |
| 25 上虞 | 伊倒末班车乘上哉。我迟滴一步，自就慢慢个走到学堂去哉。<br>i²¹ tɔ⁵³ moʔ² pɛ³³ tsʰo³³ dzɛŋ²¹ zɔ⁰ tse⁰。ŋʊ²¹ dzi²¹ tiəʔ² bu³¹，zi²¹ dziɤ²¹ mɛ²¹ mɛ⁰ kəʔ² tsɤ³³ tɔ⁰ oʔ² dɔ²¹³ tɕʰi⁵⁵ tse⁰。 |
| 26 嵊州 | 伊了末班车带＝伊乘东＝去亨＝哉。则＝我吶迟得步了喏＝，捉＝只有慢慢介自走到学堂里去哉。<br>i²⁴ ləʔ³ məʔ² pɛ̃³³ tsʰo⁵³ ta³³ i³³ tsʰeŋ³³ toŋ⁴⁴ tɕʰi³³ haŋ³³ tsɛ³³⁴。tsəʔ³ ŋɔ²⁴ nəʔ³ dzi²² təʔ³ bu²² ləʔ⁰ no⁵³，tsoʔ³ tsɿ³³ iɤ⁵³ mɛ̃²² mɛ̃²² ka³³ zi²⁴ tɕiɤ³³ tɔ³³ oʔ² dəŋ²³¹ li⁰ tɕʰi³³ tsɛ³³⁴。 |
| 27 新昌 | 渠末班车爬头去了。我迟得一脚，我只有慢慢介走到学堂里去了。<br>dzi²² mɤʔ² pɛ̃³³ tsʰo⁵³ bo²² diɯ²² tɕʰi³³ le²³²。ŋɤ²³² dzi²² teʔ³ iʔ³ tɕiaʔ⁵，ŋɤ²³² tsɿ³³ iɯ⁵³ mɛ̃²² mɛ̃²² ka³³ tɕiɯ³³ tɔ⁵³ oʔ² dɔ̃²² li³¹ tɕʰi³³ le²³²。 |
| 28 诸暨 | 渠跳上末班车去啊。我迟嗰一步，我只好靠自慢慢叫走回学堂。<br>dʒi¹³ tʰiɔ³³ zɑ̃³³ moʔ²¹ pɛ³³ tsʰo⁴² kʰie²¹ A¹³。ŋɤu¹³ dzi¹³ təʔ⁵ ieʔ⁵ bu³³，ŋɤu¹³ tsɿ⁴² hɔ⁴² kʰɔ³³ ʒɿ¹³ mɛ³³ mɛ³³ tɕiɔ³³ tsei⁴² ve²¹ oʔ²¹ dɑ̃²⁴²。 |
| 29 慈溪 | 渠乘仔末班车去唧哉。我迟勒眼，我只得慢慢子个自家走到学堂去。<br>ge¹³ dzəŋ¹¹ tsɿ⁰ moʔ² pɛ̃⁴⁴ tsʰo⁴⁴ kʰe⁴⁴ lɔ̃¹³ tse⁰。ŋɔ¹³ dzi¹³ laʔ² ni ɛ̃⁰，ŋɔ¹³ tɕyoʔ⁵ taʔ² mɛ̃¹¹ mɛ̃¹³ tsɿ⁰ kəʔ² i¹³ ko⁴⁴ tsɔ³³ tɔ⁴⁴ ɔʔ² dɔ̃¹³ kʰe⁰。 |
| 30 余姚 | 渠顶末脚一班车趄上格。我趄勿着，我只好自家慢慢个走到学堂里去。<br>ge¹³ tɔ³⁴ miəʔ² tɕiaʔ⁰ iəʔ² pɑ̃⁴⁴ tsʰo⁴⁴ biəʔ² zɔŋ¹³ kəʔ⁰。ŋɔ¹³ biəʔ² vəʔ² zaʔ²，ŋɔ¹³ tɕyoʔ⁵ hɔ³⁴ i¹³ ko⁴⁴ mɑ̃¹³ mɑ̃¹³ kəʔ² tsɵ³⁴ tɔ⁴⁴ oʔ² dəŋ¹³ li⁰ kʰe⁴⁴。 |

| 方言点 | 0043 他跳上末班车走了。我迟到一步，只能自己慢慢走回学校了。 |
|---|---|
| 31 宁波 | 渠侬乘上末班车去嘞。我侬晏到嘞一步，只好自家走到学堂去嘞。<br>dʑi²² nəu¹³ dʑiŋ¹³ zɔ⁰ miə¹⁵ pɛ⁴⁴ tsʰo⁴⁴ tɕʰi⁴⁴ laʔ²。 ŋo²² nəu¹³ ɛ⁵³ tɔ⁰ laʔ² iəʔ² buᵒ，tɕiəʔ⁵ hɔ⁰ zi⁴⁴ ko⁴⁴ tsœy³⁵ tɔ⁴⁴ oʔ² dɔ⁰ tɕʰi⁴⁴ laʔ²。 |
| 32 镇海 | 渠跳上晏班车走来。我晏到一步，只好自家慢慢走到学校里来咪。<br>dʑi²⁴ tʰio³³ zɔ̃⁰ ɛ³³ pɛ³³ tsʰo³³ tsei³³ leᵒ。 ŋo²⁴ ɛ⁵³ tɔ⁰ ieʔ⁵ bu²⁴，tɕieʔ⁵ hɔ³⁵ zi²⁴ ko³³ mɛ²⁴ mɛᵒ tsei³³ tɔ⁰ oʔ¹² io²⁴ liᵒ le²⁴ leᵒ。 |
| 33 奉化 | 渠倒末班车跳上去该来。我晏到一步，乃只好自家慢慢走到学堂去咪。<br>dʑi³³ tʌ⁴⁴ moʔ² pɛ⁴⁴ tsʰo⁴⁴ tʰiɔ⁵³ zɔ⁰ tɕʰi⁴⁴ keᵒ leᵒ。 ŋəu³³ ɛ⁴⁴ tʌ⁴⁴ iɿʔ² buᵒ，ne³³ tɕiɿʔ⁵ hʌ⁰ zɿ³³ koᵒ mɛ³³ mɛᵒ tsæi⁴⁴ tʌ⁰ oʔ² dɔ⁰ tɕʰi⁴⁴ leᵒ。 |
| 34 宁海 | 渠跳上晏班车去爻嘞。我晏到一步，只有自家慢慢时走到学堂转去嘞。<br>dʑi²³ tʰieu³³ zɔ̃⁰ ɛ³⁵ pɛ³³ tsʰo³³ tɕʰi³³ ɔʔ⁵ leiᵒ。 ŋo³¹ ɛ⁵³ tau⁰ iəʔ³ bu²⁴，tsaʔ³ iu³¹ dʑɿ²² ko³³ mɛ³¹ mɛᵒ zɿ⁰ tseu³³ tau⁰ ɔʔ² dɔ⁰ tɕy⁰ tɕʰiᵒ leiᵒ。 |
| 35 象山 | 渠跳上末班车去嘞。我搁落一步，只好实＝家慢慢走到学校去嘞。<br>dʑieʔ² tʰio⁵³ zɔ̃⁰ moʔ² pɛ⁴⁴ tsʰo⁴⁴ tɕʰiɛ⁴⁴ leiᵒ。 ŋəu³¹ koʔ⁵ loʔ² iɛʔ⁵ bu¹³，tseʔ⁵ hɔ⁴⁴ zoʔ² ko⁴⁴ mɛ¹³ mɛᵒ tsɤɯ⁴⁴ tɔ⁰ oʔ² io¹³ tɕʰiɛ⁵³ leiᵒ。 |
| 36 普陀 | 渠跳上末班车走咪。我迟到了一步，只好自家慢慢交走回学堂啦。<br>dʑi²⁴ tʰiɔ⁵⁵ zɔ̃⁵⁵ mɐʔ² pɛ⁵⁵ tsʰo⁴⁴ tseu⁵³ leᵒ。 ŋo²³ dʑi²⁴ tɔ⁵⁵ lɐʔᵒ iɛʔ⁵ bu¹³，tɕiɛʔ³ xɔ⁵³ i¹¹ ko⁵⁵ mɛ³³ mɛ⁵⁵ tɕiɔ⁵⁵ tseu⁵³ uæi³³ oʔ² dɔ̃²⁴ laᵒ。 |
| 37 定海 | 渠末班车搭乘上咪。我晏了一步，只好慢慢叫走勒学校里去。<br>dʑi²³ mɐʔ² pɛ⁴⁴ tsʰo⁴⁴ tɐʔ⁰ tɕʰiŋ⁵² zɔ̃⁰ leiᵒ。 ŋo²³ ɛ⁴⁴ lɐʔ⁰ iɛʔ⁰ buᵒ，tɕieʔ³ xɔ³³ mɛ¹¹ mɛ⁴⁴ tɕio⁰ tsɐi³³ lɐʔ⁰ oʔ² io⁰ li⁴⁴ tɕʰi⁵²。 |
| 38 岱山 | 渠末班车［拨渠］趁着咪。我差一步，只好慢慢叫搭学校里去。<br>dʑi²³ mɐʔ² pɛ⁴⁴ tsʰo⁴⁴ pɐi⁰ bieʔ² dzoʔ² lɐiᵒ。 ŋo²³ tsʰo⁴⁴ ieʔ³ bu⁴⁵，tɕieʔ⁵ xɔ⁰ mɛ¹¹ mɛ⁴⁴ tɐʔ³ oʔ² io⁴⁴ lɐʔ⁰ tɕʰiᵒ。 |
| 39 嵊泗 | 渠搭＝末班车乘上咪。我晏到了一步，只好自家慢慢走勒学校里去咪。<br>dʑi³³ tɐʔ⁵ mɐʔ² pɛ⁴⁴ tsʰo⁴⁴ tsʰoŋ⁵³ zɔ̃⁰ lɐiᵒ。 ŋo³⁴ ɛ⁴⁴ tɔ⁰ lɐʔ⁰ iɛʔ⁰ buᵒ，tɕiɛʔ³ xɔ⁰ ziɤ¹¹ ko⁴⁵ mɛ¹¹ mɛ³³ tsœy⁵³ lɐʔ⁰ oʔ² io³³ lɐʔ³ tɕʰi³³ lɐiᵒ。 |
| 40 临海 | 渠爬上落脚班车去爻。我慢了一步，菊＝好自己慢慢尔走转学堂去。<br>ge²¹ bo²¹ zɔ̃² loʔ² tɕioʔ³ pɛ³³ tsʰo³⁵³ kʰe³³ ɔ⁰。 ŋe⁵² mɛ²² ləʔ⁰ ieʔ³ bu⁵¹，tɕy⁵ hɔ⁴² mɛ²² mɛ²² zɿ⁵¹ tsə⁴² tɕyʏ⁵² ɔʔ² dɔ̃²¹ kʰe³³。 |
| 41 椒江 | 渠乘末班车去爻。我扣差一步，只好自己慢慢而走转到学堂里去爻。<br>gə³¹ tɕʰiŋ⁴² məʔ² pɛ⁵⁵ tsʰo⁴² kʰə⁵⁵ ɔ⁰。 ŋo⁴² tɕʰio⁵⁵ tsʰo³³ ieʔ³ bu⁴¹，tɕieʔ⁵ hɔ⁴² zɿ²² tɕi⁴² mɛ²² mɛ²² zɿ⁴¹ tɕio⁴² tsø⁴² tɔ³³ oʔ² dɔ̃²² li⁵¹ kʰə¹² ɔ⁰。 |

续表

| 方言点 | 0043 他跳上末班车走了。我迟到一步,只能自己慢慢走回学校了。 |
|---|---|
| 42 黄岩 | 渠末脚班车赶上去爻。我越迟一步,只好慢慢而走转到校哒去耶。<br>gie¹²¹ moʔ² tɕie²ʔ³ pɛ³³ tsʰo³⁵ tɕie⁴² zɔ̃¹²¹ kʰie⁵⁵ ɔ⁰ 。ŋɔ⁴² diɔ¹²¹ dzʅ¹²¹ ieʔ³ bu²⁴ ,tɕieʔ⁵ hɔ⁴² mɛ¹³ me²² zʅ⁴¹ tɕio⁴² tsø⁴² tɔ³³ ɔ²⁴ dəʔ⁰ kʰie⁵⁵ ie⁰ 。 |
| 43 温岭 | 渠乘末只班车去爻。我差一步,我只好慢慢而个转到学堂来爻。<br>gie³¹ tɕʰin³³ miʔ² tɕieʔ³ pɛ¹⁵ tsʰo³³ kʰie⁵⁵ ɔ⁰ 。ŋɔ⁴² tsʰo³³ iʔ³ bu⁴¹ ,ŋɔ⁴² tsʅ⁵⁵ hɔ⁴² mɛ¹³ me³³ zʅ⁴¹ kəʔ⁰ tɕyø⁴² tɔ³³ oʔ² dɔ̃⁴¹ le¹³ ɔ⁰ 。 |
| 44 仙居 | 渠跳上落脚班车去唉。我晏一步,我自己只好慢慢柿⁼走转学堂个。<br>gæ²¹³ tʰiɐu³³ ʑia²¹³ lɑʔ²³ tɕya²ʔ³ ɓa³³ tsʰo⁵³ kʰæ⁵⁵ æ⁰ 。ŋɔ²⁴ a⁵⁵ iəʔ³ bu³⁵³ ,ŋɔ²⁴ zʅ³³ tɕi³²⁴ tsəʔ⁵ hɐu⁰ ma³³ ma³¹ zʅ³⁵³ tsəɯ⁴³ tsø³²⁴ ɑʔ²³ dɑ̃²¹³ kəʔ⁰ 。 |
| 45 天台 | 渠落脚班车赶着去落。我迟来一步,只好自己慢慢个走学堂转去。<br>gei²²⁴ lɔʔ² kiaʔ⁵ pe³³ tso³³ ke³² dziaʔ² kʰei³³ lɔʔ² 。ɔ²¹ zʅ²² lei⁰ iəʔ⁵ buʔ⁰ ,tɕiəʔ⁵ hau⁰ zʅ³³ ki⁰ me²¹ meʔ⁰ kou⁰ tseu³³ ɔʔ² dɔ⁰ tɕyø³³ kʰei⁰ 。 |
| 46 三门 | 渠跳上宴班车去了。我迟了一厂⁼,只好自家慢慢时⁼走回学堂。<br>dʑi¹¹³ tɕʰiau⁵⁵ zɔ³¹ ɛ⁵⁵ pɛ⁵⁵ tsʰo⁵² tɕʰi⁵⁵ liau⁰ 。ʋ³²⁵ dʑi¹¹³ ləʔ⁰ ieʔ³ tɕʰi ɑ̃³²⁵ ,tsɐʔ⁵ hau³² zʅ²³ kɔ⁵² mɛ²³ meʔ⁰ zʅ²⁵² tsʅɯ³³ ue¹¹ ɔʔ² dɔ¹¹³ 。 |
| 47 玉环 | 渠乘上末班车去爻。我迟一步,只好自己慢慢而走转学堂埠去爻。<br>gie³¹ tɕʰin³³ zɔ̃³¹ mɐʔ³ pɛ⁵⁵ tsʰo⁴² kʰie⁵⁵ ɔ⁰ 。ŋɔ⁴² dzʅ³¹ iɐʔ³ bu⁴¹ ,tsʅ⁵⁵ hɔ⁵³ zʅ²² tɕi⁴² me²² me²² zʅ⁴¹ tɕiʑ⁵³ tɕyø⁴² oʔ² dɔ̃⁴¹ tɐʔ⁰ kʰie³³ ɔ⁰ 。 |
| 48 金华 | 渠爬上顶后面一班车走了。我依推扳一帝⁼,只好自慢慢儿趋转学堂里。<br>gəʔ²¹² bɤa³¹ ʑiaŋ¹⁴ tiŋ⁵⁵ eu⁵⁵ mie¹⁴ iəʔ³ pa⁵⁵ tsʰia³³⁴ tɕiu⁵⁵ ləʔ⁰ 。a³³ noŋ⁵³⁵ tʰɛ³³ pa⁵⁵ iəʔ³ ti⁵⁵ ,tɕieʔ⁴ xao⁰ zi¹⁴ ma³³ ma⁵⁵ ȵi³³⁴ biəʔ²¹ tɕyɤ⁵⁵ oʔ²¹ daŋ¹⁴ li⁰ 。 |
| 49 汤溪 | 渠□上顶落末班车走罢。我迟着步,只好我自慢慢点走学堂去。<br>gu¹¹ kʰuɑ⁵² ziɔ¹¹³ nɛ̃i⁵² lɔ¹¹ mɤ⁵² mɤa⁵² tsʰɑ²⁴ tsəɯ⁵³⁵ ba¹¹³ 。a¹¹³ dzʅ¹¹ dziɔ⁰ bu³⁴¹ ,tɕiɛ⁵² xɔ⁵³⁵ a¹¹³ zʅ³⁴¹ mɤa⁵⁵ mɤa⁵⁵ ȵie⁵² tsəɯ⁵³⁵ ɔ¹¹ tɔ⁵² kʰəɯ⁵² 。 |
| 50 兰溪 | 顶落末一部车渠爬爬上去。我迟嘞一步,只有自慢慢咛⁼儿走学堂归去嘞。<br>tin⁵⁵ ləʔ¹² məʔ¹² ieʔ³⁴ pu⁴⁵ tsʰɑ³³⁴ gi²¹ bia²⁴ biɔ⁰ ɕiaŋ⁵⁵ ki⁰ 。uɤ⁵⁵ dzʅ²¹ ləʔ⁰ ieʔ³⁴ bu²⁴ ,tɕiɛ³⁴ iəɯ⁵⁵ zi²⁴ mia⁵⁵ mia⁵⁵ nin³³⁴ nəʔ⁴⁵ tsəɯ⁵⁵ ɑʔ³⁴ daŋ²⁴ kui³³⁴ ki⁴⁵ ləʔ⁰ 。 |
| 51 浦江 | 渠末班车走啊。我晏置⁼袋⁼一末⁼儿,只好我自慢慢农⁼走到学堂去。<br>zi²³² mɯ¹¹ pɑ̃̃³³ tɕʰya³³ tsɤ¹¹ a⁰ 。a⁵³ɑ̃³³ tsʅ¹ da²⁴ iə³³ mɯn⁵⁵ ,tsɛ³³ xo⁵³ a¹¹ zi²⁴ mɑ̃¹¹ mɑ̃²⁴ lon⁰ tsɤ⁵³ to³³ o²⁴ dɔ̃³³ i⁰ 。 |
| 52 义乌 | 渠跳上顶后头儿部车去了。我迟一脚,只好自苦⁼慢走学堂里[归去]了。<br>ai²² tʰɯɤ⁴⁵ dzwa³¹ nən³³ ɐɯ⁴⁵ dɤn³¹ bu²² tsʰia³³ kʰai⁴⁵ lə⁰ 。a⁴⁵ dzi²⁴ iəʔ³ tɕiɛ³¹ tsai⁴⁵ ho³³ zi²⁴ kʰu³³ man³³ tsəɯ³³ ɔ³¹ dŋʷ²¹ li³³ tɕyai³³ lə³¹ 。 |

续表

| 方言点 | 0043 他跳上末班车走了。我迟到一步，只能自己慢慢走回学校了。 |
|---|---|
| 53 东阳 | 渠里最后一部车赶着哇。我迟了一记儿，只好慢慢赶=去自趱转来哇。<br>gəɯ²⁴ li²² tsei⁵⁵ əɯ³¹ iɛ³³ pu⁴⁴ tɕʰia⁴⁴ kɯ³³ tɕiɔ³³ uɐ⁰。ŋʊ²² dʑi²⁴ lɐ²² iɛ³³ tɕin⁴⁴，tsɐʔ³⁴ hɐɯ⁴⁴ mo²² mo²⁴ kan³³ kʰəɯ³³ zi²⁴ diɔ²⁴ tɕy³³ lei²² uɐ⁰。 |
| 54 永康 | 渠赶着落末部车去咧。我慢一步，只好自松宽躐转学堂。<br>gɯ²² kɤ³³ dʑiɑu⁰ lɑu³¹ muɑ²⁴¹ mɑ²⁴¹ tɕʰiɑ⁵⁵ kʰɯ⁵² liɑ⁰。ŋuo³¹ mɑ²⁴¹ iə³³ bu²⁴¹，tsəi⁵² xɑu³³⁴ zi²⁴¹ soŋ³³ kuɑ⁵⁵ lie³¹ tɕye³³⁴ ɑu³³ dɑŋ²²。 |
| 55 武义 | 渠下=上顶后头一部车去罢。我迟到一步，只好我自松宽躐归学堂当=罢呢。<br>gɯ¹³ uɑ⁵³ dʑiɑŋ⁰ nin⁵⁵ ɑu¹³ dɑu⁰ ieʔ⁵ bu⁵³ tɕʰiɛ²⁴ kʰɯ⁵³ bɑ⁰。ɑ¹³ dʑi³²⁴ lɤ⁵³ iəʔ⁵ bu⁵³，tsəʔ⁵ xɤ⁵³ ɑ¹³ zi⁵³ soŋ⁵⁵ kʰuo²⁴ lie²¹ kui²⁴ u⁵³ dɑŋ³²⁴ nɑŋ⁰ bə⁰ nə⁰。 |
| 56 磐安 | 渠爬上末班车去哇。我迟到一步，只能自懈懈个去躐到学堂去哇。<br>gɐɯ²¹³ bə²² dʑiŋ¹⁴ mɛ⁵⁵ pŋ³³ tɕʰiɑ⁴⁴⁵ kʰɐɯ⁵⁵ uɐ⁰。ŋuɤ³³ dʑi²¹ to⁵⁵ iɛ³³ bu¹⁴，tsɛi⁵⁵ nɐn²² zi¹⁴ kɑ³³ kɑ³³ kɑ⁵⁵ ɐɯ³³ lie²² to³³ uə²¹ dŋ²² ɐɯ³³ uɐ⁰。 |
| 57 缙云 | 渠钻=上末脚部车去罢。我晚落一脚，便只我自晏晏躐转学堂。<br>gɤ³¹ tsei⁴⁴ dʑiɑ⁴⁵ mɛ⁵¹ tɕiɔ⁵¹ bu²¹³ tɕʰiɑ⁴⁴ kʰɤ⁴⁵³ vɑ⁰。ŋ³¹ mɑ²¹³ lɔ⁰ iei⁴⁴ tɕiɔ⁴⁵，biɛ²¹ tsʅ⁴⁵ ŋ⁵¹ zʅ²¹³ iɛ⁵¹ iɛ⁵¹ lie¹³ tɕye⁵¹ ɔ⁵¹ dɔ²⁴³。 |
| 58 衢州 | 渠跳上末班车就走了呐。我慢了一步，只有自家慢慢儿走到学堂里去。<br>gi²¹ tʰiɔ⁵³ ʒyã²¹ məʔ² pã³² tʃʰyɑ³² dʑiu²³¹ tse³⁵ lə⁰ nɑ⁰。ŋu⁵³ mã²³¹ lə⁰ iəʔ³ bu²³¹，tsəʔ³ iu²³¹ zʅ²³¹ kɑ³² mã²³¹ mã²¹ nʅ⁵³ tse³⁵ tɔ⁵³ uəʔ² dã²¹ li⁵³ kʰi⁰。 |
| 59 衢江 | 渠跳上末班车行罢。我晚着一步，只好自家慢慢地行路到学堂高。<br>gəʔ² tʰiɔ⁵³ dʑiã⁰ məʔ² pã³³ tɕʰyɔ³³ gɛ²¹² bɑ⁰。ŋɑ²⁴ uɛ⁵³ dʑiɑʔ⁰ iəʔ⁵ bɤ²³¹，tsəʔ³ xɔ²⁵ ziəʔ² kuo³³ mã²² mã²⁵ tiʔ⁰ gɛ²² lɤ²³¹ tɔ⁵³ uəʔ² tã⁵³ kɔ⁰。 |
| 60 龙游 | 渠坐末班车行罢。奴晏了一步，只有自家慢慢儿行转学堂。<br>gəɯ²² zu²² mɔʔ² pã³³ tsʰã³³⁴ gɛ²² bɑ⁰。nu²² ɛ⁵¹ ləʔ⁰ iəʔ⁴ bu²¹，tsəʔ⁴ iəɯ²¹ zi²² kuɑ³³⁴ mã²² mã²²⁴ nʅ² gɛ²² tsuei³⁵ uɔʔ² dã²³¹。 |
| 61 江山 | 渠赶上末班车走罢。我迟得个步，只好自家慢慢走归学堂罢。<br>ŋ²² kŋ²⁴ dʑiɑŋ³¹ mɔʔ² pɑŋ⁴⁴ tɕʰiɑ⁴⁴ tsu²⁴ bŋ⁰。ŋ²² dɛ²² dəʔ⁰ ɑ⁴⁴ bə³¹，tsəʔ⁵ xɐɯ²⁴¹ dʑiŋʔ² gŋ²² mɑŋ²² mɑŋ²² tsu²⁴ kuɛ⁰ ŋʔ² dɑŋ²¹³ bŋ⁰。 |
| 62 常山 | 渠跳上末班车走罢。我晏到班=一步，我只好自家慢慢回到学堂啦。<br>ŋɤ²² tʰiɤ⁴³ dʑiã²⁴ mʔ³ pã⁴⁴ tɕʰie⁴⁴ tɕiu⁴³ bɛ⁰。ŋɑ²⁴ã⁴⁴ tɤ²² pã⁰ ieʔ⁵ buɐ¹³¹，ŋɑ²⁴ tsɤʔ⁵ xɤ²⁴ dʑieʔ³ kɑ⁴⁴ mã⁰ mã²⁴ ue²⁴ tɤ⁵² ʌʔ³ dã³⁴¹ lɑ⁰。 |
| 63 开化 | 渠坐末班车走罢。我晏了一步，只有自家慢慢个走归学堂。<br>giɛʔ² zuei²¹ məʔ² pã⁴⁴ tɕʰiɛ⁴⁴ tsɯ⁵³ bɑ⁰。ŋɑ²¹ ɔŋ⁵³ ləʔ⁰ iɛʔ⁵ buo⁰，tsʅ⁴⁴ iʊ⁰ ziɛʔ² kɑ⁴⁴ mã² mã²¹³ gəʔ⁰ tsɯ⁵³ kuɛ⁰ ɔʔ² dɔŋ²³¹。 |

**续表**

| 方言点 | 0043 他跳上末班车走了。我迟到一步,只能自己慢慢走回学校了。 |
| --- | --- |
| 64 丽水 | 渠跳上末班车先去罢。我迟到一步,只能自慢慢走归学堂去。<br>gɯ$^{22}$ tʰiə$^{52}$ dʑiã$^{0}$ məʔ$^{4}$ pã$^{44}$ tɕʰio$^{224}$ ɕiɛ$^{224}$ kʰɯ$^{52}$ buɔ$^{0}$。ŋuo$^{44}$ dzɿ$^{21}$ tə$^{52}$ iʔ$^{4}$ bu$^{131}$, tsəʔ$^{5}$ nen$^{22}$ zɿ$^{131}$ mã$^{21}$ mã$^{52}$ tsəɯ$^{44}$ kuei$^{224}$ əʔ$^{2}$ dɔŋ$^{22}$ kʰɯ$^{52}$。 |
| 65 青田 | 渠跳上落末端班车走去罢。我迟到一步,只好自慢慢记儿走转学堂。<br>gi$^{21}$ tʰiœ$^{33}$ dʑi$^{0}$ loʔ$^{3}$ moʔ$^{3}$ ɗuɐ$^{445}$ ɓɑ$^{33}$ tɕʰiu$^{445}$ tsæi$^{55}$ kʰi$^{33}$ bɑ$^{0}$。ŋu$^{454}$ dzɿ$^{55}$ ɗœ$^{33}$ iæʔ$^{42}$ bu$^{22}$, tsaʔ$^{4}$ xœ$^{454}$ zɿ$^{22}$ mɑ$^{22}$ mɑ$^{22}$ tɕiŋ$^{55}$ tsæi$^{33}$ ɗuɐ$^{454}$ oʔ$^{3}$ do$^{53}$。 |
| 66 云和 | 渠跳上末班车去了。我迟了一步,最⁼能特⁼自慢慢劲走归学堂了。<br>gi$^{31}$ tʰiɑɔ$^{45}$ dʑiã$^{223}$ mɛʔ$^{23}$ pã$^{44}$ tɕʰio$^{24}$ kʰi$^{45}$ lɑɔ$^{0}$。ŋo$^{44}$ dzɿ$^{31}$ lɑɔ$^{0}$ iʔ$^{4}$ bu$^{223}$, tsei$^{45}$ nɛ$^{31}$ daʔ$^{23}$ zɿ$^{223}$ mã$^{223}$ mã$^{223}$ tɕiŋ$^{45}$ tsəɯ$^{44}$ kuei$^{24}$ oʔ$^{23}$ dɔ̃$^{31}$ lɑɔ$^{0}$。 |
| 67 松阳 | 是渠跳上最后一班车走了。是我慢了一下,乙⁼好自慢慢儿走回学堂了。<br>ʑiʔ$^{2}$ gɛʔ$^{2}$ tʰiɔ$^{24}$ dʑiã$^{13}$ tsei$^{24}$ u$^{22}$ iʔ$^{3}$ pɔ̃$^{24}$ tɕʰyə$^{53}$ tsei$^{21}$ lɔ$^{0}$。ʑiʔ$^{2}$ ŋ$^{31}$ mɔ̃$^{13}$ lɔ$^{0}$ iʔ$^{3}$ uə$^{13}$, iʔ$^{5}$ xei$^{33}$ zɿ$^{13}$ mɔ̃$^{13}$ mɔ̃$^{21}$ n$^{24}$ tsei$^{21}$ uei$^{33}$ oʔ$^{2}$ doŋ$^{31}$ lɔ$^{0}$。 |
| 68 宣平 | 渠跳上末班车㧟去了。我慢了一步,只好我自宽慢劲⁼个走归校㧟去。<br>gɯ$^{22}$ tʰiɔ$^{55}$ dʑiɑ̃$^{22}$ məʔ$^{2}$ pɑ̃$^{44}$ tɕʰia$^{32}$ tɑʔ$^{0}$ kʰɯ$^{55}$ lə$^{0}$。o$^{44}$ mɑ̃$^{231}$ lə$^{0}$ iəʔ$^{4}$ bu$^{231}$, tsəʔ$^{5}$ xəɯ$^{44}$ o$^{43}$ zɿ$^{231}$ kʰuɑ̃$^{44}$ mã$^{22}$ dʑin$^{22}$ kə$^{0}$ tsəɯ$^{44}$ kuei$^{32}$ ɔ$^{231}$ tɑʔ$^{0}$ xə$^{0}$。 |
| 69 遂昌 | 渠跳上再后一班车去了。我迟了一步,总好自家慢慢儿走归学堂。<br>gɤ$^{22}$ tʰiɐɯ$^{33}$ dʑiaŋ$^{45}$ tsei$^{45}$ u$^{13}$ iʔ$^{5}$ paŋ$^{33}$ tɕʰiɒ$^{45}$ kʰɤ$^{33}$ lə$^{0}$。ŋɒ$^{13}$ dzɿ$^{22}$ lə$^{0}$ iʔ$^{5}$ buə$^{213}$, tsəŋ$^{53}$ xɐɯ$^{53}$ ʑyʔ$^{2}$ kɒ$^{334}$ maŋ$^{21}$ maŋ$^{13}$ ȵiɛ$^{22}$ tsu$^{53}$ kuei$^{45}$ ɔʔ$^{23}$ dɔŋ$^{221}$。 |
| 70 龙泉 | 渠最后班车转去唠。我迟唠步,独自慢慢尔走到学堂。<br>gɤɯ$^{21}$ tsᴇ$^{45}$ u$^{21}$ paŋ$^{44}$ tɕʰyo$^{434}$ dɛn$^{21}$ kʰɤɯ$^{45}$ lɑʌ$^{0}$。ŋo$^{44}$ dzɿ$^{21}$ lɑʌ$^{21}$ bou$^{224}$, douʔ$^{3}$ zɿ$^{224}$ maŋ$^{21}$ maŋ$^{21}$ sɿ$^{51}$ tɕiəu$^{51}$ tɑʌ$^{0}$ oʔ$^{3}$ dɔŋ$^{21}$。 |
| 71 景宁 | 渠跳上末班车去爻罢。我迟爻步,我只能我自慢慢记儿走归学堂罢。<br>ki$^{33}$ tʰiɑu$^{35}$ dʑiɛ$^{113}$ moʔ$^{23}$ pɔ$^{33}$ tɕʰio$^{32}$ kʰi$^{35}$ kɑu$^{0}$ ba$^{0}$。ŋo$^{33}$ dzɿ$^{41}$ kɑu$^{0}$ bu$^{113}$, ŋo$^{33}$ dzɿ$^{113}$ naŋ$^{33}$ ŋo$^{33}$ zɿ$^{113}$ mɔ$^{33}$ mɔ$^{33}$ tɕiŋ$^{55}$ tsəɯ$^{33}$ kuai$^{32}$ oʔ$^{23}$ dɔŋ$^{41}$ ba$^{0}$。 |
| 72 庆元 | 渠跳上末班车去了。我迟到一步,只好自慢慢走回学堂。<br>kɤ$^{22}$ tʰiɒ$^{11}$ tɕiɑ̃$^{22}$ moʔ$^{34}$ ɓɑ̃$^{33}$ tɕʰiɑ$^{335}$ kʰɤ$^{11}$ lɒ$^{33}$。ŋo$^{22}$ tsɿ$^{52}$ ɗɐɯ$^{11}$ iəɯʔ$^{5}$ pɤ$^{31}$, tsɤʔ$^{5}$ xɐɯ$^{33}$ sɿ$^{31}$ mɑ̃$^{33}$ mɑ̃$^{55}$ tsɐɯ$^{33}$ uæi$^{52}$ xoʔ$^{34}$ tɔ̃$^{52}$。 |
| 73 泰顺 | 渠跳上末班车去罢。我迟爻一步,只好独自慢慢走到学堂去。<br>tsɿ$^{21}$ tʰiɑɔ$^{35}$ tɕiã$^{22}$ mɛʔ$^{2}$ pã$^{22}$ tɕʰyɔ$^{213}$ tsʰɿ$^{35}$ pa$^{0}$。ŋɔ$^{55}$ tsɿ$^{53}$ kɑɔ$^{0}$ iɛʔ$^{2}$ pø$^{22}$, tsɿ$^{55}$ xəu$^{55}$ təuʔ$^{2}$ sɿ$^{22}$ mã$^{21}$ mã$^{22}$ tsəu$^{55}$ tɑɔ$^{35}$ oʔ$^{2}$ tɔ̃$^{53}$ tsʰɿ$^{35}$。 |
| 74 温州 | 渠跳拉塌⁼拉班车里走拉爻。我只迟一下儿,只好独自一个侬慢慢尔能走拉学堂里。<br>gei$^{31}$ tʰiɛ$^{51}$ la$^{0}$ ta$^{45}$ la$^{212}$ pa$^{0}$ tsʰo$^{33}$ lei$^{0}$ tsau$^{25}$ la$^{0}$ uɔ$^{0}$。ŋ$^{14}$ tsɿ$^{0}$ dzɿ$^{31}$ i$^{3}$ oŋ$^{25}$, tsɿ$^{25}$ hɜ$^{25}$ dɤu$^{31}$ zɿ$^{22}$ i$^{3}$ kai$^{51}$ naŋ$^{31}$ ma$^{3}$ ma$^{25}$ zɿ$^{22}$ naŋ$^{223}$ tsau$^{25}$ la$^{0}$ o$^{22}$ duɔ$^{223}$ le$^{0}$。 |

| 方言点 | 0043 他跳上末班车走了。我迟到一步,只能自己慢慢走回学校了。 |
|---|---|
| 75 永嘉 | 渠跳上最后一班车走去爻罢。我迟一步爻,只好我自慢慢儿能走学堂底。<br>gei³¹ tʰyə⁵³ iɛ²¹ tse⁵³ au¹³ i⁴³ pa³³ tsʰo⁴⁴ tsau⁴⁵ e⁰ gɔ⁰ ba¹³。ŋ¹³ dzɿ³¹ i⁴³ bu²² ɔ⁰, tsɿ⁴³ hə⁴⁵ ŋ³¹ zɿ²² ma²¹ ma¹³ ŋ²¹³ naŋ⁰ tsau⁴⁵ o²¹³ dɔ²¹ tei⁰。 |
| 76 乐清 | 渠跳上塌꞊拉班车蹿走爻罢。我只迟一下,只好慢慢尔能一个侬望学堂底走。<br>dzi³¹ tʰiɯʌ⁴¹ ziɯʌ⁰tʰa³⁵ la²¹² pɛ⁴⁴ tɕʰio⁴⁴ sa⁴¹ tɕiau⁰ ga⁰ be²⁴。ŋ²⁴ tsɿ⁰ dzɿ³¹ i³ o³⁵, tsɿ³⁵ hɤ⁰ mɛ² mɛ³⁵ zɿ²² naŋ²²³ i³ kai⁴¹ naŋ³¹ mɔ²² o²² dɔ²²³ ti⁰tɕiau³。 |
| 77 瑞安 | 渠薘上最后一班车走爻罢。我迟厘儿爻,只好自慢慢走走学堂底。<br>gi³¹ ba³¹ iɛ⁰ tse⁵³ au³⁵ e³ pɔ³³ tsʰo⁴⁴ tsau³⁵ ɔ⁰ ba¹³。ŋ¹³ dzɿ³¹ liŋ²² gɔ⁰, tsɿ³³ hɛ³⁵ zɿ²² mɔ²² mɔ³¹ tsau³⁵ tsau³³ o²² dɔ²¹ tei⁰。 |
| 78 平阳 | 渠跳上末班车走爻罢。我迟一步,只能自个慢慢走回学堂。<br>gi¹³ tʰye²¹ iɛ²¹ mɵ⁴⁵ pɔ²¹ tʃʰo⁴² tʃau³⁵ ɔ²¹ bʌ¹³。ŋ³³ zɿ³⁵ i⁴⁵ bu²¹, tsɿ³³ naŋ⁵³ zɿ³³ kai⁵³ mɔ³³ mɔ³³ tʃau⁴⁵ vai³³ o²¹ do¹³。 |
| 79 文成 | 渠夹꞊上最后一班车走罢。我迟一步,只能慢慢走回学堂。<br>gei¹³ ga²¹ zie³⁵ tʃe⁴² au³³ i⁴⁵ pɔ³³ tʃʰo³³ tʃau⁴⁵ bɔ²¹。ŋ¹³ zɿ³⁵ i⁴⁵ bu²¹, tsɿ²¹ naŋ¹³ mɔ⁴² mɔ³³ tʃau⁴⁵ vai²¹ o²¹ do²¹。 |
| 80 苍南 | 渠跳上后尾一班车走罢。我迟一步儿,只好我自慢慢走学堂去。<br>gi³¹ tʰyɔ⁴² dziɛ³¹ au⁴² mai⁵³ e³ pa⁴⁴ tsʰo⁴⁴ tsau⁵³ ba²⁴。ŋ⁵³ dzɿ³¹ e³ bu¹¹ ŋ¹¹², tsɿ³ hɛ⁵³ ŋ⁵³ zɿ¹¹ ma⁴² ma¹¹ tsau⁵³ o¹¹ do¹¹² kʰi⁴²。 |
| 81 建德徽 | 渠爬上顶后头一班车走罢。卬推扳一步,只好自盖꞊慢慢走回学堂里。<br>ki³³ po³³ so²¹ tin²¹ hɤɯ³³ tɤɯ³³ iɐ⁷⁵ pɛ³³ tsʰo⁵³ tsɤɯ²¹ pɐ⁷⁵。aŋ²¹³ tʰe⁵³ pɛ²¹³ iɐ⁷³ pʰu⁵⁵, tsɿ⁵⁵ hɔ²¹³ ɕi⁵⁵ kɛ³³ mɛ⁵⁵ mɛ⁵⁵ tsɤɯ²¹ ue³³ hu²¹ to³³ li⁵⁵。 |
| 82 寿昌徽 | 渠跳上末班车行罢。咱迟到一步,只能够自家慢慢儿行到学堂。<br>kəɯ⁵² tʰiɤ³³ sã⁵⁵ məʔ³ pæ̃³³ tsʰuei³³ xæ⁵² pɐ⁰。tsa⁵² tsʰɿ¹ tɤ³³ iɐʔ³ pʰu³³, tsɿ⁵⁵ len¹¹ kəɯ³³ sɿ¹¹ ka³³ mɤ³³ mɤ³³ n̠i³³ xæ⁵² tɤ³³ xɔʔ³ tʰã⁵²。 |
| 83 淳安徽 | 渠跳上末班车去罢。我迟考꞊一步,滴꞊好自家慢慢考꞊行,到学堂里去。<br>kʰɯ⁴³⁵ tʰiɤ²⁴ sã̃⁰ məʔ¹³ p̃ã²⁴ tsʰo²⁴ kʰɯ²⁴ pɐ⁰。u⁵⁵ tsʰa⁴³ kʰɤ⁵⁵ iʔ⁵ pʰu⁵³, tiʔ⁵ hɤ⁰ sa⁵³ ko²⁴ mã̃⁵³ mã̃⁵⁵ kʰɤ⁵⁵ hã⁴³⁵, tɤ²⁴ haʔ¹³ tʰã̃²⁴ li⁰ kʰɯ⁰。 |
| 84 遂安徽 | 渠上末班车去了。我迟了一步,我只好行路去了。<br>kʰəɯ³³ sã̃⁴³ məɯ²¹ p̃ã⁵³⁴ tsʰa⁵³⁴ kʰə⁴³ lɛ³³。kɔ³³ tsʰɿ¹ ŋ³³ lɛ³³ i²⁴ pʰu⁵², kɔ³³ tsɿ³³ xɔ³³ xã̃³³ lu⁵² kʰə⁴³¹ lɛ³³。 |

**续表**

| 方言点 | 0043 他跳上末班车走了。我迟到一步，只能自己慢慢走回学校了。 |
|---|---|
| 85 苍南闽 | 伊坐末班车走了。我晚蜀步，就该己了了走回学堂。<br>i⁵⁵ tsə³² bə²¹ pan⁵⁵ tɕʰia⁵⁵ tsau⁴³ lə⁰ 。 gua³² ũ ã²¹ tɕie²¹ bɔ²¹ , tɕiu²¹ kai²¹ ki²¹ liau²¹ liau²¹ tsau²¹ hue²¹ o²¹ tuŋ²⁴ 。 |
| 86 泰顺闽 | 伊搭上末班车走了。我迟蜀步，只好独自慢慢回学堂了。<br>i²² tɛʔ⁵ ɕyo³¹ mɔi³⁴⁴ piæŋ²² tɕʰia²¹³ tsau²² lɔʔ⁰ 。 ŋa³⁴⁴ ti²² ɕiɛʔ³ pou³¹ , tsø?⁰ xou³⁴⁴ tɛʔ³ tɕi³¹ mɛ²² mɛ³¹ xou²² xɒʔ³ to²² lɔʔ⁰ 。 |
| 87 洞头闽 | 伊搭末班车走啦。我晚蜀步，只能阿己慢慢走学堂去。<br>i³³ ta⁵³ bə⁵³ pan³³ tɕʰia²⁴ tsau⁵³ la⁰ 。 gua⁵³ ũ ã⁵³ tɕiek²¹ pɔ²¹ , tsɿ³³ lieŋ²⁴ a³³ ki²¹ ban²¹ ban²¹ tsau³³ hɐk²¹ tuŋ²⁴ kʰɯ⁰ 。 |
| 88 景宁畲 | 渠跳上末班车去阿⁼。我晚到一步，只能独个慢慢行转学堂去。<br>ki⁴⁴ tʰau⁴⁴ ɕiəŋ⁵¹ moʔ² pon⁴⁴ tɕʰia⁴⁴ xy⁴⁴ a⁰ 。 ŋɔi⁴⁴ ɔn²² tʰiəu⁴⁴ it⁵ pʰu⁵¹ , tsɿ⁴⁴ nən²² tɔʔ² kɔ³²⁵ mɔn⁵¹ mɔn³²⁵ xaŋ²² tɕyon⁵⁵ xoʔ² tɔŋ²² xy⁴⁴ 。 |

| 方言点 | 0044 这是谁写的诗？谁猜出来我就奖励谁十块钱。 |
|---|---|
| 01 杭州 | 格是哪个写的诗？哪个猜出来我就奖励哪个十块洋钿。<br>kaʔ³zɿ⁴⁵ la⁵³ koʔ⁰ ɕiʔ⁰ tiʔ⁰ sɿ³³⁴？la⁵³ koʔ⁰ tsʰɛ³³ tsʰaʔ⁵ lɛ⁰ ŋəu⁵³ dʑy¹³ tɕiaŋ⁵⁵ li⁰ la⁵³ koʔ⁰ zaʔ² kʰuei⁴⁵ aŋ²² diɛ⁴⁵。 |
| 02 嘉兴 | 葛是啥人写个诗？啥人猜得出我就奖励伊十块洋钿。<br>kəʔ⁵ zɿ³³ zʌ³³ n̩iŋ³³ ɕiʌ³³ gəʔ¹ sɿ⁴²？zʌ³³ n̩iŋ³³ tsʰE³³ təʔ⁵ tsʰəʔ¹ ŋ²¹ dziu¹³ tɕiÃ³³ li⁴² i²¹ zəʔ¹ kʰuei²⁴ iÃ²¹ die¹³。 |
| 03 嘉善 | 葛个是哈人写拉=个诗？哈人猜得着，阿奴就奖拨哈人十块洋钿。<br>kəʔ⁴ kəʔ⁵ zɿ¹³ xa⁴⁴ n̩in³¹ ɕia⁴⁴ laʔ⁴⁴ gəʔ⁵ sɿ⁵³？xa⁴⁴ n̩in³¹ tsʰɛ⁵³ dzəʔ² zaʔ²，aʔ² nu¹³ dziə¹³ tɕiÃ⁴⁴ pəʔ⁵ xa⁴⁴ n̩in³¹ zəʔ² kʰuɛ³⁵ iÃ¹³ diÃ³¹。 |
| 04 平湖 | 葛首诗啥人写辣=？啥人猜出来，我就奖拨伊十块钞票。<br>kəʔ²³ səɯ²¹³ sɿ⁵³ sa⁴⁴ n̩in³¹ ɕia⁴⁴ laʔ⁰？sa⁴⁴ n̩in³¹ tsʰø⁴⁴ tsʰəʔ⁰ lɛ⁰，ŋ²¹³ ziəɯ²⁴ tɕiÃ⁴⁴ poʔ⁵ i⁴⁴ səʔ²³ kʰuɛ³³⁴ tsʰɔ²¹ pʰiɔ³³⁴。 |
| 05 海盐 | 舸=是啥人写个诗？啥人猜出来，我诺=奖伊十块钞票。<br>gəʔ²³ zɿ²¹ sa³³ n̩in³¹ ɕia⁴²³ kəʔ⁵ sɿ⁵³？sa³³ n̩in³¹ tsʰ ɤ⁵³ tsʰəʔ²³ lɛ³¹，ɔʔ²³ nɔʔ²³ tɕiɛ⁴²³ i⁵³ səʔ²³ kʰuɛ²¹³ tsʰɔ⁵⁵ piɔ³³⁴。 |
| 06 海宁 | 格首诗啥人写霍=个？俹猜得出么我奖励俹十块洋钿。发音人将"谁"说成了"你们"<br>kəʔ⁵ səɯ⁵³ sɿ⁵³ sa⁵⁵ n̩iŋ³³ ɕia⁵⁵ hoʔ⁵ əʔ²？na⁵³ tsʰei³⁵ təʔ⁵ tsʰəʔ⁵ məʔ² u³¹ tɕiÃ⁵⁵ li³³ na³¹ zəʔ² kʰuɛ³³ iÃ³³ die³³。 |
| 07 桐乡 | 个点诗是啥人写花=个？啥人猜得出，我愁=奖励啥人十块洋钿。<br>kəʔ³ tiɛ⁵³ sɿ⁴⁴ zɿ²⁴² sa³³ n̩iŋ⁵³ sia⁴⁴ hoʔ əʔ⁰？sa³³ n̩iŋ⁵³ tsʰE⁴⁴ təʔ⁵ tsʰəʔ⁵，u⁵³ zɤɯ¹³ tsiÃ³³ li⁵³ sa³³ n̩iŋ⁵³ zəʔ²³ kʰuei³³⁴ iÃ²¹ diE⁴⁴。 |
| 08 崇德 | 葛点诗是轧=人写个？轧=人猜得出来，我就奖拨伊十块洋钿。<br>kəʔ³ tiɛ⁵³ sɿ²⁴² zɿ²⁴² gəʔ²³ n̩iŋ⁴⁴ ɕia⁵⁵ əʔ⁵？gəʔ²³ n̩iŋ⁴⁴ tsʰE⁴⁴ təʔ⁵ tsʰəʔ⁴ lE⁴⁴，o⁵³ zɤɯ¹³ tɕiÃ⁵⁵ pəʔ⁰ iʔ⁰ zəʔ² kʰui⁴⁴ iÃ²¹ diɪ⁴⁴。 |
| 09 湖州 | 葛首诗环=人写嗳？环=人猜得着我就奖拨环=人十块洋钿。<br>kəʔ⁵ ɕiɯ⁴⁴ sɿ⁵³ guei⁴⁴ n̩in⁵³ ɕia⁵³ ei⁰？guei³⁵ n̩in⁵³ tsʰei⁴⁴ təʔ⁵ zaʔ⁵ŋ⁴⁴ ziɯ⁴⁴ tɕiÃ⁵³ pəʔ⁵ guei¹³ n̩in³¹ zəʔ² kʰuei¹³ iÃ³¹ die⁰。 |
| 10 德清 | 葛个诗鞋=人写噢？鞋=人猜出来我就拨伊十块洋钿奖励。<br>kəʔ⁴ kəʔ⁵ sɿ⁵³ a¹³ n̩in¹³ ɕia³⁵ ɔ⁰？a¹³ n̩in³⁵ tsʰɛ³³ tsʰəʔ⁵ lɛ³³ ŋəu³⁵ dziɯ¹³ pəʔ⁵ iʔ³³ zəʔ² kʰuɛ³³ iÃ³¹ die³¹ tɕiÃ³³ li⁰。 |
| 11 武康 | 葛个是鞋=人写个诗？鞋=人猜特=出来，我奖拨鞋=人十块洋钿。<br>kəʔ⁴ kəʔ⁵ zɿ⁴⁴ a¹¹ n̩in³⁵ ɕia⁵³ gəʔ⁵ sɿ⁴⁴？a¹¹ n̩in³⁵ tsʰɛ⁴⁴ dəʔ² tsʰəʔ⁵ lɛ⁴⁴，ŋo¹³ tɕiÃ⁵³ pəʔ⁵ a¹¹ n̩in³⁵ zəʔ² kʰuɛ⁵³ iÃ³¹ diɪ¹³。 |
| 12 安吉 | 格个□人写个诗啊？□人猜出来，我奖伊十块洋钿呐。<br>kəʔ³ kəʔ⁵ guəʔ² n̩iŋ⁵² ɕia⁵² kəʔ⁰ sɿ⁵⁵ a⁰？guəʔ² n̩iŋ⁵² tsʰE⁵⁵ tsʰəʔ⁵ lE⁵⁵，ŋɔ²¹³ tɕiÃ⁵² i²¹ zəʔ² kʰuE³² ã²² di²² na⁰。 |

续表

| 方言点 | 0044 这是谁写的诗？谁猜出来我就奖励谁十块钱。 |
|---|---|
| 13 孝丰 | 格是□人写个诗？□人要是猜出来，我就奖渠十块洋钿。<br>kəʔ⁵zๅ²⁴ guəʔ² ȵiŋ⁵² ɕia⁵² kəʔ⁰ sๅ⁴⁴？ guəʔ² ȵiŋ⁵² iɔ³² zๅ²⁴ tsʰe⁴⁴ tsʰəʔ⁵ lɛ⁴⁴，ŋouʔ²³ ziu²¹³ tɕia⁵² dʑi²² zəʔ² kʰue³²⁴ ĩ²² diɪ²²。 |
| 14 长兴 | 格是□人写乖⁼诗？□人猜出来，我奖拨□人十块洋钿。<br>kəʔ³zๅ²⁴ gəu²⁴ ȵiŋ²¹ ʃia⁵² kua⁰ sๅ⁴⁴？ gəu²⁴ ȵiŋ²¹ tsʰɯ⁴⁴ tsʰəʔ⁵ lɯ⁴⁴，ŋ⁵tʃiã⁵² pəʔ⁵ gəu²⁴ ȵiŋ²¹ zəʔ² kʰuɯ³²⁴ ĩ¹² di²⁴。 |
| 15 余杭 | 即首诗是坏⁼人写个？坏⁼人猜出来是我奖励坏⁼人十块洋钱。<br>tɕieʔ⁵søɣ³⁵ sๅ⁵³ ua¹³ n⁵³ sia⁵³ go³¹？ ua¹³ n⁵³ tsʰɛ⁵⁵ tsʰəʔ⁵ lɛ⁰ zoʔ²³¹ ŋ tɕiã⁵⁵ li³¹ ua¹³ n⁵³ zieʔ² kʰuɛ³⁵ iã³³ zie³¹。 |
| 16 临安 | 葛是□人写个诗？□人猜得着我就奖伊十块钞票。<br>kəʔ⁵zๅ³³ gã³³ ȵieŋ¹³ ɕia⁵⁵ gəʔ²sๅ⁵⁵？ ga³³ ȵieŋ¹³ tsʰE⁵⁵ tɐʔ⁵ dzəʔ² ŋuo³³ dzyœ³³ tɕiã⁵⁵ i⁵³ zɐʔ² kʰuE³³ tsʰɔ³³ pʰiɔ⁰。 |
| 17 昌化 | 葛个是大⁼侬写个诗？大⁼侬如果猜出来，我奖励把大⁼侬十块钞票。<br>kəʔ⁵kə⁵zๅ²⁴ da²³ nəŋ⁴⁵ ɕie⁴⁵ kəʔ⁵sๅ³³⁴？ da²³ nəŋ⁴⁵ zy¹¹ kɯ⁴⁵ tsʰɛ³³ tsʰəʔ⁵ lɛ⁴⁵，a²⁴ tɕiã⁴⁵ li⁵³ pu⁴⁵ da²³ nəŋ⁴⁵ zieʔ² kʰuɛ⁵⁴ tsʰɔ³³ pʰiɔ⁴⁵。 |
| 18 於潜 | 格首诗是哪个写个？哪个猜出来我就奖他十块钞票。<br>kəʔ⁵³ ɕiəu⁵³ sๅ⁴³³ zๅ²⁴ na⁵³ kəʔ³¹ ɕia⁵³ kəʔ²？ na⁵³ kəʔ³¹ tsʰe⁴³³ tsʰuəʔ⁵³ le²²³ ŋu⁵¹ dʑiəu²⁴ tɕiaŋ⁵¹ tʰa⁴³³ zæʔ² kʰue⁵³ tsʰɔ⁴³ pʰiɔ³¹。 |
| 19 萧山 | 葛是虾⁼个写葛诗？虾⁼个猜出我就奖伊十块洋钿。<br>kəʔ⁵zๅ¹³ xo³³ ko⁴² ɕia³³ kəʔ⁵sๅ⁵³³？ xo³³ ko⁴² tsʰe³³ tsʰəʔ⁵ ŋo¹³ zio¹³ tɕi ã⁴² i¹³ zəʔ¹³ kʰue⁴² iã¹³ die²¹。 |
| 20 富阳 | 格是何侬写个诗？何侬猜着我就奖何侬十块洋钱。<br>kɛʔ⁵zๅ²²⁴ gã²²⁴ ŋ³³⁵ ɕia⁴²³ kɛʔ⁰sๅ⁵³？ gã²²⁴ ŋ³³⁵ tsʰɛ⁵⁵ dzɛʔ⁰ ŋo²²⁴ ziʋ²²⁴ tɕi ã⁴²³ gã²²⁴ ŋ³³⁵ ziɛʔ² kʰuɛ³³⁵ ã¹³ ȵiɛ⁵⁵。 |
| 21 新登 | 格是待⁼尔写个诗？待⁼尔猜出来我就奖待⁼尔十块钞票。<br>kəʔ⁵zๅ¹³ da²¹ ŋ⁴⁵ ɕia³³⁴ kaʔ⁵sๅ¹³？ da²¹ ŋ⁴⁵ tsʰe⁵³ tɕʰyəʔ⁵ le²³³ u³³⁴ zy¹³ tɕiã³³⁴ da²¹ ŋ⁵ zaʔ² kʰue⁴⁵ tsʰɔ³³⁴ pʰiɔ⁴⁵。 |
| 22 桐庐 | 葛是达⁼人写个诗？达⁼人猜出来我就奖励达⁼人十块钞票。<br>gəʔ¹³zๅ³³ daʔ¹³ ȵiŋ⁵⁵ ɕiA⁴² kəʔ⁵sๅ⁴²？ daʔ¹³ ȵiŋ⁵⁵ tsʰE⁴² tɕʰyəʔ²¹ lE³³ ŋo⁴² dʑiəu³³ tɕiã⁴² li⁵⁵ daʔ¹³ ȵiŋ⁵⁵ zəʔ¹³ kʰuA³⁵ tsʰɔ⁴² pʰiɔ¹³。 |
| 23 分水 | 格个诗哪个写哎？哪个猜到我把他十块钱。<br>kəʔ⁵ko²⁴ sๅ⁴⁴ naʔ¹² ko²⁴ ɕie⁵³ a⁰？ naʔ¹² ko²⁴ tsʰɛ⁴⁴ tɔ²⁴ ŋo⁵⁵ pəʔ⁵ tʰa⁴⁴ zəʔ¹² kʰuɛ²⁴ dzi ɛ̃²²。 |

续表

| 方言点 | 0044 这是谁写的诗？谁猜出来我就奖励谁十块钱。 |
|---|---|
| 24 绍兴 | 葛是何谁个写个诗？何谁个猜出来我就奖何谁个十块钞票。<br>keʔ³zeʔ² a²²zɿ²²ko³³ ɕia³³kəʔ⁰sɿ⁵³？ a²²zɿ²²ko³³tsʰɛ³³tsʰəʔ³lɛ²³¹ŋo²²dʑiɤ²²tɕiaŋ³³ a²²zɿ²²ko³³zeʔ²kʰuɛ³³tsʰɔ³³pʰiɔ⁵³。 |
| 25 上虞 | 阿=个诗是鞋=氏=写个？鞋=氏=猜滴=出拨鞋=氏=十块洋圆。<br>aʔ²kəʔ²sɿ³⁵ zəʔ²a²¹zɿ⁰ɕia³³ kəʔ²？ a²¹zɿ⁰tsʰe³³tiəʔ⁵tsʰəʔ⁵piəʔ⁵a²¹zɿ⁰zəʔ²kʰua⁰ iã²¹yø²¹³。 |
| 26 嵊州 | 一首诗哪谁写个？哪谁猜出来我就奖哪谁十块钞票。<br>ieʔ³ɕiɤ⁵³sɿ⁵³na²²zɿ²²ɕia⁵³go⁰？ na²²zɿ²²tsʰɛ⁵³tsʰəʔ³lɛ²³¹ŋo²⁴ɕiɤ³³tɕiaŋ⁵³na²²zɿ²² zəʔ²kʰuɛ³³tsʰɔ³³pʰiɔ⁵³。 |
| 27 新昌 | 格个哪侬写个诗？哪侬猜着奖渠十块钞票。<br>keʔ³ka⁵³na²nɔ̃³³ɕia⁵³keʔ³sɿ⁵³⁴？ na²²nɔ̃³³tsʰe⁵³dʑiaʔ²tɕiaŋ³³dʑi²²zeʔ²kʰue³³ tsʰɔ⁵³pʰiɔ³³⁵。 |
| 28 诸暨 | 个是鞋=盖=写个诗？鞋=盖=猜得着我就奖拨渠十块钞票。<br>kəʔ⁵zɿ³³ʌ¹³kie⁴²ɕiʌ⁴²kəʔ⁵sɿ²¹？ ʌ¹³kie⁴²tsʰe²¹təʔ²¹dzaʔ⁵ŋɤu¹³dʑiɯ³³tɕiã³³pəʔ⁵ dʒɿ²¹zəʔ¹³kʰue⁴²tsʰɔ⁴²pʰiɔ²¹。 |
| 29 慈溪 | 格诗是啥人写个？啥人猜得出我奖励渠十块钞票。<br>kəʔ⁵sɿ⁴⁴zɿ¹¹saʔ⁵n̠iŋ⁰ɕia³³kəʔ⁵？ saʔ⁵n̠iŋ⁰tsʰe⁴⁴taʔ²tsʰəʔ²ŋo¹³tɕiã⁴⁴li⁰ge¹¹zəʔ² kʰua⁴⁴tsʰɔ³³pʰiɔ⁵³。 |
| 30 余姚 | 乙个诗歌啥人写啷个？啥人猜得出，我奖赏啥人十块钞票。<br>iəʔ⁵kou⁴⁴sɿ⁴⁴kou⁴⁴saŋ⁴⁴n̠iɔ̃¹³ɕia³³ləŋ¹³kəʔ⁵？ saŋ⁴⁴n̠iɔ̃¹³tsʰe⁴⁴tiəʔ²tsʰəʔ⁵，ŋo¹³ tɕiaŋ³⁴soŋ⁵³saŋ⁴⁴n̠iɔ̃¹³zoʔ²kʰua⁴⁴tsʰɔ³³pʰiɔ⁴⁴。 |
| 31 宁波 | 该诗是啥人写或=？啥人猜勒出我就拨渠十块钞票。<br>kiəʔ⁵sɿ⁴⁴zɿ⁰so⁵³n̠iŋ⁰ɕia³⁵oʔ²？ so⁵³n̠iŋ⁰tsʰɛ⁴⁴laʔ²tsʰoʔ⁵ŋo¹³ziɤ²piəʔ⁵dʑi¹³zoʔ² kʰuɐi⁴⁴tsʰɔ⁴⁴pʰiɔ⁰。 |
| 32 镇海 | 该是啥人写和=诗？啥人猜出来我就奖拨啥人十块钞票。<br>keʔ⁵zɿ⁰səu⁵³n̠iŋ⁰ɕia³³əuʔ⁰sɿ³³？ səu⁵³n̠iŋ⁰tsʰe³³tsʰoʔ⁵le⁰ŋo²⁴dʑiɯ⁰tɕiã³³paʔ⁵ səu⁵³n̠iŋ⁰zoʔ¹²kʰuei⁰tsʰɔ³³pʰiɔ³³。 |
| 33 奉化 | 葛是啥人写个诗？啥人猜出我就奖拨啥人十块洋钱。<br>kəʔ⁵zɿ⁰soʔ⁵n̠iŋ³³ɕia⁴⁴kəu⁰sɿ⁴⁴？ soʔ⁵n̠iŋ³³tsʰe⁴⁴tsʰoʔ⁵ŋəu³⁵dʑiɤ³³tɕiã⁴⁴paʔ⁵soʔ⁵ n̠iŋ⁰zoʔ²kʰua⁰iã³³dʑi³¹。 |
| 34 宁海 | 辫=勒敢=五=写个诗？敢=五=猜出来我奖渠十块钞票。<br>geʔ³la²³kɛ⁵³ŋ³¹ɕia⁵³geʔ²sɿ³³？ kɛ⁵³ŋ³¹tsʰɛ³³tɕiyəʔ³lei⁰ŋo³¹tɕiã⁵³geʔ²ʑyəʔ²kʰua³³ tsʰau³³pʰieu⁰。 |

**续表**

| 方言点 | 0044 这是谁写的诗？谁猜出来我就奖励谁十块钱。 |
|---|---|
| 35 象山 | 该是合⁼孰写个诗？合⁼孰猜出来我奖励合⁼孰十块钞票。<br>geʔ² zɿ⁰ aʔ² zoʔ² ɕia⁴⁴ geʔ² sɿ⁴⁴？ aʔ² zoʔ² tsʰei⁴⁴ tsʰoʔ⁵ lei⁰ ŋɐu³¹ tɕi ã⁴⁴ lieʔ² aʔ² zoʔ² zoʔ² kʰuei⁴⁴ tsʰɔ⁴⁴ pʰio⁵³。 |
| 36 普陀 | 跌⁼是啥人写个诗？啥人猜出来我就奖励啥人十块钞票。<br>tieʔ⁵ zɿ³³ səu⁵⁵ n̩iŋ⁰ ɕia⁰ koʔ⁰ sɿ⁵³？ səu⁵⁵ n̩iŋ⁰ tsʰɛ³³ tsʰoʔ⁵ lɛ⁰ ŋo²³ dʑieu³³ tɕi ã³³ li³³ səu⁵⁵ n̩iŋ⁰ zoʔ² kʰuæi⁵⁵ tsʰɔ⁵³ pʰiɔ⁰。 |
| 37 定海 | 该诗是啥人写跌⁼呵？啥人猜出，我奖赏渠十块洋钿。<br>kieʔ⁵ sɿ⁵² zɿ³³ sʌu⁴⁴ n̩iŋ⁰ ɕia³³ tieʔ³ ʌu⁰？ sʌu⁴⁴ n̩iŋ⁰ tsʰɛ³³ tsʰoʔ⁵，ŋo²³ tɕi ã⁵² sõ⁰ dʑi³³ zoʔ² kʰuɐi⁴⁴ã⁴⁴ n̩i⁴⁴。 |
| 38 岱山 | 该啥人写的诗？拨啥人猜着，我拨渠十块钞票。<br>kieʔ⁵ sʌu⁴⁴ n̩iŋ⁴⁴ ɕia³³ ti⁵² sɿ⁵²？ pɐʔ³ sʌu⁴⁴ n̩iŋ⁴⁴ tsʰe⁵² dzoʔ²，ŋo²³ pieʔ³ dʑi⁴⁴ zoʔ² kʰuɐi⁴⁴ tsʰɔ⁵² pʰio⁰。 |
| 39 嵊泗 | 该诗是孰人写个？孰人猜出，我奖励渠十块钞票。<br>kiɛʔ⁵ sɿ⁵³ zɿ³³ zoʔ² n̩iŋ⁰ ɕia³³ gʌu⁴⁴？ zoʔ² n̩iŋ⁰ tsʰɛ³³ tsʰoʔ⁵，ŋo³⁴ tɕi ã⁵³ li⁰ dʑiʔ⁰ zoʔ² kʰuɐi⁴⁴ tsʰɔ⁵³ pʰio⁰。 |
| 40 临海 | 葛诗何人写个？何人猜出来我便赏拨何人十块钞票。<br>kəʔ⁵ sɿ³¹ ka³⁵³ n̩iŋ²¹ ɕia⁴² kəʔ⁰？ ka³⁵³ n̩iŋ²¹ tsʰe⁴² tɕʰyʔ⁰ le²¹ ŋe⁵² bəʔ² sɔ̃⁴² pəʔ³ ka³⁵³ n̩iŋ²¹ zieʔ² kʰue³³ tsʰɔ⁴² pʰiɔ⁵⁵。 |
| 41 椒江 | 葛诗减⁼儿⁼写个？减⁼儿⁼猜得出我便奖励十块钞票拨减⁼儿⁼。<br>kəʔ⁵ sɿ³⁵ kiɛ⁵¹ n⁰ ɕia⁴² kəʔ⁰？ kiɛ⁵¹ n⁰ tsʰe⁴² təʔ⁰ tsʰøʔ⁵ ŋo⁴² bəʔ² tɕi ã⁴² li²⁴ zieʔ² kʰuə³³ tsʰɔ⁴² pʰiɔ⁵⁵ pəʔ³ kiɛ⁵¹ n⁰。 |
| 42 黄岩 | 葛诗减⁼儿⁼写个？减⁼儿⁼猜得着我便奖拨减⁼儿⁼十块钞票。<br>kəʔ⁵ sɿ³⁵ kiɛ⁴² n⁰ ɕia⁴² kəʔ⁰？ kiɛ⁴² n⁰ tsʰe⁴² təʔ⁰ dʑieʔ² ŋo⁴² bəʔ² tɕi ã⁴² pəʔ³ kiɛ⁴² n⁰ zieʔ² kʰuø³³ tsʰɔ⁴² pʰiɔ⁵⁵。 |
| 43 温岭 | 葛诗咸⁼儿⁼写个？咸⁼儿⁼猜出来我便赏拨咸儿⁼十块钞票。<br>kəʔ⁵ sɿ¹⁵ ɛ³¹ n¹³ ɕia⁴² kə⁰？ ɛ³¹ n¹³ tsʰe⁴² tɕʰyʔ³ le³¹ ʔŋo⁴² be¹³ s ɔ̃⁴² pəʔ³ ɛ³¹ n¹³ ziʔ² kʰue³³ tsʰɔ⁴² pʰiɔ⁵⁵。 |
| 44 仙居 | 葛首诗矮⁼日⁼写个？矮⁼日⁼着猜着我便奖拨渠十块钞票。<br>kəʔ⁵ ɕiɐɯ⁰ sɿ³³⁴ a³¹ n̩iə²³ ɕi³¹ uəʔ⁰？ a³¹ n̩iə²³ dzɣʌʔ⁰ tsʰæ³²⁴ dzɣʌʔ⁰ ŋo²⁴ ba²³ tɕia³²⁴ ɓəʔ⁵ gæ²¹³ zəʔ²³ kʰuæɯ⁰ tsʰɐɯ³¹ pʰiɐɯ⁵⁵。 |
| 45 天台 | 谷⁼诗哪个写个？陆⁼谷⁼猜出来我便奖［拨渠］十块钞票。<br>kuʔ⁵ sɿ³³ no²²⁴ kou⁰ ɕi³² o⁰？ luʔ² kuʔ¹ tsʰe³³ tɕʰyʔ⁵ lei⁰ ɔ²¹ beʔ² tɕia³² pei³²⁵ zəʔ² kuei⁰ tsʰau³³ pʰieu⁵⁵。 |

| 方言点 | 0044 这是谁写的诗？谁猜出来我就奖励谁十块钱。 |
|---|---|
| 46 三门 | 则=是干=人写的诗？干=人猜出来，我拔=奖赏干=人十块钞票。<br>tsɐʔ⁵ zɿ²⁴ kɛ³³⁴ niŋ³¹ ɕia³² təʔ⁰ sɿ³³⁴? kɛ³³⁴ niŋ³¹ tsʰe³³ tɕʰyɐʔ⁵ le¹¹, ʋ³²⁵ bɐʔ²³ tɕi ã̃³² sɔ³²⁵ kɛ³³⁴ niŋ³¹ ziɛʔ² kʰue⁵⁵ tsʰau³³ pʰiau⁵⁵。 |
| 47 玉环 | 个是减=儿=写个诗哎？减=儿=猜出来我便奖励渠十块钞票。<br>kie⁵⁵ zɿ³¹ kiɛ⁵³ n⁰ɕia⁵³ kɐʔ⁰ sɿ³⁵ ɛ⁰? kiɛ⁵³ n⁰tsʰe⁵³ tɕʰyoʔ⁵ le³¹ ŋo⁵³ be²² tɕia⁵³ li²² gie³¹ ziɐʔ² kʰue³³ tsʰɔ⁵³ pʰiɔ⁵⁵。 |
| 48 金华 | 葛首诗哪个写个？哪个猜着，我便赏渠十块钞票。<br>kəʔ³ ɕiu⁵⁵ sɿ³³⁴ la⁵⁵ gəʔ²¹² sia⁵⁵ kəʔ⁰? la⁵⁵ gəʔ²¹ tsʰɛ³³ tɕiəʔ⁴, a⁵³⁵ bie¹⁴ ɕiaŋ⁵⁵ gə²¹² ziəʔ²¹ kʰue⁵⁵ tsʰao⁵³ pʰiao⁵⁵。 |
| 49 汤溪 | 殽=个诗哪侬写个？哪侬猜得着我便摵哪侬十块钞票。<br>gə¹¹ ka⁵² sɿ²⁴ la¹¹ nao⁵² sia⁵³⁵ kə⁰? la¹¹ nao⁵² tsʰei²⁴ tə⁰ dziɔ¹¹³ a¹¹³ bie¹¹ iɔ⁵⁵ la¹¹ nao⁵² ziɛ¹¹ kʰuɛ⁵² tsʰɔ⁵² pʰie⁵²。 |
| 50 兰溪 | 格个是哪个写个诗？哪个猜出来我就奖哪个十块钞票。<br>kəʔ³⁴ ka⁴⁵ sɿ²⁴ la⁵⁵ ka⁰sia⁵⁵ kəʔ⁰sɿ³³⁴? la⁵⁵ ka⁰tsʰe³³⁴ tɕʰyəʔ³⁴ le⁴⁵ u ɤ⁵⁵ ziəɯ²⁴ tsiaŋ⁵⁵ la⁵⁵ ka⁰ziəʔ¹² kʰue²⁴ tsʰɔ⁵³ pʰiɔ⁴⁵。 |
| 51 浦江 | 吉=是哪个写个诗哪？哪个猜出来我就奖得渠十块钞票。<br>tɕiə³³ zi²⁴ la¹¹ ka⁵³ ɕia³³ kə⁰sɿ³³ na³³⁴? la¹¹ ka⁵³ tsʰa⁵⁵ tɕʰyə³³ la³³⁴ a⁵³ zi ɤ²⁴ tsy õ⁵⁵ tə⁵⁵ zi²³² zə²⁴ kʰua³³ tsʰo⁵⁵ pʰi³³⁴。 |
| 52 义乌 | 尔个是迦儿写个诗儿？［是哪］儿猜出来我便奖［是哪］儿十块钞票。<br>n³³ kəʔ³tsi³³ dzian²⁴ sia⁴² ə⁰sɿn³³⁵? dzian²⁴ tsʰe⁴⁵ tɕʰyəʔ³ le³³ a⁴² bie²⁴ tsɯan³³ dzian²⁴ zəʔ⁵ kʰue⁴⁵ tsʰo⁴⁵ pie³¹。 |
| 53 东阳 | 格诗儿迦个写阿=？尔拉猜得出来我奖渠十块洋细。<br>kɐ²² sin³³ dziɛ²³ ka⁴⁴ ɕia⁵⁵ a⁰? n²⁴ na³³ tsʰe⁴⁴ te⁵⁵ tsʰɐ³³ le²² ŋu²⁴ tɕiɔ⁵⁵ əɯ³³ zɐ²³ kʰue²²³ iɔ²⁴ di²⁴。 |
| 54 永康 | 个诗迦侬写哇？迦侬猜出来我便奖渠十块钞票。<br>kuo³³ ɕi⁵⁵ dzia³¹ noŋ²² ɕia³³⁴ ua⁰? dzia³¹ noŋ²² tsʰəi⁵⁵ tɕʰyə³³ ləi²² ŋuo³¹ bie²² tɕiaŋ³³⁴ gu²² sə³³ kʰuəi⁵² tsʰɑu³¹ pʰiɑu⁵²。 |
| 55 武义 | 阿=个是豆=个写个诗？豆=个若猜出来我便奖豆=个十块钞票。<br>əʔ⁵ kəʔ⁰ dzi¹³ dɑu²³¹ tɕia⁰ɕia⁴⁴⁵ kəʔ⁰sɿ²⁴? dɑu²³¹ tɕia⁰ziɑu⁴⁴⁵ tsʰa³²⁴ tɕʰye⁵³ la⁰a¹³ bie⁵³ tɕiaŋ⁴⁴⁵ dɑu⁵³ tɕia⁵³ zə¹³ kʰua⁵³ tsʰɑu²¹ pʰie⁵³。 |
| 56 磐安 | 格是迦个写个诗儿？迦个猜出来我便奖迦个十块钞票。<br>ka⁵⁵ tɕi³³ tɕia⁵⁵ ka³³ ɕia³³ a⁰sɿn⁴⁴⁵? tɕia⁵⁵ ka³³ tsʰe³³ tɕʰye⁵⁵ le⁵² ŋuɤ³³ bie¹⁴ tɕiɔ³³ tɕia⁵⁵ ka³³ zɛ¹⁴ kʰue⁵⁵ tsʰo⁵⁵ pʰio⁰。 |
| 57 缙云 | 以=个是塞=个写□个诗？塞=个猜着我便奖塞=个十块钞票。<br>i²¹ tiɛ⁴⁵ dzi⁴⁴ tsʰei⁴⁵ ku⁰ɕia⁵¹ i⁰lɛ⁰sɿ⁴⁴? tsʰei⁴⁵ ku⁰tsʰei⁴⁴ dziɔ⁰ŋu³¹ biɛ²¹³ tɕia³³ tsʰei⁴⁵ ku⁰zə²¹ kʰuei⁴⁵³ tsʰɔ⁴⁴ pʰəɤ⁴⁵³。 |

续表

| 方言点 | 0044 这是谁写的诗？谁猜出来我就奖励谁十块钱。 |
|---|---|
| 58 衢州 | 格是哪个写个诗？哪个猜出来我就奖哪个十块洋钿。<br>kəʔ³ zɿ²³¹ nɑ⁵³ kuⁿ ɕiɑ³⁵ gəʔⁿ sɿ³² ? nɑ⁵³ kuⁿ tsʰɛ³² tʃʰyəʔ⁵ lɛⁿ ŋu⁵³ dʑiu²³¹ tɕiã³⁵ nɑ⁵³ kuⁿ ʒyəʔ² kʰue⁵³ iã²¹ diẽ²³¹ 。 |
| 59 衢江 | 阿⁼个含⁼侬写个诗？含⁼侬估勒出，我担含⁼侬十块钞票。<br>aʔ⁵ gəʔⁿ gã²² nəŋ²¹² ɕie²⁵ gəʔⁿ sɿ³³ ? gã²² nəŋ²¹² ku ɤ²⁵ ləʔⁿ tɕiaʔ⁵ , ŋaʔ² n ã³³ g ã²² nəŋ²¹² ʑiaʔ² kʰuei⁵³ tsʰɔ³³ pʰiɔ²⁵ 。 |
| 60 龙游 | 阿⁼是策⁼侬写个诗？策⁼侬猜出来，奴就奖渠十块钞票。<br>əʔ⁴ dzəʔ²³ tsʰəʔ⁴ nən²¹ ɕiɑ³⁵ gəʔⁿ sɿ³³⁴ ? tsʰəʔ⁴ nən²¹ tsʰei³³ tsʰuəʔ⁴ lei⁰ , nu²² dziəw²² tɕiã³³ gəwⁿ zəʔ² kʰuei⁵¹ tsʰɔ²² pʰiɔ³⁵ 。 |
| 61 江山 | 乙是倒⁼侬写个诗？倒⁼侬猜出来我就奖励倒⁼侬十[块洋]钿。<br>iɛʔ⁴ ʟɛʔ⁵ tɐu⁴⁴ naŋ⁵¹ ɕiə²⁴ gəʔⁿ ɕi⁴⁴ ? tɐu⁴⁴ naŋ⁵¹ tsʰɛ²⁴ tɕʰyɛ⁵ ʟɛⁿ ŋuⁿ²² dziɛʔⁿ tɕiaŋ⁴⁴ li⁴⁴ tɐu⁴⁴ naŋ⁵¹ ʑiɵ²ʔ² kʰuaŋ⁵¹ diẽ²¹³ 。 |
| 62 常山 | 乙是鸭⁼侬写个诗？鸭⁼侬猜得出来，我就奖鸭⁼侬十块钞票。<br>eʔ⁴ dzi²⁴ aʔ⁴ n ã⁵² ɕiɛ⁵² k ɤʔⁿ sɿ⁴⁴ ? aʔ⁴ n ã⁵² tsʰɛ⁴⁴ tʌʔ⁵ tsʰɛʔ⁵ liⁿ , ŋa²⁴ dziuⁿ tɕi ã⁴³ aʔ⁴ n ã⁵² zɛʔ² kʰuɛ⁵² tsʰ ɤ⁴³ pʰiɤ⁵² 。 |
| 63 开化 | 乙是何侬写个诗？何侬猜出来我就奖励渠十块钞票。<br>iɛʔ⁵ dʑiɛʔ¹³ ga²¹ n ɤŋ²³¹ ɕiɛ⁴⁴ gəʔⁿ sɿ⁴⁴ ? ga²¹ n ɤŋ²³¹ tsʰa⁴⁴ tɕʰyaʔ⁵ liⁿ ŋa²¹ dziuⁿ²¹ tɕi ã⁴⁴ liⁿ ɡiɛʔⁿ ʑyaʔ² kʰua⁴¹² tsʰ əw⁴⁴ pʰiəw⁵³ 。 |
| 64 丽水 | 乙个是迦人写个诗？迦人猜出来我便奖去迦人十块老钿。<br>iʔ⁵ kɑⁿ dzɿ²² tɕiaʔ⁵ nen²² ɕio⁵⁴⁴ kəⁿ sɿ²²⁴ ? tɕiaʔ⁵ nen²² tsʰuɛ²² tɕʰyɛʔ⁴ liⁿ ŋuo⁴⁴ bɛʔ² tɕi ã⁴⁴ kʰɯ⁴⁴ tɕiaʔ⁵ nen²² ʑyɛʔ²³ kʰuei⁵³ lə²¹ tie⁵² 。 |
| 65 青田 | 伊⁼个是从⁼人写个诗？从⁼人猜出，我就奖励乞从⁼人十块钞票。<br>i⁵⁵ kɑⁿ dzɿ³³ ioʔ²¹ nen⁵³ ɕiu³³ kɛʔ⁵ sɿ⁴⁴⁵ ? ioʔ²¹ nen⁵³ tsʰɛ³³ tɕʰyæʔ⁴² , ŋu⁴⁵⁴ ieu²² tɕi³³ li²² kʰa³³ ioʔ²¹ nen⁵³ za⁵³ kʰuæi³³ tsʰo³³ pʰiœ⁵⁵ 。 |
| 66 云和 | 乙个是责⁼人写个诗？责⁼人猜出我便奖励责⁼人十块钞票。<br>iʔ⁵ kei⁴⁵ dzɿ²²³ tsaʔ⁵ nɛ³¹ ɕio⁴⁴ kəⁿ sɿ²⁴ ? tsaʔ⁵ nɛ³¹ tsʰei⁴⁴ tɕʰyɛ⁵ ŋo⁴⁴ bei²²³ tɕi ã⁴⁴ li²²³ tsaʔ⁵ nɛ³¹ ʑyeiʔ²³ kʰuei⁴⁵ tsʰɑ⁴⁴ pʰiɑ⁴⁵ 。 |
| 67 松阳 | 乙个是哪侬写个诗？哪侬猜出来是我就奖哪侬十块钞票。<br>iʔ⁵ kiⁿ zɿʔ⁵ na²¹ nəŋ²⁴ ɕyə²¹ kɛⁿ sɿ²⁴ ? na²¹ nəŋ²⁴ tsʰɛ⁵³ tɕʰyɛʔⁿ li²⁴ zɿʔ² ŋ³¹ dziɯ¹³ tɕi ã²⁴ na²¹ nəŋ²⁴ ʑyɛʔ² kʰuei³³ tsʰɔ³³ pʰiɔ²⁴ 。 |
| 68 宣平 | 爱⁼首诗是直⁼人写个？直⁼人猜出来我便奖直⁼人十块钞票。<br>ei⁵⁵ ɕiɯ⁴⁴ sɿ³²⁴ dzɿ²² dziəʔ²³ nin⁵² ɕia⁴⁴ kəⁿ ? dziəʔ²³ nin⁵² tsʰei³² tɕʰyəʔ⁴ leiⁿ o⁴⁴ bəʔ²³ tɕi ã⁴⁴ dziəʔ²³ nin⁵² zəʔ² kʰuei⁵² tsʰɔ³² pʰiɔ⁵² 。 |

| 方言点 | 0044 这是谁写的诗？谁猜出来我就奖励谁十块钱。 |
|---|---|
| 69 遂昌 | 乙个是哪侬写个诗？哪侬猜得出我就奖哪侬十块钞票。<br>iʔ⁵ kei⁰ zɿ²³ na¹³ nəŋ²² ɕio⁵³ kɛʔ⁰ sɿ⁴⁵？ na¹³ nəŋ²² tsʰei⁴⁵ tiʔ⁰ tɕʰyɛ⁵ ŋɒ¹³ ziɯ²¹ tɕiaŋ⁵³ na¹³ nəŋ²² ʑyɛʔ²³ kʰuei³³ tsʰɯ⁵⁵ pʰiɐɯ³³⁴。 |
| 70 龙泉 | 搭＝是且＝侬写个诗啊？且＝侬猜出来我便奖渠十块钿。<br>toʔ⁵ zɿ²¹ tɕʰia⁴⁴ nəŋ⁵¹ ɕio⁴⁴ gəʔ⁰ ɕy⁴³⁴ a⁰？tɕʰia⁴⁴ nəŋ⁵¹ tsʰE⁴⁴ tɕʰyoʔ⁵ li²¹ ŋɒ⁵¹ biE²¹ tɕiaŋ⁴⁵ gɤɯ²¹ zaiʔ³ kʰuəi²¹ diE²¹。 |
| 71 景宁 | 埭个诗七＝个写？七＝个猜出我奖励乞七＝个十块钿。<br>tɛʔ⁵ ki³³ sɿ³³ tsʰɯɯʔ⁵ ki³³ ɕio³³？tsʰɯɯʔ⁵ ki³³ tsʰE³² tɕʰyœʔ⁵ ŋo³³ tɕiɛ³⁵ li⁴¹ kʰaʔ³ tsʰɯɯʔ⁵ ki³³ zɯɯʔ²³ kuai³⁵ diɛ⁴¹。 |
| 72 庆元 | 直＝个是启＝个写个诗？启＝个猜出来我便奖启＝个十块钿。<br>tsɿʔ³⁴ kæi¹¹ sɿ²² tɕʰi³³ kæi¹¹ ɕiɑ³³ kæi¹¹ sɿ³³⁵？tɕʰi³³ kæi¹¹ tsʰæi³³⁵ tɕʰyE²ʔ⁵ liE²² ŋo²² ɓæ̃³¹ tɕiɑ³³ tɕʰi³³ kæi¹¹ sɤʔ³⁴ kʰuæi¹¹ tiɛ̃⁵²。 |
| 73 泰顺 | □是何人写个诗？何人猜得出我就奖何人十块钿。<br>kʰi³⁵ tsɿ²¹ ka²² nɛ⁵³ ɕyɔ⁵⁵ kiɔ⁰ sɿ²¹³？ka²² nɛ⁵³ tsʰæi²¹³ tiʔ⁰ tɕʰyɛ⁵ ŋo⁵⁵ tɕiəu²² tɕi ã⁵⁵ ka²² nɛ⁵³ səiʔ² kʰuæi³⁵ tiɛ⁵³。 |
| 74 温州 | 该诗是何[物样]侬写嘎？何[物样]侬若会猜出，我就赏何[物样]侬十个番钿。<br>kai³³ sɿ³³ zɿ²² a² ɲi³¹ naŋ³¹ sei²⁵ ga⁰？a² ɲi³¹ naŋ³¹ ia²² vai²² tsʰe³³ tɕʰy³²³，ŋ¹⁴ iɤu²³ ɕi²⁵ a² ɲi³¹ naŋ³¹ zai²¹² kai⁰ fa³³ di²²³。 |
| 75 永嘉 | 该是何[物样]侬写个诗？何[物样]侬若会猜着我就奖渠十个番钱。<br>kai⁴³ zɿ²² ga²¹ ɲi³¹ naŋ³¹ sɿ⁴⁵ giᵒ sɿ⁴⁴？ga²¹ ɲi³¹ naŋ³¹ dzia²¹ vai²² tsʰe⁴⁴ dzia⁰ ŋ¹³ iəu²¹³ tɕiɛ⁴⁵ gei³¹ zai²¹³ kai⁰ fa³³ di²¹。 |
| 76 乐清 | 个首诗是何侬写个？何侬估出我就奖励渠十个番钿。<br>kai³⁵ siu³² sɿ⁴⁴ zɿ²² ga²¹ naŋ³¹ si³⁵ gEᵒ？ga²² naŋ³¹ kʰu⁴⁴ tɕʰyE³²³ ŋ²⁴ ziu²² tɕiɯʌ⁴² li²² dzi³¹ zɤ²¹² kai⁰ fE⁴⁴ diE²²³。 |
| 77 瑞安 | 该是□写个诗？□猜拉出我就乞□十个发钿。<br>kai³³ zɿ²² ɲiŋ³¹ sei³⁵ giᵒ sɿ⁴⁴？ɲiŋ³¹ tsʰe⁴⁴ laᵒ tɕʰy⁴² ŋ¹³ zou²¹ kʰɔ³³ ɲiŋ³¹ za²¹² kai⁰ fɔ³ di²¹。 |
| 78 平阳 | 个是年＝侬写个诗？年＝侬猜出我就奖励年＝侬十个钞票。<br>kai²¹ zɿ³³ ɲie⁴² naŋ³¹ si³³ kai²¹ sɿ³³？ɲie³³ naŋ²¹ tʃʰe⁵⁵ tʃʰθ³³ ŋ¹³ zɛu¹³ tɕie⁴² li²¹ ɲie⁴² naŋ²¹ za²¹ kai⁴² tsʰɔ³³ pʰie²¹。 |
| 79 文成 | 该是念＝侬写个诗？念＝侬猜得出我乞十块钞票奖渠。<br>ke²¹ zɿ³³ ɲia⁴² naŋ²¹ sei³³ kai³³ sɿ³³？ɲia⁴² naŋ²¹ tʃʰe³³ te³³ tʃʰθ³⁴ ŋ¹³ kʰa²¹ za²¹ kʰa²¹ tʃʰɔ³³ pʰie²¹ tɕie⁴⁵ gei²¹。 |

续表

| 方言点 | 0044 这是谁写的诗？谁猜出来我就奖励谁十块钱。 |
|---|---|
| 80 苍南 | 该是阿<sup>=</sup>如<sup>=</sup>写个诗？阿<sup>=</sup>如<sup>=</sup>猜来出我就奖励渠十个。<br>ke³zๅ¹¹a³dʑy³¹ɕi⁵³gi⁰sๅ⁴⁴？a³dʑy³¹tsʰe⁴⁴li⁰tɕʰyɛ²²³ ŋ⁵³zɛu¹¹tɕiɛ⁵³li¹¹gi³¹zɛ¹¹<br>kai⁴²。 |
| 81 建德 徽 | 葛个诗是哪个写个？哪个猜出来卬就赏渠十块钞票。<br>kɐʔ³kɐʔ⁵sๅ⁵³tsๅ²¹lɑ⁵⁵ka³³ɕie²¹kɐʔ⁵？lɑ⁵⁵ka³³tsʰɛ⁵³tɕʰyɐʔ⁵lɛ³³ɑŋ²¹³ɕiɤɯ⁵⁵so²¹<br>ki³³sɐʔ¹²kʰue³³tsʰɔ²¹pʰiɔ⁵⁵。 |
| 82 寿昌 徽 | 格个是从<sup>=</sup>写个诗？从<sup>=</sup>猜出来咱就奖励从<sup>=</sup>十块钞票。<br>kə̃ʔ³kə̃ʔ⁰tsๅ³³tsʰɔŋ⁵²ɕiɛ²kə̃ʔ⁰sๅ¹¹²？tsʰɔŋ⁵²tɕʰiæ¹¹tɕʰyɐʔ⁰liæ⁵²tsɑ⁵²tɕʰiɤɯ³³<br>tɕiã⁵⁵li²⁴tsʰɔŋ⁵²sə̃ʔ³kʰuæ¹¹tsʰɤ³³pʰiɤ³³。 |
| 83 淳安 徽 | 乙首诗哪个写个？哪个猜出来，我奖励渠十块钞票。<br>iʔ³sɯ⁵⁵sๅ²⁴lɑ⁴³ka²⁴ɕia⁵⁵ka⁰？lɑ⁴³ka²⁴tɕʰie²¹tsʰuə̃ʔ⁵lie⁰，u⁵⁵tɕiã⁵⁵li²¹kʰɯ⁴³⁵<br>sə̃ʔ¹³kʰue²⁴tsʰɤ⁵⁵pʰiɤ²⁴。 |
| 84 遂安 徽 | 阿<sup>=</sup>个是哪个写的诗？哪个猜得出来我奖励他十块钞票。<br>ɑ³³kə³³sๅ¹³lɑ³³kə³³ɕiɛ²¹³kɔ³³sๅ⁵³⁴？lɑ³³kə³³tsʰɛ⁵³⁴ti³³kʰuɛ²⁴lɛ³³kɔ³³tɕiã²¹³li⁵²<br>kʰəɯ⁵⁵ɕiɛ²⁴kʰuɛ⁵²tsʰɔ⁵³⁴pʰiɔ⁵²。 |
| 85 苍南 闽 | 蜀是填<sup>=</sup>写个诗？填<sup>=</sup>猜得出我就奖填<sup>=</sup>十袋<sup>=</sup>钱。<br>tɕie⁴³ɕi²¹tian²⁴ɕia⁴³ke²¹ɕi⁵⁵？tian²⁴tsʰai⁵⁵tə⁰tsʰuə⁴³gua³²tɕiu²¹tɕiaŋ²⁴tian²⁴<br>tsɐ²¹tə²¹tɕĩ²⁴。 |
| 86 泰顺 闽 | 这是何侬写个诗？□出来我奖何侬十□钱。<br>tɕi³⁴ɕi²²køʔ³nəŋ²²ɕia³⁴⁴køʔ⁰ɕi²¹³？tou²²tɕʰyıʔ⁵li²²ŋa³⁴⁴tɕyo²²køʔ³nəŋ²²sɛʔ³<br>tɔi³⁴⁴tɕie²²。 |
| 87 洞头 闽 | 蜀是□写个诗？□猜出来我就奖励伊十个银。<br>tɕiek⁵ɕi²¹ɕiaŋ²⁴ɕia⁵³ge²¹ɕi³³？ɕiaŋ²⁴tsʰai³³tsʰuət⁵lai²¹gua²¹tɕiu²¹tɕioŋ²⁴le²¹i³³<br>tsɐt²¹ge²⁴gun²⁴。 |
| 88 景宁 畲 | 个系哪个写个诗啊？哪个猜出来我就奖励哪个十块钱。<br>kɔi⁴⁴ɕi⁴⁴na⁵⁵kəʔ³xia⁵⁵ke⁰sๅ⁴⁴a⁰？na⁵⁵kəʔ³tsʰai⁴⁴tɕyt⁵loi²²ŋɔi⁴⁴tɕiəu⁵¹tɕiaŋ⁵⁵<br>li⁰na⁵⁵kəʔ⁰ɕit²kʰuei⁴⁴tsʰan²²。 |

| 方言点 | 0045 我给你的书是我教中学的舅舅写的。 |
|---|---|
| 01 杭州 | 我拨你的书是我教中学的阿舅写的。<br>ŋəu$^{53}$ paʔ$^{5}$ ȵi$^{53}$ tiʔ$^{0}$ sɥ$^{334}$ zɿ$^{13}$ ŋəu$^{53}$ tɕiɔ$^{45}$ tsoŋ$^{33}$ iɛʔ$^{5}$ tiʔ$^{0}$ aʔ$^{5}$ dʑy$^{45}$ ɕi$^{53}$ tiʔ$^{0}$ 。 |
| 02 嘉兴 | 我拨倷个书是我教中学舅舅写个。<br>ŋ$^{21}$ pəʔ$^{5}$ nei$^{21}$ gəʔ$^{1}$ sɥ$^{42}$ zɿ$^{13}$ ŋ$^{21}$ kɔ$^{33}$ tsoŋ$^{33}$ oʔ$^{3}$ dʑiu$^{21}$ dʑiu$^{24}$ ɕiᴀ$^{21}$ gəʔ$^{1}$ 。 |
| 03 嘉善 | 我拨倷个书是我伲有辣⁼中学里教书个舅舅写拉⁼个。<br>ŋ$^{13}$ pɜʔ$^{5}$ nə$^{31}$ gəʔ$^{2}$ sɥ$^{53}$ zɿ$^{13}$ ŋ$^{22}$ ŋa$^{13}$ iə$^{22}$ laʔ$^{2}$ tsoŋ$^{55}$ uoʔ$^{2}$ li$^{0}$ kɔ$^{55}$ sɥ$^{0}$ gɜ$^{2}$ dʑiə$^{22}$ dʑiə$^{13}$ ɕia$^{44}$ la$^{44}$ gəʔ$^{0}$ 。 |
| 04 平湖 | 阿奴本⁼倷个本书是我教中学葛档⁼娘舅写啦个。<br>aʔ$^{3}$ nu$^{44}$ pən$^{44}$ nəɯ$^{213}$ kəʔ$^{5}$ pən$^{213}$ sɥ$^{53}$ zɿ$^{0}$ ŋ$^{213}$ kɔ$^{334}$ tsoŋ$^{44}$ oʔ$^{0}$ kəʔ$^{3}$ tɑ̃$^{44}$ ȵiã$^{24}$ dʑiəɯ$^{213}$ sia$^{44}$ la$^{21}$ kəʔ$^{0}$ 。 |
| 05 海盐 | 我诺⁼送拨倷个本书，是我拉中学里教书个娘舅写拉欸。<br>ɔʔ$^{23}$ nɔʔ$^{23}$ soŋ$^{334}$ pəʔ$^{23}$ ne$^{423}$ kəʔ$^{5}$ pən$^{23}$ ɕy$^{53}$ ,zɿ$^{423}$ ɔʔ$^{23}$ la$^{213}$ tsoŋ$^{55}$ ɔʔ$^{21}$ li$^{21}$ kɔ$^{33}$ ɕy$^{53}$ kəʔ$^{5}$ ȵiɛ̃$^{24}$ dʑio$^{53}$ ɕia$^{423}$ laʔ$^{23}$ e$^{21}$ 。 |
| 06 海宁 | 我拨倷个本书是我奴教中学个娘舅写霍⁼个。<br>u$^{53}$ pəʔ$^{5}$ nəɯ$^{55}$ kəʔ$^{5}$ pəŋ$^{55}$ sɿ$^{55}$ zɿ$^{33}$ u$^{13}$ nu$^{31}$ kɔ$^{55}$ tsoŋ$^{35}$ oʔ$^{2}$ gəʔ$^{2}$ ȵiã$^{33}$ dʑiəu$^{31}$ ɕia$^{55}$ hoʔ$^{5}$ əʔ$^{2}$ 。 |
| 07 桐乡 | 我倷半⁼倷个本书是我中学里教书个娘舅写花⁼个。<br>uəʔ$^{23}$ nɤɯ$^{242}$ pᴇ$^{53}$ nɤɯ$^{242}$ kəʔ$^{3}$ pəŋ$^{53}$ sɿ$^{44}$ zɿ$^{24}$ u$^{53}$ tsoŋ$^{44}$ ɔʔ$^{0}$ li$^{0}$ kɔ$^{33}$ sɿ$^{44}$ kəʔ$^{0}$ ȵiã$^{21}$ dʑiɤɯ$^{44}$ sia$^{44}$ ho$^{0}$ əʔ$^{0}$ 。 |
| 08 崇德 | 我拨倷个书是我中学里教书个娘舅写个。<br>o$^{53}$ pəʔ$^{5}$ nɤɯ$^{0}$ kəʔ$^{0}$ sɿ$^{44}$ zɿ$^{21}$ o$^{53}$ tsoŋ$^{44}$ ioʔ$^{4}$ li$^{44}$ kɔ$^{33}$ sɿ$^{44}$ əʔ$^{4}$ ȵiã$^{21}$ dʑiɤɯ$^{44}$ ɕiɑ$^{55}$ əʔ$^{0}$ 。 |
| 09 湖州 | 是我拨尔葛本书，是我中学里当老师个娘舅写嗳。<br>zəʔ$^{2}$ ŋ$^{35}$ pəʔ$^{5}$ n$^{53}$ kəʔ$^{5}$ pən$^{31}$ sɿ$^{44}$ ,zɿ$^{13}$ ŋ$^{35}$ tsoŋ$^{44}$ ioʔ$^{4}$ li$^{44}$ tã$^{44}$ lɔ$^{53}$ sɿ$^{44}$ kəʔ$^{2}$ ȵiã$^{22}$ dʑiʉ$^{13}$ ɕia$^{53}$ ei$^{0}$ 。 |
| 10 德清 | 是我拨尔葛本书是伲中学里教书个娘舅写噢。<br>zuoʔ$^{2}$ ŋəu$^{35}$ pəʔ$^{5}$ n$^{35}$ kəʔ$^{5}$ pen$^{31}$ sɿ$^{33}$ zɿ$^{33}$ ŋa$^{35}$ tsoŋ$^{33}$ ioʔ$^{2}$ li$^{33}$ kɔ$^{31}$ sɿ$^{35}$ kəʔ$^{5}$ ȵiã$^{31}$ dʑiʉ$^{13}$ ɕia$^{35}$ ɔ$^{0}$ 。 |
| 11 武康 | 是我拨尔个书是是伲教中学个娘舅写个。<br>zɜʔ$^{2}$ ŋo$^{35}$ pɜʔ$^{5}$ n$^{31}$ gɜʔ$^{2}$ sɿ$^{44}$ zɿ$^{11}$ zɜʔ$^{2}$ ŋa$^{13}$ kɔ$^{53}$ tsoŋ$^{44}$ iøʔ$^{2}$ gɜʔ$^{2}$ ȵiã$^{31}$ dʑiø$^{13}$ ɕia$^{53}$ oʔ$^{2}$ 。 |
| 12 安吉 | 我拨倷个本书，是我教中学个娘舅写个。<br>ŋɔ$^{213}$ pəʔ$^{5}$ nəʔ$^{2}$ kəʔ$^{3}$ pəŋ$^{52}$ sɿ$^{55}$ ,zɿ$^{21}$ ŋa$^{213}$ kɔ$^{32}$ tsoŋ$^{55}$ ɤəʔ$^{5}$ kəʔ$^{5}$ ȵiã$^{22}$ dʑiu$^{22}$ ɕia$^{52}$ kəʔ$^{0}$ 。 |
| 13 孝丰 | 我拨倷个书，是我教中学个娘舅写个。<br>ŋuoʔ$^{23}$ pəʔ$^{5}$ nəʔ$^{2}$ kəʔ$^{5}$ sɿ$^{44}$ ,zɿ$^{24}$ ŋa$^{324}$ kɔ$^{324}$ tsoŋ$^{44}$ ioʔ$^{5}$ kəʔ$^{5}$ ȵiã$^{22}$ dʑiu$^{22}$ ɕia$^{52}$ kəʔ$^{0}$ 。 |
| 14 长兴 | 是我拨尔格本书，是我教中学个娘舅写个。<br>zəʔ$^{2}$ ŋ$^{52}$ pəʔ$^{5}$ n$^{52}$ kəʔ$^{0}$ sɿ$^{44}$ ,zɿ$^{24}$ ŋ$^{52}$ kɔ$^{32}$ tsoŋ$^{44}$ oʔ$^{5}$ kei$^{44}$ ȵiã$^{12}$ dʒiʏ$^{33}$ ʃia$^{45}$ kei$^{21}$ 。 |

续表

| 方言点 | 0045 我给你的书是我教中学的舅舅写的。 |
|---|---|
| 15 余杭 | 是我拨尔个书是是我教中学个娘舅写个。<br>zoʔ² ŋ⁵³ poʔ⁵ nʔ³¹ gəʔ² sʔ⁵³ zʔ³³ zoʔ³ ŋʔ³¹ kɔ³⁵ tsoŋ⁵³ ieʔ² goʔ² n̠iã³³ dʑiɣ³¹ siɑ⁵³ goʔ² 。 |
| 16 临安 | 我拨侬个书是我教中学个舅舅写个。<br>ŋ¹³ pɐʔ⁵ noŋ⁵⁵ kɐʔ⁵ ɕy⁵⁵ zʔ³³ ŋo¹³ tɕiɔ⁵⁵ tsoŋ⁵³ yɔʔ² gɐʔ² dʑyœ³³ dʑyœ¹³ ɕia³³ guɔʔ⁰ 。 |
| 17 昌化 | 我把尔个书是我教中学个娘舅写个。<br>a²⁴ pu⁴⁵ ŋ²⁴ kəʔ⁵ ɕy³³⁴ zʔ²⁴ a²⁴ kɔ⁵⁴ tsəŋ³³ iaʔ²³ kəʔ⁵ n̠iã¹¹ ziʔ²⁴ ɕie⁴⁵ kəʔ⁵ 。 |
| 18 於潜 | 我拨你个书是我教中学个娘舅写个。<br>ŋu⁵¹ pəʔ⁵³ ni⁵¹ kəʔ² ɕy⁴³³ zʔ²⁴ ŋu⁵¹ kɔ³⁵ tsoŋ⁴³ iæʔ²³ kəʔ² n̠iaŋ²² dʑiəu²⁴ ɕia⁵¹ kəʔ² 。 |
| 19 萧山 | 我扮尔葛书是我教中学葛舅舅写葛。<br>ŋo¹³ pɛ⁴² ŋ¹³ kəʔ²¹ sʔ⁴² zʔ³³ ŋo¹³ kɔ⁴² tɕyoŋ³³ əʔ¹³ kəʔ³ dʑio²¹ dʑiɔ³⁵ ɕia²¹ kəʔ⁰ 。 |
| 20 富阳 | 我拨尔个书是我教中学个娘舅写个。<br>ŋo²²⁴ pɛʔ⁵ ŋ²²⁴ kɛʔ⁰ ɕy⁵³ zʔ²²⁴ ŋo²²⁴ kɔ⁵⁵ tɕyoŋ⁵⁵ iaʔ² kɛʔ⁰ n̠iã¹³ dʑiʊ⁵⁵ ɕia⁴²³ goʔ⁰ 。 |
| 21 新登 | 我拨尔个书是我教中学个娘舅写个。<br>u³³⁴ pa⁴⁵ ŋ³³⁴ kaʔ⁰ sᵿ⁵³ zʔ¹³ u³³⁴ kɔ⁵³ tsoŋ⁵³ iaʔ² kaʔ⁰ n̠iã²³³ dʑy¹³ ɕia³³⁴ kaʔ⁰ 。 |
| 22 桐庐 | 我拨你个书是我教中学个娘舅写个。<br>ŋo³³ pəʔ⁵ ni³³ kəʔ⁵ ɕy⁴² zʔ³³ ŋo³³ kɔ³³ tsoŋ⁵⁵ iaʔ²¹ gəʔ²¹ nia²¹ dʑiəu³⁵ ɕiᴀ²¹ gəʔ²¹ 。 |
| 23 分水 | 我拨=你那本书是教中学格娘舅写唉。<br>ŋo⁵⁵ pəʔ⁵ n̠i⁴⁴ na²¹ pən⁴⁴ ɕy⁴⁴ zʔ²⁴ tɕiɔ⁴⁴ tsoŋ⁴⁴ iəʔ¹² kəʔ⁵ n̠iã²¹ dʑiə²⁴ ɕie⁵³ a⁰ 。 |
| 24 绍兴 | 我拨偌个书是我教中学个舅舅写个。<br>ŋo²² poʔ³ noʔ² kəʔ⁰ ɕy⁵³ zeʔ⁰ ŋo²² kɔ³³ tsoŋ³³ oʔ² kəʔ⁰ dʑiɣ²⁴ dʑiɣ³¹ ɕia³³⁴ goʔ³ 。 |
| 25 上虞 | 我拨侬个书是我教中学个舅舅写个。<br>ŋo²¹ piəʔ⁵ noŋ²¹³ kəʔ² ɕy³⁵ zəʔ² ŋʊ²¹ kɔ⁵⁵ tsoŋ³³ oʔ² kəʔ² dʑiɣ²¹ dʑiɣ⁰ ɕia³³ kəʔ² 。 |
| 26 嵊州 | 我带=侬本书册啦是偓来=亨=中学里教书个舅舅写个。<br>ŋo²⁴ ta⁵³ noŋ²⁴ peŋ³³ sʔ⁵³ tsʰəʔ³ laʔ⁰ zɛ²² ŋa²⁴ lɛ³³ haŋ³³ tsoŋ⁵³ oʔ³ li³¹ kɔ³³ sʔ⁵³ kəʔ⁰ dʑiɣ²⁴ dʑiɣ³¹ ɕia³³ goʔ⁰ 。 |
| 27 新昌 | 我搭=尔本书册是偓教中学个娘舅写个。<br>ŋɣ²³² tɛʔ² ŋ³³ peŋ³³ sʔ³³ tsʰaʔ² zʔ²² ŋa³³ kɔ³³ tsoŋ⁵³ oʔ² keʔ³ n̠iaŋ²² dʑiɯ³³ ɕia⁴⁵ kaʔ³¹ 。 |
| 28 诸暨 | 我拨尔个书是我教中学个娘舅写个。<br>ŋɣu¹³ pəʔ⁵ n¹³ kəʔ⁵ ɕy¹³ zəʔ¹³ ŋɣu¹³ kɔ³³ tsom²¹ ioʔ¹³ kəʔ²¹ nia²¹ dʑiʉ¹³ ɕiᴀ²¹ kəʔ²¹ 。 |
| 29 慈溪 | 我摘=侬个书是鞋=搭教中学格娘舅写唧格啦。<br>ŋo¹³ tsaʔ⁵ nuŋ¹³ kəʔ² sᵿ³⁵ zʔ¹¹ a¹³ taʔ² kɔ³³ tsuŋ³³ hoʔ² kəʔ² n̠iã¹³ dʑiʌ⁰ ɕia³³ lɔ̃¹³ kəʔ² laʔ⁰ 。 |

续表

| 方言点 | 0045 我给你的书是我教中学的舅舅写的。 |
|---|---|
| 30 余姚 | 我捉侬个书是我教中学个舅舅写喇个。<br>ŋəu¹³tsoʔ⁵nuŋ¹³kəʔ²sʮ⁴⁴dzʮ¹³ŋəu¹³kɔ⁴⁴tsuŋ⁴⁴oʔ²kəʔ²dziø¹³dziø⁰ɕia³⁴ləŋ¹³kəʔ². |
| 31 宁波 | 我拨侬或⁼书，是阿拉中学教书或⁼娘舅写或⁼。<br>ŋə¹³paʔ⁵nəu¹³oʔ²sʮ⁴⁴,zʮ¹³aʔ⁵laʔ²tsoŋ⁴⁴oʔ²kɔ³³sʮ⁴⁴oʔ²n̠ia¹³dziyʰ ɕia³⁵oʔ². |
| 32 镇海 | 我拨侬和⁼书是我教中学和⁼娘舅写和⁼。<br>ŋə²⁴paʔ⁵nəu²⁴əuʰ sʮ³³zʮ²⁴ŋə²⁴kɔ³³tsoŋ³³oʔ¹²əuʰ n̠ia²⁴dziuʰ ɕia³⁵əuʰ. |
| 33 奉化 | 我拨侬个书是我当中学老师个娘舅写个。<br>ŋəu³³paʔ⁵nəu⁰kəu⁰sʮ⁴⁴zʮ³³ŋəu³³tɔ̃⁴⁴tsoŋ⁴⁴oʔ²lʌ³³sʮ⁴⁴kəu⁰n̠ia³³dziyʰ ɕia⁴⁴kəʔ². |
| 34 宁海 | 我[搭尔]尔个书是我教中学个娘舅写个。<br>ŋo³¹təŋ³⁵n̠²¹geʔ³sʮ³³zʮ²⁴ŋo³¹kau³³tsuŋ³³ɔʔ³geʔ³n̠ia²¹dziuʰ ɕia⁵³gɔʔ³. |
| 35 象山 | 我得⁼尔个书是我教中学个娘舅写个。<br>ŋəu³¹taʔ⁵n̠¹³geʔ²sʮ⁴⁴zʮ¹³ŋəu³¹kɔ⁴⁴tɕyoŋ⁴⁴oʔ²geʔ²n̠ia³¹dziu³¹ɕia⁴⁴geʔ². |
| 36 普陀 | 我拨侬个书是我教中学个阿舅写个。<br>ŋo²³poʔ⁵noŋ³³koʔ⁰sʮ⁵³zʮ³³ŋo⁵⁵kɔ³³tsoŋ³³oʔ⁵koʔ⁰ɐʔ³dzieu⁴⁵ɕia³³koʔ⁰. |
| 37 定海 | 我拨侬个书是阿拉教中学个舅舅写呵。<br>ŋo²³poʔ³noŋ⁵²goʔ⁰sʮ⁵²zʮ³³ɐʔ³laʔ³kɔ³³tsoŋ⁴⁴oʔ²goʔ⁰dziɣ²³dziyʰ ɕia³³ʌuʰ. |
| 38 岱山 | 我拨侬的该本书，是阿拉教中学个舅舅写的呵。<br>ŋo²³pɐʔ⁵noŋ³¹tiʰ kieʔ⁰pɐŋ⁰sʮ⁵²,zʮ³³ɐʔ³lɐʔ⁵kɔ³³tsoŋ⁴⁴oʔ⁵goʔ⁰dziɣ²³dziyʰ ɕia³³ti⁵²ʌuʰ. |
| 39 嵊泗 | 我拨侬个书是阿拉中学教书个舅舅写的呵。<br>ŋo³⁴pɐʔ³noŋ⁵³goʔ⁰sʮ⁵³zʮ³³ɐʔ³lɐʔ²tsoŋ³³oʔ⁵kɔ⁴⁴sʮ⁵³goʔ⁰dziɣ³⁴dziyʰ ɕia⁴⁴ti⁵³ʌuʰ. |
| 40 临海 | 我拨尔个书是我教中学个娘舅写个。<br>ŋe⁵²pəʔ⁵ŋ⁵²kəʔ⁰ɕy³¹zəʔ²ŋe⁵²kɔ³³tɕyoŋ³³ɔʔ²kəʔ⁰n̠ia²³dziu⁵¹ɕia⁴²kəʔ⁰. |
| 41 椒江 | 我拨尔个书是我教中学个娘舅写个。<br>ŋo⁴²pəʔ⁵n̠⁴²kəʔ⁰sʮ⁴²zʮ³¹ŋo⁴²kɔ³³tsoŋ³³oʔ²kəʔ⁰n̠ia²²dziu⁴¹ɕia⁴²kəʔ⁰. |
| 42 黄岩 | 我拨尔个书是我教中学个娘舅写个。<br>ŋo⁴²pəʔ⁵n̠⁴²kəʔ⁰sʮ³²zʮ¹²¹ŋo⁴²kɔ³³tsoŋ³³oʔ²kəʔ⁰n̠ia¹³dziu⁴¹ɕia⁴²kəʔ⁰. |
| 43 温岭 | 我拨尔个书是我教中学个娘舅写个。<br>ŋo⁴²pəʔ⁵n̠⁴²kəʰ ɕy³³zʮ³¹ŋo⁴²kɔ³³tɕyuŋ³³oʔ²kəʰ n̠ia¹³dziu⁴¹ɕia⁴²kəʔ⁰. |
| 44 仙居 | 我拨尔个书是我教中学个娘舅写个。<br>ŋo²⁴ɓəʔ³ŋ³²⁴kəʔ⁰ɕy³³⁴zəʔ²³ŋo²⁴kɯu³³tɕioŋ³³ɑʔ²³kəʔ⁰n̠ia³³dziəɯ³⁵³ɕi³¹kəʔ⁰. |

续表

| 方言点 | 0045 我给你的书是我教中学的舅舅写的。 |
|---|---|
| 45 天台 | 我[拨尔]个书是我教中学个娘舅写个。<br>ɔ²¹ pəŋ³²⁵ kou⁰ ɕy³³ zๅ³³ ɔ²¹ kau³³ tɕyuŋ³³ ɔʔ² kou⁰ n̻ia²² dʑiu⁰ ɕi³² kou⁰。 |
| 46 三门 | 我拨尔的书是我教中学滴⁼娘舅写嘚。<br>ʋ³²⁵ peʔ³² ŋ³²⁵ təʔ⁰ sๅ³³⁴ zๅ³³ ʋ³²⁵ kau⁵⁵ tɕioŋ³³ ɔʔ²³ tieʔ⁵ n̻iã²² dʑiu²¹³ ɕia³² təʔ⁰。 |
| 47 玉环 | 我拨尔个书是我教中学个娘舅写个。<br>ŋɔ⁵³ peʔ⁵ nɐʔ² kɐʔ⁰ ɕy⁴² zๅ³¹ ŋɔ⁵³ kɔʔ² tɕioŋ³³ oʔ² kɐʔ⁰ n̻ia²² dʑiu⁴¹ ɕia⁵³ kɐʔ⁰。 |
| 48 金华 | 我分依个末本书，是我教初中个娘舅写个。<br>a⁵³⁵ fəŋ³³ noŋ⁵³⁵ kəʔ⁰ məʔ²¹ pəŋ⁵⁵ ɕy³³⁴，sๅ⁵⁵ a⁵³⁵ kao³³ tsʰu³³ tɕioŋ³³⁴ kəʔ⁰ n̻iaŋ³¹ dʑiu¹⁴ sia⁵⁵ kəʔ⁰。 |
| 49 汤溪 | 我撽尔个书是我抓⁼中学里教书个舅舅写个。<br>a¹¹³ iɔ⁵⁵ ŋ¹¹ kəʔ⁰ ɕy²⁴ zๅ³⁴¹ a¹¹³ tɕya²⁴ tɕiao³³ ɔ¹¹ li⁵² kɔ³³ ɕy⁵² kəʔ⁰ dʑiɐɯ¹¹ dʑiɐɯ³⁴¹ sia⁵³⁵ kəʔ⁰。 |
| 50 兰溪 | 我担侬个书是我中学里教书个舅舅写个。<br>uɤ⁵⁵ ta³³⁴ noŋ⁵⁵ kəʔ⁰ ɕy³³⁴ sๅ⁵⁵ uɤ⁵⁵ tɕioŋ³³⁴ aʔ¹² li²⁴ kɔ³³⁴ ɕy³³⁴ kəʔ⁰ dʑiɐɯ²⁴ dʑiɐɯ⁰ sia⁵⁵ kəʔ⁰。 |
| 51 浦江 | 我担得尔墨⁼本书，是我教中学个舅舅写个。<br>a⁵³ nã⁵⁵ təʔ³³ m³³ məʔ¹¹ pən³³ ɕy⁵³⁴，ziʔ²⁴ a⁵³ kɔ⁵⁵ tɕyon³³ oʔ³³ kəʔ⁰ dʑiɤ¹¹ dʑiɤ²⁴³ ɕia³³ kəʔ⁰。 |
| 52 义乌 | 我分依个书，是我教中学个舅舅写个。<br>a⁴² fən⁴⁵ noŋ⁴² əʔ⁰ ɕy³³⁵，tsiʔ³³ a³³ kɔ³³ tsoŋ³³ əʔ³¹² əʔ⁰ dʑiɐɯ²⁴ dʑiɐɯ⁰ sia⁴² əʔ⁰。 |
| 53 东阳 | 我分得尔本书是教中学阿⁼我阿舅写阿⁼。<br>ŋɔ²⁴ fɐn³³ tei⁵⁵ n³³ pɐn⁴⁴ sๅ³³ ziʔ²⁴ kɐɯ⁴⁴ tsɔm³³ oʔ²⁴ a³⁵ ŋɔ²⁴ a³³ dʑiɐɯ²⁴ ɕia³³ aʔ⁰。 |
| 54 永康 | 我担尔够⁼本书来⁼我教中学个阿舅写哇。<br>ŋuo³¹ na⁵² ŋ¹¹³ kɯ³³ məŋ³³ ɕy⁵⁵ ləi³¹ ŋuo³¹ kau⁵⁵ tsoŋ³³ ɐu¹¹³ uəʔ⁰ a⁵⁵ dʑiɐɯ²⁴¹ ɕia³³⁴ uɑʔ⁰。 |
| 55 武义 | 我分偌个书是我教中学个舅舅写个。<br>a¹³ fen²⁴ nɔ¹³ kəʔ⁰ ɕy⁴⁴⁵ dʑi¹³ a¹³ kau⁵⁵ tsoŋ⁵⁵ ɐu¹³ kəʔ⁰ dʑiɐɯ⁵⁵ dʑiɐɯ²⁴ ɕia⁴⁴⁵ kəʔ⁰。 |
| 56 磐安 | 我撽得尔个书是我教中学个舅舅儿写啊。<br>ŋuɤ³³ ia³³ tɕi⁵⁵ n³³ aʔ⁰ ɕy⁴⁴⁵ tɕi³³ uɤ³³ kɔ³³ tɕiɐɯm³³ uəʔ³³ aʔ⁰ tɕiɐɯ⁵⁵ dʑiɐɯ¹⁴ ɕia³³ aʔ⁰。 |
| 57 缙云 | 我撽担你本书是我教中学个娘舅写□。<br>ŋu³¹ iɔ⁴⁴ nɛŋ⁴⁴ n̻i⁴⁴ pɐŋ⁴⁴ sๅ⁴⁴ dzๅ⁴⁴ ŋu³¹ kɔ⁴⁴ tsʊ̃ũ⁴⁴ ɔ⁴⁵ ku⁰ n̻ia⁴⁴ dʑiuŋ⁴⁵³ ɕia⁵¹ i⁰。 |
| 58 衢州 | 我拿你个书是我教中学个舅舅写个。<br>ŋu⁵³ nɑ²¹ n̻i⁵³ gəʔ⁰ ʃy³² zๅ²³¹ ŋu⁵³ kɔ⁵³ tʃyoŋ³⁵ zyɤʔ¹² gəʔ⁰ dʑiuɑ²¹ dʑiu¹³ ɕia³⁵ gəʔ⁰。 |

续表

| 方言点 | 0045 我给你的书是我教中学的舅舅写的。 |
|---|---|
| 59 衢江 | 我担你个书是我教中学个舅舅写个。<br>ŋaʔ² na͂³³ n̠iəʔ² gəʔ⁰ ɕyø³³ dzʅ²² ŋaʔ² kɔ³³ tsoŋ³³ ʑiaʔ² gəʔ⁰ gy²² ky²⁵ ɕie²⁵ gəʔ⁰。 |
| 60 龙游 | 奴担你个书是奴教中学个舅舅写个。<br>nu²² ta͂³³ n̠i²² gəʔ⁰ ɕy³³⁴ dzəʔ² nu²² kɔ³³ tsoŋ³³ ʑyəʔ²³ gəʔ⁰ dziəɯ²² dziəɯ²²⁴ ɕia³⁵ gəʔ⁰。 |
| 61 江山 | 我界得你个书就是我教中学个舅儿写个。<br>ŋɒ²² pəʔ⁵ dəʔ⁰ n̠i²² gəʔ⁰ ɕiə⁴⁴ dziɛʔ² lɛʔ⁵ ŋɒ²² kɐɯ⁵¹ tɕioŋ²⁴ iaʔ² gəʔ⁰ gəŋ²² ɕiə²⁴ gəʔ⁰。 |
| 62 常山 | 我瘅=尔个书是我教中学个舅舅写个。<br>ŋa²⁴ pue⁵² n²⁴ kɤʔ⁰ ɕie⁴⁴ dzi²⁴ ŋa²⁴ kɔ⁴⁴ tsoŋ⁴⁴ iaʔ³⁴ kɤʔ⁰ dziu² dziu²⁴ ɕiɛ⁵² kɤʔ⁰。 |
| 63 开化 | 我担你个书是我教中学个舅爹写个。<br>ŋa²¹ na͂²¹ n̠i²¹³ gəʔ⁰ ɕie⁴⁴ dziɛʔ² ŋa²¹³ kɐɯ⁵³ tsɤŋ⁴⁴ ʑyaʔ¹³ gəʔ⁰ dziu²¹ tiɛ⁴⁴ ɕiɛ⁵³ gəʔ⁰。 |
| 64 丽水 | 我乞你个书是我教中学个娘舅写个。<br>ŋuo⁴⁴ kʰəʔ⁴ n̠i⁴⁴ kə⁰ sʮ²²⁴ dzʅ²² ŋuo⁴⁴ kə⁴⁴ tɕioŋ⁴⁴ əʔ²³ kə⁰ n̠ia͂²¹ tɕiəɯ⁵² ɕio⁵⁴⁴ kə⁰。 |
| 65 青田 | 我乞你个书是我教中学个□写个。<br>ŋu⁴⁵⁴ kʰɑ³³ n̠i³³ kɛʔ⁰ sʮ⁴⁴⁵ dzʅ³³ ŋu⁴⁵⁴ ko³³ tɕioŋ³³ oʔ³¹ kɛʔ⁰ io⁵⁵ ɕiu⁴⁵⁴ kɛʔ⁰。 |
| 66 云和 | 我乞你个书是我教中学个娘舅写个。<br>ŋɒ⁴⁴ kʰa⁴⁴ n̠i⁴⁴ kɛ⁰ sʮ²⁴ dzʅ²²³ ŋo⁴⁴ kɑɔ⁴⁴ tɕioŋ⁴⁴ oʔ²³ kɛ⁰ n̠ia͂²²³ dziəɯ²³¹ ɕio⁴¹ kɛ⁰。 |
| 67 松阳 | 是我撼乞你个书是是我教中学个娘舅写个。<br>ziɛʔ² ŋ³¹ iaʔ⁵ kʰaʔ³ n̠i²² kɛ⁰ ɕyɛ⁵³ ziʔ² ziʔ² ŋ³¹ kɔ³³ tɕiəŋ²⁴ oʔ² kɛ⁰ n̠ia͂³³ gei²² ɕyə²¹ kɛ⁰。 |
| 68 宣平 | 我撼尔个书是我教中学个舅舅写个。<br>o²² iəʔ⁵ n²² kə⁰ ɕy³²⁴ dzʅ²² o²² kɔ⁴⁴ tɕyən⁴⁴ əʔ²³ kə⁰ dziɯ²² tɕiɯ⁵⁵ ɕia⁴⁴ kə⁰。 |
| 69 遂昌 | 我乞你个书是我教中学个舅舅写个。<br>ŋɒ¹³ kʰaʔ⁵ n̠ie¹³ kɛʔ⁰ ɕyɛ⁴⁵ ziʔ²³ ŋɒ¹³ kɐɯ³³ tɕioŋ⁴⁵ əʔ²³ kɛʔ⁰ dziɯ²¹ dziɯ¹³ ɕiɒ⁵³ kɛʔ⁰。 |
| 70 龙泉 | 我乞你个书是我教中学个娘舅写个。<br>ŋɒ⁵¹ kʰa⁴⁵ n̠i⁵¹ gəʔ⁰ ɕy⁴³⁴ zʅ²¹ ŋo⁵¹ kɑɔ⁴⁴ tɕiən⁴⁴ oʔ²⁴ gəʔ⁰ n̠iaŋ⁴⁵ tɕiəɯ⁵¹ ɕio⁵¹ gɛ⁰。 |
| 71 景宁 | 我乞你个书是我教中学个娘舅写个。<br>ŋo³ kʰaʔ³ n̠i³³ kɛ³³ ɕy³² tɕi³³ ŋo³³ kɑu³³ tɕyŋ⁵⁵ oʔ²³ kɛ³³ n̠ie⁴¹ dziəɯ²³ ɕio³³ kɛ⁰。 |
| 72 庆元 | 我乞你个书是我教中学个娘舅写个。<br>ŋo²² kʰɤ¹¹ n̠iɛ²² kæi¹¹ ɕyɛ³³⁵ sʅ²² ŋo²² kɒ¹¹ tɕioŋ³³⁵ xoʔ³⁴ kæi¹¹ n̠ia͂⁵² tɕiɯ²² ɕiɒ³³ kæi¹¹。 |
| 73 泰顺 | 我乞你个书是我教中学个舅爷写个。<br>ŋo⁵⁵ kʰo²² n̠i⁵⁵ ki⁰ ɕy²¹³ tsʅ²² ŋo⁵⁵ kɑɔ²² tɕioŋ²² oʔ² ki⁰ tɕiəɯ²¹ yɔ²¹³ ɕyɔ⁵⁵ ki⁰。 |

续表

| 方言点 | 0045 我给你的书是我教中学的舅舅写的。 |
|---|---|
| 74 温州 | 我乞你个该本书是我教中学个舅舅写个。<br>ŋ¹⁴ ha⁵¹ n̠i¹⁴ ge⁰ ke³³ paŋ⁰ sɿ³³ zɿ²² ŋ¹⁴ kuɔ⁵¹ tɕioŋ⁴⁵ o²¹² ge⁰ dʑiau² dʑiau¹⁴ sei²⁵ ge⁰。 |
| 75 永嘉 | 我乞你个书是我宕教中学个舅舅写个。<br>ŋ¹³ kʰa⁵³ n̠i¹³ gi⁰ sʮ⁴⁴ zɿ²² ŋ¹³ dɔ⁰ kɔ⁵³ tɕioŋ⁴⁵ o²¹³ gi⁰ dʑiau²¹ dʑiau¹³ sɿ⁴⁵ gi⁰。 |
| 76 乐清 | 我乞你个个本书是我教中学个阿舅写个。<br>ŋ²⁴ kʰa⁴² n̠i²¹ ge⁰ kai³⁵ paŋ³²³ sy⁴⁴ zɿ²¹ ŋ²⁴ ka⁴¹ tɕioŋ³⁵ o²¹² ge⁰ a² dʑiau²⁴ si³⁵ ge⁰。 |
| 77 瑞安 | 我乞你个书是我阿教中学个舅爹写个。<br>ŋ¹³ kʰɔ⁵³ n̠i¹³ gi⁰ səu⁴⁴ zɿ²² ŋ¹³ aʔ⁰ kɔ⁵³ tsoŋ³⁵ o²¹² gi⁰ dʑiau³¹ tei⁴⁴ sei³⁵ gi⁰。 |
| 78 平阳 | 我乞你个书是我教中学个舅舅写个。<br>ŋ³³ kʰai²¹ n̠i³⁵ ke⁵⁵ sɯ⁵⁵ zɿ¹³ ŋ³³ kɔ³³ tʃoŋ⁴⁵ o²¹ kai³³ dʒau²¹ dʒau³⁵ si⁴² ke²¹。 |
| 79 文成 | 我乞你个书是我教中学个舅爹写个。<br>ŋ¹³ kʰa²¹ n̠i¹³ kai³⁵ søy³³ zɿ¹³ ŋ¹³ kɔ³³ tʃoŋ³³ oʔ²¹ kai²¹ dʒau³³ tei³³ sei⁴⁵ kai³³。 |
| 80 苍南 | 我乞你个书是我舅父儿写个，渠是教中学个。<br>ŋ⁵³ kʰɛ⁴² n̠i⁵³ gi⁰ ɕy⁴⁴ zɿ¹¹ ŋ⁵³ dʑiau¹¹ ueŋ¹¹² ɕi⁵³ gi⁰，gi³¹ zɿ¹¹ ka⁴² tɕioŋ³³ o¹¹² gi⁰。 |
| 81 建德徽 | 印八=尔个书是印教中学堂个舅舅写个。<br>aŋ²¹³ po⁵⁵ n²¹ kɐʔ⁵ ɕy⁵³ tsɿ¹³ aŋ²¹³ kɔ³³ tsoŋ⁵³ hu¹³ to³³ kɐʔ⁵ tɕiɤɯ²¹ tɕiɤɯ³³ ɕie²¹ kɐʔ⁵。 |
| 82 寿昌徽 | 咱拿潛个书是咱教中学个娘舅写个。<br>tsɑ⁵² nuə¹¹ tsen⁵² kə⁰ ɕy¹¹² tsɿ³³ tsɑ⁵² k ɣ¹¹ tɕiəŋ³³ ɕyəʔ³¹ kəʔ⁰ n̠i ɑ̃¹¹ tɕʰiəu⁵⁵ ɕiɛ³³ kəʔ⁰。 |
| 83 淳安徽 | 我[勒=尔]个书是歪=教中学个舅舅写个。<br>u⁵⁵ len⁵⁵ kəʔ⁰ ɕya²⁴ tsʰa⁵⁵ uɑ²⁴ k ɣ²⁴ tson²⁴ hɑʔ¹³ kəʔ⁰ tɕʰiu⁵⁵ tɕʰiu²¹ ɕia⁵⁵ kɑ⁰。 |
| 84 遂安徽 | 我送伊个书是教中学个舅舅写的。<br>kɔ³³ səŋ⁴³ i³³ kə³³ ɕy⁵³⁴ sɿ⁴³ kɔ⁵⁵ tsəŋ⁵³⁴ xo²¹ kə³³ tɕʰiu⁵⁵ tɕʰiu⁵⁵ ɕiɛ²¹³ kə³³。 |
| 85 苍南闽 | 我与汝个书是我教中学个舅爹写个。<br>gua³² ha²⁴ lɯ³² ke²¹ tsɯ²⁴ ɕi²⁴ gua³² kɔ²¹ tiuŋ³³ hɐ²⁴ ke²¹ ku²¹ tia⁵⁵ ɕia⁴³ ke⁰。 |
| 86 泰顺闽 | 我乞尔个书是我教中学个外舅写喀。<br>ŋa³⁴⁴ xɛʔ³ n²² køʔ⁰ ɕy³⁴⁴ ɕiɪʔ⁵ ŋa³⁴⁴ ka²¹ tsəŋ²¹ xɒʔ³ køʔ⁰ nia²² ku³¹ ɕia³⁴⁴ køʔ⁰。 |
| 87 洞头闽 | 我与汝个书是我教中学个阿舅写个。<br>gua⁵³ ha²¹ lɯ⁵³ ge⁰ tsɿ³³ ɕi²¹ gua⁵³ ka³³ tioŋ²¹ hɐk²⁴ ge²¹ a⁵³ ku²¹ ɕia⁵³ ge⁰。 |
| 88 景宁畲 | 我分你个书系我教中学个娘舅写个。<br>ŋɔi⁴⁴ puən⁴⁴ n̠i²² ke⁰ ɕy⁴⁴ ɕi⁴⁴ ŋɔi⁴⁴ kau⁴⁴ tɕyŋ⁴⁴ xoʔ² ke⁰ n̠ia⁵⁵ kʰiəu³²⁵ xia³²⁵ ke⁰。 |

| 方言点 | 0046 你比我高，他比你还要高。 |
|---|---|
| 01 杭州 | 你比我长，他比你还要长。<br>$n_i^{53}$ $pi^{53}$ $ŋəu^{53}$ $dzaŋ^{213}$ , $t^ha^{334}$ $pi^{53}$ $n_i^{53}$ $ua^2$ $iɔ^{45}$ $dzaŋ^{213}$ 。 |
| 02 嘉兴 | 倷比我高，伊比倷还要高。<br>$nei^{21}$ $pi^{21}$ $ŋ^{21}$ $kɔ^{42}$ , $i^{42}$ $pi^{33}$ $nei^{21}$ $ɛ^{24}$ $iɔ^{21}$ $kɔ^{42}$ 。 |
| 03 嘉善 | 倷傍=我长，伊傍=倷还要长。<br>$nə^{13}$ $bã^{22}$ $ŋ^{31}$ $zæ̃^{31}$ , $i^{53}$ $bã^{22}$ $nə^{31}$ $ɛ^{44}$ $iɔ^{44}$ $zæ̃^{31}$ 。 |
| 04 平湖 | 倷比我长，伊比倷还要长。<br>$nəɯ^{213}$ $pi^{213}$ $ŋ^{213}$ $zã^{31}$ , $i^{44}$ $pi^{213}$ $nəɯ^{213}$ $ɛ^{44}$ $iɔ^0$ $zã^{31}$ 。 |
| 05 海盐 | 倷比我诺=长，伊倷比倷还要长。<br>$ne^{423}$ $pi^{423}$ $ɔʔ^{23}$ $nɔ^{23}$ $zɛ̃^{53}$ , $e^{21}$ $ne^{23}$ $pi^{423}$ $ne^{423}$ $ɛ^{24}$ $iɔ^{53}$ $zɛ̃^{53}$ 。 |
| 06 海宁 | 倷傍=我长，伊傍=倷还要长。<br>$nəɯ^{53}$ $bã^{33}$ $u^{31}$ $zã^{13}$ , $i^{55}$ $bã^{33}$ $nəɯ^{33}$ $ɛ^{33}$ $iɔ^{35}$ $zɑ̃^{35}$ 。 |
| 07 桐乡 | 倷比我长，伊倷比倷还要长。<br>$nɤɯ^{242}$ $pi^{53}$ $u^{53}$ $zã^{13}$ , $iəʔ^{23}$ $nɤɯ^{213}$ $pi^{53}$ $nɤɯ^{242}$ $ua^{21}$ $iɔ^{44}$ $zã^{13}$ 。 |
| 08 崇德 | 倷比我长点，伊比倷还要长。<br>$nɤɯ^{53}$ $pi^{53}$ $o^{53}$ $zã^{21}$ $tiɪ^{44}$ , $i^{13}$ $pi^{53}$ $nɤɯ^{53}$ $ua^{21}$ $iɔ^{44}$ $zã^{44}$ 。 |
| 09 湖州 | 是尔拨我长，是渠拨尔还要长。<br>$zeʔ^2$ $n^{35}$ $pəʔ^4$ $ŋ^{35}$ $dzã^{13}$ , $zəʔ^2$ $dzi^{53}$ $pəʔ^5$ $n^{35}$ $uei^{53}$ $iɔ^{22}$ $dzã^0$ 。 |
| 10 德清 | 尔拨我长，是伊拨尔还要长。<br>$n^{35}$ $pəʔ^5$ $ŋ^{53}$ $zã^{13}$ , $zəʔ^2$ $i^{35}$ $pəʔ^5$ $n^{35}$ $ɛ^{13}$ $iɔ^{35}$ $zã^{11}$ 。 |
| 11 武康 | 是尔比我长，是伊比尔还要长。<br>$zɜʔ^2$ $n^{35}$ $pi^{53}$ $ŋo^{53}$ $dzã^{35}$ , $zɜʔ^2$ $i^{13}$ $pi^{53}$ $n^{35}$ $ɛ^{31}$ $iɔ^{35}$ $dzã^{53}$ 。 |
| 12 安吉 | 倷比我长，渠比倷还要长。<br>$nəʔ^{23}$ $pi^{52}$ $ŋɔ^{213}$ $dzã^{22}$ , $dʑi^{213}$ $pi^{52}$ $nəʔ^{23}$ $a^{22}$ $iɔ^{213}$ $dzã^{22}$ 。 |
| 13 孝丰 | 倷比我长，渠比倷还要长。<br>$nəʔ^{23}$ $pi^{52}$ $ŋuoʔ^{23}$ $dzã^{22}$ , $dʑi^{22}$ $pi^{52}$ $nəʔ^{23}$ $a^{22}$ $iɔ^{324}$ $dzã^{22}$ 。 |
| 14 长兴 | 是尔比我长，是伊比尔还要长。<br>$zɜʔ^2$ $n^{52}$ $pl̩^{52}$ $ŋ^{52}$ $dzã^{12}$ , $zəʔ^2$ $l̩^{12}$ $pl̩^{52}$ $n^{52}$ $a^{12}$ $iɔ^{324}$ $dzã^{12}$ 。 |
| 15 余杭 | 是尔比我长，是伊比尔还要长。<br>$zəʔ^2$ $n^{31}$ $pi^{35}$ $ŋ^{35}$ $zã^{13}$ , $zəʔ^2$ $i^{53}$ $pi^{35}$ $n^{53}$ $aʔ^2$ $iɔ^{35}$ $zã^{31}$ 。 |
| 16 临安 | 侬比我高，伊比侬还要高。<br>$noŋ^{13}$ $pi^{55}$ $ŋo^{53}$ $kɔ^{55}$ , $i^{13}$ $pi^{55}$ $noŋ^{55}$ $uɛ^{53}$ $iɔ^{33}$ $kɔ^{31}$ 。 |

**续表**

| 方言点 | 0046 你比我高，他比你还要高。 |
|---|---|
| 17 昌化 | 尔比我高，渠比尔还要高。<br>ŋ²⁴ pi⁴⁵ a²⁴ kɔ³³⁴，ɡɯ¹¹² pi⁴⁵ ŋ²⁴ a¹¹ iɔ²⁴ kɔ³³⁴。 |
| 18 於潜 | 你比我长，他比你还要长嘞。<br>ni⁵¹ pi³⁵ ŋu⁵¹ dzaŋ²²³，tʰa⁴³³ pi³⁵ ni⁵¹ ua²⁴ iɔ³⁵ dzaŋ²²³ liæʔ²。 |
| 19 萧山 | 尔比我长，伊比尔还要长。<br>ŋ¹³ pi⁴² ŋo⁴² dzã³⁵⁵，i¹³ pi⁴² ŋ⁴² ua³⁵ iɔ³⁵ dzã²¹。 |
| 20 富阳 | 尔比我长，伊比尔还要长。<br>ŋ²²⁴ pi⁴²³ ŋo²²⁴ dzã¹³，i²²⁴ pi⁴²³ ŋ²²⁴ uaʔ² iɔ³³⁵ dzã¹³。 |
| 21 新登 | 尔比我长，伊比尔还要长。<br>ŋ³³⁴ pi³³⁴ u³³⁴ dzɑ̃²³³，i³³⁴ pi³³⁴ ŋ³³⁴ ua²¹ iɔ⁴⁵ dzɑ̃²³³。 |
| 22 桐庐 | 你比我高，伊比你还要高。<br>ni⁴² pi⁴² ŋo⁴² kɔ⁴²，i¹³ pi⁴² ni⁴² ʌ¹³ iɔ³³ kɔ⁴²。 |
| 23 分水 | 你比我高，他比你还要高。<br>n̠i⁴⁴ pi⁵³ ŋo⁴⁴ kɔ⁴⁴，tʰa⁴⁴ pi⁵³ n̠i⁴⁴ xɛ²¹ iɔ²⁴ kɔ⁴⁴。 |
| 24 绍兴 | 偌比我长，伊比偌还要长。<br>noʔ² pəʔ³ ŋo²² dzaŋ²³¹，i²² pəʔ³ noʔ²ᵛ ṽ ɛ²² iɔ⁴⁴ dzaŋ³¹。 |
| 25 上虞 | 侬比我长，伊比侬还要长。<br>noŋ²¹ piəʔ⁵ ŋʊ²¹ dzã²¹³，i²¹ piəʔ⁵ noŋ²¹ u ɛ̃²¹ iɔ⁰ dzã²²。 |
| 26 嵊州 | 侬比我长，伊比侬还要长。<br>noŋ²⁴ pi³³ ŋo⁵³ dzaŋ²¹³，i²⁴ pi³³ noŋ⁵³ u ɛ̃²² iɔ⁴⁴ dzaŋ³¹。 |
| 27 新昌 | 尔比我长，渠比尔还要长。<br>ŋ²³² pi³³ ŋɤ²³² dzaŋ²²³，dʑi²² pi³³ ŋ³³ u ɛ̃²² iɔ⁴⁵ dzaŋ³¹。 |
| 28 诸暨 | 尔比我长，渠比尔还要长。<br>n̩¹³ pʅ⁴² ŋɤu¹³ dzã²¹，dʒʅ¹³ pʅ⁴² n̩¹³ vɛ²¹ iɔ³³ dzã¹³。 |
| 29 慈溪 | 侬比我长，渠比侬还要长。<br>nuŋ¹³ pi³³ ŋo¹¹ dzã¹³，ɡe¹³ pi³³ nuŋ¹³ uaʔ² iɔ⁴⁴ dzã¹³。 |
| 30 余姚 | 侬比我长，渠比侬还要长。<br>nuŋ¹³ pi³⁴ ŋo¹³ dzɔŋ¹³，ɡe¹³ pi³⁴ nuŋ¹³ uaʔ² iɔ⁴⁴ dzɔŋ¹³。 |
| 31 宁波 | 侬比我长，渠比侬还要长。<br>nəu¹³ pi⁴⁴ ŋo¹³ dʑia¹³，dʑi¹³ pi⁴⁴ nəu¹³ ua¹³ io⁰ dʑia¹³。 |
| 32 镇海 | 侬比我长，渠比侬还要长唻。<br>nəu²⁴ pi³³ ŋo²⁴ dʑiã²⁴，dʑi²⁴ pi³³ nəu²⁴ uaʔ² io³³ dʑiã²⁴ le⁰。 |

续表

| 方言点 | 0046 你比我高，他比你还要高。 |
|---|---|
| 33 奉化 | 侬比我长，渠比侬还要长。<br>nəu³³ pi⁴⁴ ŋəu³³ dʑiã³³ , dʑi³³ pi⁴⁴ nəu³³ uaʔ² iɔ⁰ dʑiã³¹ 。 |
| 34 宁海 | 尔比我长，渠比尔还要长。<br>n³¹ pi⁵³ ŋo³¹ dʑiã²¹³ , dʑɿ²¹ pi⁵³ n³¹ uaʔ³ iaʔ³ dʑiã²¹ 。 |
| 35 象山 | 尔比我长，渠比尔还要长。<br>n³¹ pi⁴⁴ ŋəu³¹ dʑiã³¹ , dʑieʔ² pi⁴⁴ n³¹ uaʔ² io⁴⁴ dʑiã³¹ 。 |
| 36 普陀 | 侬比我高，渠比侬还要高。<br>noŋ²⁴ pi³³ ŋo⁴⁵ kɔ⁵³ , dʑi²⁴ pi³³ noŋ⁴⁵ uɐʔ² iɔ⁵⁵ kɔ⁵³ 。 |
| 37 定海 | 侬比我长，渠比侬还要长。<br>noŋ²³ pi³³ ŋo²³ dʑiã²³ , dʑi²³ pi³³ noŋ²³ uɐʔ² io⁴⁴ dʑiã²³ 。 |
| 38 岱山 | 侬比我长，渠比侬还要长。<br>noŋ²³ pi³³ ŋo²³ dʑiã²³ , dʑi²³ pi³³ noŋ²³ uɐʔ² io⁴⁴ dʑiã⁰ 。 |
| 39 嵊泗 | 侬比我长，渠比侬还要长。<br>noŋ²⁴ pi⁴⁴ ŋo³⁴ dʑiã²⁴ , dʑi²⁴ pi⁴⁴ noŋ⁴⁵ uɐʔ² io⁴⁴ dʑiã²⁴ 。 |
| 40 临海 | 尔比我长，渠比尔还要长。<br>ŋ⁵² pi⁴² ŋɐ⁵² dʑiã²¹ , ge²¹ pi⁴² ŋ⁵² uɛ²² iə⁰ dʑiã²¹ 。 |
| 41 椒江 | 尔长如我，渠比尔还要长。/我还尔长，渠比尔还要长。<br>n⁴² dʑiã³¹ zɿ³¹ ŋo⁴² , gə³¹ pi⁴² n⁴² ua²⁴ ieʔ⁵ dʑiã³¹ 。/ ŋ⁴² ua²² n⁴² dʑiã³¹ , gə³¹ pi⁴²<br>n⁴² ua²⁴ ieʔ⁵ dʑiã³¹ 。 |
| 42 黄岩 | 尔比我长，渠比尔还长。<br>n⁴² pi⁴² ŋo⁴² dʑiã¹²¹ , gie¹²¹ pi⁴² n⁴² ua²⁴ dʑiã¹²¹ 。 |
| 43 温岭 | 尔长如我，渠比尔还要长。<br>n⁴² dʑiã³¹ zy³¹ ŋo⁴² , gie³¹ pi⁴² n⁴² a¹³ iʔ⁵ dʑiã³¹ 。 |
| 44 仙居 | 尔比我高丢⁼，渠比尔还要高。<br>ŋ²⁴ ɓi⁴³ ŋo²⁴ kɐɯ³³ diəɯ⁵³ , gæ²¹³ ɓi⁴³ ŋ²⁴ uəʔ²³ iəʔ⁰ kɐɯ³³⁴ 。 |
| 45 天台 | 尔比我长，渠比尔还长。<br>ŋ²¹⁴ pi³² ɔ²¹ dʑia²²⁴ , gei²²⁴ pi³² ŋ²¹ ue²² dʑia²²⁴ 。 |
| 46 三门 | 尔比我长，渠比尔还要长。<br>ŋ³²⁵ pi³² ʋ³²⁵ dʑiã¹¹³ , dʑi¹¹³ pi³² ŋ³²⁵ uɛ¹³ iau⁵⁵ dʑiã¹¹³ 。 |
| 47 玉环 | 我还是尔长，渠比尔还要长。<br>ŋo⁵³ ua²⁴ zɿ³¹ n⁵³ dʑia³¹ , gie³¹ pi⁴² n⁵³ ua²⁴ iɐʔ⁰ dʑia³¹ 。 |
| 48 金华 | 侬比我长些，渠比侬还要长。<br>noŋ⁵³⁵ pi⁵³ a⁵³⁵ dʑiaŋ³¹ zəʔ²¹² , gə²¹² pi⁵³ noŋ⁵³⁵ ua³¹ iao⁵⁵ dʑiaŋ³¹³ 。 |

**续表**

| 方言点 | 0046 你比我高，他比你还要高。 |
|---|---|
| 49 汤溪 | 尔比我长，渠比尔还要长。<br>ŋ¹¹³ pi⁵³⁵ a¹¹³ dʑiɔ¹¹，gɯ¹¹ pi⁵³⁵ ŋ¹¹³ ua²⁴ iɔ⁰ dʑiɔ¹¹。 |
| 50 兰溪 | 侬比我长，渠比侬还要长。<br>noŋ⁵⁵ pi⁵⁵ uʏ⁵⁵ dʑiaŋ²¹，gi²¹ pi⁵⁵ noŋ⁵⁵ ua²¹ iɔ⁵⁵ dʑiaŋ²¹。 |
| 51 浦江 | 尔比我高些，渠比尔还要高。<br>n̩⁵³ pi³³ a³³ ko⁵⁵ sɯ³³⁴，zi²³² pi³³ n̩⁵³ uã¹¹ i⁵⁵ ko⁵³⁴。 |
| 52 义乌 | 侬比我长，渠比侬还要长。<br>noŋ⁴² pi³³ a⁴² dzɯa²¹³，ai²² pi³³ noŋ⁴² ua²² ie⁴⁵ dzɯa²²。 |
| 53 东阳 | 尔比我高，渠比尔还高。<br>n²⁴ pi⁵⁵ ŋʊ²⁴ kɐɯ²⁴，gɜm²⁴ pi⁵⁵ n²⁴ ɔ³¹ kɐɯ³³。 |
| 54 永康 | 尔比我长，渠比尔还乐长。<br>ŋ¹¹³ ɓi³³ ŋuo¹¹³ dʑiaŋ²²，gɜɯ²² ɓi³³ ŋ¹¹³ ua³³ ŋau³¹ dʑiaŋ²²。 |
| 55 武义 | 偌比我长，渠比偌还长。<br>nɔ¹³ pi⁴⁴⁵ a¹³ dʑiaŋ³²⁴，gɯ¹³ pi⁴⁴⁵ nɔ¹³ ŋuo⁵³ dʑiaŋ³²⁴。 |
| 56 磐安 | 尔比我高，渠比尔还乐高。<br>n³³ pi³³ uʏ³³ ko⁴⁴⁵，gɜɯ¹⁴ pi³³ n³³ ɒ²¹ ŋo⁵⁵ ko⁴⁴⁵。 |
| 57 缙云 | 你比我长个，渠比你还长个。<br>n̩i³¹ pi⁵¹ ŋu³¹ dʑia²⁴³ lɛ⁰，gʏ³¹ pi⁵¹ n̩i³¹ ua²⁴³ dʑia²⁴³ lɛ⁰。 |
| 58 衢州 | 你比我长，渠比你还要长。<br>n̩i⁵³ pi³⁵ ŋu⁵³ dʒyã²¹，gi²¹ pi³⁵ n̩i⁵³ aʔ² iɔ⁵³ dʒyã²¹。 |
| 59 衢江 | 你比我长，渠比你还乐长。<br>n̩iəʔ² pi³³ ŋaʔ² dʑiã²¹²，gəʔ² pi³³ n̩iəʔ² uaʔ² ŋɒ²³¹ dʑiã²¹²。 |
| 60 龙游 | 你比奴高，渠还比你高。<br>n̩i²² pi³⁵ nu²¹ kɔ³³⁴，gɜɯ²² ua²²⁴ pi³³ n̩i²¹ kɔ³³⁴。 |
| 61 江山 | 你比我长，渠比你蛤⁼□长。<br>n̩i²² pi⁴⁴ ŋɒ²² dɛ̃²¹³，ŋəʔ² pi⁴⁴ n̩i²² gəʔ² lɐɯ⁵¹ dɛ̃²¹³。 |
| 62 常山 | 尔比我高，渠比尔蛤⁼罗⁼高。<br>n²⁴ pi⁵² ŋa²⁴ kʏ⁴⁴，ŋʏ²² pi⁵² n²⁴ gʏʔ³ lɔ²⁴ kʏ⁴⁴。 |
| 63 开化 | 你比我长，渠比你□助⁼长。<br>n̩i²¹ pi⁵³ ŋa²¹ dɛn²³¹，giɛ²¹³ pi⁵³ n̩i²¹ gəʔ² zɑ²¹³ dɛn²³¹。 |
| 64 丽水 | 你比我高，渠比你还乐高。<br>n̩i⁴⁴ pi⁴⁴ ŋuo⁴⁴ kə²²⁴，gɯ²² pi⁴⁴ n̩i⁴⁴ã¹³¹ ŋə²² kə²²⁴。 |

| 方言点 | 0046 你比我高，他比你还要高。 |
|---|---|
| 65 青田 | 你比我高，渠比你还高。<br>$n_{z}i^{454} ɓi^{33} ŋu^{454} kœ^{445}$，$gi^{21} ɓi^{33} n_{z}i^{454} ua^{22} kœ^{445}$。 |
| 66 云和 | 你比我高，渠比你还乐高。<br>$n_{z}i^{44} pi^{44} ŋo^{44} kəɯ^{24}$，$gi^{31} pi^{44} n_{z}i^{44} a^{31} ŋɑɔ^{223} kəɯ^{24}$。 |
| 67 松阳 | 是你比我长，是渠比你更长。<br>$ʑiʔ^{2} n_{z}i^{22} pi^{21} ŋ^{22} dæ̃^{31}$，$ʑiʔ^{2} gɛʔ^{2} pi^{21} n_{z}i^{22} kã^{24} dæ̃^{31}$。 |
| 68 宣平 | 尔比我长，渠比尔还长。<br>$n^{22} pi^{44} o^{22} dʑiã̃^{433}$，$gu^{22} pi^{44} n^{22} uaʔ^{23} dʑiã̃^{433}$。 |
| 69 遂昌 | 你比我长，渠比你还乐长。<br>$n_{z}iɛ^{13} pi^{53} ŋɒ^{13} dɛ̃^{221}$，$gɤ^{22} pi^{53} n_{z}iɛ^{13} aʔ^{2} ŋaɯ^{45} dɛ̃^{221}$。 |
| 70 龙泉 | 你比我长，渠比你固长些。<br>$n_{z}i^{51} pi^{44} ŋo^{51} dE^{21}$，$gɤɯ^{21} pi^{44} n_{z}i^{51} ku^{45} dE^{21} sEʔ^{5}$。 |
| 71 景宁 | 你比我长，渠比你更长。<br>$n_{z}i^{33} pi^{33} ŋo^{33} daŋ^{41}$，$ki^{33} pi^{33} n_{z}i^{33} kɛ^{35} daŋ^{41}$。 |
| 72 庆元 | 你比我高，渠比你估=高。<br>$n_{z}iE^{22} ɓi^{33} ŋo^{22} kɐɯ^{335}$，$kɤ^{22} ɓi^{33} n_{z}iE^{22} ku^{335} kɐɯ^{335}$。 |
| 73 泰顺 | 你比我高，渠比你固高。<br>$n_{z}i^{55} pi^{55} ŋo^{55} kəɯ^{213}$，$tsʅ^{21} pi^{55} n_{z}i^{55} ku^{35} kəɯ^{213}$。 |
| 74 温州 | 你逮我长倈，渠逮你还长倈。<br>$n_{z}i^{14} de^{22} ŋ^{14} dʑi^{31} lei^{0}$，$gei^{31} de^{22} n_{z}i^{14} va^{31} dʑi^{31} lei^{0}$。 |
| 75 永嘉 | 你比我长倈，渠比你还长倈。<br>$n_{z}i^{13} pi^{43} ŋ^{13} dʑiɛ^{31} lei^{0}$，$gei^{31} pi^{43} n_{z}i^{13} va^{31} dʑiɛ^{31} lei^{0}$。 |
| 76 乐清 | 你逮我长倈，渠逮你还长倈。<br>$n_{z}i^{24} de^{22} ŋ^{24} dʑiɯʌ^{31} li^{0}$，$dʑi^{31} de^{22} n_{z}i^{24} ve^{31} dʑiɯʌ^{31} li^{0}$。 |
| 77 瑞安 | 你逮我高倈，渠逮你还高倈。<br>$n_{z}i^{13} de^{2} ŋ^{13} kɛ^{44} lei^{0}$，$gi^{31} de^{2} n_{z}i^{13} uɔ^{31} kɛ^{44} le^{0}$。 |
| 78 平阳 | 你比我高，渠比你还高嘞。<br>$n_{z}i^{33} pi^{21} ŋ^{35} kɛ^{55}$，$gi^{13} pi^{21} n_{z}i^{35} vɔ^{35} kɛ^{55} le^{33}$。 |
| 79 文成 | 你比我高，渠比你还高。<br>$n_{z}i^{13} pei^{33} ŋ^{13} kɛ^{33}$，$gei^{21} pei^{33} n_{z}i^{13} vɔ^{13} kɛ^{33}$。 |
| 80 苍南 | 你比我高，渠比你还高。<br>$n_{z}i^{53} pi^{53} ŋ^{53} kɛ^{44}$，$gi^{31} pi^{53} n_{z}i^{53} ua^{31} kɛ^{44}$。 |

**续表**

| 方言点 | 0046 你比我高，他比你还要高。 |
|---|---|
| 81 建德<sub>徽</sub> | 尔比卬长些，渠比尔还要长。<br>n²¹³ pi⁵⁵ ɑŋ²¹³ tsɛ³³ sʋʔ⁵，ki³³ pi⁵⁵ n²¹³ uɑ³³ iɔ⁵⁵ tsɛ³³。 |
| 82 寿昌<sub>徽</sub> | 潜比咱长，渠比潜还要长。<br>tsen⁵² pi³³ tsɑ³³ tsʰ ã̃⁵²，kəɯ⁵² pi³³ tsen³³ uə⁵⁵ iɤ³³ tsʰ ã⁵²。 |
| 83 淳安<sub>徽</sub> | 尔比我长，渠比尔还要长。<br>n⁵⁵ pi⁵⁵ u⁵⁵ tsʰ ã̃⁴³⁵，kʰ ɯ⁴³⁵ pi⁵⁵ n⁵⁵ ɑʔ¹³ iɤ²⁴ tsʰ ã̃⁴³⁵。 |
| 84 遂安<sub>徽</sub> | 伊比我长，渠比伊还要长。<br>i³³ pi²¹³ kɔ³³ tɕʰɪ³³ i ã̃³³，kʰ əɯ³³ pi²¹³ i³³ vɑ²⁴ iɔ⁵² tɕʰɪ³³ i ã̃³³。 |
| 85 苍南<sub>闽</sub> | 汝比我悬，伊比汝恶=悬。<br>lɯ³² pi²¹ gua³² k ũ ĩ²⁴，i⁵⁵ pi⁴³ lɯ³² ʁ⁴³ k ũ ĩ²⁴。 |
| 86 泰顺<sub>闽</sub> | 尔比我悬，伊并你固悬。<br>n²² piɪʔ⁵ ŋa³⁴⁴ kɛ²¹³，i³³ pieŋ³⁴ n²¹ ku²¹ kɛ²¹³。 |
| 87 洞头<sub>闽</sub> | 汝比我辽，伊比汝阿=克=辽。<br>lɯ⁵³ pi²¹ gua⁵³ lieu²¹，i³³ pi²¹ lɯ⁵³ ak⁵ kʰ ʁk⁵ lieu²¹。 |
| 88 景宁<sub>畲</sub> | 你比我高，渠比你更高。<br>ȵi⁴⁴ pi⁵⁵ ŋɔi⁴⁴ kau⁴⁴，ki⁴⁴ pi⁵⁵ ȵi⁴⁴ kaŋ³²⁵ kau⁴⁴。 |

| 方言点 | 0047 老王跟老张一样高。 |
|---|---|
| 01 杭州 | 老王同老张一样长。<br>lɔ⁵⁵ uaŋ²¹³ doŋ²¹³ lɔ⁵⁵ tsaŋ³³⁴ iɛʔ³ iaŋ⁴⁵ dzaŋ²¹³。 |
| 02 嘉兴 | 老王同老张一样高。<br>lɔ²¹ uÃ⁴² doŋ¹³ lɔ²¹ tsÃ⁴² iʔ⁵ iÃ²¹ kɔ²¹。 |
| 03 嘉善 | 老王同老张一样长。<br>lɔ²² uã³¹ doŋ³¹ lɔ²² tsæ̃⁵³ iɪ⁴⁴ iæ̃⁴⁴ zæ³¹。 |
| 04 平湖 | 老王同老张一样长。<br>lɔ²¹ uã⁵³ doŋ³¹ lɔ²¹ tsã⁵³ iəʔ⁵ iã⁴⁴ zã³¹。 |
| 05 海盐 | 老王同老张一样长。<br>lɔ²¹³ uã⁵³ doŋ³¹ lɔ²¹³ tsɛ̃⁵³ iəʔ⁵ iɛ̃³³⁴ zɛ⁵³。 |
| 06 海宁 | 老王同老张一样长。<br>lɔ¹³ uã³¹ doŋ³³ lɔ¹³ tsã⁵³ ieʔ⁵ iã⁵⁵ zã¹³。 |
| 07 桐乡 | 老王同老张一样长。<br>lɔ²⁴²ɔ̃¹³ doŋ¹³ lɔ²⁴² tsã⁴⁴ i³³ iã³³⁴ zã¹³。 |
| 08 崇德 | 老王同老张一样长。<br>lɔ⁵³ uã¹³ doŋ¹³ lɔ⁵³ tsã⁴⁴ iəʔ³ iã⁴⁴ zã⁴⁴。 |
| 09 湖州 | 老王搭老张长短一样嗳。<br>lɔ⁵³ uã³¹ təʔ⁵ lɔ⁴⁴ tsã⁵³ dzã³¹ tɛ⁴⁴ ieʔ⁵ iã²² ei⁰。 |
| 10 德清 | 老王同老张一样长。<br>lɔ¹³ uã¹³ doŋ¹³ lɔ³¹ tsã³³ ieʔ⁵ iã¹³ zã¹¹。 |
| 11 武康 | 老王搭老张一样长个。<br>lɔ⁵³ uã¹³ dəʔ⁵ lɔ⁵³ tsã⁴⁴ ieʔ⁵ iã⁴⁴ dzã⁴⁴ go¹³。 |
| 12 安吉 | 老王搭老张一样长个。<br>lɔ⁵² uɔ̃²¹ tɐʔ⁵ lɔ³³ tsã⁵⁵ iɛʔ⁵ iã²¹³ dzã²² kəʔ⁰。 |
| 13 孝丰 | 老王得⁼老张一样长。<br>lɔ⁴⁵ uɔ̃²² təʔ⁵ lɔ³² tsã⁵⁵ ieʔ⁵ iã³²⁴ dzã²²。 |
| 14 长兴 | 老王搭老张一样长。<br>lɔ³²ɔ̃¹² taʔ⁵ lɔ³² tsã⁴⁴ iɛʔ² iã²⁴ dzã¹²。 |
| 15 余杭 | 老王同老张一样长个。<br>lɔ⁵³ uã³¹ doŋ³¹ lɔ⁵³ tsã⁵³ ieʔ⁵ iã¹³ zã¹³ go¹³。 |
| 16 临安 | 老王比老张一样高。<br>lɔ⁵⁵ uã⁵⁵ pi⁵⁵ lɔ⁵³ tsã⁵⁵ ieʔ⁵ iã³³ kɔ³¹。 |

**续表**

| 方言点 | 0047 老王跟老张一样高。 |
|---|---|
| 17 昌化 | 老王指=道=老张一样高。<br>lɔ²³ uɔ̃¹¹² tsʅ⁴⁵ dɔ²⁴ lɔ²³ tsã³³⁴ iɛʔ⁵ iã²⁴ kɔ³³⁴。 |
| 18 於潜 | 老王同老张一样长。<br>lɔ⁵³ uaŋ²²³ toŋ²⁴ lɔ⁵³ tsaŋ⁴³³ ie⁵³ iaŋ²⁴ dzaŋ²²³。 |
| 19 萧山 | 老王则=老张一样长。<br>lɔ¹³ uɔ̃³⁵ tsəʔ⁵ lɔ¹³ tsã⁴² ieʔ⁵ iã³³ dzã²¹。 |
| 20 富阳 | 老王做道=老张一样长。<br>lɔ²²⁴ uɑ̃¹³ tsʊ³³⁵ dɔ²²⁴ lɔ²²⁴ tsã⁵⁵ iɛʔ⁵ iɑ̃³³⁵ dzã¹³。 |
| 21 新登 | 老王道=老张一样长。<br>lɔ³³⁴ uɑ̃²³³ tɔ⁴⁵ lɔ³³⁴ tsã⁵³ iəʔ⁵ iã¹³ dzã²³³。 |
| 22 桐庐 | 老王对老张一样高。<br>lɔ³³ uã¹³ tɛ³³ lɔ³³ tsã⁴² iəʔ⁵ iã¹³ kɔ⁴²。 |
| 23 分水 | 老王跟老张一样长。<br>lɔ⁴⁴ uã⁵⁵ kən⁴⁴ lɔ⁴⁴ tsã³³ iəʔ⁵ iã²⁴ dzã²²。 |
| 24 绍兴 | 老王则=老张一色一样长。<br>lɔ²² uɑŋ²³¹ tse³ lɔ²² tsaŋ⁵³ ieʔ³ səʔ³ ieʔ³ iaŋ⁴⁴ dzaŋ³¹。 |
| 25 上虞 | 老王则=老张一样长。<br>lɔ²¹ uɔ̃²¹ tsəʔ⁵ lɔ²¹ tsɔ̃³⁵ iəʔ² iã⁰ dzã²²。 |
| 26 嵊州 | 老王拨老张一样长个。<br>lɔ²⁴ uɔŋ³¹ pəʔ³ lɔ²⁴ tsaŋ⁵³ ieʔ³ iaŋ³³ tsaŋ³³ go⁰。 |
| 27 新昌 | 老王拨老张擎=样长。<br>lɔ¹³ uɔ̃³³ peʔ³ lɔ¹³ tsaŋ³³ dziŋ²² aŋ⁴⁵ dzaŋ³¹。 |
| 28 诸暨 | 老王拨老张一样长。<br>lɔ²¹ vã³³ pəʔ⁵ lɔ²¹ tsã³³ ieʔ⁵ iã³³ dzã³³。 |
| 29 慈溪 | 老王老张一样长。／老王摘=老张一样长。<br>lɔ¹¹ uɔ̃¹³ lɔ¹¹ tsã³⁵ iəʔ⁵ iã⁰ dzã¹³ 。／lɔ¹¹ uɔ̃¹³ tsaʔ⁵ lɔ¹¹ tsã³⁵ iəʔ⁵ iã⁰ dzã¹³。 |
| 30 余姚 | 老王则=老张一样长。<br>lɔ¹³ uɔŋ¹³ tsəʔ⁵ lɔ¹³ tsaŋ⁴⁴ iəʔ⁵ iaŋ¹³ dzɔŋ¹³。 |
| 31 宁波 | 老王搭老张一样长。<br>lɔ²² uɔ̃¹³ taʔ⁵ lɔ²² tɕia⁴⁴ iəʔ² ia⁰ dzia⁴⁴。 |
| 32 镇海 | 老王搭老张一样长。<br>lɔ²⁴ uɔ̃²⁴ taʔ⁵ lɔ²⁴ tɕiã³³ ieʔ⁵ iã⁰ dziã²⁴。 |

续表

| 方言点 | 0047 老王跟老张一样高。 |
|---|---|
| 33 奉化 | 老王搭老张做样长。<br>lʌ³³uɔ̃³³taʔ⁵lʌ³³tɕiã⁴⁴tsəu⁵³iã⁰dziã³³。 |
| 34 宁海 | 老王含搭老张一样长。<br>lau³³uɔ̃³¹ɛ²²taʔ³lau³³tɕiã⁵³iəʔ³iã³¹dziã³¹。 |
| 35 象山 | 老王达⁼老张一样长。<br>lɔ³¹uɔ̃³¹daʔ²lɔ³¹tɕiã⁴⁴ieʔ⁵iã⁰dziã³¹。 |
| 36 普陀 | 老王搭老张一样高。<br>lɔ³³uɔ̃⁵⁵tɐʔ³lɔ³³tɕiã⁴⁵ieʔ³iã⁴⁵kɔ⁵³。 |
| 37 定海 | 老王搭老张介一样长。<br>lɔ³³uõ⁴⁴tɐʔ³lɔ³³tɕiã⁴⁴ka⁵²ieʔ³iã¹¹dziã⁵²。 |
| 38 岱山 | 老王搭老张介一样长。<br>lɔ³³uõ⁴⁴tɐʔ³lɔ³³tɕiã³³ka⁰ieʔ³iã¹¹dziã²³。 |
| 39 嵊泗 | 老王搭老张介一样长啦。<br>lɔ³³uõ⁴⁴tɐʔ³lɔ³³tɕiã⁴⁴ka⁰iɛ²³iã⁰dziã²⁴la⁰。 |
| 40 临海 | 老王搭老张样样长。<br>lɔ⁴²ɔ̃⁵¹tɐʔ³lɔ⁴²tɕiã³¹iã²²iã²²dziã⁵¹。 |
| 41 椒江 | 老王搭老张样样长。<br>lɔ⁴²uɔ̃²⁴tɛʔ³lɔ⁴²tɕiã³⁵iã²²iã²²dziã²⁴。 |
| 42 黄岩 | 老王搭老张样样长。<br>lɔ⁴²uɔ̃²⁴təʔ³lɔ⁴²tɕiã³⁵iã¹³iã¹³dziã²⁴。 |
| 43 温岭 | 老王搭老张样样长。<br>lɔ⁴²uɔ̃²⁴təʔ³lɔ⁴²tɕiã¹⁵iã¹³iã¹³dziã²⁴。 |
| 44 仙居 | 老王搭老张样样高。<br>lɐɯ³¹uã̃³⁵³dəʔ³lɐɯ³¹tɕia³³⁴ia³³ia³³kɐɯ⁵³。 |
| 45 天台 | 老王搭老张一样长。<br>lau²¹uɔ²²taʔ⁵lau²¹tɕia⁵¹iəʔ²ia⁰dzia⁵¹。 |
| 46 三门 | 老王和老张一样长。<br>lau³²uɔ¹¹³ʋ¹¹lau³²tɕia³³⁴ieʔ³iã²⁴dziã¹¹³。 |
| 47 玉环 | 老王搭老张样样长。<br>lɔ⁵³ɔ̃²⁴tɐʔ³lɔ⁵³tɕia³⁵ia²²ia²²dzia²⁴。 |
| 48 金华 | 老王跟老张一样长。<br>lao⁵⁵uaŋ³¹³kəŋ³³lao⁵⁵tɕiaŋ³³⁴i⁵⁵iaŋ¹⁴dziaŋ³¹³。 |

续表

| 方言点 | 0047 老王跟老张一样高。 |
|---|---|
| 49 汤溪 | 老王孝═老张一色长。<br>lɔ⁵²uã¹¹³xɔ⁵²lɔ¹¹tɕiɔ²⁴iei⁵²sə⁵⁵dziɔ¹¹。 |
| 50 兰溪 | 老王跟老张一样长。<br>lɔ⁵⁵uaŋ²¹kæ̃³³⁴lɔ⁵⁵tɕiaŋ³³⁴ieʔ³⁴iaŋ²⁴dziaŋ²¹。 |
| 51 浦江 | 老王木═老张一式高。<br>lo¹¹õ¹¹³mɯ³³lo¹¹tsyõ⁵³iə³³sə³³ko⁵³⁴。 |
| 52 义乌 | 老王和老张一色长。<br>lo²⁴uan³³hɔ³³lo⁴²tsɯan³³iəʔ³sai⁴⁵dzɯa²²。 |
| 53 东阳 | 老王加═老张一样高。<br>lɐɯ²⁴uan²⁴tɕia³³lɐɯ²⁴tɕiəm³³i¹³iɔ⁴⁴kɐɯ⁵⁵。 |
| 54 永康 | 老王□老张一样长。<br>lau³¹uaŋ²²xa⁵²lau³¹tɕiaŋ⁵⁵iə³³iaŋ²⁴¹dziaŋ²²。 |
| 55 武义 | 老王火═老张一样长。<br>lɤ⁵³uaŋ³²⁴xuo⁵³lɤ⁵³tɕiaŋ²⁴iəʔ⁵iaŋ⁵³dziaŋ³²⁴。 |
| 56 磐安 | 老王□老张儿一样高。<br>lo⁵⁵uan²¹xa³³lo⁵⁵tɕiɒŋ⁴⁴⁵iɛ³³iɒ¹⁴ko⁴⁴⁵。 |
| 57 缙云 | 老王亨═老张一式长。<br>ləɤ⁵¹iɔ²⁴³xɛŋ⁴⁴ləɤ⁵¹tɕiɑŋ⁴⁴iei⁴⁴sei⁴⁵³dziɑ²⁴³。 |
| 58 衢州 | 老王同老张一样长。<br>lɔ²³¹uã̃²¹doŋ²¹lɔ²³¹tʃyã̃³²iəʔ³iã̃³⁵dʒyã̃²¹。 |
| 59 衢江 | 老王跟老张一样长。<br>lɔ³³ã̃²²kəŋ³³lɔ²²tɕiã̃³³iəʔ⁵iã̃⁰dziã̃²¹²。 |
| 60 龙游 | 老王跟老张一样高。<br>lɔ²²⁴uã̃²³¹kən³³lɔ²²tsã̃³³⁴iəʔ⁴iã̃³³⁴kɔ³³⁴。 |
| 61 江山 | 老王跟老张个样长。<br>lɐɯ²²uaŋ²¹³kɛ̃⁴⁴lɐɯ²²tɕiaŋ⁴⁴a⁴⁴iaŋ⁵¹dɛ̃²¹³。 |
| 62 常山 | 老王跟老张一样高。<br>lɤ²⁴uã̃⁵²kɔ̃⁴⁴lɤ²⁴tɕiã̃⁴⁴ieʔ⁴iã̃⁰kɤ⁴⁴。 |
| 63 开化 | 老王跟老张一样长。<br>lɔ²¹uã̃²³¹kɛn⁴⁴lɔ²¹tɕiã̃⁴⁴iɛʔ⁵iã̃⁰dɛn²³¹。 |
| 64 丽水 | 老王掇═老张一样高。<br>lə⁴⁴uã̃²²təʔ⁴lə⁴⁴tɕiã̃²²⁴iʔ⁴iã̃¹³¹kə²²⁴。 |

续表

| 方言点 | 0047 老王跟老张一样高。 |
|---|---|
| 65 青田 | 老王杂＝老张一式高。<br>lœ⁵⁵ io²² zaʔ³¹ lœ²² ʥɛ⁴⁴⁵ iæʔ⁴ sɛʔ⁴² kœ⁴⁴⁵。 |
| 66 云和 | 老王对老张一样高。<br>lɑɔ⁴⁴ iɔ̃³¹ tei⁴⁴ lɑɔ⁴⁴ tiã²⁴ iʔ⁴ iã²²³ kɯ²⁴。 |
| 67 松阳 | 老王对老张一样长。<br>lʌ²² ioŋ³¹ tɛʔ³ lʌ²¹ ʨiã⁵³ iʔ³ iã¹³ dæ³¹。 |
| 68 宣平 | 老王和老张一样长。<br>lɔ²² uã⁴³³ xo⁴⁴ lɔ⁴³ ʨiã³²⁴ iə ʔ⁴ iã²³¹ dziã⁴³³。 |
| 69 遂昌 | 老王对老张一样长。<br>lɐɯ¹³ iɔŋ²² tei³³ lɐɯ²² ʨiaŋ⁴⁵ iʔ⁵ iaŋ²¹ dɛ̃²²¹。 |
| 70 龙泉 | 老王杂＝老张共样长。<br>lɑʌ²¹ iɔŋ²¹ zɯəʔ³ lɑʌ²¹ ʨiaŋ⁴³⁴ dziɔŋ²¹ iaŋ⁴⁵ dɛ²¹。 |
| 71 景宁 | 老王对老张共样长。<br>lɑu³³ iɔŋ⁴¹ tai³² lɑu³³ tiɛ³² dziɔŋ¹¹³ iɛ³³ daŋ⁴¹。 |
| 72 庆元 | 老王听＝老张一样高。<br>lɒ²² iɔ̃⁵² tʰiŋ³³⁵ lɒ²² ʥiã³³⁵ iəɯʔ⁵ iã³¹ kɐɯ³³⁵。 |
| 73 泰顺 | 老王搭老张共样高。<br>lɑɔ²² iɔ̃⁵³ tɔʔ⁵ lɑɔ²² tiã²¹³ ʨiɔ̃²¹ iã²² kəu²¹³。 |
| 74 温州 | 老王伉老张一色长。<br>lɔ² yɔ³¹ kʰuɔ⁵¹ lɔ² ʨi³³ i³ se³²³ dzi³¹。 |
| 75 永嘉 | 老王伉老张一色长。<br>lə²² yɔ³¹ kʰɔ⁵³ lə²² ʨiɛ⁴⁴ i⁴³ se⁴²³ dziɛ³¹。 |
| 76 乐清 | 老王对老张一色长。<br>lɤ²² iɔ³¹ tai⁴¹ lɤ²² ʨiɯʌ⁴⁴ i³ se³²³ dziɯʌ³¹。 |
| 77 瑞安 | 老王搭老张一色高。<br>lɛ²² yo³¹ tɔ³ lɛ²² ʨiɛ⁴⁴ e³ se³²³ kɛ⁴⁴。 |
| 78 平阳 | 老王搭老张一色高。<br>lɛ³³ yo²⁴² tɔ³⁴ lɛ²¹ ʨiɛ⁵⁵ i⁴⁵ se²¹ kɛ⁵⁵。 |
| 79 文成 | 老王搭老张一色高。<br>lɛ²¹ yo¹³ te²¹ lɛ²¹ ʨiɛ³³ i¹³ se³³ kɛ⁴⁵。 |
| 80 苍南 | 老王跟老张一色高。<br>lɛ³³ yɔ³¹ kaŋ⁴⁴ lɛ³³ ʨiɛ⁴⁴ e³ se²²³ kɛ⁴⁴。 |

续表

| 方言点 | 0047 老王跟老张一样高。 |
|---|---|
| 81 建德徽 | 老王对老张一样长。<br>lɔ⁵⁵ ŋo³³ te³³ lɔ⁵⁵ tsɛ⁵³ iɐʔ³ n̠iɛ⁵⁵ tsɛ³³。 |
| 82 寿昌徽 | 老王跟老张一样长。<br>lɤ³³ uɑ̃⁵² ken¹¹ lɤ³³ tsɑ̃¹¹ iəʔ³ iɑ̃⁵⁵ tsʰɑ̃⁵²。 |
| 83 淳安徽 | 老王勒＝老张一样长。<br>lɤ⁵⁵ uɑ̃⁴³⁵ ləʔ⁵ lɤ⁵⁵ tsɑ̃²⁴ iʔ⁵ iɑ̃⁵³ tsʰɑ̃⁴³⁵。 |
| 84 遂安徽 | 老王跟老张一样长。<br>lɔ³³ uɑ̃³³ kəŋ⁵⁵ lɔ³³ tɕiɑ̃⁵² i²⁴ iɑ̃⁴³ tɕʰiɑ̃³³。 |
| 85 苍南闽 | 老王合老张蜀样悬。<br>lau²¹ ɑŋ²⁴ kʰa²¹ lau²¹ tĩũ⁵⁵ tɕie²¹ĩũ²¹ kũĩ²⁴。 |
| 86 泰顺闽 | 老王□老张平平悬。<br>lau²¹ uo²² kie²² lau²² tio²¹³ pæŋ²² pæŋ²² kɛ²¹³。 |
| 87 洞头闽 | 老王合老张送＝辽。<br>lau²¹ oŋ²⁴ kɐk⁵ lau²¹ tĩũ³³ saŋ²¹ lieu²¹。 |
| 88 景宁畲 | 老王俗＝老张一样高。<br>lau⁵⁵ uɔŋ²² sɔʔ² lau⁵⁵ tioŋ⁴⁴ it⁵ iɔŋ⁵¹ kau⁴⁴。 |

| 方言点 | 0048 我走了，你们俩再多坐一会儿。 |
|--------|-----------------------------------|
| 01 杭州 | 我走嘚，你们两个再坐一歇。<br>ŋəu⁵³ tsei⁵³ taʔ⁰ , ȵi⁵⁵ məŋ⁰ liaŋ⁵⁵ koʔ⁰ tsɛ⁴⁵ dzəu¹³ iɛʔ⁵ ɕiɛʔ⁰ 。 |
| 02 嘉兴 | 我走哩，倷拉两个再多坐歇。<br>ŋ²¹ tsei³³ li³³ , nei²¹ lʌ¹³ liÃ²¹ kɛ¹³ tsE³³ tou²⁴ zou²¹ ɕiɛʔ¹ 。 |
| 03 嘉善 | 阿奴跑敌⁼，倷拉两家头再多坐蹋⁼歇。<br>aʔ² nu¹³ bɔ¹³ dieʔ⁰ , nə²² la¹³ niæ̃²² ka³⁵ də⁵³ tsɛ⁴⁴ tu³⁵ zu¹³ tʰɜʔ⁵ ɕieʔ⁴ 。 |
| 04 平湖 | 我走哩，尔拉两家头再多坐歇。<br>ŋ²¹³ zəɯ²¹³ li⁰ , n⁴⁴ na⁰ liã̃²¹ ka⁴⁴ dəɯ⁰ tsɛ⁵³ du³¹ zu²¹³ siəʔ⁰ 。 |
| 05 海盐 | 我诺⁼走哩，倻两家头再坐歇好哩。<br>ɔʔ²³ nɔʔ²³ tse³³⁴ li²¹ , nɑ⁴²³ lɛ̃¹³ ka⁵³ de³¹ tsɛ²¹³ zu²¹ ɕieʔ⁵ xɔ¹³ li²¹ 。 |
| 06 海宁 | 我跑咧，倻两家头再坐脱歇。<br>u⁵³ bɔ³³ lieʔ² , na⁵³ liã̃¹³ ka⁵³ dəɯ³¹ tsɛ⁵³ zəu¹³ tʰ ɜʔ⁵ ɕieʔ⁵ 。 |
| 07 桐乡 | 我走咧，尔拉两家头再坐一歇。<br>u⁵³ tsɤɯ⁵³ lieʔ⁰ , ŋ⁴⁴ na⁰ liã̃²⁴² ka⁴⁴ dɤɯ⁴⁴ tsE³³ zəu²⁴² iəʔ⁰ ɕieʔ⁰ 。 |
| 08 崇德 | 我走嘚，倻两家头再多坐一歇。<br>o⁵³ tsɤɯ⁵⁵ dəʔ⁰ , na⁵³ liã̃²⁴ kɑ⁰ dɤɯ⁰ tsE³³ tu⁴⁴ zo⁴⁴ iəʔ⁴ ɕiəʔ⁴ 。 |
| 09 湖州 | 我走［嘚嗳］，倻再坐界⁼一歇。<br>ŋ¹³ tɕiɤ⁵³ dɛ³³ , na¹³ tsɛ⁵³ zəu⁵³ ka³¹ ieʔ² ɕieʔ² 。 |
| 10 德清 | 是我去［嘚嗳］，是倻两个再坐界⁼一歇。<br>zəʔ² ŋəu³⁵ tɕʰi⁵³ dɛ¹³ , zəʔ² na¹³ liã̃³¹ kəʔ² tsɛ⁵³ zəu¹³ ka¹³ ieʔ⁵ ɕieʔ² 。 |
| 11 武康 | 是我先跑［嘚嗳］，是倻再坐一歇。<br>zəʔ² ŋo³⁵ ɕi¹⁵ bɔ¹¹ dɛ¹³ , zəʔ² na¹³ tsɛ⁵³ zu¹³ ieʔ⁴ ɕieʔ⁵ 。 |
| 12 安吉 | 我先走嘚，倻两人再坐一记好嘞。<br>ŋɔ²¹³ ɕi⁵⁵ tsəɪ⁵² təʔ⁰ , na²¹³ liã̃⁵² ȵiŋ²¹ tsɛ³²⁴ zu²⁴ iEʔ⁵ tɕi³² hɔ⁵² le⁰ 。 |
| 13 孝丰 | 我走嘞，倻两个人再多坐一记。<br>ŋuoʔ²³ tsəɪ⁵² le⁰ , na³²⁴ liã̃⁵² kəʔ⁵ ȵiŋ²² tsɛ³²⁴ tu⁴⁴ zu²⁴ ieʔ⁵ tɕi³²⁴ 。 |
| 14 长兴 | 我走嘞，倻两个再坐一歇。<br>ŋ⁵² tsei⁵² lE⁰ , na⁵² liã̃⁴⁵ kei²¹ tsɛ³²⁴ zəu²⁴ iEʔ² ʃiEʔ⁵ 。 |
| 15 余杭 | 是我去［嘚嗳］，是倻两个人再坐一歇。<br>zoʔ² ŋ⁵³ tɕʰi³⁵ dɛ¹³ , zəʔ² na³¹ ȵiã̃³³ koʔ⁵ ȵiŋ³¹ tsɛ⁵³ zu¹³ ieʔ⁵ ɕieʔ⁵ 。 |
| 16 临安 | 我去嘞，倻两个人再坐一套。<br>ŋo³⁵ tɕʰi⁵⁵ lɐʔ² , na¹³ liã̃³¹ kɐʔ⁵ ȵien³¹ tsɛ⁵³ zuo³³ ieʔ² tʰ ɔ³³ 。 |

续表

| 方言点 | 0048 我走了，你们俩再多坐一会儿。 |
|---|---|
| 17 昌化 | 我去嘞，尔拉两个人再坐记添。<br>a²⁴tɕʰi⁵⁴lɛ⁰，ŋ²⁴la⁴⁵liã²⁴kə?⁵nəŋ¹¹²tsɛ⁵⁴zɯ²⁴tsʅ⁵⁴tʰiĩ³³⁴。 |
| 18 於潜 | 我去嘞，你们两个再坐一记添哦。<br>ŋu⁵¹tɕʰi³⁵liæ?²，ni⁵³men³¹liaŋ⁵³kə?⁵³tsɛ³⁵dzu²⁴ie⁵³tɕi³⁵tʰie⁴³³ɔ²。 |
| 19 萧山 | 我去敌⁼，尔拉两葛再多坐歇。<br>ŋo¹³tɕʰi³³die²¹，n¹³na⁵³liã¹³kə?⁵tsɛ⁴²to⁴²zo²¹ɕie?⁵。 |
| 20 富阳 | 我走嘚，俪两个人再多坐一霎。<br>ŋo²²⁴tsei⁴²³tɛ?⁰，na²²⁴liɑ²²⁴kɛ?⁵nin¹³tsei³³⁵tʊ⁵⁵zu²²⁴iɛ?⁵sa?⁵。 |
| 21 新登 | 我去嘞，尔拉两个人再多坐一落。<br>u³³⁴tɕʰi⁴⁵la?⁰，ŋ³³⁴lə?⁰lie³³⁴ka?⁰nein²³³tse⁴⁵tu⁵³zu¹³iə?⁵la?⁰。 |
| 22 桐庐 | 我先走嘞，你得⁼两个再坐一记添。<br>ŋo³³ɕie⁵⁵tsei⁵⁵tə?³，n³³nə?⁵liã³³kə?³tsɛ³³zu¹³iə?⁵tɕi³³tʰie⁵⁵。 |
| 23 分水 | 我走了，你们两再多坐一下。<br>ŋo⁴⁴tsɤ⁵³la⁰，n̠i⁵³mən⁰liã⁴⁴tsɛ²¹to⁴⁴dzo¹³iə?⁵xa⁰。 |
| 24 绍兴 | 我走哉，俪两个再多坐歇工夫。<br>ŋo²²tsɤ³³zɛ²³¹，na²²³liaŋ²⁴gə?⁰tsɛ³³to⁴⁴zo²²ɕie?³koŋ⁴⁴fu³¹。 |
| 25 上虞 | 我走哉，俪两个再坐阵。<br>ŋu²¹tsɤ³³tse⁰，na²¹liã²¹kə?²tse⁵⁵dzu²¹dzəŋ²²。 |
| 26 嵊州 | 我先去哉，俪两个侬再坐记添。<br>ŋo²⁴ɕiẽ⁵³tɕʰi³³tsE³³⁴，na²⁴liaŋ²⁴ka³¹noŋ³³tsE⁵³zo²²tɕi³³tʰiẽ⁵³。 |
| 27 新昌 | 我么去了，俪两个侬么坐记凑。<br>ŋɤ¹³mɤ?⁰tɕʰi³³le²³²，na¹³liaŋ³³ka³³nɔ̃³³mɤ?⁰zɤ¹³tɕi³³tɕʰiɯ³³⁵。 |
| 28 诸暨 | 我去啊，[你拉]再坐猛些。<br>ŋɤu¹³kʰie²¹ʌ²¹，niʌ¹³tse⁴²zɤu¹³mã⁴²ɕie?²¹。 |
| 29 慈溪 | 我去哉，尔搭两个人再坐仔顷。<br>ŋo¹³kʰe⁴⁴tse⁰，n¹¹ta?²liã¹³kəu⁰n̠iŋ⁰tse⁴⁴dzəu¹³tsʅ⁰tɕʰiã⁰。 |
| 30 余姚 | 我先去哉，俪两个人再坐仔顷。<br>ŋo¹³ɕiẽ⁴⁴kʰe⁴⁴tse⁴⁴，na?²liaŋ¹³kou⁴⁴n̠iə̃¹³tse⁴⁴dzou¹³tsʅ⁰tɕʰiaŋ⁴⁴。 |
| 31 宁波 | 我先走嘞，尔拉两人再坐一响。<br>ŋo¹³ɕi⁴⁴tsœy³⁵la?²，ŋ²²na?²lia¹³n̠iŋ⁰tsɛ⁵³zo¹³iə?²dzo⁰。 |
| 32 镇海 | 我走来，俪拉两人再多坐一响去。<br>ŋo²⁴tsei³³le⁰，na²²la?⁵liã²⁴n̠iŋ⁰tse³³təu³³zəu²⁴ie?⁵zɔ̃⁰tɕʰi⁰。 |

续表

| 方言点 | 0048 我走了，你们俩再多坐一会儿。 |
|---|---|
| 33 奉化 | 我去来，倷两人再多坐晌。<br>ŋəu³³ tɕʰi⁴⁴ le⁰，na³³ liã³³ n̪iŋ³³ tse⁴⁴ təu⁴⁴ zəu³³ dzɔ̃⁰。 |
| 34 宁海 | 我去来=，尔两个人再坐子凑。<br>ŋo³¹ tɕʰi³ lei⁰，n³¹ liã³ geʔ³ n̪iŋ²¹ tsɛ³⁵ zəu³¹ tsɿ⁰ tsʰeu³⁵。 |
| 35 象山 | 我去嘞□，尔拉两个人再多坐街=去□。<br>ŋəu¹³ tɕʰiɛ⁴⁴ laʔ² ɣɯ¹³，n³¹ naʔ² liã³¹ geʔ² n̪iŋ³¹ tsei⁴⁴ təu⁴⁴ zəu¹³ ka⁴⁴ tɕʰiɛ⁴⁴ɣɯ³¹。 |
| 36 普陀 | 我走唻，尔拉两个人再多坐晌。<br>ŋo²³ tseu⁵³ lɛ⁰，n³³ nɐʔ⁵ liã²³ koʔ⁰ n̪iŋ⁵⁵ tsɛ⁵³ təu³³ zəu⁵⁵ zɔ̃⁰。 |
| 37 定海 | 我先去唻，倷两人多坐晌。<br>ŋo²³ ɕi³³ tɕʰi⁴⁴ lɐi⁰，nɐʔ² liã⁴⁵ n̪iŋ⁴⁴ tʌu⁵² zʌu²³ zõ⁰。 |
| 38 岱山 | 我去唻，倷两人再坐晌。<br>ŋo²³ tɕʰi⁴⁴ lɐi³³，nɐʔ² liã⁴⁴ n̪iŋ⁴⁴ tse⁵² zʌu³¹ zõ⁰。 |
| 39 嵊泗 | 我啦去唻，倷两个人啦再多坐晌。<br>ŋo³³ la⁴⁴ tɕʰi⁴⁴ lɐi⁰，nɐʔ² liã³⁴ goʔ² n̪iŋ⁴⁴ la⁰ tse⁵³ tʌu⁴⁴ zʌu⁵³ zõ⁰。 |
| 40 临海 | 我去呀，尔两个人坐一顷凑。<br>ŋe⁵² kʰe⁵⁵ iə⁰，ŋ⁵² liã⁵² kəʔ⁰ n̪iŋ²¹ zo²¹ ieʔ³ tɕʰiã⁵² tsʰə⁵⁵。 |
| 41 椒江 | 我越去起，尔态=两个坐记凑。<br>ŋo⁴² diɔ³¹ kʰə⁵⁵ tɕi⁴²，n⁴² tʰə⁵¹ liã⁴² kə³³ zo³¹ tɕi³³ tɕio⁵⁵。 |
| 42 黄岩 | 我先去起，尔态=两个再坐记凑。<br>ŋo⁴² ɕie³² kʰie⁵⁵ tɕi⁴²，n⁴² tʰe⁵⁵ liã⁵¹ kie³³ tse⁵⁵ zo¹²¹ tɕi⁰ tɕʰio⁵⁵。 |
| 43 温岭 | 我去爻，尔许两个坐顷凑凑。<br>ŋo⁴² kʰie⁵⁵ ɔ⁰，n⁵⁵ he⁰ liã⁵¹ kie³³ zo³¹ tɕʰiã⁰ tsʰɣ⁵⁵ tsʰɣ⁰。 |
| 44 仙居 | 我去起，尔两个坐记凑。<br>ŋo²⁴ kʰæ⁵⁵ tɕʰi⁰，ŋ²⁴ lia³¹ ko⁰ zo²¹ tɕi⁵⁵ tsʰɯ⁵⁵。 |
| 45 天台 | 我去落，尔两个坐记凑。<br>ɔ²¹ kʰei³³ lɔʔ²，ŋ²¹⁴ lia²¹ kou⁰ zo²² ki³³ tsʰeu⁵⁵。 |
| 46 三门 | 我先去，尔两记=再婖一厂=凑。<br>ʋ³²⁵ ɕie⁵⁵ tɕʰi⁵⁵，ŋ³²⁵ liã³²⁵ tɕi⁵⁵ tse⁵⁵ ɕi³³ ieʔ³ tɕʰiã³² tsʰɣɯ⁵⁵。 |
| 47 玉环 | 我去爻，尔两个再多坐一记凑哦。<br>ŋo⁵³ kʰie⁵⁵ ɔ⁰，n³⁵ lia⁵³ kie³³ tse⁵⁵ təu⁴² zo³¹ iɐʔ³ tɕi⁵³ tɕʰiɣ⁵⁵ ɔ⁰。 |
| 48 金华 | 我去起，尔浪=两个再坐记添儿。<br>ɑ⁵³⁵ kʰɣ⁵⁵ tɕʰi⁵³⁵，ŋ⁵⁵ nɑŋ¹⁴ liaŋ⁵³ kəʔ⁴ tsɛ⁵⁵ suɣ⁵³ tɕie⁵⁵ tʰiɛ̃³³⁴。 |

续表

| 方言点 | 0048 我走了，你们俩再多坐一会儿。 |
|---|---|
| 49 汤溪 | 我走罢，尔□两个再坐记添。<br>ɑ¹¹³tsəɯ⁵³⁵bɑ¹¹³，ŋ¹¹ta⁵²lɣa¹¹kɑ⁵²tsɛ⁵²zuɣ¹¹tɕie⁵²tʰie²⁴。 |
| 50 兰溪 | 我走起，侬拉两个再坐记添。<br>uɣ⁵⁵tsəɯ⁵⁵tɕʰi⁵⁵，noŋ⁵⁵lə<ʔ>¹²liaŋ⁵⁵ga²⁴tsei⁴⁵suɣ⁵⁵tɕie⁰tʰia³³⁴。 |
| 51 浦江 | 我走啊，尔嘚两个再坐记儿先⁼。<br>ɑ⁵³tsɣ³³a⁰，n⁵⁵tɛ⁰lyõ²⁴kɑ⁰tsa⁵⁵zɯ¹¹tʃin⁵⁵ɕiã⁰。 |
| 52 义乌 | 我去了，尔拉两个儿再坐记儿添。<br>a⁴²kʰai⁴⁵lə⁰，n⁴²na³³lɯa⁴²kan³³tsai³³zuɣ³¹tɕin⁴⁵tʰia³³。 |
| 53 东阳 | 我去哇，尔拉两个坐记儿添。<br>ŋʊ²⁴kʰəɯ²²uɐ³³，n²⁴na³³liɔ²⁴ka³³zu³³tɕin⁵⁵tʰi³³。 |
| 54 永康 | 我去嘞，尔两个再坐记添。<br>ŋuo³¹kʰɯ⁵²liə⁰，ŋ³¹liaŋ³¹kuo⁵²tsəi⁵²zuo³¹tɕie⁵²tʰia⁵⁵。 |
| 55 武义 | 我去罢，偌两个再坐记添呢。<br>a¹³kʰɯ⁵³ba⁰，nɔ¹³liaŋ³²tɕia⁵³tsa⁵³zuo¹³tɕi⁰tʰie²¹nə⁰。 |
| 56 磐安 | 我去哇，尔拉两个再坐记儿添。<br>uɣ³³kʰɐɯ⁵⁵uə⁰，n⁵⁵na³³liɔ⁵²ka⁵²tse⁵⁵suɣ³³tɕin⁵⁵tʰie⁴⁴⁵。 |
| 57 缙云 | 我去罢，你两个再坐记添。<br>ŋu³¹kʰuɣ⁴⁵³va⁰，n̠i³¹lia²¹ku⁴⁵³tsei⁴⁵³zu³¹tɕi⁴⁵³tʰia⁴⁴。 |
| 58 衢州 | 我先走啦，你达⁼两人再坐节。/你达⁼两人再坐节添。/你达⁼两人再坐节凑。<br>ŋu⁵³ɕiẽ³²tse³⁵la⁰，n̠i⁵³daʔ⁰liã²³¹n̠in²¹tsɛ⁵³zu²³¹tɕiəʔ⁰。/n̠i⁵³daʔ⁰liã²³¹n̠in²¹tsɛ⁵³zu²³¹tɕiəʔ⁰tʰie³²。/ŋu⁵³ɕiẽ³²tse³⁵lə⁰，n̠i⁵³daʔ⁰liã²³¹n̠in²¹tsɛ⁵³zu²³¹tɕiəʔ⁰tsʰe⁵³。 |
| 59 衢江 | 我行罢，你拉坐记添。<br>ŋaʔ²gɛ²¹²ba⁰，n̠iəʔ²laʔ²zou²²tɕiəʔ⁵tʰie³³。 |
| 60 龙游 | 奴行罢，尔拉两个人再多坐一记添。<br>nu²²gɛ²²ba⁰，n²²na²²⁴liã²²gəʔ⁰nən²¹tsei⁵¹tu³³zu²²iəʔ³tɕi⁵¹tʰie³³⁴。 |
| 61 江山 | 我走罢，你两侬坐记凑。<br>ŋɒ²²tsu²⁴bɒ⁰，n̠i²²nɛ̃²²naŋ⁵¹zi²²ki⁰tsʰɯ⁵¹。 |
| 62 常山 | 我走罢，尔两侬再多坐样记。<br>ŋa²⁴tɕiu⁵²bɛ⁰，n²⁴lɔ̃²⁴nã⁰tsɛ⁴⁴tɔ⁴⁴zi²²iã⁵²tɕie⁰。 |
| 63 开化 | 我走罢，你侏两侬再多坐一下。<br>ŋa²¹³tsɯ⁵³ba⁰，n̠i²¹lɛ⁰lã²¹nɣŋ²³¹tsɛ⁴⁴tɔ⁴⁴zuei²¹iɛʔ⁵ɔ⁰。 |

| 方言点 | 0048 我走了，你们俩再多坐一会儿。 |
|---|---|
| 64 丽水 | 我去罢，你两个再多坐一记啊。<br>ŋuo⁴⁴ kʰɯ⁵² buɔ⁰，n̠i⁴⁴ lã⁵⁴⁴ kuɔ⁰ tsɛ⁵² tu²²⁴ zu²² iʔ⁴ tsɿ⁵² a⁰。 |
| 65 青田 | 我走去罢，你两个人再多坐一记添。<br>ŋu⁴⁵⁴ tsæi⁴⁵⁴ kʰi³³ bɑ⁰，n̠i⁴⁵⁴ lɛ³³ kɛʔ⁰ neŋ²¹ tsɛ³³ ɗu⁴⁴⁵ zu³³ iæʔ⁴ tsɿ⁰ tʰiɑ⁴⁴⁵。 |
| 66 云和 | 我去哇，你两个多坐记。<br>ŋo⁴⁴ kʰi⁴⁵ ua⁰，n̠i⁴⁴ la⁴⁴ kei⁴⁵ tu²⁴ zu²²³ tsɿ⁴⁵。 |
| 67 松阳 | 是我去了，是尔些侬再坐下添。<br>ʑiʔ² ŋ³¹ kʰɯ²⁴ lɔ⁰，ʑiʔ² n²² sɛ⁰ noŋ⁰ tsɛ²⁴ zu²² uə⁰ tʰiɛ̃⁵³。 |
| 68 宣平 | 我去罢，尔两个再坐记添啊。<br>o²² kʰɯ⁵⁵ ba⁰，n²² lɛ⁴⁴ ka⁴⁴ tsei⁵⁵ zo²² tsɿ⁴⁴ tʰiɛ³² a⁰。 |
| 69 遂昌 | 我去罢，你两侬再坐记添。<br>ŋɒ¹³ kʰɤ³³ ba⁰，n̠iɛ¹³ lɛ̃¹³ noŋ²² tsei⁴⁵ zu¹³ tsɿ⁰ tʰiɛ̃⁴⁵。 |
| 70 龙泉 | 我去罢，你两个再坐记添。<br>ŋo⁵¹ kʰɤɯ⁴⁵ ba⁰，n̠i⁵¹ laŋ⁵¹ gE⁰ tsE⁴⁵ sou⁵¹ tsɿ⁰ tʰiE⁴³⁴。 |
| 71 景宁 | 我去哇，[你拉]两个再坐记望。<br>ŋo³³ kʰi³⁵ ua⁰，n̠ia³³ lɛ³³ ki³⁵ tsai³⁵ zo³³ tɕi⁵⁵ maŋ⁵⁵。 |
| 72 庆元 | 我去了，你两个坐记儿先。／你两个坐记儿添。<br>ŋo²² kʰɤ¹¹ lɒ³³，n̠iE²² læ̃²² kæi¹¹ so²² tɕiŋ⁵⁵ ɕiɑ̃³³⁵。／n̠iE²² læ̃²² kæi¹¹ so²² tɕiŋ⁵⁵ tʰiɑ̃³³⁵。 |
| 73 泰顺 | 我走罢，你人两个多坐记先。<br>ŋɔ⁵⁵ tsəu⁵⁵ pa⁰，n̠i⁵⁵ nɛ²¹ lɛ⁵⁵ ki³⁵ to²¹³ so²¹ tsɿ³⁵ ɕiɑ̃²¹³。 |
| 74 温州 | 我走罢，你两个人坐下儿添。<br>ŋ¹⁴ tsau²⁵ ba⁰，n̠i¹⁴ liɛ¹⁴ kai⁰ naŋ³¹ zuɔ¹⁴ oŋ²⁵ tʰi⁰。 |
| 75 永嘉 | 我走呗，你两个坐下儿添。<br>ŋ¹³ tsau⁴⁵ bei⁰，n̠i¹³ lɛ¹³ kai⁵³ zo¹³ oŋ⁴⁵ tʰiɛ⁴⁴。 |
| 76 乐清 | 我蹓走罢，你两个坐下添。<br>ŋ²⁴ sa⁴¹ tɕiau³⁵ be⁰，n̠i²⁴ la²¹ kai⁰ zo²⁴ o²¹ tʰiE⁴⁴。 |
| 77 瑞安 | 我走罢哎，你俫两个多坐下儿添哎。<br>ŋ¹³ tsau³⁵ ba⁰ e⁵³，n̠i¹³ lei⁰ la¹³ kai⁵³ tou³³ zo¹³ o³³ ŋ⁰ tʰiɛ⁴⁴ e⁵³。 |
| 78 平阳 | 我走罢，你俫再坐下儿添。<br>ŋ³³ tʃau³⁵ bʌ²¹，n̠i³⁵ lɛ²¹ tʃe⁴⁵ zo¹³ oŋ³³ tʰye⁵⁵。 |
| 79 文成 | 我走罢，你两个再多坐添。<br>ŋ¹³ tʃau⁴⁵ bɔ²¹，n̠i¹³ la³³ kai²¹ tʃe³³ tou³³ zou²²⁴ tʰie³³。 |

续表

| 方言点 | 0048 我走了，你们俩再多坐一会儿。 |
|---|---|
| 80 苍南 | 我走先，你两个再多坐下儿添。<br>ŋ⁵³ tsau⁵³ ɕiɛ⁴⁴，n̠i⁵³ lia⁵³ kai⁴² tse⁴² tu⁴⁴ zo²⁴ o⁵³ ŋ⁰ tʰ yɛ⁴⁴。 |
| 81 建德徽 | 卬去罢，尔拉两个再坐下添。<br>ɑŋ²¹³ kʰi³³ pɐʔ⁵，n²¹ nɑ²¹³ nie²¹ kɐʔ⁵ tsɛ⁵⁵ su²¹ ho⁵⁵ tʰie⁵³。 |
| 82 寿昌徽 | 咱行罢，尔拉两个依再多坐一记添。<br>tsa⁵² xæ̃⁵⁵ pɑ⁰，n³³ na¹¹ liɑ̃⁵² kəʔ⁰ nɔŋ¹¹² tɕiæ²⁴ tu¹¹ su³³ iəʔ³ tɕiəʔ³ tʰi¹¹²。 |
| 83 淳安徽 | 我行起，南⁼两个依再坐下添。<br>u⁵⁵ hɑ̃⁴³ tɕʰi⁵⁵，lɑ̃⁴³ liɑ̃⁵⁵ kəʔ⁰ lon⁰ tɕie²⁴ su⁵⁵ ho⁰ tʰiɑ̃²⁴。 |
| 84 遂安徽 | 我去嘞，伊两人再坐下添。<br>kɔ³³ kʰə⁴³ lɛ³³，i³³ liɑ̃²¹³ lən³³ tsɛ⁴³ səɯ⁵⁵ xɑ⁵⁵ tʰiɑ̃⁵³⁴。 |
| 85 苍南闽 | 我走了，恁两个再坐加团添。<br>gua³² tsau⁴³ lə⁰，lin⁴³ nɯŋ²¹ ŋe²⁴ tsai⁴³ tsə³² ke²¹ kɑ̃⁵⁵ tʰĩ⁵⁵。 |
| 86 泰顺闽 | 我先走，尔依再坐下先。<br>ŋa³⁴⁴ tau²² sɛ²¹³，n²² nəŋ² tsai⁵³ sɔi³¹ xa³¹ sɛ³⁴⁴。 |
| 87 洞头闽 | 我走啦，恁两个再加坐蜀下仔。<br>gua³³ tsau⁵³ la⁰，lin⁵³ nɯŋ²¹² ge²⁴ tsai²¹ ke³³ tso³³ tɕiek²¹ e²¹ ia⁰。 |
| 88 景宁畲 | 我行阿⁼，你依两个再多坐一会仔。<br>ŋɔi⁴⁴ xaŋ²² a⁰，n̠i⁴⁴ naŋ²² liɔŋ³²⁵ kɔi⁴⁴ tsai⁴⁴ to⁴⁴ tsʰo⁴⁴ itʰ⁵ xɔ⁵¹ tsoi⁵⁵。 |

| 方言点 | 0049 我说不过他，谁都说不过这个家伙。 |
|---|---|
| 01 杭州 | 我话不过他，哪个都话不过即个头寸＝。／我话他不过，哪个都话不过即个头寸＝。<br>ŋəu⁵³ uo¹³ paʔ⁵ ku⁰tʰa³³⁴，la⁵³ koʔ⁰təu³³ uo¹³ paʔ⁵ ku⁰tɕiɛʔ⁵ koʔ⁰dei²² tsʰən⁴⁵。／<br>ŋəu⁵³ uo¹³tʰa⁵³ paʔ⁵ ku⁰，la⁵³ koʔ⁰təu³³ uo¹³ paʔ⁵ ku⁰tɕiɛʔ⁵ koʔ⁰dei²² tsʰən⁴⁵。 |
| 02 嘉兴 | 我讲伊勿过，啥人也讲伊勿过葛个是尿。／我讲勿过伊，啥人也讲勿过伊割＝个是尿。<br>ŋ¹³ kÃ³³ i⁴² vəʔ⁵ kou²¹，zA³³ n̻iŋ³³ A²¹ kÃ³³ i⁴² vəʔ⁵ kou²¹ kəʔ⁵ gəʔ¹ zəʔ¹ pi³³。／ŋ¹³ kÃ³³<br>vəʔ⁵ kou²¹ i²¹，zA³³ n̻iŋ³³ A²¹ kÃ³³ vəʔ⁵ kou²¹ i²¹ kəʔ⁵ gəʔ¹ zəʔ¹ pi³³。 |
| 03 嘉善 | 我讲伊弗过，随便哈人也讲弗过格赤佬。<br>ŋ¹³ kÃ⁴⁴ i⁵³ fəʔ⁵ ku⁰，zɛ¹³ bii³¹ xa³³ n̻in³¹ a⁰ kÃ⁴⁴ fəʔ⁵ ku⁰ kəʔ⁵ tsʰəʔ⁵ lə¹³。 |
| 04 平湖 | 伊讲勿过伊，啥人矮＝讲勿过葛档＝牌位。<br>ŋ²¹³ kã̱⁴⁴ vəʔ²³ ku³³⁴ i⁴⁴，sa³³ n̻in³¹ aʔ⁰ kã̱⁴⁴ vəʔ²³ ku³³⁴ kəʔ³ tã̱⁴⁴ ba²⁴ ve⁰。 |
| 05 海盐 | 我诺＝讲伊勿过，伊倷随便啥人啊讲伊勿过唉。<br>ɔʔ²³ nɔʔ²³ kuã̱⁴²³ i⁵³ vəʔ⁵ ku³³⁴，eʔ²¹ neʔ²³ zue²⁴ biɛ⁵³ sa³³ n̻in²¹ a²¹ kuã̱⁴²³ i⁵³ vəʔ²³ ku²¹³<br>eʔ²¹。 |
| 06 海宁 | 我讲伊弗过个，格当户头随便啥人也伲讲伊勿过个。<br>u⁵³ kuã̱⁵⁵ i⁵³ vəʔ² kəu⁰əʔ²，kəʔ⁵ tã̱⁵³ u³³ dɯu³¹ ze³³ bie¹³ sa⁵⁵ n̻iŋ⁵³ a³³ ze³³ kuã̱⁵⁵ i³³<br>vəʔ² kəu⁰əʔ²。 |
| 07 桐乡 | 我讲弗过伊，随便啥人也讲弗过伊。<br>u⁵³ kɒ̃⁵³ fəʔ⁰ kəu⁰i⁰，zi²¹ biɛ⁴⁴ sa³³ n̻iŋ⁵³ iaʔ⁰ kɒ̃⁵³ fəʔ⁵ kəu⁰i⁰。 |
| 08 崇德 | 我讲弗过伊，随便轧＝人伲讲弗过即个户＝头。<br>o⁵³ kuã̱⁵⁵ fəʔ⁰ ku⁰i⁰，zui²¹ bii⁴⁴ gəʔ⁴ n̻iŋ⁴⁴ zɛ¹³ kuã̱⁵⁵ fəʔ⁰ ku⁰tɕiəʔ³ kəʔ⁵ u⁵⁵ dɤɯ⁰。 |
| 09 湖州 | 我讲弗过伊，伲家讲弗过个赤佬。<br>ŋ³⁵ kã̱⁵³ vəʔ² kəu³¹ i¹³，zei³³ ka⁴⁴ kã̱⁵³ vəʔ² kəu³³ kəʔ⁵ tsʰuoʔ² lə¹³。 |
| 10 德清 | 是我是讲勿伊过，随便鞋＝人都讲勿伊过。<br>zəʔ² ŋ³⁵ zɿ⁵³ kã̱³³ vəʔ² i³³ kəu⁰，ze³³ bie³⁵ a³¹ n̻in³³ təu³³ kã̱³³ vəʔ² i³¹ kəu⁰。 |
| 11 武康 | 是我讲勿伊过个，随便鞋＝人讲勿过葛个人个。<br>zəʔ² ŋo³⁵ kã̱⁵³ vəʔ² i⁴⁴ ku⁵³ go³¹，zɛ¹¹ bii¹³ aʔ³⁵ n̻in⁵³ kã̱⁵³ vɜʔ² ku³⁵ kəʔ⁴ kəʔ⁵ n̻in³¹ go⁰。 |
| 12 安吉 | 我讲伊弗过，随便阿＝人都讲弗过格个老条。<br>ŋɔ²¹³ kɒ̃⁵² i²¹³ fəʔ⁵ ku⁰，ze²² bi²¹³ ɐ̱ʔ⁵ n̻iŋ⁵⁵ tu⁵⁵ kɒ̃⁵² fəʔ⁵ ku⁰ kəʔ³ kəʔ⁵ lə⁵² diɔ²¹。 |
| 13 孝丰 | 我讲渠弗过，□人都讲渠弗过。<br>ŋuo²³ kɒ̃⁵² dzi²² fəʔ⁵ ku³²，guəʔ⁰ n̻iŋ⁵² tu⁴⁴ kɒ̃⁵² dzi²² fəʔ⁵ ku³²。 |
| 14 长兴 | 是我讲弗过伊，是家＝讲弗过伊。<br>zəʔ² ŋ⁵² kɒ̃⁵² fəʔ³ kəu³² ɻ¹²，zəʔ² ka²⁴ kɒ̃⁵² fəʔ³ kəu³² ɻ¹²。 |

续表

| 方言点 | 0049 我说不过他,谁都说不过这个家伙。 |
|---|---|
| 15 余杭 | 是我话伊勿过个,随石<sup>=</sup>坏<sup>=</sup>人话勿过即个东西。<br>zo?⁵ ŋ̍⁵ uo¹³ i¹³ və?² ku⁵³ go¹³ ,zɛ³³ zə?² ua³¹ n̩³¹ uo¹³ və?² ku³⁵ tɕie?⁵ ko?² toŋ⁵⁵ si⁵⁵ 。 |
| 16 临安 | 我话伊弗过,葛个家伙都话伊弗过。<br>ŋo³⁵ uo³⁵ i⁵⁵ fɐ?⁵ ku⁵³ ,kɐ?² kɐ?⁵ tɕia⁵³ fu³³ tu³³ o³³ i³³ fɐ?² ku⁰ 。 |
| 17 昌化 | 我谈不过渠,随便大<sup>=</sup>个<sup>=</sup>都谈不过渠。/我谈渠不过,随便大<sup>=</sup>个<sup>=</sup>都谈渠<sup>=</sup>不过。<br>a²⁴ dɔ̃¹¹ pə?⁵ ku⁵⁴ ɡɯ¹¹² ,zei¹¹ bi ĩ²⁴ da²⁴ kə?⁵ tɯ³³ dɔ̃¹¹ pə?⁵ ku⁵⁴ ɡɯ¹¹² 。/a²⁴ dɔ̃¹¹ ɡɯ¹¹ pə?⁵ ku⁵⁴⁴ ,zei¹¹ bi ĩ²⁴ da²⁴ kə?⁵ tɯ³³ dɔ̃¹¹ ɡɯ¹¹ pə?⁵ ku⁵⁴⁴ 。 |
| 18 於潜 | 格家伙我讲他不过,随便哪个都讲他不过。/我讲不过他,随便哪个都讲不过他。<br>kə?⁵³ tɕia⁴³ xu⁵³ ŋu⁵¹ tɕiaŋ⁵³ tʰa⁴³³ pə?² ku³⁵ ,zue²⁴ pie⁵³ na⁵³ kə?³¹ du²² tɕiaŋ⁵³ tʰa⁴³³ pə?² ku³⁵ 。/ŋu⁵¹ tɕiaŋ⁵³ pə?² ku³⁵ tʰa⁴³³ ,zue²⁴ pie⁵³ na⁵³ kə?³¹ du²² tɕiaŋ⁵³ pə?² ku³⁵ tʰa⁴³³ 。 |
| 19 萧山 | 我话伊弗过,随便虾<sup>=</sup>个都话伊弗过葛泡凇。/我话弗过伊,随便虾<sup>=</sup>个都话弗过葛泡凇。<br>ŋo¹³ uo¹³ i⁵³ fə?⁵ ku²¹ ,ze¹³ bie⁴² xo⁴² ko²¹ tu³³ uo¹³ i⁵³ fə?⁵ ku²¹ kə?⁵ pʰɔ³³ zoŋ²⁴² 。/ŋo¹³ uo¹³ fə?⁵ ku²¹ i²¹ ,ze¹³ bie⁴² xo⁴² ko²¹ tu³³ uo¹³ fə?⁵ ku²¹ kə?⁵ pʰɔ³³ zoŋ²⁴² 。 |
| 20 富阳 | 我讲伊弗过,随便何侬都讲弗过格家伙。<br>ŋo²²⁴ kã̃⁴²³ i²²⁴ fɛ?⁵ ku⁵³ ,ze¹³ biɛ⁵⁵ ɡã̃²²⁴ ŋ³³⁵ tʊ⁵⁵ kã̃⁴²³ fɛ?⁵ ku³³⁵ kɛ?⁵ tɕia⁵⁵ hu⁴²³ 。 |
| 21 新登 | 我讲弗伊过,随便待<sup>=</sup>人都讲弗过格个人个。<br>u³³⁴ kã̃³³⁴ fə?⁵ i³³⁴ ku⁴⁵ ,ze²³³ pi ɛ̃³³⁴ da²¹ neiŋ⁴⁵ tu⁵³ kã̃³³⁴ fə?⁵ ku⁴⁵ kə?⁵ kə?⁰ neiŋ²³³ ka?⁰ |
| 22 桐庐 | 我讲勿过伊,随便达<sup>=</sup>人都讲勿过葛个货色。/我讲伊不过,随便达<sup>=</sup>人都讲勿过葛个货色。/我讲不伊过,随便达<sup>=</sup>人都讲勿过葛个货色。<br>ŋo³³ kã̃³³ və?⁵ ku³³ i³⁵ ,zɛ¹³ pie⁵⁵ da?²¹ niŋ³³ du³³ kã̃³³ və?⁵ ku³³ ɡə?²¹ kə?⁵ xu³³ sə?⁵ 。/ŋo³³ kã̃³³ i³⁵ və?⁵ ku³³ ,zɛ¹³ pie⁵⁵ da?²¹ niŋ³³ du³³ kã̃³³ və?⁵ ku²¹ ɡə?²¹ kə?⁵ xu³³ sə?⁵ 。/ŋo³³ kã̃³³ və?⁵ i³⁵ ku³³ ,zɛ¹³ pie⁵⁵ da?²¹ niŋ³³ du³³ kã̃³³ və?⁵ ku²¹ ɡə?²¹ kə?⁵ xu³³ sə?⁵ 。 |
| 23 分水 | 我讲他不过,哪一个也讲他不过。<br>ŋo⁴⁴ tɕiã̃⁵³ tʰa⁴⁴ pə?⁵ ku²⁴ ,na?¹² iə?⁵ ko²¹³ ie⁴⁴ tɕiã̃⁵³ tʰa⁴⁴ pə?⁵ ku²¹ 。 |
| 24 绍兴 | 我话伊勿过,俹何谁个都话伊勿过。<br>ŋo²² uo²² i²² ve?² ku³³ ,na²²³ a²² zɹ²² ko³³ tu⁴⁴ uo²² i²² ve?² ku³³ 。 |
| 25 上虞 | 我话勿伊过,阿<sup>=</sup>个老倌鞋<sup>=</sup>氏<sup>=</sup>都话勿伊过。<br>ŋʊ²¹ uo³¹ və?² i²² ku⁰ ,a?² kə?² lɔ²¹ kuã̃³³ a²¹ zɹ⁰ tu³³ uo³¹ və?² i²² ku⁰ 。 |

续表

| 方言点 | 0049 我说不过他，谁都说不过这个家伙。 |
|---|---|
| 26 嵊州 | 我讲弗伊过，俬含＝松＝讲伊弗过啦。<br>ŋo²⁴ koŋ³³ fəʔ⁵ i³³ ko³¹，na²⁴ œ̃²² soŋ³³ koŋ³³ i⁴⁴ fəʔ³ ko³³ la⁰。 |
| 27 新昌 | 我讲弗渠过，随便哪侬讲弗渠过。<br>ŋɤ²³² kɔ̃³³ feʔ⁵ dʑi²² kɤ⁵³，ze²² beʔ³ na³³ nɔ̃³³ kɔ̃³³ feʔ⁵ tɕi³³ kɤ³¹。 |
| 28 诸暨 | 我讲弗渠过，大家统讲弗过这件东西。/我讲弗过渠，这件东西大家统弗过渠。/我讲渠弗过，大家统讲渠弗过这件东西。<br>ŋɤu¹³ kɑ̃⁴² fəʔ⁵ dʒɻ⁴² kɤu²¹，dA²¹ ko⁴² tʰom⁴² kɑ̃⁴² fəʔ⁵ kɤu²¹ kəʔ²¹ dzie¹³ tom³³ ʃɻ⁴²。/<br>ŋɤu¹³ kɑ̃⁴² fəʔ⁵ kɤu²¹ dʒɻ⁴²，kəʔ²¹ dzie¹³ tom³³ ʃɻ⁴² dA²¹ ko⁴² tʰom⁴² kɑ̃⁴² fəʔ⁵ kɤu²¹ dʒɻ⁴²。ŋɤu¹³ kɑ̃⁴² dʒɻ⁴² fəʔ⁵ kɤu²¹，dA²¹ ko⁴² tʰom⁴² kɑ̃⁴² dʒɻ⁴² fəʔ⁵ kɤu²¹ kəʔ²¹ dzie¹³ tom³³ ʃɻ⁴²。 |
| 29 慈溪 | 我话渠弗过，渠格人和税＝话渠弗过格啦。<br>ŋo¹³ uo¹¹ ge¹³ faʔ² kəu⁰，ge¹³ kəʔ² n̠iŋ³³ əu¹³ se⁴⁴ uo¹¹ ge¹³ faʔ² kəu⁴⁴ kəʔ² la⁰。 |
| 30 余姚 | 我话渠勿过，随便啥人也话勿过一个老辈。<br>ŋo¹³ uo¹³ ge¹³ vəʔ² kou⁰，ze¹³ biẽ⁰ saŋ⁴⁴ n̠iə̃¹³ aʔ¹³ uo¹³ vəʔ² kou⁴⁴ iəʔ⁵ kou⁴⁴ lɔ¹³ pe⁴⁴。 |
| 31 宁波 | 我讲渠勿过，该赤佬随便啥人都讲渠勿过或＝。<br>ŋo¹³ ko⁴⁴ dʑi⁰ vaʔ² kəu⁰，kiəʔ⁵ tsʰaʔ⁵ lɔ⁰ zei¹³ biʔ so⁵³ n̠iŋ¹ tɔɛɣ⁴⁴ ko⁴⁴ dʑi⁰ vaʔ² kəu⁰ oʔ²。 |
| 32 镇海 | 我讲勿过渠，随便啥人统讲勿过该个赤佬。<br>ŋo²⁴ kɔ̃³³ vaʔ¹² kəu⁰ dʑi²⁴，zei²⁴ biʔ səu⁵³ n̠iŋ¹ tʰoŋ³³ kɔ̃³³ vaʔ¹² kəu⁰ keʔ¹² kəu⁰ tsʰaʔ⁵ lɔ²⁴。 |
| 33 奉化 | 我是讲弗过渠噢，弹＝便啥人也讲弗过渠葛老弗大。<br>ŋəu³³ zɻ⁰ kɔ̃⁴⁴ faʔ² kəu⁰ dʑi³³ əu⁰，dɛ³³ biʔ so⁵ n̠iŋ³³ aʔ³³ kɔ̃⁴⁴ faʔ² kəu⁴⁴ dʑi³³ kəʔ² lʌ³³ faʔ² dəu³¹。 |
| 34 宁海 | 我讲渠弗过，随便敢＝五＝都讲弗过猾＝货。<br>ŋo³¹ kɔ̃⁵³ dʑi⁰ fəʔ³ ku³⁵，zei²² bie³¹ kɛ⁵³ ŋ³¹ tu³³ kɔ̃⁵³ fəʔ³ ku⁰ ge³ həu³⁵。 |
| 35 象山 | 我是讲渠弗过个，随便合＝孰讲渠弗过个。<br>ŋəu³¹ zɻ⁰ kɔ̃⁴⁴ dzieʔ² faʔ⁵ ku⁴⁴ geʔ²，zei³¹ biʔ aʔ⁵ zoʔ² kɔ̃⁴⁴ dzieʔ² faʔ⁵ ku⁴⁴ geʔ²。 |
| 36 普陀 | 我讲弗过渠，随便啥人统讲渠弗过。/我讲渠弗过，随便啥人统讲渠弗过。/我讲弗渠过，随便啥人统讲渠弗过。<br>ŋo²³ kɔ̃⁵³ feʔ⁵ kəu⁰ dʑi²⁴，zæi²⁴ biʔ səu⁵⁵ n̠iŋ⁰ tʰoŋ⁴⁵ kɔ̃⁵³ dʑi³³ feʔ⁵ kəu⁰。/ŋo²³ kɔ̃⁵³ dʑi³³ feʔ⁰ kəu⁰，zæi²⁴ biʔ səu⁵⁵ n̠iŋ⁰ tʰoŋ⁴⁵ kɔ̃⁵³ dʑi³³ feʔ⁵ kəu⁰。/ŋo²³ kɔ̃⁵³ feʔ⁰ dʑi³³ kəu⁵⁵，zæi²⁴ biʔ səu⁵⁵ n̠iŋ⁰ tʰoŋ⁴⁵ kɔ̃⁵³ dʑi³³ feʔ⁰ kəu⁰。 |
| 37 定海 | 我话渠弗过，随便啥人统话渠弗过。<br>ŋo²³ uo¹¹ i⁴⁴ feʔ³ kʌu⁰，zɐi²³ biʔ sʌu³³ n̠iŋ⁰ tʰoŋ⁵² uo¹¹ i³³ feʔ³ kʌu⁰。 |

续表

| 方言点 | 0049 我说不过他，谁都说不过这个家伙。 |
|---|---|
| 38 岱山 | 我话渠勿过，像渠介人随便啥人统统话勿渠过。<br>ŋo²³ uo¹¹ dʑi⁴⁴ vɐʔ² kʌu⁰，i ã⁴⁴ dʑi⁴⁵ ka³³ ȵiŋ²³ zɐi³³ bi⁴⁴ sʌu⁴⁴ ȵiŋ⁴⁴ tʰoŋ⁴⁴ tʰoŋ⁴⁴ uo¹¹ vɐʔ⁰ dʑi⁰ kʌu⁰。 |
| 39 嵊泗 | 我是话勿渠过，但﹦明﹦孰人也话勿渠过。<br>ŋo³⁴ zʅ⁴ uo¹¹ vɐʔ² dʑi³³ kʌu⁰，dɛ²⁴ miŋ⁰ zoʔ² ȵiŋ⁴⁴ ia²⁴ uo¹¹ vɐʔ² dʑi⁰ kʌu⁰。 |
| 40 临海 | 我讲渠弗过，何人都讲弗过渠。<br>ŋe⁴² kɔ̃⁵² ge²¹ fəʔ³ ku⁵⁵，ka³⁵ ȵiŋ²¹ təʔ⁵ kɔ̃⁵² fəʔ⁰ ku⁵⁵ ge²¹。 |
| 41 椒江 | 我讲渠弗过，减﹦儿都讲弗过葛家头。<br>ŋo⁴² kɔ̃⁴² gə³¹ fəʔ³ ku⁵⁵，kiɛ⁴² n²⁴ təʔ⁵ kɔ̃⁴² fəʔ³ ku⁵⁵ kəʔ⁵ ko³³ dio⁴¹。 |
| 42 黄岩 | 我讲渠弗过，葛家头减﹦儿都讲渠弗过。<br>ŋo⁴² kɔ̃⁴² gie¹²¹ fəʔ³ ku⁵⁵，kəʔ⁵ ko³⁵ dio⁴¹ kiɛ⁴² n²⁴ toʔ⁵ kɔ̃⁴² gie¹²¹ fəʔ³ ku⁵⁵。 |
| 43 温岭 | 我讲渠弗过，咸﹦儿都讲渠弗过。<br>ŋo⁴² kɔ̃⁴² gie³¹ fəʔ³ ku⁵⁵，ɛ¹³ n⁴⁴ tu⁵⁵ kɔ̃⁴² gie³¹ fəʔ³ ku⁵⁵。 |
| 44 仙居 | 我讲渠弗过，矮﹦日﹦都讲弗过葛个货。<br>ŋo²⁴ kã⁴³ gæ²¹³ fəʔ³ ku⁵⁵，a³¹ ȵiəʔ²³ ɖəʔ⁵ kã³¹ fəʔ³ ku⁵⁵ kəʔ⁵ ko⁵⁵ ho⁵⁵。 |
| 45 天台 | 我讲渠弗过，谷﹦鬼凭尔陆﹦谷﹦笃﹦讲渠弗过。<br>ɔ²¹ kɔ³² gei²² fuʔ¹ ku⁵⁵，kuʔ⁵ kyʔ⁰ biŋ²² ŋ² luʔ² kuʔ¹ tuʔ¹ kɔ³² gei²² fuʔ¹ ku⁵⁵。 |
| 46 三门 | 我讲弗过渠，各落﹦人督﹦讲弗过则﹦种人。<br>ʋ³²⁵ kɔ³² fəʔ³ kuʔ⁰ dʑi¹¹³，kɔʔ⁵ lɔʔ² niŋ¹¹³ toʔ⁵ kɔ³² fəʔ³ kuʔ⁰ tsɐʔ⁵ tɕioŋ³² niŋ¹¹³。 |
| 47 玉环 | 我讲渠弗过，减﹦儿都讲弗过个家头。<br>ŋo⁵³ kɔ̃⁵³ gie³¹ fɐʔ³ ku⁵⁵，kiɛ⁵³ n⁰ təu⁶⁵ kɔ̃⁵³ fɐʔ³ ku⁵⁵ kɐʔ⁵ ko³³ diɤ⁴¹。 |
| 48 金华 | 我讲弗过渠，随便哪个都讲弗过葛个货。/我讲弗渠过，随便哪个都讲弗过葛个货。/我讲渠弗过，随便哪个都讲弗过葛个货。<br>a⁵³⁵ kaŋ⁵³ fəʔ³ kuɤ⁵⁵ gəʔ²¹² ，ziɛ³¹ biɛ¹⁴ la⁵³ kəʔ⁴ tu³³ kaŋ⁵³ fəʔ³ kuɤ⁵⁵ kəʔ³ kəʔ⁴ xuɤ⁵⁵。/ a⁵³⁵ kaŋ⁵³ fəʔ³ gəʔ²¹² kuɤ⁵⁵，ziɛ³¹ biɛ¹⁴ la⁵³ kəʔ⁴ tu³³ kaŋ⁵³ fəʔ³ kuɤ⁵⁵ kəʔ³ kəʔ⁴ xuɤ⁵⁵。/ a⁵³⁵ kaŋ⁵⁵ gəʔ²¹² fəʔ³ kuɤ⁵⁵，ziɛ³¹ biɛ¹⁴ la⁵³ kəʔ⁴ tu³³ kaŋ⁵³ fəʔ³ kuɤ⁵⁵ kəʔ³ kəʔ⁴ xuɤ⁵⁵。 |
| 49 汤溪 | 我讲弗渠过，随便哪侬秃﹦讲弗辩﹦个角色过。/我讲弗过渠，随便哪侬秃﹦讲弗过辩﹦个角色。<br>a¹¹³ kɔ⁵² fə⁵² guu¹¹ kuɤ⁵²，zei¹¹ piɛ⁵² la¹¹ nao⁵² tʰou⁵⁵ kɔ⁵² fə⁵² gəʔ¹¹ ka⁵² tɕio⁵² sə⁵⁵ kuɤ⁵²。/ a¹¹³ kɔ⁵² fə⁵² kuɤ⁵² guu¹¹，zei¹¹ piɛ⁵² la¹¹ nao⁵² tʰou⁵⁵ kɔ⁵² fə⁵² kuɤ⁵² gəʔ¹¹ ka⁵² tɕio⁵² sə⁵⁵。 |
| 50 兰溪 | 我讲弗渠过，由渠哪个都讲弗过格个老倌。<br>uɤ⁵⁵ kaŋ⁵⁵ fəʔ³⁴ gi²¹ kuɤ⁴⁵，iɯ²¹ gi²⁴ la⁵⁵ kɔʔ⁰ tu⁴⁵ kaŋ⁵⁵ fəʔ³⁴ kuɤ⁴⁵ kəʔ³⁴ kəʔ⁰ lɔ⁴⁵ kuɑ⁰。 |

续表

| 方言点 | 0049 我说不过他，谁都说不过这个家伙。 |
|---|---|
| 51 浦江 | 我讲弗得渠过，随便哪个都讲弗得渠过。<br>a⁵³ kõ⁵³ fə³³ tə³³ ʑi²³² kɯ⁵⁵，zɛ¹¹ biẽ²⁴ na⁵⁵ ka³³⁴ tɯ³³ kõ⁵³ fə³³ tə³³ ʑi²³² kɯ⁰。 |
| 52 义乌 | 我讲勿渠过，迦儿都讲勿过格侬。<br>a⁴² kŋʷ³³ bəʔ² ai²² kuɤ⁴⁵，dzian²⁴ tu³³ kŋʷ³³ pəʔ³ kuɤ³³ kəʔ⁵ noŋ²²。 |
| 53 东阳 | 我讲弗渠过，随便迦个讲弗渠过。<br>ŋʊ²⁴ kɔ³³ fɐ³³ gəu⁴⁴ kʊ⁵⁵，zei²² bi²⁴ tɕia³³ ka³³ kɔ⁴⁴ fɐ³³ gəu⁴⁴ kʊ³¹。 |
| 54 永康 | 我讲弗过渠，随便迦侬都讲弗过渠。<br>ŋuo¹¹³ kaŋ³³ fə³³ kuo⁵² gu²²，zəi³¹ bie²⁴¹ tɕia³³ noŋ⁵² ɖu⁵⁵ kaŋ³³ fə³³ kuo⁵² gu²²。 |
| 55 武义 | 我讲弗过渠，随便豆＝个都讲弗过渠阿＝个家伙头。<br>a¹³ kaŋ⁴⁴⁵ fəʔ⁵ kuo⁵³ gu¹³，ʑy³²⁴ bie⁵³ dau²¹³ tɕia⁰ lu²⁴ kaŋ⁴⁴⁵ fəʔ⁵ kuo⁵³ gu¹³ əʔ⁵ kəʔ⁰ kua⁵⁵ xuo⁵³ dau⁵³。 |
| 56 磐安 | 我讲弗过渠，随便迦个都讲弗过格家伙。/我讲渠弗过，随便迦个都讲格家伙弗过。/我讲弗过渠，随便迦个都讲弗格家伙过。<br>ŋuɤ³³ kɒ³³ fə⁵⁵ kuɤ⁵⁵ gəu²¹³，zue²¹ bie¹⁴ tɕia⁵⁵ ka³³ tu³³ kɒ³³ fə⁵⁵ kuɤ⁵⁵ ka⁵⁵ tɕia³³ xuɤ⁵²。/ŋuɤ³³ kɒ³³ gəu²¹ fə⁵⁵ kuɤ⁵²，zue²¹ bie¹⁴ tɕia⁵⁵ ka³³ tu³³ kɒ³³ ka⁵⁵ tɕia³³ xuɤ³³ fə⁵⁵ kuɤ⁵²。/ŋuɤ³³ kɒ³³ fə⁵⁵ gəu²¹ kuɤ⁵²，zue²¹ bie¹⁴ tɕia⁵⁵ ka³³ tu³³ kɒ³³ fə⁵⁵ ka⁵⁵ tɕia³³ xuɤ³³ kuɤ⁵²。 |
| 57 缙云 | 我讲渠弗过，凭塞＝个都讲弗过以＝个塞＝儿。<br>ŋu³¹ kɔ⁵¹ gɤ³¹ fɛ⁵¹ ku⁴⁵³，bɛŋ²⁴³ tsʰei⁴⁴ ku⁰ tu⁴⁴ kɔ⁵¹ fɛ⁴⁴ ku⁰ i²¹ ku⁴⁵³ tsʰei⁴⁴ n̩i⁴⁵³。 |
| 58 衢州 | 我讲弗过渠，哪个统讲弗过格老佛儿。/我讲渠弗过，哪个统讲弗过格老佛儿。<br>ŋu⁵³ kã³⁵ fəʔ⁵ ku⁰ gi²¹，na⁵³ gəʔ⁰ tʰoŋ³⁵ kã³⁵ fəʔ⁵ ku⁰ kəʔ⁵ lɔ²³¹ vəʔ² n̩i³⁵。/ŋu⁵³ kã³⁵ gi²¹ fəʔ⁵ ku⁵³，na⁵³ gəʔ⁰ tʰoŋ³⁵ kã³⁵ fəʔ⁵ ku⁰ kəʔ⁵ lɔ²³¹ vəʔ² n̩i³⁵。 |
| 59 衢江 | 我讲弗过渠，含＝侬得＝讲弗过渠。/我讲渠弗过，含＝侬得＝讲渠弗过。<br>ŋaʔ² kã²⁵ fəʔ⁰ kuo⁵³ gəʔ²，gã²² nəŋ²¹² təʔ³ k ã²⁵ fəʔ⁰ kuo⁵³ gəʔ²。/ŋaʔ² k ã²⁵ gəʔ⁰ fəʔ³ kuo⁵³，gã²² nəŋ²¹² təʔ³ k ã²⁵ gəʔ⁰ fəʔ³ kuo⁵³。 |
| 60 龙游 | 奴讲渠弗过，没侬讲得渠过。<br>nu²² k ã⁵¹ gəu⁰ fəʔ³ ku⁵¹，məʔ²³ nən²¹ k ã⁵¹ təʔ⁰ gəu⁰ ku⁵¹。 |
| 61 江山 | 我话渠弗过，倒＝侬得＝话弗过乙家伙。/我话弗过渠，倒＝侬得＝话弗过乙家伙。<br>ŋɒ²² yə⁴⁴ ŋɒ²² fəʔ⁴ kyə⁵¹，tɐɯ⁴⁴ naŋ⁵¹ təʔ⁵ yə⁴⁴ fəʔ⁵ kyə⁰ iɛʔ⁵ kiɒ⁴⁴ xo⁰。/ŋɒ²² yə⁴⁴ fəʔ⁵ kyə⁵¹ ŋɒ²²，tɐɯ⁴⁴ naŋ⁵¹ təʔ⁵ yə⁴⁴ fəʔ⁵ kyə⁰ iɛʔ⁵ kiɒ⁴⁴ xo⁰。 |

续表

| 方言点 | 0049 我说不过他，谁都说不过这个家伙。 |
|---|---|
| 62 常山 | 我讲弗过渠，倒<sup>=</sup>侬得<sup>=</sup>讲弗过乙个角色<sup>=</sup>。/我讲渠弗过，倒<sup>=</sup>侬得<sup>=</sup>讲弗过乙个角色<sup>=</sup>。<br>ŋa²⁴ kɔ̃⁵² fɤʔ⁵ tɕye⁵² ŋɤ⁴⁴，tɔ⁴³ nā⁵² tɤʔ⁵ kɔ̃⁵² fɤʔ⁵ tɕye⁵² eʔ⁴ kɤʔ⁰ kɤʔ⁴ sɛʔ⁵。/ŋa²⁴ kɔ̃⁵² ŋɤ⁴⁴ fɤʔ⁵ tɕye⁵²，tɔ⁴³ nā⁵² tɤʔ⁵ kɔ̃⁵² fɤʔ⁵ tɕye⁵² eʔ⁴ kɤʔ⁰ kɤʔ⁴ sɛʔ⁵。 |
| 63 开化 | 我讲渠弗过，何侬都讲弗过乙个家伙。<br>ŋa²¹ kɔŋ⁴⁴ giɛ⁰ fəʔ⁵ tɕye⁴¹²，ga²¹ nɤŋ²³¹ təʔ⁵ kɔŋ⁴⁴ fəʔ⁵ tɕye⁰ iɛʔ⁵ gə⁰ tɕia⁴⁴ xɔ⁵³。 |
| 64 丽水 | 我讲弗过渠，无论迦人都讲弗过乙个货色。<br>ŋuo⁴⁴ kɔŋ⁴⁴ fəʔ⁴ kuo⁴⁴ gɯ²²，u²¹ luɛ¹³¹ tɕia²⁵ nen²² tu²²⁴ kɔŋ⁴⁴ fəʔ⁴ kuo⁴⁴ iʔ⁵ kə⁰ xuo⁴⁴ sɛʔ⁵。 |
| 65 青田 | 我讲弗过渠，从<sup>=</sup>人都讲弗过伊<sup>=</sup>个人。/我讲弗渠过，从<sup>=</sup>人都讲弗伊<sup>=</sup>个人过。/我讲渠弗过，从<sup>=</sup>人都讲伊<sup>=</sup>个人弗过。<br>ŋu⁴⁵⁴ ko³³ faʔ⁴ ku³³ gi²¹，io²² neŋ⁵³ ɖu³³ ko³³ faʔ⁴ ku³³ i⁵⁵ kɛʔ⁰ neŋ²¹。/ŋu⁴⁵⁴ ko³³ faʔ⁴ gi²¹ ku³³，io²² neŋ⁵³ ɖu³³ ko³³ faʔ⁴ i⁵⁵ kɛʔ⁰ neŋ²¹ ku³³。/ŋu⁴⁵⁴ ko³³ gi²¹ faʔ⁴ ku³³，io²² neŋ⁵³ ɖu³³ ko³³ i⁵⁵ kɛʔ⁰ neŋ²¹ faʔ⁴ ku³³。 |
| 66 云和 | 我讲弗过渠，随便责<sup>=</sup>人都讲弗过乙个货色。<br>ŋo⁴⁴ kɔ̃⁴⁴ fuʔ⁴ ko⁴⁵ gi³¹，zʮ³¹ biɛ²²³ tsaʔ⁵ nɛ³¹ tu²⁴ kɔ̃⁴⁴ fuʔ⁴ ko⁴⁵ iʔ⁵ ki⁰ xo⁴⁴ saʔ⁵。 |
| 67 松阳 | 我讲弗着渠过，哪侬讲弗着渠过。/我讲是渠弗过，哪侬都讲是渠弗过。/我讲弗过是渠，哪侬讲弗过是渠。<br>ŋ²² koŋ²¹ f ɤʔ⁵ tɛʔ⁰ gɛʔ² ku²⁴，na²¹ nəŋ²⁴ koŋ²¹ f ɤʔ⁵ tɛʔ⁰ gɛʔ² ku²⁴。/ŋ²² koŋ²¹ ziʔ² gɛʔ² fɤʔ⁵ ku²⁴，na²¹ nəŋ²⁴ tu³³ koŋ²¹ ziʔ² gɛʔ² f ɤʔ⁵ ku²⁴。/ŋ²² koŋ²¹ f ɤʔ⁵ ku²⁴ ziʔ² gɛʔ²，na²¹ nəŋ²⁴ koŋ²¹ fɤʔ⁵ ku²⁴ ziʔ² gɛʔ²。 |
| 68 宣平 | 我讲渠弗过，随便直<sup>=</sup>人都讲渠弗过。<br>o²² kɔ̃⁴⁴ gu²² fəʔ⁴ ko⁵²，zʮ⁴³ biɛ²³¹ dʑiəʔ²³ nin⁵⁵ to⁴⁴ kɔ̃⁴⁴ gu²² fəʔ⁴ ko⁵²。 |
| 69 遂昌 | 我讲弗过渠，哪侬都讲弗过渠。/我讲渠弗过，哪侬都讲渠弗过。/我讲弗渠过，哪侬都讲弗渠过。<br>ŋɒ¹³ kəŋ⁵³ fəɯ²⁵ ku³³ gɤ²²¹，na¹³ nəŋ⁵³ təɯ²⁵ kəŋ⁵³ fəɯ²⁵ ku³³ gɤ²²¹。/ŋɒ¹³ kəŋ⁵³ gɤ²² fəɯ²⁵ ku³³⁴，na¹³ nəŋ⁵³ təɯ²⁵ kəŋ⁵³ gɤ²² fəɯ²⁵ ku³³⁴。/ŋɒ¹³ kəŋ⁵³ fəɯ²⁵ gɤ²² ku³³⁴，naŋ¹³ nəŋ⁵³ təɯ²⁵ kəŋ⁵³ fəɯ²⁵ gɤ²² ku³³⁴。 |
| 70 龙泉 | 我讲渠弗过，且<sup>=</sup>侬都讲弗搭<sup>=</sup>个侬过。/我讲弗渠过，且<sup>=</sup>侬都讲弗搭<sup>=</sup>个侬过。<br>ŋo⁵¹ kəŋ⁵¹ gɤɯ²¹ fɤɯʔ³ kou⁴⁵，tɕʰia⁴⁵ nəŋ⁵¹ tou⁴⁴ kəŋ⁵¹ fɤɯʔ³ toʔ⁵ gə⁰ nəŋ²¹ kou⁴⁵。/ŋo⁵¹ kəŋ⁵¹ fɤɯʔ³ gɤɯ²¹ kou⁴⁵，tɕʰia⁴⁵ nəŋ⁵¹ tou⁴⁴ kəŋ⁵¹ fɤɯʔ³ toʔ⁵ gə⁰ nəŋ²¹ kou⁴⁵。 |
| 71 景宁 | 我讲渠弗过，随便七<sup>=</sup>个都讲渠弗过。<br>ŋo³³ kəŋ³³ ki³³ fuʔ³ ko³⁵，zy⁴¹ biɛ¹¹³ tsʰəɯʔ⁵ ki³⁵ to³² kəŋ³³ ki³³ fu³³ ko³⁵。 |

| 方言点 | 0049 我说不过他，谁都说不过这个家伙。 |
|---|---|
| 72 庆元 | 我讲否过渠，启=个都讲否过渠。/我讲否渠过，启=个都讲否渠过。我讲渠否过，启=个都讲渠否过。<br>ŋo²²¹ kɔ̃³³ fɤ³³ kuɤ¹¹ kɤ²²¹ , tɕʰi³³ kæi¹¹ dɤ³³⁵ kɔ̃³³ fɤ³³ kuɤ¹¹ kɤ²²¹ 。/ŋo²²¹ kɔ̃³³ fɤ³³ kɤ²² kuɤ¹¹ , tɕʰi³³ kæi¹¹ dɤ³³⁵ kɔ̃³³ fɤ³³ kɤ²² kuɤ¹¹ 。/ŋo²²¹ kɔ̃³³ kɤ²² fɤ³³ kuɤ¹¹ , tɕʰi³³ kæi¹¹ dɤ³³⁵ kɔ̃³³ kɤ²² fɤ³³ kuɤ¹¹ 。 |
| 73 泰顺 | 我讲否过渠，随便何人都讲否过□个败=骨=。/我讲渠否过，随便何人都讲□个败=骨=否过。/我讲否渠过，随便何人都讲否□个败=骨=过。<br>ŋ⁵⁵ kɔ̃⁵⁵ fu⁵⁵ kuɔ³⁵ tsʅ²¹ , ɕy⁵³ piɛ²² kaʔ² nɛ⁵³ to²¹³ kɔ̃⁵⁵ fu²² kuɔ³⁵ kʰi³⁵ kiº pa²² kuɛʔ⁵ 。/ŋ⁵⁵ kɔ̃⁵⁵ tsʅ²¹ fu⁵⁵ kuɔ³⁵ , ɕy⁵³ piɛ²² kaʔ² nɛ⁵³ to²¹³ kɔ̃⁵⁵ kʰi³⁵ kiº pa²² kuɛʔ⁵ fu⁵⁵ kuɔ³⁵ 。/ŋ⁵⁵ kɔ̃⁵⁵ fu⁵⁵ tsʅ²¹ kuɔ³⁵ , ɕy⁵³ piɛ²² kaʔ² nɛ⁵³ to²¹³ kɔ̃⁵⁵ fu⁵⁵ kʰi³⁵ kiº pa²² kuɛʔ⁵ kuɔ³⁵ 。 |
| 74 温州 | 我讲渠否过，该个家伙啊随便何[物样]侬也讲渠否过。<br>ŋ¹⁴ kuɔ²⁵ gei³¹ fu³ ku⁵¹ , ke³³ kai⁰ tɕia⁴² fu²⁵ aº zʅ²² bi¹⁴ a² ȵi³¹ naŋ³¹ aº kuɔ²⁵ gei³¹ fu³ ku⁵¹ 。 |
| 75 永嘉 | 我讲渠否过，[随便]何[物样]侬也讲渠否过。<br>ŋ¹³ kɔ⁴⁵ gei³¹ fu⁴³ ku⁵³ , ze¹³ a²¹ ȵiɛ³¹ naŋ³¹ aº kɔ⁴⁵ gei³¹ fu⁴³ ku⁵³ 。 |
| 76 乐清 | 我讲渠否过，随便何侬沃=讲渠否过。<br>ŋ²⁴ kɔ³⁵ dʑi⁴¹ fu³ ku⁴¹ , zy²⁴ biɛ⁴¹ ga² naŋ³¹ o³⁵ kɔ³⁵ dʑi⁴¹ fu³ ku⁴¹ 。 |
| 77 瑞安 | 我讲渠否过，[随便]□也讲渠否过。<br>ŋ¹³ ko³³ gi³¹ fu³ kɯ⁵³ , zei¹³ ȵiŋ³¹ aº ko³³ gi³¹ fu³ kɯ⁵³ 。 |
| 78 平阳 | 我讲否过渠，随便年=侬下讲否过个儿。/我讲渠否过，随便年=侬下讲否过个儿。<br>ŋ¹³ ko⁴⁵ fu⁴⁵ ku³³ gi⁴² , zʉ¹³ bie³³ ȵie³³ naŋ²¹ o³³ ko⁴⁵ fu⁴⁵ ku²¹ kai²¹ ŋ⁴² 。/ŋ¹³ ko⁴⁵ gi³³ fu⁴⁵ ku²¹ , zʉ¹³ bie³³ ȵie³³ naŋ²¹ o³³ ko⁴⁵ fu⁴⁵ ku²¹ kai²¹ ŋ⁴² 。 |
| 79 文成 | 我讲否过渠，随你念=侬讲否过该个伙佬。<br>ŋ¹³ kuo⁴⁵ fu⁴⁵ ku²¹ gei²¹ , zɵy¹³ ȵi¹³ ȵia⁴² naŋ²¹ kuo⁴⁵ fu⁴⁵ ku²¹ ke²¹ kai³³ fu³³ lɛ³³ 。 |
| 80 苍南 | 我讲无过渠，阿=如=统讲否过渠。/我讲渠否过，阿=如=统讲渠否过。<br>ŋ⁵³ ko³³ uº ku⁴² gi³¹ , a³ dʑy³¹ tʰoŋ⁵³ ko³³ uº ku⁴² gi³¹ 。/ŋ⁵³ ko³³ gi³¹ fu³ ku⁴² , a³ dʑy³¹ tʰoŋ⁵³ ko³³ gi³¹ fu³ ku⁴² 。 |
| 81 建德<sub>徽</sub> | 卬讲渠弗过，随便哪个都讲弗过葛个家伙。/卬讲弗过渠，随便哪个都讲弗过葛个家伙。/卬讲弗渠过，随便哪个都讲弗过葛个家伙。<br>ɑŋ²¹³ ko²¹ ki³³ fɐʔ⁵ ku³³ , ye³³ pʰie⁵⁵ lɑ⁵⁵ kɑ³³ tu⁵⁵ ko²¹ fɐʔ⁵ ko⁵⁵ kɐʔ² kɐʔ⁵ ko⁵³ hu²¹³ 。/ɑŋ²¹³ ko²¹ fɐʔ⁵ ku³³ ki³³ , ye³³ pʰie⁵⁵ lɑ⁵⁵ kɑ³³ tu⁵⁵ ko²¹ fɐʔ⁵ ko⁵⁵ kɐʔ² kɐʔ⁵ ko⁵³ hu²¹³ 。/ɑŋ²¹³ ko²¹ fɐʔ⁵ ki³³ ku³³ , ye³³ pʰie⁵⁵ lɑ⁵⁵ kɑ³³ tu⁵⁵ ko²¹ fɐʔ⁵ ko⁵⁵ kɐʔ² kɐʔ⁵ ko⁵³ hu²¹³ 。 |

续表

| 方言点 | 0049 我说不过他，谁都说不过这个家伙。 |
| --- | --- |
| 82 寿昌<sub>徽</sub> | 咱讲勿过渠，随便从＝都讲勿过格个脚色。/咱讲勿渠过，随便从＝都讲勿格个脚色过。/咱讲渠勿过，随便从＝都讲格个脚色勿过。<br>tsɑ⁵² kɑ̃²⁴ uəʔ³ ku³³ kəɯ⁵⁵ , i¹¹ pi³³ tsʰɔŋ⁵² tu³³ kɑ̃²⁴ uəʔ³ ku³³ kəʔ³ kəʔ⁰ tɕiəʔ³ səʔ³ 。/ tsɑ⁵² kɑ̃²⁴ uəʔ³ kəɯ⁵² ku³³ , i¹¹ pi³³ tsʰɔŋ⁵² tu³³ kɑ̃²⁴ uəʔ³ kəʔ³ kəʔ⁰ tɕiəʔ³ səʔ³ ku³³ 。/ tsɑ⁵² kɑ̃²⁴ kəɯ⁵² uəʔ³ ku³³ , i¹¹ pi³³ tsʰɔŋ⁵² tu³³ kɑ̃²⁴ kəʔ³ kəʔ⁰ tɕiəʔ³ səʔ³ uəʔ³ ku³³ 。 |
| 83 淳安<sub>徽</sub> | 我讲不过渠，哪个都讲不过乙式＝个侬。<br>u⁵⁵ kon⁵⁵ pəʔ⁰ ku²⁴ kʰɯ⁴³⁵ , lɑ⁴³ kɑ²⁴ tu²⁴ kon⁵⁵ pəʔ⁰ ku²⁴ iʔ³ səʔ⁵ kəʔ⁰ lon⁴³⁵ 。 |
| 84 遂安<sub>徽</sub> | 我讲不过渠，哪个都讲不过阿＝格家伙。<br>kɔ³³ kɑ̃²¹³ pəɯ²⁴ ko⁴³ kʰəɯ³³ , lɑ³³ kə³³ təu³³ kon²¹³ pəɯ²⁴ ko⁴³ ɑ³³ kə³³ kɑ⁵³⁴ xo³³ 。 |
| 85 苍南<sub>闽</sub> | 我讲伊无过，填＝统讲无过蜀个否囝。/我讲无过伊，填＝统讲无过蜀个否囝。<br>gua³² kaŋ⁴³ i⁴³ bɔ²¹ kə⁰ , tian²⁴ tʰɑŋ⁴³ kaŋ⁴³ bɔ²¹ kə²¹ tɕie²¹ ke²¹ pʰai²¹ kɑ̃⁴³ 。/gua³² kaŋ⁴³ bɔ²¹ kə²¹ i⁴³ , tian²⁴ tʰɑŋ⁴³ kaŋ⁴³ bɔ²¹ kə²¹ tɕie²¹ ke²¹ pʰai²¹ kɑ̃⁴³ 。 |
| 86 泰顺<sub>闽</sub> | 我讲伊唔过，何侬都讲伊唔过。<br>ŋa³⁴⁴ ko³⁴⁴ i²² n²¹ kou⁵³ , køʔ³ nəŋ²² tu²² ko³⁴⁴ i²² n²¹ kou⁵³ 。 |
| 87 洞头<sub>闽</sub> | 我讲伊剟过，□统讲剟过蜀个家伙。<br>gua⁵³ koŋ⁵³ i³³ bue²¹ kə⁰ , ɕiaŋ²⁴ tʰoŋ³⁵ koŋ⁵³ bue²¹ kə²¹ tɕiek²¹ kə²¹ ka²¹² hə⁵³ 。 |
| 88 景宁<sub>畲</sub> | 我说唔过渠，再哪个都说唔过个个野种。<br>ŋɔi⁴⁴ ɕioʔ⁵ ŋ²² ku⁴⁴ ki⁴⁴ , tsai⁴⁴ nai⁵⁵ kɔi⁴⁴ tu⁴⁴ ɕioʔ⁵ ŋ²² ku⁴⁴ kɔi²² kɔi⁴⁴ ia⁵⁵ tɕɤŋ³²⁵ 。 |

| 方言点 | 0050 上次只买了一本书，今天要多买几本。 |
|---|---|
| 01 杭州 | 上卯子只买了一本书，今朝要多买几本。<br>zaŋ²² mɔ⁴⁵ tsʅ⁰ tsaʔ³ mɛ⁵³ lə⁰ iɛʔ³ pəŋ⁵³ sʮ³³⁴，kəŋ³³ tsɔ⁴⁵ iɔ³³ təu³³ mɛ⁵³ tɕiɔ⁰ pəŋ⁰。 |
| 02 嘉兴 | 上卯便买嘞一本书，今朝要多买几本。<br>zʌ̃¹³ mɔ⁴² pie²⁴ mʌ¹³ ləʔ⁵ iʔ⁵ pəŋ²¹ sʮ³³，kəŋ³³ tsɔ⁴² iɔ³³ dou⁵⁵ mʌ²¹ tɕi²¹ pəŋ²¹。 |
| 03 嘉善 | 上排书只有买氏⁼一本，今朝要多买两本。<br>zã¹³ ba¹³ sʮ⁵³ tsəʔ⁵ iə⁵³ ma²² zʅ¹³ ieʔ⁵ pən⁵³，tɕin³⁵ tsɔ⁵³ iɔ⁵⁵ tu³⁵ ma⁵³ niæ̃²² pən⁰。 |
| 04 平湖 | 上排只买嘚一本书，今朝要多买两本。<br>zã²⁴ pa⁵³ tsəʔ⁵ ma²¹ təʔ⁰ iəʔ⁵ pən³³⁴ sʮ⁵³，tɕin⁴⁴ tsɔ⁰ iɔ³³⁴ du²⁴ ma⁰ liã²¹ pən⁴⁴。 |
| 05 海盐 | 上卯子便买嘚一本书，那辩⁼卯要多买点。<br>zã²⁴ mɔ²¹ tsʅ²¹ biɛ²¹ ma²¹³ tɤ²¹ iəʔ⁵ pən⁴²³ ɕy⁵³，na³¹ gəʔ²³ mɤ²¹³ iɔ²⁴ tu³¹ ma²¹³ tiɛ²¹。 |
| 06 海宁 | 上卯便买嘚一本书，今朝要多买两本。<br>zã̃¹³ mɔ³¹ bie¹³ ma¹³ təʔ⁵ ieʔ⁵ pəŋ⁵⁵ sʅ⁵⁵，tsəŋ⁵⁵ tsɔ⁵³ iɔ⁵³ təu⁵⁵ ma⁵⁵ liã̃⁵⁵ pəŋ⁵⁵。 |
| 07 桐乡 | 上卯子盘⁼嘚买咧一本书，个卯要多买几本。<br>zɒ̃²¹ mɔ⁴⁴ tsʅ⁰ bɛ²⁴² təʔ⁰ ma²⁴² liə⁰ iəʔ³ pəŋ⁴⁴ sʅ⁰，kəʔ³ mɔ⁴⁴ iɔ³³⁴ təu⁴⁴ ma⁴⁴ tɕi⁴⁴ pəŋ⁵³。 |
| 08 崇德 | 上统⁼便得买嘚一本书，今朝要多买两本嘚。<br>zã̃²¹ tʰoŋ⁵³ biɪ²¹ təʔ⁵ mɑ⁵⁵ dəʔ⁰ iəʔ³ pəŋ⁵³ sʅ⁴⁴，kəŋ⁴⁴ tsɔ⁴⁴ iɔ³³⁴ tu⁴⁴ mɑ⁴⁴ li ã̃⁴⁴ pəŋ⁴⁴ dəʔ⁴。 |
| 09 湖州 | 上通孛⁼得买特⁼一本书，今朝要多买界⁼两本［嘚嗳］。<br>zã̃³³ tʰoŋ³⁵ bəʔ² dəʔ⁵ ma⁵³ dəʔ² ieʔ² pən³³ sʅ³³，kən⁴⁴ tsɔ⁴⁴ iɔ⁵³ dəu³³ ma⁵³ ka³³ li ã̃³³ pən⁴⁴ dɛ³³。 |
| 10 德清 | 上回孛⁼特⁼买⁼特⁼一本书，今朝要多买几本［嘚嗳］。<br>zã̃¹¹ uɛ¹¹ bəʔ² dəʔ³ ma³³ dəʔ² ieʔ⁵ pen³³ sʅ³³，tɕin³³ tsɔ³³ iɔ³³ təu³³ ma³³ tɕi³³ pen³³ dɛ⁰。 |
| 11 武康 | 上卯孛⁼特⁼买特⁼一本书，今朝要多买两本［嘚嗳］要。<br>zã̃¹¹ mɔ¹³ bəʔ² dəʔ³ ma⁵³ dəʔ² ieʔ⁵ pin⁵³ sʅ³³，tɕin⁴⁴ tsɔ⁴⁴ iɔ⁴⁴ tu⁴⁴ ma⁴⁴ liã⁴⁴ pin⁴⁴ dɛ⁴⁴ iɔ³¹。 |
| 12 安吉 | 上次只买嘚一本书，今朝是要多买几本嘞。<br>zɔ̃²⁴ tsʰʅ⁵² tsəʔ⁵ ma⁵² təʔ⁰ iɛʔ⁵ pəŋ⁵² sʅ²²，kəŋ⁵⁵ tsɔ⁵⁵ zʅ²¹ iɔ³²⁴ tʊ⁵⁵ ma⁵² tɕi⁵² pəŋ⁵² le⁰。 |
| 13 孝丰 | 上通只买了一本书，今朝要多买几本。<br>zɔ̃²⁴ tʰoŋ⁴⁴ tsəʔ⁵ ma⁵² ləʔ⁰ ieʔ⁵ pəŋ⁵² sʅ⁴⁴，kəŋ⁴⁴ tsɔ⁴⁴ iɔ³²⁴ tu⁴⁴ ma⁴⁵ tɕi⁵² pəŋ²¹。 |
| 14 长兴 | 上通是我只买了一本书，今朝要多买两本嘞。<br>zɔ̃²⁴ tʰoŋ³²⁴ zəʔ² ŋ⁵² tsəʔ⁵ ma⁵² ləʔ⁰ iɛʔ² pəŋ⁵² sʅ⁴⁴，tsəŋ⁴⁴ tsɔ⁴⁴ iɔ³² təu⁴⁴ ma⁵² li ã⁴⁵ pəŋ⁵² lɛ⁰。 |
| 15 余杭 | 上一回只有买嘚一本书，今朝要多买两本［嘚嗳］。<br>zã̃³³ ieʔ⁵ uɛ³¹ tsəʔ⁵ iɤ⁵³ ma⁵³ təʔ⁵ ieʔ⁵ piŋ⁵³ sʅ⁵⁵，kiŋ⁵⁵ tsɔ⁵⁵ iɔ⁵³ tu⁵⁵ ma⁵⁵ n̠i ã̃³³ piŋ⁵⁵ dɛ³³。 |

续表

| 方言点 | 0050 上次只买了一本书，今天要多买几本。 |
|---|---|
| 16 临安 | 上回就买嘞一本书，今朝要多买几本。<br>zɑ̃¹³ uɛ³⁵ dʑyœ³¹ ma³³ lɐʔ² ieʔ⁵ peŋ⁵³ ɕy⁵³ ，keŋ⁵³ tsɔ⁵⁵ iɔ⁵⁵ tuo⁵³ ma³³ tɕi³³ peŋ⁰ 。 |
| 17 昌化 | 上回几⁼买着一本书，今朝要多买几本。<br>zɔ̃²³ uei⁴⁵ tɕi⁴⁵ ma²⁴ zaʔ² ieʔ⁵ peŋ⁴⁵ ɕy³³⁴ ，kəŋ³³ tsɔ⁴⁵ iɔ²⁴ tu³³ ma²⁴ tɕi⁴⁵ pəŋ⁵³ 。 |
| 18 於潜 | 头回买了一本书，今朝想多买两本。<br>diəu²² ue²⁴ ma⁵³ liəu²² ieʔ⁵³ peŋ⁵³ ɕy⁴³³ ，keŋ⁴³ tsɔ⁴³³ ɕiaŋ⁵³ tu⁴³³ ma⁵³ liaŋ⁵³ peŋ³¹ 。 |
| 19 萧山 | 上卯结⁼买嘞一本书，午⁼朝要多买几本。<br>zɔ̃¹³ mɔ³³ tɕieʔ⁵ ma³³ ləʔ²¹ ieʔ⁵ peŋ³³ sʅ²¹ ，ŋ³³ tsɔ³³ iɔ³³ to³³ ma¹³ tɕi⁴² pəŋ²¹ 。 |
| 20 富阳 | 上码子只买嘞一本书，今朝要多买两本。<br>zɑ̃²²⁴ mo²²⁴ tsʅ⁰ tsɛʔ⁵ ma²²⁴ lɛʔ⁰ ieʔ⁵ pən⁴²³ ɕy⁵³ ，kin⁵⁵ tsɔ⁵⁵ iɔ³³⁵ tʊ⁵⁵ ma²²⁴ liɑ̃²²⁴ pən⁰ 。 |
| 21 新登 | 上回只买嘞一本书，今朝要多买几本。<br>zɑ̃²¹ ue¹³ tsaʔ⁵ ma³³⁴ laʔ⁰ iəʔ⁵ peiŋ³³⁴ sʮ⁵³ ，tɕeiŋ⁵³ tsɔ³³⁴ iɔ⁴⁵ tu⁵³ ma³³⁴ tɕi³³⁴ peiŋ⁴⁵ 。 |
| 22 桐庐 | 上卯只买嘞一本书，今朝要多买几本。<br>zã¹³ mɔ⁵⁵ tsəʔ⁵ mʌ⁴² ləʔ⁰ iəʔ⁵ pəŋ³³ ɕy⁴² ，kəŋ³³ tsɔ³³ iɔ³³ du³³ mʌ³³ tɕi³³ pəŋ²¹ 。 |
| 23 分水 | 前头我只买了一本书，今朝我要多买几本。<br>dziɛ̃²¹ dɤ²⁴ ŋo⁴⁴ tsʮ⁴⁴ mɛ⁵³ laʔ⁰ iəʔ⁵ pən⁵³ ɕy⁴⁴ ，kən⁴⁴ tsɔ³³ ŋo⁴⁴ iɔ²¹ to⁴⁴ mɛ⁵³ tɕi⁴⁴ pən⁵³ 。 |
| 24 绍兴 | 上卯就买了一本书，今朝多买几本。<br>zaŋ²² mɔ²² tɕiɤ³³ ma⁴² ləʔ⁰ ieʔ³ pẽ³⁴ ɕy⁵³ ，tɕiŋ³³ tsɔ³³ to⁴⁴ ma³³ tɕi³³ pẽ³³⁴ 。 |
| 25 上虞 | 上滑⁼救⁼买滴⁼一本书，今朝要多买几本带⁼来。<br>zɔ̃²¹ uəʔ² tɕi⁵⁵ ma²¹ tiəʔ² iəʔ² pəŋ³³ ɕy³³ ，tɕiŋ³³ tsɔ³³ iɔ³³ tʊ³³ ma²¹ tɕi³³ pəŋ⁰ ta⁵⁵ le⁰ 。 |
| 26 嵊州 | 上边子买得一本书册去货⁼，今朝要多买两本去带⁼来。<br>zaŋ²⁴ piẽ⁴⁴ tsʅ³¹ ma²⁴ təʔ³ ieʔ³ peŋ³³ sʅ⁵³ tshəʔ⁵ tɕhi³³ ho³¹ ，tɕiŋ⁵³ tsɔ⁴⁴ iɔ³³ to⁵³ ma⁴⁴ liaŋ³³ peŋ³³ tɕhi³³ ta³³ lɛ³¹ 。 |
| 27 新昌 | 我上边买得一本书册货⁼，今日间我想多买两本。<br>ŋɤ²³² zaŋ²² piɛ̃⁵³ ma²³² teʔ³ iʔ³ peŋ⁵³ sʅ³³ tshaʔ⁵ hɤ³³⁵ ，tɕiŋ³³ neʔ⁵ kɛ̃³³ ŋɤ²³² ɕiaŋ³³ tɤ⁵³ ma⁴⁵ liaŋ³³ peŋ³¹ 。 |
| 28 诸暨 | 上卯接⁼买嘚一本书，真⁼朝要多买几本。<br>zã¹³ mɔ³³ tɕieʔ⁵ mʌ³³ təʔ²¹ ieʔ⁵ pen⁴² ɕy²¹ ，tsen⁴² tsɔ⁴² iɔ⁴² tɤu⁴² mʌ¹³ tʃʅ²¹ pɛn²¹ 。 |
| 29 慈溪 | 上回只买勒一本书，基⁼梅⁼子要多买几本。<br>zɔ̃¹¹ ue¹³ tɕyoʔ⁵ ma¹³ taʔ² iəʔ² pəŋ³⁵ sɥ³ ，tɕi³³ me¹³ tsʅ⁰ iɔ⁴⁴ təu³³ ma¹³ tɕi³³ pəŋ⁰ 。 |
| 30 余姚 | 上回只买勒一本书，基⁼末⁼要多买几本。<br>zəŋ¹³ ue¹³ tɕyoʔ⁵ ma¹³ laʔ² iəʔ⁵ pẽ³⁴ sɥ⁴⁴ ，tɕi⁴⁴ miəʔ⁵ iɔ⁴⁴ tou⁴⁴ ma¹³ tɕi³⁴ pẽ⁰ 。 |

续表

| 方言点 | 0050 上次只买了一本书，今天要多买几本。 |
|---|---|
| 31 宁波 | 上卯只买嘞一本书，今密＝要多买两本。<br>zɔ̃¹³ mɔ⁰ tɕie⁵ ma¹³ laʔ² iə⁵ pəŋ³⁵ sʯ⁴⁴ ，tɕiŋ⁴⁴ mieʔ² io⁴⁴ təu⁴⁴ ma¹³ lia¹³ pəŋ⁰ 。 |
| 32 镇海 | 上回只买勒一本书，今末＝要多买几本。<br>zɔ̃²⁴ uei⁰ tɕie⁵ ma²⁴ laʔ¹² ie⁵ pəŋ³³ sʯ³³ ，tɕiŋ³³ maʔ¹² io³³ təu³³ ma²⁴ tɕi³⁵ pəŋ⁰ 。 |
| 33 奉化 | 上回只买勒一本书，今密＝要多买几本。<br>zɔ̃³³ uei⁰ tɕiɪ⁵ ma³³ laʔ² iɪ⁵ pəŋ⁴⁴ sʯ⁴⁴ ，tɕiŋ⁴⁴ miɪʔ² iɔ⁴⁴ təu⁴⁴ ma³³ tɕi⁴⁴ pəŋ⁰ 。 |
| 34 宁海 | 上回□买来一本书，今明＝要多买两本。<br>zɔ̃²² uei⁰ beʔ³ ma²² lei⁰ iəʔ³ pəŋ⁵³ sʯ³³ ，tɕiŋ³³ miŋ²⁴ ieu³³ təu³³ ma²² liã̃² pəŋ⁰ 。 |
| 35 象山 | 上卯只买嘞一本书，今密＝要多买几本。<br>zɔ̃¹³ mɔ⁰ tse⁵ ma³¹ laʔ² ie⁵ pəŋ⁴⁴ sʯ⁴⁴ ，tɕiŋ⁴⁴ mieʔ² io⁴⁴ təu⁴⁴ ma³¹ tɕi³⁵ pəŋ⁰ 。 |
| 36 普陀 | 上忙＝只买了一本书，今末＝子要多买几本。<br>zɔ̃²³ mɔ̃³³ tɕiɛʔ⁵ ma³³ ləʔ⁰ iəʔ³ pəŋ⁵⁵ sʯ⁵³ ，tɕiɛʔ³ mɐʔ⁵ tsɿ⁰ io³³ təu³³ ma⁵⁵ tɕi⁰ pəŋ⁰ 。 |
| 37 定海 | 上回是只买了一本书，今末＝要多买两本。<br>zɔ̃²³ uɐi⁰ zɿ²³ tɕiʔ⁰ ma³³ ləʔ⁰ ieʔ³ pəŋ⁴⁵ sʯ⁵² ，tɕiʔ³ mɐʔ⁰ io³³ dʌu⁴⁴ ma⁴⁴ liã⁰ pəŋ⁰ 。 |
| 38 岱山 | 上回只只买了一本书，今末＝我多买两本。<br>zɔ̃¹¹ uɐi³³ tɕie⁵ tɕie⁰ ma³³ ləʔ⁰ ieʔ³ pəŋ⁴⁵ sʯ⁵² ，tɕiʔ⁵ mɐʔ⁰ ŋo²³ tʌu⁵² ma¹¹ liã⁰ pəŋ⁰ 。 |
| 39 嵊泗 | 上回我只买了一本书，今末＝要多买两本。<br>zɔ̃¹¹ uɐi²⁴ ŋo³⁴ tɕiɛʔ³ ma³³ ləʔ⁰ iɛʔ³ pəŋ⁴⁴ sʯ⁵³ ，tɕiɛʔ³ mɐʔ⁰ io³³ tʌu⁴⁴ ma⁵³ liã⁰ pəŋ⁰ 。 |
| 40 临海 | 上套书菊＝买了一本，基＝日儿要多买两本。<br>zɔ̃²² tʰɔ⁵⁵ ɕy³¹ tɕy⁵ ma⁵² ləʔ⁰ ieʔ³ pəŋ³⁵³ ，tɕi³³ niŋ⁵¹ iə³¹ to³¹ ma⁵² liã⁴² pəŋ⁵² 。 |
| 41 椒江 | 上套只一本书买来，基＝日儿要多买几本。<br>zɔ̃²² tʰɔ⁵⁵ tɕiʔ³ ieʔ³ pəŋ³⁵ sʯ⁴² ma⁴² ləʔ⁰ ，tɕi³³ niŋ⁴¹ ieʔ³ təu³³ ma⁴² tɕi⁴² pəŋ⁴² 。 |
| 42 黄岩 | 上套只一本书买来，基＝日儿要多买两本。<br>zɔ̃¹³ tʰɔ⁵⁵ tɕiʔ³ ieʔ³ pən³⁵ sʯ³² ma⁴² le⁰ ，tɕi³³ nin⁴¹ ieʔ³ tou³³ ma⁴² liã⁴² pən⁴² 。 |
| 43 温岭 | 上范＝便只一本书买来，己＝日儿要多顶买两本来。<br>zɔ̃¹³ vɛ⁴¹ beʔ³ tsɿ⁵¹ iʔ³ pən⁵¹ ɕy³³ ma⁴² le³¹ ，tɕi⁴² nin⁴¹ iʔ³ tu³³ tin⁴² ma⁴² ɲia⁴² pən⁴² le³¹ 。 |
| 44 仙居 | 上套便买了一本书，今日要多买两本。<br>zia³³ tʰɐu⁵³ baʔ²³ ma³¹ ləʔ⁰ iəʔ³ ɓen⁵³ ɕy⁰ ，tɕin³³ niəʔ⁵ iəʔ³ ɗo³³ ma³¹ lia²⁴ ɓen⁰ 。 |
| 45 天台 | 上套书只买来一本，今日儿要多买几本。<br>zɔ̃²¹ tʰau⁵¹ ɕy³³ tɕiəʔ⁵ ma²¹ lei⁰ iəʔ¹ pəŋ³²⁵ ，kiŋ³³ niŋ³¹ ieu³³ tou³³ ma³³ ki³² pəŋ⁰ 。 |

续表

| 方言点 | 0050 上次只买了一本书，今天要多买几本。 |
|---|---|
| 46 三门 | 上趟只买了一本书，今日儿要多买两本书。<br>zɔ²³ tʰɔ⁵⁵ tsɐʔ⁵ ma³² ləʔ⁰ ieʔ³ pəŋ³²⁵ sʮ³³⁴，tɕiŋ³³ niŋ⁵² iɑu⁵⁵ tʊ³³ ma³² li ã³² pəŋ³² sʮ³³⁴。 |
| 47 玉环 | 上遍只一本书买来，基⁼日儿要多买几本。<br>zɔ̃²² pie⁵⁵ tsʅ⁵⁵ ieʔ³ pəŋ⁵³ ɕy⁴² ma⁵³ le³¹，tɕi⁴² n̩iŋ⁴¹ ieʔ³ təu⁴² ma⁴² tɕi⁵³ pəŋ⁴²。 |
| 48 金华 | 上趟就买了一本书，今日儿要多买两本。<br>ʑiaŋ¹⁴ tʰ aŋ⁰ ʑiu¹⁴ ma⁵⁵ ləʔ⁰ ieʔ³ pəŋ⁵⁵ ɕy³³⁴，tɕiŋ³³ n̩i⁵⁵ iao³³ tuɤ³³ mɑ⁵³⁵ liaŋ⁵⁵ pəŋ³³⁴。 |
| 49 汤溪 | 上回竹⁼买一本书，今日多买几本。<br>ʑiɔ¹¹ ue⁵² tɕiou⁵⁵ ma¹¹³ iei⁵² mã⁵² ɕy²⁴，ka³³ n̩iei¹¹³ tuɤ²⁴ ma¹¹³ tɕi⁵² mã⁵²。 |
| 50 兰溪 | 上回就买来一本书，今日要多买两本。<br>ʑiaŋ²⁴ ue⁰ ʑiəu²⁴ mei²⁴ ma⁵⁵ le⁰ ieʔ³⁴ pæ⁴⁵ ɕy³³⁴，tɕiəʔ³⁴ n̩ieʔ¹² iɔ³³⁴ tuɤ³³⁴ ma⁴⁵ liaŋ⁴⁵ pæ̃⁰。 |
| 51 浦江 | 头回只买了一本书，今日要多买两本。<br>dɤ³³ ua³³⁴ tsɛ⁵⁵ ma¹¹ laʔ⁰ ieʔ³³ pən³³ ɕy⁵³⁴，tɕiən³³ n̩iə³³⁴ i⁵⁵ tɯ⁵⁵ ma²⁴ lyõ³³ pən³³⁴。 |
| 52 义乌 | 头次只买来一本书，今日要多买几本。<br>dɐu²² tsʰʅ⁴⁵ tsai⁴² ma³¹ le³³ iəʔ³ mən⁴⁵ ɕy³³，tɕiən³³ nai⁴⁵ ie³³ tu ɤ³³ ma⁴⁵ tɕi³³ mən³³。 |
| 53 东阳 | 头套买了一本书，格套我多买两本。<br>dəu²²³ tʰ ɐɯ³³ ma²³¹ lɐ²² ieʔ³⁴ pən²⁴ sʅ³³，kɐ⁴⁴ tʰ ɐɯ³³ ŋʊ²⁴ tʊ³³ ma²³¹ liɔ³³ pɐn³³。 |
| 54 永康 | 头次只买一本书东西，够⁼日乐多买两本。<br>dəu³¹ tsʰʅ³³ tsɛi⁵² mia¹¹³ ie³³ mən³³ ɕy⁵⁵ noŋ³³ ɕie⁵⁵，kɯ³³ n̩iə¹¹³ ŋau³¹ ɗuo⁵⁵ mia¹¹³ liaŋ³³ mən⁵²。 |
| 55 武义 | 上次只买嘞一本书，格日乐多买两本罢。<br>ʑiaŋ³²⁴ tsʰʅ⁵³ tsəʔ⁵ mia¹³ ləʔ⁰ iəʔ⁵ men⁵³ ɕy³²⁴，kəʔ⁵ nə⁰ ŋau⁵⁵ luo²⁴ mia¹³ liaŋ⁵⁵ men⁵³ ba⁰。 |
| 56 磐安 | 上趟只买了一本书，今日儿乐多买几本。<br>dziɐ¹⁴ tʰ o⁵⁵ tsɛi⁵⁵ ma³³ aʔ⁰ ie³³ pɐn⁵⁵ ɕy³³，tɕiɐn³³ nen¹⁴ ŋɔ³³ tuɤ⁴⁴⁵ ma³³ tɕi³³ pɐn⁵²。 |
| 57 缙云 | 头回便只买落一本书，今日乐买多两本。<br>diuŋ²⁴³ uei⁴⁵³ biɛ²¹ tsʅ⁵¹ ma²¹ lɔ⁰ iei⁴⁴ pɛŋ⁵¹ sʮ⁴⁴，kei⁴⁴ n̩iei⁴⁵ ŋɔ²¹³ ma²¹ tu⁴⁴ lia²¹ pɛŋ³¹。 |
| 58 衢州 | 上次隔⁼本⁼买得一本书，今日要多买几本啦。<br>ʒyã²³¹ tsʰʅ⁵³ kaʔ³ pən³⁵ mɛ²³¹ də⁰ iəʔ³ pən³⁵ ʃy³²，tɕiəʔ⁵ n̩iəʔ¹² iɔ⁵³ tu³² mɛ⁵³ tsʅ³⁵ pən²¹ lɑ⁰。 |
| 59 衢江 | 艺⁼遍得⁼买倒一本书，国⁼日乐多买几本。<br>ŋ³³ pie⁰ təʔ⁵ muo²² tɔ⁰ iəʔ³ pɛ²⁵ ɕyø³³，kuəʔ³ nə⁵ ɔ²⁵ ŋɔ²³¹ tou³³ muo²² kei⁵³ pɛ²⁵。 |

续表

| 方言点 | 0050 上次只买了一本书,今天要多买几本。 |
|---|---|
| 60 龙游 | 上次只买了本书,今日乐多买两本。<br>zã²²tsʰ̩⁵¹tsəʔ⁴mɑ²²⁴ləʔ⁰pən⁵¹ɕy³³⁴ , gɛ²²nəʔ²³ŋɔ²³¹tu³³mɑ²²⁴liã³³pən²¹ 。 |
| 61 江山 | 上次只买着个本书,[乙个]次□多余买几本。<br>dʑiaŋ²²tsʰə⁵¹tsəʔ⁵mɒ²²dəʔ⁰a⁴⁴pɛ̃²⁴ɕiɛ⁴⁴ , ia⁵tsʰə⁴⁴lɯɯ⁴⁴to²⁴yə⁵¹mɒ²²ki²⁴pɛ̃²⁴¹ 。 |
| 62 常山 | 上次只买班⁼一本书,今日罗⁼多买几本。<br>dʑia²²tsʰi⁴⁴tsʔ⁵mɑ²²pã̃⁰ieʔ⁴pɔ̃⁵²ɕie⁴⁴ , kəʔ⁴nʌʔ⁰lɔ²⁴tɔ⁴⁴mɑ²⁴ke⁴³pɔ̃⁵² 。 |
| 63 开化 | 上巡得⁼买了一本书,乙巡助⁼多买两本。<br>dʑiã²¹³ʑyn⁰təʔ⁵mɑ²¹³ləʔ⁰ieʔ⁴pɛn⁵³ɕie⁴⁴ , iɛʔ⁵ʑyn⁰za²¹³tɔ⁴⁴mɑ²¹lã̃²¹pɛn⁵³ 。 |
| 64 丽水 | 上次只买了一本书,今日乐多买几本。<br>dʑiã̃²¹tsʰ̩⁵²tsəʔ⁴muɔ⁵⁴⁴ləʔ⁰iʔ⁴pe⁴⁴sʅ²²⁴ , kɛ²¹nɛʔ²³ŋə²²tu²²⁴muɔ⁴⁴kɛ⁴⁴pɛ⁵⁴⁴ 。 |
| 65 青田 | 前次新⁼买了一本书,今日爱多买几本。<br>ia²¹tsʰə⁴saŋ⁴⁴⁵mɑ⁵⁵laʔ⁰iɐ⁴ɓaŋ⁴⁵⁴sʅ⁴⁴⁵ , kɛʔ⁴nɛʔ³¹ɛ³³ɗu⁴⁴⁵mɑ⁴⁵⁴kɛ⁴⁵⁴ɓaŋ³³ 。 |
| 66 云和 | 上次最⁼买了一本书,今日乐多买几本。<br>dʑiã̃²²³tsʰ̩⁴⁵tsei⁴⁵mɔ⁴¹laɔ⁰iʔ⁴pe⁴⁴sʅ²⁴ , kɛ²⁴na²³ŋɑɔ²²³tu²⁴mɔ⁴¹ki⁴¹pɛ⁴¹ 。 |
| 67 松阳 | 上次乙⁼买来一本书,今日乐多买几本书。<br>dʑiã̃²¹tsʰəʔ²⁴iʔ⁵ma⁴⁴li³³iʔ³pæ̃²⁴ɕye⁵³ , kæ̃²⁴nəʔ²ŋɔ²²tu⁵³ma²²ki²¹pæ̃²⁴ɕyɛ⁵³ 。 |
| 68 宣平 | 上遍总买一本书,今日乐添买两本去。<br>dʑiã̃²²pie⁵⁵tsən⁴⁴ma²²iəʔ⁴bə²³¹ɕy³² , kəʔ⁵nəʔ⁰ŋə²²tʰie³²⁴ma²²le⁵⁵pə⁴⁴xə⁰ 。 |
| 69 遂昌 | 上次总买了一本书,今日乐多买两本。<br>dʑiaŋ¹³tsʰɤ⁵³tsəŋ⁵³ma¹³ləʔ⁰iʔ³pɛ̃⁵³ɕye⁴⁵ , kɛʔ³nɛʔ⁵ŋɯɯ²¹tu⁴⁵ma¹³lɛ̃⁰pɛ̃⁰ 。 |
| 70 龙泉 | 上次买唠本儿书,今日乐多买两本。<br>dʑiaŋ²²⁴tsʰ̩⁴⁵ma⁵¹laʌ⁰pɯɯ⁴⁴n̩²¹ɕy⁴³⁴ , kɛ⁴³⁴nɛʔ²ŋaʌ²²⁴tou⁴⁴ma⁵¹laŋ²¹pɯɯ⁵¹ 。 |
| 71 景宁 | 上次便买一本书,今日乐加买两本。<br>dʑiɛ¹¹³tsʰ̩³⁵bɛ¹¹³ma³³iʔ³pɒɛ³³ɕy³² , kai⁵⁵nɛʔ²³ŋau¹¹³ko³²ma³³la⁵⁵pɒɛ³³ 。 |
| 72 庆元 | 上次只买了一本书,直⁼日儿乐买多两本。<br>tɕiã̃³¹tsʰ̩¹¹tsɤ⁵⁵ma⁴¹lɒ³³iəɯ⁴ɓã̃³³ɕyɛ³³⁵ , tsʅ²⁴nɛ̃⁵⁵ŋɒ³¹ma²²tɔ³³⁵læ̃²²ɓɛ̃³³ 。 |
| 73 泰顺 | 前□忆⁼买来一本书,吉⁼日乐多买几本。<br>ɕia⁵³tiɑɔ²²i³⁵ma⁵⁵li²¹iɛʔ²pəŋ⁵⁵ɕy²¹³ , tsəi²nɛʔ²ŋɑɔ²²to²¹³ma⁵⁵kɛ⁵⁵pəŋ⁵⁵ 。 |
| 74 温州 | 上遍只买一本书,该日着多买几本。<br>i³¹pi⁵¹tsʅ³²ma¹⁴i³paŋ²⁵sʅ³³ , ke⁴⁵ne²¹²dʑia²²tɤ³³ma²²ke³³paŋ⁰ 。 |
| 75 永嘉 | 前遍我只买一本书,该日着多买两本来。<br>i³¹pi⁵³ŋ¹³tsʅ⁴³ma¹³i⁴³paŋ⁴⁵sʅ⁴⁴ , ke⁴³ne²¹³dʑia²¹təu³³ma²²la²²paŋ⁴⁵lei³¹ 。 |

**续表**

| 方言点 | 0050 上次只买了一本书，今天要多买几本。 |
|---|---|
| 76 乐清 | 上次只买来一本书，个日着多买两本。<br>ziɯʌ²² tsʰ1̩⁴¹ ts1̩⁰ me²⁴ li⁰ i³ paŋ³⁵ sy⁴⁴，kai³⁵ ne²¹² dʑiɯʌ²² to⁴⁴ me²⁴ la²¹ paŋ⁰。 |
| 77 瑞安 | 上遍只买一本书，该日着多买几本。<br>iɛ²² pi⁵³ ts1̩³³ ma¹³ e³ paŋ³⁵ səɯ⁴⁴，ke³ ne²¹² dʑiɔ² tou³³ ma¹³ ke³⁵ paŋ³⁵。 |
| 78 平阳 | 上次总买一本书，该日要多买几本。<br>ie³³ tsʰ1̩³³ tʃoŋ⁴⁵ mʌ⁴⁵ i³³ paŋ³⁵ sɯ²¹，ke⁴⁵ ne²¹ ye³³ tu³³ mʌ³³ ke²¹ paŋ²¹。 |
| 79 文成 | 上次只买一本书，该日乐多买几本。<br>ʑie¹³ tsʰ1̩³³ ts1̩³³ mɔ³³ i²¹ paŋ⁴⁵ səy³³，ke³³ ne³¹ ŋo²¹ tou³³ mɔ³³ ke³³ paŋ⁴²。 |
| 80 苍南 | 前次只买一本书，该日要多买几本。<br>dʑie³¹ tsʰ1̩⁴² ts1̩³ mia⁵³ e³ paŋ⁵³ ɕy⁴⁴，ke³ ne¹¹² yɔ⁴² tu⁴⁴ mia⁵³ ke⁵³ paŋ⁵³。<br>前次只买一本书，该日着多买几本。<br>dʑie³¹ tsʰ1̩⁴² ts1̩³ mia⁵³ e³ paŋ⁵³ ɕy⁴⁴，ke³ ne¹¹² dʑia¹¹ tu⁴⁴ mia⁵³ ke⁵³ paŋ⁵³。 |
| 81 建德<sub>徽</sub> | 上次只买一本书，今朝要多买两本。<br>sɔ²¹ tsʰ1̩³³ ts1̩⁵⁵ mɑ²¹³ iɐʔ⁵ pən²¹ ɕy⁵³，tɕin⁵³ tsɔ²¹³ iɔ³³ tu⁵³ mɑ²¹³ nie⁵⁵ pən⁰。 |
| 82 寿昌<sub>徽</sub> | 上次只买了一本书，今朝要多买两本添。<br>sɑ̃⁵² tsʰ1̩⁵⁵ ts1̩⁵⁵ mɑ⁵² lə⁰ iəʔ³ pen²⁴ ɕy¹¹²，ken¹¹ tsɤ¹¹ iɤ³³ tu¹¹² mɑ⁵² liɑ̃⁵² pen²⁴ tʰi¹¹²。 |
| 83 淳安<sub>徽</sub> | 上一回滴ᵘ买考ᵘ一本书，今朝要多买几本。<br>sɑ̃⁵³ iʔ⁵ ve⁴³⁵ tiʔ⁵ mɑ⁵³ kʰɤ⁵⁵ iʔ⁵ pen⁵⁵ ɕya²⁴，ken²¹ tsɤ²⁴ iɤ²⁴ tu²⁴ mɑ⁵³ tɕi⁵⁵ pen⁰。 |
| 84 遂安<sub>徽</sub> | 上回滴ᵘ买去一本书，今日要多买几本。<br>ɕiɑ̃⁵⁵ vəɯ³³ ti³³ me⁴³ tɕʰiɛ⁴³ i²⁴ paŋ²¹³ ɕy⁵³⁴，kəŋ⁵³⁴ i²⁴ iɔ⁵⁵ təɯ⁵³⁴ me⁴³ ts1̩³³ pəŋ²¹³。 |
| 85 苍南<sub>闽</sub> | 前次总买了蜀本书，今在着加买几本书。<br>tsɯĩ²¹ tsʰɯ²¹ tsɑŋ⁴³ bue³² lə⁰ tɕie²¹ pun⁴³ tsɯ⁵⁵，kɑ̃²⁴ tsai²¹ tio²¹ ke⁵⁵ bue³² kui⁴³ pun⁴³ tsɯ⁵⁵。 |
| 86 泰顺<sub>闽</sub> | 上□□□买蜀本书，今早□爱穧买几本。<br>ɕyo³¹ teu²² tsøʔ³ na⁵³ mei³⁴⁴ ɕiɛʔ³ pɔi³⁴⁴ ɕy²²，kieŋ²¹ tsa³⁴⁴ ɔi⁵³ sei³¹ mei³⁴⁴ ky²¹ pɔi³⁴⁴。 |
| 87 洞头<sub>闽</sub> | 前次只买啦蜀本书，今日着加买几本。<br>tsaĩ²¹ tsʰi²¹ ts1̩²⁴ bue⁵³ la⁰ tɕiek²¹ pɯŋ²¹ ts1̩³³，kĩɑ̃³³ dʑiek²⁴ tieu²¹ ke³³ bue⁵³ kui²¹ pɯŋ²¹。 |
| 88 景宁<sub>畲</sub> | 上回换阿ᵘ一本书，今晡爱多换两本。<br>ɕiaŋ⁵¹ foi⁴⁴ uɔn⁵¹ na⁰ it⁵ puən⁴⁴ ɕy⁴⁴，kin⁴⁴ pu⁴⁴⁵ oi⁴⁴ to⁴⁴ uɔn⁵¹ liɔŋ³²⁵ puən⁴⁴。 |

# 参考文献

鲍士杰　1998　《杭州方言词典》,江苏教育出版社。

北京大学中国语言文学系语言学教研室　1995　《汉语方言词汇》(第二
　　版),语文出版社。

曹志耘　1990　金华汤溪方言帮母端母的读音,《方言》第 1 期。

曹志耘　1993　金华汤溪方言词汇(一),《方言》第 1 期。

曹志耘　1993　金华汤溪方言词汇(二),《方言》第 2 期。

曹志耘　1996　《金华方言词典》,江苏教育出版社。

曹志耘　2001　南部吴语的小称,《语言研究》第 3 期。

曹志耘　2002　《南部吴语语音研究》,商务印书馆。

曹志耘　2006　浙江省的汉语方言,《方言》第 3 期。

曹志耘　2011　吴语汤溪方言合变式小称调的功能,《中国语文》第 4 期。

曹志耘　2014　《汤溪方言民俗图典》,语文出版社。

曹志耘　2017　《徽语严州方言研究》,北京语言大学出版社。

曹志耘、秋谷裕幸、太田斋、赵日新　2000　《吴语处衢方言研究》,(日本)好
　　文出版。

曹志耘等　2016　《吴语婺州方言研究》,商务印书馆。

戴昭铭　2006　《天台方言研究》,中华书局。

方松熹　1993　《舟山方言研究》,社会科学文献出版社。

傅国通　2010　《方言丛稿》,中华书局。

傅国通、方松熹、傅佐之　1992　《浙江方言词》,浙江省语言学会。

傅国通、郑张尚芳　2015　《浙江省语言志》,浙江人民出版社。

傅国通等    1986    吴语的分区(稿),《方言》第 1 期。

黄晓东    2004    《浙江安吉县官话方言岛研究》,北京语言大学博士学位
    论文。

李  荣    1966    温岭方言语音分析,《中国语文》第 1 期。

李  荣    1978    温岭方言的变音,《中国语文》第 2 期。

李  荣    1979    温岭方言的连读变调,《方言》第 1 期。

李  荣    1992    温岭方言的轻声,《方言》第 1 期。

秋谷裕幸    2001    《吴语江山广丰方言研究》,(日本)爱媛大学法文学部综
    合政策学科。

阮咏梅    2013    《温岭方言研究》,中国社会科学出版社。

盛益民、李旭平    2018    《富阳方言研究》,复旦大学出版社

汤珍珠、陈忠敏、吴新贤    1997    《宁波方言词典》,江苏教育出版社。

王福堂    2015    《绍兴方言研究》,语文出版社。

王文胜    2008    《处州方言的地理语言学研究》,中国社会科学出版社。

王文胜    2012    《吴语处州方言的地理比较》,浙江大学出版社。

王文胜    2015    《吴语处州方言的历史比较》,中国社会科学出版社。

温端政    1991    《苍南方言志》,语文出版社。

吴式求    2010    《庆元方言研究》,浙江大学出版社。

夏  吟    2012    《黄岩方言汇编》,中国文联出版社。

徐  越    2015    《钱塘江方言》,杭州出版社。

徐  越    2007    《浙北杭嘉湖方言语音研究》,中国社会科学出版社。

徐  越    2016    《浙江吴音研究》,浙江大学出版社。

颜逸明    2000    《浙南瓯语》,华东师范大学出版社。

游汝杰、杨乾明    1998    《温州方言词典》,江苏教育出版社。

赵普义    2013    《江山方言》,中国文史出版社。

赵元任    1956    《现代吴语的研究》,科学出版社。

郑张尚芳    2008    《温州方言志》,中华书局。

# 附录一 调查点及发音人信息一览表

| 序 | 调查点 | 姓名 | 性别 | 出生年月 | 文化程度 | 职业 |
|---|---|---|---|---|---|---|
| 01 | 杭州 | 周杰人 | 男 | 1957 年 8 月 | 初中 | 保安 |
| 02 | 嘉兴 | 黄永春 | 男 | 1951 年 10 月 | 初中 | 职工 |
| 03 | 嘉善 | 郎国帆 | 男 | 1964 年 9 月 | 初中 | 职员 |
| 04 | 平湖 | 龚国铭 | 男 | 1951 年 12 月 | 大专 | 教师 |
| 05 | 海盐 | 王国翼 | 男 | 1952 年 1 月 | 大学 | 教师 |
| 06 | 海宁 | 徐伟平 | 男 | 1953 年 7 月 | 初中 | 职工 |
| 07 | 桐乡 | 姚文洲 | 男 | 1955 年 10 月 | 高中 | 文艺工作者 |
| 08 | 崇德 | 杜秋熊 | 男 | 1950 年 9 月 | 初中 | 职工 |
| 09 | 湖州 | 冯伟民 | 男 | 1955 年 12 月 | 高中 | 职工 |
| 10 | 德清 | 余敏强 | 男 | 1961 年 10 月 | 高中 | 职工 |
| 11 | 武康 | 凌志国 | 男 | 1958 年 7 月 | 高中 | 职工 |
| 12 | 安吉 | 章云天 | 男 | 1948 年 4 月 | 小学 | 农民 |
| 13 | 孝丰 | 刘勤 | 男 | 1951 年 9 月 | 大专 | 教师 |
| 14 | 长兴 | 乔纪良 | 男 | 1950 年 3 月 | 大专 | 职工 |
| 15 | 余杭 | 叶天法 | 男 | 1952 年 8 月 | 小学 | 职工 |
| 16 | 临安 | 王炳南 | 男 | 1958 年 9 月 | 高中 | 职工 |
| 17 | 昌化 | 张南云 | 男 | 1961 年 3 月 | 高中 | 基层干部 |
| 18 | 於潜 | 潘敏 | 男 | 1956 年 7 月 | 初中 | 职工 |
| 19 | 萧山 | 吴怀德 | 男 | 1960 年 4 月 | 初中 | 职工 |

**续表**

| 序 | 调查点 | 姓名 | 性别 | 出生年月 | 文化程度 | 职业 |
|---|---|---|---|---|---|---|
| 20 | 富阳 | 唐正元 | 男 | 1959 年 4 月 | 小学 | 自由职业者 |
| 21 | 新登 | 吴新人 | 男 | 1955 年 10 月 | 高中 | 基层干部 |
| 22 | 桐庐 | 林胜华 | 男 | 1956 年 12 月 | 高中 | 职工 |
| 23 | 分水 | 邱水明 | 男 | 1954 年 6 月 | 高中 | 职工 |
| 24 | 绍兴 | 杨永祥 | 男 | 1952 年 7 月 | 初中 | 营业员 |
| 25 | 上虞 | 俞夫根 | 男 | 1956 年 4 月 | 高中 | 基层干部 |
| 26 | 嵊州 | 钱樟明 | 男 | 1958 年 6 月 | 初中 | 自由职业者 |
| 27 | 新昌 | 俞魁忠 | 男 | 1955 年 9 月 | 初中 | 职工 |
| 28 | 诸暨 | 朱雷 | 男 | 1952 年 6 月 | 初中 | 职工 |
| 29 | 慈溪 | 叶爱银 | 男 | 1946 年 8 月 | 初中 | 基层干部 |
| 30 | 余姚 | 周凤朝 | 男 | 1955 年 10 月 | 大专 | 基层干部 |
| 31 | 宁波 | 方芝萍 | 男 | 1954 年 3 月 | 大专 | 职工 |
| 32 | 镇海 | 竺联民 | 男 | 1957 年 6 月 | 高中 | 工商业者 |
| 33 | 奉化 | 陈撷平 | 男 | 1955 年 3 月 | 初中 | 职工 |
| 34 | 宁海 | 丁良荣 | 男 | 1952 年 11 月 | 初中 | 职工 |
| 35 | 象山 | 蒋明杨 | 男 | 1963 年 10 月 | 大专 | 基层干部 |
| 36 | 普陀 | 周海儿 | 男 | 1958 年 11 月 | 高中 | 保安 |
| 37 | 定海 | 刘汉龙 | 男 | 1956 年 10 月 | 初中 | 职工 |
| 38 | 岱山 | 徐国平 | 男 | 1956 年 8 月 | 中专 | 教师 |
| 39 | 嵊泗 | 邵金坤 | 男 | 1950 年 9 月 | 中专 | 基层干部 |
| 40 | 临海 | 沈建中 | 男 | 1956 年 7 月 | 中专 | 基层干部 |
| 41 | 椒江 | 张鸣 | 男 | 1955 年 1 月 | 大专 | 基层干部 |
| 42 | 黄岩 | 董济忠 | 男 | 1955 年 7 月 | 初中 | 职工 |
| 43 | 温岭 | 王根土 | 男 | 1946 年 10 月 | 初中 | 记者 |
| 44 | 仙居 | 张真弟 | 男 | 1956 年 9 月 | 初中 | 农民 |
| 45 | 天台 | 袁相爱 | 男 | 1951 年 12 月 | 初中 | 驾驶员 |

| 序 | 调查点 | 姓名 | 性别 | 出生年月 | 文化程度 | 职业 |
|---|---|---|---|---|---|---|
| 46 | 三门 | 郑志青 | 男 | 1960 年 1 月 | 高中 | 职工 |
| 47 | 玉环 | 张崇利 | 男 | 1953 年 10 月 | 高中 | 建筑工程管理 |
| 48 | 金华 | 汪新潮 | 男 | 1949 年 5 月 | 高中 | 工商业者 |
| 49 | 汤溪 | 魏雪清 | 男 | 1954 年 12 月 | 小学 | 工商业者 |
| 50 | 兰溪 | 王文荣 | 男 | 1952 年 12 月 | 初中 | 职工 |
| 51 | 浦江 | 应 平 | 男 | 1955 年 10 月 | 小学 | 农民 |
| 52 | 义乌 | 陈雄文 | 男 | 1962 年 8 月 | 高中 | 自由职业者 |
| 53 | 东阳 | 蒋文星 | 男 | 1953 年 8 月 | 初中 | 农民 |
| 54 | 永康 | 胡仲继 | 男 | 1954 年 4 月 | 小学 | 自由职业者 |
| 55 | 武义 | 项 琳 | 男 | 1959 年 10 月 | 初中 | 财会人员 |
| 56 | 磐安 | 陈德品 | 男 | 1956 年 9 月 | 中师 | 教师 |
| 57 | 缙云 | 黄国盛 | 男 | 1954 年 10 月 | 初中 | 自由职业者 |
| 58 | 衢州 | 郑文奎 | 男 | 1952 年 6 月 | 初中 | 职工 |
| 59 | 衢江 | 程明洪 | 男 | 1963 年 1 月 | 初中 | 农民 |
| 60 | 龙游 | 陈玉柱 | 男 | 1953 年 9 月 | 初中 | 财会人员 |
| 61 | 江山 | 蔡秉洪 | 男 | 1954 年 1 月 | 高小 | 职工 |
| 62 | 常山 | 王生根 | 男 | 1952 年 9 月 | 初中 | 职工 |
| 63 | 开化 | 凌润初 | 男 | 1960 年 3 月 | 初中 | 营业员 |
| 64 | 丽水 | 何卫军 | 男 | 1956 年 3 月 | 中专 | 教师 |
| 65 | 青田 | 姚观遇 | 男 | 1961 年 11 月 | 高中 | 农民 |
| 66 | 云和 | 邱裕森 | 男 | 1952 年 9 月 | 初中 | 农民 |
| 67 | 松阳 | 刘志宏 | 男 | 1963 年 9 月 | 大专 | 工商业者 |
| 68 | 宣平 | 何新海 | 男 | 1956 年 9 月 | 初中 | 农民 |
| 69 | 遂昌 | 郭雄飞 | 男 | 1961 年 5 月 | 大专 | 教师 |
| 70 | 龙泉 | 沈光寅 | 男 | 1949 年 4 月 | 小学 | 职工 |
| 71 | 景宁 | 洪卫东 | 男 | 1958 年 10 月 | 初中 | 农民 |

**续表**

| 序 | 调查点 | 姓名 | 性别 | 出生年月 | 文化程度 | 职业 |
|---|---|---|---|---|---|---|
| 72 | 庆元 | 李成山 | 男 | 1951 年 12 月 | 小学 | 农民 |
| 73 | 泰顺 | 卢亦挺 | 男 | 1948 年 12 月 | 本科 | 教师 |
| 74 | 温州 | 潘亮 | 男 | 1947 年 1 月 | 中专 | 基层干部 |
| 75 | 永嘉 | 杜培飞 | 男 | 1953 年 12 月 | 小学 | 手工业者 |
| 76 | 乐清 | 周滇生 | 男 | 1949 年 9 月 | 大专 | 教师 |
| 77 | 瑞安 | 徐金川 | 男 | 1959 年 5 月 | 小学 | 农民 |
| 78 | 平阳 | 刘昌馀 | 男 | 1962 年 5 月 | 初中 | 职工 |
| 79 | 文成 | 周安定 | 男 | 1953 年 11 月 | 小学 | 职工 |
| 80 | 苍南 | 陈舜远 | 男 | 1958 年 9 月 | 大专 | 教师 |
| 81 | 建德<sub>徽</sub> | 胡尚武 | 男 | 1942 年 12 月 | 小学 | 职工 |
| 82 | 寿昌<sub>徽</sub> | 邓双林 | 男 | 1951 年 5 月 | 小学 | 职工 |
| 83 | 淳安<sub>徽</sub> | 应陶明 | 男 | 1950 年 3 月 | 初中 | 基层干部 |
| 84 | 遂安<sub>徽</sub> | 毛立忠 | 男 | 1962 年 2 月 | 高中 | 职工 |
| 85 | 苍南<sub>闽</sub> | 宋显炸 | 男 | 1960 年 10 月 | 小学 | 农民 |
| 86 | 泰顺<sub>闽</sub> | 董直善 | 男 | 1963 年 12 月 | 高中 | 基层干部 |
| 87 | 洞头<sub>闽</sub> | 林忠营 | 男 | 1958 年 8 月 | 高中 | 基层干部 |
| 88 | 景宁<sub>畲</sub> | 雷松林 | 男 | 1950 年 9 月 | 中专 | 教师 |

# 附录二　方言点及撰稿人信息一览表

| 序号 | 方言点 | 地级市 | 方言区 | 方言片 | 方言小片 | 撰稿人 | 单位 |
|---|---|---|---|---|---|---|---|
| 01 | 杭州 | 杭州 | 吴语 | 太湖 | 杭州 | 王文胜 | 浙江师范大学 |
| 02 | 嘉兴 | 嘉兴 | 吴语 | 太湖 | 苏嘉湖 | 孙宜志 | 杭州师范大学 |
| 03 | 嘉善 | 嘉兴 | 吴语 | 太湖 | 苏嘉湖 | 徐越 | 杭州师范大学 |
| 04 | 平湖 | 嘉兴 | 吴语 | 太湖 | 苏嘉湖 | 张薇 | 杭州师范大学 |
| 05 | 海盐 | 嘉兴 | 吴语 | 太湖 | 苏嘉湖 | 张薇 | 杭州师范大学 |
| 06 | 海宁 | 嘉兴 | 吴语 | 太湖 | 苏嘉湖 | 徐越 | 杭州师范大学 |
| 07 | 桐乡 | 嘉兴 | 吴语 | 太湖 | 苏嘉湖 | 张薇 | 杭州师范大学 |
| 08 | 崇德 | 嘉兴 | 吴语 | 太湖 | 苏嘉湖 | 张薇 | 杭州师范大学 |
| 09 | 湖州 | 湖州 | 吴语 | 太湖 | 苏嘉湖 | 徐越 | 杭州师范大学 |
| 10 | 德清 | 湖州 | 吴语 | 太湖 | 苏嘉湖 | 徐越 | 杭州师范大学 |
| 11 | 武康 | 湖州 | 吴语 | 太湖 | 苏嘉湖 | 徐越 | 杭州师范大学 |
| 12 | 安吉 | 湖州 | 吴语 | 太湖 | 苏嘉湖 | 赵翠阳 叶晗 | 浙江科技学院 |
| 13 | 孝丰 | 湖州 | 吴语 | 太湖 | 苏嘉湖 | 叶晗 赵翠阳 | 浙江科技学院 |
| 14 | 长兴 | 湖州 | 吴语 | 太湖 | 苏嘉湖 | 赵翠阳 叶晗 | 浙江科技学院 |
| 15 | 余杭 | 杭州 | 吴语 | 太湖 | 苏嘉湖 | 徐越 | 杭州师范大学 |
| 16 | 临安 | 杭州 | 吴语 | 太湖 | 临绍 | 徐越 | 杭州师范大学 |
| 17 | 昌化 | 杭州 | 吴语 | 太湖 | 临绍 | 赵翠阳 | 浙江科技学院 |

**续表**

| 序号 | 方言点 | 地级市 | 方言区 | 方言片 | 方言小片 | 撰稿人 | 单位 |
|---|---|---|---|---|---|---|---|
| 18 | 於潜 | 杭州 | 吴语 | 太湖 | 临绍 | 胡云晚 程永艳 | 浙江科技学院 |
| 19 | 萧山 | 杭州 | 吴语 | 太湖 | 临绍 | 孙宜志 | 杭州师范大学 |
| 20 | 富阳 | 杭州 | 吴语 | 太湖 | 临绍 | 吴众 | 浙江科技学院 |
| 21 | 新登 | 杭州 | 吴语 | 太湖 | 临绍 | 吴众 | 浙江科技学院 |
| 22 | 桐庐 | 杭州 | 吴语 | 太湖 | 临绍 | 孙宜志 | 杭州师范大学 |
| 23 | 分水 | 杭州 | 吴语 | 太湖 | 临绍 | 许巧枝 | 湖州师范学院 |
| 24 | 绍兴 | 绍兴 | 吴语 | 太湖 | 临绍 | 施俊 | 绍兴文理学院 |
| 25 | 上虞 | 绍兴 | 吴语 | 太湖 | 临绍 | 肖萍 | 宁波大学 |
| 26 | 嵊州 | 绍兴 | 吴语 | 太湖 | 临绍 | 施俊 | 绍兴文理学院 |
| 27 | 新昌 | 绍兴 | 吴语 | 太湖 | 临绍 | 施俊 | 绍兴文理学院 |
| 28 | 诸暨 | 绍兴 | 吴语 | 太湖 | 临绍 | 孙宜志 | 杭州师范大学 |
| 29 | 慈溪 | 宁波 | 吴语 | 太湖 | 临绍 | 肖萍 | 宁波大学 |
| 30 | 余姚 | 宁波 | 吴语 | 太湖 | 临绍 | 肖萍 | 宁波大学 |
| 31 | 宁波 | 宁波 | 吴语 | 太湖 | 甬江 | 肖萍 | 宁波大学 |
| 32 | 镇海 | 宁波 | 吴语 | 太湖 | 甬江 | 肖萍 | 宁波大学 |
| 33 | 奉化 | 宁波 | 吴语 | 太湖 | 甬江 | 肖萍 | 宁波大学 |
| 34 | 宁海 | 宁波 | 吴语 | 太湖 | 甬江 | 肖萍 | 宁波大学 |
| 35 | 象山 | 宁波 | 吴语 | 太湖 | 甬江 | 肖萍 | 宁波大学 |
| 36 | 普陀 | 舟山 | 吴语 | 太湖 | 甬江 | 王文胜 | 浙江师范大学 |
| 37 | 定海 | 舟山 | 吴语 | 太湖 | 甬江 | 徐波 | 浙江海洋大学 |
| 38 | 岱山 | 舟山 | 吴语 | 太湖 | 甬江 | 徐波 | 浙江海洋大学 |
| 39 | 嵊泗 | 舟山 | 吴语 | 太湖 | 甬江 | 陈筱姁 | 舟山市普陀区商务局 |
| 40 | 临海 | 台州 | 吴语 | 台州 | | 丁薇 卢笑予 | 宁波大学 北京师范大学 |
| 41 | 椒江 | 台州 | 吴语 | 台州 | | 阮咏梅 | 宁波大学 |

续表

| 序号 | 方言点 | 地级市 | 方言区 | 方言片 | 方言小片 | 撰稿人 | 单位 |
|------|--------|--------|--------|--------|----------|--------|------|
| 42 | 黄岩 | 台州 | 吴语 | 台州 | | 阮咏梅 | 宁波大学 |
| 43 | 温岭 | 台州 | 吴语 | 台州 | | 阮咏梅 | 宁波大学 |
| 44 | 仙居 | 台州 | 吴语 | 台州 | | 黄晓东 | 北京语言大学 |
| 45 | 天台 | 台州 | 吴语 | 台州 | | 肖萍 丁薇 | 宁波大学 |
| 46 | 三门 | 台州 | 吴语 | 台州 | | 赵翠阳 叶晗 | 浙江科技学院 |
| 47 | 玉环 | 台州 | 吴语 | 台州 | | 阮咏梅 | 宁波大学 |
| 48 | 金华 | 金华 | 吴语 | 金衢 | | 黄晓东 | 北京语言大学 |
| 49 | 汤溪 | 金华 | 吴语 | 金衢 | | 宋六旬 | 嘉兴学院 |
| 50 | 兰溪 | 金华 | 吴语 | 金衢 | | 吴众 | 浙江科技学院 |
| 51 | 浦江 | 金华 | 吴语 | 金衢 | | 黄晓东 | 北京语言大学 |
| 52 | 义乌 | 金华 | 吴语 | 金衢 | | 施俊 | 绍兴文理学院 |
| 53 | 东阳 | 金华 | 吴语 | 金衢 | | 刘力坚 | 浙江师范大学 |
| 54 | 永康 | 金华 | 吴语 | 金衢 | | 吴众 程永艳 | 浙江科技学院 |
| 55 | 武义 | 金华 | 吴语 | 金衢 | | 吴众 叶晗 | 浙江科技学院 |
| 56 | 磐安 | 金华 | 吴语 | 金衢 | | 雷艳萍 | 丽水学院 |
| 57 | 缙云 | 丽水 | 吴语 | 金衢 | | 吴众 程永艳 | 浙江科技学院 |
| 58 | 衢州 | 衢州 | 吴语 | 金衢 | | 王洪钟 | 浙江师范大学 |
| 59 | 衢江 | 衢州 | 吴语 | 金衢 | | 王洪钟 | 浙江师范大学 |
| 60 | 龙游 | 衢州 | 吴语 | 金衢 | | 王洪钟 | 浙江师范大学 |
| 61 | 江山 | 衢州 | 吴语 | 上丽 | 上山 | 王洪钟 | 浙江师范大学 |
| 62 | 常山 | 衢州 | 吴语 | 上丽 | 上山 | 黄沚青 | 浙江师范大学 |
| 63 | 开化 | 衢州 | 吴语 | 上丽 | 上山 | 王洪钟 | 浙江师范大学 |
| 64 | 丽水 | 丽水 | 吴语 | 上丽 | 丽水 | 雷艳萍 | 丽水学院 |

**续表**

| 序号 | 方言点 | 地级市 | 方言区 | 方言片 | 方言小片 | 撰稿人 | 单位 |
|---|---|---|---|---|---|---|---|
| 65 | 青田 | 丽水 | 吴语 | 上丽 | 丽水 | 王文胜 | 浙江师范大学 |
| 66 | 云和 | 丽水 | 吴语 | 上丽 | 丽水 | 雷艳萍 | 丽水学院 |
| 67 | 松阳 | 丽水 | 吴语 | 上丽 | 丽水 | 王文胜 | 浙江师范大学 |
| 68 | 宣平 | 金华 | 吴语 | 上丽 | 丽水 | 雷艳萍 | 丽水学院 |
| 69 | 遂昌 | 丽水 | 吴语 | 上丽 | 丽水 | 王文胜 | 浙江师范大学 |
| 70 | 龙泉 | 丽水 | 吴语 | 上丽 | 丽水 | 王洪钟 | 浙江师范大学 |
| 71 | 景宁 | 丽水 | 吴语 | 上丽 | 丽水 | 雷艳萍 蒋婷婷 | 丽水学院 |
| 72 | 庆元 | 丽水 | 吴语 | 上丽 | 丽水 | 王文胜 | 浙江师范大学 |
| 73 | 泰顺 | 丽水 | 吴语 | 上丽 | 丽水 | 王文胜 | 浙江师范大学 |
| 74 | 温州 | 温州 | 吴语 | 瓯江 |  | 蔡嵘 | 温州大学 |
| 75 | 永嘉 | 温州 | 吴语 | 瓯江 |  | 徐丽丽 | 温州大学 |
| 76 | 乐清 | 温州 | 吴语 | 瓯江 |  | 蔡嵘 | 温州大学 |
| 77 | 瑞安 | 温州 | 吴语 | 瓯江 |  | 徐丽丽 | 温州大学 |
| 78 | 平阳 | 温州 | 吴语 | 瓯江 |  | 孙宜志 | 杭州师范大学 |
| 79 | 文成 | 温州 | 吴语 | 瓯江 |  | 孙宜志 | 杭州师范大学 |
| 80 | 苍南 | 温州 | 吴语 | 瓯江 |  | 徐丽丽 | 温州大学 |
| 81 | 建德徽 | 杭州 | 徽语 | 严州 |  | 黄晓东 | 北京语言大学 |
| 82 | 寿昌徽 | 杭州 | 徽语 | 严州 |  | 程朝 | 浙江师范大学 |
| 83 | 淳安徽 | 杭州 | 徽语 | 严州 |  | 黄晓东 | 北京语言大学 |
| 84 | 遂安徽 | 杭州 | 徽语 | 严州 |  | 许巧枝 | 湖州师范学院 |
| 85 | 苍南闽 | 温州 | 闽语 | 闽南 |  | 孙宜志 | 杭州师范大学 |
| 86 | 泰顺闽 | 温州 | 闽语 | 闽东 |  | 李建校 | 曲阜师范大学 |
| 87 | 洞头闽 | 温州 | 闽语 | 闽南 |  | 孙宜志 | 杭州师范大学 |
| 88 | 景宁畲 | 丽水 | 畲话 |  |  | 刘力坚 | 浙江师范大学 |

# 后　记

　　浙江省从 2015 年年初开始试点实施中国语言资源保护工程项目,前后历时 5 年,完成了全省 88 个汉语方言点的调查任务,其中国家规划的方言点 77 个,浙江省自筹经费增加的旧县方言点 11 个,由此积累了非常丰富而宝贵的方言语料。关于方言资源的开发和利用,省语委和省教育厅于 2016 年开始谋划,先后组织高校方言专家及出版编辑人员进行专题研讨,于 2018 年年底正式推出了"浙江方言资源典藏"丛书首批 16 部,开启了阅读并聆听浙江乡音的崭新模式。

　　根据教育部办公厅的统一部署,随着语保工程一期的陆续收官,从 2019 年起,作为语保工程标志性成果的"中国语言资源集·浙江"的编纂成为浙江语保团队的工作重点。2020 年 2 月,浙江省语委办下发《关于启动〈中国语言资源集·浙江卷〉编写工作的通知》,明确了组织架构,设立了编写课题,省语委办朱鸿飞同志任编委会主任,王洪钟、黄晓东、叶晗、孙宜志任主编,各调查点的负责专家任编委。随后,主编团队根据《中国语言资源集(分省)编写出版规范》开列了需交材料与文稿清单,初步拟定了体例规范及编写样例。2020 年 6 月初,"中国语言资源集·浙江(样稿)"通过了中期验收。

　　2020 年 12 月,在汇齐全部语料的基础上,根据中期检收反馈意见,主编团队编成"中国语言资源集·浙江(初稿)"9 册,在浙江义乌接受了项目预验收,曹志耘、顾黔、陶寰、汪国胜、严修鸿 5 位专家分头进行了严谨细致的审阅,指出存在的主要问题是:缺少卷首总体概述,体例用字不一致,内容详略不均衡。同时,专家组也提出了修改指导建议:准确性应优先于一致性,根据浙江方言的具体情况进行必要的体例创新。

2021 年 3 月,在预验收意见的基础上,王洪钟起草了语音、词汇、语法各卷的校对意见,重点规范字词注释的体例、词汇语法的用字、音标与符号的格式等;黄晓东拟定了方音样本及口头文化样本,重点规范章节构成、资料来源及体例格式等。校对意见和样本经主编团队讨论修订后,由编委们开展新一轮修改。2021 年 8 月,在各点修改稿的基础上,王洪钟与黄晓东重新编纂形成了"中国语言资源集·浙江(修订稿)"各卷,初步解决了用字不统一、体例不规范、内容有缺漏等问题。

为进一步提高书稿质量,尽可能减少差错与分歧,主编团队酝酿召开若干场编委定稿会,按方言片区的不同,编委分批参与,就同一套纸质书稿从头通读到尾,通过前后左右的相互比照,检视彼此尚存的差错与分歧,以现场讨论的方式解决问题并记录在册,最后由主编集中定稿,由于疫情,这个设想始终没能等到合适的时机来实现。2021 年 11 月,主编团队决定放弃会议形式的定稿过程,改为先由编委各自校对修订稿电子版,再由主编汇总校对意见后讨论定稿的形式。定稿阶段主编们进一步明确了分工:王洪钟负责语音卷(字音对照)及词汇卷,执笔撰写全书后记;黄晓东负责语音卷(各地方音)及口头文化卷;叶晗负责沟通国家语保中心和省语委办,对接出版社;孙宜志负责语法卷,执笔撰写全书序,落实调查点分布图。当然,这只是大致的分工,实际上编纂过程中团队经常进行互校和讨论。另外,王文胜、雷艳萍、肖萍、阮咏梅、张薇等老师也参与了部分审校工作。

2022 年 3 月底,语音卷、词汇卷定稿交付出版社;5 月底,语法卷、口头文化卷定稿交付出版社。浙江大学出版社极其重视资源集的出版,早在浙江语保工程启动的次年,出版社的专家就加入了浙江语保团队,提前参与筹划浙江语保成果的编辑出版。收到定稿后,出版社迅即组织精兵强将,精心分解编校任务,详细制定进度日程。进入 8 月,出版社编辑与编写团队之间开始了更为频繁的互动,通过线上线下的统稿会及微信、邮件等方式进行密集交流,解决书稿中一字一符的准确性、规范性、一致性问题。

在书稿即将付梓的时刻,蓦然回首,我辈学人居然已在浙江语保的旗下时聚时散、不离不弃地一路同行了七八个寒暑! 多少青丝染上了霜雪,几多

"语宝"已呱呱而生。如今即将修成正果,我们的心中不由涌起万千感慨。这一刻,我们首先要感谢省语委、省教育厅对浙江语保工程的高度重视和大力支持,尤其要真诚地感谢浙江资源集编写项目负责人朱鸿飞同志,他不仅对前期的科学编纂进行了周密部署,而且为后期的顺利出版付出了大量心血。同时,我们也很想跟此前主事的李斌同志分享我们的喜悦,传递我们的感念,感谢他主事期间为浙江语保所创设的良好开端与长远规划。我们还要感谢各地教育局语委系统为语保工程的宣传发动、发音人的征召遴选、摄录场地的挑选落实等工作所付出的努力,感谢省内各高校的通力合作,感谢志愿协助调查与摄录的各高校师生,感谢各地发音人不畏酷暑、不厌其烦地接受调查与咨询,感谢浙江科技学院语保团队在会务组织、对外宣传、出版联络等方面做出的诸多贡献。尤其需要感谢浙江科技学院房纪东老师,他为整个浙江语保团队做了大量后勤保障工作,是浙江语保的幕后英雄。

　　本书的调查研究得到了中国语言资源保护工程专项资金的资助,成果出版得到了浙江省财政的资助,谨此致谢。同时,感谢教育部语信司和中国语言资源保护研究中心的诸位专家、历次检查验收的众位省外方家所给予的指导和帮助,感谢顾黔教授在担任浙江语保首席专家期间对我们团队的悉心指教与热情鼓励,尤其感谢曹志耘教授在浙江语保的各个关键节点所给予的特别关注与倾力指引,感谢浙江大学出版社,特别是包灵灵老师、陆雅娟老师等编辑的鼎力支持与紧密合作。她们的专业水准和敬业精神令人感佩!

　　浙江方言的多样性与差异性超乎想象,本书编写者的学术背景与研究风格又各不相同,各方言点之间的材料就难免参差不齐。我们虽时时想做统一的"格式化"处理,但每每喟叹自身学养与水平太过有限,率尔操觚的结果必然是牵一发而动全身,以致最后顾此失彼甚或挂一漏万。因此,我们仅在尊重调查者原稿及发音人原始录音的前提下做了有限的修改与补正,书中有待商榷及错谬缺漏之处定然不少,敬请各位读者不吝指教。

　　身处时空距离缩小、边界模糊或消失的信息时代,各地方言的存亡去留格外令人揪心。浙江境内的方言丰富而复杂,每一种方言都是一条自古至今流淌不息的溪流,每一滴溪水里都蕴含着特定时空里的历史文化信息。

在这样一个全球化的时空节点，我们以统一的规格，掬起一瓢瓢浙江大地上的方言之水善加保存，或许它们只是终将逝去的几滴乡愁之泪，但就我们这一代方言学人而言，这何尝不是一种致敬母语的深情回馈？

　　是为记。

本书主编

2022 年 10 月 12 日